Schriftenreihe der
Neuen Juristischen Wochenschrift

Im Einvernehmen mit den Herausgebern der NJW
herausgegeben von
Rechtsanwalt Prof. Dr. Konrad Redeker
Rechtsanwalt Felix Busse

Heft 16

Die Revision im Strafprozeß

Bedeutung für die
Praxis der Tatsacheninstanz

von

Prof. Dr. Hans Dahs †

und

Prof. Dr. Hans Dahs

Rechtsanwalt in Bonn

5., neubearbeitete und erheblich erweiterte Auflage

C.H.BECK'SCHE VERLAGSBUCHHANDLUNG
MÜNCHEN 1993

Zitierweise: Dahs/Dahs, Die Revision im Strafprozeß, 5. Auflage

Die Deutsche Bibliothek – CIP-Einheitsaufnahme

Dahs, Hans: Die Revision im Strafprozeß : Bedeutung für die Praxis der Tatsacheninstanz / von Hans Dahs und Hans Dahs. – 5., neubearb. und erheblich erw. Aufl. – München : Beck, 1993
(Schriftenreihe der Neuen Juristischen Wochenschrift ; H. 16)
ISBN 3 406 35932 9
NE: Dahs, Hans:; Neue Juristische Wochenschrift / Schriftenreihe

ISBN 3 406 35932 9

Druck der C. H. Beck'schen Buchdruckerei (Oscar Beck), Nördlingen

Vorwort zur 5. Auflage

Die Schrift ist gegenüber der 1987 erschienenen 4. Auflage eine Neubearbeitung. Das Revisionsrecht hat sich in den vergangenen Jahren materiell und formell erheblich fortentwickelt, wenn Gesetzesänderungen auch punktuell blieben. Es galt daher vor allem, die Darstellung zu aktualisieren und die Fülle der in den strafrechtlichen Zeitschriften und den Entscheidungssammlungen NStE und BGHR veröffentlichten Rechtsprechung sowie das reichhaltige Schrifttum zu verarbeiten. Darüber hinaus sind gegenüber den Vorauflagen viele Fragenkreise wesentlich eingehender behandelt worden. Besonderer Wert wurde auch auf Hinweise zum Vortrag der einzelnen Verfahrensrügen (§ 344 II 2) gelegt. Die Dokumentation von drei Revisionsverfahren im Anhang soll die Zielsetzung der Schrift veranschaulichen und ihren Praxisbezug abrunden. Die sich aus dem Einigungsvertrag vom 31. 1. 1990 ergebenden Besonderheiten sind berücksichtigt. Die zeitlich bis 1998 limitierten Änderungen der StPO und des GVG durch das Gesetz zur Entlastung der Rechtspflege vom 11. 1. 1993 fanden Erwähnung. Rechtsprechung und Schrifttum sind bis 1. 7. 1993 berücksichtigt, darüber hinaus die 3. Auflage des Karlsruher Kommentars, die 41. Auflage des Kleinknecht/Meyer-Goßner (StPO) sowie die 23. Auflage „Strafverfahrensrecht" von Roxin.

Da das Buch als Kompendium für den Praktiker verstanden werden will, wurde der wissenschaftliche Apparat bewußt knapp gehalten. Die Zitate sind auf aktuelle und exemplarische höchstrichterliche Entscheidungen sowie auf weiterführendes Schrifttum beschränkt. Für den an Vertiefung interessierten Leser ist einzelnen Kapiteln eine spezielle Literaturauswahl vorangestellt. Das Gesetzesregister wurde wieder in die Schrift aufgenommen und das Stichwortverzeichnis völlig neu aufgebaut.

Für ihre engagierte und qualitätvolle Mitarbeit danke ich Frau Doris Bauer, Frau Antje Crölle und Herrn Referendar Andreas Okonek, der auch die Register besorgte.

Bonn, den 3. Juli 1993 Hans Dahs

Inhaltsübersicht

Inhaltsverzeichnis

Schrifttumsverzeichnis[1]

Alberts, Die Feststellung doppelt relevanter Tatsachen in der strafprozessualen Revisionsinstanz, Diss. Berlin 1990
Albrecht, Überzeugungsbildung und Sachverständigenbeweis in der neueren strafrechtlichen Judikatur zur freien Beweiswürdigung (§ 261 StPO), NStZ 1983, 486
Alsberg/Nüse/Meyer, Der Beweisantrag im Strafprozeß, 5. Aufl., Köln 1983
Amelunxen, Die Revision der Staatsanwaltschaft, Lübeck 1980
Arloth, Verfahrenshindernis und Revisionsrecht, NJW 1985, 417
–, Zur Ausschließung und Ablehnung des Staatsanwalts, NJW 1983, 207
Arndt, Die Gesetzlichkeit des Richters als Strukturprinzip der rechtsprechenden Gewalt, JZ 1956, 633
–, Das rechtliche Gehör, NJW 1959, 6
–, Die Gesetzlichkeit des Richters, DRiZ 1959, 171
Arzt, Der befangene Strafrichter – zugleich eine Kritik an der Beschränkung der Befangenheit auf Parteilichkeit, Tübingen 1969, mit Besprechung *Dahs sen.*, JZ 1970, 230

Baumdicker, Probleme der §§ 319 und 346 StPO, insbesondere des Antrags auf Entscheidung des Berufungs- oder Revisionsgerichts, Würzburg 1967
Bauer, Erneute Neubestimmung des prozessualen Tatbegriffs als Konsequenz der Postpendenz-Rechtsprechung des Bundesgerichtshofes, wistra 1990, 218
–, Die „Beweislastverteilung" bei unterlassener Belehrung des Beschuldigten, wistra 1993, 99
Beulke, Verbot der gemeinschaftlichen Verteidigung nur bei konkreter Interessenkollision?, NStZ 1985, 289
–, Die Vernehmung des Beschuldigten – Einige Anmerkungen aus der Sicht der Prozeßrechtswissenschaft, StV 1990, 180
Blaese/Wielop, Die Förmlichkeiten der Revision in Strafsachen, 3. Auflage, München 1991
Blau, Zur Zulässigkeit und Zweckmäßigkeit psychologischer Glaubwürdigkeitsgutachten in Jugendschutzsachen, GA 1959, 293
Blomeyer, Die Revisibilität von Verfahrensfehlern im Strafprozeß, JR 1971, 142
Börker, Der Aufbau des Urteils in Strafsachen, JZ 1956, 399
Böttcher/ E. Mayer, Änderungen des Strafverfahrensrechts durch das Entlastungsgesetz, NStZ 1993, 153
Bohnert, Ordnungsvorschriften im Strafverfahren, NStZ 1982, 5
–, Die Behandlung des Verzichts im Strafprozeß, NStZ 1983, 344
Born, Wahrunterstellung zwischen Aufklärungspflicht und Beweisablehnung wegen Unerheblichkeit, Spardorf 1984
Brauns, Die Besetzungsrüge und ihre Präklusion im Strafprozeß, Köln 1983
Bringewat, Grundfragen der Wahrunterstellung im Strafverfahren, MDR 1986, 353
Bruns, Die Grenzen der eidlichen Wahrheitspflicht des Zeugen, insbesondere bei Tonbandaufnahmen über wichtige Aussagen im Strafprozeß, GA 1960, 161
–, Zum Revisionsgrund der – ohne sonstige Rechtsfehler – „ungerecht" bemessenen Strafe, in Festschrift für Engisch, Frankfurt 1969, S. 708
–, Zum „Toleranzbereich" bei der revisionsrechtlichen Kontrolle des Strafmaßes, in Festschrift für Henkel, Berlin · New York 1974, S. 287

[1] Ohne Anmerkungen Rechtsprechungsberichte, Literaturberichte.

–, Strafzumessungsrecht, 2. Aufl., Köln 1974
–, Prozessuale „Strafzumessungsverbote" für nicht mitangeklagte oder wieder ausgeschiedene strafbare Vor- und Nachtaten?, NStZ 1981, 81
–, „Widerspruchsvolles" Verhalten des Staates als neuartiges Strafverfolgungsverbot und Verfahrenshindernis, insbesondere beim Einsatz polizeilicher Lockspitzel, NStZ 1983, 49
–, Die Entscheidung des Großen Senates zum strafprozessualen V-Mann Problem – Anfang oder Ende einer notwendigen Neuorientierung der Rechtsprechung?, MDR 1984, 177

Dahs sen., Die Verantwortung des Verteidigers in der Revisionsinstanz, AnwBl. 1963, 62
–, Ablehnung von Tatrichtern nach der Zurückweisung durch das Revisionsgericht, NJW 1966, 1691
Dahs sen./Dahs, Handbuch des Strafverteidigers, 5. Auflage, Köln 1983 (zit.: Dahs, Handbuch)
Dahs, Rechtsgespräch im Strafverfahren?, NJW 1961, 1244
–, Das rechtliche Gehör im Strafprozeß, München 1965
–, Die Wiedereinsetzung im Strafprozeß in der Krise, AnwBl. 1973, 331
–, Die Relativierung absoluter Revisionsgründe, GA 1976, 353
–, Zur Rechtswirksamkeit des nach der Urteilsverkündung „herausgefragten" Rechtsmittelverzichts, in Festschrift für Schmidt-Leichner, München 1977, S. 17
–, Verfassungsrechtliche Gewährleistung umfassender Verteidigung im Revisionsverfahren, NJW 1978, 140
–, Disziplinierung des Tatrichters durch Beschlüsse nach § 349 II StPO?, NStZ 1981, 205
–, Die Begründung der Revision zu Protokoll (§ 345 II StPO) – ein Fossil, NStZ 1982, 345
–, „Wahrheitserforschung" contra Unmittelbarkeitsprinzip?, StV 1988, 169
–, Verwertungsverbote bei unzulässiger Beschlagnahme von Tagebuchaufzeichnungen, Verteidigungsunterlagen sowie unzulässiger Gesprächsaufzeichnung und Blutprobe, Schriftenreihe AG Strafrecht des DAV Bd. 6 (1989), S. 122 (zit.: Schriftenreihe DAV)
–, Überspannung der Anforderungen an den Sachvortrag aus der Sicht des Revisionsführers, Schriftenreihe AG Strafrecht des DAV, Bd. 7 (1990), S. 85 (zit.: Schriftenreihe DAV)
–, Bestehenbleibende Feststellungen (§ 353 Abs. 2 StPO) – und ihre Probleme, in Aktuelle Probleme der Strafrechtspflege (Symposium für Hanack), Berlin · New York 1991, S. 143 (zit.: Hanack-Symp.)
–, Der Parteiverrat im Strafprozeß, NStZ 1991, 561
Dahs/Langkeit, Das Schweigerecht des Beschuldigten und seine Auskunftsverweigerung als „verdächtiger Zeuge", NStZ 1993, 213
Dencker, Willensfehler bei Rechtsmittelverzicht und Rechtsmittelrücknahme im Strafprozeß, Bonn 1972
–, Zur Zulässigkeit staatlich gesteuerter Deliktsbeteiligung, in Festschrift für Dünnebier, Berlin · New York 1982, S. 447
–, Zum Geständnis im Straf- und Strafprozeßrecht, ZStW 102 (1990), 51
Dippel, Die Stellung des Sachverständigen im Strafprozeß, Heidelberg 1988
Ditzen, Dreierlei Beweis im Strafverfahren, Leipzig 1926
Dölling, Verlesbarkeit schriftlicher Erklärungen und Auskunftsverweigerung nach § 55 StPO, NStZ 1988, 6
Dölp, Zur Nichtbenachrichtigung des Beschuldigten nach § 168c V StPO, NStZ 1990, 117

Doller, Der schweigende Angeklagte und das Revisionsgericht, MDR 1974, 979
Dreher/Tröndle, Strafgesetzbuch und Nebengesetze, 46. Aufl., München 1993 (zit.: Dreher/Tröndle, StGB)
Dünnebier, Nicht revisible Entscheidungen, in Festschrift für Eduard Dreher, Berlin · New York 1977, S. 670

Eisenberg, Persönliche Beweismittel in der StPO, München 1993
Erker, Das Beanstandungsrecht gem. § 238 II StPO, Berlin 1988

Fezer, Die erweiterte Revision – Legitimierung der Rechtswirklichkeit, Tübingen 1974
–, Die Folgen der Sachverständigenablehnung für die Verwertung seiner Wahrnehmungen, JR 1990, 397
–, Grenzen der Beweisaufnahme durch das Revisionsgericht, in Aktuelle Probleme der Strafrechtspflege (Symposium für Hanack), Berlin · New York 1991, S. 89 (zit.: Hanack-Symp.)
–, Die Rüge, daß das Tatgericht – (wesentlichen) Beweisstoff nicht aus dem Inbegriff der Hauptverhandlung geschöpft, – (wesentlichen) Beweisstoff übersehen oder übergangen habe, Schriftenreihe AG Strafrecht des DAV, Bd. 9 (1992), S. 58 (zit.: Schriftenreihe DAV)
Foth, Wie sind die Beobachtungen des beauftragten Richters zur Glaubwürdigkeit des kommissarisch vernommenen Zeugen in die Hauptverhandlung einzuführen?, MDR 1983, 716
Frisch, Revisionsrechtliche Probleme der Strafzumessung, Köln 1971
–, Ermessen, unbestimmter Begriff und „Beurteilungsspielraum" im Strafrecht, NJW 1973, 1345
–, Ausschließung und Ablehnung des Staatsanwalts, in Festschrift für Bruns, Köln · Berlin · Bonn · München 1978, S. 385

Geerds, Revision bei Verstoß gegen Denkgesetze oder Erfahrungssätze, in Festschrift für Peters, Tübingen 1974, S. 267
–, Über Vorhalt und Urkundenbeweis mit Vernehmungsprotokollen, in Festschrift für Blau, Berlin · New York 1985, S. 67
Geis, Mordverurteilung durch das Revisionsgericht, NJW 1990, 2735
Geppert, Das Beweisverbot des § 252 StPO, Jura 1988, 305
–, Der Grundsatz der Unmittelbarkeit im deutschen Strafverfahren, Berlin · New York 1979
Gollwitzer, Die Verfahrensstellung des in der Hauptverhandlung nicht anwesenden Angeklagten, in Festschrift für Tröndle, Berlin · New York 1989, S. 455
–, Das Fragerecht des Angeklagten, in Gedächtnisschrift für K. H. Meyer, Berlin · New York 1990, S. 147
–, Einschränkungen des Beweisantragsrechts durch Umdeutung von Beweisanträgen in Beweisanregungen, StV 1990, 420
–, Die Ratio des § 344 Abs. 2 Satz 2 StPO, Schriftenreihe AG Strafrecht des DAV, Bd. 9 (1992), S. 78 (zit.: Schriftenreihe DAV)
Gössel, Strafverfahrensrecht, Stuttgart · Berlin · Bonn · München 1977
–, Über die Folgen der Aufhebung von Berufungsurteilen in der Revisionsinstanz, JR 1982, 270
–, Über die revisionsrechtliche Nachprüfung von Beschlüssen, mit denen die Öffentlichkeit gemäß §§ 172, 173 GVG im Strafverfahren ausgeschlossen wird, NStZ 1982, 141
–, Verfassungsrechtliche Verwertungsverbote im Strafverfahren, JZ 1984, 361
Gribbohm, Das Scheitern der Revision nach § 344 StPO, NStZ 1983, 97
Gropp, Zum verfahrenslimitierenden Wirkungsgehalt der Unschuldsvermutung, JZ 1991, 804

Grünwald, Beweisverbote und Verwertungsverbote im Strafverfahren, JZ 1966, 489
–, Die Verfahrensrolle des Mitbeschuldigten, in Festschrift für Klug, Köln 1983, S. 493
Günter, Die Einführung und Verwertung früherer Angaben des in der Hauptverhandlung schweigenden Angeklagten, DRiZ 1971, 379
–, Judex dormiens, MDR 1990, 875
Gundlach, Die Venehmung des Beschuldigten im Ermittlungsverfahren, Frankfurt a.M. · Bern 1984
Guradze, Die europäische Menschenrechtskonvention. Konvention zum Schutze der Menschenrechte und Grundfreiheiten nebst Zusatzprotokollen, Kommentar, Berlin 1968
Gutmann, Die Aufklärungspflicht des Gerichts und der Beweiserhebungsanspruch der „Parteien" im Strafprozeß, JuS 1962, 369

Häger, Zu den Folgen staatsanwaltschaftlicher in der Hauptverhandlung begangener Verfahrensfehler, in Gedächtnisschrift für K. H. Meyer, Berlin · New York 1990, S. 171
Hänlein/Moos, Zu Reichweite und revisionsrechtlicher Problematik der Hinweispflicht nach § 265 I StPO, NStZ 1990, 481
Hamm, Die Besetzungsrüge nach dem Strafrechtsänderungsgesetz 1979, NJW 1979, 135
–, (Sarstedt-Hamm), Die Revision in Strafsachen, 5. Aufl., Berlin · New York 1983
–, Die Beweisführung zum tatsächlichen Vorbringen des Beschwerdeführers in der Revisionsinstanz, Schriftenreihe AG Strafrecht des DAV, Bd. 7 (1991), S. 105 (zit.: Schriftenreihe DAV)
–, Die revisionsrechtliche Kontrolle der Beweiswürdigung des Tatgerichts, Schriftenreihe AG Strafrecht des DAV Bd. 9 (1992), S. 20 (zit. Schriftenreihe DAV)
–, Revision, in Formularbuch für den Strafverteidiger, 2. Aufl., München 1992, S. 378
–, Öffentliche Urteilsberatung, NJW 1992, 3147
Hammerstein, Die Grenzen des Erklärungsrechts nach § 257 StPO, in Festschrift für Rebmann, München 1989, S. 233
–, Verteidigung mit dem letzten Wort, in Festschrift für Tröndle, Berlin · New York 1989, 485
–, Beschränkung der Verteidigung durch Hinausschieben der Beratung und Urteilsverkündung, in Aktuelle Probleme der Strafrechtspflege (Symposium für Hanack), Berlin · New York 1991, S. 71 (zit.: Hanack-Symp.)
–, Kann die Reihenfolge der Beweiserhebung das Urteil beeinflussen?, in Festschrift für Schmitt, Tübingen 1992, S. 323
Hanack, Zur Austauschbarkeit von Beweismitteln im Strafprozeß, JZ 1970, 561
–, Mäßstäbe und Grenzen richterlicher Überzeugungsbildung im Strafprozeß, JuS 1977, 727
–, Protokollverlesungen und -vorhalte als Vernehmungsbehelf, in Festschrift für Schmidt-Leichner, München 1977, S. 83
–, Die Verteidigung vor dem Revisionsgericht, in Festschrift für Dünnebier, Berlin · New York 1982, S. 301
–, Aufhebung hessischer strafgerichtlicher Entscheidungen durch den Bundesgerichtshof, Wiesbaden 1986
–, Zum Verfahrensausgang nach erfolgreicher Revision. Bericht über eine rechtstatsächliche Untersuchung, in Festschrift für Tröndle, Berlin · New York 1989, S. 495
Hass, Die Grenzen des anwaltlichen Zeugnisverweigerungsrechts gemäß § 53 Abs. 1 Nr. 3 StPO, NJW 1972, 1081
Herdegen, Bemerkungen zum Beweisantragsrecht, NStZ 1984, 97, 200, 337
–, Tatgericht und Revisionsgericht – insbesondere die Kontrolle verfahrensrechtlicher „Ermessensentscheidungen", in Festschrift für Kleinknecht, München 1985, S. 173

–, Grundfragen der Beweiswürdigung, Schriftenreihe AG Strafrecht des DAV, Bd. 3 (1986), S. 106 (zit.: Schriftenreihe DAV)
–, Bemerkungen zur Beweiswürdigung, NStZ 1987, 193
–, Aufklärungspflicht - Beweisantragsrecht – Beweisantrag – Beweisermittlungsantrag, in Gedächtnisschrift für K. H. Meyer, Berlin · New York 1990, S. 187
–, Die Beruhensfrage im strafprozessualen Revisionsrecht, NStZ 1990, 513
–, Zum Begriff der Beweisbehauptung, StV 1990, 518
–, Die revisionsrechtliche Kontrolle der Beweiswürdigung, Schriftenreihe AG Strafrecht des DAV, Bd. 9 (1992), S. 30 (zit.: Schriftenreihe DAV)
–, Die Überprüfung der tatsächlichen Feststellungen durch das Revisionsgericht auf Grund einer Verfahrensrüge, StV 1992, 590
–, Die Überprüfung der tatsächlichen Feststellungen durch das Revisionsgericht auf Grund der Sachrüge, StV 1992, 527
Heubel, Die Verschiebung der Hauptverhandlung wegen Verspätung des Verteidigers, NJW 1981, 2678
Hilger, Absolute Revisionsgründe, NStZ 1983, 337
–, Wiedereinsetzung in den vorigen Stand bei „mangelhafter" Verfahrensrüge durch den Verteidiger, NStZ 1983, 152
–, Zum Rechtsweg gegen Sperrerklärung und Verweigern der Aussagegenehmigung in V-Mann-Prozessen, NStZ 1984, 145
Horn, Systematischer Leitsatz-Kommentar zum Sanktionenrecht, Frankfurt 1983 (Stand: Januar 1993) (zit.: Horn sLSK)

Jagusch, Über das rechtliche Gehör im Strafverfahren, NJW 1959, 265
–, Weitere Fragen zum rechtlichen Gehör im Strafverfahren, NJW 1962, 1645
–, Zum Zusammentreffen mehrerer Revisionsrügen, NJW 1962, 1417
–, Die Revision in Strafsachen – ausreichende Rechtsgarantie?, NJW 1971, 2007
–, Lehren eines Mordprozesses, NJW 1971, 2198
Jähnke, Verwertungsverbote bei Zeugnis- und Auskunftsverweigerungsrechten, Schriftenreihe AG Strafrecht des DAV, Bd. 6 (1988), S. 69 (zit.: Schriftenreihe DAV)
Jerouscheck, Jenseits von Gut und Böse: Das Geständnis und seine Bedeutung im Strafrecht, ZStW 102 (1990), 793
Jescheck, Die Verwirkung von Verfahrensrügen im Strafprozeß, JZ 1952, 400
Julius, Zum Verhältnis von Aufklärungspflicht und Beweisantragsrecht im Strafprozeß, NStZ 1986, 61
–, Beweis-, Beweisermittlungs- und Verschleppungsantrag im Strafprozeß, MDR 1989, 116
Jungfer, Grundfragen der vergleichenden Strafzumessung, Schriftenreihe AG Strafrecht des DAV, Bd. 3 (1986), S. 155 (zit.: Schriftenreihe DAV)

Kaiser, Wiedereinsetzung in den vorigen Stand beim Nachschieben von Verfahrensrügen (§§ 344, 345 StPO), NJW 1975, 338
Kalsbach, T., Das Recht auf Beistand eines Rechtsanwalts während des Verfahrens in der BRD, Beiheft zur ZStW 1971, S. 112
Kalthoener, Probleme aus dem strafprozessualen Recht der Wiedereinsetzung in den vorigen Stand, Neue Kölner rechtswissenschaftliche Abhandlungen Nr. 9, 1957
Karlsruher Kommentar zur Strafprozeßordnung und zum Gerichtsverfassungsgesetz, 3. Aufl., München 1993 (zit.: KK-Bearbeiter)
Katholnigg, Strafgerichtsverfassungsrecht, Köln · Berlin · Bonn · München 1990
–, Wie müssen Vorschlagslisten für Schöffen aufgestellt werden?, NStZ 1992, 73
Kaufmann, Über den Zirkelschluß in der Rechtsfindung, in Festschrift für Gallas, Berlin · New York 1973, S. 7
Keller, Offenkundigkeit und Beweisbedürftigkeit im Strafprozeß, ZStW 101 (1989), 381

Kellermann, Probleme des gesetzlichen Richters, Tübingen 1971
Kern, Sind die Vorschriften über die Öffentlichkeit des Verfahrens verletzt, wenn ein einzelner Zuhörer ohne gesetzlichen Grund aus dem Sitzungssaal verwiesen wird?, JZ 1962, 564
Kindhäuser, Rügepräklusion durch Schweigen im Strafverfahren, NStZ 1987, 529
Kissel, Gerichtsverfassungsgesetz, Kommentar, München 1981
–, Gerichtsverfassung unter dem Gesetz zur Entlastung der Rechtspflege, NJW 1993, 489
Kleinknecht, Das Fehlurteil im Strafprozeß, GA 1961, 45
–, Gesetz zur Änderung der Strafprozeßordnung und des Gerichtsverfassungsgesetzes (StPÄG), JZ 1965, 153
–, Schutz der Persönlichkeit des Angeklagten durch Ausschluß der Öffentlichkeit in der Hauptverhandlung, in Festschrift für Schmidt-Leichner, München 1977, S. 111
Kleinknecht/Meyer-Goßner, Strafprozeßordnung, mit GVG und Nebengesetzen, Kommentar, 41. Auflage, München 1993
KMR, Kommentar zur Strafprozeßordnung, 7. Auflage, Neuwied 1979, (Stand: Mai 1991) (zit.: KMR-Bearbeiter)
Kohlhaas, Reformbedürftigkeit des § 338 Ziff. 1 StPO, NJW 1958, 1428
–, Verfahrensmängel im Ermittlungsverfahren und Revision, NJW 1968, 26
Krause, Einzelfragen zur Revisionsbegründung nach § 344 Abs. 2 StPO, StV 1984, 483
Krause/Thon, Mängel der Tatschilderung im Anklagesatz und ihre rechtliche Bedeutung, StV 1985, 252
Krehl, Die Begründung des Revisionsverwerfungsbeschlusses nach § 349 Abs. 2 StPO, GA 1987, 162
Krekeler, Der befangene Richter, NJW 1981, 1633
–, Wehret auch den kleinen „Anfängen“ oder § 273 Abs. 3 muß bleiben, AnwBl. 1984, 417
–, Das Zwischenverfahren in Wirtschaftsstrafsachen aus der Sicht der Verteidigung, wistra 1985, 54
–, Einschränkungen des Beweisantragsrechts durch Umdeutung von Beweisanträgen in Beweisanregungen, Schriftenreihe AG Strafrecht des DAV, Bd. 7 (1991), S. 137 (zit.: Schriftenreihe DAV)
Krey, Strafverfahrensrecht, Bd. 1, Stuttgart 1988
–, Probleme des Zeugenschutzes im Strafverfahrensrecht, in Gedächtnisschrift für K. H. Meyer, Berlin · New York 1990, S. 239
Kroschel/Meyer-Goßner, Die Urteile in Strafsachen, 25. Aufl., München 1988
Kruse, Die „offensichtlich“ unbegründete Revision in Strafsachen, Göttingen 1980
Kühne, Ausschluß der Öffentlichkeit im Strafverfahren, NJW 1971, 224
–, Der Beweiswert von Zeugenaussagen, NStZ 1985, 252
Küpper, Die Hinweispflicht nach § 265 StPO bei verschiedenen Begehungsformen desselben Gesetzes, NStZ 1986, 249
Kuhlmann, Ausschließung und Ablehnung des Staatsanwalts, DRiZ 1976, 11
–, Der verschlossene Zuhörerraum, NJW 1974, 1231

Lampe, Richterliche Überzeugungsbildung, in Festschrift für Pfeiffer, Köln · Berlin · Bonn · München 1988, S. 353
Leibholz/Rink/Hesselberger, Grundgesetz für die Bundesrepublik Deutschland – Kommentar an Hand der Rechtsprechung des Bundesverfassungsgerichts, 6. Auflage, Köln 1989 (Stand: Mai 1993)
Liemersdorf, Beweisantragsrecht und Sachverhaltsaufklärung, StV 1987, 175
Löffler, Die Berechnung der Urteilsabsetzungsfrist nach § 275 StPO, NStZ 1987, 318
Löwe/Rosenberg, Die Strafprozeßordnung und das Gerichtsverfassungsgesetz mit Nebengesetzen, Großkommentar, 24. Aufl., Berlin 1984ff. (zit.: Löwe/Rosenberg [Bearbeiter])

Maatz, Die Fortsetzung der Hauptverhandlung in Abwesenheit des Angeklagten, DRiZ 1991, 200
–, Mitwirkungspflicht des Verteidigers in der Hauptverhandlung und Rügeverlust, NStZ 1992, 513
Marx, Die Verwertung präsenter Beweismittel nach neuem Recht, NJW 1981, 1415
Maul, Die gerichtliche Aufklärungspflicht in der Sicht der Rechtsprechunng des Bundesgerichtshofes, in Festgabe für Peters, Heidelberg 1984, S. 47
–, Die Überprüfung der tatsächlichen Feststellungen durch das Revisionsgericht in der neueren Rechtsprechung des Bundesgerichtshofes, in Festschrift für Pfeiffer, Köln · Berlin · Bonn · München 1988, S. 409
–, Der notwendige Umfang des Tatsachenvortrags aus der Sicht des Revisionsrichters, Schriftenreihe AG Strafrecht des DAV, Bd. 7 (1990), S. 71 (zit.: Schriftenreihe DAV)
Mayer, Nochmals: Zur Austauschbarkeit von Beweismitteln, JZ 1971, 55
Mehle, Einschränkende Tendenzen im Bereich der absoluten Revisionsgründe (§ 338 StPO), Bonn 1981
–, Das Erfordernis des Beruhens im Revisionsrecht – die ungewisse Hürde für den Revisionsführer, Schriftenreihe AG Strafrecht des DAV, Bd. 7 (1990), S. 47 (zit.: Schriftenreihe DAV)
Meier, Zwischen Opferschutz und Wahrheitssuche – Überlegungen zur Rechtsstellung von kindlichen Zeugen im Strafprozeß, JZ 1991, 638
Meurer, Beweiserhebung und Beweiswürdigung, in Gedächtnisschrift für Hilde Kaufmann, Berlin · New York 1986, S. 947
–, Beweiswürdigung, Überzeugung und Wahrscheinlichkeit, in Festschrift für Tröndle, Berlin · New York 1989, S. 533
Meyer, Fritz, Stellungnahme zur Kritik an der Praxis der Revisionsverwerfung nach § 349 Abs. 2 StPO, StV 1984, 222
Meyer, K. H., Grenzen der Unschuldsvermutung, in Festschrift für Tröndle, Berlin · New York 1989, S. 61
Meyer-Goßner, Nachholung fehlender Entscheidung durch das Rechtsmittelgericht?, JR 1985, 452
–, Fehlerhaft beschiedene Beweisanträge, Erfolgschancen von Aufklärungsrügen – Aufklärungspflicht des Gerichts, Aufklärungsbereitschaft der Verteidigung, Schriftenreihe AG Strafrecht des DAV, Bd. 3 (1986), S. 122. (zit.: Schriftenreihe DAV)
–, Typische materiell-rechtliche Fehler in Strafurteilen aus revisionsrechtlicher Sicht, NStZ 1986, 49, 103
–, Die Entwicklung der Rechtsprechung zum Begriff der „Vernehmung" in § 247 StPO, in Festschrift für Pfeiffer, Köln · Berlin · Bonn · München 1988, S. 311
–, Hinweise zur Abfassung des Strafurteils aus revisionsrechtlicher Sicht, NStZ 1988, 529
–, Über die „Gerichtskundigkeit", in Festschrift für Tröndle, Berlin · New York 1989, S. 551
–, Änderungen der Strafprozeßordnung durch das Rechtspflegeentlastungsgesetz, NJW 1993, 498
–, (Kleinknecht) Strafprozeßordnung, mit GVG und Nebengesetzen, Kommentar, 41. Auflage, München 1993
–, (Kroschel) Die Urteile in Strafsachen, 25. Aufl., München 1988
Michalke, Noch einmal: „Hilfsbeweisantrag – Eventualbeweisantrag – bedingter Beweisantrag", StV 1990, 184
Michel, Aus der Praxis: Die richterliche Hinweispflicht, JuS 1991, 850
Mitsch, Protokollverlesung nach berechtigter Auskunftsverweigerung (§ 55 StPO) in der Hauptverhandlung, JZ 1992, 174
Mösl, Der Beschluß über die Ausschließung der Öffentlichkeit im Strafverfahren, in Festschrift für Pfeiffer, Köln · Berlin · Bonn · München 1988, S. 339

Mohrbotter, Grenzen der Bindung an aufhebende Entscheidungen im Strafprozeß, ZStW 84 (1972), 612
Müller, Egon, Einige Bemerkungen zum Thema: Der Staatsanwalt als Zeuge, in Dogmatik und Praxis des Strafverfahrens (Colloquium für Kielwein), Köln · Berlin Bonn · München 1989, S. 83
Müller, Hanswerner, Anhörung der Verfahrensbeteiligten bei Vorlage einer Rechtsfrage, NJW 1957, 1016
Müller, Heinz-Rudolf, Zur Aufklärungspflicht bei Wahrunterstellung, in Gedächtnisschrift für K. H. Meyer, Berlin · New York 1990, S. 285
Müller, Holger, Zum Problem der Verzichtbarkeit und Unverzichtbarkeit von Verfahrensnormen im Strafprozeßrecht, 1984
Müller K., Der Sachverständige im gerichtlichen Verfahren, 3. Auflage, Heidelberg 1988
Müller P., Gesetzgeberische Maßnahmen auf dem Gebiete des § 338 Nr. 1 StPO, JR 1978, 361
Müller-Dietz, Strafzumessung und Folgenorientierung, in Festschrift für Spendel, Berlin · New York 1992, S. 413
Müller-Gabriel, Neue Rechtsprechung des BGH zum Ausschluß des „Zeugen-Staatsanwalts", StV 1991, 235

Nack, Der Indizienbeweis, MDR 1986, 366
Neuhaus, Der strafprozessuale Tatbegriff und seine Identität, MDR 1988, 1012; 1989, 213
Neumann, Die Abgrenzung von Rechtsfrage und Tatfrage und das Problem des revisionsgerichtlichen Augenscheinsbeweises, GA 1988, 387
Niemöller, Die strafrichterliche Beweiswürdigung in der neueren Rechtsprechung des Bundesgerichtshofes, StV 1984, 431
–, Besetzungsrüge und „Willkürformel", StV 1987, 311
–, Die Hinweispflicht des Strafrichters bei Abweichung vom Tatbild der Anklage, Frankfurt a. M. 1988
–, Bedingte Beweisanträge im Strafverfahren, JZ 1992, 884
Nöldeke, Plädoyer für eine ausführliche Rechtsbehelfsbelehrung im Falle der Verwerfung einer verspäteten oder nicht formgerechten Revision nach §§ 346 I, 349 I StPO, NStZ 1991, 70

Oberrath, Die Probleme des § 357 StPO, München 1992
Odenthal, Die Gegenüberstellung im Strafverfahren, 2. Auflage, Stuttgart · München Hannover · Berlin · Weimar 1992
Odersky, Die Öffentlichkeit der Hauptverhandlung nach dem Opferschutzgesetz, in Festschrift für Pfeiffer, Köln · Berlin · Bonn · München 1988, S. 325
Oske, Die Bescheidung von Beweisanträgen vor der Hauptverhandlung, MDR 1971, 797
Otto, Das Zeugnisverweigerungsrecht des Angehörigen (§ 52 StPO) im Verfahren gegen mehrere Beschuldigte, NStZ 1991, 220

Paulus, Rechtsdogmatische Bemerkungen zum Urkundenbeweis in der Hauptverhandlung des Strafverfahrens, JuS 1988, 873
–, Prozessuale Wahrheit und Revision, in Festschrift für Spendel, Berlin · New York 1992, S. 687
Pentz, Wiedereinsetzung im Rahmen von § 346 StPO, NJW 1962, 1236
Peters, Bundesverfassungsgericht und Bundesgerichtshof, JZ 1978, 230
–, Strafprozeß, 4. Auflage, Heidelberg 1985
–, Schuldspruch durch das Revisionsgericht bei Freispruch in der Tatsacheninstanz, in Strafrechtspflege und Menschlichkeit, Heidelberg 1988, S. 413

–, Zur Problematik der freien Beweiswürdigung, in Strafrechtspflege und Menschlichkeit, 1988, S. 391
Pfeiffer, Zulässiges und unzulässiges Verteidigerverhalten, DRiZ 1984, 347
–, Die Bedeutung der Revision aus der Sicht des Bundesgerichtshofes, Schriftenreihe AG Strafrecht des DAV Bd. 3 (1986), S. 7 (zit.: Schriftenreihe DAV)
–, Zur Ausschließung und Ablehnung des Staatsanwaltes nach geltendem Recht, in Festschrift für Rebmann, München 1989, S. 359
–, Grundzüge des Strafverfahrensrechts, 2. Auflage, München 1993
Praml, Zur Zulässigkeit von Tonbandaufnahmen in der Hauptverhandlung, MDR 1977, 14
Prittwitz, Das Zeugnisverweigerungsrecht des Angehörigen und seine Wirkung auf Mitbeschuldigte, NStZ 1986, 323
Puppe, Die Individualisierung der Tat in Anklageschrift und Bußgeldbescheid und ihre nachträgliche Korrigierbarkeit, NStZ 1982, 230

Quedenfeld, Beweisantrag und Verteidigung in den Abschnitten des Strafverfahrens bis zum erstinstanzlichen Urteil, in Festgabe für Peters, Heidelberg 1984, S. 215

Rabe, Ablehnung des Strafrichters bei provokativem oder beleidigendem Verhalten des Angeklagten oder seines Verteidigers, NJW 1976, 172
–, Der befangene Richter, AnwBl. 1981, 331
Ranft, Die Präklusion der Besetzungsrüge gemäß der Strafprozeßnovelle 1979 und das Recht auf den gesetzlichen Richter, NJW 1981, 1473
Rebmann, Das Verbot der Mehrfachverteidigung nach § 146 StPO, NStZ 1981, 41
–, Der Zeuge vom Hörensagen im Spannungsverhältnis zwischen gerichtlicher Aufklärungspflicht, Belangen der Exekutive und Verteidigungsinteressen, NStZ 1982, 315
Rengier, Die Zeugnisverweigerungsrechte im geltenden und künftigen Strafverfahrensrecht, Paderborn, München, Wien, Zürich 1979
Rieß, Die Durchführung der Hauptverhandlung ohne den Angeklagten, JZ 1975, 265
–, Ausschluß der Besetzungsrüge (§ 388 Nr. 1 StPO) bei irriger aber vertretbarer Rechtsanwendung, GA 1976, 133
–, Die Besetzungsrüge in Strafsachen, DRiZ 1977, 289
–, Zur Revisibilität der freien tatrichterlichen Überzeugungsbildung, GA 1978, 257
–, Das Strafrechtsänderungsgesetz 1979, NJW 1978, 2265
–, Die Besetzungsrügepräklusion (§§ 222a, 222b StPO) auf dem Prüfstand der Rechtsprechung, JR 1981, 89
–, Die Urteilsabsetzungsfrist (§ 275 I StPO), NStZ 1982, 441
–, Eröffnungsentscheidung aufgrund unvollständiger Aktengrundlage, NStZ 1983, 247
–, Verfahrenshindernisse von Verfassungs wegen?, JR 1985, 45
–, Zur Berechnung der verlängerten Urteilsabsetzungsfrist nach § 275 I 2 Halbs. 2 StPO, NStZ 1987, 318
–, Hinweise an den Tatrichter bei Zurückverweisung durch das Revisionsgericht, in Aktuelle Probleme der Strafrechtspflege (Symposium für Hanack), Berlin · New York 1991, S. 117 (zit.: Hanack-Symp.)
–, Das Gesetz zur Entlastung der Rechtspflege, AnwBl. 1993, 53
Rieß/Hilger, Das neue Strafverfahrensrecht – Opferschutzgesetz und Strafverfahrensänderungsgesetz 1987 –, NStZ 1987, 150
Roesen, Verfahrensrüge und Sachentscheidung, NJW 1960, 273
Rogall, Der Beschuldigte als Beweismittel gegen sich selbst, Berlin 1977
–, Die Lehre von den prozessualen Beweisverboten, ZStW 91 (1979), 1
Römer, Die Verwerfung wegen offensichtlicher Unbegründetheit der Revision (§ 349 Abs. 2 StPO), MDR 1984, 353
Roxin, Aktuelle Probleme der Öffentlichkeit im Strafverfahren, in Festschrift für Peters, 1974, S. 393

–, Strafverfahrensrecht, 23. Aufl., München 1993

Rudolphi, Die Revisibilität von Verfahrensmängeln im Strafprozeß, MDR 1970, 93

Rüping, Der Grundsatz des rechtlichen Gehörs und seine Bedeutung im Strafverfahren, 2. Aufl., München 1983

Sarstedt, Der Beweisantrag im Strafprozeß, DAR 1964, 307

–, Konkurrenz von Revisionsrügen, in Festschrift für Hellmuth Mayer, Berlin 1966, S. 529

–, Der Vorsitzende des Kollegialgerichts, in Juristen-Jahrbuch, Bd. 8, 1967/68, S. 104 (zit.: Sarstedt, Kollegialgericht)

–, Nochmals: Die verspätete Verfahrensrüge, NJW 1968, 925

–, Auswahl und Leitung des Sachverständigen im Strafprozeß (§§ 73, 78 StPO), NJW 1968, 177

Sarstedt/Hamm, Die Revision in Strafsachen, 5. Auflage, Berlin · New York 1983

Schäfer, Gerhard, Praxis der Strafzumessung, NJW-Schriftenreihe, Heft 51, München 1990

–, Die Rüge, daß das Tatgericht (wesentlichen) Beweisstoff nicht aus dem Inbegriff der Hauptverhandlung geschöpft, (wesentlichen) Beweisstoff übersehen oder übergangen habe, Schriftenreihe AG Strafrecht des DAV, Bd. 9 (1992), S. 44 (zit.: Schriftenreihe DAV)

–, Die Praxis des Strafverfahrens, 5. Aufl., Stuttgart · Berlin · Köln 1992

Schäfer, Helmut, Die Einsicht in Strafakten durch Verfahrensbeteiligte und Dritte, NStZ 1985, 198

–, Die Grenzen des Rechts auf Akteneinsicht durch den Verteidiger, NStZ 1984, 203

Schäfer, Karl, Einige Bemerkungen zum Satz „nemo tenetur se ipsum accusare“, in Festschrift für Dünnebier, Berlin · New York 1982, S. 11

Scheffler, Der Hilfsbeweisantrag und seine Bescheidung in der Hauptverhandlung, NStZ 1989, 158

–, Rückkehr zur bisherigen Rechtsauffassung nach einem rechtlichen Hinweis gem. § 265 StPO ohne erneuten Hinweis?, JR 1989, 232

Schlothauer, Wiedereröffnung der Hauptverhandlung und letztes Wort, StV 1984, 134

–, Gerichtliche Hinweispflichten in der Hauptverhandlung, StV 1986, 213

–, Hilfsbeweisantrag – Eventualbeweisantrag – Bedingter Beweisantrag, StV 1988, 542

–, Abwesenheitsverhandlung wegen Beurlaubung oder vorübergehender Verfahrensabtrennung und Revision, in Festgabe für Koch, Heidelberg 1989, S. 241

–, Unvollständige und unzutreffende tatrichterliche Urteilsfeststellungen, StV 1992, 134

–, Verfahrens- und Besetzungsfragen bei Hauptverhandlungen vor der reduzierten Strafkammer nach dem Rechtspflegeentlastungsgesetz, StV 1993, 147

Schlüchter, Das Strafverfahren, 2. Aufl., Köln · Berlin · Bonn · München 1983

–, Wider die Verwirkung von Verfahrensrügen im Strafprozeß, in Gedächtnisschrift für K. H. Meyer, Berlin · New York 1990, S. 445

–, Zu Anklageschrift und Eröffnungsbeschluß bei fortgesetzter Handlung, JR 1990, 10

–, Zur Relativierung der gerichtlichen Aufklärungspflicht durch Verständigung im Strafverfahren, in Festschrift für Spendel, Berlin · New York 1992, S. 737

–, Systematischer Kommentar zur StPO, §§ 213–295, Neuwied 1992

–, Weniger ist mehr, Aspekte zum Rechtspflegeentlastungsgesetz, Baden-Baden 1992

Schmid, Über den Aktenverlust im Strafprozeß, in Festschrift für Lange, Berlin · New York 1976, S. 781

–, Die wörtliche Protokollierung einer Aussage in der Hauptverhandlung, NJW 1981, 1353

Schmid, W., Die Verwirkung von Verfahrensrügen im Strafprozeß, Frankfurt 1967

–, Zur Korrektur von Verteidigungsfehlern im Strafprozeß, in Festschrift für Maurach, Karlsruhe 1972, S. 535

–, Der Revisionsrichter als Tatrichter, ZStW 85 (1973), 360
Schmidt, Eb., Lehrkommentar zur Strafprozeßordnung und zum Gerichtsverfassungsgesetz,
Teil I: Die rechtstheoretischen und rechtspolitischen Grundlagen des Strafverfahrensrechts, 2. Auflage 1964
Teil II: Erläuterungen zur Strafprozeßordnung, 1957; mit Nachtragsband 1967
Teil III: Erläuterungen zum Gerichtsverfassungsgesetz, 1960 (zit.: Eb. Schmidt)
–, Die Sache der Justiz; Justizrechtliche Grundsätze und ihre Konsequenzen im prozessualen und materiellen Recht, Göttingen 1961
–, Revisionsgericht und Verfahrenshindernisse, JZ 1962, 155
–, Der Stand der Rechtsprechung zur Frage der Verwendbarkeit von Tonbandaufnahmen im Strafprozeß, JZ 1964, 537
–, Sinn und Tragweite des Hinweises auf die Aussagefreiheit des Beschuldigten, NJW 1968, 1209
–, Der Strafprozeß, NJW 1969, 1144
Schmitt, R., Können die Beschlüsse aus §§ 346, 349 zurückgenommen werden?, JZ 1961, 15
Schneider, Die strafprozessuale Beweiswürdigung des Schweigens von Beschuldigten und angehörigen Zeugen, Jura 1990, 572
–, Verletzung der Öffentlichkeit durch die Bitte an einen Zuhörer, den Sitzungssaal zu verlassen?, StV 1990, 91
Schneidewin, Verfahrensrüge und Sitzungsprotokoll, MDR 1951, 193
Schöneborn, Das Problem der Rollenvertauschung und des Zeugnisverweigerungsrechts bei mehreren Mitbeschuldigten in vergleichender Betrachtung, ZStW 86 (1974), 921
Schoreit, Die Beschlußverwerfung der Revision gemäß § 349 Abs. 2 StPO und die Staatsanwaltschaft, in Festschrift für Pfeiffer, Köln · Berlin · Bonn · München 1988, S. 397
Schorn, Der Schutz der Menschenwürde im Strafverfahren, Neuwied 1963
–, Die Europäische Konvention zum Schutz der Menschenrechte und Grundfreiheiten in strafgerichtlicher Praxis, DRiZ 1963, 339
Schrader, Der Hilfsbeweisantrag – Ein Dilemma, NStZ 1991, 224
Schröder, A., Die Ablehnung von Beweisanträgen auf Grund Wahrunterstellung und Unerheblichkeit, NJW 1972, 2105
Schroth, Der Vorhalt eigener protokollierter Aussagen an den Angeklagten, ZStW 87 (1975), 103
Schweckendieck, Die Ablehnung eines Beweisantrages wegen Verschleppungsabsicht – eine zu wenig genutzte Möglichkeit?, NStZ 1991, 109
Schwenn, Was wird aus dem Beweisantrag?, StV 1981, 631
Seebode/Sydow, „Hörensagen ist halb gelogen". Das Zeugnis vom Hörensagen im Strafprozeß, JZ 1980, 506
Seibert, Die Revision in Strafsachen, DRZ 1948, 371
–, Zur Mitaufhebung der Feststellungen, NJW 1958, 1076
–, Der verhandlungsunfähige oder unaufmerksame Richter im Strafverfahren, NJW 1963, 1044
–, Urteilsaufhebung durch Beschluß, NJW 1966, 1064
Sieg, Willkürliche Abweichung vom Geschäftsverteilungsplan als Besetzungsfehler, StV 1982, 597
–, Eigene Beweiserhebung durch das Revisionsgericht, NJW 1983, 2014
–, Richterausschluß im Wiederaufnahmeverfahren, NJW 1984, 1519
–, Verwertungsverbot für Aussagen eines Beschuldigten im Ermittlungsverfahren ohne Belehrung nach § 136 I 2 StPO?, MDR 1984, 725
Siegismund/Wickern, Das Gesetz zur Entlastung der Rechtspflege, wistra 1993, 81

Sommerlad, Die sogenannte Selbstbindung der Rechtsmittelgerichte, NJW 1974, 123
v. Stackelberg, Die Besetzungsrüge in der strafrechtlichen Revision, in Festschrift für Schmidt-Leichner, München 1977, S. 207
–, Zur Wahrunterstellung in der strafrechtlichen Revision, in Festschrift für Sarstedt, Berlin · New York 1981, S. 373
–, Zur Beschlußverwerfung der Revision als „offensichtlich unbegründet", in Festschrift für Dünnebier, Berlin · New York 1982, S. 365
Stein, Die Anwesenheitspflicht des Angeklagten in der Hauptverhandlung, ZStW 97 (1985), 303
Strate, Richterliche Befangenheit und rechtliches Gehör, in Festgabe für Koch, Heidelberg 1989, S. 261
–, Verfassungsrechtliche Aspekte des Beweisantragsrechts, Schriftenreihe AG Strafrecht des DAV, Bd. 9 (1992), S. 80 (zit.: Schriftenreihe DAV)
Stree, In dubio pro reo, Tübingen 1962
–, Schweigen des Beschuldigten im Strafverfahren, JZ 1966, 593
Streng, Die Strafzumessungsbegründung und ihre Orientierungspunkte, NStZ 1989, 393
Systematischer-Kommentar zur Strafprozeßordnung und zum Gerichtsverfassungsgesetz, Loseblattsammlung, Neuwied 1992 (zit.: Bearbeiter SKStPO)

Tenckhoff, Die Wahrunterstellung im Strafprozeß, Berlin 1980
Teplitzky, Probleme der Richterablehnung wegen Befangenheit, NJW 1962, 2044
Theune, Grundfragen der vergleichenden Strafzumessung – Revisibilität von Strafzumessungserwägungen, Schriftenreihe AG Strafrecht des DAV, Bd. 3 (1986), S. 145 (zit.: Schriftenreihe DAV)
–, Zum Strafzumessungsrecht, NStZ 1986, 157
–, Die revisionsrechtliche Kontrolle der Beweiswürdigung des Tatrichters, Schriftenreihe AG Strafrecht des DAV, Bd. 9 (1992), S. 13 (zit.: Schriftenreihe DAV)
Thole, Der Scheinbeweisantrag im Strafprozeß, Berlin 1992
Thomas/Richter, Richterliche Willkür unter revisionsrechtlicher Überprüfung, Schriftenreihe AG Strafrecht des DAV, Bd. 3 (1986), S. 78 ff. (zit.: Schriftenreihe DAV)
Thym, Augenschein und Öffentlichkeit, NStZ 1981, 293
Tiedemann/Sieber, Die Verwertung des Wissens von V-Leuten im Strafverfahren, NJW 1984, 753
Többens, Der Freibeweis und die Prozeßvoraussetzungen, NStZ 1982, 184
Tolksdorf, Mitwirkungsverbot für den befangenen Staatsanwalt, Berlin 1989

ter Veen, Die Beschneidung des Fragerechts und die Beschränkung der Verteidigung als absoluter Revisionsgrund – zugleich Anmerkung zu BGH 3 StR 449/450/83, StV 1983, 167
–, Die Beschränkung der Verteidigung als absoluter Revisionsgrund, StV 1983, 167
–, Die Zulässigkeit informatorischer Befragung, StV 1983, 293
Ventzke, § 344 Abs. 2 Satz 2 StPO – Einfallstor revisionsgerichtlichen Gutdünkens?, StV 1992, 338
Volk, Prozeßvoraussetzungen im Strafrecht, Ebelsbach 1978
Voormann, Die mehrfache Ablehnung von Richtern im Strafverfahren, NStZ 1985, 444

Warda, Hauptverhandlung mit dem verhandlungsunfähigen, aber verhandlungswilligen Angeklagten?, in Festschrift für Bruns, Köln · Berlin · Bonn · München 1978, S. 415
Weber, Ulrich, Der Mißbrauch der prozessualen Rechte im Strafverfahren, GA 1975, 289
Weber-Petras, Ordnungs- und Sollvorschriften im Strafprozeßrecht, Frankfurt a. M. 1992

Weimann, Probleme des medizinischen Sachverständigen im Strafprozeß, JR 1951, 198
Welp, Der Verteidiger als Anwalt des Vertrauens, ZStW 90 (1978), 100
–, Probleme des Akteneinsichtsrechts, in Festgabe für Peters, Heidelberg 1984, S. 309
–, Rechtsschutz gegen verweigerte Akteneinsicht, StV 1986,446
Wendisch, Zur Ausschließung und Ablehnug des Staatsanwalts, in Festschrift für Karl Schäfer, Berlin · New York 1980, S. 243
Wessels, Die Aufklärungsrüge im Strafprozeß, JuS 1969, 1
Widmaier, Zur Rechtsstellung des nach §§ 220, 38 StPO vom Verteidiger geladenen Sachverständigen, StV 1985, 526
–, Wohin entwickeln sich die absoluten Revisionsgründe?, in Aktuelle Probleme der Strafrechtspflege (Symposium für Hanack), Berlin · New York 1991, S. 77 (zit.: Hanack-Symp.)
–, Die Rüge, daß das Tatgericht (wesentlichen) Beweisstoff übersehen oder übergangen habe, Schriftenreihe AG Strafrecht des DAV, Bd. 9 (1992), S. 66 (zit.: Schriftenreihe DAV)
–, Mitwirkungspflicht des Verteidigers in der Hauptverhandlung und Rügeverlust, NStZ 1992, 519
Willms, Sachrüge und erweiterte Revision, JR 1975, 52
–, Zur Problematik der Wahrunterstellung, in Festschrift für Karl Schäfer, Berlin · New York 1980, S. 275
Wolter, Contra in dubio pro reo, MDR 1981, 441
–, Repressive und präventive Verwertung tagebuchartiger Aufzeichnungen, StV 1990, 175
–, Verwertungsverbote bei zulässiger Telefonüberwachung, in Gedächtnisschrift für Armin Kaufmann, Köln · Berlin · Bonn · München 1989, S. 761
–, Wahlfeststellung und in dubio pro reo, Berlin 1987
Wömpner, Ergänzender Urkundenbeweis neben §§ 253, 254 StPO?, NStZ 1983, 293
–, Zur Verlesung früherer Urteile, NStZ 1984, 481

Zeitz, Ausschließung des Strafrichters nach erfolgreicher Revision, DRiZ 1965, 393

Einführung

Die Gliederung der Schrift ist den praktischen Erfordernissen der Bearbeitung durch den Revisionsführer angepaßt. Das ist meistens der **Verteidiger**, seltener der **Staatsanwalt** und daneben andere Prozeßbeteiligte. Ihnen soll eine zuverlässige Leitlinie bei der Bewältigung dieses schwierigen Rechtsmittels geboten werden. Sie reicht von den Grundfragen der Revisionsberechtigung und der anfechtbaren Entscheidungen über Einlegung und Begründung der Revision bis zum Beschlußverfahren oder zur Hauptverhandlung mit Revisionsurteil und seinen Auswirkungen. Das Buch ist darauf ausgerichtet, bei der Bearbeitung „neben der Akte zu liegen", d.h. ein geschlossenes System für die Prüfung und Ausarbeitung der Revision zu bieten und den Beschwerdeführer vom Beginn bis zum Abschluß des Revisionsverfahrens zu begleiten und zu beraten.

Da die Verfahrensrügen innerhalb der Monatsfrist des § 345 Abs. 1 StPO vollständig vorgetragen werden müssen, ist dieses Kapitel der Erörterung der Sachrüge vorangestellt, weil diese zunächst nur in allgemeiner Form erhoben werden muß und auch nach Fristablauf näher ausgeführt werden kann. Die **verfahrensrechtlichen Besonderheiten** der Revision sind mit dem jeweiligen Sachabschnitt verbunden, soweit sie dort von Bedeutung sind. Besonderer Wert wurde auf die Hinweise zur schriftlichen Darstellung der Revisionsrügen (§ 344 Abs. 2 StPO) gelegt, weil von ihr die Zulässigkeit jeder Verfahrensrüge, nicht selten sogar des Rechtsmittels insgesamt abhängt.

Auf Besonderheiten der Revision gegen **freisprechende Urteile** wird im jeweiligen sachlichen Zusammenhang mit Verfahrens- und Sachrüge eingegangen; die Revision gegen **Berufungsurteile** ist in einem besonderen Kapitel behandelt.

Dem **Tatrichter** wird durch die systematische Darstellung der Anfechtungsgründe die Möglichkeit einer vorgezogenen revisionsrechtlichen Kontrolle des Verfahrensganges und seines Urteils eröffnet. Der **Revisionsstaatsanwalt** kann die Abhandlung als Kontrollmaßstab für die Überprüfung des Rechtsmittels – sei es das des Angeklagten, der Staatsanwaltschaft oder Nebenbeteiligter – und die von ihm zu stellenden Anträge nutzen. Dem **Revisionsrichter** soll die Schrift eine Hilfe bieten für die Beurteilung der Revisionsbegründung, die von Amts wegen zu klärenden verfahrensrechtlichen und sachlich-rechtlichen Fragen und für die Vorbereitung seiner Entscheidung.

Vom Inhaltsverzeichnis über das differenzierte und erweiterte Stichwortverzeichnis, das umfassende System der Randnummern und Randnummerverweisungen im Text soll der Benutzer zu den Einzelfragen hingeführt werden. Dazu sollen auch das neu bearbeitete Schrifttumsverzeichnis, die Literaturhinweise vor einzelnen Kapiteln und das Gesetzesregister eine Hilfe sein.

Teil 1: Zum Wesen der Revision

1. Kapitel
Allgemeines

1 „Die Revision ist ein eigenartiges Rechtsinstrument das sich, so notwendig es ist, niemals großer Volkstümlichkeit erfreuen wird. Denn die Revisionsgerichte wirken gleichsam im luftleeren Raum, und das Volk liebt es nicht, das Schicksal lebenswichtiger Interessen auf die Spitze logischer Deduktionen gestellt zu sehen."

Dieser treffende Satz eines erfahrenen Revisionsrichters[1] über das Wesen der Revision hat nichts von seiner Aktualität verloren. Die Revision nimmt in der Tat durch die Eigentümlichkeit ihrer Gestaltung und Funktion im Rechtsmittelsystem der Strafprozeßordnung eine besondere Stelle ein.[2] In der Rechtsanwendung bereitet sie vielerlei Schwierigkeiten.

2 Die Revision ist primär als ein Instrument zur **Sicherung der Rechtseinheit** strukturiert. Dies ist ein wichtiges Element der **Rechtssicherheit**. Dieser Funktion kann die Revision aber nur dadurch genügen, daß sie in ihrem Wirkungsbereich durch strenge Form- und Fristvorschriften eingeschränkt und der revisible Rechtsbereich eingeengt ist. Im anderen Falle würde der Umfang der zu behandelnden Revisionen den Rahmen eines jeden Revisionsgerichts sprengen und die für die Sicherung der Einheitlichkeit des Rechts unentbehrliche Übersicht über die Revisionsentscheidungen gefährden oder ausschließen. Die damit unvermeidliche Rechtsverkürzung bedeutet aber nun zugleich eine notwendige **Zurücksetzung der materiellen Fallgerechtigkeit**[3] in der Entscheidung der einzelnen Sache. Es ist aber gerade der andere Zweck der Revision, als Rechtsmittel zur Verhinderung ungerechter Entscheidungen zu wirken. Die beiden Prinzipien stehen somit miteinander in Widerstreit. Gerade diese **Antinomie der Verfahrensziele**[4] macht für alle Beteiligten die Revision zu einer schwierigen, verantwortungsgeladenen und konfliktreichen Aufgabe. Die Rechtsprechung hat sie durch ein sich immer weiter entwickelndes **Richterrecht** zu lösen gesucht, das auch die Möglichkeiten revisionsgericht-

---

[1] Seibert, DRZ 1948, 373.

[2] Vgl. u.a. Pfeiffer, Die Bedeutung der Revision aus der Sicht des Bundesgerichtshofes, Schriftenreihe DAV Bd. 3 S. 7ff.

[3] Zum Meinungsstand Löwe/Rosenberg/Hanack, vor § 333 Rdn 1ff. m. Nachw.

[4] Diese wird praktisch nicht ausgeräumt durch die an sich zutreffende Ausführung von Sarstedt/Hamm (S. 8), daß beide Verfahrenszwecke sich „rein begrifflich nicht trennen lassen".

lichen Zugriffs auf tatrichterliche Urteile erheblich erweitert hat. Nur völlige Vertrautheit mit dessen ständig fortschreitender Entwicklung kann bewirken, daß Formenstrenge und Rechtssicherheit einerseits und die gerechte Entscheidung des Einzelfalles jeweils miteinander in Einklang sind.

2. Kapitel
Auswirkungen auf die Praxis

3 Für die praktische Bearbeitung des Rechtsmittels der Revision sind Fristen, Formalien und die besonderen Erfordernisse des § 344 Abs. 2 die im Vordergrund stehenden Probleme. Sie sind nur zu bewältigen durch eine sorgfältige Disposition und Organisation der Bearbeitung sowie durch strengste Beachtung der gesetzlichen Vorschriften und der für ihre Auslegung maßgebenden Rechtsprechung. Die eigentliche rechtliche „Kunst" besteht indes im Aufspüren der Revisionsgründe. Hier wird in der Regel nur der fündig werden, der sich eingehend mit der Materie befaßt und vor allem über den Stand der Rechtsprechung orientiert ist. Schon das Verfahrensrecht ist trotz seiner relativ dichten gesetzlichen Durchnormierung unter revisionsrechtlichen Aspekten in erheblichem Maße richterrechtlich geprägt. Die Sachrüge, deren primäre gesetzliche Grundlage der wenig aussagekräftige § 337 darstellt, ist nahezu ausschließlich das Ergebnis eines sich zunächst langsam, inzwischen aber zügig entwickelnden (und ändernden) Richterrechts – eine Situation, die im Strafverfahrensrecht ohne Beispiel ist. Diese Eigenarten erfordern von jedem Revisionsführer und jedem Revisionsadressaten eine Intensität und Sorgfalt der Bearbeitung, die Ausnahmecharakter hat. Allerdings bringt es das Wesen der Revision und ihr heutiger Entwicklungsstand auch mit sich, daß der Erfolg des Rechtsmittels einer Prognose kaum zugänglich ist.[1] *Hanack*[2] bezeichnet die Revision daher zu Recht als „unklare Chance"; sie ist damit aber für den Praktiker auch eine Herausforderung, die der Anstrengung wert ist!

---

[1] Im Jahre 1992 hat der BGH über 3547 Revisionen entschieden, von denen fast 80% verworfen wurden und nur ca. 20% Erfolg (oder Teilerfolg!) hatten; die Zahlen f. d. OLGe sind ähnlich.

[2] Dazu Löwe/Rosenberg/Hanack vor § 333 Rdn 11ff, der gerade unter dem Aspekt der Revision den „Fachanwalt für Strafrecht" postuliert.

Teil 2: Die revisionsfähigen Strafurteile und die zuständigen Revisionsgerichte

Lit.: *Böttcher/Mayer,* Änderungen des Strafverfahrensrechts durch das Entlastungsgesetz, NStZ 1993, 153; *Dünnebier,* Nicht revisible Entscheidungen, FS Dreher, S. 670; *Kissel,* Gerichtsverfassung unter dem Gesetz zur Entlastung der Rechtspflege, NJW 1993, 489; *Meyer-Goßner,* Änderungen der Strafprozeßordnung durch das Rechtspflegeentlastungsgesetz, NJW 1993, 498; *Rieß,* Das Gesetz zur Entlastung der Rechtspflege, AnwBl. 1993, 53; *Siegismund/Wickern,* Das Gesetz zur Entlastung der Rechtspflege, wistra 1993, 81; *Schlüchter,* SKStPO, §§ 213–295; *Schlüchter,* Weniger ist mehr, Aspekte zum Rechtspflegeentlastungsgesetz, 1993.

Nur **Urteile** sind mit der Revision anfechtbar. Sie sind in den §§ 333 und 335 genannt. Sie werden auf Grund einer Hauptverhandlung verkündet und schließen die Instanz ab. Das Urteil ist schriftlich zu begründen. Fehler, die ausschließlich bei der mündlichen Urteilsbegründung unterlaufen, können nie gerügt werden (Rdn 373). Den möglichen Urteilsinhalt gibt § 260 StPO wieder (Freisprechung, Verurteilung, Anordnung einer Maßregel, Einstellung). Beschlüsse sind nur im Ausnahmefall der Revision zugänglich und zwar wenn sie irrtümlich als solche bezeichnet sind, der Sache nach aber ein Urteil darstellen;[1] dazu gehört z.B. eine Einstellung wegen Verjährung durch Beschluß. Die Bezeichnung „Urteil" ist andererseits nicht maßgebend, wenn es sich offensichtlich nicht um ein Urteil handelt. Wenn das Gesetz einen Beschluß vorschreibt, ist ein statt dessen ergehendes „Urteil" nicht als ein solches anzusehen und deshalb nicht mit der Revision anfechtbar, z.B. Einstellung wegen Abwesenheit des Angeklagten in der Hauptverhandlung – § 205. 4

Die im Urteil getroffenen **Nebenentscheidungen,** insbesondere über die Kosten (§ 464), unterfallen **nicht** der Revision. 5

Nicht selbständig anfechtbar sind auch die dem Urteil **vorausgegangenen Entscheidungen** (§§ 305, 336 – Rdn 218ff.). Rechtsfehler dieser Entscheidungen sind aber vom Revisionsgericht zu berücksichtigen, wenn das Urteil auf ihnen beruht.[2] Dies gilt nach § 336 S. 2 aber nicht für Beschlüsse, die ausnahmsweise mit der sofortigen Beschwerde anfechtbar oder im Gesetz ausdrücklich für unanfechtbar erklärt sind (§ 28).[3] 6

Gerichtliche Entscheidungen im **Vorverfahren** sind der Nachprüfung 7

---

[1] BGHSt 8, 384; RGSt 63, 247; Kleinknecht/Meyer-Goßner § 333 Rdn 1.

[2] Z.B. Entscheidungen nach §§ 28, 81, 138d, 210, 225a, 231a StPO sowie § 52 GVG; vgl. i.ü. die Zusammenstellung bei Löwe/Rosenberg/Hanack § 336 Rdn 17f und Dünnebier, FS Dreher, S. 670ff.

[3] Vorausgesetzt, daß der Mangel ordnungsgemäß gerügt ist (vgl. unten – Rdn 218ff.).

grundsätzlich entzogen. Sonstige Rechtsfehler im Vorverfahren (z.B. der Anklageschrift – Rdn 231),[4] können erst recht nicht herangezogen werden[5] Verfahrensfehler aus diesem Bereich können aber dann mit der Revision gerügt werden, wenn sie im Verfahren bis zum Urteil **weitergewirkt** haben[6] (vgl. im einzelnen Rdn 218). Das kann namentlich bei Fehlern des **Eröffnungsbeschlusses** der Fall sein (Rdn 235ff.) oder bezüglich der Bestellung und Auswahl eines Pflichtverteidigers[7] (§§ 140, 142 – Rdn 219).

8 Wenn die dargestellten allgemeinen Urteilskriterien gegeben sind, sind der Revision zugänglich: Die Urteile der Oberlandesgerichte in I. Instanz, der Strafkammern[8] in I. oder II. Instanz (Berufungsurteile) und der Amtsgerichte (Strafrichter oder Schöffengerichte – §§ 333 und 335).[9]

9 Im letztgenannten Falle hat der Beschwerdeführer unter beiden Rechtsmitteln die Auswahl. Wählt er die Revision, wird damit die Berufung übersprungen (**Sprungrevision**). An dieser Rechtslage hat sich auch für den Bereich der „Annahme-Berufung" nach § 313 n.F.[10] nichts geändert. Zwar knüpft § 335 I die Statthaftigkeit der Revision an die „Zulässigkeit" der Berufung, jedoch muß dies als Bindung an die Statthaftigkeit der Berufung verstanden werden. Ebenso wie die Frage, ob der Beschwerdeführer eine nach Frist und Form „zulässige" Berufung vorgelegt hätte, für die Statthaftigkeit der Revision irrelevant ist, kann es nicht darauf ankommen, ob die Berufung – wenn sie statt der Revision eingelegt worden wäre – vom Berufungsgericht i.S. § 313 II angenommen worden wäre. Im übrigen dürfte der Begriff „unzulässig" in § 313 II hier im Sinne von „offensichtlich unbegründet" (vgl. § 349 II) (Rdn 547) zu verstehen sein.[11]

10 Der Beschwerdeführer braucht die Entscheidung über die Art seines Rechtsmittels aber nicht schon bei der Einlegung zu treffen. Es genügt zunächst die **unbestimmte Anfechtung** des Urteils innerhalb einer Woche (§§ 314, 341) ohne Bezeichnung des Rechtsmittels (z.B. in dieser Form: „... wird gegen das Urteil vom ... ein Rechtsmittel eingelegt"). Die Auswahlentscheidung muß dann spätestens bis zum Ablauf der Revisionsbegründungsfrist getroffen werden. Damit bleibt es dem Beschwerdeführer erspart, sich zu entscheiden, ehe er die schriftlichen Urteilsgründe kennt und ehe mit der Zustellung die Revisionsbegründungsfrist in Lauf gesetzt wird (§ 345 I 2). Hier kann allerdings die Regelung des § 313 n.F. Bedeutung gewinnen. Wenn das Berufungsgericht vor Ablauf der Frist zur Rechtfertigung der Revision

---

[4] RGSt 31, 100 (104); Löwe/Rosenberg/Hanack § 336 Rdn 3.

[5] BGHSt 6, 326 (328); Kleinknecht/Meyer-Goßner § 336 Rdn 2.

[6] Kleinknecht/Meyer-Goßner § 336 Rdn 3.

[7] Löwe/Rosenberg/Hanack § 336 Rdn 6.

[8] In den neuen Bundesländern die Bezirksgerichte.

[9] Zu den Beschränkungen im Jugendstrafrecht vgl. § 55 JGG sowie Blaese/Wielop Rdn 15ff.

[10] Gesetz zur Entlastung der Rechtspflege v. 11. 1. 1993, BGBl 1993 I 50.

[11] So auch Siegismund/Wickern wistra 1993, 81.

(§ 345 I) die Berufung gem. § 313 als unzulässig – weil offensichtlich unbegründet – durch unanfechtbaren Beschluß (§ 322 a) verwirft, so ist auch der Übergang zur Sprungrevision nicht mehr möglich.

Die Sprungrevision wird in Betracht kommen, wenn günstigere Tatsachenfeststellungen nicht zu erwarten sind und es allein auf Rechtsfragen ankommt. Wenn nach unbestimmter Anfechtung eine (rechtzeitige) Wahlentscheidung **unterbleibt**, gilt das Rechtsmittel als Berufung, weil deren Wirkungsumfang weiter reicht;[12] die Frage der Annahme der Berufung (§ 313 n. F.) ist insoweit nicht relevant. 11

Ist bei zulässiger Sprungrevision Berufung rechtswirksam eingelegt, so ist der **Übergang zur Revision** zulässig, solange die Revisionsbegründungsfrist läuft und die Berufung nicht nach § 313 verworfen ist.[13] Gegen die Versäumung der Übergangsfrist gibt es keine Wiedereinsetzung.[14] Auch der Übergang von rechtzeitig eingelegter Revision zur Berufung ist innerhalb der Revisionsbegründungsfrist möglich,[15] hier soll auch die Wiedereinsetzung bei Fristversäumung in Betracht kommen.[16] Ob der Übergang auch möglich ist, wenn in der ausdrücklichen Bezeichnung des Rechtsmittels als (Sprung-)Revision ein Verzicht auf die Berufung gesehen werden kann,[17] ist streitig.[18] Rechtsprechung und Schriftum halten den Wechsel aber heute in der Regel für zulässig.[19] 12

Hat der Beschwerdeführer sich in der Frist des § 345 I für ein Rechtsmittel entschieden, so ist ein **erneuter Wechsel** nicht mehr möglich.[20] 13

Die **zuständigen Revisionsgerichte** sind der Bundesgerichtshof und die Oberlandesgerichte. Der Bundesgerichtshof entscheidet über die Revision gegen erstinstanzliche Urteile der Oberlandesgerichte und der großen Strafkammern in I. Instanz (§ 135 GVG), wenn nicht die Revision ausschließlich auf die Verletzung von Landesrecht gestützt wird (§ 121 I, Ziff. 1 c GVG). In diesen und in allen anderen Fällen ist das Oberlandesgericht Revisionsinstanz,[21] in Bayern das Oberste Landesgericht (§ 9 EGGVG i. V. m. Art. 11 14

---

[12] BGHSt 13, 388 (392); Löwe/Rosenberg/Hanack § 335 Rdn 10; a. A. OLG Düsseldorf MDR 1972, 343.

[13] BGHSt 25, 324; 6, 207; 5, 338, OLG Karlsruhe StV 1991, 199 m. Nachw.

[14] OLG Düsseldorf MDR 1985, 518 m. N.; KK-Pikart § 335 Rdn 6; a. A. Löwe/Rosenberg/Hanack § 335 Rdn 14 m. Nachw.

[15] BGHSt 25, 324; 17, 44.

[16] OLG Zweibrücken MDR 1985, 517; Kleinknecht/Meyer-Goßner § 335 Rdn 11; Löwe/Rosenberg/Hanack § 335 Rdn 19.

[17] Z. B. wenn die Revision in Kenntnis der Urteilsgründe gewählt worden ist.

[18] BGHSt 17, 44 (48); BGHSt 13, 388 (392) m. abl. Anm. Eb. Schmidt NJW 1960, 1651; Löwe/Rosenberg/Hanack § 335 Rdn 17 f; Kleinknecht/Meyer-Goßner § 335 Rdn 11.

[19] BGHSt 17, 44; Löwe/Rosenberg/Hanack § 335 Rdn 18 m. Nachw.

[20] Löwe/Rosenberg/Hanack § 335 Rdn 9, 15 a. E.; KK-Pikart § 335 Rdn 5; a. A. OLG Zweibrücken MDR 1985, 517.

[21] Für das Gebiet der ehemaligen DDR die besonderen Senate des Bezirksgerichts; vgl. EV Anl. I Kap. III Sachgebiet A Abschnitt III Nr. 1 k und l Abs. 2 Nr. 1.

BayAGGVG). Das betrifft die Berufungsurteile der großen und der kleinen Strafkammern (§ 121 I Ziff. 1 b GVG). Stellt eine Strafkammer als Berufungsgericht eine Überschreitung der Strafgewalt des Gerichts I. Instanz und die erstinstanzliche Zuständigkeit der Strafkammer fest, so entscheidet es selbst als Gericht I. Instanz. Gegen seine Entscheidung geht die Revision an den Bundesgerichtshof.[22]

---

[22] BGHSt 21, 229 (230).

Teil 3: Die Revisionsberechtigten

Der Kreis der Revisionsberechtigten umfaßt alle Verfahrensbeteiligten außer Zeugen und Sachverständigen. Für die **Staatsanwaltschaft** und den **Angeklagten** ergibt sich dies aus § 296, im übrigen aus Einzelbestimmungen, z. B. § 390 (**Privatkläger**), § 401 (**Nebenkläger** mit den Beschränkungen des § 400), § 437 I (**Einziehungsbeteiligte**),[1] § 298 (**gesetzliche Vertreter**). Revisionsberechtigt ist auch der Geschäftsunfähige (wenn er verhandlungsfähig ist) und der Jugendliche.[2] In allen Fällen ist eine **Beschwer** (Rdn 31 ff, 39) durch das tatrichterliche Urteil Voraussetzung. 15

Vertretung in der Erklärung oder auch im Willen durch jede beliebige (auch juristische)[3] Person ist zulässig.[4] Der Vertreter muß verhandlungsfähig sein. Die Vollmacht bedarf keiner Form, muß aber im Zeitpunkt der Einlegung des Rechtsmittels erteilt sein (Rdn 18). 16

Für den Angeklagten kann auch der **gesetzliche Vertreter** Revision einlegen (§ 298). Dieses selbständige Recht wird durch einen Widerspruch des Vertretenen nicht beeinträchtigt. Jedoch kann der gesetzliche Vertreter die Revision nicht ohne Einverständnis des Vertretenen zurücknehmen oder beschränken[5] (Rdn 40, 70). Das gilt sogar dann, wenn der Vertretene auf die Revision verzichtet hatte.[6] Die für den Beschuldigten laufende Revisionsfrist (Rdn 21) gilt auch für den Vertreter. Die Revisionsbegründungsfrist (Rdn 50) läuft dagegen von der einzelnen Zustellung an (§§ 37 II, 345 I). Gesetzliche Vertreter eines Minderjährigen sind die Eltern in Gesamtvertretung (§ 1629 BGB). Es genügt aber die Vertretungshandlung eines Elternteils, wenn der andere einverstanden oder verhindert ist.[7] Gesetzlicher Vertreter des nichtehelichen Minderjährigen ist die Mutter (§ 1705 BGB). Die Revision des gesetzlichen Vertreters ist kein selbständiges Rechtsmittel, wenn sie nicht als solches, sondern auf Grund einer besonderen Vollmacht für den Vertretenen eingelegt wird.[8] Wenn die Eigenschaft als Vertreter erlischt, kann der Vertretene die 17

---

[1] Einzelheiten bei Blaese/Wielop Rdn 98 f.

[2] In den Grenzen des § 55 JGG.

[3] Str. bej. OLG Hamm NJW 1952, 1150; Kleinknecht/Meyer-Goßner § 341 Rdn 3; Sarstedt/Hamm S. 73; vern. OLG Stuttgart Justiz 1977, 245.

[4] Kleinknecht/Meyer-Goßner § 341 Rdn 3; OLG Hamm NJW 1952, 1150.

[5] OLG Düsseldorf NJW 1957, 840; OLG Celle NdsRpfl. 1964, 24; Sarstedt/Hamm Rdn 24; Kleinknecht/Meyer-Goßner § 298 Rdn 3.

[6] Kleinknecht/Meyer-Goßner § 298 Rdn 3.

[7] Vgl. Kleinknecht/Meyer-Goßner § 52 Rdn 19.

[8] Kleinknecht/Meyer-Goßner § 298 Rdn 4.

Revision des Vertreters fortführen.[9] Kommt es nicht zu einer Übernahme, wird das Verfahren gleichwohl vom Revisionsgericht zu Ende geführt.[10]

18 Dem **Verteidiger** steht aus eigenem Recht[11] die Befugnis zur Einlegung der Revision zu (§ 297). Er handelt dabei im eigenen Namen und ist Vertreter im Willen. Das folgt aus seiner unabhängigen und selbständigen Prozeßstellung. Gleichwohl darf er das Rechtsmittel nicht einlegen, wenn der Beschuldigte auf das Rechtsmittel verzichtet hat oder widerspricht (§ 297). Weichen die vom Verteidiger und vom Angeklagten selbst eingelegten Rechtsmittel (oder darauf bezogene Erklärungen, z.B. Verzicht) voneinander ab, so ist die Erklärung des letzteren maßgebend.[12] Erfolgt der Widerspruch nachträglich gegenüber dem Gericht, so hat das die Wirkung der Zurücknahme der Revision (§ 302 I 1). Der Tod des Beschuldigten beendet die Befugnis des Verteidigers.[13] Der Verteidiger ist entweder gewählt oder durch das Gericht bestellt. Das kann auch nach dem Erlaß des Urteils geschehen sein.[14] Der Verteidiger bedarf für die Revisionsinstanz keiner besonderen Ermächtigung. Auch die Beiordnung des Pflichtverteidigers erstreckt sich grundsätzlich auf die Revisionsinstanz, allerdings nicht auf die Hauptverhandlung (Rdn 560).[15] Der Sozius eines Pflichtverteidigers ist als solcher nicht berechtigt, für den Beschuldigten Rechtsmittel einzulegen.[16] Die Vollmacht des Wahlverteidigers muß vor Einlegung der Revision erteilt sein. Nachträgliche Genehmigung genügt nicht.[17] Dagegen kann die schriftliche Vollmachtsurkunde auch nach Fristablauf vorgelegt werden, ein in der Praxis häufiger Fall.

19 Ebenso wie dem Beschuldigten und den für ihn handelnden Personen steht der **Staatsanwaltschaft** die Revision zu, auch wenn sie nicht beschwert ist (Rdn 36) oder wenn sie das Rechtsmittel nur zur Wahrung der Rechtseinheit benutzen will. Jede Revision der Staatsanwaltschaft wirkt auch zugunsten des Angeklagten (§ 301). Es kommt vor, daß die Staatsanwaltschaft die Revision einlegt, obwohl das Urteil dem Antrag des Sitzungsvertreters entsprochen hat. Das ist zulässig. Die Staatsanwaltschaft kann das Rechtsmittel auch ausschließlich zugunsten des Angeklagten (§ 296 II) einlegen, was unter Umständen nur aus der Begründung zu entnehmen ist.[18] Das gilt auch, wenn der

---

[9] BGHSt 10, 174; KK-Ruß § 298 Rdn 8; Kleinknecht/Meyer-Goßner § 298 Rdn 6; Sarstedt/Hamm Rdn 25.

[10] BGH NJW 1969, 887; Kleinknecht/Meyer-Goßner § 298 Rdn 6.

[11] BGHSt 12, 367 (370); BGH NJW 1978, 330; Löwe/Rosenberg/Gollwitzer § 297 Rdn 2; a.A. Blaese/Wielop Rdn 53.

[12] BGHSt 12, 367 (370); OLG Koblenz MDR 1975, 424.

[13] Löwe/Rosenberg/Lüderssen § 138 Rdn 17 m.w.Nachw.; a.A. KK-Laufhütte § 138 Rdn 14, der die Befugnis des Verteidigers auf die Vornahme der noch notwendigen Prozeßhandlungen erstreckt.

[14] RGSt 28, 430.

[15] BGHSt 19, 258; Kleinknecht/Meyer-Goßner § 140 Rdn 7, 9 jeweils m.w.Nachw.

[16] BayObLG AnwBl 1981, 77.

[17] Kleinknecht/Meyer-Goßner § 297 Rdn 2; Sarstedt/Hamm Rdn 21 m.w.Nachw.

[18] RGSt 5, 218.

Beschuldigte nicht einverstanden ist, was aus seiner Sicht durchaus verständlich sein kann. Eine Zurücknahme des Rechtsmittels der Staatsanwaltschaft ist allerdings nur mit Zustimmung des Beschuldigten möglich (§ 302 I 2). Der Staatsanwalt kann die Revision auch zugunsten anderer Beteiligter (z. B. Nebenkläger)[19] einlegen. Die Einlegung der Revision ist eine dem Opportunitätsprinzip unterliegende Entscheidung des Staatsanwalts. Jedoch muß sich auch hier die Bindung an das Legalitätsprinzip auf seine Entschließung auswirken (§ 152 II), die dabei dem Eingriff der vorgesetzten Behörde ausgesetzt ist (§§ 145, 146 GVG).

Unabhängig von der Staatsanwaltschaft kann sich auch der **Nebenkläger** der 20
Revision bedienen (§ 401). Er muß das Rechtsmittel dabei (auch)[20] auf Rechtsverletzungen bei der Behandlung des Nebenklagedelikts stützen, da es sonst an seiner **Beschwer** (Rdn 31 ff) fehlt. Diese kann auch im Strafausspruch liegen.[21] Ist die Anfechtung auf das Nebenklagedelikt bezogen oder durch Auslegung als darauf ausgerichtet anzusehen, prüft das Revisionsgericht das Urteil in seinem ganzen Umfange nach, soweit nicht der von der Nebenklage erfaßte Teil isoliert beurteilt werden kann.[22] Legt ein Nebenkläger Revision ein, so muß das Revisionsgericht deren Zulässigkeit ohne Bindung an den vorherigen Zulassungsbeschluß prüfen. Wird sie verneint, ist die Revision als unzulässig zu verwerfen. Ist die Zulassung der Nebenklage fälschlich abgelehnt worden, so kann der Abgewiesene auf diesen Verstoß seine Revision stützen.[23] Sie ist hier im allgemeinen auch zulässig, wenn der Anschluß des Nebenklägers erst nach dem Urteil zur Einlegung des Rechtsmittels geschieht (§ 395 IV 2).

---

[19] RGSt 60, 189 (191); KK-Ruß § 296 Rdn 7; Sarstedt/Hamm Rdn 18; a. A. Kleinknecht/Meyer-Goßner § 296 Rdn 15; Löwe/Rosenberg/Hanack § 333 Rdn 14.

[20] Zur Erstreckung auf Delikte außerhalb der Nebenklage BGHSt 13, 143; OLG Stuttgart GA 1973, 349.

[21] BGHSt 13, 146.

[22] BGH VRS 13, 120; BayObLG NJW 1966, 2369; Löwe/Rosenberg/Wendisch § 401 Rdn 18.

[23] Kleinknecht/Meyer-Goßner § 396 Rdn 17; Sarstedt/Hamm Rdn 31.

Teil 4: Die Einlegung der Revision

Vor Einlegung der Revision ist die Prüfung geboten, ob das Urteil überhaupt mit der Revision angegriffen werden kann und wer Revisionsberechtigter ist. Diese Frage ist im einzelnen in Teil 2 und 3 behandelt. Im folgenden werden die wesentlichen Formalien dargestellt.[1]

1. Kapitel
Frist, Adressat, Form

21 Die **Frist** zur Einlegung der Revision beträgt eine Woche (§ 341 I). Hat die Verkündung des angefochtenen Urteils in Anwesenheit des **Angeklagten** stattgefunden, so **beginnt** die Frist mit der Verkündung,[2] im anderen Falle mit der Zustellung (§ 341 I u. II).[3] Ist die Zustellung an mehrere Empfangsberechtigte, z.B. den Angeklagten und seinen Verteidiger oder mehrere Verteidiger bewirkt, beginnt die Frist mit der letzten (§ 37 II). Das gilt auch, wenn sich erst für die Revisionsinstanz ein (neuer oder weiterer) Verteidiger bestellt und ihm während der noch nicht abgelaufenen Begründungsfrist das Urteil (zusätzlich) zugestellt wird – worauf allerdings kein Anspruch besteht. Nur die Zustellung der vollständigen Entscheidung setzt die Frist in Lauf. Für die **Staatsanwaltschaft** beginnt die Revisionsfrist stets mit der Verkündung des Urteils. Nur wenn unzulässigerweise das Urteil in Abwesenheit des Staatsanwalts verkündet worden ist, beginnt die Frist mit der Zustellung. Die Frist von einer Woche gilt auch dann, wenn entgegen § 35a eine Rechtsmittelbelehrung nicht erfolgt[4] oder in wesentlichen Punkten falsch oder unvollständig[5] ist.[6]

Wichtig ist, daß sich am Beginn der Frist nichts ändert, wenn gegen ein auf Ausbleiben des Angeklagten ergangenes Urteil Wiedereinsetzung in den vorigen Stand beantragt worden ist (§ 342 I); dabei ist § 342 III zu beachten (Rdn 535).

---

[1] Zu weiteren Einzelheiten vgl. Blaese/Wielop Rdn 122ff.

[2] BGHSt 25, 234; 6, 207.

[3] Keine Vertretung des Angeklagten durch den Verteidiger; § 341 II findet auch dann Anwendung, wenn der Angeklagte während der Urteilsverkündung den Saal verlassen hat, BGHSt 15, 263.

[4] BayObLGSt 57, 1571; Löwe/Rosenberg/Hanack § 341 Rdn 18.

[5] OLG Hamm NJW 1956, 1571; Löwe/Rosenberg/Hanack § 341 Rdn 18; Kleinknecht/Meyer-Goßner § 35a Rdn 14f.

[6] Zur Wiedereinsetzung in den vorigen Stand in derartigen Fällen vgl. Rdn 528.

Die Wochenfrist **endet** gemäß § 43 I mit Ablauf des Tages der auf die Urteilsverkündung folgenden Woche, der durch seine Benennung dem Tag entspricht, an dem die Frist begonnen hat. Ist z.B. das Urteil an einem Dienstag verkündet worden, so endet die Frist am Dienstag der folgenden Woche um 24.00 Uhr. Fällt das Ende der Frist auf einen Sonntag, einen allgemeinen Feiertag oder einen Sonnabend, so endet die Frist mit Ablauf des nächstfolgenden Werktages (§ 43 II). Bestehen **Zweifel**, ob das Rechtsmittel rechtzeitig eingegangen ist und kann die Frage der Rechtzeitigkeit trotz Ausschöpfung aller verfügbaren Beweismittel nicht geklärt werden, so ist die Revision nach überwiegender Auffassung in Rechtsprechung und Schrifttum als zulässig anzusehen.[7] Das soll jedoch nicht bei einem von der Staatsanwaltschaft oder dem Nebenkläger zuungunsten des Angeklagten eingelegten Rechtsmittel gelten. Hier spricht sich die überwiegende Meinung für Unzulässigkeit aus.[8]

Adressat der Revision ist das Gericht, dessen Urteil angefochten wird, 22
nicht das Revisionsgericht (§ 341 I). Die Revision gegen das Urteil einer auswärtigen Strafkammer kann bei dieser oder bei dem Landgericht, dem sie angehört, oder bei dem Amtsgericht, bei dem sie gebildet ist, eingelegt werden.[9]

Wird die Revision fälschlich bei einer unzuständigen Stelle, z.B. dem Revisionsgericht, dem Gericht, das in einer früheren Instanz entschieden hatte, oder der Staatsanwaltschaft eingelegt, so ist sie nur dann rechtzeitig, wenn sie an das zuständige Gericht weitergeleitet wird und dort noch innerhalb der Wochenfrist eingeht.[10] Da sich darauf naturgemäß der Revisionsführer nicht verlassen kann, muß auch der Adressierung der Revisionsschrift besondere Aufmerksamkeit geschenkt werden.[11]

Die Revision kann **schriftlich** oder **zu Protokoll der Geschäftsstelle** eingelegt 23
werden (§ 341 I). Ist das Rechtsmittel vom Beschwerdeführer falsch gewählt

---

7 So BGH NJW 1960, 2202; BayObLG NJW 1966, 947; OLG Düsseldorf MDR 1985, 784 (für Berufung); Löwe/Rosenberg/Hanack § 341 Rdn 24; Kleinknecht/Meyer-Goßner § 261 Rdn 35; Sarstedt/Hamm Rdn 64; a.A. KG JR 1954, 470 m.abl.Anm. Sarstedt; OLG Hamm GA 1957, 2264; OLG Düsseldorf NJW 1964, 1684 m. abl. Anm. Schürmann NJW 1964, 2264; OLG Celle NJW 1967, 640 (Rechtsmittel zuungunsten des Angeklagten); ebenso OLG Hamm NJW 1975, 1750.

8 Str.; OLG Hamburg GA 1975, 368 m.Anm. Foth JR 1976, 254; Kleinknecht/Meyer-Goßner § 261 Rdn 35; Löwe/Rosenberg/Hanack § 341 Rdn 24; a.A. BGH NJW 1960, 2022; OLG Karlsruhe NJW 1981, 138; OLG Stuttgart MDR 1981, 424; Sarstedt/Hamm Rdn 399.

9 RG HRR 1932, Nr. 1627; Sarstedt/Hamm Rdn 74; Löwe/Rosenberg/Hanack § 341 Rdn 9; Kleinknecht/Meyer-Goßner § 341 Rdn 6.

10 BGH bei Dallinger MDR 1973, 557; OLG Celle NJW 1960, 114; KG JR 1954, 391 m.Anm. Sarstedt; OLG Celle GA 1970, 218, wonach sogar die rechtzeitige telefonische Mitteilung des Inhalts der Rechtsmittelschrift an das zuständige Gericht ausreicht, wenn dort ein schriftlicher Aktenvermerk aufgenommen wird; so auch OLG Zweibrücken NJW 1982, 1008; Kleinknecht/Meyer-Goßner Vor § 42 Rdn 16.

11 Zur Wiedereinsetzung vgl. Rdn 517ff.

oder bezeichnet, ist der Irrtum unschädlich (§ 300)[12] oder bei Fristversäumnis evtl. über den Weg der Wiedereinsetzung in den vorigen Stand (§ 44 – Rdn 517ff.) reparabel. Das Rechtsmittel muß in **deutscher Sprache** (§ 184 GVG) eindeutig und ohne Bedingung erklärt werden. Es ist insbesondere davor zu warnen, die Revision als „vorsorglich" zu bezeichnen. Eine solche Formulierung könnte als bedingtes Rechtsmittel angesehen werden und zur Unzulässigkeit führen. Stehen wahlweise Berufung oder Revision als Rechtsmittel zur Verfügung,[13] so ist zu erwägen, zunächst nur „ein Rechtsmittel" gegen das Urteil einzulegen. Diese Möglichkeit bietet sich vor allem dann an, wenn erst auf Grund der schriftlichen Urteilsgründe zu beurteilen ist, ob das Rechtsmittel der Berufung oder der Revision den Zielen des Beschwerdeführers am besten dient. Die Erklärung, daß das Rechtsmittel als Revision behandelt werden soll, muß vor Ablauf der Revisionsbegründungsfrist bei Gericht eingehen, sonst wird das Rechtsmittel als Berufung behandelt[14] (Rdn 9).

24 Die Einlegung der Revision zu **Protokoll der Geschäftsstelle** ist nur dann wirksam, wenn sie bei der Geschäftsstelle des zuständigen Gerichts (für den nicht auf freiem Fuß befindlichen Beschwerdeführer gilt § 299)[15] und zwar vor dem Rechtspfleger (§ 24 Ib RpflG; zum Rechtszustand in der ehemaligen DDR vgl. Kap. III Sachgebiet A, Abschnitt III Nr. 3a der Anlage zum Einigungsvertrag v. 31. 8. 1990) erfolgt. Trotz der Vorschrift des § 137 I 2 ist sie auch dann zulässig, wenn sie unter dem Namen von mehr als drei in einer Sozietät zusammengeschlossenen Rechtsanwälten eingelegt wird,[16] nicht jedoch bei Einlegung durch einen gemeinschaftlichen Verteidiger (§ 146).[17] Weitere Voraussetzung für die Wirksamkeit der Einlegung ist die formgerechte Aufnahme eines Protokolls. Es muß enthalten: Ort und Tag der Erklärung, die Bezeichnung des Rechtsmittelführers, des Erklärenden und des Urkundsbeamten, die Erklärung selbst[18] sowie die Unterschrift des Urkundsbeamten.[19] Weitere Formerfordernisse bestehen nicht.[20] Die Niederschrift muß vom Beschwerdeführer genehmigt sein, sei es durch Unterschrift oder mündliche Erklärung gegenüber dem Urkundsbeamten.[21]

Die Revision ist auch dann wirksam eingelegt, wenn sie in der Hauptverhandlung im Anschluß an die Urteilsverkündung zu Protokoll des Urkunds-

---

12 Allg. Meinung; BGH NJW 1974, 154; KK-Ruß § 300 Rdn 1.
13 Dazu i. e. Rdn 9ff.
14 BGHSt 13, 388; 5, 338.
15 Zu den Einzelheiten Blaese/Wielop Rdn 143ff.
16 BGHSt 27, 124 (129).
17 BGHSt 27, 22 (24); 26, 367; KG NStZ 1981, 75.
18 OLG Düsseldorf NJW 1969, 1362; vgl. aber OLG Karlsruhe OLGRspr § 341 S. 3; OLG Koblenz OLGRspr § 341 S. 5.
19 Blaese/Wielop Rdn 141.
20 RGSt 48, 79.
21 Kleinknecht/Meyer-Goßner Einl. Rdn 135.

beamten genommen wird.[22] Es besteht indes kein Anspruch darauf, daß der Protokokollführer eine solche Niederschrift aufnimmt; der Beschwerdeführer soll vielmehr nach Nr. 142 Abs. 2 S. 2 RiStBV mit seinem Begehren an die Geschäftsstelle verwiesen werden.

In der Praxis wird die Revision meist **schriftlich** eingelegt. Hier ist wesentlich, daß die Person des Erklärenden einwandfrei feststellbar ist.[23] Sie ergibt sich in der Regel aus der **Unterschrift**. Die Unterschrift gehört jedoch nicht zwingend zum Begriff der Schriftform,[24] so daß ihr Fehlen nicht zur Unzulässigkeit des Rechtsmittels führt, wenn die Absicht der Anfechtung und die Person des Erklärenden in einer jeden vernünftigen Zweifel ausschließenden Weise feststehen.[25] 25

Die Einlegung der Revision durch **Telegramm** stellt einen Sonderfall der Schriftform dar. Entscheidend für die Wirksamkeit des Rechtsmittels ist in diesem Falle, daß das Ankunftstelegramm inhaltlich den Anforderungen des § 341 entspricht. Nicht erheblich ist es, ob der Beschwerdeführer oder sein Verteidiger das Aufgabetelegramm selbst geschrieben oder selbst unterzeichnet hat. Dementsprechend kann das Telegramm auch durch fernmündliche Durchsage an das Fernmeldeamt aufgegeben werden.[26] 26

Die Revisionsfrist ist auch gewahrt, wenn das Zustellpostamt den Inhalt des Telegramms innerhalb der Frist an eine zur Entgegennahme der Erklärung befugte Person des zuständigen Gerichts telefonisch durchgibt und diese darüber eine den Wortlaut des Telegramms wiedergebende amtliche Notiz fertigt. In diesem Falle ist es unerheblich, wenn das Telegramm selbst erst nach Fristablauf bei Gericht eingeht.[27] Die Aktennotiz des aufnehmenden Beamten hat jedoch nur einen vorläufig fristwahrenden Charakter; die Frist ist nicht gewahrt, wenn das Telegramm selbst überhaupt nicht bei dem Gericht eingeht.[28] In einem solchen Falle dürfte indes ein Antrag auf Wiedereinsetzung in den vorigen Stand begründet sein (Rdn 517ff.).

Die Revision durch **Fernschreiben (Telex)** erfüllt ebenfalls die Anforderungen der Schriftform.[29] Sie ist in dem Zeitpunkt bei Gericht eingegangen, in dem der vollständige Text des Fernschreibens bei der Fernschreibanlage des Gerichts vorliegt,[30] ohne daß es darauf ankommt, ob die Fernschreibanlage 27

---

22 OLG Bremen JZ 1953, 516.

23 BGHSt 2, 77; RGSt 67, 385 (388); Sarstedt/Hamm Rdn 71.

24 BGHSt 12, 317; Blaese/Wielop Rdn 148.

25 OLG Düsseldorf NJW 1962, 551; RGSt 67, 385 (388); Kleinknecht/Meyer-Goßner Einl. Rdn 128; Beispiele bei Sarstedt/Hamm Rdn 71.

26 BGHSt 8, 174; Kleinknecht/Meyer-Goßner Einl. Rdn 139.

27 BGHSt 14, 233.

28 Kleinknecht/Meyer-Goßner Einl. Rdn 139.

29 BGHSt 31, 7 und BayObLG MDR 1967, 689; NJW 1981, 2591 f. d. Revisionsbegründung.

30 So OLG Hamm NJW 1961, 2225 für ein von der Post fernschriftlich übermitteltes Telegramm.

zu diesem Zeitpunkt noch besetzt war.[31] Verfügt das zuständige Gericht über keine eigene Fernschreibanlage und wird das Fernschreiben bei einer unzuständigen Stelle aufgenommen, so ist die Revisionsfrist nur gewahrt, wenn sein Text dem zuständigen Gericht rechtzeitig übermittelt wird; für die Übermittlung gelten die für die telegraphische Revisionseinlegung entwickelten Grundsätze (Rdn 26).

28 Die Revision kann auch durch **Telefax (Telekopie, Telebrief)** eingelegt werden,[32] wobei die Unterschrift nicht fehlen darf.[33] Daß das Original der Rechtsmittelschrift erst nach Fristablauf bei Gericht eingeht, ist unschädlich[34] (vgl. i. ü. Rdn 27).

29 Die Frage, ob die Revision auch per **Telefon** zu Protokoll der Geschäftsstelle eingelegt werden kann, ist zu verneinen, nachdem der BGH die fernmündlich eingelegte Berufung für unzulässig erklärt hat.[35]

30 Die briefliche, telegraphische und fernschriftliche Einlegung eines Rechtsmittels unterliegt zwangsläufig dem Risiko mangelnder Rechtzeitigkeit und Formgerechtigkeit. Solche Mängel führen zur Unzulässigkeit der Revision. In derartigen Fällen kommt ein Antrag auf Wiedereinsetzung in den vorigen Stand gegen die Versäumung der Revisionsfrist in Betracht (vgl. unten Teil 6 1. Kap. IV – Rdn 517ff.).

2. Kapitel
Die „Beschwer"

31 Gesetzesverletzungen der Tatrichter begründen die Revision dann nicht, wenn das Urteil zwar auf ihnen beruht, der Beschwerdeführer aber nicht **beschwert** ist. Das ist eine allgemeine Voraussetzung für die Zulässigkeit eines jeden Rechtsmittels.[36] Beschwer bedeutet die unmittelbare Beeinträchtigung von Rechten oder rechtsgeschützten Interessen.[37] Sie muß sich aus
32 dem **Urteilstenor** ergeben.[38] Benachteiligungen nur durch die **Entscheidungsgründe** genügen also nicht;[39] ausgenommen den Fall, daß Rechtsfolgen der Tat sich statt im Tenor des Urteils nur in den Urteilsgründen finden. Daraus ergeben sich schwerwiegende Konsequenzen. Der Betroffene kann nichts dagegen ausrichten, daß er nur mangels Beweises statt wegen erwiesener

---

[31] KK-Pikart § 341 Rdn 12; OLG Frankfurt StV 1990, 202f. Telefax.

[32] BGH StV 1989, 469; Einzelheiten bei Blaese/Wielop, Rdn 149.

[33] BGH wistra 1989, 313; OLG Koblenz NStZ 1984, 236.

[34] BGH wistra 1989, 313; OLG Koblenz NStZ 1984, 236.

[35] BGHSt 30, 64; KK-Pikart § 341 Rdn 12; Sarstedt/Hamm Rdn 72.

[36] KK-Ruß Vor § 296 Rdn 5; Löwe/Rosenberg/Gollwitzer § 296 Rdn 14.

[37] BGHSt 7, 153.

[38] BGHSt 16, 374, 376f; Kleinknecht/Meyer-Goßner Vor § 296 Rdn 11; KK-Ruß Vor § 296 Rdn 5.

[39] BGHSt 16, 374; RGSt 63, 185; Kleinknecht/Meyer-Goßner Vor § 296 Rdn 11.

Unschuld freigesprochen ist,[40] oder wegen Schuldunfähigkeit statt wegen fehlender Täterschaft.[41] Es besteht also kein allgemeiner Anspruch auf Rehabilitierung.

Auch die endgültige **Einstellung** des Verfahrens wegen eines Verfahrenshin- 33
dernisses oder fehlender Prozeßvoraussetzung (§ 260 Abs. 3) statt eines Freispruchs aus sachlichen Gründen gilt nicht als Beschwer,[42] weil trotz des an sich gegebenen Vorrangs des Freispruchs der Betroffene keinen Anspruch auf Fortsetzung einer entscheidungsreifen Sache hat und zudem der Vorrang sich nur aus den Gründen ergeben würde.[43] Anders ist die Rechtslage, wenn durch die Einstellung das Verfahren nicht endgültig erledigt ist.[44]

Die Beschwer fehlt auch, wenn die Verletzung einer Vorschrift gerügt ist, 34
die den **Rechtskreis** des Beschwerdeführers nicht berührt,[45] etwa weil es sich nur um eine sogenannte „Ordnungsvorschrift“ handelt (Rdn 89), oder sie nur den Schutz Anderer bezweckt (z. B. eines Zeugen).[46] Es fehlt an einer Beschwer, wenn ein Angeklagter wegen fortgesetzter Handlung statt wegen Tatmehrheit verurteilt ist, es sei denn, daß dadurch zu seinem Nachteil Handlungen mit einbezogen werden, die bei Annahme einer Tatmehrheit verjährt sein würden.[47]

Die Beschwer ist vorhanden, wenn der Angeklagte zwar nicht zu einer 35
Strafe verurteilt, aber doch bei bloßer Straffreierklärung (§§ 199, 233 StGB), bei Verwarnung mit Strafvorbehalt (§ 59 StGB) oder bei Absehen von Strafe (§ 60 StGB) durch den darin liegenden Schuldspruch betroffen ist. Dasselbe gilt, insoweit der Freigesprochene durch eine Nebenfolge, z. B. nach § 73 (Verfall) oder § 74 (Einziehung) StGB belastet ist oder der Freispruch den Eröffnungsbeschluß nicht voll ausschöpft.

Für die **Revision der Staatsanwaltschaft** bedarf es keiner besonderen „Be- 36
schwer“;[48] sie kann jede Entscheidung anfechten, die nach ihrer Auffassung mit einem Rechtsfehler behaftet ist (§ 296 I).[49] Das gilt auch zugunsten des

---

[40] BVerfGE 6, 7; BGHSt 16, 374; 13, 77; im Tenor (und in der Kostenentscheidung) des Urteils kommt der Unterschied heute nicht mehr zum Ausdruck.

[41] BGHSt 16, 374.

[42] Anders, wenn Verfahrenshindernis beseitigt u. die Sache fortgeführt werden kann; BGH wistra 1986, 69; OLG Frankfurt NStZ 1987, 573, oder richtigerweise statt Einstellung auf Freispruch zu erkennen war, BGHSt 20, 333; KK-Hürxthal § 260 Rdn 50.

[43] H. M. BGH NJW 1970, 1466 m. Anm. Traub 1887; vgl. KK-Ruß Vor § 296 Rdn 5a; Löwe/Rosenberg/Hanack Vor § 296 Rdn 24; Kleinknecht/Meyer-Goßner Vor § 296 Rdn 14.

[44] Zu den Einzelheiten vgl. Löwe/Rosenberg/Hanack § 333 Rdn 27 i. V. m. § 296 Rdn 25; Kleinknecht/Meyer-Goßner Vor § 296 Rdn 14; KK-Ruß Vor § 296 Rdn 5a.

[45] BGHSt 11, 213, 215, dazu Bohnert NStZ 1982, 5; Löwe/Rosenberg/Hanack § 337 Rdn 95ff; Roxin § 24 D III 2.

[46] Kleinknecht/Meyer-Goßner § 337 Rdn 19.

[47] BGH U. v. 13. 6. 1990 – 3 StR 7/90 – unv.

[48] Kleinknecht/Meyer-Goßner Vor § 296 Rdn 16 m. N.

[49] Kleinknecht/Meyer-Goßner Vor § 296, Rdn 16.

Angeklagten (§ 296 II)[50] und sogar dann, wenn das Urteil ihrem Antrag entsprochen hat (Rdn 19).

37 Anders liegt es bei der Revision eines **Nebenklägers** (Rdn. 20). Ihm steht die Revision nur zu, wenn ein Gesetz verletzt ist, das ihm Befugnis zur Nebenklage gibt, also z. B. dem wegen Hausfriedensbruchs zugelassenen Nebenkläger (§ 374 I 1), wenn er die Nichtverurteilung des Angeklagten wegen eines zugleich begangenen Diebstahls angreifen will.

38 In allen Fällen muß geprüft werden, ob nicht die Beschwer wegen der Irreparabilität des Fehlers entfällt oder (vor oder nach Einlegung der Revision) weggefallen oder die Revisionsrüge verwirkt ist (Rdn 376). Das kann durch Prozeßüberholung und auf andere Weise geschehen[51] (vgl. im einzelnen Rdn 376ff.).

39 Die „Beschwer" braucht in der Revisionsbegründung nicht besonders dargelegt oder gar nachgewiesen zu werden. Diese Frage ist vielmehr vom Revisionsgericht von Amts wegen zu prüfen. Es genügt, daß sich aus der Revisionsbegründung ergibt, daß die Entscheidung den Revisionsführer wenigstens teilweise in seinen Rechten oder rechtlich geschützten Interessen verletzt. In nicht eindeutigen Fällen wird es sich aber empfehlen, in der Revisionsrechtfertigung auch zur Frage der „Beschwer" Stellung zu nehmen.

3. Kapitel
Verzicht und Rücknahme

40 Jeder Revisionsberechtigte (Rdn. 15ff.) kann auf das Rechtsmittel ganz oder teilweise verzichten. Inhalt des **Verzichts** ist die verbindliche Erklärung, kein Rechtsmittel einzulegen. Der Verzicht muß in derselben **Form** erklärt werden wie das Rechtsmittel, also schriftlich oder zu Protokoll der Geschäftsstelle. Der Rechtsmittelverzicht kann auch im Anschluß an die Urteilsverkündung in der Hauptverhandlung zu Protokoll gegeben werden. Dies soll nach § 143 Abs. 1 RiStBV durch Wiedergabe der Erklärung des Rechtsmittelberechtigten, Verlesung und Genehmigung (§ 273 III) erfolgen.[52] Von der Beweiskraft des Protokolls im Sinne des § 274 (Rdn 487) wird die Verzichtserklärung jedoch nicht erfaßt; in Zweifelsfällen unterliegt sie dem Freibeweis (Rdn 492). Nur wenn der Verzicht in der Hauptverhandlung vor dem Rechtsmittelgericht erklärt wird, handelt es sich um eine Förmlichkeit im Sinne des § 273 I, die von der Beweiskraft des Protokolls nach § 274 erfaßt wird.[53]

---

[50] Vorausgesetzt, daß der Angeklagte beschwert ist; vgl. Kleinknecht/Meyer-Goßner § 296 Rdn 14.

[51] Beispiele bei Kleinknecht/Meyer-Goßner Vor § 296 Rdn 17.

[52] BGHSt 18, 257.

[53] RGSt 66, 417 (418).

Adressat der Erklärung ist der judex a quo;[54] ggfs. auch das Revisionsgericht, wenn das Verfahren bereits dort anhängig ist (§ 347 II). 41

Die **Wirksamkeit** des Rechtsmittelverzichts ist von mehreren Voraussetzungen abhängig. Da der Verzicht eine Prozeßhandlung ist, muß der Erklärende verhandlungsfähig sein; eine Geschäftsfähigkeit im bürgerlich-rechtlichen Sinne braucht nicht vorzuliegen.[55] Bestehen an der Verhandlungsfähigkeit Zweifel, so ist sie im Wege des Freibeweises zu überprüfen. Der Verzicht muß ausdrücklich und eindeutig erklärt werden. Der tatsächliche Wille des Rechtsmittelberechtigten ist aus dem Gesamtinhalt seiner Erklärung festzustellen. War er bei der Verkündung des Urteils nicht anwesend, so muß er vor dem Verzicht Gelegenheit zur zuverlässigen Unterrichtung über die Urteilsgründe gehabt haben;[56] dagegen ist eine vorherige Rechtsmittelbelehrung nicht erforderlich.[57] Läßt sich nicht feststellen, ob Rechtsmittelerklärung oder -verzicht zuerst eingegangen ist, so ist die Revision als zulässig anzusehen.[58] 42

In mancher Hinsicht problematisch ist der in der Praxis häufige Verzicht auf Rechtsmittel nach Abschluß der Urteilsverkündung zu **Protokoll der Hauptverhandlung.**[59] Nach Nr. 142 Abs. 2 Satz 1 RiStBV soll der Angeklagte grundsätzlich nicht veranlaßt werden, im Anschluß an die Urteilsverkündung eine Erklärung über einen Rechtsmittelverzicht abzugeben. Die Vorschrift rechtfertigt sich aus der Erkenntnis, daß der Angeklagte in diesem Zeitpunkt durchweg nicht in der Lage ist, das Für und Wider eines Rechtsmittels und die Folgen eines Verzichts zu übersehen und eine verantwortliche Entscheidung zu treffen. Gleichwohl neigen viele Vorsitzende dazu, durch Fragen wie z. B., ob eine Erklärung abgegeben, oder das Urteil angenommen werde, den Verzicht auf das Rechtsmittel „hervorzulocken" (Rdn 375). 43

Gerade bei solchen mündlichen Erklärungen in der Hauptverhandlung ist aber die Gefahr des unüberlegten Handelns, des Mißverständnisses und eines Irrtums besonders groß. Eine besondere Belehrung über den Verzicht und seine Bedeutung sowie eine eingehende Befragung ist insbesondere dann unumgänglich, wenn der Rechtsmittelberechtigte in seiner Ausdrucks- oder Wahrnehmungsfähigkeit aus irgendwelchen Gründen behindert ist.[60] Auch wenn der Angeklagte die in der Praxis sehr häufige Frage, ob er das Urteil „annehme", bejaht, liegt nur dann ein wirksamer Verzicht auf Rechtsmittel vor, wenn einwandfrei feststeht, daß er damit seinen Willen kundgeben woll-

---

[54] RGSt 1, 92.

[55] RGSt 64, 14; BGH bei Dallinger MDR 1955, 271 für die Ermächtigung des Verteidigers zum Verzicht; Kleinknecht/Meyer-Goßner § 302 Rdn 3; Sarstedt/Hamm Rdn 78.

[56] BGHSt 25, 234 m. abl. Anm. Peters JR 1974, 250.

[57] BGH bei Dallinger MDR 1973, 557.

[58] BGH bei Kusch NStZ 1992, 29.

[59] Zur Gesamtproblematik vgl. Hanack JZ 1973, 660; Dencker S. 45 ff; Dahs FS Schmidt-Leichner S. 17 ff.

[60] Vgl. Löwe/Rosenberg/Gollwitzer § 302 Rdn 17 m. Bsp. aus der Rspr.

te, von einer Anfechtung des Urteils abzusehen.[61] Ebenso wenn der nicht verteidigte Angeklagte nach Rechtsmittelbelehrung die Frage, ob er ein Rechtsmittel einlegen wolle, verneint, muß darin nicht unbedingt ein wirksamer Rechtsmittelverzicht liegen.[62] Der im unmittelbaren Anschluß an die Urteilsverkündung auf Veranlassung des Vorsitzenden erklärte Rechtsmittelverzicht ist dann unwirksam, wenn die Erklärung auf Grund der konkreten Umstände des Falles als voreilig und unüberlegt angesehen werden muß, insbesondere wenn dem Angeklagten keine Gelegenheit gegeben worden ist, den Rechtsmittelverzicht mit seinem Verteidiger zu beraten.[63]

Die Verzichtserklärung ist auch dann als unwirksam anzusehen, wenn sie durch eine unrichtige Erklärung des Gerichts oder der Staatsanwaltschaft verursacht worden ist.[64]

44 Insgesamt kommt die Unwirksamkeit der Verzichtserklärung jedoch nur in Ausnahmefällen in Betracht. Grundsätzlich ist der **Verzicht unwiderruflich** und **unanfechtbar**,[65] die Erklärung kann nur solange widerrufen werden als sie noch nicht bei Gericht eingegangen ist.[66] Insbesondere ist auch die Anfechtung wegen Motivirrtums nicht zulässig.[67] Ein **Teilverzicht** kommt in Betracht, soweit das Rechtsmittel auf einen Teil der angefochtenen Entscheidung beschränkt werden kann. Näheres hierzu wird unter Teil 5, 2. Kap. (Rdn 70ff.) erörtert.

45 Die bereits eingelegte Revision kann zurückgenommen werden (§ 302 I). Für die **Rücknahme** gelten die allgemeinen Ausführungen zum Verzicht entsprechend. Ist die Revision zurückgenommen, so kann sie auch innerhalb der noch laufenden Revisionsfrist nicht erneut eingelegt werden.[68] Der Verteidiger (auch der Pflichtverteidiger)[69] bedarf zur Rücknahme (auch Teilrücknahme)[70] einer besonderen Ermächtigung (§ 302 II). Diese Ermächtigung ist zwar formfrei,[71] vom Gericht nach Nr. 152 Abs. 1 RiStBV aber besonders zu prüfen.

---

[61] BGH JZ 1952, 568; vgl. auch BGHSt 18, 257.

[62] OLG Nürnberg NJW 1949, 519.

[63] BGH StV 1983, 268 (Verstoß gegen fair trial); BGHSt 19, 101; 18, 257; a. A. OLG Köln OLGRspr § 302 S. 25u. 31 bei vorzeitiger Entfernung des Verteidigers; vgl. auch Kleinknecht/Meyer-Goßner § 302 Rdn 25.

[64] OLG Düsseldorf NJW 1960, 210 m. abl. Anm. Feldmann u. zust. Anm. Mölders; OLG Bremen JZ 1955, 680 m. zust. Anm. Eb. Schmidt; OLG Hamm JMBlNRW 1956, 250; NJW 1976, 1952; offengelassen in BGH bei Kusch NStZ 1992, 29; Kleinknecht/Meyer-Goßner § 302 Rdn 10.

[65] BGHR § 302 Abs. 1 Rücknahme 2; BGH bei Pfeiffer/Miebach NStZ 1987, 18f (Nr. 13–16); BGH NStZ 1984, 181; BGHSt 10, 245 (247); RGSt 57, 83; Kleinknecht/Meyer-Goßner § 302 Rdn 21; Sarstedt/Hamm Rdn 80.

[66] BGH GA 1973, 46f.; BGH bei Holtz MDR 1978, 282; Sarstedt/Hamm Rdn 80.

[67] BGHR § 302 Abs. 2 Rücknahme 2; BGHSt 5, 341; BGH GA 1969, 281; BGH bei Kusch NStZ 1992, 29.

[68] BGH NJW 1957, 1040; Sarstedt/Hamm Rdn 81.

[69] BGH NStZ 1991, 94.

[70] BGHSt 38, 4, 5.

[71] BGH bei Miebach NStZ 1989, 15.

Adressat der Rücknahme ist das Gericht, dessen Urteil angefochten worden ist. Sind die Akten bereits bei dem Rechtsmittelgericht eingegangen, so ist die Rücknahme diesem gegenüber zu erklären.[72] Ist die Rücknahme irrtümlich gegenüber dem judex a quo erklärt worden und geht die weitergeleitete Rücknahmeerklärung erst nach Erlaß der Entscheidung bei dem Rechtsmittelgericht ein, so bleibt es bei dieser Entscheidung.[73] Fällt das Rechtsmittelgericht trotz Rücknahme noch eine Entscheidung, so ist diese als gegenstandslos aufzuheben.[74] Nach Beginn der Hauptverhandlung kann die Revision nur noch mit Zustimmung des Gegners zurückgenommen werden (§ 303). 46

Zur Zurücknahme eines Rechtsmittels der **Staatsanwaltschaft** ist die Staatsanwaltschaft befugt, die das Rechtsmittel eingelegt hat oder der ihr vorgesetzte Generalstaatsanwalt. Nach Eingang der Akten bei dem Rechtsmittelgericht ist auch die Staatsanwaltschaft dieses Gerichts befugt, das Rechtsmittel zurückzunehmen. Der Generalbundesanwalt kann die Revision der Staatsanwaltschaft eines Bundeslandes allerdings nicht zurücknehmen, weil er ihr nicht vorgesetzt ist. 47

Ein von der Staatsanwaltschaft zugunsten des Angeklagten eingelegtes Rechtsmittel kann ohne seine **Zustimmung** nicht wirksam zurückgenommen werden (§ 302 I 2). Die Zustimmung zur Zurücknahme bedarf keiner Form; in Zweifelsfällen ist sie im Wege des Freibeweises zu ermitteln. Reagiert der Angeklagte auf die Rücknahme der Revision durch die Staatsanwaltschaft nur mit Stillschweigen, so liegt darin keine Zustimmung. 48

Bei Rücknahme hat der Revisionsführer die **Kosten** des Rechtsmittels zu tragen (§ 473). 49

---

[72] BGH bei Kusch NStZ 1992, 225.

[73] BGH JZ 1951, 791; OLG Hamburg MDR 1983, 154; OLG Karlsruhe Justiz 1981, 447; OLG Köln JR 1976, 154 m. Anm. Meyer.

[74] BGH bei Kusch NStZ 1992, 225.

Teil 5: Die Revisionsbegründung

1. Kapitel
Frist, Adressat, Form

50 Die Frist zur Einreichung der **Revisionsanträge** und ihrer **Begründung** beträgt einen **Monat** (§ 345 Abs. 1 S. 1); sie kann nicht verlängert werden.[1]

Die Frist **beginnt** mit dem Ablauf der Frist zur Einlegung der Revision (vgl. Rdn. 21). War zu dieser Zeit das Urteil noch nicht zugestellt, was in der Praxis die Regel ist, so beginnt sie mit der Zustellung[2] des vollständigen Urteils.[3] Grundsätzlich ist das Urteil dem Angeklagten zuzustellen. Gemäß § 145a I gilt der Verteidiger als ermächtigt, Zustellungen in Empfang zu nehmen, auch wenn ihm keine besondere Zustellungsvollmacht erteilt ist. Auch wenn das Urteil in Abwesenheit des Angeklagten verkündet worden ist, gilt § 145a I (232 IV). Wird das Urteil nur dem Angeklagten, nicht jedoch dem Verteidiger zugestellt, auch wenn ein entsprechender Antrag vorliegt, so wird gleichwohl die Frist mit der Zustellung an den Angeklagten in Lauf gesetzt.[4] Erfolgt die Zustellung an den Angeklagten und an den Verteidiger oder an mehrere Verteidiger eines Angeklagten, so beginnt die Frist nach § 37 II mit der letzten Zustellung.[5] Ist die Frist des § 345 bereits abgelaufen, so wird sie durch die Zustellung an einen weiteren Empfangsberechtigten nicht erneut in Lauf gesetzt.[6]

51 Nur eine **ordnungsgemäße Zustellung** kann die Frist in Lauf setzen.[7] Besteht zwischen der Urschrift des Urteils und der zugestellten Ausfertigung in einem verfahrensrechtlich oder sachlich-rechtlich bedeutsamen Punkt eine Abweichung oder ist der Text der Ausfertigung unvollständig (z.B. fehlende Seiten, in erheblichem Umfange unleserlicher oder verstümmelter Text), so wird durch diese Zustellung die Frist nicht in Lauf gesetzt. Sie beginnt dann

---

[1] BGH bei Pfeiffer/Miebach NStZ 1988, 20.

[2] Bei Verkündung des Urteils in Abwesenheit des Angeklagten Fristbeginn gem. §§ 391 II, 345 I 1; vgl. i.ü. Blaese/Wielop Rdn 244, 159ff.

[3] OLG Koblenz MDR 1976, 951.

[4] OLG Kiel MDR 1948, 429; Sarstedt/Hamm Rdn 111.

[5] OLG Hamm MDR 1976, 775 (zu § 137 I 2).

[6] BGHSt 22, 221.

[7] Diese liegt z.B. nicht vor bei Anordnung der Zustellung durch den Urkundsbeamten – OLG Hamm GA 1976, 27f; a.A. BGH bei Holtz MDR 1976, 814; OLG Celle MDR 1977, 67.

mit der erneuten Zustellung nach Beseitigung des Fehlers.[8] Ist der Fehler in der Urteilsurkunde ein offenkundiges Versehen und dies für alle Beteiligten ersichtlich, so soll die Wirksamkeit der Zustellung nicht berührt sein,[9] selbst wenn durch die Berichtigung einer bereits erhobenen Verfahrensrüge der Boden entzogen wird.[10] Werden die Gründe des Urteils durch einen zulässigen **Berichtigungsbeschluß** (Rdn 374) ergänzt, so wird die Frist zur Begründung der Revision erst durch die Zustellung des Berichtigungsbeschlusses in Lauf gesetzt.[11]

Ist bei Zustellung an den Verteidiger diesem im **Empfangsbekenntnis** ein Datumsfehler unterlaufen, so ist das von ihm berichtigte Datum maßgebend, wenn das Gericht von seiner Richtigkeit überzeugt ist.[12] Unwirksam ist die Zustellung, wenn anstelle des Pflichtverteidigers dessen Sozius das Empfangsbekenntnis unterzeichnet hat.[13]

Die Zustellung des Urteils vor **Fertigstellung des Protokolls** der Hauptver- 52
handlung verstößt gegen § 273 IV und setzt die Frist nicht in Lauf.[14] Das Protokoll ist fertiggestellt, wenn es (einschließlich etwaiger Änderungen und Ergänzungen) durch die Unterschriften des Vorsitzenden sowie des oder der mitwirkenden Urkundsbeamten gedeckt ist und als abgeschlossen angesehen wird.[15] **Teilprotokolle**, die z.B. jeweils einen Hauptverhandlungstag umfassen, brauchen vom Vorsitzenden nicht einzeln unterzeichnet zu werden, vom Urkundsbeamten nur bei Wechsel. Formelle Mängel, Lücken oder Fehler der Niederschrift sollen für die „Fertigstellung" unbeachtlich sein.[16] Dies kann aber wohl nicht gelten, wenn das Protokoll nur ein Fragment ist, z.B. Seiten fehlen, weil damit für die Bearbeitung der Revisionsbegründung keine ausreichende Grundlage gegeben ist.[17]

Problematisch kann die Frage des Fristbeginns auch werden, wenn das 53
Gericht, dessen Urteil angefochten ist, die Revision als verspätet nach § 341 verworfen, der Revisionsführer daraufhin die Entscheidung des Revisionsgerichts nach § 346 II beantragt hat und das Urteil vor der Entscheidung des Revisionsgerichts zugestellt wird. In diesem Fall gilt folgendes: Das Urteil ist nach § 343 II zuzustellen, wenn die Revision rechtzeitig eingelegt ist.[18] Die Zustellung muß also unterbleiben, wenn das Rechtsmittel verspätet ist. Erfolgt sie gleichwohl, so ist sie nicht ordnungsgemäß und

---

[8] BGH StV 1981, 170; MDR 1978, 153; MDR 1967, 834.
[9] BGH NStZ 1989, 584.
[10] BGH wistra 1991, 110 m.Nachw.
[11] BGHSt 12, 374, auch zu der Frage, wann ein Berichtigungsbeschluß zulässig ist.
[12] BGH wistra 1991, 112.
[13] BGH bei Miebach NStZ 1988, 213.
[14] BGHSt 37, 287; 27, 80.
[15] BGHSt 37, 287; BGH wistra 1991, 272; BGH StV 1992, 98.
[16] BGHSt 37, 287 (288); BGH NStZ 1984, 89.
[17] Vgl. dazu BGHSt 27, 81; BGH NStZ 1984, 89.
[18] RGSt 52, 76 (77); Löwe/Rosenberg/Hanack § 343 Rdn 5; Kleinknecht/Meyer-Goßner § 343 Rdn 2.

damit nicht geeignet, die Begründungsfrist in Lauf zu setzen. Die Frist zur Begründung der Revision wird vielmehr erst in Lauf gesetzt, wenn das Revisionsgericht durch Beschluß nach § 346 II die Rechtzeitigkeit des Rechtsmittels festgestellt hat und danach eine ordnungsgemäße Zustellung erfolgt.[19] War die Zustellung schon früher erfolgt, soll die Frist mit der Zustellung des Beschlusses nach § 346 II beginnen.[20] Ob in einem entsprechenden Fall, in dem die Revision zwar als rechtzeitig, jedoch aus anderen Gründen als unzulässig angesehen worden ist, die Begründungsfrist mit einer vor der Entscheidung nach § 346 II erfolgten Zustellung in Lauf gesetzt wird, ist streitig.[21] Eine innere Rechtfertigung dafür, die verschiedenen Fälle der Unzulässigkeit unterschiedlich zu behandeln, ist jedoch nicht erkennbar. Auch aus Gründen der Rechtssicherheit erscheint es daher angezeigt, bei einer Entscheidung nach § 346 II stets eine neue Zustellung zu fordern, durch die dann die Frist zur Begründung der Revision in Lauf gesetzt wird.[22]

54 Wird dem Beschwerdeführer gegen die Versäumung der Frist zur Einlegung der Revision **Wiedereinsetzung in den vorigen Stand** gewährt (Rdn 517),[23] so beginnt der Lauf der Revisionsbegründungsfrist erst mit der Zustellung des Wiedereinsetzungsbeschlusses.[24]

55 Die entgegen § 35a unterbliebene, vollständige oder falsche **Rechtsmittelbelehrung** hinsichtlich der Revisionsbegründungsfrist ist auf Beginn und Ablauf der Frist ohne Einfluß,[25] jedoch wird sie in der Regel die Wiedereinsetzung in den vorigen Stand (Rdn 517) rechtfertigen.

56 Die Revision kann bereits vor Zustellung des angefochtenen Urteils begründet werden. In der von der Zustellung an laufenden Frist können in einem solchen Falle zusätzliche Rügen erhoben werden.[26]

57 Die **Berechnung** der Frist zur Begründung der Revision richtet sich nach § 43; ist z.B. das Urteil am fünften eines Monats zugestellt worden, so endet die Begründungsfrist mit Ablauf des fünften des folgenden Monats. Eine am 31. Januar beginnende Monatsfrist endet am 28. Februar, in einem Schaltjahr

---

[19] Vgl. Löwe/Rosenberg/Hanack aaO.

[20] OLG Karlsruhe NStZ 1984, 138 (LS).

[21] Nach RGSt 69, 244 (245) gilt § 343 II für den Fall der Zulässigkeit der Revision; einschränkend RGSt 62, 250 f.d. Berufung; dem folgend f.d. Revision Löwe/Rosenberg/Hanack § 343 Rdn 5.

[22] A. A. wohl KK-Pikart § 346 Rdn 22.

[23] Dazu i.e. unten Rdn 517ff.

[24] BGHSt 30, 335 (f.d. Rechtsbeschwerde); BayObLG NJW 1972, 171 (auch für Abwesenheitsurteil); Löwe/Rosenberg/Hanack § 345 Rdn 9 m.w.Nachw.; Sarstedt/Hamm Rdn 112.

[25] OLG Bremen MDR 1979, 517; OLG Koblenz MDR 1977, 425; Löwe/Rosenberg/Wendisch § 35a Rdn 24ff m.w.Nachw.

[26] BGHSt 1, 46; RGSt 58, 156; zum Nachschieben einzelner Rügen nach Ablauf der Frist vgl. Rdn 519.

am 29. Februar. Diese Berechnung gilt auch dann, wenn die Begründungsfrist unmittelbar an die Frist zur Einlegung der Revision anschließt.[27]

Für die **Staatsanwaltschaft als Beschwerdeführerin** bestehen keine gesetzli- 58
chen Besonderheiten.

Die **Wiedereinsetzung** in den vorigen Stand gegen die Versäumung der Revisionsbegründungsfrist wird unter Teil 6, 1. Kap. IV behandelt (Rdn 517ff.).

Die Revisionsanträge und ihre Begründung können seitens des Angeklag- 59
ten nur in **Form** einer von dem Verteidiger oder einem Rechtsanwalt unterzeichneten Schrift oder zu Protokoll der Geschäftsstelle angebracht werden (§ 345 II). Wesentliches Erfordernis der Revisionsbegründung ist in erster Linie ihre Lesbarkeit; diese kann auch bei qualitativ schlechten in den Text einbezogenen Ablichtungen fehlen, was zur Unzulässigkeit führt.[28] Ebenso bedeutsam ist die eigenhändige **Unterschrift** mit dem vollen Namen.[29] Lesbar braucht die Unterschrift nicht zu sein.[30] Es ist ausreichend, wenn sie einen individuellen Schriftzug darstellt, der die Unterscheidung von anderen Unterschriften gewährleistet und eine Nachahmung wesentlich erschwert. Eine wirksame Unterzeichnung liegt jedoch nicht mehr vor, wenn das ursprüngliche Schriftbild aus Buchstaben in willkürliche Striche und Linien aufgelöst ist und der „Schriftzug" charakteristischer Merkmale entbehrt.[31]

Die Unterschrift ist – anders bei der Einlegung der Revision (Rdn 25) – eine unverzichtbare Voraussetzung der Wirksamkeit. So genügt es nicht, wenn aus anderen Anhaltspunkten deutlich ersichtlich ist, von wem das Schriftstück herrührt.[32] Eine auf die Verwendung der Anfangsbuchstaben abgekürzte Unterzeichnung genügt ebensowenig wie die Verwendung eines Faksimilestempels.[33] Eine wirksame Unterschrift liegt auch nicht vor, wenn sich die Unterschrift auf einem beigefügten Blatt, etwa einem Übersendungsschreiben oder einem aufgeklebten Zettel befindet.[34] Auch die Unterzeichnung durch einen Bevollmächtigten oder Beauftragten erfüllt nicht die gesetzlichen Anforderungen, es sei denn, es handele sich um einen Rechtsanwalt oder einen amtlich bestellten Vertreter.[35] Dagegen kann der bestellte Pflichtverteidiger die Revisionsbegründung nicht durch einen Unterbevollmächtigten unterzeichnen lassen.[36]

---

[27] BGH StV 1990, 193.

[28] BGHSt 33, 44.

[29] BGHSt 12, 317 (318); RGSt 69, 137.

[30] BGHSt 12, 317; KK-Pikart § 345 Rdn 12; vgl. aber OLG Hamburg OLGRspr § 345 S. 15; OLG Köln OLGRspr § 345 S. 13.

[31] BGHSt 12, 313; OLG Düsseldorf NJW 1956, 923.

[32] BGHSt 2, 77.

[33] BGH bei Kusch NStZ 1992, 225; BGH NJW 1976, 966; RGSt 69, 137; 37, 81 (82); Sarstedt/Hamm Rdn 139; Löwe/Rosenberg/Hanack § 345 Rdn 24.

[34] Sarstedt/Hamm Rdn 139; krit. Löwe/Rosenberg/Hanack § 345 Rdn 25.

[35] Sarstedt/Hamm Rdn 139; vgl. auch KG GA 1974, 373 (Unterzeichnung durch unterbevollmächtigten Rechtsanwalt).

[36] BGH StV 1981, 393.

60 Mit der Unterzeichnung wird die **Verantwortung für den Inhalt** übernommen. Die Formvorschrift des § 345 II ist nicht gewahrt, wenn sich aus der Rechtfertigungsschrift in irgendeiner Form ergibt, daß der Verteidiger nicht hinter ihr steht und sie nicht mit seinem Namen decken will, z.B. wenn darauf hingewiesen wird, daß die gesamte Revisionsbegründung (nur) die Auffassung des Angeklagten wiedergibt oder bei einer nicht vom Verteidiger verfaßten Revisionsbegründung dessen Unterschrift mit einschränkenden Zusätzen, etwa „auf Wunsch des Angeklagten" versehen wird.[37] Auch die formale Übernahme oder Einbeziehung einer Revisionsbegründung des Angeklagten ist – selbst bei Unterzeichnung durch den Verteidiger – nicht ausreichend.[38] Bestehen auch nur Zweifel daran, daß der Verteidiger für den gesamten Inhalt der Revisionsbegründung die uneingeschränkte Verantwortung übernommen hat, ist die Revisionsbegründung unzulässig.[39] Unter besonderen Umständen kann die Revisionsbegründung zum Teil zulässig, zum Teil unzulässig sein.[40]

Unzulässig ist deshalb die Revision, deren Begründung nur angekündigt wird, z.B. wenn die Rechtsmittelschrift mit dem Zusatz „es wird die Verletzung materiellen Rechts gerügt werden" versehen ist.[41]

61 Für die Revision der **Staatsanwaltschaft** wird die Übersendung einer beglaubigten Abschrift der Revisionsbegründung für ausreichend erachtet, weil § 345 II ausdrücklich auf die Revisionsbegründung des Angeklagten beschränkt ist.[42]

62 Für die Revisionsbegründung zu **Protokoll der Geschäftsstelle**[43] – die für den anwaltlichen Verteidiger nicht zulässig ist[44] – ist die Geschäftsstelle des Gerichts zuständig, dessen Urteil angefochten wird;[45] für den nicht auf freiem Fuß befindlichen Beschwerdeführer das für den Verwahrungsort zuständige Amtsgericht (§ 299). Der Rechtspfleger (§ 24 I RpflG) darf sich nicht auf die bloße Beurkundung beschränken, sondern hat die Belehrungs- und Fürsorgepflichten aus Nr. 150 RiStBV zu beachten. Der Beschwerdeführer kann sich durch einen Bevollmächtigten vertreten lassen.[46] Die Revisionsbegründung

---

[37] BGH bei Miebach NStZ 1989, 16; 1988, 214; BGHSt 25, 272; OLG Hamm JMBlNRW 1951, 184; eingehend Löwe/Rosenberg/Hanack § 345 Rdn 27; weitere Beispiele bei Sarstedt/Hamm Rdn 138; Dahs, Handbuch Rdn 797.

[38] So BGH wistra 1989, 68; NStZ 1984, 563; OLG Düsseldorf StV 1992, 39; eingehend Gribbohm NStZ 1983, 100.

[39] BGH bei Miebach NStZ 1989, 16.

[40] Etwa, wenn der Verteidiger sich nur teilweise distanziert; vgl. i.ü. Gribbohm NStZ 1983, 100f.

[41] BGH bei Pfeiffer/Miebach NStZ 1986, 209.

[42] GemSOGB NJW 1980, 172; BGHSt 2, 77; Löwe/Rosenberg/Hanack § 345 Rdn 42; Kleinknecht/Meyer-Goßner § 345 Rdn 23; vgl. aber Nr. 149 RiStBV.

[43] Dazu krit. Dahs NStZ 1982, 345; befürwortend Sarstedt/Hamm Rdn 130f.

[44] OLG Düsseldorf MDR 1975, 73.

[45] Löwe/Rosenberg/Hanack § 345 Rdn 30; Blaese/Wielop Rdn 256.

[46] Löwe/Rosenberg/Hanack § 345 Rdn 32; Blaese/Wielop Rdn 255.

muß durch den Urkundsbeamten unterzeichnet werden. Hinsichtlich der Unterzeichnung und des Inhalts der Revisionsbegründung gelten die allgemeinen Grundsätze entsprechend (vgl. Rdn 59f. und Rdn 25ff).

Die Revisionsbegründung kann auch durch **Telegramm** erfolgen.[47] Insoweit gelten die Ausführungen zur telegraphischen Einlegung der Revision entsprechend (Rdn. 26). Folgerichtig ist auch die Revisionsrechtfertigung durch **Fernschreiben** wirksam.[48] Gleiches gilt für die Revisionsbegründung durch **Telefax**[49] (**Telekopie,**[50] **Telebrief**), wobei die Wiedergabe der Unterschrift nicht fehlen darf. Hat das Adressat-Gericht keinen Telefax-Anschluß, so genügt die Übermittlung an das zuständige Postamt, wenn das Telefax dem Gericht postalisch noch innerhalb der Frist zugeleitet wird. Daß das Original der Revisionsbegründung nach Fristablauf eingeht, ist dann unschädlich.[51] 63

Die Revisionsbegründung per **Telefon** als Sonderfall der Revisionsbegründung zu Protokoll der Geschäftsstelle dürfte generell als **unzulässig** anzusehen sein. Trotz fortgeschrittener Fernsprechtechnik ist die Gefahr von Mißverständnissen angesichts der Kompliziertheit der Materie und der Belehrungs- und Beratungspflichten des Urkundsbeamten sowie sich daraus evtl. ergebender Diskussionen zu groß. Das Gebot der Rechtssicherheit erfordert eine restriktive Auslegung.[52] 64

Adressat der Revisionsanträge und ihrer Begründung ist das Gericht, dessen Urteil angefochten wird, nicht das Revisionsgericht. Wird die Revisionsbegründung bei einer unzuständigen Stelle eingereicht, so ist die Frist des § 345 I nur gewahrt, wenn die Begründung vor Ablauf dieser Frist bei dem zuständigen Gericht eingeht (vgl. i.ü. Rdn. 22). Eingegangen ist die Revisionsbegründung jedoch erst dann, wenn sie an einen zur Entgegennahme zuständigen Beamten gelangt ist.[53] Die Geschäftsstelle des Gerichts ist nach Nr. 151 RiStBV gehalten, auf Verlangen den Eingang der Begründungsschrift zu bescheinigen. Der rechtzeitige Einwurf der Revisionsbegründung in den Frist- oder Nachtbriefkasten des Gerichts reicht zur Fristwahrung aus;[54] gleiches gilt auch für den gewöhnlichen Hausbriefkasten,[55] wenn die Rechtzeitigkeit z.B. durch Zeugen erwiesen ist. Ist ein auswärtiges Gericht Adressat der Revisionsbegründung, so ist zwar der Postweg zu berücksichtigen, jedoch 65

---

[47] BGHSt 8, 174; KK-Pikart § 345 Rdn 17; Kleinknecht/Meyer-Goßner Einl. Rdn 139; krit. Löwe/Rosenberg/Hanack Rdn 23; Sarstedt/Hamm Rdn 140.

[48] BGHSt 31, 7; BayObLG MDR 1967, 689.

[49] Einzelheiten bei Blaese/Wielop Rdn 253.

[50] BGH wistra 1989, 313; Kleinknecht/Meyer-Goßner Einl. Rdn 139.

[51] BGH wistra 1989, 313; OLG Karlsruhe NStZ 1986, 2773; OLG Koblenz NStZ 1984, 236; BAG NJW 1987, 341; 1984, 199; Löwe/Rosenberg/Hanack § 345 Rdn 23.

[52] Arg. ex. BGHSt 30, 64 (Unzulässigkeit telefonischer Einlegung der Berufung).

[53] BGHZ 2, 31; RGZ 1976, 127ff.

[54] BVerfGE 41, 323 (328) BGH MDR 1981, 740; Löwe/Rosenberg/Wendisch vor § 42 Rdn 19, 20; Blaese/Wielop Rdn 152, 268.

[55] BVerfGE 41, 323 (328) u. Fn. 41.

darf man sich auf die „normale“ Postlaufzeit verlassen.[56] Es ist in jedem Falle zu empfehlen, die Rechtfertigungsschrift als Einschreiben und ggfs. Expreßbrief zu versenden.[57]

66 Ist die Revisionsbegründung wegen Fristversäumnis oder Formmangels unzulässig und die Frist des § 345 I versäumt, so kommt Wiedereinsetzung in den vorigen Stand in Betracht, die unter Teil 6, 1. Kap. IV (Rdn 517ff.) behandelt wird.

2. Kapitel
Die Revisionsanträge

67 Der **Revisionsantrag** ist die Erklärung des Beschwerdeführers, inwieweit das Urteil angefochten und seine Aufhebung beantragt wird (§ 344 I). Der Aufhebungsantrag muß sich auf den Urteilsausspruch richten; eine Anfechtung der Urteilsgründe allein ist unzulässig.[58]

Der Beschwerdeführer sollte in jedem Falle einen genau formulierten, ausdrücklichen Antrag stellen, der sein Begehren eindeutig wiedergibt. Trotz des Fehlens eines ausdrücklichen Revisionsantrages wird das Rechtsmittel aber als zulässig angesehen, wenn die Revisionsbegründung mit einer jeden Zweifel ausschließenden Deutlichkeit ergibt, in welchem Umfang das Urteil angefochten wird.[59] Ist dies nicht erkennbar, so wird die Revision als unzulässig verworfen.[60]

68 Der Revisionsantrag ist **schriftlich** mit der **Revisionsbegründung**, nicht erst in der Hauptverhandlung, zu stellen.[61] Es ist daher fehlerhaft, den Antrag in Anlehnung an den Zivilprozeß („ich werde beantragen ...“) oder andere Verfahrensarten zu formulieren.[62]

69 Zum **Inhalt** des Antrages gehört primär das Begehren der Aufhebung des angefochtenen Urteils in vollem oder beschränktem Umfange;[63] zugleich sollte entsprechend der von den Revisionsgerichten allgemein praktizierten Fassung des Urteilstenors die Aufhebung der (zugehörigen) Feststellungen beantragt werden. Die Folgen der Aufhebung, z.B. die Zurückverweisung, Freisprechung oder Einstellung ergeben sich für das Revisionsgericht zwar aus dem Gesetz (§§ 353, 354ff) (Rdn 580ff.) und sind nicht vom Antrag des Beschwerdeführers abhängig. Gleichwohl ist es zweckmäßig, das Ziel des

---

[56] BVerfGE 40, 42 (45); Löwe/Rosenberg/Wendisch § 44 Rdn 38f m.w.Nachw.

[57] Dahs Handbuch Rdn 793.

[58] RGSt 63, 184; zum Ganzen Gribbohm NStZ 1983, 97 (98).

[59] BGH JZ 1988, 367; BGH StV 1981, 393; Gribbohm NStZ 1983, 98; RGSt 56, 225; Sarstedt/Hamm Rdn 147.

[60] BayObLG JR 1955, 28 m.Anm. Sarstedt.

[61] Hamm, Formularbuch S. 379.

[62] Sarstedt/Hamm Rdn 146f; Dahs Handbuch Rdn 790f.

[63] BGHSt 38, 4; Sarstedt/Hamm Rdn 147; Löwe/Rosenberg/Hanack § 344 Rdn 1.

Rechtsmittels im Antrag weiter zu konkretisieren, wobei allerdings sinnlose Anträge zu vermeiden sind: Freispruch wird man nur beantragen, wenn die Tatsachenfeststellungen erschöpfend sind und der Schuldspruch allein von der Beurteilung der materiellen Rechtslage abhängt; die Einstellung des Verfahrens kommt bei fehlender Prozeßvoraussetzung oder bei einem dauernden Verfahrenshindernis in Betracht.

Eine **Beschränkung** der Revision ist zulässig. Durch die Beschränkung des 70
Antrages wird der Umfang bestimmt, in dem das Revisionsgericht das angefochtene Urteil überprüfen kann (§ 352 I) (Rdn 571 ff.). Bei unbeschränkt eingelegter Revision und beschränktem Revisionsantrag liegt aber weder eine Teilrücknahme noch ein Teilverzicht (mit der Kostenfolge aus § 473 I) vor, sondern eine (kostenneutrale) Konkretisierung des Umfangs der Anfechtung.[64] Eine **Erweiterung** der beschränkt eingelegten Revision ist nur bis zum Ablauf der Revisionseinlegungsfrist des § 341 I zulässig.[65]

Bei einer nur teilweisen Anfechtung des Urteils kommt ggfs. der **Antrag** auf 71
Zurückverweisung an ein Gericht niederer Ordnung in Betracht (§§ 354 III), wodurch eine Instanz gewonnen wird.

Fehlt ein ausdrücklicher Revisionsantrag oder ist er unklar gefaßt, so 72
wird die Frage, ob und inwieweit der Beschwerdeführer das Urteil anfechten wollte, durch **Auslegung** des Antrages und der Revisionsbegründung ermittelt.[66] Wird die Revision unbeschränkt eingelegt, enthält aber die Revisionsbegründung eine Beschränkung auf einen trennbaren Teil der Verurteilung, so ist eine rechtswirksame Beschränkung nicht gegeben und die Revision ist als unzulässig zu verwerfen, soweit sie nicht begründet worden ist.[67] Wird bei einer Revision gegen die Verurteilung wegen mehrerer selbständiger Straftaten im Revisionsantrag lediglich die Gesamtzahl der Anfechtungsfälle genannt, ohne daß in der Revisionsbegründungsfrist diese Fälle konkretisiert werden, so liegt weder eine unbeschränkte noch eine beschränkte Revision vor, und das Rechtsmittel ist als unzulässig zu verwerfen.[68] Anders ist der Fall zu beurteilen, in dem der Beschwerdeführer die Aufhebung des Urteils im Ganzen beantragt, die allgemeine Sachrüge erhebt, die weitere Revisionsbegründung sich aber nur auf einen Teil des Urteils bezieht. Eine solche **unbeschränkte Anfechtung mit beschränktem**
Rügevorbringen stellt keine Beschränkung des Rechtsmittels dar; das Ur- 73
teil ist von Amts wegen in vollem Umfange nachzuprüfen. Auch wenn die Sachrüge nur wegen eines einzelnen, gekennzeichneten Verstoßes gegen das materielle Recht erhoben wird, liegt darin keine Beschränkung. In jeder speziellen Sachrüge liegt stets die allgemeine Sachrüge, die das

---

[64] BGHSt 38, 4; BGH NStZ 1993, 96; 1992, 126 für StA.

[65] BGH wistra 1993, 113 (Fortentwicklung von BGHSt 38, 4).

[66] In Anwendung des aus § 300 sich ergebenden Grundsatzes: Kleinknecht/Meyer-Goßner § 300 Rdn 3; BGHSt 19, 273 (275); BGH bei Holtz MDR 1978, 282.

[67] BGH LM § 303 Nr. 1; Kleinknecht/Meyer-Goßner § 344 Rdn 6.

[68] BayObLG JR 1955, 28; OLG Zweibrücken MDR 1974, 421.

Revisionsgericht zur Nachprüfung des Urteils in seinem gesamten Umfang nötigt.[69]

74 Die Revision kann nur auf einen solchen **Urteilsteil** beschränkt werden, der, losgelöst vom übrigen Urteilsinhalt, selbständig geprüft und rechtlich beurteilt werden kann.[70] Diese von der Rechtsprechung entwickelte Formel ist in ihrer Abstraktheit sehr weit gefaßt und bietet im Einzelfall nur begrenzte Hilfe. Ob und in welchem Umfang eine Beschränkung der Revision zulässig und zweckmäßig ist, muß jeweils anhand der konkreten Umstände des einzelnen Falles beurteilt werden. Aus der umfangreichen Rechtsprechung zur Zulässigkeit der Beschränkung der Revision[71] können hier nur einige markante Beispiele angeführt werden.

75 Wird der **Schuldspruch** angefochten, so erstreckt sich die Anfechtung notwendigerweise auch auf den Strafausspruch. Innerhalb des Schuldspruchs sind Beschränkungen möglich. So kann die Revision auf die Verurteilung wegen einer einzelnen Tat beschränkt werden, wenn das Urteil mehrere Straftaten umfaßt, die im Verhältnis der Tatmehrheit nach § 53 StGB stehen; die Einheitlichkeit des geschichtlichen Geschehens im Sinne des § 264 StPO steht der Zulässigkeit der Beschränkung nicht entgegen.[72] In solchen Fällen umfaßt die Anfechtung auch die Gesamtstrafe, und das Revisionsgericht kann sogar prüfen, ob der Angeklagte überhaupt aufgrund eines gültigen Gesetzes verurteilt worden ist.[73] Eine Beschränkung auf Einzeltaten, die miteinander in Tateinheit oder in Fortsetzungszusammenhang oder sonst in natürlicher Handlungseinheit stehen, ist unzulässig.[74]

76 Der praktisch häufigste Fall ist die Beschränkung auf den **Strafausspruch**. Ist die Revision wirksam beschränkt, sind die Feststellungen, die dem Schuldspruch der Vorinstanz zugrunde liegen, bindend.[75] Vor der Beschränkung des Rechtsmittels auf das Strafmaß muß daher sorgfältig geprüft werden, ob die im Rahmen des Schuldspruchs festgestellten Tatsachen auch für den Strafausspruch von Bedeutung sein können (**doppelrelevante Tatsachen**). Die Feststellungen des angefochtenen Urteils zu derartigen doppelrelevanten Tatsachen müssen vielfach mit angegriffen werden, auch wenn der Beschwerdeführer

---

[69] BGHSt 1, 44 (46); Kleinknecht/Meyer-Goßner § 344 Rdn 19.

[70] St. Rspr RGSt 56, 110 (111); BGHSt 24, 185; 21, 256 (258); 19, 46 (48); 10, 100 (101); BGH MDR 1973, 326; Löwe/Rosenberg/Hanack § 344 Rdn 14f; Kleinknecht/Meyer-Goßner § 318 Rdn 1 ff; Sarstedt/Hamm Rdn 85.

[71] vgl. – auch wegen aller Einzelheiten – die Übersicht bei Löwe/Rosenberg/Hanack § 344 Rdn 14ff; KK-Pikart § 344 Rdn 5ff; Sarstedt/Hamm Rdn 85ff.

[72] BGHSt 26, 256 (258); BGH NJW 1971, 1948; BGH JR 1972, 203; vgl. aber Sarstedt/Hamm Rdn 85; OLG Braunschweig GA 1955, 56; Löwe/Rosenberg/Hanack § 344 Rdn 21; BayObLG MDR 1972, 708f.

[73] BGH bei Holtz MDR 1978, 282.

[74] BGHSt 6, 229 (230); Löwe/Rosenberg/Hanack § 344 Rdn 28, auch zur Frage der Beschränkung, wenn die Vorinstanz zu Unrecht Tateinheit oder Tatmehrheit angenommen hat; dazu auch Sarstedt/Hamm Rdn 85.

[75] BayObLG JZ 1972, 340.

letztlich nur eine Änderung im Strafausspruch erstrebt, z. B. wenn sich ohne Erörterung der Schuldfeststellung nicht feststellen läßt, welches Gesetz das mildeste i. S. § 2 III StGB ist.[76] Eine Gesetzesänderung zugunsten des Angeklagten wird aber immer berücksichtigt, wenn eine zulässige Sachrüge erhoben ist.[77]

In **Zweifelsfällen** sollte der Beschwerdeführer sich für die unbeschränkte Revision entscheiden. Dafür spricht auch die Erfahrung der Praxis, daß Revisionsgerichte nicht selten bei unveränderten Feststellungen zu einer anderen rechtlichen Würdigung auch hinsichtlich des Schuldspruchs gelangen. Rügt z. B. der Beschwerdeführer, daß in dem angefochtenen Urteil rechtsirrig § 21 StGB nicht angewendet worden ist, so wäre das Revisionsgericht bei einer Beschränkung auf den Strafausspruch gehindert, das angefochtene Urteil aufzuheben und den Angeklagten freizusprechen, wenn es zu dem Ergebnis kommt, daß nach den Feststellungen die Voraussetzungen des § 20 StGB gegeben sind und das Tatgericht die strafrechtliche Verantwortlichkeit rechtsirrig bejaht hat. 77

Innerhalb des Strafausspruchs ist die Beschränkung auf einzelne Teile möglich, soweit diese losgelöst von dem nicht angegriffenen Teil der Entscheidung selbständig geprüft und beurteilt werden können; der Beschwerdeführer hat hier eine weitreichende **Dispositionsbefugnis**, die das Revisionsgericht bindet.[78] So ist die Beschränkung der Revision bei Geldstrafe auf die Höhe des Tagessatzes ebenso zulässig[79] wie auf den Ausspruch über die Gesamtstrafe,[80] dagegen nicht auf die Verhängung des Fahrverbots (§ 44 StGB).[81] Das Rechtsmittel kann auch auf die Versagung der Strafaussetzung zur Bewährung beschränkt werden.[82] Es ist weiterhin zulässig, die Revision lediglich gegen (einzelne) Nebenstrafen und Maßregeln der Sicherung und Besserung zu richten, wenn sie sowohl von der Schuldfrage als auch vom Strafausspruch im übrigen selbständig beurteilt werden können.[83] Umgekehrt kann der Angeklagte die Revision nicht allein mit dem Ziel einlegen, seine (unterbliebene) Unterbringung nach §§ 63, 64 StGB zu erreichen, weil er insoweit als nicht beschwert gilt.[84] Die Staatsanwaltschaft dagegen kann ihre Revision auf diese Punkte beschränken.[85] Der Angeklagte kann jedoch die Unterbringung (§§ 63, 64 StGB) von seiner Revision gegen den Strafausspruch ausneh- 78

---

[76] Vgl. zu diesen Problemen grundsätzlich BGHSt 29, 359.
[77] BGHSt 26, 94.
[78] BGH NStZ 1993, 97.
[79] BGHSt 27, 70.
[80] Löwe/Rosenberg/Hanack § 344 Rdn 37.
[81] Vgl. i. e. Kleinknecht/Meyer-Goßner § 318 Rdn 22.
[82] BGH NStZ 1993, 96; BGHSt 11, 393 (394); vgl. auch Löwe/Rosenberg/Hanack § 344 Rdn 40ff.
[83] BGH NStZ 1993, 97.
[84] BGH NStZ 1993, 97.
[85] BGH NStZ 1993, 97.

men.[86] Entscheidend kommt es stets auf die im Einzelfall zu prüfende und entscheidende Frage an, ob eine „Wechselwirkung“ zwischen der ausgesprochenen Strafe und der Maßregel ausgeschlossen werden kann.[87] Das wird z.B. in aller Regel beim Berufsverbot (§ 70 StGB) nicht der Fall sein.[88] Auch die Entziehung der Fahrerlaubnis nach § 69 StGB wird in der Regel nicht ohne gleichzeitigen Angriff gegen den Strafausspruch insgesamt angefochten werden können, weil die der Strafzumessung zugrundeliegenden Tatsachen durchweg eine wesentliche Grundlage für die Entscheidung nach § 69 StGB bilden.[89] Das gilt insbesondere für den in der Praxis wohl häufigsten Fall der Entziehung der Fahrerlaubnis bei Verurteilungen nach § 142, § 315c, § 316 StGB u.a.[90]

Umgekehrt ist zu beachten, daß die Anfechtung des Strafausspruchs in der Regel auch die Anordnung der Entziehung der Fahrerlaubnis umfaßt.[91]

79 Ist die Erklärung des Beschwerdeführers zur Beschränkung unklar, so muß das Revisionsgericht im Wege der **Auslegung** des Revisionsantrages und der Revisionsbegründung den Sinn der Gesamterklärung zu erforschen suchen, gegebenenfalls auch durch Befragung des Beschwerdeführers.[92] Wenn Zweifel über die Beschränkung bestehen bleiben, ist die Revision als unbeschränkt zu behandeln.[93]

80 Erweist sich die Beschränkung des Rechtsmittels als zu eng gefaßt, d.h. kann der angefochtene Teil der Entscheidung nicht losgelöst und selbständig geprüft werden, so führt dies nicht zur Unzulässigkeit der Revision insgesamt, sondern nur zur Unzulässigkeit der Beschränkung. In einem solchen Fall muß das Urteil auch hinsichtlich der mit dem angefochtenen Teil in innerem Zusammenhang stehenden Punkte überprüft werden.[94]

81 War bereits die Berufung beschränkt, so muß das Revisionsgericht die Wirksamkeit dieser Beschränkung nachprüfen. Das Urteil ist aufzuheben und die Sache zurückzuverweisen, wenn die Beschränkung nicht wirksam war.[95]

82 Eine **gesetzliche Beschränkung** der Revision für die **Staatsanwaltschaft** enthält § 339; danach kann die zuungunsten des Angeklagten eingelegte Revision nicht auf die Verletzung von Rechtsnormen gestützt werden, die ledig-

---

[86] BGH NStZ 1993. 97.

[87] BGH NStZ 1993, 97.

[88] Str. vgl. Dreher/Tröndle § 70 StGB Rdn 18; zur Einziehung BGH NStZ 1993, 400.

[89] BGHSt 10, 379; i.e. vgl. Löwe/Rosenberg/Hanack § 344 Rdn 57ff.

[90] Vgl. BGHSt 10, 379 (382).

[91] BGH VRS 23, 442; OLG Frankfurt NJW 1955, 1931 m.zust.Anm. Hartung; OLG Braunschweig NJW 1955, 1333.

[92] BGH NJW 1956, 756; RGSt 62, 13; 58, 372.

[93] RGSt 58, 372 (373); Kleinknecht/Meyer-Goßner § 344 Rdn 3.

[94] RGSt 67, 29 (30); 65, 296; Sarstedt/Hamm Rdn 85; KK-Pikart § 344 Rdn 16.

[95] RGSt 64, 151 (152); OLG Hamm NJW 1962, 1074; Kleinknecht/Meyer-Goßner § 352 Rdn 4.

lich zugunsten des Angeklagten gegeben sind. Im übrigen gelten für die Beschränkung der Revision der Staatsanwaltschaft die allgemeinen Grundsätze.[96]

Trotz einer wirksamen Beschränkung der Revision hat das Revisionsgericht von Amts wegen die **Verfahrensvoraussetzungen** zu überprüfen. Ergibt die Prüfung ein **Verfahrenshindernis** (vgl. dazu im einzelnen Rdn 94ff.), so ist das gesamte Verfahren einzustellen, auch wenn das Urteil nur noch in einem Nebenpunkt angefochten war.[97] 83

Ebenfalls von Amts wegen prüft das Revisionsgericht auch bei Beschränkung des Rechtsmittels nach, ob die Verurteilung überhaupt auf einem **gültigen Strafgesetz** beruht (z.B. § 354a); ist dies nicht der Fall, so spricht es den Angeklagten frei.[98] In gleicher Weise muß verfahren werden, wenn das der Verurteilung zugrundeliegende Strafgesetz zur Zeit der Entscheidung des Revisionsgerichts durch eine zwischenzeitliche Gesetzesänderung aufgehoben oder für verfassungswidrig erklärt worden ist. Auch wenn nur ein Teil des Urteils angefochten ist, z.B. der Strafausspruch oder eine Nebenfolge, so ermöglicht der Schuldspruch mangels gesetzlicher Grundlage keine Straffestsetzung oder Nebenfolge mehr.[99] 84

Die **Erweiterung** einer beschränkt eingelegten Revision ist unter bestimmten Voraussetzungen zulässig. In der mit Einlegung des Rechtsmittels erklärten Teilanfechtung liegt i.d.R. nicht zugleich ein Teilverzicht hinsichtlich der nicht angefochtenen Teile des Urteils. Aus diesem Grunde ist eine Ausdehnung der Revision auf das gesamte Urteil oder weitere abtrennbare Teile rechtlich möglich. Dies kann nach Auffassung des BGH aber nur innerhalb der Revisionseinlegungsfrist des § 341 geschehen.[100] Ist die Revision zunächst unbeschränkt eingelegt, dann durch Antrag oder Begründung nach § 344 I beschränkt worden, so kann sie innerhalb der Frist des § 345 I ebenfalls auf weitere Teile des Urteils oder zusätzliche Beschwerdepunkte erweitert werden. 85

Nach Ablauf der Begründungsfrist kommt eine Erweiterung der Revision nur noch unter den besonderen Bedingungen der Wiedereinsetzung in den vorigen Stand (§ 44 – Rdn 517ff.) in Betracht.

---

[96] Vgl. dazu auch Amelunxen, Die Revision der Staatsanwaltschaft 1980; Sarstedt/Hamm Rdn 18f; ferner Nr. 147, 156 RiStBV.

[97] BGHSt 21, 25; 13, 128; 11, 393 (395); Kleinknecht/Meyer-Goßner § 352 Rdn 2; Sarstedt/Hamm Rdn 90.

[98] Kleinknecht Anm. MDR 1955, 434 zu BGH MDR 1955, 433; BayObLG NJW 1955, 395.

[99] Zum ganzen Gribbohm NStZ 1983, 97 (98ff).

[100] Eingehend BGH NStZ 1993, 96m. Hinweis auf die abw. Ansicht des Schrifttums.

3. Kapitel
Die Begründung der Revisionsanträge

86 Neben dem Revisionsantrag ist eine **Begründung** erforderlich, in der vom Beschwerdeführer darzulegen ist, ob er das Urteil wegen Verletzung einer das Verfahren betreffenden Norm oder wegen Verstoßes gegen das materielle Recht anficht (§ 344 II). Der Revisionsantrag allein stellt keine (auslegungsfähige) Revisionsbegründung dar;[1] die Revisionsbegründung selbst ist der Auslegung zugänglich, soweit sie dafür eine hinreichende Grundlage bietet.[2] Bleibt unklar, ob das Urteil wegen Verletzung des prozessualen oder materiellen Rechts angefochten wird, ist die Revision unzulässig.[3] Die formellen Anforderungen an Verfahrensrügen sind hoch (dazu Rdn 463), an die Sachrüge dagegen gering; insoweit genügt der Satz, es werde (allgemein) die Verletzung sachlichen Rechts gerügt (Rdn 503ff).

A. Die Revisionsgründe

I. Die Verletzung des Gesetzes

Lit.: *Arloth*, Verfahrenshindernis und Revisionsrecht, NJW 1985, 417; *Bauer*, Erneute Neubestimmung des prozessualen Tatbegriffs als Konsequenz der Postpendenz-Rechtsprechung des Bundesgerichtshofes, wistra 1990, 218; *Bohnert*, Ordnungsvorschriften im Strafverfahren, NStZ 1982, 5; *Neuhaus*, Der strafprozessuale Tatbegriff und seine Identität, MDR 1988, 1012; 1989, 213; *Pfeiffer*, Grundzüge des Strafverfahrensrechts, 2. Aufl., Rdn 130ff.; *Rieß*, Verfahrenshindernisse von Verfassungs wegen?, JR 1985, 45; *Volk*, Prozeßvoraussetzungen im Strafrecht, 1978; *Weber-Petras*, Ordnungs- und Sollvorschriften im Strafprozeßrecht, 1992.

87 Nach der Grundvorschrift des § 337 kann die Revision nur begründet sein, wenn eine **„Verletzung des Gesetzes"** gegeben ist (Abs. I). Das ist der Fall, wenn „eine Rechtsnorm nicht oder nicht richtig angewendet worden ist" (Abs. II). Der Begriff der **Rechtsnorm** gilt im weitesten Sinne (§ 7 EGStPO). Er betrifft alle bundes- und landesrechtlichen Normen des **Verfassungsrechts,** des **materiellen und des prozessualen Rechts.** Eingeschlossen ist natürlich auch das **Gewohnheitsrecht.** Ebenso gehören allgemein anerkannte **Auslegungsregeln** zu den Rechtsnormen (über die Revisibilität von unbestimmten Rechtsbegriffen und sonstige Abgrenzungen von Tat- und Rechtsfrage vgl. Rdn 393).

---

[1] Eingehend BGH NStZ 1993, 96m. Hinweis auf die abw. Ansicht des Schrifttums; BGH bei Miebach NStZ 1989, 15; 1989, 16; BGH bei Kusch NStZ 1993, 31.

[2] BGH bei Miebach NStZ 1989, 16.

[3] Gribbohm NStZ 1983, 98.

Auch der Grundsatz **in dubio pro reo** ist eine Rechtsnorm (Rdn 435f.). 88
Ermessensentscheidungen können eine rein tatsächliche Grundlage haben und verletzen dann keine Rechtsnormen. Sie können aber im Rechtsbereich ruhen und damit der Revision zugänglich werden. Es kommt also darauf an, ob bei der Ausübung des Ermessens das Recht verletzt worden ist. Dies ist besonders bei Verkennung des Ermessenscharakters der Entscheidung, bei Überschreitung oder Mißbrauch des Ermessens und bei Willkür der Fall.[4] Ermessensentscheidung ist auch die Strafzumessung. Sie kann rechtsfehlerhaft sein und die Revision begründen (Rdn 440). Auch prozessuale Ermessensentscheidungen können auf einer Rechtsverletzung beruhen. Sie bedürfen aber einer entsprechenden Verfahrensrüge.[5]

Die **Ordnungsvorschriften** („Sollbestimmungen") sind im Rahmen des § 337 89
nicht einheitlich zu beurteilen. Zweifellos sind sie Gesetz im Sinne des Abs. 1.[6] Ihre Verbindlichkeit ist aber relativ. Es kommt auf ihre Funktion im einzelnen Fall an. Hier ist manches streitig.[7]

Wann etwas nur Soll-Vorschrift ohne Normencharakter ist, muß von Fall zu Fall entschieden werden (vgl. besonders bezüglich der relativen Revisionsgründe – (Rdn 218ff). Die Kriterien der Zuordnung sind nicht eindeutig. Der Wortlaut läßt häufig beide Annahmen zu. Dann kommt es auf die Auslegung an. Dabei ist einmal der Zweck des Gesetzes, zum anderen die Auswirkung eines Verstoßes gegen die Bestimmung auf die Rechtsstellung des Angeklagten maßgebend.[8] Ist durch den Verfahrensverstoß der Zweck des gesetzlichen Gebots (tatsächlich) vereitelt worden, soll eine revisible Rechtsverletzung gegeben sein.[9]

Hierher gehört auch die **Rechtskreistheorie** des Bundesgerichtshofes, die im einzelnen besonders zu behandelnde Probleme aufweist (Rdn 34). Die Verletzung einer Sollvorschrift kann im übrigen ggfs. zur Begründung einer anderen Revisionsrüge herangezogen werden, z.B. bei Verletzung der Aufklärungspflicht[10] (Rdn 314).

Keine Rechtsnormen sind Verwaltungsanordnungen,[11] die Richtlinien für 90
das Strafverfahren, polizeiliche Verfügungen,[12] und auch Unfallverhütungs-

---

[4] BGHSt 6; 199 (200) u. 298 (300); BGH JR 1955, 190; JR 1956, 426; Löwe/Rosenberg/Hanack § 337 Rdn 87ff; vgl. auch BVerfGE 12, 333; 9, 223.

[5] Vgl. hierzu BGHSt 22, 266; Löwe/Rosenberg/Hanack § 337 Rdn 87.

[6] Löwe/Rosenberg/Hanack § 337 Rdn 15.

[7] Zum Ganzen vgl. Löwe/Rosenberg/Hanack § 337 Rdn 15ff.

[8] So BGHSt 25, 325 (329) m.Nachw.; Löwe/Rosenberg/Hanack § 337 Rdn 15ff, 18ff; Bohnert NStZ 1982, 5; Blomeyer JR 1971, 142: „Urteilsfinalität".

[9] BGH aaO, S. 331.

[10] Löwe/Rosenberg/Hanack § 337 Rdn 15, 22; Sarstedt/Hamm Rdn 151; Schwinge S. 96.

[11] Anderes gilt, wenn die Verwaltungsanordnung einen sanktionsbewehrten Blankettatbestand ausfüllt; OLG Hamburg NStZ 1984, 273.

[12] RGSt 58, 224.

vorschriften gehören als solche nicht dazu,[13] ebenso Dienstvorschriften und interne Betriebsanweisungen (etwa der Bundesbahnen).[14] Ihr Inhalt und ihre Auslegung sind somit tatrichterliche Feststellungen, die für den Revisionsrichter nicht nachprüfbar sind. Als solche können sie aber rechtsfehlerhaft zustandegekommen und revisibel sein oder durch Verstoß gegen Auslegungsregeln als Rechtsnormen (Rdn 434) oder wegen Verkennung von Rechtsbegriffen (etwa der Fahrlässigkeit) oder wegen Verletzung der Denkgesetze o.ä. (Rdn 416) materiell-rechtlich falsch oder prozeßordnungswidrig (Rdn 105ff) zustandegekommen sein.

91 Der **Geschäftsverteilungsplan** ist ebenfalls keine Rechtsnorm; Rechtsmängel in diesem Bereich werden aber vielfach einen Gesetzesverstoß zur Folge haben (Rdn 124ff.).

92 Keine Rechtsnormverletzung ist die **Aktenwidrigkeit** (Rdn 247) einer tatsächlichen Feststellung.[15] Zwar können sich aus Akten und Beiakten Umstände ergeben, die der Tatrichter offensichtlich übersehen oder unrichtig bewertet hat. So kann ein Urteil falsch sein, weil eine wichtige Angabe der Verteidigung übersehen worden ist. So entstandene Unrichtigkeiten beruhen i.d.R. nicht auf einer Verletzung materiellen Rechts. Ihnen ist eventuell mit einer Verfahrensrüge, insbesondere der **Aufklärungsrüge** (Rdn 314ff., 475ff.) beizukommen. Ist eine solche nicht ordnungsgemäß erhoben, ist der Fehler irreparabel und allenfalls im Wiederaufnahmeverfahren auszuwerten. Das kann anders sein in den Fällen der „Urkundenwidrigkeit“, z.B. bei Widerspruch der Tatsachenfeststellungen zu einer verlesenen Urkunde, einem Protokoll u.a. ohne Erörterung in den Urteilsgründen[16] (i.e. Rdn 247ff.).

93 Keine Gesetzesverletzung ist auch die **„Verhandlungswidrigkeit“** der Urteilsgründe. Darunter ist zu verstehen die „Ausrichtung“ des Verhandlungsinhalts bei der Abfassung der Urteilsgründe auf den verkündeten Urteilstenor. Nach den Erfahrungen der Praxis geschieht es nicht ganz selten, daß nach der Beweisaufnahme erwiesene, entlastende Tatsachen in den Urteilsfeststellungen nicht auftauchen, die Aussagen eines oder mehrerer Entlastungszeugen in der Beweiswürdigung nicht erscheinen, einseitig nur für den Angeklagten negative Feststellungen Eingang in das Urteil finden, ungünstige Aussagen durch die Art ihrer Wiedergabe verstärkt und ihr Inhalt „ausgebaut“ wird. Dazu gehört auch das probate Mittel, schwierige oder unerwünschte Rechtsfragen durch „gewaltsam“ geschaffene Tatsachenfeststellungen zu umgehen. Die Vorschrift des § 261 bietet gegen solche unredlichen Urteilsgründe kaum eine Hilfe, weil der Rechtsverstoß darin liegt, daß der Inbegriff der Hauptverhandlung gerade nicht den Inhalt der Urteilsgründe

---

[13] RGSt 52, 42.

[14] BGH VRS 16, 53; Löwe/Rosenberg/Hanack § 337 Rdn 9; a.A. KMR-Paulus § 337 Rdn 13f.d. Fall, daß von der Auslegung der Dienstvorschriften die Feststellung des pflichtwidrigen Täterhandelns oder der Erfolgsvoraussehbarkeit abhängt.

[15] Löwe/Rosenberg/Hanack § 337 Rdn 105 m.w.Nachw.

[16] Vgl. hierzu BGHSt 38, 4; Löwe/Rosenberg/Hanack § 337 Rdn 105.

bestimmt und nicht etwa darin, daß das Gericht Elemente des Urteils aus Quellen außerhalb der Verhandlung geschöpft hat. Nach neuerer Rechtsprechung kann hier bei bestimmten Fallstrukturen die Aufklärungsrüge (§ 244 II) (Rdn 247ff., 314ff.) oder die Sachrüge helfen (Rdn 386ff.). Im Ganzen ist eine derartige richterliche Praxis ein deprimierendes Kapitel der Strafrechtspflege.

II. Prozeßvoraussetzungen und Prozeßhindernisse

Ihre Nichtbeachtung begründet einen Verfahrensfehler, der regelmäßig zur 94
Aufhebung des Urteils von Amts wegen in der Revisionsinstanz nötigt, auch wenn eine dahingehende Verfahrensrüge nicht erhoben ist (Rdn 462), sofern nur eine beliebige **Revisionsrüge** angebracht worden ist.

Prozeßvoraussetzungen sind solche, von deren positivem Vorhandensein die Zulässigkeit des Verfahrens im Ganzen, nicht einzelner Verfahrenshandlungen abhängt. **Prozeßhindernisse** sind negativer Natur. Ihr Vorhandensein steht der Durchführung des Verfahrens entgegen. Zum Teil geht beides ineinander über. Im Gesetz kommt der Ausdruck „Prozeßvoraussetzungen" überhaupt nicht vor. Ihr Fehlen wird vielmehr von dem Begriff des Verfahrenshindernisses umfaßt (§ 206a).[1] Daraus entstehen aber kaum Schwierigkeiten, weil von der Unterscheidung rechtlich nichts abhängt. Die rechtliche Auswirkung ist die gleiche. Insbesondere muß auch bezüglich der Prozeßhindernisse feststehen, daß negative Umstände, die sie begründen könnten, nicht vorliegen. Der Angeklagte hat hier – wie auch sonst allgemein – keine Beweislast. Die Feststellungen werden vor der Prüfung der Sache selbst unter Auswertung aller dem Gericht zu Gebote stehenden Mittel im Wege des Freibeweises getroffen[2] (Rdn 492).

Problematisch ist die Frage der Bindung des Revisionsgerichts an tatsächli- 95
che Feststellungen des Tatrichters, die sich auf das Prozeßhindernis und zugleich auf den Tathergang beziehen („**doppelrelevante Tatsachen**").[3] Dabei kann es einen Unterschied machen, ob diese Feststellungen unmittelbar zur Frage des Verfahrenshindernisses getroffen worden sind (z.B. Prüfung der Rechtzeitigkeit des Strafantrages), oder ob sie sich im Rahmen der Urteilsfeststellungen zur Tat nur mittelbar darauf bezogen (z.B. Zeitpunkt der Tat als Beginn einer Verjährungsfrist). Hier kann die Abgrenzung schwierig sein und bedarf im Einzelfall der Nachprüfung.[4] Der für das materielle Recht verbindliche Grundsatz in dubio pro reo wird auf die meisten Prozeßvoraus-

[1] Kleinknecht/Meyer-Goßner Einl. Rdn 141ff; § 260 Rdn 43; vgl. die zusammenfassende Arbeit von Volk, Prozeßvoraussetzungen im Strafrecht, 1978.

[2] BGHSt 21, 81; 16, 164 (166).

[3] BGHSt 22, 90; Kleinknecht/Meyer-Goßner § 244 Rdn 8; umfassende Darstellung bei Alberts, Die Feststellung doppelt relevanter Tatsachen in der strafprozessualen Revisionsinstanz, 1990.

[4] Löwe/Rosenberg/Schäfer Einl. Kap. 11 Rdn 30 m.w.Nachw.

setzungen und Verfahrenshindernisse angewandt[5] (jedoch z.B. nicht auf die Frage der Verhandlungsfähigkeit)[6].

Das bedeutet, daß tatsächliche Zweifel am Vorhandensein eines Verfahrenshindernisses zugunsten des Angeklagten wirken und die Sachentscheidung ausschließen. Das wird besonders häufig bei der Frage der Verjährung der Fall sein. Das Fehlen einer Prozeßvoraussetzung oder das Bestehen eines Verfahrenshindernisses führt zur vorläufigen oder endgültigen **Einstellung des Verfahrens** (§ 206a, § 260 III).

96 Liegen mehrere Verfahrenshindernisse vor, so erfolgt die Einstellung aus dem Grunde, dem wegen seiner weitergehenden Voraussetzungen oder Wirkungen **Vorrang** gebührt, z.B. endgültige statt vorläufige Einstellung oder Einstellung wegen Verjährung statt einer von der Höhe der Strafe abhängigen Amnestie[7] (Rdn 574).

Es kann nun vorkommen, daß das Gericht sowohl die Voraussetzungen der Einstellung wegen eines Verfahrenshindernisses, wie die eines **Freispruches** für gegeben hält. Aus dem Wesen der Prozeßvoraussetzung wäre an sich zu folgern, daß der Weg zur Sachentscheidung (Freispruch) versperrt sei (Rdn 94). Die Rechtsprechung erkennt hier aber eine bedeutungsvolle Ausnahme an. Bei Entscheidungsreife hat der Freispruch den **Vorrang** vor der Einstellung.[8] Das gilt auch dann, wenn bei einheitlicher Tat aus einem rechtlichen Gesichtspunkte Freispruch möglich ist (keine fahrlässige Tötung), jedoch bezüglich des anderen rechtlichen Gesichtspunktes (Ordnungswidrigkeit) ein endgültiges Verfahrenshindernis (Verjährung) besteht, vorausgesetzt, daß dieses sich wie hier auf ein vergleichsweise leichteres Delikt bezieht.[9] Auch für diese Fälle ist also nicht einzustellen, sondern freizusprechen.

Das ist aber nicht zu erreichen, wenn zum Freispruch noch **weitere Aufklärungen** nötig wären. Darauf hat der Angeklagte nach herrschender Auffassung keinen Anspruch, auch wenn er dadurch mit dem Verdacht oder sogar mit der „Feststellung“ der Tatschuld belastet bleibt. Ein Recht auf Rehabilitierung wird ihm nicht gewährt, auch nicht auf die Feststellung seiner Schuldfähigkeit bei Einstellungsreife.[10]

Die **Einteilung** der Prozeßvoraussetzungen und Prozeßhindernisse ist ein Problem für sich. Für die Praxis ist sie mehr eine Frage zweckgerechter Anschauung und Übersicht; die verschiedenen Meinungen hierzu können daher außer Betracht bleiben.[11]

---

[5] BGHSt 18, 274 (278); Stree In dubio pro reo S. 53ff.; s. aber Kleinknecht/Meyer-Goßner § 206a Rdn 7; Löwe/Rosenberg/Schäfer Einl. Kap. 11 Rdn 53.

[6] BGH bei Dallinger MDR 1973, 902.

[7] Löwe/Rosenberg/Schäfer Einl. Kap. 11 Rdn 37.

[8] BGHSt 13, 268 (272); RGSt 70, 193; Kleinknecht/Meyer-Goßner § 260 Rdn 45.

[9] BGHSt 7, 256; 1, 231; Kleinknecht/Meyer-Goßner § 260 Rdn 46.

[10] Löwe/Rosenberg/Schäfer Einl. Kap. 11 Rdn 55f.

[11] Volk Rdn 1.

Die vielen Prozeßhindernisse sind zum Teil im Gesetz ausdrücklich genannt, zum Teil ergeben sie sich aus dem Gesetzeszusammenhang. Die Rechtsprechung ist sehr umfangreich und in ständiger Bewegung. Sie bedarf in jedem einschlägigen Fall besonders umfassender Prüfung auf Grund der neuesten Kommentarliteratur und der einschlägigen Entscheidungssammlungen. Hier können nur die hauptsächlichen Fälle angesprochen werden.

Anklage und Eröffnungsbeschluß sind Verfahrensvoraussetzungen. Sie be- 97
stimmen Umfang und Grenzen der Verhandlung. Wenn eine dieser beiden Voraussetzungen fehlt, besteht ein absolutes Verfahrenshindernis.[12] Im Falle einer **Nachtragsanklage** (§ 266) gehört der Einbeziehungsbeschluß grds. dazu.[13] Dem Fehlen stehen wesentliche Mängel der Anklageschrift und des Eröffnungsbeschlusses gleich (im einzelnen – Rdn 231, 235). Allerdings ist zu beachten, daß der Eröffnungsbeschluß ggfs. nachgeholt werden kann.[14]

Das Revisionsgericht hat stets zu prüfen, ob das Urteil im Rahmen der 98
Anklage bzw. des Eröffnungsbeschlusses geblieben ist. Sonst ist die Prozeßvoraussetzung mißachtet.[15] Maßgebend für diese Prüfung ist die Anklageschrift in ihrer ursprünglichen oder nach § 207 Abs. 2 Ziff. 1 bis 4, § 243 III geänderten Fassung. Nicht maßgebend für den Prüfungsumfang ist der Eröffnungsbeschluß. Als Tat im prozessualen Sinne des § 264 ist der einheitliche geschichtliche Vorgang zu verstehen, in dem die strafbare Handlung gefunden wird.[16] Für diese Beurteilung ist die natürliche Auffassung maßgebend, so daß eine unnatürliche Aufspaltung des Geschehens zu unterbleiben hat.[17]

Der **prozessuale Tatbegriff** geht weiter als der materiell-rechtliche. Zwar ist 99
eine einheitliche Tat im Sinne des § 52 StGB immer auch „Tat" im Sinne des § 264 StPO, ebenso die fortgesetzte Handlung, die Dauerstraftat, und zwar auch hinsichtlich der erst nachträglich (bis zum Ende der Hauptverhandlung)[18] einbezogenen Einzelhandlungen. Aber auch die Tatmehrheit des § 53 StGB kann prozessual eine einheitliche Tat sein.[19] Wenn aber hier der Tatrichter eine weitere Einzelhandlung nachträglich einbeziehen will, so ist das nur nach Verhandlung einer Nachtragsanklage (mit Zustimmung des Angeklagten) nach § 266 möglich. Das Gericht ist aber nicht gehindert, Vorgänge zu untersuchen und festzustellen, die über den Rahmen des § 264 hinausgehen, wenn es dies für die Verhandlung und Beurteilung der angeklagten Tat

---

[12] BGH NStZ 1986, 276; vgl. aber OLG Hamm NStZ 1990, 146 (inzidenter erlassener Eröffnungsbeschluß).

[13] BGH NJW 1970, 904; vgl. auch BGH wistra 1990, 68 zu einem Ausnahmefall.

[14] BGHSt 19, 224; nicht jedoch i.d. Berufungsinstanz, BGH JR 1986, 119 m. Anm. Naucke.

[15] Z. B. BGH, B. v. 14. 5. 1991 – 2 StR 158/91 – unv.: Anklage wegen BTM-Handels mit A u. B, Verurteilung wegen Handels mit C.

[16] BGHSt 35, 80; 32, 215; Kleinknecht/Meyer-Goßner § 264 Rdn 1 ff.

[17] BGHSt 32, 215; Kleinknecht/Meyer-Goßner § 264 Rz. 1 ff; Löwe/Rosenberg/Gollwitzer § 264 Anm. 3 ff.

[18] BGHSt 9, 324 (327).

[19] Kleinknecht/Meyer-Goßner § 264 Rdn 6.

hinsichtlich der Schuld- und Straffrage für wesentlich hält. Dabei dürfen auch andere, nicht angeklagte Straftaten verwertet werden.[20] Ohne Bedeutung für den Begriff ist die rechtliche Beurteilung im Eröffnungsbeschluß und in der Anklage. An diese ist das Gericht nicht gebunden (§ 264 II). Deshalb ist auch der Hinweis auf die Veränderung des rechtlichen Gesichtspunktes (§ 265) im Zusammenhang mit einer Prozeßvoraussetzung ohne Gewicht. Er kann aber im Rahmen eines relativen Revisionsgrundes Bedeu-
100 tung gewinnen (Rdn 357).

101 **Rechtshängigkeit und Rechtskraft** (**res iudicata**) sind absolute Verfahrenshindernisse. Sie beruhen auf dem grundgesetzlichen Verbot der Doppelbestrafung (Art. 103 III GG). Die Rechtskraft ist als Verfahrenshindernis in der StPO nicht ausdrücklich genannt. Sie ist als solches aber anerkannt.[21] Die einschlägigen Fälle sind nicht selten, vielgestaltig und oft schwierig zu klären. Genaue Analyse des Sachverhalts, des Verfahrensgegenstandes, der Urteilsgründe sowie des gesamten verfahrensrechtlichen „Umfeldes“ des Beschwerdeführers, insbesondere frühere Urteile, laufende Verfahren, sind unerläßlich.[22] Aber der Aufwand lohnt sich!

Weitere Prozeßvoraussetzungen werden hier nur hinweisend genannt: Die deutsche Gerichtsbarkeit, die sachliche Zuständigkeit des Gerichts (Rdn 172), vorübergehend auch die örtliche Zuständigkeit (Rdn 172), die Verhandlungsfähigkeit (Rdn 174), die Wirksamkeit des Rechtsmittels, das Mindestalter des Beschuldigten (§ 1 III JGG), der (fristgerechte und auch sonst rechtswirksame) Strafantrag beim Antragsdelikt, die besondere Ermächtigung in den Fällen der §§ 97 III, 104a, 353a II, 353b IV StGB, das besondere öffentliche Interesse nach § 232 I StGB (das auch konkludent erklärt werden kann, z.B. durch die Anklage), die Beachtung von Auslieferungsbedingungen, die Zulässigkeit einer besonderen Verfahrensart (Strafbefehl, Privatklage), erfolgloser Sühneversuch bei der Privatklage[23] u.a.

102 **Verfahrenshindernisse** sind unter anderem noch: Strafklageverbrauch,[24] Tod des Angeklagten,[25] Verjährung, Immunität,[26] Amnestie. Auch die überlange Verfahrensdauer kann ein Verfahrenshindernis werden; das Revisionsgericht stellt dann das Verfahren nach § 153 II ein.[27] Verfahrenshindernisse können

---

[20] Kleinknecht/Meyer-Goßner § 264 Rdn 11.

[21] Vgl. BGHSt 20, 292; BVerfGE 12, 62, 66; Kleinknecht/Meyer-Goßner Einl. Rdn 171, 145.

[22] Beispiele: BGHSt 36, 151; 35, 318, 323; 35, 80, 35, 60; Löwe/Rosenberg/Gollwitzer § 264 Rdn 3ff.

[23] Nur bis zur Eröffnung des Hauptverfahrens, daher in der Revisionsinstanz nicht mehr zu prüfen; Löwe/Rosenberg/Wendisch § 380 Rdn 45.

[24] = res iudicata – Rdn 101).

[25] OLG Schleswig NJW 1978, 1016.

[26] Für Diplomaten vgl. §§ 18–20 GVG mit Erl. bei Kleinknecht/Meyer-Goßner; i.ü. gilt das Verfahrenshindernis nur bis zur Aufhebung der Immunität (vgl. RiStBV Nr. 191ff).

[27] BGH wistra 1990, 65.

auch **vorübergehend** sein (§ 205). Das betrifft z. B. die Abwesenheit des Angeklagten (nicht jedoch die vorübergehende vorschriftswidrige Abwesenheit),[28] vorläufige Verhandlungsunfähigkeit und die Fälle der Aussetzung nach § 154e II StPO.[29] Manche fehlenden Prozeßvoraussetzungen können noch nachgeholt bzw. Hindernisse beseitigt werden, z. B. ein fehlender Strafantrag oder die Feststellung des besonderen öffentlichen Interesses oder Mängel der Anklage und des Eröffnungsbeschlusses. Dazu muß Gelegenheit gegeben werden.[30] Eine Erweiterung des Kreises der anerkannten Verfahrenshindernisse hat die Rechtsprechung bisher abgelehnt.[31]

In der **Revisionsinstanz** ist die Auswirkung der Verfahrenshindernisse nicht einheitlich. Sie sind zwar auch hier von Amts wegen ohne besondere Rüge zu prüfen.[32]

Handelt es sich um Hindernisse, die erst nach dem tatrichterlichen Urteil 103
eingetreten sind, führen sie grundsätzlich ebenso zur Einstellung des Verfahrens wie die schon vor dem Urteil entstandenen Hindernisse. In beiden Gruppen sind aber die Voraussetzungen der Beachtlichkeit des Verfahrensmangels verschieden.[33] Dabei handelt es sich um die Frage, ob die Berücksichtigung des Verfahrenshindernisses in der Revisionsinstanz eine ordnungsgemäß eingelegte und begründete Revision voraussetzt. Ist das Hindernis erst nach dem Urteil der Vorinstanz eingetreten, hat sein Vorhandensein den Vorrang vor der Ordnungsmäßigkeit der Revision. Das Verfahren muß eingestellt werden, auch wenn die Revision nicht oder nicht ordnungsgemäß begründet worden ist[34] (Rdn 462). Wenn das Hindernis aber schon vor dem Urteil vorhanden war, kann dies vom Revisionsgericht nur berücksichtigt werden, wenn die Revision form- und fristgerecht eingelegt und begründet ist, denn sonst hat es zum Verfahrensfehler der Vorinstanz gar keinen Zugang.[35] Die Unterscheidung rechtfertigt sich aus der Erwägung, daß im Fall der nachträglichen Entstehung keine vom Tatrichter begangene Gesetzesverletzung vorliegt, auf der das Urteil beruht (§ 337 vgl. auch Rdn 462).[36]

---

[28] BGHSt 26, 84 (89).

[29] Kleinknecht/Meyer-Goßner § 154e Rdn 11.

[30] RGSt 77, 34 (36); OLG Düsseldorf JMBlNRW 1961, 111; Kleinknecht/Meyer-Goßner Einl. Rdn 159.

[31] BGH NJW 1984, 2300 (Lockspitzeleinsatz); BGH NStZ 1984, 419 (Kenntnis des Verteidigungskonzepts durch StA); BGH StV 1985, 398 (Streben nach Verurteilung „um jeden Preis"); vgl. dazu Arloth NJW 1985, 417; ferner Rieß JR 1985, 45.

[32] BGHSt 21, 243; 13, 128; 11, 395; 10, 75.

[33] Vgl. vor allem Löwe/Rosenberg/Schäfer Einl. Kap. 11 Rdn 23.

[34] BGHSt 22, 217; vgl. Meyer-Goßner GA 1973, 368 (370).

[35] A. A. noch BGHSt 15, 203.

[36] BGHSt 23, 365 (367); 16, 115; Löwe/Rosenberg/Schäfer Einl. Kap. 11 Rdn 23.

III. Die Verletzung des Verfahrensrechts

104 Die Gesetzesverletzungen, die eine Revision begründen können, unterscheidet das Gesetz (Rdn 87) als **verfahrensrechtliche** und **sachlich-rechtliche** Verstöße. Der Unterschied wirkt sich auf die Form der prozessualen Geltendmachung entscheidend aus. Bezüglich der Verletzung einer Verfahrensnorm gelten für die Begründung der Verfahrensrüge strenge Frist- und Formvorschriften (§§ 344, 345) (Rdn 463). Für die Wirksamkeit der Sachrüge genügt dagegen ihre rechtzeitige Geltendmachung. Einer besonderen Begründung bedarf sie nicht (Rdn 503). Diese Doppelgleisigkeit der Begründungsvorschriften durchzieht das ganze Revisionsrecht.

Vorab geht es hier um die **inhaltliche Verschiedenheit** und Abgrenzung der sachlich-rechtlichen von der verfahrensrechtlichen Rechtsverletzung. Dabei hat die Verletzung des **sachlichen Rechts** zwar systematisch den Vorrang; für die praktische Bearbeitung empfiehlt sich wegen des Fristdrucks bei den Verfahrensrügen (§§ 345 I, 344 II) aber die umgekehrte Reihenfolge.

1. Verfassungsrechtliche Grundnormen

a) Der allgemeine Grundrechtsschutz

105 Im Rechtsstaat sind dem Staatsbürger **Grundrechte** gewährleistet, zu deren Wahrung Gesetzgeber und Gerichte berufen sind. Sie sind im Grundgesetz verankert. Sie umschließen auch den Bereich des Strafverfahrens, dessen Gang im einzelnen durch die praktischen Gesetze geregelt ist. Diese können nur verbindlich sein, soweit sie mit dem höher rangierenden Verfassungsrecht in Einklang stehen. Ein Widerspruch dazu ist schon dann vorhanden, wenn durch das Prozeßgesetz ein Grundrecht in seinem Wesensgehalt angetastet wird (Art. 19 II GG). Diese Grundsätze muß auch die Rechtsprechung beachten (Art. 20 GG).

106 Daraus folgt für den Bereich des Revisionsrechts, daß die Verletzung des Verfassungsrechts im obigen Sinne als verfahrensrechtliche Gesetzesverletzung einen Revisionsgrund darstellt (§ 337 Abs. 2 – Rdn 87), auch wenn keine konkrete Bestimmung des Prozeßrechts betroffen ist.

107 Die **Menschenrechtskonvention** wird im allgemeinen nicht dem Verfassungsrecht zugerechnet.[1] Auch das Bundesverfassungsgericht hat ihr nur den Rang eines einfachen Gesetzes zuerkannt,[2] jedoch wird eine Verletzung der MRK häufig mit Verstößen gegen das Grundgesetz einhergehen, z.B. Art. 20 III.

108 Für den Rang der Revisionsentscheidung ist der besondere Rechtsbehelf

---

[1] Kleinknecht/Meyer-Goßner MRK, vor Art. 1 Rz. 3; a.A. Guradze, MRK Einl. § 5; Schorn DRiZ 1963, 340; Kalsbach, Beiheft zur ZStW 1971, 112 (139).

[2] BVerfGE 10, 271 (274).

der **Verfassungsbeschwerde** von Bedeutung, die gegen das rechtskräftige Revisionsurteil zulässig ist. Sie kann sich auf jede Verletzung eines Grundrechts oder eines ihm gleichgestellten Rechts sowie auf die Vernachlässigung der grundgesetzlichen Wertmaßstäbe stützen.[3]

Die Verfassungsbeschwerde ist besonders für den Angeklagten und den Verteidiger bedeutsam. Sie wird nach verworfener Revision oft als letzter Ausweg versucht, namentlich um damit die Vollstreckung des rechtskräftigen Urteils zu inhibieren. Die Verfassungsbeschwerde ist aber keine „Superrevision" und ohne aufschiebende Wirkung. Sie kann nur ganz ausnahmsweise nach § 32 BVerfGG zu einer einstweiligen Anordnung führen. Deshalb wird die Vollstreckungsbehörde auch nur zu kurzfristigem Aufschub zu bewegen sein. Ein solcher wird aber für die Zeit bis zu der Entscheidung nach § 32 BVerfGG zu erwarten sein.[4]

b) Spezielle Grundrechtsverletzungen

Von den im Bereich des strafprozessualen Revisionsrechts bedeutsamen 109
Grundrechten, deren Verletzung öfter als Verfahrensverstoß gerügt wird, werden hier besonders hervorgehoben: Die Menschenwürde (Art. 1 GG), das Willkürverbot (Art. 3 I GG), der Anspruch auf rechtliches Gehör (Art. 103 I GG) und der Anspruch auf den gesetzlichen Richter (Art. 101 I 2 GG).

Die **Achtung der Menschenwürde** (Art. 1 GG)[5] im Strafverfahren ist ein 110
oberstes rechtliches Gebot. Insbesondere gebührt dem Angeklagten ein faires Verfahren (Art. 6 MRK, Art. 20 III GG). Eine Form seiner Ausprägung ist der Anspruch auf **rechtliches Gehör** (Art. 103 I GG),[6] der zugleich im Rechtsstaatsprinzip des Grundgesetzes (Art. 20 GG) seine Grundlage findet. Hiernach ist dem Angeklagten die Funktion eines Prozeßsubjekts zugewiesen, die seine Behandlung als gewaltunterworfenes Verfahrensobjekt ausschließt.[7] 111

Das rechtliche Gehör ist nicht bei jedem Verfahrensgang, sondern nur vor Gericht zu gewähren (Art. 103 I GG). Anspruch und Form des rechtlichen Gehörs regeln sich nach den verfahrensrechtlichen Vorschriften, soweit solche einschlägig vorhanden sind, was für viele Fälle in der StPO zutrifft,[8] aber diese Bestimmungen reichen zur Sicherung des Art. 103 I GG nicht immer aus. Deshalb erkennt auch das Bundesverfassungsgericht einen über die Prozeßgesetze hinausgreifenden unmittelbaren verfassungsrechtlichen Anspruch auf das rechtliche Gehör an.[9]

---

[3] Vgl. BVerfG NStZ 1991, 499; BVerfGE 31, 145 (165); 18, 93; 13, 325; OLG Düsseldorf MDR 1972, 163.

[4] Kleinknecht/Meyer-Goßner Einl. Rdn 237.

[5] Vgl. Schorn, Der Schutz der Menschenwürde im Strafverfahren, 1963.

[6] BVerfGE 7, 275 (277f); vgl. Dahs, Das rechtliche Gehör im Strafprozeß S. 1; Rüping S. 124.

[7] BVerfGE 9, 95.

[8] Vgl. z.B. §§ 33a, 257, 265, 308 I, 311 III, 311a StPO.

[9] BVerfG JZ 1959, 207; BVerfGE 7, 275.

Das rechtliche Gehör ist nicht nur dem Beschuldigten, sondern allen Prozeßbeteiligten zu gewähren.[10] Hat der Beschuldigte einen Verteidiger, sind grundsätzlich beide zu hören. Das ist besonders wichtig in der Hauptverhandlung. Die Anhörung braucht nicht in jedem Falle mündlich gewährt zu werden. Die Möglichkeit schriftlicher Äußerung kann genügen.

Art und Umfang der Anhörung richten sich nach der konkreten Sachlage. Ist nicht hinreichend Zeit gegeben,[11] oder sind die Umstände sonst unzumutbar,[12] ist dem Anspruch nicht genügt. Inhaltlich umfaßt er das Recht, Erklärungen abzugeben, Ausführungen tatsächlicher oder rechtlicher Art zu machen, Anträge zu stellen, insbesondere Beweismittel einzuführen und auf das Verfahren mit dem Ziel einer günstigen Entscheidung Einfluß zu nehmen. Das setzt voraus, daß dem Berechtigten bekannt ist, welcher Sachgegenstand zur Erörterung steht. Er muß über alles aufgeklärt werden, was dafür bedeutungsvoll sein kann.[13] Sonst dürfen Tatsachen oder Beweisergebnisse der Entscheidung nicht zugrunde gelegt werden.[14]

Dem Angeklagten muß insbesondere auch Gelegenheit zu Rechtsausführungen gewährt werden, anderenfalls sein Anspruch auf Gehör verkürzt ist.[15]

112 Über diese Maximen hinausgehend hat insbesondere *Arndt*[16] aus Art. 103 I GG den Anspruch auf ein **„Rechtsgespräch"** entnommen. Danach ist das rechtliche Gehör nicht gewährt, wenn sich das Gericht die Rechtsansichten der Prozeßbeteiligten nur anhört, ohne von sich aus handelnd darauf hinzuwirken, daß die Verfahrensbeteiligten erkennen und mitdenken, welche rechtlichen Erwägungen nach Auffassung des Gerichts maßgeblich werden könnten. Es müsse vermieden werden, daß die Prozeßbeteiligten mit einer Entscheidung – auch in rechtlicher Hinsicht – „überrascht" würden. Diese Forderung wird zwar in der höchstrichterlichen Rechtsprechung und im Schrifttum durchweg als zu weitgehend abgelehnt,[17] in der Praxis jedoch nicht selten akzeptiert.

113 Als Teilbereich des Rechtsgesprächs hat jedoch eine **Hinweis- und Erörterungspflicht zum Rechtlichen** zur Vermeidung von Überraschungsentscheidungen[18] selbständige Bedeutung erlangt und kann die Revision rechtfertigen. Allerdings wird die häufige Revisionsrüge, die Tatsachenfeststellungen oder die Beweiswürdigung des Gerichts stellten eine unzulässige Überraschungsentscheidung dar, in der Regel nicht durchgreifen, wenn nicht eine

---

[10] BVerfGE 17, 361.
[11] BVerfGE 8, 89.
[12] BVerfG NJW 1959, 1330.
[13] BVerfGE 15, 214 (218).
[14] BVerfGE 7, 278.
[15] BVerfGE 9, 267; BayVerfGH NJW 1960, 1051.
[16] NJW 1959, 6; vgl. auch Dahs, NJW 1961, 1244; H. Müller NJW 1957, 1016.
[17] BGHSt 22, 336 (339f); BayVerfGH NJW 1964, 2295; 1960, 1051f; Kleinknecht/Meyer-Goßner Einl. Rdn 29; Löwe/Rosenberg/Schäfer Einl. Kap. 13 Rdn 94; ferner Jagusch NJW 1959, 265.
[18] Dahs, Rechtliches Gehör S. 30ff.

konkrete Bestimmung verletzt ist, etwa der Angeklagte nicht auf die Veränderung des rechtlichen Gesichtspunktes hingewiesen worden ist (§ 265 – Rdn 357). Wenn aber ein Gericht von einer allgemein herrschenden oder von ihm selbst ständig vertretenen Rechtsansicht oder von einer getroffenen Feststellung bzw. einer geäußerten Rechtsauffassung abweichen will, gehört ein entsprechender Hinweis unseres Erachtens zum rechtlichen Gehör.[19] Das BVerfG hat immer wieder Entscheidungen von Instanzgerichten wegen Verletzung des Art. 103 Abs. 1 GG aufgehoben; dieser Rechtsprechung muß im Einzelfall nachgegangen werden.

Auch im **Beweisantragsrecht** kann der Grundsatz bedeutungsvoll werden. **114**
Die unberechtigte oder falsch begründete Ablehnung des Beweisantrags kann die Beteiligten irritieren, durch Hinlenkung auf falsche Überlegungen in die Irre führen und damit das rechtliche Gehör verkürzen. Zur Gewährung des rechtlichen Gehörs gehört es auch, dem Berechtigten auf seine Anträge einen Bescheid zu erteilen, damit er sich entsprechend einrichten kann (§§ 35, 34).

Unter dem Gesichtspunkt der Verletzung des rechtlichen Gehörs ist auch **115**
das vorzeitige **Niederschreiben der Urteilsformel** während des Schlußvortrages zu prüfen (Rdn 242). Wenn Beteiligte es allerdings unterlassen haben, einen Anspruch auf Gehör geltend zu machen, so sind sie in ihren Rechten nicht verletzt. Besonders in der Hauptverhandlung müssen sie sich zu Wort melden, anderenfalls sie ihr Recht **verwirken** (Rdn 377) können. Das gilt freilich nicht, soweit konkrete Vorschriften verletzt sind (z.B. §§ 257, 258, 265). Es spielt dabei keine Rolle, daß das Gericht an der Nichtgewährung des rechtlichen Gehörs möglicherweise kein Verschulden trifft.[20]

Das in Art. 6 III d MRK normierte **Fragerecht** des Angeklagten kann in **116**
Verbindung mit den §§ 240, 241, 239 revisionsrechtliche Bedeutung gewinnen, wenn z.B. das Gericht sich weigert, einem „gesperrten V-Mann" (Rdn 254) einen Fragenkatalog vorzulegen.[21]

Der **gesetzliche Richter** steht einem jeden Staatsbürger zu. Er darf ihm nach **117**
Art. 101 I 2 GG „nicht entzogen werden". Das ist einer der Grundpfeiler des Rechtsstaates.[22] Er findet seine Ausprägung in § 16 Satz 2 GVG und § 338 Ziff. 1 StPO, wo die Mißachtung des prozessualen Anspruchs als **absoluter Revisionsgrund** anerkannt ist,[23] der auch für das Revisionsgericht gilt.[24] Die Einzelheiten werden im speziellen Abschnitt über die absoluten Revisionsgründe behandelt (Rdn 120ff).

---

[19] Vgl. zu dieser i.e. strittigen Frage Jagusch NJW 1962, 1645 (1647); BayVerfG NJW 1962, 1388; Kleinknecht/Meyer-Goßner Einl. Rdn 162.

[20] BayVerfGH NJW 1961, 451; Löwe/Rosenberg/Schäfer Einl. Kap. 13 Rdn 98.

[21] BGH NStZ 1993, 292; 1993, 293 (294) m.Nachw.

[22] Vgl. die zusammenfassende Arbeit von Kellermann, Probleme des gesetzlichen Richters, Tübingen 1971.

[23] Dazu umfassend Löwe/Rosenberg/Hanack § 338 Rdn 6ff.

[24] BVerfG NStZ 1991, 499; BVerfGE 54, 100, 115 m.Nachw.

2. *Die absoluten Revisionsgründe*

Lit.: *Dahs,* Die Relativierung absoluter Revisionsgründe, GA 1976, 353; *Hilger,* Absolute Revisionsgründe, NStZ 1993, 337; *Mehle,* Einschränkende Tendenzen im Bereich der absoluten Revisionsgründe (§ 338 StPO), 1981; *Widmaier,* Wohin entwickeln sich die absoluten Revisionsgründe?, Hanack-Symp., S. 77.

118 Nicht zu den von Amts wegen zu prüfenden Voraussetzungen und Hindernissen gehören die sonstigen, einer konkreten Rüge bedürftigen (Rdn 104) verfahrensrechtlichen Revisionsgründe. Zu unterscheiden sind die absoluten und die **relativen Revisionsrügen.** Das Unterscheidungskriterium ist dem allgemeinen Erfordernis des **Beruhens** im Sinne des § 337 (Rdn 458ff.) zu entnehmen. Während bei den relativen Revisionsgründen konkret festgestellt sein muß, daß das Urteil auf der Gesetzesverletzung beruht oder das Beruhen wenigstens nicht ausgeschlossen ist (Rdn 458), bedarf es dessen bei den absoluten Revisionsgründen nicht. Hier wird vielmehr das Beruhen **unwiderlegbar vermutet** (§ 338).[25] Sie haben also zwingenden Charakter und lassen keine Prüfung der Frage zu, ob ohne den Fehler nicht dasselbe Urteil ergangen sein würde.

Hier muß aber eine Einschränkung für den Fall anerkannt werden, daß eine Auswirkung des Prozeßfehlers auf das Urteil **absolut undenkbar** ist. Das ist namentlich der Fall, wenn ein revisionsbegründender Verfahrensverstoß den Revisionsführer selbst überhaupt nicht betroffen hat, etwa wenn ein Mitangeklagter nicht gesetzmäßig verteidigt war,[26] oder wenn die Gesetzesverletzung nach dem Urteil vorgekommen oder der Fehler ohne praktische Bedeutung ist. Das ist z.B. anzunehmen bei Abwesenheit eines Prozeßbeteiligten nur bei dem Aufruf der Zeugen oder der Namensfeststellung des Angeklagten oder im Falle eines fehlerhaften Sitzungsprotokolls. Darauf kann das Urteil niemals beruhen (unzulässige „Protokollrüge" – Rdn 491).

119 Die **absoluten** Revisionsgründe sind in § 338 Ziff. 1–7 enumerativ bezeichnet. Der in Ziff. 8 außerdem noch genannte Fall (Beschränkung der Verteidigung) ist durch seine Inhaltsbestimmung in Wirklichkeit nicht absoluter sondern relativer Natur (Rdn 213).

Die absoluten Revisionsgründe sind für den Bestand der tatrichterlichen Urteile eine nicht zu unterschätzende Gefahr.[27] Diese kommen dadurch nicht selten zu Fall, auch wenn sie inhaltlich richtig sind. Ihrer Vermeidung sollte daher in der Tatsacheninstanz besondere Aufmerksamkeit gewidmet werden.

---

[25] BGHSt 27, 96 (98).

[26] BGHSt 21, 180.

[27] Instruktiv die zusammenfassende Darstellung der Rspr. zu den absoluten Revisionsgründen von Hilger, NStZ 1983, 337 m.umf.Nachw.

a) Vorschriftswidrige Besetzung des Gerichts (§ 338 Nr. 1).

Lit.: *Brauns,* Die Besetzungsrüge und ihre Präklusion im Strafprozeß, 1983; *Hamm,* Die Besetzungsrüge nach dem Strafrechtsänderungsgesetz 1979, NJW 1979, 135; *Kellermann,* Probleme des gesetzlichen Richters, 1971; *Kissel,* Gerichtsverfasssung unter dem Gesetz zur Entlastung der Rechtspflege, NJW 1993, 489; *Niemöller,* Besetzungsrüge und „Willkürformel", StV 1987, 311; *Ranft,* Die Präklusion der Besetzungsrüge gemäß der Strafprozeßnovelle 1979 und das Recht auf den gesetzlichen Richter, NJW 1981, 1473; *Rieß,* Ausschluß der Besetzungsrüge (§ 338 Nr. 1 StPO) bei irriger, aber vertretbarer Rechtsanwendung, GA 1976, 133; *ders.,* Die Besetzungsrügepräklusion (§§ 222a, 222b StPO) auf dem Prüfstand der Rechtsprechung, JR 1981, 89; *Schlothauer,* Verfahrens- und Besetzungsfragen bei Hauptverhandlungen vor der reduzierten Strafkammer nach dem Rechtspflegeentlastungsgesetz, StV 1993, 147; *Schlüchter,* SKStPO, §§ 213–295; *dies.,* Weniger ist mehr, Aspekte zum Rechtspflegeentlastungsgesetz; *Sieg,* Willkürliche Abweichung vom Geschäftsverteilungsplan als Besetzungsfehler, StV 1982, 597; *Thomas/Richter,* Richterliche Willkür unter revisionsrechtlicher Überprüfung, Schriftenreihe DAV, Bd. 3 (1986), S. 78ff.

Der Revisionsgrund, der als **„Entziehung des gesetzlichen Richters"** nach 120
Art. 101 I 2 GG **Verfassungsrang** beansprucht (Rdn 109) und auch in § 16 S. 2 GVG statuiert ist, hat eine „große" Vergangenheit und eine eher bescheidene Zukunft. Während nach der früheren Rechtslage fast jeder nachträglich aufgedeckte Fehler im Zusammenhang mit der Besetzung der Richterbank das Urteil zu Fall bringen konnte, hat diese Rüge durch **gesetzliche Präklusion** (Rdn 122) und eine eher restriktive Rechtsprechung zwar einiges von ihrer einstigen Bedeutung, nicht jedoch von ihrer „durchschlagenden Faszination" verloren. Mit der Materie vertraute Verteidiger veranstalten nicht selten Suchaktionen (i.d.R. in der Tatsacheninstanz – Rdn 122ff.), um Besetzungsfehler aufzuspüren[28] und zu rügen. Es ist sehr mißlich, wenn dann später ein nach vielen Verhandlungstagen mühsam erarbeitetes und sorgfältig begründetes Urteil auf diese Weise zu Fall kommt. Andererseits ist es ein unabweisbares Gebot der **Rechtsstaatlichkeit**, dem mit einem Strafverfahren überzogenen Staatsbürger seinen in einem streng gebundenen Verfahren im voraus bestimmten gesetzlichen Richter zu sichern und jede Möglichkeit einer Manipulation auszuschließen. Mit Recht sind deshalb die Anforderungen der Rechtsprechung immer noch streng.

Es darf auch nicht übersehen werden, daß Angeklagter und Verteidiger wegen der allgemeinen Revisionsvorschriften manchmal gar keine andere Möglichkeit haben, ein materiell falsches Urteil zu beseitigen und damit justitielles Unrecht zu verhindern, als fehlerhafte Gerichtsbesetzung geltend zu machen.

Der Grundsatz des gesetzlichen Richters bedeutet, daß der Richter im 121
voraus nach **allgemeinen Merkmalen** durch Gesetz oder eine entsprechende Maßnahme so eindeutig wie möglich bestimmt ist, so daß die Sache gewissermaßen „blindlings" zu ihm kommt.[29] Aber auch der Richter, der die gebotene

---

[28] Dahs Handbuch Rdn. 785, 769.
[29] BVerfGE 21, 139 (145); 18, 344 (351); BGHSt 28, 290.

Unabhängigkeit im Einzelfall nicht garantiert, kann unter dem grundgesetzlichen Aspekt des Art. 101 I 2 GG ungesetzlich sein.[30] Die Rechtsprechung hat über viele Varianten möglicher Verfahrensverletzungen in diesem Bereich entschieden, auf die noch einzugehen sein wird (Rdn 124ff.).

122 Durch die **Rügepräklusion**[31] ist dieser Bereich des Revisionsrechts primär in die erste Instanz verwiesen worden, und nur die primär dort revisionsgerecht vorgebrachte und begründete (§ 344 II) Rüge kann – wenn sie zu Unrecht zurückgewiesen worden ist – dann sekundär einen entsprechenden Angriff gegen das tatrichterliche Urteil im Revisionsverfahren rechtfertigen. Die Hauptverhandlung wird damit zu einem vorgezogenen Stück Revision. Jedes Nachschieben weiterer Besetzungsrügen oder ergänzender Prozeßtatsachen zu erhobenen Rügen in der Rechtsmittelinstanz ist nach § 344 II unzulässig. Hier gilt – wie so häufig im Strafprozeß – der Satz: Fehler der Verteidigung in der Tatsacheninstanz kann die Revision nicht „ausbügeln". Deshalb wird die Besetzungsrüge hier auch ausführlich dargestellt. Findet die Hauptverhandlung des ersten Rechtszuges vor dem Landgericht oder dem Oberlandesgericht statt, so muß die vollständige Besetzung des Gerichts den Verfahrensbeteiligten mitgeteilt werden; die Einzelheiten regelt § 222a.[32] Die Rüge nicht ordnungsgemäßer Besetzung der Richterbank muß in diesen Fällen bis zur Vernehmung des ersten Angeklagten zur Sache nach näherer Maßgabe des § 222b geltend gemacht werden. In der Revisionsbegründung muß vorgetragen werden (§ 344 II), daß dies geschehen ist.[33]

Ausnahmen von der Präklusionswirkung ergeben sich aus § 338 Ziff. 1a bis d.[34] Die praktisch häufigste ist die Nichtbeachtung der (beantragten!) Unterbrechungsfrist von mindestens einer Woche bei verspäteter Besetzungsmitteilung. Die Präklusion gilt auch dann nicht, wenn eine (kleine oder große) Strafkammer des Landgerichts als Berufungsgericht entschieden hat. Die Beachtung der Präklusion und der damit in Zusammenhang stehenden Verfahrensvorgänge durch Gericht und Beschwerdeführer ist in allen in Betracht kommenden Verfahren unerläßlich. Dabei ist wichtig, daß den Rechtsanwälten ein Anspruch auf Einsichtnahme in die Verwaltungsakten zusteht,[35] den sie auch gerichtlich nach § 23 EGGVG durchsetzen können.

123 Die sog. **bewegliche Zuständigkeit** nach §§ 24, 25 GVG, die der Staatsanwaltschaft Einfluß auf die Bestimmung des erkennenden Gerichts gibt, hat immer wieder Unbehagen erzeugt. Das BVerfG erachtet die gesetzliche Re-

---

[30] BVerfGE 21, 139.

[31] Gem. BVerfG NStZ 1984, 370 verfassungsgemäß.

[32] Vgl. Rieß NJW 1978, 2268f; ders. JR 1981, 89f; Ranft NJW 1981, 1473; krit. Hamm NJW 1979, 135.

[33] BGH StV 1986, 516.

[34] Vgl. zu den Einzelheiten Kleinknecht/Meyer-Goßner § 338 Rdn 16ff; KK-Pikart § 338 Rdn 10ff; Rieß NJW 1978, 2269; Hamm aaO.

[35] BVerwGE 12, 261.

gelung aber für verfassungskonform anwendbar.[36] Dies gilt jedoch nur in den Grenzen des **Willkürverbots,**[37] wobei bestimmte Kriterien für die „besondere" und die „mindere" Bedeutung der Strafsache zu beachten sind[38] (vgl. auch Rdn 173).

Grundlage für die Prüfung der Besetzung des Gerichts ist vor allem der **Geschäftsverteilungsplan.**[39] Dieser ist selbst keine Rechtsnorm. Ist er aber nicht entsprechend den gesetzlichen Bestimmungen des § 21 e GVG zustande gekommen, hat er einen gesetzwidrigen Inhalt, ist er undurchführbar oder wird er nicht seinem Inhalt entsprechend angewendet, so ist damit zugleich das GVG verletzt und grundsätzlich der absolute Revisionsgrund des § 338 Nr. 1 gegeben.[40] **124**

Die Aufstellung (§ 21 e I GVG) und Abänderung des Geschäftsverteilungsplanes (§ 21 e III GVG) obliegt dem Präsidium, in Eilfällen kann zunächst der Präsident allein entscheiden (§ 21 i II GVG).

Der Geschäftsverteilungsplan betrifft die funktionelle Zuständigkeit der Spruchkörper des zuständigen Gerichts; er bezieht sich auf ihre personelle Zusammensetzung und auf die Verteilung der Sachen. Auch die Vertretung eines vorübergehend verhinderten Richters (§ 21 f II GVG) muß geregelt sein.[41] **125**

Ist der Geschäftsverteilungsplan in gesetzwidriger Weise zustande gekommen oder abgeändert worden, wird das Urteil in der Revision häufig nicht bestehen bleiben.[42] Dazu genügt es allerdings nicht ohne weiteres, daß das die Geschäftsverteilung beschließende Präsidium des Landgerichts nicht richtig besetzt war und dies nur auf einer unrichtigen Gesetzesauslegung beruht,[43] sofern nicht der Gesetzesverstoß „klar zu Tage" liegt.[44]

Der Geschäftsverteilungsplan entspricht nicht dem Gesetz,[45] wenn für die **Verteilung der Sachen** Merkmale gewählt werden, die unter bestimmten Voraussetzungen eine bewußte Zuteilung nach irgendwelchen Zweckmäßigkeitsgesichtspunkten erlauben.[46] Dagegen ist eine Zuständigkeitsregelung nach einem „rollierenden System" entsprechend den Eingangszahlen zulässig, wenn sachfremden Einflüssen vorgebeugt ist.[47]

---

36 BVerfGE 9, 223; BVerfG NJW 1967, 2151 f.

37 Niemöller StV 1987, 311.

38 BVerfG Fn 36; BGH NStZ 1992, 342; OLG Düsseldorf NStZ 1990, 292; Kleinknecht/Meyer-Goßner § 24 GVG Rdn 5; § 255 GVG Rdn 7.

39 Vgl. z.flgd. die materialreiche Darstellung bei Katholnigg § 21 e Rz. 2 ff.

40 BGHSt 11, 106; 3, 353; Sarstedt/Hamm Rdn 203 ff.

41 BGH GA 1979, 222.

42 BGHSt 19, 116; 11, 109; 7, 24 f; 3, 353.

43 BGHSt 12, 227 (234).

44 BGHSt 12, 402 (406).

45 BGHSt 7, 205 (210); LM § 338 Ziff. 1 Nr. 15 m. Anm. Sarstedt; BGH GA 1979, 222.

46 BGH NStZ 1990, 138; BGHSt 15, 116, 117.

47 BGH NStZ 1990, 138.

Die Voraussetzungen des § 338 Nr. 1 sind in der Praxis nicht selten im Zusammenhang mit Fehlern in der **Vertretungsregelung** gegeben. Das gilt vor allem, wenn die im Geschäftsverteilungsplan vorgesehene Regelung eine zu geringe „Vertreterkette" vorsieht.[48] Dagegen wird das Prinzip der „Ringvertretung" auch bei personell knapper Besetzung der Spruchkörper in aller Regel der revisionsrechtlichen Überprüfung standhalten.[49] Versagt die „Ringvertretung", weil alle Richter der Vertreterkette verhindert sind, darf das Präsidium nach Maßgabe des § 21e III GVG einen **zeitweiligen Vertreter** bestimmen.[50] Fehlerhaft ist der Geschäftsverteilungsplan, wenn ein Richter eingeteilt wird, dessen Name noch nicht feststeht und für den keine Planstelle vorhanden ist.[51] Der Geschäftsverteilungsplan ist auch gesetzwidrig, wenn von der in § 74 II 1 GVG vorgeschriebenen Konzentration aller **Schwurgerichtssachen** bei einer Strafkammer von vornherein abgesehen wird und mehrere mit Schwurgerichtssachen nicht ausgelastete Strafkammern gebildet werden.[52] Dem Konzentrationsgrundsatz des § 74c I GVG für **Wirtschaftsstrafkammern** ist genügt, wenn diese überwiegend mit Wirtschaftsstrafsachen befaßt sind; eine vollständige Auslastung mit Wirtschaftsstrafsachen ist nicht erforderlich.[53] Die normativen Voraussetzungen der Zuständigkeit (z.B. besondere Kenntnisse des Wirtschaftslebens) sind nicht revisibel.

Die Einrichtung von **Hilfsstrafkammern** durch das Präsidium ist zulässig und auch während des Geschäftsjahres möglich (§ 21e III GVG).[54] Häufig ist die Überlastung einer ordentlichen Strafkammer durch eine besonders umfangreiche Sache (Mammutprozeß) der Grund für die Bildung einer Hilfsstrafkammer. Diese kann dann eine lange „Lebensdauer" haben,[55] aber auch zu einer unstatthaften Dauereinrichtung werden, wenn sie über mehrere Geschäftsjahre besteht.[56] Wenn die Überlastung der ordentlichen Strafkammer nicht nur vorübergehend ist, dann ist die Bildung einer neuen ordentlichen Strafkammer notwendig.[57] Die Verteilung der Geschäfte auf die Hilfsstrafkammern muß ebenfalls aufgrund allgemeiner, objektiver und feststehender Kriterien erfolgen.[58]

126 Wird der richtig aufgestellte Geschäftsverteilungsplan im Einzelfall nicht richtig angewendet, indem die Sache nicht vor den richtigen Spruchkörper kommt, so ist das nach der Rechtsprechung des Bundesgerichtshofes für sich

---

48 BGH bei Miebach NStZ 1988, 449; BGH NJW 1988, 1921.

49 BGH NStZ 1991, 195.

50 BGH NStZ 1991, 195f. Beisitzer; BGHSt 27, 209; zust. BGH NJW 1988, 1921.

51 BGHSt 28, 290; 19, 116; anders bei vorhandener Planstelle BGHR § 338 Nr. 1, Vorsitzender 1.

52 BGHSt 27, 349.

53 BGHSt 31, 323.

54 BGHSt 21, 260.

55 BGH NStZ 1984, 84 m. Anm. Frisch.

56 BGHSt 34, 379; 33, 303; 31, 289 (290).

57 Kleinknecht/Meyer-Goßner § 21e GVG Rdn 16.

58 BGHSt 15, 116f.

allein kein revisibler Verstoß gegen § 338 Ziff. 1. Ein solcher wird erst angenommen, wenn darin zugleich eine **Grundrechtsverletzung** nach Art. 101 I 2 GG (§ 16 Satz 2 GVG) liegt. Das ist aber nur bei **sachfremder Motivation** oder bei **Willkür** der Fall.[59] Eine solche ist nicht gegeben, wenn das Gericht nach sorgfältiger Prüfung des Geschäftsverteilungsplanes seine funktionelle Zuständigkeit irrtümlich angenommen hat,[60] wohl aber wenn diese Annahme entweder sachfremd motiviert (z. B. Zuweisung an einen mit der Sache schon vertrauten Richter oder an eine weniger belastete Kammer)[61] oder jedenfalls sachlich haltlos (unter keinem rechtlichen Gesichtspunkt vertretbar) und damit in ihrem objektiven Gehalt willkürlich ist.[62] Auch wenn bei einem an sich einwandfreien Geschäftsverteilungsplan die Sache versehentlich – und damit zufällig – zu einem anderen Spruchkörper kommt, ist eine Revisionsrüge nicht erfolgversprechend.[63]

Die Verweigerung des gesetzlichen Richters kann auch durch die **Staatsanwaltschaft** verursacht werden. Das ist dann der Fall, wenn die Geschäftsver- 127
teilung des Gerichts von dem Namen des in der Anklage erstgenannten Beschuldigten abhängt und die Ermittlungsbehörde sich bei der Bestimmung der Reihenfolge von dem Ziel der Ausschaltung bestimmter Richter leiten läßt.[64]

Das verwandte Problem der „beweglichen Zuständigkeit" des § 24 I 2 GVG (Rdn 123, 173) betrifft die Auswahlbefugnis der Staatsanwaltschaft bezüglich der sachlichen Gerichtszuständigkeit, nicht aber die hier behandelte Frage der Geschäftsverteilung.

Zu einer fehlerhaften Besetzung der Richterbank führt der Geschäftsvertei- 128
lungsplan (evtl. in Verbindung mit Änderungsbeschlüssen) im Falle der **Überbesetzung** eines Kollegialgerichts. Diese kann zu Unbestimmtheiten führen, die verfassungsrechtlich bedenklich sind.[65] Der Geschäftsverteilungsplan muß die Zuständigkeit der Spruchkörper sowie die Zahl und Person der Richter so eindeutig wie möglich festlegen.[66] Nur nach der Natur der Sache unvermeidliche Unbestimmtheiten können hingenommen werden.[67] Eine

---

[59] BVerfGE 30, 165 (167); 20, 336 (346); BGH NStZ 1984, 181; Niemöller StV 1987, 311.

[60] BVerfGE 29, 45 (48f); 9, 223 (226); BGH GA 1981, 321; BGHSt 11, 106 (110); Kleinknecht/Meyer-Goßner § 16 GVG Rdn 6 m. w. Nachw.; Löwe/Rosenberg/Hanack § 338 Rdn 23; Rieß GA 1976, 133; krit. Dahs GA 1976, 353.

[61] OLG Nürnberg NJW 1963, 502.

[62] BVerfGE 30, 165 (167); BGHSt 31, 389 (392); Zum Begriff der objektiven Willkür vgl. besonders Kellermann aaO S. 36, 135f, 179, 182, 189f, 200ff; eingehend auch Leibholz/Rinck GG Art. 101 Rdn 3ff, 6; Arndt JZ 1956, 633; Arndt DRiZ 1959, 172.

[63] BGH NStZ 1984, 181.

[64] BGH NJW 1958, 503; a. A. Kleinknecht/Meyer-Goßner § 16 GVG Rdn 7; vgl. aber auch BGH NStZ 1990, 138.

[65] BVerfGE 18, 65 (69f); 17, 294 (301); Schlothauer StV 1993, 150f. reduz. Kammerbesetzung.

[66] BVerfGE 17, 294 (299).

[67] BVerfGE 18, 350; 18, 65 (70); 17, 294; 9, 223 (226f).

Überbesetzung, die in vermeidbarer Weise die Möglichkeit zu willkürlicher Manipulation bietet, ist verfassungswidrig (Art. 101 I 2 GG), ohne daß es im Einzelfall darauf ankommt, ob Willkür vorliegt; dies ist jedenfalls grundsätzlich dann der Fall, wenn die Zahl der Mitglieder eines Spruchkörpers gestattet, daß in zwei personell voneinander verschiedenen Sitzgruppen Recht gesprochen wird oder wenn der Vorsitzende drei Spruchkörper mit je verschiedenen Beisitzern bilden kann.[68]

129 Eine **Änderung** des Geschäftsverteilungsplanes während des Geschäftsjahres nach § 21e III GVG ist nur aus zwingenden justizmäßigen Gründen durch Beschluß des Präsidiums zulässig, d.h. wenn er in der vorliegenden Form sonst nicht mehr durchführbar wäre. Aus Anlaß einer solchen zulässigen Änderung können auch andere Fragen der Geschäftsverteilung neu geregelt werden, die der Gewährleistung einer geordneten Rechtspflege dienen.[69] Der durch das Grundgesetz gesicherte Anspruch auf den gesetzlichen Richter bezieht sich nicht nur auf den Spruchkörper, sondern auch auf den einzelnen Richter.[70] Deshalb ist auch die Einflußnahme eines ausgeschlossenen Richters (§§ 22, 23) auf die Terminierung (Rdn 157) schon ein Verfassungsverstoß.[71]

Die **Geschäftsverteilung innerhalb des Spruchkörpers** bestimmt dessen Vorsitzender (Rdn 143). Er ist aber an die Vorschrift des § 21g GVG gebunden, deren Verletzung die Revision begründen kann,[72] wenn Willkür bzw. Entziehung des gesetzlichen Richters i.S. des Art. 101 I 2 GG vorliegt. Der dem Vorsitzenden hier gewährte Freiraum ist (zu) groß; so soll er noch im Laufe des Sitzungstages die Beteiligung der Beisitzer ändern dürfen.[73]

130 Die ordnungsgemäße Besetzung des Gerichts mit den richtigen **Berufsrichtern** hat die Rechtsprechung besonders häufig bezüglich der Strafkammern bei den Landgerichten beschäftigt.

131 Den **Vorsitz** hat nach § 21f I GVG der Präsident oder ein Vorsitzender Richter zu führen; das gilt auch für die auswärtige Strafkammer (§ 78 GVG), Ferienstrafkammer (§ 201 GVG) und die kleine Strafkammer. Nur in der Hilfsstrafkammer als nicht ständigem Spruchkörper darf den Vorsitz ein Richter am Landgericht führen.[74] Eine Geschäftsverteilung, die für eine Strafkammer keinen Vorsitzenden bestimmt („N.N."), ist jedenfalls dann gesetzwidrig, wenn für den Posten dieses Vorsitzenden keine Planstelle ausgewiesen ist,[75]

---

[68] BVerfGE 18, 344; 17, 294 (301); BGHSt 28, 183 (185); 18, 386; zu einem Ausnahmefall BGHSt 33, 234 = JR 1986, 125 m.Anm. Katholnigg; KK-Mayr § 21e GVG Rdn 6.

[69] BGH NJW 1978, 1444; BGHSt 26, 382; abl. Müller JR 1978, 361.

[70] BVerfGE 18, 349; 17, 299.

[71] BVerfGE 4, 412ff.

[72] BGHSt 29, 162; 21, 250 (255); Kleinknecht/Meyer-Goßner § 21g GVG Rdn 7, 8.

[73] BGH U.v. 13. 12. 1979 – 4 StR 632/79 – unv.

[74] BGHSt 31, 389 (392) m.Nachw.; BGH NStZ 1984, 84 m.Anm. Frisch.

[75] BGHSt 28, 290.

oder diese aufgrund haushaltsrechtlicher Sparmaßnahmen erst mit zeitlicher Verzögerung wieder besetzt wird.[76]

Über die Bestimmung des Vorsitzes in den einzelnen Strafkammern wird vom **Präsidium** (§§ 21a ff GVG) im Rahmen des Geschäftsverteilungsplanes (Rdn 124 ff.) entschieden (§ 21e I GVG). Ein Vorsitzender Richter kann in mehreren Kammern gleichzeitig den Vorsitz führen oder auch Beisitzer sein. Das kann aber unzulässig sein, wenn er die doppelten Aufgaben nicht richtig erfüllen kann.[77] 132

Überhaupt ist der Vorsitzende nur dann gesetzlich bestellt, wenn er seiner **Leitungsaufgabe** wirklich genügen kann.[78] So ist ein erstinstanzlicher Spruchkörper nach der Rechtsprechung des BGH mit einem blinden Vorsitzenden nicht richtig besetzt.[79] Auch im übrigen muß er in seiner Persönlichkeit und durch seine Erfahrung die Gewähr bieten, durch richtungweisenden Einfluß die Rechtsprechung seiner Kammer zu tragen und deren Güte und Einheitlichkeit zu sichern.[80] Er muß normalerweise in 75% der Fälle den Vorsitz persönlich führen.[81] Es ist auch nicht hinzunehmen, daß er von vornherein einen bestimmten Teil seinem Vertreter überläßt.[82] 133

Die Regelungen über die **Vertretung** des Vorsitzenden ergeben sich aus § 21f II GVG in Verbindung mit dem Geschäftsverteilungsplan. Voraussetzung für die Vertretung ist eine **Verhinderung** des Vorsitzenden. Darunter ist jede tatsächliche oder rechtliche Unmöglichkeit zu verstehen, an der Hauptverhandlung oder einer sonstigen richterlichen Aufgabe mitzuwirken.[83] 134

Die **vorübergehende Verhinderung**, etwa durch Urlaub, Krankheit oder Abordnung kann der Vorsitzende selbst feststellen, soweit es sich um tatsächliche, offenkundige Gründe handelt,[84] entsprechendes gilt für den Wegfall der Verhinderung.[85] Wenn es dagegen einer Ermessensentscheidung über die Frage der Verhinderung bedarf, z.B. bei Überlastung,[86] ist der Präsident des Landgerichts zuständig.[87] Die Entscheidung kann auch noch im Rahmen des Rügeverfahrens nach §§ 222a, 222b ergehen.[88] Einer schon vor Beginn des Geschäftsjahres vorauszusehenden vorübergehenden Verhinderung ist im 135

---

[76] OLG Hamburg NStZ 1984, 570.
[77] BGHSt 21, 133; 8, 17; 2, 71; Kleinknecht/Meyer-Goßner § 21f GVG Rdn 10f.
[78] BGHSt 25, 54 (55f).
[79] BGHStE Nr. 7, 9 zu § 338 Nr. 1; anders f.d. Vors. einer Berufungsstrafkammer BVerfG NStZ 1992, 246; OLG Zweibrücken NStZ 1992, 50.
[80] BGHSt 21, 133; Kleinknecht/Meyer-Goßner § 21f GVG Rdn 2; KK-Pikart § 338 Rdn 32.
[81] BGHZ 37, 210; NJW 1969, 854; Kleinknecht/Meyer-Goßner § 21f GVG Rdn 11.
[82] BGHZ 9, 281; Sarstedt Kollegialgericht S. 110ff, 114ff.
[83] BGH bei Miebach NStZ 1990, 29; BGHSt 21, 40, 42.
[84] BGH bei Miebach NStZ 1990, 29; BGHR GVG § 21e Abs. 1 Verhinderung 1.
[85] Vgl. BGHSt 35, 55 m. Nachw. = NStE Nr. 6 zu § 21e GVG.
[86] BGH NStE Nr. 8 zu § 21e GVG.
[87] BGH Fn 86; BGHR StPO § 338 Nr. 1 Vorsitzender 3.
[88] BGHR GVG § 21e Abs. 1 Verhinderung 3.

Geschäftsverteilungsplan durch ausreichende Richterbesetzung der Spruchkörper Rechnung zu tragen.[89]

136 Eine **dauernde Verhinderung** des Vorsitzenden liegt vor, wenn er für lange oder nicht absehbare Zeit seine Aufgaben nicht wahrnehmen kann. Dann muß das Präsidium gemäß § 21e III GVG die Geschäftsverteilung ändern und der Situation anpassen.[90]

137 Vom **Revisionsgericht** wird geprüft, ob der Begriff der vorübergehenden oder dauernden Verhinderung rechtlich zutreffend angewendet worden ist,[91] ggfs. auch die Richtigkeit der tatsächlichen Feststellungen, aus denen sich die Verhinderung ergeben soll.[92]

138 **Ständiger Vertreter** des Vorsitzenden im Sinne § 21f II GVG kann nur ein ständiges Mitglied der Kammer und ein Richter auf Lebenszeit (§ 28 II 2 DRiG) sein.[93]

139 Die **Beisitzer** der Strafkammer werden ebenfalls im Geschäftsverteilungsplan (Rdn 124) bestimmt. Sie müssen grundsätzlich Richter auf Lebenszeit sein (§ 28 I DRiG).[94] An gerichtlichen Entscheidungen des Spruchkörpers darf höchstens ein **Richter auf Probe**, kraft Auftrages oder ein abgeordneter Richter (Hilfsrichter) mitwirken (§ 29 DRiG). Er muß im Geschäftsverteilungsplan entsprechend kenntlich gemacht sein. Bei Verstößen ist § 76 GVG verletzt und die Besetzungsrüge begründet.

140 Das **Gesetz zur Entlastung der Rechtspflege** v. 11. 1. 1993 hat für die Zeit bis zum 28. 2. 1998 die Möglichkeit der **reduzierten Strafkammerbesetzung** geschaffen. Nach § 76 II GVG n.F. hat die Strafkammer bei Eröffnung des Verfahrens darüber zu beschließen, ob die Hauptverhandlung in „klassischer" Besetzung, d.h. Vorsitzender, 2 Beisitzer, 2 Schöffen, oder in reduzierter Besetzung, d.h. Vorsitzender, 1 Beisitzer, 2 Schöffen, durchgeführt wird.[95] Die Besetzung mit 2 Beisitzern soll, vom Schwurgericht abgesehen, dann geboten sein, wenn nach Umfang oder Schwierigkeit der Sache die Mitwirkung eines dritten Berufsrichters notwendig ist. Für die Ausfüllung des Umfang-Begriffs können die für § 29 II GVG maßgebenden Kriterien herangezogen werden, also die Zahl der Angeklagten, der angeklagten Delikte, der Zeugen und Sachverständigen und der sonstige Umfang des Beweisstoffes. Die Schwierigkeit der Sache kann auf tatsächlichen oder rechtlichen Gründen beruhen, z.B. Indizienprozeß, schwierige Glaubwürdigkeitsfragen, Probleme der Schuldfähigkeit, Sachverständigenfragen hohen Schwierigkeits-

[89] BGH NStE Nr. 1 zu § 21e GVG.

[90] BGHR StPO § 338 Nr. 1 Vorsitzender 2.

[91] BGHR StPO § 338 Nr. 1 Vorsitzender 2; Niemöller StV 1987, 311, 317 unter Auswertung der Rspr.

[92] Vgl. BGHR § 338 Nr. 1 Vorsitzender 2; fraglich nach BGH bei Miebach NStZ 1990, 29.

[93] BGHSt 20, 61; 13, 262 (266).

[94] Auch ein blinder Beisitzer soll grundsätzlich Tatrichter sein können; BGHR § 338 Nr. 1 Richter, blinder 5.

[95] Entspr. gem. §§ 33b JGG f.d. Jugendkammer.

grades, komplizierte Rechtsfragen.[96] Mit der **Besetzungsrüge** kann geltend gemacht werden, daß trotz offensichtlich gegebener Voraussetzungen nicht in reduzierter Strafkammerbesetzung verhandelt worden ist, weil entweder gar keine Entscheidung über die Besetzung getroffen oder objektiv willkürlich für die Dreierbesetzung entschieden worden ist[97] – und umgekehrt. Eine Rüge kann auch erhoben werden, wenn die Entscheidung über die Besetzungsreduzierung nachträglich geändert worden ist.[98]

Die **Überbesetzung** der Strafkammer mit mehr als 2 Beisitzern ist zulässig, 141
solange nicht zwei verschiedene Gruppen gleichzeitig eine Sitzung durchführen können.[99] Der Spruchkörper darf also höchstens 4 Beisitzer haben.

Dies wird auch für die Zeit der Geltung des sog. Entlastungsgesetzes bis 142
28. 2. 1998 so sein.[100] Ob die reduzierte oder die volle Besetzung der Strafkammer in der Praxis der „Regelfall" sein wird, ist offen, und die Gesetzeslage soll sich nach verhältnismäßig kurzer Zeit wieder ändern. Es würde daher der Kontinuität der Rechtsordnung widersprechen, wenn rechtlich anerkannte und bewährte Besetzungsstrukturen „vorübergehend" unzulässig würden. Das Willkürverbot wird auch gegen einen Mißbrauch der Möglichkeit, mit zwei „reduzierten Spruchkörpern" zu tagen, ausreichenden Schutz bieten. Allerdings wird vor diesem Hintergrund der Vollständigkeit, Klarheit und Beachtung der internen Geschäftsverteilung gesteigerte Bedeutung zukommen.

Die **interne Geschäftsverteilung** im Spruchkörper regelt der Vorsitzende 143
nach Maßgabe des § 21 g GVG. Dieser „kleine Geschäftsverteilungsplan" soll jedenfalls bei einfachen Regelungen keiner besonderen Form bedürfen;[101] dies gilt auch für **Änderungen**,[102] die nur aus den Gründen des § 21 g II 2 GVG zulässig sind.[103] In gleicher Weise hat der Vorsitzende für die Geltungszeit des § 76 II GVG n. F. festzulegen, nach welchen Kriterien die Mitglieder des Spruchkörpers bei reduzierter Besetzung mitwirken.

Ungeachtet dessen soll der Vorsitzende im **Einzelfall** von dem kammerinternen Geschäftsverteilungsplan **abweichen** dürfen, wenn hierfür ein sachlicher Grund vorliegt. Insoweit kommen sowohl alle Umstände in Betracht, die eine Vertretung rechtfertigen, wie Krankheit, Urlaub, Abordnung, vorübergehende Arbeitsüberlastung als auch andere Umstände, die im laufenden Geschäftsjahr auftreten und bei strikter Einhaltung des „Planes" zu Verzöge-

---

[96] Vgl. dazu Kissel NJW 1993, 491 f; Schlothauer StV 1993, 147 f.

[97] Schlothauer StV 1993, 150.

[98] Schlothauer StV 1993, 148.

[99] BGHSt 18, 386; ergänzend 33, 234 (für Ausnahmefall); Kleinknecht/Meyer-Goßner § 21 e GVG Rdn 5 m. Nachw.

[100] A. A. Schlothauer StV 1993, 149 f, der überbesetzte Strafkammern ab 11. 1. 1993 nicht mehr für zulässig erachtet.

[101] BGHSt 21, 250, 253 f; Kleinknecht/Meyer-Goßner § 21 g GVG Rdn 4; a. A. Schlothauer StV 1993, 150; Katholnigg § 21 g Rdn 3.

[102] BGHSt 29, 162, 164.

[103] Str. vgl. Kleinknecht/Meyer-Goßner § 21 g GVG Rdn 7; Schlothauer StV 1993, 148 f.

rungen, Leerlauf, ungleichmäßiger Auslastung der Mitglieder des Spruchkörpers und vermeidbarem Arbeitsaufwand führen würden. So soll ein Wechsel in der Person eines Beisitzers noch am Tage der Hauptverhandlung zulässig sein, wenn der planmäßige Beisitzer durch die Berichterstattung in einer vorangehenden Sache belastet ist. Eine Dokumentation der Gründe für die Besetzungsänderung sei zwar empfehlenswert, aber nicht unbedingt notwendig; dies alles bis zur Grenze der – beweisbaren – Willkür oder des sonst mißbräuchlichen Vorgehens.[104] Dagegen bestehen erhebliche Rechtsbedenken.

144 Die **Feststellung der Verhinderung** trifft der Vorsitzende (formlos), wenn die Folgen nicht über den eigenen Spruchkörper hinausgehen,[105] sonst der Präsident des Landgerichts[106] (Rdn 135).

145 Die **Vertretung der Beisitzer** im Falle ihrer Verhinderung muß im Geschäftsverteilungsplan des Gerichts geregelt sein (Rdn 124ff.). Versagt diese Vertretungsregelung in nicht voraussehbarer Weise, so kann das Präsidium einen zeitweiligen Vertreter bestimmen.[107] In der **Revision** wird nachgeprüft, ob die geschäftsplanmäßige Vertretungsregelung an sich ausreichte, um die ordnungsgemäße Vertretung aller Beisitzer zu gewährleisten.[108] Fälle der Verhinderung und Vertretung sind relativ „revisionsträchtig". Sie verdienen besondere Aufmerksamkeit.

146 Über die Zuziehung eines **Ergänzungsrichters** (§ 192 II GVG) entscheidet der Vorsitzende[109] nach pflichtgemäßem Ermessen ohne auf die Vertreterregelung des Geschäftsverteilungsplanes zurückzugreifen.[110] Die Entscheidung bedarf keiner Form und kann auch konkludent erfolgen.[111] Der Ergänzungsrichter tritt bei Verhinderung eines der zunächst berufenen Richter in das Quorum ein.[112] Ob Fehler bei der Anwendung des Rechtsbegriffes der Verhinderung die Revision begründen, ist streitig,[113] aber unter dem Aspekt einer umfassenden Kompetenz des Revisionsgerichts für alle Rechtsfragen zu bejahen.[114] Dagegen unterliegen die tatsächlichen Umstände der Verhinderung grundsätzlich nicht der Nachprüfung.[115] Wie regelmäßig begründet aber **Will-**

[104] BGH U.v. 13. 12. 1979 – 4 StR 632/79 – unv.; vgl. auch BGHSt 21, 250 (254).

[105] BGH NJW 1968, 512; f.d. Fall der Überbelastung offen gelassen in BGHSt 21, 174, 176.

[106] Kleinknecht/Meyer-Goßner § 21 e GVG Rdn 8.

[107] BGHR StPO § 338 Nr. 1 Beisitzer 1 ff.

[108] BGHR Rdn 108.

[109] BGH NStE Nr. 2 zu § 192 GVG.

[110] BGHSt 26, 324.

[111] BGHSt 35, 366, 372f; BGH NJW 1991, 51.

[112] BGH NStE Nr. 1 zu § 192.

[113] Bejahend BGHR StPO § 338 Nr. 1 Vors. 2; Kissel GVG § 193 Rdn 18; Löwe/Rosenberg/Hanack § 338 Rdn 37 (nur bei Willkür); ebenso Kleinknecht/Meyer-Goßner § 192 Rdn 7; offengelassen in BGHSt 35, 366, 373, jedoch mit Hinweis auf die bejahende Analyse der Rspr. bei Niemöller StV 1987, 317.

[114] So wohl auch die von Niemöller Fn 113 ausgewertete Rspr.

[115] BGHSt 15, 390, 393; Niemöller Fn 113 m.w.Nachw.

kür auch hier die Revision.[116] Ist der Ergänzungsrichter schon von vornherein nicht der gesetzliche Richter, so muß dies zu Beginn der Hauptverhandlung gerügt werden. Für Fehler im Zusammenhang mit dem Eintritt in das Quorum kann dagegen die Präklusion nicht Platz greifen.[117]

Ein **Schöffe** ist nur dann der gesetzliche Richter, wenn er rechtlich einwandfrei zum ehrenamtlichen Richter (§ 31 GVG i.V.m. § 44 DRiG) berufen und zur betreffenden Sitzung einberufen ist. Insgesamt handelt es sich dabei um ein vielschichtiges, nicht unkompliziertes Verfahren, das eine Reihe von Fehlerquellen birgt, die freilich nicht alle revisionsträchtig sind. Rechtsprechung und Schrifttum haben sich mit einer Vielzahl von Fallgestaltungen befaßt, wobei insbesondere auch die „Willkürformel" eine Rolle spielt.[118] Hier können nur die Strukturen der Schöffen-Besetzungsrüge und **exemplarische Fallgestaltungen** angesprochen werden. Dabei wird in der Reihenfolge der Darstellung jeweils von einer tatsächlichen Besetzung quasi „rückwärtsgehend" bis zu den Wurzeln des „Schöffen-Werdens" auf kritische Bereiche hingewiesen. 147

Betrachtet man zunächst die **Hauptschöffen**, so stellt sich die Frage, ob tatsächliche oder rechtliche Mängel in ihrer Person oder bei den förmlichen Voraussetzungen ihrer Mitwirkung bestehen. Dazu gilt: 148

- **Unfähigkeit** zum Schöffenamt gem. § 32 GVG führt zu fehlerhafter Besetzung[119]
- dagegen begründet die **Ungeeignetheit** nach §§ 33f GVG (Sollvorschriften!) grundsätzlich nicht die Revisionsrüge. Das gilt auch für geistige und körperliche Gebrechen (§ 33 Nr. 4 GVG) bis zur Grenze der Verhandlungsunfähigkeit, für die dann § 338 Nr. 1 unmittelbar eingreift.[120] Die Mitwirkung eines **blinden Schöffen** soll nach der Rechtsprechung des BGH die Besetzungsrüge nicht begründen[121] – eine Auffassung, die an den Anforderungen jedes Einzelfalls gemessen und überprüft werden sollte.[122]
- Ein seltener Fall wird die Mitwirkung trotz vorangegangener **Streichung von der Schöffenliste** sein (§ 52 GVG). Unterbleibt eine gebotene Streichung, liegt der Fall des § 32 GVG vor.[123] Eine willkürlich abgelehnte Streichung führt ebenfalls zu fehlerhafter Besetzung.[124]

---

116 BGH aaO; Niemöller Fn 113 m.w.Nachw.

117 Instruktiv zu den Anforderungen gemäß § 344 II an die Rüge BGH NJW 1991, 51.

118 Vgl. u.a. Rieß DRiZ 1977, 292; Niemöller StV 1987, 311; Löwe/Rosenberg/Hanack § 338 Rdn 10, 35.

119 BGHSt 35, 28; 33, 261 (269); BGHR GVG § 32 Nr. 2 Unfähigkeit 1 = BGHSt 35, 28 = NStE Nr. 1 zu § 32 GVG.

120 Kleinknecht/Meyer-Goßner § 33 GVG Rdn 5 m.Nachw.; Katholnigg § 33 Rdn 3.

121 BGHR StPO § 338 Nr. 1, Richter, blinder 4; 6, Beisitzer; 5, Tatrichter.

122 Krit. auch Katholnigg § 33 Rdn 3.

123 Kleinknecht/Meyer-Goßner § 52 GVG Rdn 5.

124 Löwe/Rosenberg/Hanack §§ 336 Rdn 14; 338 Rdn 34; Löwe/Rosenberg/Schäfer § 52 GVG Rdn 12.

Die **Vereidigung** des Schöffen gilt für die gesamte vierjährige Wahlperiode (§ 42 Abs. 1 GVG, § 34 Abs. 2 DRiG) und muß in der aus § 45 Abs. 2ff. DRiG ersichtlichen Form erfolgen, wobei auf die Dokumentation in einem besonderen Protokoll (§ 45 Abs. 8 DRiG) besonders zu achten ist.

Die Hauptschöffen müssen schließlich für den **ordentlichen Sitzungstag** ausgelost sein (§ 45 GVG),[125] an dem die Hauptverhandlung beginnt; im Fortgang kann sie an außerordentlichen Terminen und über die Amtsdauer der Schöffen fortgesetzt werden, ohne daß die Rechtmäßigkeit der Besetzung berührt wird.[126] Anders ist es, wenn der zunächst anberaumte erste Sitzungstag auf einen anderen ordentlichen oder außerordentlichen Termin verlegt wird oder die Hauptverhandlung nach Unterbrechung von neuem beginnt (§ 229 Abs. 4).

Die **Modalitäten der Auslosung** legt § 45 GVG fest; ihre Verletzung ist durchweg revisibel. Die vorherige **Festlegung der Sitzungstage** für das Geschäftsjahr obliegt der Justizverwaltung. Eine Manipulation, auch unter dem Aspekt der Willkür, erscheint angesichts der alleinigen richterlichen Kompetenz zur Terminierung der einzelnen Sachen auf die bereits feststehenden und mit Schöffen besetzten Sitzungstage ausgeschlossen.[127]

Dagegen unterliegt die **Durchführung der Auslosung** der Hauptschöffen strenger revisionsrechtlicher Kontrolle. Sie ist eine **richterliche Aufgabe**, die im Geschäftsverteilungsplan geregelt sein muß.[128] Der Grundsatz der **Öffentlichkeit** ist bei der Auslosung der Sitzungen zu beachten (§ 45 Abs. 2 GVG), d.h. der Termin ist durch einen an allgemein zugänglicher Stelle angebrachten Aushang bekanntzugeben;[129] allerdings soll ein Aushang am Vorzimmer des Präsidenten genügen,[130] was jedenfalls dann bedenklich erscheint, wenn eine allgemeine Gerichtstafel vorhanden ist, an der sich üblicherweise alle Terminankündigungen befinden. Unter diesen Umständen sollte auch nicht auf die Nachfrage bei der Schöffengeschäftsstelle verwiesen werden.[131]

Die Auslosung ist ungeachtet der vierjährigen Amtsperiode **alljährlich**, d.h. für jedes Geschäftsjahr von neuem vorzunehmen (§ 45 Abs. 1, 2 GVG).

Das **Auslosungsverfahren** im einzelnen steht im pflichtgemäßen Ermessen

---

[125] BGH NStZ 1984, 274; BGHR GVG § 45 Abs. 2 S. 4 Reihenfolge 1, fehlende Auslosungen.

[126] Ausnahmefall BGHSt 19, 382.

[127] BGHSt 15, 107 (109).

[128] BGHSt 29, 283 = NStZ 1981, 31 m. Anm. Katholnigg; BGHSt 25, 257 = JR 1975, 206 m. Anm. Kohlhaas.

[129] BGH NStZ 1984, 89.

[130] BGH NStZ 1985, 514.

[131] So aber wohl BGH NStZ 1985, 514; LG Bremen StV 1982, 461; Löwe/Rosenberg/Schäfer § 45 GVG Rdn 12.

des Richters, jedoch sind auch hier Rechtsfehler möglich, wenn das Zufallsprinzip beeinträchtigt wird.[132]

Der vorstehend behandelten Auslosung der Hauptschöffen liegt die **Schöffenliste** (§ 44 GVG) zugrunde, die durch die **Schöffenwahl** (§ 42 GVG) aus der **Vorschlagsliste der Gemeinde** (§ 36 GVG) zustandekommt. Dabei handelt es sich um ein abgestuftes Verfahren, das außerhalb des Justizbereiches in den Kommunen beginnt und unter **richterlicher Kontrolle** (§ 39 GVG)[133] im alleinigen Verantwortungsbereich der Strafrechtspflege weitergeführt wird. 149

Für die **Revision** ist zu beachten, daß es sich um ein komplexes, richterrechtlich geprägtes Rechtsgebiet mit vielen Einzelfallentscheidungen[134] handelt. Aus der umfangreichen Rechtsprechung können indes gewisse „Leitsätze" abgeleitet werden:

- Fehler, die außerhalb des Bereiches liegen, auf den die Gerichte unmittelbar einwirken können, inbesondere im Zusammenhang mit der Erstellung der Vorschlagslisten der Gemeinden, können die ordnungsgemäße Besetzung des Gerichts grundsätzlich nicht in Frage stellen.[135]
- Fehler, die bei Ausübung der in § 39 GVG institutionalisierten richterlichen Kontrolle (auch über kommunale Vorgänge), unterlaufen, können in bestimmten Fällen eine rechtswidrige Gerichtsbesetzung begründen.[136]
- Auch im Bereich der Verantwortung der Strafrechtspflege, insbesondere bei der **Schöffenwahl**, führt nicht jeder Fehler zur Ungültigkeit des gesamten Wahlaktes, sondern nur besonders schwerwiegende, offenkundige Fehler.[137] So hat die Rechtsprechung die Schöffenwahl z.B. trotz folgender Fehler als gültig angesehen:
  - fehlerhafte Besetzung des Schöffenwahlausschusses[138]
  - Fehler bei Aufstellung der Vorschlagsliste (Auslegung)[139]
  - fehlende Vorschlagsliste einer von mehreren Gemeinden[140]
  - getrennte Wahl für große und kleine Strafkammern[141]

---

132 Vgl. Kleinknecht/Meyer-Goßner § 45 GVG Rdn 6 m. Nachw.; Löwe/Rosenberg/Schäfer § 45 GVG Rdn 7; instrukt. Beispiel LG Hannover StV 1991, 205; BGH bei Miebach NStZ 1992, 223; BGH NJW 1991, 435, 436; BGHR GVG § 45 Abs. 2 S. 1, Auslosung 2 (abgebrochene Teilauslosung).

133 Katholnigg § 39 Rdn 11.

134 Vgl. nur Löwe/Rosenberg/Schäfer § 36 GVG Rdn 11; § 42 Rdn 1; KK-Kissel § 36 Rdn 7; § 40 Rdn 3f; § 42 Rdn 1, 9; Kleinknecht/Meyer-Goßner § 40 GVG Rdn 7; § 42 GVG Rdn 5.

135 BGHSt 33, 290; 22, 122 (124); BGHR § 338 Nr. 1, Schöffe 4; BGHR GVG § 36 Abs. 3, Bekanntmachung 1 m. Nachw.; BGH NStE Nr. 3 zu § 36 GVG.

136 BGHR GVG § 36 Abs. 1, Vorschlagsliste 1; BGHSt 33, 290; 22, 122.

137 BGHR § 338 Nr. 1, Schöffenwahl 4, m. zahlr. Nachw.; BGHR GVG § 40 Abs. 3, Vertrauensperson 2.

138 BGHSt 29, 283 (287); 26, 206 (207).

139 BGH NStE Nr. 3 zu § 36.

140 BGHSt 33, 290 (292); BGH NStE Nr. 2 zu § 36 = BGHR GVG § 42 Abs. 1, Vorschlagsliste 1; BGH NStE Nr. 1 zu § 36 GVG.

141 BGH GA 1976, 141; BGHR GVG § 42 Abs. 1 Schöffenwahl 2.

  - Wahl eines Schöffen aus einer Vorschlagsliste, auf der sich auch Personen befanden, die nicht hätten gewählt werden dürfen[142]
  - Verstoß gegen § 42 Abs. 2 GVG bei Aufstellung der Vorschlagsliste[143]
  - Nichtberücksichtigung einer Teil-Vorschlagsliste.[144]
- Dagegen kann die Besetzungsrüge begründet sein
  - bei Fehlern bei der Bestellung der Vertrauensperson für den Schöffenwahlausschuß[145]
  - bei bloßer Übernahme einer nach dem Zufallsprinzip erstellten Vorschlagsliste der Gemeinde[146]
  - bei Übernahme und nur formalem Nachvollzug einer von anderen Gremien getroffenen Auswahl durch den Schöffenwahlausschuß[147]
  - bei Schöffenwahl für ein zentrales Schöffengericht nicht aus allen von der Konzentration erfaßten Amtsgerichtsbezirken.[148]

150 **Hilfsschöffen** werden von den Spruchkörpern bei verschiedenen Anlässen benötigt, insbesondere beim Wegfall von Hauptschöffen (§§ 52ff GVG) sowie Verhinderung im Einzelfall (§ 54 GVG).

Bei Feststellung der Mitwirkung eines Hilfsschöffen ist daher revisionsrechtlich zunächst die Frage zu stellen, ob ein gesetzlicher Grund für seine Mitwirkung vorgelegen hat und danach, ob der „richtige" Hilfsschöffe an der Sitzung teilnimmt.

Handelt es sich bei dem Spruchkörper um eine **Hilfsstrafkammer** oder einen sonst nachträglich gebildeten Spruchkörper, so folgt die Besetzung mit Hilfsschöffen unmittelbar aus dem Gesetz (§ 46 GVG); entsprechendes gilt für außerordentliche Sitzungstage (§ 47 GVG). Bei Verhinderung eines Hauptschöffen im Einzelfall gemäß unanfechtbarer Entscheidung des Vorsitzenden nach § 54 GVG – nicht durch einen Beamten der Geschäftsstelle -[149] tritt der Hilfsschöffe in den Spruchkörper ein. Die Unanfechtbarkeit der Entscheidung über die Verhinderung der Hilfsschöffen schließt die Revision – ggfs. unterhalb der Grenze der Willkür (Art. 101 Abs. 1 S. 2 GG; § 16 GVG) – aus;[150] anders soll es beim Widerruf der Entbindung von der Dienstleistung sein.

Entsprechend ihrer Natur als „Ersatzleute" sind die Hilfsschöffen nicht für die einzelnen ordentlichen Sitzungstage des Geschäftsjahres auszulosen, weil

---

[142] BGHR GVG § 42 Abs. 1 Schöffenwahl 2.

[143] BGHR GVG § 42 Abs. 1 Vorschlagsliste 1.

[144] BGHR GVG § 42 Abs. 1 Vorschlagsliste 2 = NStE Nr. 1 zu § 42.

[145] BGH NStE GVG § 40 Nr. 2; BGH NStE Nr. 3 zu § 40; BGHSt 26, 206, 208; s. aber auch BGH NStZ 1991, 196.

[146] BGHSt 38, 47; dazu Katholnigg NStZ 1992, 73.

[147] BGH NStE Nr. 2 zu § 42 GVG = BGHR GVG § 42 Abs. 1 Schöffenwahl 1.

[148] OLG Koblenz NStE Nr. 3 zu § 338 Nr. 1.

[149] Hilger NStZ 1983, 338.

[150] BGHSt 30, 149 = JR 1982, 255 m. abl. Anm. Rieß; BGHSt 31, 3 (4); Kleinknecht/Meyer-Goßner § 54 GVG Rdn 10; Niemöller StV 1987, 311 (317); Katholnigg NStZ 1981, 400.

ihre Heranziehung völlig offen ist. Die **Auslosung** für die **Hilfsschöffenliste** findet daher nur einmal für die gesamte Wahlperiode von vier Jahren statt.[151] Durch diese Auslosung wird auch die Reihenfolge bestimmt, in der die Hilfsschöffen entsprechend ihrem Platz in der Hilfsschöffen-Liste herangezogen werden.[152] Die Einzelheiten der Heranziehung sind in § 49 GVG geregelt; Fehler können die Revision begründen, wobei das Korrektiv „willkürlichen Vorgehens" eine Rolle spielen kann.[153] Für die Aufstellung der **Hilfsschöffenliste** (§ 44 GVG) und die vorangehenden Rechtsakte gelten die allgemeinen Grundsätze (oben Rdn 121).

Der **Ergänzungsschöffe**(§ 192 Abs. 2, 3 GVG) gehört zum „erkennenden Gericht" i.S. des § 338 Nr. 1, sobald er gemäß § 192 Abs. 2 GVG „zugezogen" worden ist. Er tritt in den Spruchkörper ein, wenn ein mitwirkender Schöffe verhindert ist.[154] Das gilt auch bei Verhinderung des Hauptschöffen vor Beginn der Sitzung (§ 48 Abs. 2 GVG). Die Feststellung der Verhinderung obliegt auch hier dem Vorsitzenden; die Entscheidung ist formfrei und kann sogar durch schlüssiges Verhalten getroffen werden.[155] Die rechtsfehlerhafte Bejahung der Verhinderung soll nicht die Revision begründen.[156] Der Ergänzungsschöffe ist Hilfsschöffe und daher aus der Hilfsschöffenliste – an bereitester Stelle i.S. § 49 GVG – zu entnehmen (§ 48 Abs. 1 GVG).[157] Werden mehrere Ergänzungsschöffen zugezogen, so muß die Reihenfolge ihres evtl. Eintretens in das Quorum bestimmt sein; davon darf nicht abgewichen werden. Die Reihenfolge kann sich aus den Umständen, z.B. der Folge der Namen in der Entscheidung über die Zuziehung ergeben. Bei allen Auslegungsfragen im Zusammenhang mit der Heranziehung von Ergänzungsschöffen sind die Grundsätze zur willkürlichen Richterheranziehung zu beachten.[158] 151

Das Gericht ist auch dann nicht ordnungsgemäß besetzt, wenn in der Person eines (Berufs- oder Laien-)Richters **rechtliche oder persönliche Mängel** bestehen. Das ist dann der Fall, wenn die Befähigung zum Richteramt fehlt (§§ 8ff DRiG), die Ernennung zurückgenommen wurde (§ 19 DRiG) oder er aus dem Dienstverhältnis entlassen ist (§ 21 DRiG). Tritt dieser Fall während der Hauptverhandlung ein, so ist von diesem Augenblick an das Quorum nicht mehr gegeben. 152

Die Mitwirkung eines **blinden Vorsitzenden** in der erstinstanzlichen Hauptverhandlung begründet einen Besetzungsmangel; für den Vorsitzenden einer 153

---

151 BGHSt 36, 138 = JR 1989, 479 m. zust. Anm. Katholnigg.

152 BGH NStE Nr. 4 zu § 338 Nr. 1.

153 BGH NStZ 1982, 476; BGHSt 27, 105 (107); 25, 66 (71).

154 BGHSt 35, 366.

155 BGHSt 35, 366 (368) (str.).

156 Kleinknecht/Meyer-Goßner § 192 GVG, Rdn 7; Löwe/Rosenberg/Hanack § 338 Rdn 37.

157 Dazu BGHSt 30, 244 = JR 1982, 257 m. Anm. Rieß; BGH NStZ 1985, 135.

158 BGHR GVG § 48 Verhinderung 1, Ergänzungsschöffe; Löwe/Rosenberg/Hanack Fn 156.

Berufungsstrafkammer soll das nicht gelten (vgl. Rdn 133 Fn 79). Für den Fall eines **blinden Beisitzers** oder **Schöffen** hält der BGH bisher daran fest, daß die Besetzungsrüge nicht begründet sein soll, soweit nicht Beweis durch Augenschein erhoben wird.[159] Demgegenüber verdient die Gegenmeinung den Vorzug, daß ein blinder Richter generell nicht Tatrichter sein kann.[160] Der überaus komplexe Vorgang der beweiswürdigenden Überzeugungsbildung bezieht notwendig eine Fülle optischer Wahrnehmungen ein. Ihr Charakter als eines sich organisch entwickelnden Erkennens der Wahrheit ist mit Surrogaten („geschärfte Sinneswahrnehmungen anderer Art") und Vermittlung durch Dritte (erst) in der Urteilsberatung[161] nicht zu vereinbaren. Auch die Beteiligung eines stummen oder tauben Richters entspricht nicht dem Gesetz.[162] Die mit persönlichen Mängeln von Richtern begründeten Rügen unterliegen nicht der Präklusion, so daß sie (auch) erst in der Revisionsinstanz geltend gemacht werden können.[163]

154 Ein revisionsbegründender Mangel ist auch gegeben, wenn ein Richter aufgrund einer **körperlichen oder geistigen Erkrankung** nicht verhandlungsfähig ist, d.h. für einen nicht unerheblichen Teil der Verhandlung seinen rezeptiven oder aktiven Aufgaben nicht genügen kann.[164]

155 Der **geistig abwesende Richter** steht dem verhandlungsunfähigen gleich, wenn er wesentlichen Verhandlungsvorgängen über eine ins Gewicht fallende Zeitspanne nicht gefolgt ist,[165] z.B. wegen Schlafes, Übermüdung, anderweitiger Lektüre, Überarbeitung eines Urteilsentwurfes, Durchsicht von Post aus der JVA u.ä.[166] Die Niederschrift der Urteilsformel während des Schlußvortrages des Verteidigers oder des letzten Wortes des Angeklagten soll die Besetzungsrüge nicht begründen – ein bedenkliches Ergebnis, wenn man an längere, komplizierte Urteilsformeln und zugehörige Beschlüsse (z.B. bei Strafaussetzung zur Bewährung) – evtl. bei mehreren Angeklagten – denkt.[167]

156 Bei **Revisionsrügen** dieser Art müssen aus dem **Vortrag des Sachverhalts** (§ 344 II) jedenfalls folgende Fragen zu beantworten sein:

- welcher bestimmte Richter war „abwesend"?
- welche Tatsachen begründen seine „Abwesenheit"?
- wie lange dauerte sie?
- was war Gegenstand der Hauptverhandlung während der „Abwesenheit"?

---

[159] BGH NStE Nr. 9, 7 zu § 338 Nr. 1; KK-Pikart § 338 Rdn 50; Löwe/Rosenberg/Hanack § 338 Rdn 39.

[160] So tendenziell BGHSt 34, 236 (238); 35, 164; ausdrücklich Kleinknecht/Meyer-Goßner § 338 Rdn 11; Roxin § 44 Rdn 28.

[161] BGH NStE Nr. 9 zu § 338 Nr. 1.

[162] Allg. Meinung, vgl. nur BGHSt 4, 191 (193); Kleinknecht/Meyer-Goßner § 338 Rdn 12f.

[163] BGHSt 35, 164; 34, 236 (238).

[164] Löwe/Rosenberg/Hanack § 338 Rdn 42; KK-Pikart § 338 Rdn 49.

[165] BGH NStZ 1982, 431; vgl. auch BVerwG 1981, 413.

[166] Vgl. dazu Löwe/Rosenberg/Hanack § 338 Rdn 43; KK-Pikart § 338 Rdn 51.

[167] BGHSt 11, 74; krit. Hanack JZ 1972, 315; Roxin § 44 Rdn 29.

Mehrere gleichartige oder ähnliche Vorgänge sind jeweils gesondert in allen Einzelheiten zu schildern.[168] Bei Revisionsrügen, die auf persönliche Mängel der erörterten Art gestützt werden, ist häufig der **Beweis der vorgetragenen Tatsachen** schwierig und bedarf besonderer Aufmerksamkeit. Hier wie auch sonst müssen die Rügevoraussetzungen mit den Mitteln des Freibeweises zur vollen Überzeugung des Revisionsgerichts bewiesen werden (vgl. i.e. Rdn 484ff.). Schließlich sind im Hinblick auf die **Rügepräklusion** (Rdn 122) sämtliche Tatsachen vorzutragen, aus denen sich ergibt, daß sie nicht durchgreift.[169]

b) Mitwirkung eines ausgeschlossenen Richters (§ 338 Nr. 2).

Lit.: *Arloth,* Zur Ausschließung und Ablehnung des Staatsanwalts, NJW 1983, 207; *Frisch,* Ausschließung und Ablehnung des Staatsanwalts, FS Bruns, S. 385; *Kuhlmann,* Ausschließung und Ablehnung des Staatsanwalts, DRiZ 1976, 11; *Müller-Gabriel,* Neue Rechtsprechung des BGH zum Ausschluß des „Zeugen-Staatsanwalts", StV 1991, 235; *Pfeiffer,* Zur Ausschließung und Ablehnung des Staatsanwaltes nach geltendem Recht, FS Rebmann, S. 359; *Sieg,* Richterausschluß im Wiederaufnahmeverfahren, NJW 1984, 1519; *Tolksdorf,* Mitwirkungsverbot für den befangenen Staatsanwalt, 1989; *Voormann,* Die mehrfache Ablehnung von Richtern im Strafverfahren, NStZ 1985, 444; *Wendisch,* Zur Ausschließung und Ablehnung des Staatsanwalts, FS K. Schäfer, S. 243.

In den in §§ 22, 23 angeführten Fällen ist der Richter von der Ausübung 157
des Richteramtes **kraft Gesetzes** ausgeschlossen, z.B. wenn er in der Sache als Staatsanwalt amtiert hatte, Verletzter oder Zeuge ist u.a. Einer besonderen Ablehnung (Rdn 161) bedarf es nicht. Das bedeutet aber nicht etwa, daß das Urteil von selbst unwirksam wäre. Es ist vielmehr voll gültig und bleibt es, wenn es nicht form- und fristgerecht angefochten wird.[170] Hat entgegen der Vorschrift ein ausgeschlossener Richter im Verfahren mitgewirkt, so sind die Folgen je nach der konkreten Beteiligung des Richters verschieden. Hat er bei dem Urteil mitgewirkt, ist der absolute Revisionsgrund des § 338 Nr. 2 gegeben. Zugleich ist das Gericht auch nicht vorschriftsmäßig besetzt (§ 388 Nr. 1) (Rdn 120ff.). Hat der Richter nur bei dem Eröffnungsbeschluß mitgewirkt, liegt der absolute Revisionsgrund nicht vor, weil das Urteil nicht auf dem Eröffnungsbeschluß, sondern auf dem Inbegriff der Hauptverhandlung beruht (§ 261).[171] Das Urteil muß auch nicht wegen Fehlens einer Prozeßvoraussetzung aufgehoben werden, weil der Eröffnungsbeschluß trotz des Rechtsmangels als rechtswirksam angesehen wird.[172] Hat der ausgeschlossene Richter in anderer Weise im Verfahren mitgewirkt, z.B. den Termin zur

---

[168] Vgl. wegen aller Einzelheiten Löwe/Rosenberg/Hanack § 338 Rdn 134.

[169] Vgl. i.e. Löwe/Rosenberg/Hanack § 338 Rdn 135.

[170] BGHSt 29, 351 (355).

[171] Die Möglichkeit einer Ausnahme wird in BGHSt 29, 350 (354) angedeutet.

[172] BGHSt 29, 351; Löwe/Rosenberg/Wendisch § 22 Rdn 64; Kleinknecht/Meyer-Goßner § 207 Rdn 11.

Hauptverhandlung bestimmt, so ist das ein Verfahrensfehler. Er bildet aber keinen absoluten Revisionsgrund (Rdn 118ff.), kann jedoch als relativer Revisionsgrund Bedeutung gewinnen, besonders auch im Zusammenhang mit § 336 (Entscheidungen, die dem Urteil vorausgegangen sind) (Rdn 6).[173]

158 In allen Fällen obliegt es dem Revisionsgericht, die Voraussetzungen der §§ 22, 23 für den Ausschluß auch in tatsächlicher Hinsicht selbst nachzuprüfen. Die einzelnen **Ausschlußfälle** der §§ 22, 23 bieten im allgemeinen keine besonderen Schwierigkeiten, insoweit wird auf die Kommentarliteratur und die Rechtsprechungs-Sammlungen verwiesen. Im Falle des Wiederaufnahmeverfahrens (§ 23 Abs. 2) betrifft der Ausschluß der an der zugrundeliegenden Entscheidung Beteiligten jede Tätigkeit des Richters im neuen Verfahren, auch außerhalb der Hauptverhandlung.[174] Nicht ausgeschlossen ist der Richter, der an dem Urteil mitgewirkt hat, das dem späteren mit der Wiederaufnahme angegriffenen Urteil vorausgegangen und durch ein Revisionsurteil aufgehoben worden war.[175] Wohl aber sind die am Revisionsurteil beteiligten Richter im Wiederaufnahmeverfahren ausgeschlossen.[176]

159 Im Falle der Zurückverweisung durch das Revisionsgericht (§ 354 II) ist für das neue Verfahren kein Richterausschluß nach § 23 vorgesehen.[177] Dort kommt aber in vergleichbaren Fällen eine Ablehnung in Betracht (Rdn 168).

160 Die Voraussetzungen des § 22 können auch in der Person des **Staatsanwalts** gegeben sein.[178] Rechtsprechung und Schrifttum stehen heute aber ziemlich einheitlich auf dem Standpunkt, daß damit eine Revisionsrüge nach § 338 Nr. 2 nicht begründet werden kann.[179] Das gilt auch für den in der Praxis häufigen Fall des als Zeuge vernommenen Sitzungsvertreters;[180] ob dazu unter anderen Aspekten ein revisibler Rechtsfehler in Betracht kommt, wird unter Rdn 177 und Rdn 271 erörtert.

c) Mitwirkung eines abgelehnten Richters (§ 338 Nr. 3).

Lit.: *Arzt,* Der befangene Strafrichter, 1969; *Dahs sen.,* Besprechung von Arzt, Der befangene Strafrichter, JZ 1970, 230; *Herdegen,* Tatgericht und Revisionsgericht – insbesondere die Kontrolle verfahrensrechtlicher Ermessensentscheidungen, FS Kleinknecht, S. 173; *Hilger,* Absolute Revisionsgründe, NStZ 1983, 340; *Krekeler,* Der befangene Richter, NJW 1981, 1633; *Rabe,* Ablehnung des Strafrichters bei provokativem oder beleidigendem Verhalten des Angeklagten oder seines Verteidigers, NJW 1976, 172; *ders.,* Der befangene Richter, AnwBl. 1981, 331; *Rieß,* Das Strafrechtsänderungsgesetz 1979, NJW 1978, 2265; *Sarstedt,* Anmerkung zu BVerfG JZ 1966, 312, JZ

173 BVerfGE 4, 412 (418); Löwe/Rosenberg/Hanack § 338 Rdn 61; § 336 Rdn 6.

174 OLG Saarbrücken NJW 1966, 167; OLG Bremen NJW 1966, 768.

175 So OLG Hamm NJW 1966, 2073.

176 BVerfG NJW 1971, 1033; dazu Arzt NJW 1971, 1112.

177 BGH NStZ 1991, 595 m. Nachw. – auch für StA –.

178 Zum Ganzen Tolksdorf, Mitwirkungsverbot für den befangenen Staatsanwalt, 1989; Müller-Gabriel StV 1991, 235; Schäfer Rdn 97ff.

179 BGH NStZ 1991, 595 m. Nachw.; BGH NStZ 1988, 372.

180 BGH NStZ 1991. 595 m. Nachw.; BGH NStZ 1988. 372.

1966, 314; *Strate,* Richterliche Befangenheit und rechtliches Gehör, FG Koch, S. 261; *Teplitzky,* Probleme der Richterablehnung wegen Befangenheit, NJW 1962, 2044; vgl. auch das vor Rdn. 157 angegebene Schrifttum.

Ist eine Ablehnung zurückgewiesen worden, so kann mit der Nachprüfung 161 dieser Entscheidung das Revisionsgericht nur dann befaßt werden, wenn es sich um die Ablehnung eines **erkennenden Richters** (nach der Eröffnung des Hauptverfahrens)[181] handelt, da anderenfalls die Beschwerde gegeben ist (§ 28 II). Die nach § 27 zur Entscheidung über das Ablehnungsgesuch berufenen Richter sind ebenfalls erkennende Richter i.S. § 338 Ziff. 3.[182] Die Revision gegen das Urteil ist dann die in § 28 II 2 gemeinte „Anfechtung" des zurückweisenden Beschlusses. Sie ist also sachlich eine Beschwerde,[183] formell aber ein Bestandteil der Revision, deren Formvorschriften (Rdn 463) deshalb beachtet werden müssen.[184] Daher soll sich die Zulässigkeit der Revision nach § 304 richten; sie ist dementsprechend gegen Beschlüsse der Oberlandesgerichte nicht zulässig.[185] Andererseits genügt die Einlegung der Revision für sich allein nicht. Es muß in der Revisionsschrift oder in der Revisionsbegründung ein Zurückweisungsbeschluß als solcher ausdrücklich und formgerecht angegriffen sein[186] (Rdn 463 f.). Was nach Ablauf der Revisionsbegründungsfrist oder von dem Beschwerdeführer entgegen § 344 II formlos vorgebracht wird, ist demnach unbeachtlich. Auch eine Bezugnahme auf solche nicht formgerechte Angaben ist unzulässig (Rdn 469). Da der Prüfung des Revisionsgerichts hiernach nur die richtig vorgetragenen Revisionsgründe unterliegen, können im Revisionsverfahren keine neuen Tatsachen und Behauptungen als zusätzliche Begründung und keine Beweismittel nachgeschoben werden, was in der Praxis häufig versucht wird. Also auch revisionsgerecht vorgebrachte Ablehnungsgründe, welche die Ablehnung tatsächlich gerechtfertigt hätten, sind nicht zu beachten, wenn sie nicht im Ablehnungsgesuch geltend gemacht waren, denn sonst würden die in § 25 vorgeschriebenen Zeitgrenzen überspielt.[187] Am allerwenigsten darf das Revisionsgericht selbst Ablehnungsgründe unterschieben, die weder bei der Ablehnung noch in der Revision zur Sprache gebracht sind.

Ist eine nach der Meinung des Revisionsführers gebotene Anzeige nach 162 § 30 (sogenannte **„Selbstablehnung"**) eines Richters unterblieben, ist damit die Revision grundsätzlich nicht zu begründen,[188] da es sich um eine Er-

---

[181] BGHSt 31, 15, 16; BGH NJW 1952, 234.

[182] KG JR 1976, 26.

[183] BGH JR 1957, 68.

[184] RGSt 74, 296; 22, 135; vgl. ferner die bei Hilger NStZ 1983, 340 mitgeteilte Rspr.

[185] BGH NJW 1977, 182; BGH U. v. 23. 4. 1980 – 3 StR 434/79 – zit. bei Hilger NStZ 1983, 340; BVerfG NJW 1977, 1815 m. abl. Bespr. Schmidt-Leichner NJW 1977, 1804.

[186] BGH StV 1993. 235.

[187] BGHSt 21, 85 (88); RGSt 74, 297.

[188] BGH bei Dallinger MDR 1966, 24 (25).

messensentscheidung des Richters handelt und eine abschließende gesetzliche Regelung vorliegt. Das kann anders sein, wenn es sich um einen Ermessensmißbrauch (Willkür) (Rdn 126) oder gar um eine Rechtsbeugung handelt.[189] Ein Beschluß über die Begründetheit einer Selbstablehnung ist in entsprechender Anwendung des § 28 I nicht anfechtbar, auch nicht in der Form der Revisionsrüge.[190] Ist allerdings kein **Beschluß** über die Selbstablehnung ergangen, so ist die Besetzungsrüge begründet.[191] Bei der Ablehnungsfrage ist das Gericht an die tatsächlichen Feststellungen des Urteils nicht gebunden, sondern hat sie zu überprüfen und zu ergänzen.[192] Das folgt schon aus dem Beschwerdecharakter dieser Revisionsanfechtung (Rdn 161).

163 Das **Revisionsgericht** hat also nach den im Tatsächlichen freieren Grundsätzen des Beschwerdeverfahrens die sachliche Entscheidung zu treffen, ob die Zurückweisung des Ablehnungsgesuches im Zeitpunkt des Beschlusses tatsächlich und rechtlich begründet war und die Ermessensentscheidung des Tatrichters zu billigen ist.[193] Wird das bejaht, ist der Revisionsgrund nicht gegeben. Das gilt nach der Rechtsprechung auch für den Fall, daß der Ablehnungsbeschluß verfahrensrechtlich nicht ordnungsgemäß zustande gekommen ist, etwa weil das Gericht nicht in der vorgeschriebenen Besetzung (§ 27) entschieden[194] oder das Ablehnungsgesuch fälschlich als unzulässig (§ 26a) statt als unbegründet verworfen hat. Solche an sich schwerwiegenden Verfahrensfehler sollen nicht wie sonst bei der Revision den Bestand des Urteils gefährden können, weil das Revisionsgericht hier in Ausübung seines eigenen Ermessens eine selbständige Sachentscheidung über das Ablehnungsgesuch trifft, die an die Stelle des angefochtenen Beschlusses tritt. Erkennt es einen Ablehnungsgrund nicht an, so gilt der Ablehnende nicht als beschwert, auch wenn der erste Beschluß des Tatrichters rechtsfehlerhaft zustande gekommen war.[195] Im Ergebnis führt diese Auffassung somit zu der Folgerung, Verfahrensfehler auch schwerster Art, die bei der Entscheidung über die Ablehnung vorgekommen sind, in der Revision nur dann zu berücksichtigen, wenn diese in ihrem sachlichen Gehalt unrichtig geworden ist.

Wenn das Revisionsgericht die Tatsachengrundlage des Urteils nicht genü-

---

[189] OLG Neustadt NJW 1963, 2087; Kleinknecht/Meyer-Goßner § 30 Rdn 9; Löwe/Rosenberg/Wendisch § 22 Rdn 25; offen gelassen in BGHSt 22, 94 (100); 27, 96 (99).

[190] BGH GA 1962, 338; RGSt 1967, 276.

[191] BGHSt 25, 122 m. Anm. Arzt JR 1974, 75.

[192] BGHSt 2, 4 (11); 1, 34 (36).

[193] BGHSt 2, 4 (11); 1, 34 (36); BGH bei Dallinger MDR 1973, 371; grundlegend zur Überprüfung von verfahrensrechtlichen Ermessensentscheidungen Herdegen FS Kleinknecht S. 182ff.

[194] BGHSt 18, 200. 204.

[195] BGHSt 18, 200 = NJW 1963, 964 m. Anm. Schapper NJW 1963, 1883; vgl. auch RG 49, 9 (12).

gend nachprüfen kann, hält der Bundesgerichtshof[196] eine Zurückverweisung für geboten. Wir teilen hiergegen die Bedenken von *Meyer-Goßner* und *Hanack*,[197] die sich aus dem Charakter dieser Revision als einer Beschwerde ergeben, die auch als sofortige Beschwerde sonst das zuständige Rechtsmittel gegen den Zurückweisungsbeschluß ist (§ 28 II 1).

Manches in der Sache aussichtsreiche Ablehnungsgesuch scheitert daran, 164
daß es nicht innerhalb der **gesetzlichen Fristen** (§ 25 Abs. 1 u. 2) angebracht worden ist. Ablehnungsgründe, die vor der Hauptverhandlung entstanden sind, müssen bis zum Beginn der Vernehmung des ersten Angeklagten über seine persönlichen Verhältnisse (§ 243 Abs. 2 Satz 2) in einem entsprechenden Gesuch vorgetragen werden. Bei während der Hauptverhandlung entstandenen Gründen muß dies „unverzüglich" geschehen. Auch diese Zulässigkeitsvoraussetzungen werden vom **Revisionsgericht** nach Beschwerdegrundsätzen, d.h. unter Anwendung eigenen Ermessens zur Frage der „Unverzüglichkeit" geprüft.[198] Wird die tatrichterliche Verwerfung des Ablehnungsgesuchs als unzulässig, weil verspätet, vom Revisionsgericht nicht gebilligt, so entscheidet es dann in der Sache selbst. Es kann aber auch umgekehrt ein vom Tatgericht als zulässig bewertetes Gesuch als unzulässig beurteilen, so daß es zu einer Sachprüfung gar nicht mehr kommt. Ob der Beschwerdeführer „ohne schuldhaftes Zögern" gehandelt hat, hängt von den Umständen des Einzelfalles ab, wobei eine gewisse Zeit für Beratung, Abwägung und Abfassung des Gesuchs konzediert wird.[199] Wird mit dem Gericht vereinbart, daß zunächst ein Verfahrensvorgang, z.B. eine Vernehmung zu Ende geführt wird, steht dem anschließend vorgetragenen Gesuch nicht der Einwand der Verspätung entgegen. Insgesamt wird aber von den Revisionsgerichten ein strenger Maßstab angelegt.[200]

Die **Ablehnungsgründe** sind dem § 24 (§ 30) zu entnehmen. Die Ablehnung 165
setzt voraus, daß der Richter von der Ausübung des Richteramtes kraft Gesetzes ausgeschlossen (Rdn 157) oder daß eine **Besorgnis der Befangenheit** gegeben ist (§ 24). Die Besorgnis der Befangenheit ist nach der in der Rechtsprechung eingebürgerten Formel gegeben, „wenn vom Standpunkt des Ablehnenden vernünftige Gründe vorliegen, an der Unparteilichkeit des Richters zu zweifeln".[201] Dafür müssen genügend Anhaltspunkte gegeben sein. Daß eine Befangenheit des Richters tatsächlich besteht oder dargetan wird, ist andererseits nicht erforderlich. Es ist dementsprechend aber auch ohne Bedeutung, daß der Richter sich nicht für befangen erklärt oder hält.

---

[196] BGHSt 23, 200 (203) m.abl.Anm. Peters JR 1970, 268; Löwe/Rosenberg/Wendisch § 28 Rdn 35.

[197] Kleinknecht/Meyer-Goßner § 338 Rdn 28; Löwe/Rosenberg/Hanack § 338 Rdn 65.

[198] BGH NStZ 1992, 291.

[199] BGH NStZ 1992, 290.

[200] BGH NStZ 1992, 509.

[201] BVerfGE 32, 288; BGH NStZ 1992, 291; BGHSt 24, 336 (338).

166 Die „**Besorgnis**" umschließt ein objektives und ein subjektives Element. Objektiv soll es sich nach der obigen Definition um „vernünftige Gründe" handeln, subjektiv soll es auf den „Standpunkt des Ablehnenden" ankommen. Darin liegt ein gewisser **Widerspruch**. Er ist durch die Unvereinbarkeit der beiden Elemente gegeben. Diese führt in der Praxis zu einer bedenklichen Überbetonung des objektiven Elements. Maßgebend sollte aber primär die subjektive Besorgnis des Ablehnenden sein, so z.B. wenn sich die Besorgnis daraus erklärt, daß der Ablehnende infolge seiner geistigen Verfassung unfähig ist, eine tatsächlich vorhandene Unbefangenheit des Richters zu erkennen. Die Rechtsprechung bedarf hier im Einzelfall kritischer Überprüfung und Fortentwicklung.

167 Zu den Ablehnungsgründen im einzelnen wird auf die umfangreiche Rechtsprechung und das Schrifttum verwiesen;[202] hier werden nur einige Fallgruppen und Beispiele angesprochen.

Ablehnungsgründe können sich aus dem **Verhalten** oder aus **Äußerungen des Richters** innerhalb und außerhalb der Hauptverhandlung der betreffenden Sache, aus Spannungen und Zusammenstößen, unter Umständen auch aus schweren Kontroversen mit der Verteidigung ergeben.[203] Das ist freilich im einzelnen strittig.[204] Es muß dabei beachtet werden, daß dem Verteidiger aus eigenem Recht keine Ablehnung zusteht, weshalb ein nicht auf das Verfahren bezogenes allgemeines Zerwürfnis zwischen Richter und Verteidigung nicht ausreicht. Andererseits kann in der einzelnen Sache ein den Verteidiger behinderndes Verhalten des Richters zugleich den Angeklagten verletzen und eine Ablehnung rechtfertigen. Wenn aber der Verteidiger oder Angeklagte[205] einen Zusammenstoß mit dem Richter selbst provoziert oder verschuldet, so kann darauf keine Ablehnung gestützt werden, es sei denn, daß die Reaktion des Richters ihrerseits Zweifel an seiner Unvoreingenommenheit begründet.[206]

Aus voraufgegangenem Verhalten des Richters außerhalb der Hauptverhandlung kann sich ein Ablehnungsgrund ergeben. Das trifft insbesondere zu, wenn der Richter sich auf eine Schuldüberzeugung[207] durch Erklärungen,

---

202 Vgl. die instruktiven Zusammenstellungen der Rspr. bei KK-Pfeiffer § 24 Rdn 5ff; Roxin § 9 Rdn 8; Löwe/Rosenberg/Wendisch § 24 Rdn 11ff; ferner Krekeler NJW 1981, 1633; sowie zum älteren Schrifttum Arzt, Der befangene Strafrichter Tübingen 1969 mit Besprechung Dahs sen. JZ 1970, 230; auch Teplitzky NJW 1962, 2044.

203 Dazu Rabe AnwBl 1981, 333; BGH bei Pfeiffer/Miebach NStZ 1987, 19; BGH NStE Nr. 2 zu § 24.

204 Vgl. BGH bei Dallinger MDR 1971, 897; OLG Hamm MDR 1951, 568; KG JW 1931, 1104; RG HRR 1933 S. 55; Löwe/Rosenberg/Wendisch § 24 Rdn 22; KK-Pfeiffer § 24 Rdn 11.

205 Vgl. dazu Kleinknecht/Meyer-Goßner § 24 Rdn 7.

206 BGH NStZ 1992, 291; BGH NJW 1952, 1425; BGH bei Dallinger MDR 1971, 17; Rabe NJW 1976, 172; vgl. auch Löwe/Rosenberg/Wendisch § 24 Rdn 22; Schlüchter Rdn 41.

207 BGH GA 1962, 282.

etwa gegenüber der Presse,[208] festgelegt hat oder durch sonstige Äußerungen oder Handlungen erkennen läßt, daß er zu einer Verurteilung entschlossen ist. Es kann auch genügen, daß er vor seiner dienstlichen Tätigkeit eine dahingehende Überzeugung gehabt hat.[209] Die Ablehnung eines Richters ist auch anerkannt worden, der einer Ehefrau zuredete, ihr Zeugnis nicht zu verweigern und sich mit dem Angeklagten nicht zu versöhnen.[210] Auch ein heftiges Einwirken auf den Angeklagten, sich zur Sache einzulassen, obwohl dieser dazu nicht verpflichtet ist (§ 243 Abs. 4), kann ausreichen,[211] ebenso schwerwiegende Wortentgleisungen oder Beleidigungen des Angeklagten, die eine Voreingenommenheit erkennen lassen. Das gleiche kann gelten, wenn der Richter die Ruhe verliert und mit starken Worten den Angeklagten abfällig kritisiert.[212]

Anregungen von Richtern an die Prozeßbeteiligten im Hinblick auf bestimmte Prozeßhandlungen, auch außerhalb der Hauptverhandlung, sind an sich unbedenklich, wenn sie das Verfahren fördern sollen;[213] das kann anders sein, wenn nicht die gebotene Zurückhaltung gewahrt wird, insbesondere unzulässige Zusagen gemacht werden[214] oder **Verfahrensabsprachen** unter Ausschaltung oder zu Lasten anderer Prozeßbeteiligter getroffen werden.[215]

Ein in der Praxis häufiger Fall ist der Rat eines Richters an den Angeklagten, ein Rechtsmittel zurückzunehmen. Ihn sollte der Richter in aller Regel unterlassen. Ein Ablehnungsgrund braucht das aber nicht in jedem Falle zu sein.[216] Verhältnismäßig häufig kommen Äußerungen temperamentvoller Richter vor, die als Früchte des Zorns oder des Ärgers besser unterblieben wären, ohne aber die Besorgnis der Befangenheit für die Sachentscheidung auch vom Standpunkt des Angeklagten aus ernsthaft begründen zu müssen, so wenn der Richter die unmutige Bemerkung über die Einlassung des Angeklagten macht, er „lasse sich nicht an der Nase herumführen".[217] Auch die Äußerung einer dem Angeklagten ungünstigen Rechtsmeinung in der Hauptverhandlung reicht nicht aus.[218] Auch **Rechtsfehler** in der **Verhandlungsleitung** und in **prozessualen Entscheidungen** begründen in der Regel nicht die Besorg-

---

208 BGHSt 4, 264.
209 RGSt 61, 67.
210 BGHSt 1, 34.
211 BGH NJW 1959, 55.
212 BGH MDR 1961, 432; OLG Hamm NJW 1967, 1577 m. zust. Anm. Deubner NJW 1967, 2371.
213 BGH NStZ 1985, 36; BGHR § 24 Abs. 2 Befangenheit 1.
214 BGH NStZ 1985, 36: Zurücknahme eines Antrages der StA gegen Zusage zur Strafbemessung.
215 BGHSt 38, 102; 37, 298; 37, 99.
216 OLG Köln StV 1988, 287; RGSt 60, 44.
217 BGH U. v. 1. 7. 1971 – 1 StR 362/70 – unv.
218 BGH GA 1962, 282.

nis der Befangenheit.[219] Das gilt nicht, wenn es sich um ganz grobe Rechtsfehler handelt,[220] die massiv dem Grundsatz des fairen Verfahrens widersprechen.

Kritisch ist die Gefährdung der Unvoreingenommenheit durch die **Vorbefassung** des Richters. So können Laienrichter abgelehnt werden, wenn sie die Anklageschrift mit dem wesentlichen Ergebnis der Ermittlungen vor der Verlesung des Anklagesatzes in der Hauptverhandlung (§ 243 III StPO) zur Kenntnis erhalten haben (Rdn 255). Die Kenntnis von „vorverurteilenden" Presseberichten soll dagegen nicht genügen;[221] anderes muß gelten, wenn das Verhalten des Richters zeigt, daß er dadurch beeinflußt ist.[222]

168 Problematisch ist es, wenn Richter schon vor der Hauptverhandlung **Vorentscheidungen** getroffen haben (Untersuchungshaft, Beschlagnahme, u. a.).[223] Die daraus resultierende Besorgnis der Befangenheit, ebenso wie die „Festlegung" in einem voraufgegangenen Zivilprozeß,[224] wird in der Rechtsprechung nicht als Ablehnungsgrund anerkannt, weil sie nach der Struktur des Gesetzes hinzunehmen sei. Das wird aber mindestens im Falle des Richters nach Zurückverweisung aus der Revisionsinstanz zweifelhaft. Dieser Fall ist besonders kraß, weil der Richter der Vorentscheidung der Sache sehr stark festgelegt ist. Ein gesetzlicher Ausschluß des Richters, wie sonst beim Richter der Vorinstanz (§ 23 I) oder im Falle des Wiederaufnahmeverfahrens (§ 23 II), ist aber infolge einer gesetzestechnischen Inkonsequenz nicht statuiert worden. Hier kann aber mit gutem Grund die Ablehnung des Richters nach § 24 III betrieben werden,[225] wenn auch der Bundesgerichtshof hinsichtlich des Berufsrichters zumindest für den Regelfall bislang anders entschieden hat.[226]

169 Die Ablehnung ist nur bezüglich einzelner Richter zulässig. Daher kann ein **Kollegialgericht** als solches nicht im Ganzen abgelehnt werden. Es kann aber sein, daß alle seine Mitglieder einzeln mit konkreter Begründung in zulässiger Weise abgelehnt werden.[227] Ein zurückgewiesenes Ablehnungsge-

---

[219] BVerfGE 4, 143; BayObLG DRiZ 1977, 244; KK-Pfeiffer § 24 Rdn 8; Kleinknecht/Meyer-Goßner § 24 Rdn 14; Schlüchter Rdn 41.

[220] Vgl. die Zusammenstellung bei Löwe/Rosenberg/Wendisch § 24 Rdn 37.

[221] BGHSt 22, 289.

[222] Roxin § 9 Rdn 17.

[223] BGH JR 1972, 119 m. Anm. Peters; BGH bei Dallinger MDR 1972, 387; Dahs Handbuch Rdn 145.

[224] BGHSt 21, 334 (339).

[225] Kleinknecht/Meyer-Goßner § 354 Rdn 39; Roxin, § 9 Rdn 10; Rieß JR 1980, 385, 388; Dahs sen. NJW 1966, 1694f.; Dahs Handbuch Rdn 155; Hanack JZ 1971, 91; NJW 1967, 580; Arzt S. 34; Schlüchter Rdn 43.

[226] BGHSt 21, 142; BGH NJW 1967, 62; GA 1968, 372; anders BGHSt 24, 336, der unter besonderen Voraussetzungen eine Ablehnung wegen Besorgnis der Befangenheit zuläßt; bezüglich der Laienrichter BGH NJW 1967, 2217; KK-Pfeiffer § 24 Rdn 6.

[227] BGH bei Dallinger MDR 1955, 271; RGSt 27, 175; Kleinknecht/Meyer-Goßner § 24 Rdn 3; über Mitwirkung im Kollegialgericht als Ablehnungsgrund BGHSt 23, 200.

such braucht nach Aussetzung in der neuen Hauptverhandlung nicht wiederholt zu werden.[228] Im Ganzen ist in zunehmendem Maße das Bestreben der Rechtsprechung erkennbar, sich von der früheren Engherzigkeit bei der Beurteilung der Ablehnungsfrage zu lösen. Diese Entwicklung sollte gefördert werden, weil eine großzügige Handhabung geeignet ist, das Vertrauen des Staatsbürgers in die Integrität der Justiz wesentlich zu stärken.[229]

Die Rechtfertigung einer Rüge nach § 338 Nr. 3 aufgrund Ablehnung des 170
Sitzungsvertreters der Staatsanwaltschaft analog § 24 ist bisher von der h. M. abgelehnt worden.[230] Die rechtsfehlerhafte Mitwirkung des Staatsanwalts an der Hauptverhandlung kann aber als relativer Revisionsgrund (§§ 24, 337) Bedeutung gewinnen (Rdn 271).

Die **Darstellungserfordernisse** des § 344 II bringen manche sachlich gerecht- 171
fertigte **Befangenheitsrüge** zu Fall, weil der Revisionsführer nicht alle die Zulässigkeit und die Begründetheit des Ablehnungsgesuches rechtfertigenden Tatsachen vorgetragen hat.[231] Die Kriterien sind folgende:[232]

- genaue Bezeichnung des abgelehnten Richters
- vollständiger Sachverhalt, der die Besorgnis der Befangenheit rechtfertigt (insbes. Verhalten des Richters und Anlaß)
- Zeitpunkt und Inhalt des Ablehnungsgesuches
- weiterer Ablauf des Ablehnungsverfahrens, insbes. Inhalt dienstlicher Äußerungen, etwaiger Erwiderungen, Inhalt des Gerichtsbeschlusses über die Zurückweisung des Ablehnungsgesuches
- Hinweis, daß der abgelehnte Richter an dem aufgrund dieser Vorgänge angefochtenen Urteil mitgewirkt hat
- Prozeßtatsachen zur Zulässigkeit des Gesuches (insbes. zum Merkmal „unverzüglich").

Nicht zwingend erforderlich, aber ratsam sind Ausführungen dazu, aus welchen Gründen das Gesuch „zu Unrecht" zurückgewiesen worden ist.

d) Unzuständigkeit des Gerichts (§ 338 Nr. 4)

Die **Zuständigkeit** des Gerichts (§ 338 Nr. 4) ist als **Prozeßvoraussetzung** 172
primär von Amts wegen zu prüfen (§ 6 – Rdn 94). Der Text des Gesetzes (§ 338 Nr. 4) ist mißverständlich; es müssen mehrere Arten der **Zuständigkeit** des Gerichts unterschieden werden, die revisionsrechtlich besonders zu behandeln sind.

Ohne besondere Rüge ist die Unzuständigkeit im Revisionsverfahren nur zu beachten, wenn statt des erkennenden Gerichts ein Gericht höherer Ord-

---

228 BGHSt 31, 15.

229 Dahs sen. JZ 1970, 230; Hanack JR 1967, 229; vgl. dagegen Sarstedt JZ 1966, 314.

230 Vgl. nur BGH NJW 1980, 845; BGH NStE Nr. 4 zu § 24; Tolksdorf S. 130.

231 Vgl. nur BGHSt 37, 298f. eine Rüge der StA; BGHSt 21, 334, 340f. Bezugnahmen.

232 Vgl. dazu auch Löwe/Rosenberg/Hanack § 338 Rdn 136.

nung zuständig war. Jede andere Art von Unzuständigkeit ist im Revisionsverfahren nur auf besondere, formgerechte Rüge (§ 344 II – Rdn 463 ff.) zu berücksichtigen.[233]

Für die örtliche Unzuständigkeit gilt die **Rügepräklusion** des § 16, d.h. der Einwand muß vom Beschwerdeführer bis zum Beginn seiner Vernehmung zur Sache in der Hauptverhandlung geltend gemacht werden. Eine gleichartige Regelung enthält § 6a für die sachliche und funktionelle Zuständigkeit der Spezialstrafkammern;[234] deren Rangfolge bestimmt sich nach § 74e GVG.

Auf die rechtsfehlerhafte Anwendung des normativen Zuständigkeitsmerkmals für Wirtschaftsstrafkammern (§ 74c I Nr. 6 GVG) kann die Revision nicht gestützt werden, wenn nicht Willkür vorliegt.[235]

173 Überschreitet das Gericht seine **Strafgewalt**, so ist das als sachliche Unzuständigkeit von Amts wegen zu berücksichtigen.[236] Dabei kommt es auf das Ergebnis der Hauptverhandlung und auf den Zeitpunkt des Urteils, nicht auf vorhergehende Umstände an.

Eine „bewegliche Zuständigkeit" besteht nach § 24 I Nr. 2 und 3 GVG insofern als von der Straferwartung oder „der besonderen Bedeutung" der Sache abhängt, bei welchem Gericht die Staatsanwaltschaft die Anklage erhebt. Diese nicht ganz unbedenkliche Regelung wird als verfassungskonform angesehen.[237] Die Staatsanwaltschaft kann über die Voraussetzungen aber nicht nach ihrem Ermessen entscheiden. Es handelt sich vielmehr um unbestimmte Rechtsbegriffe (Rdn 394), die der richterlichen Kontrolle unterliegen.[238] Diese soll sich aber auf das Zwischenverfahren beschränken, d.h. der Einwand der unrichtigen Beurteilung normativer Zuständigkeitskriterien im Hauptverfahren ausgeschlossen sein, weshalb die Revision auf einen derartigen Fehler auch nicht gestützt werden kann.[239] Dies muß jedoch anders sein, wenn Staatsanwaltschaft und Gericht die Entscheidung über die Zuständigkeit „objektiv willkürlich" (Rdn 126) getroffen haben und der Angeklagte damit seinem gesetzlichen Richter (Art. 101 I 2 GG) entzogen worden ist.[240]

---

[233] Zu der Frage, ob eine rechtsfehlerhafte Verbindung eines erstinstanzlichen mit einem Berufungsverfahren als Prozeßhindernis oder (ordnungsgemäß zu rügendem) absoluter Revisionsgrund i.S. § 338 Nr. 4 zu behandeln ist vgl. BGH NStZ 1993, 197; 1992, 397; BGHSt 38, 172 (176).

[234] Ausgenommen die Zuständigkeit der Jugendstrafkammer, Rieß NJW 1978, 2267; Hilger NStZ 1983, 340.

[235] BGH NStZ 1985, 464.

[236] BGHSt (GrS) 18, 79 (83); Kleinknecht/Meyer-Goßner § 24 GVG Rdn 9.

[237] BVerfGE 22, 254 (258 ff); 9, 223 ff; BGHSt 9, 367.

[238] BVerfGE 18, 428; Kleinknecht/Meyer-Goßner § 24 GVG Rdn 7.

[239] Kleinknecht/Meyer-Goßner § 24 GVG Rdn 8; § 225a Rdn 19; Rieß NJW 1978, 2267; Kissel § 24 Rdn 9, 10.

[240] BGH NStZ 1992, 342; 1990, 292; OLG Düsseldorf NStZ 1990, 551.

e) *Abwesenheit von Prozeßbeteiligten (§ 338 Nr. 5).*

Lit.: *Gollwitzer,* Die Verfahrensstellung des in der Hauptverhandlung nicht anwesenden Angeklagten, FS Tröndle, 455; *Günther,* Judex dormiens, MDR 1990, 875; *Maatz,* Die Fortsetzung der Hauptverhandlung in Abwesenheit des Angeklagten, DRiZ 1991, 200; *Rieß,* Die Durchführung der Hauptverhandlung ohne den Angeklagten, JZ 1975, 265; *Schlothauer,* Abwesenheitsverhandlung wegen Beurlaubung oder vorübergehender Verfahrensabtrennung und Revision, FG Koch, S. 241; *Stein,* Die Anwesenheitspflicht des Angeklagten in der Hauptverhandlung, ZStW 97 (1985), 303; *Warda,* Hauptverhandlung mit dem verhandlungsunfähigen, aber verhandlungswilligen Angeklagten?, FS Bruns, S. 415.

Der in der Praxis nicht ganz seltene Revisionsgrund (§ 338 Nr. 5) setzt 174
voraus, daß die Hauptverhandlung (vollständig oder zeitweise) „in Abwesenheit der Staatsanwaltschaft oder einer Person, deren Anwesenheit das Gesetz vorschreibt, stattgefunden hat". Die zugrunde liegenden Vorschriften sind §§ 226, 230ff, 145. Nach h.M. wird die „Abwesenheit" von Richtern von § 338 Nr. 5 nicht erfaßt,[241] wofür Wortlaut und Struktur der Vorschrift sprechen; sie wird deshalb bei der Besetzungsrüge behandelt (Rdn 154f.).

Abwesenheit kann auch hier nicht nur in körperlicher, sondern auch in **geistiger Beziehung** gegeben sein. Die Beeinträchtigung muß aber so erheblich sein, daß sie den Grad der Verhandlungsunfähigkeit erreicht (Rdn 154), z.B. bei Schlaf,[242] Trunkenheit[243] oder Einfluß von Medikamenten oder Betäubungsmitteln.

Vorübergehende Abwesenheit kann als Revisionsgrund genügen; das ist 175
aber nicht der Fall, wenn der versäumte Teil der Hauptverhandlung unwesentlich war.[244] Das ist z.B. anzunehmen für die Phase des Aufrufes der Sache (§ 243 I 1) und der Beweispersonen, aber nicht für die Verhandlung zur Person des Angeklagten;[245] zu den Einzelfällen hat sich eine differenzierende Rechtsprechung entwickelt, auf die verwiesen wird.[246] Die Rüge greift auch dann nicht durch, wenn sicher auszuschließen ist, daß sich die in Abwesenheit des Angeklagten verhandelten Vorgänge auf das Urteil ausgewirkt haben.[247]

Von solchen Ausnahmen abgesehen ist die Verletzung der Anwesenheitspflicht revisibel für alle Stadien der Hauptverhandlung, insbesondere auch für die Vernehmung des Angeklagten zur Person,[248] ferner die Vernehmung zur Sache, die Beweisaufnahme einschließlich der Vereidigungen, die Schlußvor-

---

241 Löwe/Rosenberg/Hanack § 338 Rdn 80; Roxin § 42 Rdn 34; a.A. KK-Pikart § 338 Rdn 71.

242 BGHSt 2, 14.

243 BGHSt 23, 331, 334.

244 BGH bei Holtz MDR 1978, 460; BGH bei Dallinger MDR 1975, 23.

245 BGHSt 15, 306; 9, 243; RGSt 58, 180.

246 Zusammenstellungen bei Hilger NStZ 1983, 340; KK-Pikart § 338 Rdn 74ff; Löwe/Rosenberg/Hanack § 338 Rdn 86ff; Kleinknecht/Meyer-Goßner § 338 Rdn 37f.

247 Hilger NStZ 1983, 340.

248 BGH NStZ 1983, 375; BGHSt 9, 243 (244).

träge und die Verlesung der Urteilsformel (§ 268 I),[249] nicht aber die Bekanntgabe der Urteilsgründe (§ 268 II).[250]

176 Die **Staatsanwaltschaft** ist nur ordnungsgemäß vertreten, wenn der Staatsanwalt sachlich zuständig war.[251] Dagegen ist die örtliche Unzuständigkeit hier nicht von Bedeutung.[252] War der Staatsanwalt in derselben Sache bereits als Richter tätig, so darf er nicht als Sitzungsvertreter auftreten.[253] Das Auftreten mehrerer Staatsanwälte ist auch bei wechselnder Beteiligung nach § 227 zulässig.

177 Besondere Probleme ergeben sich, wenn der in der Hauptverhandlung amtierende **Staatsanwalt als Zeuge** vernommen wird (dazu i. e. Rdn 160, 271). Indes besteht Einigkeit darüber, daß jedenfalls kein absoluter Revisionsgrund i. S. des § 338 Nr. 5 vorliegt, wenn der Staatsanwalt nach seiner Zeugenvernehmung weiter die Anklage vertritt;[254] dagegen muß während seiner Vernehmung ein anderer Anklagevertreter amtieren.

178 Im übrigen ist zu beachten, daß die Anwesenheit des Staatsanwalts eine **wesentliche Förmlichkeit** des Verfahrens ist (§ 273), die nur durch das Protokoll der Hauptverhandlung bewiesen werden kann (§ 274). Wenn jedoch z. B. bei einer Fortsetzungsverhandlung das Protokoll die Anwesenheit des Staatsanwalts nicht ausweist, kann dies als offenbare Lücke die absolute Beweiskraft wegfallen lassen, sodaß dann der Freibeweis zulässig ist.[255] Erscheint der Staatsanwalt z. B. zu einem Ortstermin verspätet, ohne daß seine Abwesenheit zuvor bemerkt worden war, so muß dieser Teil der Verhandlung wiederholt werden; die Unterrichtung über das Geschehene reicht nicht aus.[256]

179 Die **Verhandlungsunfähigkeit** des Verteidigers gilt auch als Abwesenheit. Eine Revisionsrüge wird hier aber meist nur schwer zu begründen sein, weil sie voll bewiesen sein muß (Rdn 484), was nachträglich schwierig ist, wenn der Tatrichter sie nicht selbst festgestellt hat. Gleiches gilt für sonstige geistige Beeinträchtigungen, etwa durch Schlaf[257] und Übermüdung. Auch schuldhafte Trunkenheit gehört hierher,[258] ebenso geistige Abwesenheit als Folge von Medikamenten oder Betäubungsmitteln. Unaufmerksamkeit u. ä. wird nur in besonders krassen Fällen als Abwesenheit gelten können.[259]

180 Die ununterbrochene **Anwesenheit des Angeklagten** ist grundsätzlich unver-

---

[249] BGHSt 16, 178 (180); 15, 306f.

[250] BGHSt 15, 263.

[251] Vgl. Kleinknecht/Meyer-Goßner § 338 Rdn 39 u. §§ 141, 142a GVG.

[252] RGSt 73, 86; KMR-Müller § 226 Rdn 3.

[253] OLG Stuttgart MDR 1974, 688.

[254] BGHSt 14, 265; KK-Pikart § 338 Rdn 72; Löwe/Rosenberg/Hanack § 338 Rdn 87.

[255] Vgl. dazu KK-Engelhardt § 274 Rdn 9ff.

[256] BGHSt 30, 74, 76f (Angekl.).

[257] BGHSt 2, 14.

[258] BGHSt 29, 331 (334).

[259] OLG Oldenburg MDR 1963, 433; Löwe/Rosenberg/Hanack § 338 Rdn 83.

zichtbar (§§ 230 I, 231 I, 285 I, 1).[260] Ist der Angeklagte verhindert oder verhandlungsunfähig, muß die Verhandlung ausgesetzt oder unterbrochen (§§ 228, 229) werden; bei mehreren Angeklagten kann dies mit einer Abtrennung verbunden sein. Die Revision ist aber begründet, wenn während der Abtrennung Vorgänge erörtert werden, die die gegen den abwesenden Angeklagten erhobenen Vorwürfe berühren.[261] Die Abwesenheit eines **Mitangeklagten** rechtfertigt die Revision nicht,[262] weil sie den Revisionsführer nicht beschwert.[263]

Trotz Abwesenheit des Angeklagten kann die Hauptverhandlung in gesetzlich festgelegten **Ausnahmefällen** durch- bzw. fortgeführt werden (§§ 231 II, 231a, 231b, 231c, 232, 233, 247, 329). Die Rechtsprechung hat sich mit weiteren Fallgestaltungen befaßt, bezüglich derer auf das einschlägige Schrifttum verwiesen wird.[264] Hier werden nur einige revisionsrechtlich besonders markante Problembereiche angesprochen. 181

Die Abwesenheitsverhandlung nach § 231 II ist nur zulässig, wenn der Angeklagte **„eigenmächtig“**, d.h. ohne Rechtfertigungs- oder Entschuldigungsgründe wissentlich seiner Anwesenheitspflicht zuwidergehandelt hat, um den Gang der Rechtspflege zu stören.[265] Keine Eigenmacht liegt vor, wenn der Angeklagte mit Einverständnis des Gerichts[266] oder unter dem vom Gericht erweckten Eindruck des Einverständnisses[267] der Hauptverhandlung ferngeblieben ist – auch nicht, wenn er sie verschlafen hat.[268] 182

Die **Revisionsrüge** wird hier stets darauf gestützt werden, daß der Angeklagte entgegen der Ansicht des Tatrichters nicht eigenmächtig abwesend war. Dementsprechend muß in der **Revisionsbegründung** schlüssig und im einzelnen dargelegt werden, daß und aus welchen Gründen der Beschwerdeführer nicht eigenmächtig gehandelt hat.[269] Diese Frage wird vom Revisionsgericht selbständig im Freibeweisverfahren nachgeprüft.[270] Sind die Voraussetzungen der Eigenmacht nicht zur Überzeugung des Revisionsgerichts nachgewiesen, ist die Rüge begründet.[271] Bei vorübergehender Abwesenheit müssen außerdem die verhandelten Vorgänge als wesentlich dargestellt und freibeweislich erwiesen sein. 183

---

[260] Vgl. die bei Hilger NStZ 1983, 350f angef. Rspr.

[261] BGHSt 30, 74.

[262] BGH NJW 1990, 846.

[263] RGSt 62, 259.

[264] Vgl. allg. KK-Pikart § 338 Rdn 74ff; Roxin § 42 Rdn 43ff; Schäfer Rdn 579ff sowie die Kommentierungen zu den Einzelvorschriften.

[265] BGH StV 1991, 97.

[266] BGH NJW 1973, 522.

[267] BGHSt 37, 249; BGH StV 1990, 245; NStZ 1989, 283.

[268] BGH StV 1991, 147.

[269] Vgl. dazu i.e. Schlüchter SKStPO § 231 Rdn 44; Kleinknecht/Meyer-Goßner § 231 Rdn 25.

[270] BGH NStZ 1989, 283.

[271] BGH NStZ 1989, 283.

184 Die **Beurlaubung von Angeklagten** nach **§ 231c** hat sich als so revisionsanfällig erwiesen, daß sie in der Praxis der Tatgerichte immer seltener wird. Der BGH hat sogar ausdrücklich empfohlen, von der Vorschrift nur „mit großer Vorsicht Gebrauch zu machen".[272] Das Risiko liegt darin, daß während der Abwesenheit nur Vorgänge verhandelt werden dürfen, die den (oder die) beurlaubten Angeklagten „nicht betreffen". Bei gemeinschaftlicher Anklage oder verbundenen Verfahren sind damit die Grenzen sehr eng gezogen, weil angesichts des weiten prozessualen Tatbegriffes (§ 264) auch „Ausläufer" des engeren Tatgeschehens und prozessuale Aktionen anderer Angeklagter und ihrer Verteidiger allzu leicht das Verteidigungsinteresse des Abwesenden berühren können.[273] Alle die Beurlaubung betreffenden Verfahrensvorgänge (z.B. Anträge, Beschlüsse, Beginn und Ende der Beurlaubung, Dauer der Abwesenheit) unterliegen als **wesentliche Förmlichkeiten** der absoluten Beweiskraft des Protokolls (§ 274). Neben diesen in die **Revisionsbegründung** gehörenden (§ 344 II) Prozeßtatsachen ist der Inhalt der Verhandlung während der Zeit der Beurlaubung vorzutragen. Der Revisionsführer wird auch darzulegen haben, wodurch seine Verteidigungsinteressen berührt worden sind, falls dies nicht offensichtlich ist.[274] Der **Nachweis** von einschlägigen Verfahrensmängeln kann durch das Protokoll, das Urteil und mit den Mitteln des Freibeweises geführt werden.

185 Ähnlich wie die Beurlaubung ist die (evtl. sogar mehrfache) **vorübergehende Abtrennung** des Verfahrens gegen einen der Angeklagten zu beurteilen, wenn während seiner Abwesenheit Vorgänge erörtert werden, die auch die gegen ihn erhobenen Vorwürfe berühren.[275]

186 Die **Entfernung des Angeklagten aus dem Sitzungssaal** nach **§ 247** führt verhältnismäßig häufig zur Aufhebung von Urteilen. Bei der Anwendung der Vorschrift können Rechtsfehler verschiedener Art unterlaufen.

So kann es an dem erforderlichen **Gerichtsbeschluß** fehlen, wenn z.B. der Angeklagte angesichts der Erörterung seiner Entfernung aus der Hauptverhandlung freiwillig den Sitzungssaal verlassen hat. Die Revision ist dann begründet, wenn die sachlichen Voraussetzungen des § 247 nicht offensichtlich vorgelegen haben.[276] Die **fehlende Begründung** des Beschlusses nach § 247 rechtfertigt die Rüge nach § 338 Nr. 5 nur dann, wenn nicht mit Sicherheit festzustellen ist, daß das Tatgericht bei seiner Entscheidung von zutreffenden Erwägungen ausgegangen ist.[277] Diese Sicherheit wird in der Regel fehlen.[278] Ob die im Gesetz genannten sachlichen **Voraussetzungen** für die Entfernung des Angeklagten vorgelegen haben, unterliegt der revisionsgerichtlichen Prü-

---

[272] Vgl. nur BGH NStE Nr. 6 zu § 338 Nr. 5.
[273] Instruktiv BGH wistra 1990, 155; BGH NStZ 1985, 375.
[274] Vgl. i.e. Schlüchter SKStPO § 231c Rdn 31ff.
[275] BGHR StPO § 338 Nr. 5 Angeklagter 1, 6, unzulässige Abtrennung.
[276] BGH NStZ 1983, 36; 1991, 296; StV 1992, 455 (LS); BGH NJW 1976, 1108.
[277] BGH NStZ 1987, 84; Schlüchter SKStPO § 247 Rdn 37 m.w.Nachw.
[278] BGH NStZ 1987, 84.

fung nur im Hinblick auf Rechtsfehler,[279] die auch bei der Ermessensentscheidung des Tatrichters („Das Gericht kann anordnen ...") unterlaufen können.[280]

Die meisten erfolgreichen Revisionsrügen betreffen die Fallgestaltung, daß der Angeklagte über den durch § 247 gedeckten Verfahrensvorgang („Vernehmung")[281] hinaus von der Verhandlung ferngehalten worden ist. Voraussetzung ist, daß es sich dabei um Vorgänge von selbständiger Bedeutung handelt. Dazu gibt es eine umfangreiche Rechtsprechung, auf die wegen aller Einzelheiten verwiesen wird.[282] Als signifikante Beispiele werden hier genannt die Urkundenverlesung und Augenscheinseinnahme während der Zeugenvernehmung[283] (nicht aber Vorhalte als Vernehmungsbehelfe)[284], die Verhandlung über die Vereidigung und Entlassung des Zeugen, die Vereidigung.[285] Zu beachten ist, daß hier unterlaufene Fehler durch Wiederholung des Vorganges in Anwesenheit des Angeklagten **geheilt** werden können.[286]

Rechtsfehler bei der **Unterrichtung** des Angeklagten nach § 247 IV begründen nicht den absoluten Revisionsgrund des § 338 Nr. 5, sondern sind als relativer Revisionsgrund zu behandeln (dazu Rdn 310).

Zum notwendigen **Sachvortrag des Revisionsführers** (§ 344 II) gehören[287] die seine Entfernung betreffenden Verfahrensvorgänge (Gerichtsbeschluß, Ausführung, Abwesenheit, Dauer, Verfahrensvorgänge in seiner Abwesenheit), bezüglich deren er sich auf die absolute Beweiskraft des Protokolls (§§ 273, 274) stützen kann. Darüber hinaus ist je nach Lage des Falles auch die Darlegung notwendig, aus welchen Gründen der Ausschließungsbeschluß rechtsfehlerhaft war oder daß die rechtswidrig in seiner Abwesenheit abgelaufenen Vorgänge nicht in seiner Anwesenheit wiederholt worden sind, was sich sonst ebenfalls aus dem Protokoll ergeben müßte.

Die **Abwesenheit des Verteidigers** spielt in der Praxis der Revisionsgerichte 187
immer wieder eine Rolle. Voraussetzung ist, daß ein Fall notwendiger Verteidigung (§ 140) vorliegt. Zu den Voraussetzungen der notwendigen Verteidigung wird auf die Rechtsprechung und Kommentarliteratur zu § 140 I und II, § 141 verwiesen.[288] Neben der körperlichen Abwesenheit, die sich aus dem Hauptverhandlungsprotokoll ergeben muß (§§ 273, 274), kommt die Ver-

---

279 Z. B. OLG Düsseldorf StV 1983, 472.

280 Schlüchter SKStPO § 247 Rdn 34; vgl. auch BGHSt 32, 32 (37f); 15, 194 (196f.); BGHSt 26, 280 m. Anm. Gollwitzer JR 1976, 340.

281 Dazu Meyer-Goßner FS Pfeiffer S. 311ff.

282 Instruktive Übersicht bei Schlüchter SKStPO § 247 Rdn 12; Kleinknecht/Meyer-Goßner § 247 Rdn 7ff.

283 BGH NStZ 1993, 198.

284 Dazu BGH StV 1992, 550.

285 Dazu BGH NStZ 1993, 198; BGH wistra 1992, 347.

286 BGH StV 1992, 550.

287 Vgl. i. e. Schlüchter SKStPO zu § 247 Rdn 34ff.

288 Z. B. Kleinknecht/Meyer-Goßner § 140 Rdn 10ff; KK Laufhütte § 140 Rdn 7ff, 20ff; Zusammenstellung der Rspr. auch bei OLG Karlsruhe NStZ 1991, 505.

handlungsunfähigkeit des Verteidigers als Revisionsgrund in Betracht, nicht jedoch fehlendes Vertrauensverhältnis[289] oder die Weigerung, bestimmte Prozeßhandlungen vorzunehmen, z.B. Beweisanträge zu stellen oder den Schlußvortrag zu halten.[290] Auch eine Interessenkollision in der Person des Verteidigers begründet die Rüge ebensowenig wie eine insgesamt nicht sachgemäße Verteidigung. Hat ein Angeklagter einen **Wahlverteidiger** bestellt ohne daß der Fall einer notwendigen Verteidigung vorliegt, ist die Anwesenheit in der Hauptverhandlung nicht gesetzlich vorgeschrieben i.S. des § 338 Ziff. 5. Die Verhandlung in seiner Abwesenheit ist daher kein absoluter Revisionsgrund, unbeschadet der prozessualen Möglichkeit für den Angeklagten, durch Antrag auf Aussetzung des Verfahrens oder auf andere Weise seine Verteidigung zu sichern (Rdn 263).

188 Anders liegt es in den Fällen des **Pflichtverteidigers**. Ist ein solcher nach § 140 Abs. 1 oder Abs. 2 oder § 231a bestellt, so darf ohne ihn nicht verhandelt werden, wie § 145 eindeutig ergibt. Das gilt auch, wenn die Bestellung des Pflichtverteidigers nach § 140 nicht notwendig war. Auch wenn der Verteidiger nicht gerichtlich bestellter Pflichtverteidiger, sondern Wahlverteidiger ist, ist seine Anwesenheit im Sinne des § 226 notwendig, falls es sich um einen Fall der absolut notwendigen Verteidigung nach § 140 I oder § 231a IV handelt.[291] Aber auch wenn nur der Fall der relativ notwendigen Verteidigung im Sinne des § 140 II (Schwere der Tat, Schwierigkeit der Sach- und Rechtslage, Unfähigkeit zur Selbstverteidigung) vorliegt, ist die Anwesenheit des (ohne Bestellung eines Pflichtverteidigers) gewählten Verteidigers notwendig.

189 Die Notwendigkeit, einen **Pflichtverteidiger** zu bestellen, kann sich auch erst in der Hauptverhandlung ergeben bzw. herausstellen. Die Hauptverhandlung muß dann ggfs. – ganz oder teilweise – wiederholt werden.[292] Daß dies nicht geschehen ist, muß in der Revisionsbegründung vorgetragen werden.

190 Wird der (notwendige) **Verteidiger als Zeuge** vernommen,[293] so ist er während dieser Zeit als Verteidiger „abwesend“, sodaß ein anderer Verteidiger an seine Stelle treten muß.[294]

191 Da die (körperliche) Anwesenheit des Verteidigers eine **wesentliche Förmlichkeit** des Verfahrens ist (§ 273), ist besonders bei wechselnder Beteiligung mehrerer Pflicht- oder Wahlverteidiger zu prüfen, ob jedenfalls einer von ihnen jeweils als anwesend dokumentiert ist. Ist dies nicht der Fall (§ 274), so kommt es für den Erfolg der Revision darauf an, ob der Abschnitt der Verhandlung, bei der kein Verteidiger zugegen war, wesentlich gewesen ist, d.h.

---

289 BGHR StPO § 338 Nr. 5 Verteidiger 1.

290 Vgl. die bei Hilger NStZ 1983, 341 angef. Rspr.

291 Vertretung durch einen Assessor ist nicht zulässig, BGHSt 26, 319.

292 BGHSt 9, 243.

293 Löwe/Rosenberg/Dahs Rdn 16ff vor § 48.

294 RGSt 54, 175.

sachlich mindestens auch den (den Revisionsführer) verurteilenden Teil der tatrichterlichen Entscheidung betraf. Wenn dies nicht ausgeschlossen werden kann, wird das Revisionsgericht das angefochtene Urteil aufheben.[295] Im übrigen ist die zu § 140 (insbes. § 140 II) getroffene Entscheidung nach allgemeinen Grundsätzen revisibel, d.h. das im Zusammenhang mit den unbestimmten Rechtsbegriffen eingesetzte Ermessen wird auf seine Rechtsfehlerfreiheit (Rdn 88) überprüft.[296]

Sachverständige gehören nicht zu den Personen, deren ständige Anwesen- 192
heit vorgeschrieben ist.[297] Ihre Abwesenheit hat aber als relativer Revisionsgrund Bedeutung gewonnen (Rdn 314, 346ff.).

Dagegen muß der **Dolmetscher** nach § 185 GVG zwar in der Regel während 193
der gesamten Hauptverhandlung anwesend sein, jedoch sind dazu eine Reihe von Ausnahmen zu beachten.[298] Der Tatrichter entscheidet über die Zuziehung des Dolmetschers nach pflichtgemäßem Ermessen, dessen fehlerhafte Ausübung, insbesondere Überschreitung der revisionsrechtlichen Nachprüfung unterliegt.[299]

Zum **Sachvortrag der Rüge** gehört vor allem die Darlegung der Verfahrens- 194
vorgänge, die sich in Abwesenheit der Beteiligten ereignet haben, damit das Revisionsgericht prüfen kann, ob sie „wesentlich" waren (Rdn 191). Bei Abwesenheit des Angeklagten ist vorzutragen, daß sie nicht eigenmächtig nach § 231 II war.[300]

Der **Nebenkläger** braucht in der Hauptverhandlung nicht anwesend zu sein 195
(vgl. §§ 398, 400). Es steht bei ihm, ob er sich an der Verhandlung beteiligen will. Ist er allerdings nicht ordnungsgemäß geladen, ist die Verhandlung in seiner Abwesenheit ein Verfahrensfehler. Dieser bedeutet aber allenfalls einen **relativen** Revisionsgrund, wenn das Urteil darauf **beruhen** kann,[301] ein Fall des § 338 Nr. 5 ist es nicht.

f) Unzulässige Einschränkung der Öffentlichkeit (§ 338 Nr. 6).

Lit.: *Gössel,* Über die revisionsrechtliche Nachprüfbarkeit von Beschlüssen, mit denen die Öffentlichkeit gem. §§ 172, 173 GVG im Strafverfahren ausgeschlossen wird, NStZ 1982, 141; *Kern,* Sind die Vorschriften über die Öffentlichkeit des Verfahrens verletzt, wenn ein einzelner Zuhörer ohne gesetzlichen Grund aus dem Sitzungssaal verwiesen wird?, JZ 1962, 564; *Kleinknecht,* Schutz der Persönlichkeit des Angeklagten durch Ausschluß der Öffentlichkeit in der Hauptverhandlung, FS Schmidt-Leichner, S. 111; *Kühne,* Ausschluß der Öffentlichkeit im Strafverfahren, NJW 1971, 224; *Kuhlmann,* Der verschlossene Zuhörerraum, NJW 1974, 1231; *Mösl,* Der Beschluß über die Aus-

---

295 BGHSt 15, 306.
296 Grds. Herdegen FS Kleinknecht S. 182ff; BGHSt 15, 306.
297 Kleinknecht/Meyer-Goßner § 80 Rdn 5.
298 Vgl. Kleinknecht/Meyer-Goßner § 338 Rdn 44; BGHR StPO § 338 Nr. 5 Dolmetscher 1–3.
299 BGHR § 338 Nr. 5 Dolmetscher 2u. 3.
300 Vgl. i.ü. Löwe/Rosenberg/Hanack § 338 Rdn 138.
301 Kleinknecht/Meyer-Goßner § 398 Rdn 4.

schließung der Öffentlichkeit im Strafverfahren, FS Pfeiffer, S. 339; *Odersky*, Die Öffentlichkeit der Hauptverhandlung nach dem Opferschutzgesetz, FS Pfeiffer, S. 325; *Schneider*, Verletzung der Öffentlichkeit durch die Bitte an einen Zuhörer, den Sitzungssaal zu verlassen?, StV 1990, 91.

196 Die Voraussetzungen dieses Revisionsgrundes (§ 338 Nr. 6) werden in der Praxis des öfteren in verschiedenen Richtungen mißverstanden.

Die Vorschriften des GVG über die Öffentlichkeit des Verfahrens (§§ 169–175 GVG) sind bestimmt, den Anspruch auf die **Anwesenheit der Öffentlichkeit** zu sichern.[302] Eine Einschränkung der Öffentlichkeit ist nur zulässig, soweit das Gesetz dies besonders gestattet. Andererseits ist nach ständiger Rechtsprechung § 338 Nr. 6 nicht verletzt, wenn eine gebotene Einschränkung der Öffentlichkeit unterbleibt; es besteht kein Anspruch auf Ausschluß der Öffentlichkeit.[303] Also „zu wenig Öffentlichkeit", nicht aber „zu viel Öffentlichkeit" ist der Revisionsgrund.[304] Es ist deshalb auch ohne Bedeutung, ob der beschlossene Ausschluß tatsächlich einwandfrei ausgeführt ist.[305] Auch wenn bei Ausschluß der Öffentlichkeit in einer an sich zulässigen Weise (§ 175 II 1 GVG) einzelnen Personen der Zutritt in einem solchen Umfange gestattet wird, daß damit praktisch Öffentlichkeit gegeben ist, ist das kein revisibler Verfahrensverstoß.[306] Das ist erst recht nicht der Fall, wenn eine einzelne Person zugelassen wird, ohne daß ein ausdrücklicher oder stillschweigender Beschluß gefaßt ist.[307] Die Frage, ob in Ausnahmefällen ein relativer Revisionsgrund in Betracht kommt, wenn der Angeklagte durch die Anwesenheit von Zuhörern in seiner Verteidigung beschränkt war, muß nach der bisherigen Rechtsprechung wohl verneint werden[308] (vgl. aber Rdn 207). Dies soll sogar für die gesetzwidrige (§ 169 S. 2 GVG) Zulassung der Medien gelten[309] – ein bedenkliches Ergebnis.

197 Der **Öffentlichkeitsgrundsatz** ist objektiv schon dann in revisibler Weise **verletzt,** wenn nicht sichergestellt ist, daß jedermann die Möglichkeit hat, sich ohne besondere Schwierigkeiten davon Kenntnis zu verschaffen, wo die Hauptverhandlung stattfindet.[310] Die Vielfalt der Fallgestaltungen in der Praxis hat zu einer differenzierten Rechtsprechung über diesen Grundsatz geführt. Zur Gewährleistung der Öffentlichkeit für den **Verhandlungsort:** Bei einer Hauptverhandlung im Gerichtsgebäude ist diese durch **Aushang am Sitzungssaal** bekanntzumachen.[311] Findet die Hauptverhandlung

---

[302] Zum Ganzen Gössel NStZ 1982, 141; Hilger NStZ 1983, 341.

[303] BGHSt 23, 82.

[304] BGHSt 36, 119 m. Nachw.

[305] BGH bei Pfeiffer/Miebach NStZ 1985, 207; KK-Pikart § 338 Rdn. 84.

[306] RGSt 77, 186.

[307] KMR-Paulus § 338 Rdn 73.

[308] BGHSt 23, 82.

[309] BGHSt 36, 199; Kleinknecht/Meyer-Goßner § 338 Rdn 47 m. Nachw.

[310] BGH NStE Nr. 2 zu § 338 Nr. 6; BGHR StPO § 338 Nr. 6 Ortstermin 1; OLG Köln NStE Nr. 5 zu § 338 Nr. 6 = StV 1992, 222.

[311] Katholnigg § 169 GVG Rdn 3 m. Nachw.

von vornherein außerhalb des Gerichtsgebäudes statt,[312] muß dort ein Aushang mit hinreichenden Informationen für potentielle Zuhörer vorhanden sein.[313] Entsprechendes gilt, wenn die im Gerichtsgebäude begonnene Hauptverhandlung an einem anderen Ort fortgesetzt wird[314] oder in verschiedenen Gerichtsgebäuden derselben Stadt stattfindet.[315] Je nach Lage des Einzelfalles soll es genügen, daß der Ort der Weiterverhandlung zuvor in öffentlicher Sitzung mitgeteilt worden ist (kein protokollpflichtiger Vorgang!).[316] Eine unzulängliche Information im Aushang wird dadurch ausgeglichen, daß potentielle Zuhörer sich genaue Kenntnis durch entsprechende Fragen an der Pforte des Gerichts oder der Wachtmeisterei verschaffen können;[317] eines besonderen Aushanges am auswärtigen Tagungsort soll es dann nicht bedürfen.[318] Ob damit nicht zu hohe Anforderungen an die „interessierte Findigkeit" des „jedermann" gestellt werden? Das Rechtsrisiko unzulänglicher Gewährleistung der Öffentlichkeitsgarantie sollte faktisch nicht den zur Kontrolle der Rechtspflege berufenen Bürger, sondern allein die Justiz treffen, die durch das von der Rechtsprechung entwickelte „Verschuldensprinzip" ohnehin genügend entlastet wird.[319]

Zu einer Beschränkung der Öffentlichkeit kann es auch durch **Umstände** 198
kommen, die nur **zufällig** eingetreten sind, ohne daß sie zur Kenntnis des Gerichts gelangt sind. Als Beispiel dient der Fall eines fehlerhaften Verhaltens des Gerichtswachtmeisters, der irrtümlich die Türen des Sitzungssaales nicht aufschließt, durch einen Anschlag die Öffentlichkeit abweist oder einzelne Personen zurückweist. Auch die ins Schloß gehende Tür kann ein solcher „Zufall" sein, ebenso das Abschließen des Gerichtsgebäudes beim allgemeinen Dienstschluß ohne die (vorgeschriebene) Prüfung, ob noch eine Verhandlung andauert. Diese zufälligen Umstände sollen nach der Rechtsprechung dann keinen Revisionsgrund bilden, wenn sie nicht auf Verschulden des Gerichts beruhen bzw. dem Gericht unbemerkt geblieben und auch unbemerkbar gewesen sind.[320] Weil in diesem Falle keine Gefährdung für die

---

312 Dazu i.e. Katholnigg § 169 GVG Rdn 3 m. Nachw.

313 BGH NStE Nr. 2 zu § 338 Nr. 6; OLG Köln NStE Nr. 5 zu § 338 Nr. 6 = StV 1992, 222.

314 BGH NStE Nr. 2 zu § 338 Nr. 6; OLG Köln NStE Nr. 5 zu § 338 Nr. 6 = StV 1992, 222.

315 BGH NStZ 1982, 476.

316 BGHR StPO § 338 Nr. 6 Ortstermin 2; BGH NStZ 1981, 311; Thym NStZ 1981, 293.

317 BGH NStE Nr. 4 zu § 338 Nr. 6; BGH NStZ 1982, 476.

318 BGH NStE Nr. 4 zu § 338 Nr. 6; BGH NStZ 1982, 476.

319 Nach BGHR StPO § 338 Nr. 6 kommt es darauf an, ob der Vorsitzende das Fehlen des Aushanges zu vertreten hat; vgl. i. ü. Kleinknecht/Meyer-Goßner § 338 Rdn 49; zu Einschränkungen der absoluten Revisionsgründe vgl. Dahs GA 1976, 353; Widmaier Hanack-Symp. S. 77f.

320 BGHR StPO § 338 Nr. 6 Ortstermin 2; BGHSt 22, 297; 21, 72; RGSt 43, 189; Hilger NStZ 1983, 341.

Objektivität der Rechtsprechung besteht, werde das Prinzip der Öffentlichkeit nicht verletzt. Das ist eine bedenkliche Auffassung. Die staatsbürgerlichen Rechte des potentiellen Zuhörers sind objektiv und subjektiv betroffen, und das öffentliche Vertrauen zur Justiz wird gefährdet. Das wird bei dem Ausschluß während der Urteilsverkündung besonders deutlich. Es sprechen daher gute Gründe für die Anerkennung des Revisionsgrundes auch für den Fall einer nur objektiven Rechtsverletzung.[321] Soweit ein Verschulden des Gerichts entgegen dieser Ansicht vorausgesetzt wird, wird verlangt, daß das Gericht, insbesondere der Vorsitzende, der Sicherung der Öffentlichkeit die Aufmerksamkeit gewidmet hat, die ihm möglich war und von ihm erwartet werden mußte.[322] Bei der Prüfung, ob er diesen Anforderungen genügt hat, ist ein strenger Maßstab geboten.

199 Der **Verhandlungsraum** muß so beschaffen sein, daß er für die Öffentlichkeit als solcher erkennbar und für jeden Unbeteiligten zugänglich ist. Auch hier gebietet es der Grundsatz der Öffentlichkeit aber nicht, daß jedermann aus dem Publikum weiß, wann und wo ein erkennendes Gericht verhandelt; es genügt, daß für jeden die Möglichkeit besteht, sich ohne besondere Schwierigkeit davon Kenntnis zu verschaffen.[323] Am Sitzungssaal muß ein deutlicher Hinweis angebracht sein.[324] Er muß auch in seinen **Proportionen** ausreichend sein, soweit die Verhältnisse es gestatten.[325] Sind allerdings im Verhandlungsraum nur für einen Zuhörer ein Sitzplatz und für weitere nur enge „Stehplätze" vorhanden, ist die Öffentlichkeit nicht gewahrt.[326] Zuhörer sind in der Reihenfolge ihrer Ankunft einzulassen; dieses Prinzip darf durch Platzreservierungen nicht beeinträchtigt werden.[327]

Es ist aber nach zutreffender Ansicht von *Roxin* und *Meyer-Goßner* unzulässig, die Hauptverhandlung wegen des großen Publikumsandranges außerhalb des Gerichtsgebäudes, z.B. in einer Stadthalle o.ä. durchzuführen.[328] Andererseits ist sicherzustellen, daß die Verhandlung in ordentlicher Form geführt werden kann. **Kontrollen** der Zuhörer, die aus Gründen der Sicherheit und Ordnung des Sitzungsverlaufs notwendig sind, stellen grundsätzlich keinen Verstoß gegen das Öffentlichkeitsprinzip dar.[329] Auch die spezielle Be-

---

[321] Krit. schon Dahs GA 1976, 353, 356ff.

[322] BGHR StPO § 338 Nr. 6 Ortstermin 2; BGHSt 22, 297 (300 f); BGH StV 1981, 3; Kleinknecht/Meyer-Goßner § 338 Rdn 50.

[323] BGH bei Pfeiffer/Miebach NStZ 1983, 213; Hilger NStZ 1983, 342.

[324] Katholnigg § 169 GVG Rdn 2; Kissel § 169 GVG Rdn 48; a.A. OLG Neustadt MDR 1964, 778.

[325] BGH NStZ 1982, 476 m.Nachw.; BGHSt 5, 75.

[326] BayObLG NJW 1982, 395; zu weiteren Einzelfällen Katholnigg § 169 Rdn 2, 4 m.Nachw.

[327] BGHSt 26, 99; Kleinknecht/Meyer-Goßner § 169 GVG Rdn 4.

[328] Roxin § 45 Rdn 2 und FS Peters S. 393ff, 400; Kleinknecht/Meyer-Goßner § 169 GVG Rdn 5.

[329] BVerfGE 48, 118 (123); OLG Koblenz NJW 1975, 1333; Hilger NStZ 1983, 342.

schaffenheit des Verhandlungsortes kann Einschränkungen erfordern,[330] etwa bei einem Ortstermin im Krankenhaus oder in einer Wohnung. Das Verhandlungszimmer braucht nicht in einer allgemein zugänglichen Örtlichkeit zu liegen, muß aber als solches von außen erkennbar sein. So muß das Dienstzimmer eines Richters durch einen Anschlag gekennzeichnet sein, wenn darin eine öffentliche Verhandlung stattfindet.

Die erfolgreichen Revisionen nach § 338 Nr. 6 beruhen oft darauf, daß bei 200
der **Ausschließung der Öffentlichkeit durch Beschluß** nach §§ 174, 171a ff GVG dem Tatgericht Fehler unterlaufen. Zu diesem Themenbereich sind verschiedene Fallstrukturen anzusprechen.

Zunächst ist zu beachten, daß die Beschränkung der Öffentlichkeit nur aufgrund eines **Gerichtsbeschlusses** zulässig ist; eine Anordnung des Vorsitzenden genügt ebensowenig wie die Bitte an alle Zuhörer, sich zu entfernen.[331] Der Beschluß ist eine **wesentliche Förmlichkeit des Verfahrens** (§§ 273, 274), die nur durch das Protokoll bewiesen werden kann.[332] Ein Verstoß gegen die **Anhörungspflicht** (§§ 33 StPO, 174 GVG) vor Erlaß des Beschlusses soll nach h.M. die Rüge nach § 338 Nr. 6 nicht rechtfertigen, sondern nur einen relativen Revisionsgrund bieten.[333] Dagegen bestehen Bedenken. Der hohe Rang der Öffentlichkeitsmaxime[334] wird gerade dadurch gesichert, daß Einschränkungen nur aufgrund eines rechtmäßig, d.h. unter Beachtung der dafür normierten gesetzlichen Garantien erlassenen Gerichtsbeschlusses zulässig sind. Ist das Beschlußverfahren aber die entscheidende Sicherheitsgarantie für das Öffentlichkeitsprinzip, so muß der nicht gesetzmäßig zustande gekommene Beschluß die nicht rechtmäßige Beschränkung der Öffentlichkeit als Konsequenz nach sich ziehen. Die Herabstufung von Rechtsfehlern des Beschlußverfahrens zu relativen Revisionsgründen hat in der Praxis zur Folge, daß das „Beruhen“ des Urteils auf dem Rechtsfehler aus der Sicht des Revisionsgerichts so leicht ausgeschlossen werden kann, daß die gesetzwidrige Beschränkung der Öffentlichkeit in aller Regel ohne Sanktion bleiben wird.

Die **Verkündung** des Ausschließungsbeschlusses hat nach § 174 I S. 2 **öffent-**

---

330 RGSt 54, 225; BGHSt 24, 72; BGH bei Dallinger MDR 1972, 19 (Zugangserschwerung).

331 BGHSt 17, 220 (222); BGH StV 1984, 499 (LS); Löwe/Rosenberg/Hanack § 338 Rdn 110.

332 BGHSt 27, 189; zu Lücken und Unklarheiten des Protokolls BGHSt 17, 220.

333 Vgl. die allerdings wenig aussagekräftigen Entscheidung BGH LM Nr. 2 zu § 33; BGH bei Herlan GA 1963, 102; BGH bei Dallinger MDR 1975, 199; BGH JR 1979, 434 (Gollwitzer geht in seiner Anm. auf diese Frage nicht ein); BGH MDR 1988, 791; zust. wohl auch Löwe/Rosenberg/Hanack § 338 Nr. 6 Rdn 111; zust. KK-Mayr § 174 GVG Rdn 1; Kleinknecht/Meyer-Goßner § 338 Rdn 48 a.E.; Katholnigg § 174 Rdn 1 – alle gegen die frühere st. Rspr. des RG.

334 Dazu ausführlich u.a. BGH NStE Nr. 3 zu § 338 Nr. 6 m.Nachw.

lich zu erfolgen; nur ausnahmsweise kann auch insoweit die Öffentlichkeit ausgeschlossen werden.[335]

201 Bei der **Begründung** des Ausschließungsbeschlusses unterlaufen den Tatgerichten häufig Fehler.[336] Nach § 174 I S. 3 GVG ist in den Fällen der §§ 171b, 172 und 173 GVG mitzuteilen, aus welchem Grund die Öffentlichkeit ausgeschlossen worden ist. Dazu hat der BGH die Forderung aufgestellt, daß Beschluß und Begründung aus sich selbst heraus verständlich sein müssen und den konkreten gesetzlichen **Grund** für die Ausschließung erkennen lassen.[337] Dagegen müssen die tatsächlichen Umstände, aus denen sich der gesetzliche Ausschließungsgrund ergibt, nicht dargelegt werden.[338] Der Hinweis auf die herangezogene **Gesetzesvorschrift** allein genügt nur dann, wenn sich daraus der Grund für die Ausschließung der Öffentlichkeit zweifelsfrei ergibt; nur in diesem Ausnahmefall kann ein Beschluß, der keine besondere Begründung enthält, der Revision standhalten. Werden in der in Bezug genommenen Gesetzesstelle mehrere Gründe für den Ausschluß genannt, ist die Revision begründet.[339] Zulässig ist die **Bezugnahme** auf die Gründe eines vorangegangenen gleichartigen Beschlusses – wenn eine Identität der Gründe unzweifelhaft vorliegt. Dabei unterlaufen leicht Fehler.[340] Trotz der strengen Rechtsprechung zur Begründung der Entscheidungen über die Ausschließung der Öffentlichkeit, ist eine **Auslegung** nicht ausgeschlossen, wenn auf diese Weise Inhalt und Reichweite des Beschlusses zweifelsfrei ermittelt werden können.[341] Während das Verfahren, das zur Ausschließung der Öffentlichkeit geführt hat (§ 174 GVG), somit der strengen Kontrolle des Revisionsgerichts unterliegt, werden die **tatsächlichen Umstände**, die das Tatgericht zum Ausschluß der Öffentlichkeit veranlaßt haben, nicht nachgeprüft.[342] Werden dagegen **Rechtsbegriffe** verkannt, z.B. die Gefährdung der öffentlichen Ordnung in § 172 Nr. 1 GVG, greift das revisionsrechtliche Prüfungsrecht durch,[343] ebenso bei Ermessensfehlern.[344]

202 Auch die **Durchführung des Beschlusses** hat sich in der Praxis als besonders „revisionsanfällig" erwiesen. Das betrifft vor allem die **Reichweite** der Entscheidung. Ist z.B. die Öffentlichkeit für die Dauer einer Zeugenvernehmung

---

335 Vgl. dazu Kleinknecht/Meyer-Goßner § 174 GVG Rdn 8; KK-Mayr § 174 GVG Rdn 3; Katholnigg § 174 Rdn 2.

336 Zur revisionsrechtlichen Nachprüfung der Beschlüsse i.e. Gössel NStZ 1982, 141; vgl. auch Katholnigg § 174 GVG Rdn 3 m. Nachw.

337 BGHSt 30, 298; 27, 117; BGH NStZ 1982, 169; BGHR StPO § 338 Nr. 6 Begründungsmangel 1, 2, 3; Kleinknecht/Meyer-Goßner § 174 GVG Rdn 9.

338 BGHSt 30, 212.

339 BGHSt 30, 212.

340 Vgl. BGHSt 30, 298 (302); BGH NStZ 1982, 169.

341 BGH StV 1991, 199; BGHR StPO § 338 Nr. 6, Ausschluß 1, 3.

342 BGHR StPO § 338 Nr. 6; Begründungsmangel 2; zur revisionsrichterlichen Nachprüfung allgemein Gössel NStZ 1982, 141.

343 BGH NStZ 1982, 168; dazu Gössel aaO; BGHSt 30, 212.

344 BGHSt 30, 212.

ausgeschlossen, so sind damit (anders als bei § 338 Nr. 5 – Rdn 186) zwar alle Vorgänge (z.B. Erklärungen und Anträge der Verfahrensbeteiligten und Entscheidungen des Gerichts wie auch Verhandlung über die Vereidigung, Entlassung) abgedeckt, die in unmittelbarem Zusammenhang mit der eigentlichen Vernehmung stehen oder sich aus ihr entwickeln.[345] Das gilt auch für die Fortsetzung der Vernehmung nach Unterbrechung,[346] jedoch nicht für die wiederholte Vernehmung desselben Zeugen nach vorangegangener Entlassung[347] sowie die Vernehmung weiterer Zeugen, bezüglich deren ebenfalls ein Grund für den Ausschluß der Öffentlichkeit besteht.[348] Anders ist es, wenn bei innerem Zusammenhang mit dem Grund der Ausschließung ein anderer, bereits vernommener Zeuge ohne Wiederherstellung der Öffentlichkeit vernommen wird.[349] Ist die **Ausschließung** der Öffentlichkeit in dem Gerichtsbeschluß nicht nur persönlich (z.B. für die Vernehmung des Zeugen X), sondern auch **sachlich-thematisch eingegrenzt** (z.B. „zu den Aktiengeschäften mit Y und Z"), so muß eine neue gerichtliche Entscheidung über die Frage der Öffentlichkeit getroffen werden, wenn die Beweisperson zusätzlich über einen anderen Sachkomplex gehört wird, der ebenfalls nicht öffentlich verhandelt werden soll.[350] Ob sich der vom Gericht herangezogene Ausschlußgrund, z.B. aus § 171b oder § 172 in der Verhandlung tatsächlich realisiert hat, ist unerheblich. Auch wenn die den Ausschluß begründenden Umstände nicht zur Sprache gekommen sind, bedarf es keiner Wiederholung des Vorganges in öffentlicher Verhandlung.[351] Die Revision greift durch, wenn nach Abschluß des nicht öffentlichen Verhandlungsteils die **Öffentlichkeit versehentlich nicht wiederhergestellt** worden ist. Dazu ist bedeutsam, daß es sich um einen protokollpflichtigen Vorgang handelt (§§ 273, 274). Entsprechendes gilt für den Fall, daß ein Beschluß, die Öffentlichkeit wieder herzustellen – laut Protokoll – nicht ausgeführt worden ist.[352] Insbesondere ist auch die nicht öffentliche Verkündung des Urteils ein absoluter Revisionsgrund.[353] Der Beschluß über die Wiederherstellung der Öffentlichkeit soll dann nicht erforderlich sein, wenn sich der Ausschluß nur auf einen bestimmten und genau umgrenzten Verfahrensabschnitt bezogen hat.[354] Auch in diesem Fall muß allerdings die Wiederherstellung der Öffentlichkeit als Tatsache bekundet sein.

Der Revisionsgrund kann auch in dem **Ausschluß eines Zuhörers** liegen, den 203

---

345 BGH bei Pfeiffer/Miebach NStZ 1983, 213 m.Nachw.

346 BGH StV 1990, 10.

347 BGH NStZ 1992, 447 m.Nachw.

348 BGH StV 1991, 199f f.Vernehmung des Angekl. und anschl. Zeugenvernehmung.

349 BGH bei Pfeiffer/Miebach NStZ 1983, 213.

350 BGH NStZ 1982, 169.

351 BGHSt 30, 212 (214f.).

352 Hilger NStZ 1983, 342 m.Nachw.

353 BGHSt 4, 279; vgl. aber BGHSt 24, 72; Hilger NStZ 1983, 342.

354 Hilger NStZ 1983, 342.

der Vorsitzende kraft seiner Sitzungsgewalt (§§ 175, 177 GVG) anordnet.[355] Auch die „höfliche Bitte“ eines Vorsitzenden an einen Zuhörer, den Saal zu verlassen, kann als Aufforderung gewertet werden und damit eine Gesetzesverletzung darstellen.[356] Es ist auch eine unzulässige Beschränkung der Öffentlichkeit, eine zum Mitschreiben anwesende **Angestellte eines Verteidigers**[357] auszuschließen, ähnliches kann auch für einen Zuhörer gelten.[358] Kommt ein **Zuhörer als Zeuge** in Betracht, so kann dieser aufgrund Anordnung des Vorsitzenden oder Gerichtsbeschlusses[359] unter dem Aspekt des § 58 I ausgeschlossen werden. Das gilt auch, wenn eine Zeugenstellung in einem anderen Verfahren gegen den Angeklagten in Betracht kommt.[360] Auch wenn er aufgrund einer entsprechenden Bitte des Vorsitzenden den Sitzungssaal verlassen hat, begründet dies nicht die Revision.[361]

204 Die Beschränkung der Öffentlichkeit muß nach h.M. auf einem **Verschulden** des Gerichts oder jedenfalls des Vorsitzenden beruhen, um die Revision zu begründen.[362] Das ist deshalb bedenklich,[363] weil damit bei faktischem Ausschluß der Öffentlichkeit die Gewährleistung dieser fundamentalen Prozeßmaxime weitgehend auf nachgeordnete Mitarbeiter, z.B. Justizwachtmeister, verlagert wird. Zumindest dürfen deshalb die Anforderungen an die Aufsichts- und Kontrollpflicht der Richter nicht gering sein.[364] So kann z.B. ein generelles „sich verlassen“ auf allgemeine dienstliche Anweisungen bezüglich des Schließens des Gerichtsgebäudes nicht ausreichen.

205 Die Grundsätze über die Öffentlichkeit der Hauptverhandlung sind der **Disposition der Beteiligten** entzogen; auf die Rüge nach § 338 Nr. 6 kann weder verzichtet,[365] noch kann sie durch arglistiges Verhalten verwirkt werden.[366] Der Angeklagte kann die Rüge sogar dann erheben, wenn er den Ausschluß der Öffentlichkeit selbst verlangt hat.[367]

206 Eine **Heilung** von Rechtsfehlern in diesem Bereich ist durch formgerechte Wiederholung des Verfahrensteils möglich.[368]

---

355 BGH NStZ 1988, 467; BGHSt 24, 239; 18, 179; 17, 201; 3, 386.

356 BGH NStE Nr. 3 zu § 338 Nr. 6 = BGHR § 338 Nr. 6 Zuhörer 1; BGH NJW 1963, 166f.

357 BGHSt 18, 179; zum Ausschluß einzelner Personen BGH bei Dallinger MDR 1973, 730; Hilger NStZ 1983, 342.

358 BGH NStZ 1983, 389; Hilger NStZ 1983, 343 m.Nachw.

359 Hilger NStZ 1983, 343; OLG Zweibrücken NJW 1972, 1144

360 BGH NStZ 1988, 467.

361 BGH NStZ 1988. 467.

362 BGHR § 338 Nr. 6 Ortstermin 2; BGHSt 22, 297 (302); 21, 72; Hilger NStZ 1983, 342 m.Nachw.

363 Dazu eingehend Löwe/Rosenberg/Hanack § 338 Nr. 6 Rdn 113f.

364 So auch Löwe/Rosenberg/Hanack § 338 Nr. 6 Rdn 114.

365 BGHR Nr. 1 zu § 338 Nr. 6; KK-Pikart § 338 Rdn 90.

366 BGHR Nr. 1 zu § 338 Nr. 6; BGHSt 22, 83 (85); 15, 306 (308).

367 BGH NJW 1967, 687; KK-Pikart § 338 Rdn 90.

368 BGHSt 33, 99 = StV 1985, 402 m.Anm. Fezer.

Wird die Öffentlichkeit gesetzwidrig **nicht ausgeschlossen** (z. B. im Jugendverfahren), so ist das nach ständiger Rechtsprechung[369] kein Fall des § 338 Ziff. 6.[370] Es kann aber ein relativer Revisionsgrund nach § 337 gegeben sein, wenn das Urteil darauf beruhen kann (Rdn 458ff.). Das ist der Fall, wenn der Jugendliche durch die Anwesenheit von Zuhörern in seinem Verteidigungswillen gehemmt worden ist.[371] 207

Die **Begründung dieser Revisionsrüge** erfordert oft besondere Sorgfalt. In 208
Fällen des (versehentlichen) **faktischen Ausschlusses** der Öffentlichkeit wird das Revisionsgericht Ausführungen über das Verschulden des Vorsitzenden oder des Gerichts bez. des Rechtsfehlers erwarten. Der **Ausschließungsbeschluß** ist ebenso genau wiederzugeben wie die einzelnen Umstände seiner Durchführung, insbesondere die während eines unzulässigen Ausschlusses der Öffentlichkeit abgelaufenen Verfahrensvorgänge. Die unterlassene **Wiederherstellung der Öffentlichkeit**, die auf das insoweit schweigende Hauptverhandlungsprotokoll (§§ 273, 274) gestützt wird, bedarf einer einschränkungs- und bezugslosen Tatsachenbehauptung.

g) Fehlende oder verspätete Urteilsbegründung (§ 338 Nr. 7)

Lit.: *Löffler,* Die Berechnung der Urteilsabsetzungsfrist nach § 275 StPO, NStZ 1987, 318; *Rieß,* Die Urteilsabsetzungsfrist (§ 275 I StPO), NStZ 1982, 441; *ders.,* Zur Berechnung der verlängerten Urteilsabsetzungsfrist nach § 275 I 2 Halbs. 2 StPO, NStZ 1987, 318.

Gemeint sind **Gründe des schriftlichen Urteils.** Das Fehlen der Entschei- 209
dungsgründe als absoluter Revisionsgrund ist ein Phänomen in doppelter Hinsicht. Einmal ist es als tatsächliches Vorkommnis schwer vorstellbar. Zum anderen kann das vorher beratene und verkündete Urteil eigentlich nicht auf dem Fehlen der späteren schriftlichen Urteilsgründe beruhen. In einem solchen Falle müßte die unwiderlegliche Vermutung des § 338 (Rdn 118) wegen Unmöglichkeit des Kausalzusammenhanges eigentlich entfallen. Dennoch besteht der absolute Revisionsgrund kraft der Bestimmung des § 338 Ziff. 7, weil die Urteilsgründe das wiedergeben, was das Gericht vor der Urteilsverkündung geprüft und festgestellt hat. Sie bilden die hauptsächliche Grundlage für die Nachprüfung des Revisionsgerichts. Ihr Fehlen ist daher ein unabdingbarer Grund zur Aufhebung.[372] Der Fall kann z. B. eintreten, wenn der oder die am Urteil beteiligten Berufsrichter vor Abfassung der schriftlichen Urteilsgründe aus dem Justizdienst ausgeschieden sind.[373]

Der absolute Revisionsgrund ist nur gegeben, wenn die schriftlichen Ur-

---

[369] BGHSt 23, 176 (178) m. Nachw.
[370] A. A. Katholnigg § 169 GVG Rdn 9.
[371] BGHSt 23, 176 (180f.).
[372] Kleinknecht/Meyer-Goßner § 338 Rdn 52.
[373] BGHR § 338 Nr. 7 Entscheidungsgründe 2.

teilsgründe gänzlich fehlen. Das **Abhandenkommen** der schriftlichen Urteilsgründe steht ihrem Fehlen im Sinne des § 338 Ziff. 7 gleich, wenn sie nicht rekonstruiert werden können.[374] Der Verlust der Urschrift des Urteils ist unschädlich, wenn eine beglaubigte Ausfertigung vorhanden ist.[375] Die Bestimmung erlaubt keine Ausweitung ihres wörtlichen Inhaltes. Mögen die Gründe noch so lückenhaft, unverständlich und widersprüchlich sein, der Revisionsgrund des § 338 Ziff. 7 ist das nicht.[376] Ein solches Urteil verfällt aber der Aufhebung auf die allgemeine Sachrüge hin. Dafür genügt schon die Unmöglichkeit, in der Revisionsinstanz die sachlich-rechtlichen Grundfragen nachzuprüfen (Rdn 398).

Das Fehlen des **Hauptverhandlungsprotokolls** steht dem des Urteils nicht gleich; auch eine entsprechende Anwendung des § 338 Nr. 7 scheidet aus.[377] Das fehlende Protokoll kann Bedeutung im Zusammenhang mit einem nur dadurch zu beweisenden Verfahrensvorgang gewinnen, wenn insoweit eine Verfahrensrüge erhoben ist (Rdn 484 ff.).

210 Der Revisionsgrund des § 338 Nr. 7 ist auch gegeben, wenn die schriftlichen **Urteilsgründe verspätet** zu den Akten gelangen.[378] Die dafür maßgebenden Fristen sind in § 275 I festgelegt. Irrtümer des Gerichts bei der Berechnung der Frist begründen die Revision;[379] das Vertrauen des Gerichts auf eine von gewichtigen Stimmen im Schrifttum vertretene Auffassung rechtfertigt keine Ausnahme,[380] ebensowenig der Irrtum, das Urteil sei rechtskräftig.[381] Entscheidend ist nicht unbedingt der Eingang bei der Geschäftsstelle,[382] der vermerkt werden muß (§ 275 I S. 5), erst recht nicht die Einfügung in die Sachakten.[383] Es soll ausreichen, daß der zuletzt unterschreibende Richter das Urteil fristgemäß in die Akten einlegt und diese auf den Weg zur Geschäftsstelle bringt.[384] Der Eingangsvermerk der Geschäftsstelle, der keiner Unterschrift bedarf, hat keine absolute Beweiskraft;[385] der Zeitpunkt des Urteilseingangs wird im Freibeweisverfahren (Rdn 492 ff.) geklärt.[386] Kann die Rechtzeitigkeit nicht zur Gewißheit des Revisionsgerichts festgestellt wer-

---

[374] Kleinknecht/Meyer-Goßner § 338 Rdn 53.

[375] OLG Stuttgart JR 1977, 126.

[376] BGH bei Dallinger MDR 1971, 548; BayObLG bei Rüth DAR 1982, 263; Kleinknecht/Meyer-Goßner § 338 Rdn 53.

[377] BGH NStZ 1991, 502 m. Nachw.

[378] Zusammenfassend dazu Rieß NStZ 1982, 441 und Löwe/Rosenberg/Gollwitzer § 275 Rdn 4 ff.

[379] BGH NStZ 1988, 512; BGH bei Miebach NStZ 1990, 28 (21); BGH NStZ 1992, 399.

[380] BGH bei Miebach NStZ 1990, 28 (22).

[381] BGH NStE Nr. 3 zu § 275.

[382] BGHSt 26, 247.

[383] BGH NStE Nr. 14 zu § 275.

[384] BGHSt 29, 43; BGH wistra 1985, 72.

[385] Kleinknecht/Meyer-Goßner § 275 Rdn 18.

[386] BGH bei Miebach NStZ 1988, 449; BGHSt 29, 43, 47.

den, ist die Rüge begründet,[387] wenn eine Fristüberschreitung nicht zulässig war.[388]

Das Urteil muß formell ordnungsgemäß (§ 275 II, III), insbesondere von allen Richtern unterzeichnet[389] und sachlich fertig sein;[390] es darf kein **Entwurf**, muß aber auch keine Reinschrift sein. Das Urteil muß in der Form bei den Akten bleiben, in der es zur Geschäftsstelle gelangt ist. Wird es (nochmals) überprüft und korrigiert, so war es keine Endfassung.[391] Zur formgerechten **Unterschrift** gelten die allgemeinen Grundsätze.[392] War einer der beteiligten Richter verhindert, das Urteil rechtzeitig zu unterschreiben, muß der Verhinderungsgrund angegeben werden (§ 275 II S. 2); ob tatsächlich eine Verhinderung bestand, wird im Freibeweisverfahren geprüft, wenn kein Verhinderungsgrund angegeben war; sonst findet eine Überprüfung des Vermerks auf seine inhaltliche Richtigkeit wegen des pflichtgemäßen richterlichen Ermessens bei der Entscheidung über die Verhinderung[393] nicht statt.[394]

Von diesem Grundsatz werden aber in der Rechtsprechung praktisch bedeutsame **Ausnahmen** anerkannt. Macht der Revisionsführer geltend, daß der Verhinderungsvermerk auf willkürlichen, sachfremden Erwägungen beruhe und legt er die entsprechenden Umstände substantiiert und schlüssig dar, so prüft das Revisionsgericht nach, ob tatsächlich eine Verhinderung i.S. des § 275 II 2 vorgelegen hat.[395] Dasselbe gilt für den Revisionsvortrag, eine Verhinderung sei rechtsfehlerhaft bejaht worden.[396] Das ist z.B. der Fall, wenn eine Verhinderung aus Rechtsgründen darin gesehen wird, daß der Richter inzwischen bei einem anderen Gericht[397] oder als Richter auf Probe bei der Staatsanwaltschaft tätig ist[398] oder am letzten Tag der Frist im Gerichtsgebäude nicht erreicht werden konnte.[399] Die Revisionsrüge greift auch durch, wenn sich der Verhinderungsvermerk nicht auf den Richter bezieht, der am Urteil mitgewirkt hat und dieser nicht verhindert war.[400] Eine Hei-

---

387 OLG Stuttgart StV 1986, 144; OLG Stuttgart GA 1977, 26; zust. Rieß NStZ 1982, 443.

388 Kleinknecht/Meyer-Goßner § 338 Rdn 55.

389 Dazu BGHSt 31, 212; 27, 334; 26, 92 (93).

390 OLG Düsseldorf NStE Nr. 1 zu § 275; BGH NStZ 1986, 378; OLG Karlsruhe NStE Nr. 10 zu § 275.

391 BGH StV 1993, 117; 1993, 200.

392 OLG Oldenburg NStE Nr. 2 zu § 275 m.Nachw.; KG NStE Nr. 11 zu § 275.

393 BGH NStZ 1993, 96 m.Nachw.

394 BGHSt 28, 195; BGH NJW 1961, 782.

395 BGH NStZ 1993, 96; BGHSt 31, 212, 214.

396 BGH NStZ 1993, 96; BGH wistra 1992, 349.

397 BGH NStZ 1993, 96 hält insoweit je nach den Umständen des Einzelfalles eine tatsächliche Verhinderung für möglich.

398 BGH wistra 1992, 349; OLG Zweibrücken NStE Nr. 12 zu § 275.

399 BGHSt 28, 194; BGH StV 1986, 144.

400 BGH StV 1989, 5.

lung von Mängeln in diesem Bereich ist nur innerhalb der Frist des § 275 I möglich.[401]

211 Die **Überschreitung der gesetzlichen Frist** begründet fast immer die Revision. In der Anerkennung nicht voraussehbarer und unabwendbarer Umstände des Einzelfalles i.S. § 275 I S. 4,[402] die ausnahmsweise die Fristüberschreitung rechtfertigen, ist die Rechtsprechung sehr zurückhaltend. So genügen nicht die besondere zeitliche Beanspruchung durch eine andere Hauptverhandlung,[403] die Überlastung und Abordnung von Richtern,[404] die zeitweilige Dienstunfähigkeit des Berichterstatters,[405] Erkrankung des Vorsitzenden und Teilnahme des Berichterstatters an einer Tagung,[406] die Unerreichbarkeit eines der mitwirkenden Richter,[407] sogar die eigenmächtige Urlaubsabwesenheit,[408] Fehler im Kanzlei- und Geschäftsstellenbetrieb.[409] Dagegen ist der (vorübergehende) Verlust der Urteilsurkunde im Geschäftsgang als nicht vorhersehbarer, unabwendbarer Umstand gewertet worden.[410] Ansonsten ist die Fristüberschreitung i.S. des § 275 I S. 4 nicht gerechtfertigt, wenn die Verzögerung auf Organisationsmängeln der Justiz im weitesten Sinne beruht.[411] Eine unvermeidbare Überschreitung der Frist muß so kurz wie möglich gehalten werden; auch insoweit gilt das Kriterium der Unvermeidbarkeit.[412] Es kann also eine Überschreitung der Frist des § 275 I zunächst revisionsrechtlich ohne Relevanz sein, jedoch im weiteren Verlauf eine Rüge rechtfertigen.[413]

212 Zum **Sachvortrag der Rüge** (§ 344 II) gehören alle Tatsachen, die dem Revisionsgericht die selbständige Berechnung der Frist des § 275 I S. 2 ermöglichen. Die Dauer der Hauptverhandlung sollte ebenso dargelegt werden wie die Tatsachen, die der Annahme „besonderer Umstände" entgegenstehen.[414] Die Klärung der tatsächlichen Umstände erfolgt im Freibeweisverfahren (Rdn 492ff.).

---

[401] BGH StV 1989, 5.
[402] BGH NStZ 1986, 564; 1992, 398.
[403] BGH NStZ 1992, 398.
[404] OLG Koblenz GA 1976, 251; OLG Hamm NJW 1977, 1303.
[405] BGH NStZ 1988, 513.
[406] BGH NStE Nr. 9 zu § 275.
[407] BGH NJW 1976, 431.
[408] KG StV 1986, 144.
[409] OLG Hamm NJW 1988, 1991 m.Nachw.; BayObLG StV 1986, 145; Rieß NStZ 1982, 444 m.Nachw.
[410] OLG Hamm NJW 1988, 1991.
[411] Kleinknecht/Meyer-Goßner § 275 Rdn 14 m.Nachw.
[412] BGHSt 26, 247 (249); BGH NStZ 1982, 519; Kleinknecht/Meyer-Goßner § 275 Rdn 16.
[413] BGH NStZ 1982, 519.
[414] So Löwe/Rosenberg/Hanack § 338 Rdn 140.

h) Unzulässige Beschränkung der Verteidigung (§ 338 Nr. 8).

Diese steht zwar im Katalog der absoluten Revisionsgründe (§ 338 Nr. 8), 213
ist aber in Wirklichkeit nur ein **relativer Revisionsgrund.**[415] Die Beschränkung muß nämlich **„in einem wesentlichen Punkte"** vorgekommen sein. Wesentlich ist sie aber nur dann, wenn darauf das Urteil beruht (bzw. beruhen kann) (Rdn 458ff.). Damit ist der für diesen Fall zur Unbedingtheit verabsolutierte Revisionsgrund in Wahrheit nach dem Bezugspunkt der „Wesentlichkeit" entsprechend § 337 relativiert. Das wird häufig verkannt.

Enttäuscht wird auch, wer in der Vorschrift einen neuen gesetzlichen Revisionsgrund entdecken möchte. Einen solchen enthält sie nicht. Sie ist keine selbständige Rechtsnorm, sondern setzt die Verletzung einer anderen konkreten Prozeßnorm voraus.[416] Es kommen hier alle Verfahrensverletzungen in Betracht, die auch ohne § 338 Nr. 8 die Revision nach § 337 begründen können. Ausnahmsweise kann die Rüge auch begründet sein, wenn im Einzelfall gegen keine dem Schutz des Betroffenen dienende Verfahrensnorm verstoßen wurde, z.B. durch eine sachwidrige Sitzordnung,[417] unzulässige Fesselung oder andere Verstöße gegen den Grundsatz des fairen Verfahrens.[418] Die Bedeutung der Bestimmung liegt primär in der programmatischen Heraushebung der unbehinderten Verteidigung als eines wichtigen Prinzips des Strafprozesses, dem damit besondere Beachtung gesichert werden soll.[419]

Immer wieder wird übersehen, daß die Beschränkung der Verteidigung nur dann die Revision begründet, wenn sie auf einem **Beschluß des Gerichts** beruht. In dieser Strenge kann das aber nicht gelten, wenn dem juristisch nicht vorgebildeten, unverteidigten Angeklagten nicht bekannt ist, daß er gegen Entscheidungen des Vorsitzenden einen Gerichtsbeschluß erwirken kann (muß) (§§ 238 II, 241 II, 242) und das Gericht ihn darüber nicht belehrt.[420] Der Beschluß muß in der Hauptverhandlung ergangen sein.[421] Die unterlassene Bescheidung eines Antrages steht dem beschränkenden Beschluß gleich.[422]

Alle möglichen Fehler, die den Angeklagten u.U. schwer belasten, schei- 214
den als Revisionsgrund immer aus, wenn sie im Vorverfahren, bei der Vorbereitung der Hauptverhandlung oder sonst vor der Hauptverhandlung vorge-

[415] BGHSt 30, 131 (135); NStZ 1982, 158.

[416] BGHSt 21, 334 (360); OLG Hamm GA 1977, 310; Löwe/Rosenberg/Hanack § 338 Rdn 128; Kleinknecht/Meyer-Goßner § 338 Rdn 59; vgl. auch die Auswertung der BGH-Rspr. bei Hilger NStZ 1983, 343.

[417] OLG Köln NJW 1980, 302.

[418] Kleinknecht/Meyer-Goßner § 338 Rdn 59; Roxin § 53 Rdn 37; Meyer-Goßner NStZ 1982, 353, 362.

[419] KMR-Paulus § 338 Rdn 95.

[420] So auch OLG Stuttgart NStE Nr. 1 zu § 338 Nr. 8.

[421] BGHSt 21, 334 (359); OLG Düsseldorf GA 1979, 226; s. aber auch OLG Köln MDR 1980, 75 (unzumutbare Sitzordnung als Revisionsgrund); Kleinknecht/Meyer-Goßner § 338 Rdn 60.

[422] Löwe/Rosenberg/Hanack § 338 Rdn 130 m.Nachw.; vgl. auch Erker S. 137.

kommen sind. In diesem Zusammenhang ist die Bestimmung des § 336 von Bedeutung. Hiernach unterliegen der Revision im Falle des Beruhens auch die dem Urteil **voraufgegangenen Entscheidungen** (Rdn 6). Dazu können auch Beschlüsse und Verfügungen aus den der Hauptverhandlung vorhergegangenen Abschnitten des Verfahrens gehören (Rdn 218ff.). Allerdings werden diese in der Regel für das Urteil nicht ursächlich sein. Sie können aber bis zum Urteil weitergewirkt haben, so besonders auch Verstöße gegen Beweisverbote (§ 136a, § 252 – Rdn 230, 298).[423] In diesen Fällen ist die Revision nach § 336 auch dann gegeben, wenn es an einem Gerichtsbeschluß nach § 338 Ziff. 8 fehlt. Das ist z.B. der Fall, wenn der Vorsitzende in der Hauptverhandlung eine erneute Akteneinsicht ablehnt, obwohl der Verteidiger trotz rechtzeitigen Antrages vor der Hauptverhandlung keine genügende Akteneinsicht hatte[424] oder die Akten erst später beigezogen worden sind.[425] Das Ausbleiben des Wahlverteidigers wird schon im Hinblick auf § 228 II grundsätzlich nicht als Grund für die Aussetzung der Hauptverhandlung anerkannt.[426] Die Rechtsprechung läßt aber zunehmend Ausnahmen von dieser Regel zu, wenn bei Würdigung aller Umstände die Fürsorgepflicht des Gerichts die Aussetzung zur Gewährleistung einer ordnungsgemäßen Verteidigung gebietet,[427] z.B. bei plötzlicher Erkrankung des Wahlverteidigers[428] oder bei Vertretung des durch Urlaub verhinderten Wahlverteidigers durch einen nicht sachkundigen Sozius.[429] Bei Verhinderung des Vertrauens-Pflichtverteidigers und Weiterführung der Hauptverhandlung mit einem anderen Pflichtverteidiger ist die Revision begründet, wenn sich das Gericht nicht „ernsthaft" um eine Terminsabstimmung bemüht hat.[430] Auch sonst erwachsen unzulässige Beschränkungen oft aus unzureichender Beachtung der Rechtsposition des Verteidigers, z.B.

- Ermessensfehler oder gar Willkür bei der Terminierung unter Zurückweisung eines Aussetzungsantrages nach § 228 StPO,[431]
- Mißachtung einer zugesagten Wartezeit,[432]
- Ablehnung der Aussetzung trotz unzureichender Vorbereitungszeit wegen verspäteter Akteneinsicht,[433]
- Ablehnung einer Aussetzung oder Unterbrechung der Hauptverhandlung

---

[423] Vgl. hierzu BGH bei Pfeiffer NStZ 1981, 94; Kohlhaas NJW 1968, 26 (27).

[424] BGH bei Herlan MDR 1955, 530; OLG Hamm NJW 1972, 1096; MDR 1975, 422.

[425] BGH NStE Nr. 2 zu § 338 Nr. 8.

[426] OLG Düsseldorf GA 1979, 226 m.Nachw.

[427] BGH NStZ 1983, 281; OLG Hamm NJW 1973, 2311; weit.Nachw. bei Löwe/Rosenberg/Gollwitzer § 228 Rdn 20.

[428] OLG Düsseldorf GA 1979, 227.

[429] OLG Hamm GA 1977, 310.

[430] BGH NStZ 1992, 247.

[431] OLG Hamm StV 1990, 56 m.Anm. Julius.

[432] OLG Celle StV 1989, 8.

[433] KG StV 1982, 10.

zur sachgemäßen Vorbereitung des soeben beauftragten Wahlverteidigers,[434]
- Beschluß, daß weitere Anträge des Verteidigers nicht entgegengenommen werden,[435]
- Weigerung, nach Schluß der Beweisaufnahme noch Beweisanträge entgegenzunehmen,[436]
- ermessensmißbräuchliche Verfahrensabtrennung.[437]

Allgemein kann gesagt werden, daß die ermessensfehlerhafte oder willkürliche Mißachtung des Grundsatzes der Gewährleistung wirksamer Verteidigung (Art. 6 IIIc MRK) das Urteil in Gefahr bringt,[438] ggfs. auch ohne Verstoß gegen konkrete Verfahrensnormen (Rdn 107). Auch sonstige Maßnahmen des Vorsitzenden können unter § 338 fallen; zu erwägen sind hier die Abweichung von der gesetzlichen Reihenfolge der Verfahrensschritte, insbes. bei der Beweiserhebung[439] und das willkürliche Hinausschieben von Beratung und Urteilsverkündung.[440]

Bei der **Begründung der Revisionsrüge** ist neben den vollständigen Verfah- 215
renstatsachen (§ 344 II) darzulegen, daß die Verteidigung durch den angegriffenen Beschluß des Gerichts tatsächlich beschränkt worden ist; die bloße Eignung zur Beschränkung soll nicht genügen.[441]

3. Relative Revisionsgründe

Sie sind im Gegensatz zu den absoluten Revisionsgründen (§ 338) im Ge- 216
setz als solche nicht zusammengestellt. Es kommen vielmehr schlechthin **alle Verfahrensverstöße** in Betracht, soweit eine **Rechtsnorm** nicht oder nicht richtig angewendet worden ist (§ 337 II). Der Revisionsführer wird also alle Vorgänge der Hauptverhandlung sorgfältig auf Prozeßfehler durchprüfen müssen, worüber ihm in der Hauptsache das Sitzungsprotokoll Aufschlüsse gibt (Rdn 487ff.). Der Prozeßverstoß ist nur dann ein Revisionsgrund, wenn der Revisionsführer dadurch beschwert ist (Rdn 31ff.) und das Urteil auf dem Fehler **beruht** oder beruhen **kann** (Rdn 31ff.). Die für die absoluten Revisionsgrunde unwiderlegbare Vermutung des Beruhens besteht hier nicht. Das ist das Begriffsmerkmal des relativen Revisionsgrundes.

Verfahrensverletzungen als Grundlage relativer Revisionsgründe kommen 217
in kaum übersehbarer Zahl in Betracht. Fast jede Rechtsnorm der StPO und

---

434 OLG Karlsruhe StV 1991, 199.
435 BGH JR 1980, 218.
436 BGH NStZ 1992, 346.
437 Dazu BGHR § 338 Nr. 8 Beschränkung 1.
438 BGH NStZ 1992, 247.
439 Vgl. dazu KK-Herdegen § 244 Rdn 2; Hammerstein FS Schmitt S. 323.
440 Hammerstein, Hanack-Symp. S. 71.
441 BGHR § 338 Nr. 8 Beschränkung 2; a.A. Löwe/Rosenberg/Hanack § 338 Rdn 141.

viele andere Gesetze sowie ungeschriebenes Recht können Gegenstand **revisionsgerichtlicher Nachprüfung** werden. Sie können in dieser Schrift nicht erschöpfend dargestellt werden, anderenfalls sie zu einem umfassenden Kommentar der StPO werden müßte. Es wird vielmehr im Einzelfall der Revision nötig sein, auf Grund der nachstehend zusammengefaßten Hinweise der sehr reichlichen Rechtsprechung und dem Schrifttum nachzugehen.[442]

a) Verfahrensfehler vor der Hauptverhandlung

Lit.: *Bauer,* Die „Beweislastverteilung" bei unterlassener Belehrung des Beschuldigten, wistra 1993, 99; *Beulke,* Verbot der gemeinschaftlichen Verteidigung nur bei konkreter Interessenkollision?, NStZ 1985 289; *ders.,* Die Vernehmung des Beschuldigten – Einige Anmerkungen aus der Sicht der Prozeßrechtswissenschaft, StV 1990, 180; *Bohnert,* Ordnungsvorschriften im Strafverfahren, NStZ 1982, 5; *Dölp,* Zur Nichtbenachrichtigung des Beschuldigten nach § 168c V StPO, NStZ 1990, 117; *Foth,* Wie sind die Beobachtungen des beauftragten Richters zur Glaubwürdigkeit des kommissarisch vernommenen Zeugen in die Hauptverhandlung einzuführen?, MDR 1983, 716; *Gundlach,* Die Venehmung des Beschuldigten im Ermittlungsverfahren, 1984; *Kohlhaas,* Verfahrensfehler im Ermittlungsverfahren und Revision, NJW 1968, 26; *Krause/Thon,* Mängel der Tatschilderung im Anklagesatz und ihre rechtliche Bedeutung, StV 1985, 252; *Puppe,* Die Individualisierung der Tat in der Anklageschrift und Bußgeldbescheid und ihre nachträgliche Korrigierbarkeit, NStZ 1982, 230; *Quedenfeld,* Beweisantrag und Verteidigung in den Abschnitten des Strafverfahrens bis zum erstinstanzlichen Urteil, FG Peters, S. 215; *Schäfer, Helmut,* Die Einsicht in Strafakten durch Verfahrensbeteiligte und Dritte, NStZ 1985, 198; *ders.,* Die Grenzen des Rechts auf Akteneinsicht durch den Verteidiger, NStZ 1984, 203; *ders.,* Einige Bemerkungen zum Satz „nemo tenetur se ipsum accusare", FS Dünnebier, S. 11; *Schlüchter,* Zu Anklageschrift und Eröffnungsbeschluß bei fortgesetzter Handlung, JR 1990, 10; *Sieg,* Verwertungsverbot für Aussagen eines Beschuldigten im Ermittlungsverfahren ohne Belehrung nach § 136 I 2 StPO?, MDR 1984, 725; *ter Veen,* Die Zulässigkeit informatorischer Befragung, StV 1983, 293; *Welp,* Rechtsschutz gegen verweigerte Akteneinsicht, StV 1986, 446; *Wolter,* Verwertungsverbote bei zulässiger Telefonüberwachung, GS Kaufmann, S. 761.

218 Es handelt sich hier um Verfahrensverstöße aus dem Ermittlungsverfahren, dem Zwischenverfahren (Rdn 233) und der Vorbereitung der Hauptverhandlung (Rdn 239). Die gleichen Fehler können auch während der Hauptverhandlung (Rdn 242ff.) vorkommen.

aa) Vorverfahren

Bei Fehlern im **Ermittlungsverfahren** stellt sich regelmäßig die Frage, ob das Urteil darauf beruhen kann, weil es nur auf Grund der Hauptverhandlung ergeht. Mit dieser Begründung wird die Revisibilität meistens verneint (Rdn 458ff.). Die nähere Rechtfertigung ist unterschiedlich. Wenn der Verfahrensverstoß nicht in die Hauptverhandlung **hineinwirkt**, soll das Urteil

[442] Vgl. insbes. die umfassende Darstellung bei Löwe/Rosenberg/Hanack zu § 337.

zwar darauf beruhen können (Rdn 7); das wird aber nur selten als gegeben anerkannt.[443]

Teilweise wird die Beachtlichkeit des früheren Verfahrensfehlers auch verneint, weil keine „Rechtsnorm", sondern nur eine **Ordnungsregel** (Rdn 89) verletzt sei oder kein Beweisverbot (Rdn 256) anzunehmen oder der Mangel durch Nichtbeanstandung „geheilt", durch Prozeßablauf „überholt" oder sonst „verwirkt" (Rdn 376ff.) oder der „Kausalzusammenhang unterbrochen" sei.

Im nachstehenden Text werden zunächst einige besondere Verfahrensvorgänge hervorgehoben, die erfahrungsgemäß zur Begründung einer Verfahrensrüge herangezogen werden.

Die Verteidigung des Beschuldigten ist schon im Ermittlungsverfahren von 219
wesentlicher Bedeutung. Fehler bei Auswahl, Bestellung und Tätigkeit des Verteidigers können auch dem weiteren Verfahren anhaften und damit Bedeutung für die Revision gewinnen. Insbesondere kommt dafür § 336 (Revision wegen „voraufgegangener Entscheidungen") in Betracht, wenn ein Antrag auf Bestellung eines Pflichtverteidigers durch das Gericht fälschlich abgelehnt oder nicht beschieden worden ist, auch wenn der Antrag in der Hauptverhandlung nicht wiederholt worden ist.[444]

Der Angeklagte kann sich in jeder Lage des Verfahrens eines Verteidigers bedienen (§ 137 I 1). In den Fällen der notwendigen Verteidigung (§ 140 I 1–8) ist ihm zu gegebener Zeit ein Pflichtverteidiger zu bestellen. In anderen Fällen wird ihm ein Pflichtverteidiger bestellt, wenn „wegen der Schwere der Tat oder wegen der Schwierigkeit der Sach- oder Rechtslage die Mitwirkung eines Verteidigers geboten erscheint oder wenn ersichtlich ist, daß der Beschuldigte sich nicht selbst verteidigen kann" (§ 140 II).

Die **Auswahl des Pflichtverteidigers** obliegt dem Vorsitzenden des Gerichts 220
(§ 142). Sie untersteht aber in einem bestimmten Umfang der Kontrolle des Revisionsgerichts, insofern das pflichtgemäße Ermessen des Vorsitzenden durch gewisse Bindungen rechtlich eingeschränkt ist. Der Angeklagte hat zwar keinen Anspruch auf einen bestimmten Verteidiger,[445] auch nicht auf Bestellung des bisherigen Wahlverteidigers zum Pflichtverteidiger. Es soll ihm jedoch grundsätzlich der **Anwalt seines Vertrauens** beigeordnet werden.[446] Darauf kann nur aus besonderen Gründen verzichtet werden[447] (§ 142 I 2u. 3). Die Verletzung der Anhörungspflicht aus § 142 I 2 vermag für sich allein

---

443 Vgl. BGH NJW 1967, 1869; BGHSt 6, 326 (328); OLG Hamm NJW 1972, 1096; Löwe/Rosenberg/Hanack § 336 Rdn 3ff, 6; KK-Pikart § 337 Rdn 34; § 336 Rdn 5.

444 BGH NStZ 1992, 201 m.Nachw.; 1992, 292; Löwe/Rosenberg/Hanack § 336 Rdn 6; KK-Pikart § 336 Rdn 4.

445 BVerfGE 9, 36 (38); BGH bei Holtz MDR 1979, 108.

446 BVerfGE 9, 36 (38); BGH NStZ 1992, 201; Welp ZStW 90 (1978), 101.

447 Als ein solcher gilt auch die Befürchtung, der Verteidiger gewährleiste nicht den ordnungsgemäßen Verfahrensablauf, BVerfGE § 39, 238 (242); KG JR 1978, 346; OLG Karlsruhe NJW 1978, 1064; Kleinknecht/Meyer-Goßner § 142 Rdn 3.

die Revision nicht zu begründen, wenn die Bestellung selbst durch den Vorsitzenden nicht ermessensfehlerhaft oder willkürlich war.[448] Dagegen ist die Revision erfolgreich, wenn ein Pflichtverteidiger bestellt worden ist, der in einem Interessenkonflikt steht – anders beim Wahlverteidiger.[449] Die Ablehnung der hiernach gebotenen Bestellung eines bestimmten Pflichtverteidigers ist mit der Revision anfechtbar.[450]

Die Bestellung zum Pflichtverteidiger soll nach § 143 zurückgenommen werden, wenn sich ein Wahlverteidiger bestellt. Ein unabweisbares Bedürfnis kann aber das Gegenteil rechtfertigen.[451] Auch ein Wahlverteidiger, dem der Beschuldigte das Mandat entzogen hat, kann unter Umständen zum Pflichtverteidiger bestellt werden; § 143 soll nur fiskalische Bedeutung haben.[452]

221 Die **gleichzeitige** Verteidigung mehrerer Beschuldigter durch einen **gemeinschaftlichen Verteidiger** in einem Verfahren ist nach § 146 generell unzulässig, weil stets die Gefahr einer **Interessenkollision** bestehen soll. Daraus ergeben sich in der Praxis vielfach Probleme.[453] Auch die grundsätzlich zulässige **sukzessive Mehrfachverteidigung** (§ 146 S. 2) kann Interessenkollisionen nach sich ziehen oder gar Parteiverrat sein.[454] Die rechtsfehlerhaft vom Gericht unterlassene Zurückweisung des Verteidigers (§ 146a) kann – in der Regel von der Staatsanwaltschaft – mit der Revision gerügt werden, wenn tatsächlich ein Kollisionsfall vorlag.[455]

222 Durch unverschuldete oder verschuldete **Verfahrensfehler des Verteidigers** soll der Angeklagte grundsätzlich nicht benachteiligt werden (vgl. auch § 146a II). Sie sind für ihn vielmehr unverschuldet und geben ihm z.B. bei Fristversäumnis einen Anspruch auf Wiedereinsetzung in den vorigen Stand (§ 44), vorausgesetzt, daß der Fehler nicht zugleich auf einem Verschulden des Angeklagten beruht[456] (Rdn 526).

223 Im Ermittlungsverfahren kann die Verteidigung durch verfahrenswidrige Beschränkung der **Akteneinsicht** benachteiligt werden (§ 147). Gegen die Versagung der Akteneinsicht nach § 147 II kann nach h.M. nicht im Verfahren gem. § 23 EGGVG vorgegangen werden.[457] Soweit dem Verteidiger jedoch

---

[448] BGH NStZ 1992, 201; offen gelassen in BGH NStZ 1992, 292.

[449] BGH NStZ 1992, 292.

[450] BVerfGE 9, 36 (38); vgl. auch BGH bei Dallinger MDR 1969, 903; KG in JR 1957, 469f m.Anm. Sarstedt.

[451] Kleinknecht/Meyer-Goßner § 143 Rdn 2 m.Nachw.

[452] BGH GA 1971, 367.

[453] KK-Laufhütte § 146 Rdn 4ff; Kleinknecht/Meyer-Goßner § 146 Rdn 2ff; Rebmann NStZ 1981, 41.

[454] Dazu Dahs NStZ 1991, 561.

[455] BGH NStZ 1981, 190; BGHSt 27, 148 (154); Kleinknecht/Meyer-Goßner § 146a Rdn 9 m.Nachw.

[456] BGHSt 14, 308 (322); Dahs Handbuch Rdn 968.

[457] OLG Hamm NStZ 1984, 280; OLG Hamburg StV 1986, 422; Kleinknecht/Meyer-Goßner § 147 Rdn 39 m.w.Nachw.; einschränkend OLG Frankfurt StV 1989, 96; a.A. Welp FS Peters S. 309 (323ff).

entgegen § 147 III die Einsicht in Niederschriften über die Vernehmung seines Mandanten und richterliche Untersuchungshandlungen verweigert wird, bei denen er ein Anwesenheitsrecht hatte, soll der Rechtsweg nach § 23 EGGVG gegeben sein.[458] Als Revisionsgrund wird die Beschränkung nur dann Bedeutung haben, wenn der Verstoß noch in der Hauptverhandlung wirksam ist. Das ist regelmäßig nicht der Fall, wenn die Akteneinsicht nachträglich gewährt wird. Nur wenn dies so spät und für so knappe Zeit geschieht, daß die Verteidigung nicht mehr rechtzeitig vorbereitet oder sachgemäß geführt werden kann, kann der Mangel bis in das Urteil hineinwirken und die Revision begründen. Voraussetzung ist aber, daß ein Antrag auf Unterbrechung oder Aussetzung durch Gerichtsbeschluß abgelehnt worden ist (Rdn 214). Es liegt dann sogar der „absolute" Revisionsgrund des § 338 Ziff. 8 vor (Rdn 213).[459]

Die dem **Beschlagnahmeschutz** dienenden Vorschriften der §§ 97ff und 224
verwandte Bestimmungen lösen in der Praxis nicht selten Verstöße aus, die in der Revisionsinstanz weitreichende Wirkung haben können. Die Benutzung beschlagnahmter Gegenstände kann durch ein Beweisverbot ausgeschlossen sein. Die Vernehmung von Zeugen zur Umgehung der Beschlagnahme kann unzulässig sein. Die der Beschlagnahme entzogenen Gegenstände sind im Gesetz ausdrücklich genannt (§ 97). Die Einzelheiten des Beschlagnahmerechts und die umfassende Judikatur werden hier nicht behandelt; auf die praktisch wichtige Beschlagnahme von Krankenblättern, Tagebüchern,[460] Handelsbüchern (Buchhaltung), Handakten des Verteidigers[461] sowie die Postbeschlagnahme (§§ 99, 100), wird aber besonders hingewiesen. In jedem vorkommenden Fall, der sich auf die Auswertung eines beschlagnahmten Gegenstandes bezieht, sollte namentlich der Judikatur sorgfältig nachgegangen werden.

Auch Verfahrensverstöße bei einer **Durchsuchung** (§§ 102, 103) sollen die 225
Revision nicht rechtfertigen, weil das Urteil nicht darauf beruhen kann. Ein **Beweisverwertungsverbot** soll trotz Verletzung der Durchsuchungsvorschriften nicht bestehen, wenn die Gegenstände als solche beschlagnahmefähig waren.[462] Hier handelt es sich um einen der nicht unbedenklichen Fälle aus dem Grenzbereich von Beweiserhebungs- und Beweisverwertungsverbot.[463]

Die Verwertung von Erkenntnissen aus **Telefonüberwachung** (§ 100a ff) 226

---

458 OLG Celle NStZ 1983, 379; Roxin § 19 Rdn 64.

459 Zur Versagung der Einsicht in Spurenakten BGHSt 30, 131; KK-Laufhütte § 147 Rdn 4.

460 Vgl. dazu BVerfG NStZ 1990, 89 m. Anm. Störmer; Wolter StV 1990, 175; Dahs Schriftenreihe DAV Bd. 6 S. 122.

461 Dahs Handbuch Rdn 318.

462 Löwe/Rosenberg/Schäfer § 105 Rdn 52, § 98 Rdn 82.

463 Zu den strafprozessualen Beweisverboten grundsätzlich Rogall ZStW 1991 (1979), 1.

bedarf stets einer kritischen Kontrolle, ob alle gesetzlichen Anforderungen beachtet sind und auch sonst keine Rechtsverstöße vorliegen, sonst besteht ein Verwertungsverbot.[464]

227 **Körperliche Eingriffe** und Durchsuchungen sind nur nach Maßgabe der §§ 81aff. zulässig. Außerhalb dieser Grenze besteht ein Beweiserhebungsverbot. Seine Beachtung erfordert insbesondere in allen Fällen die Berücksichtigung des Grundsatzes der Verhältnismäßigkeit; seine Verletzung löst ein Verwertungsverbot aus.[465]

Bei körperlichem Eingriff oder Untersuchung von anderen Personen als Beschuldigten ist ihr Weigerungsrecht aus § 81c I und III 1 besonders bedeutungsvoll. Sie müssen darüber belehrt werden. Nur wenn das geschehen ist und danach die Einwilligung erteilt wird, ist die Maßnahme zulässig. Die erteilte Einwilligung kann aber wirksam widerrufen werden; nach beendeter Untersuchung ist der Widerruf allerdings unbeachtlich, es sei denn, daß nicht ordnungsgemäß richterlich belehrt worden war.[466] Bezüglich der Untersuchungsergebnisse besteht ein Verwertungsverbot, wenn die Belehrung ohne nachträgliche Heilung unterblieben war und dies im Urteil klargestellt ist.[467] Im übrigen sollen Formverstöße auch hier wie bei § 81a im Ergebnis unschädlich sein.[468]

228 Insbesondere bei **Wahlgegenüberstellung,** die typischerweise im Vorverfahren stattfindet und ein „vorweggenommener" Teil der Beweisaufnahme ist, unterlaufen leicht Fehler, die bis in das Urteil hineinwirken und die Revision begründen können.[469]

229 Die **Verletzung der Belehrungspflicht** (§§ 163a IV 2, 136 I 2) durch die Polizei kann nach neuer Rechtsprechung ebenso die Revision begründen[470] wie die **Verhinderung der Befragung des Verteidigers.**[471] Im Revisionsverfahren braucht der Angeklagte nicht zu behaupten und zu beweisen, daß er bei ordnungsgemäßer Belehrung bzw. Befragung des Verteidigers keine oder andere Aussagen gemacht hätte. Auch die Frage, ob Schweigen im Einzelfall ein geeignetes Verteidigungsmittel gewesen wäre, darf nicht geprüft werden.

---

[464] BGH NJW 1986, 2261 (Unzulässige Tonbandaufnahme für Stimmprobe); BGHSt 31, 304 (Unzulässige Abhörung mit Provokation der Selbstbelastung durch V-Mann); BGHSt 31, 296 (Abhören eines „Raumgesprächs"); BGH NJW 1982, 455; vgl. i.ü. KK-Laufhütte § 100a Rdn 26, 28.

[465] BVerfGE 27, 211 (219); Kleinknecht/Meyer-Goßner § 81a Rdn 18; Einl Rdn 20; Löwe/Rosenberg/Dahs § 81a Rdn 25f.

[466] Vgl. i.e. BGHSt 12, 235.

[467] BGHSt 13, 394 (399); ferner Löwe/Rosenberg/Dahs § 81c Rdn 61.

[468] Kleinknecht/Meyer-Goßner § 81c Rdn 32; Grünwald JZ 1966, 489ff; Löwe/Rosenberg/Dahs § 81c Rdn 61; § 81a Rdn 74ff.

[469] Vgl. dazu OLG Karlsruhe NStZ 1983, 377 m.Anm. Odenthal NStZ 1984, 137; Odenthal, Gegenüberstellung S. 105ff; Dahs Handbuch Rdn 243.

[470] BGHSt 38, 214 = NStZ 1992, 294 m. Anm. Roxin JZ 1992, 923; OLG Celle NStZ 1992, 510 m.Anm. Bohlander 504 = StV 1991, 249 m.Anm. Amelung StV 1991, 454; auch AG Hameln NStZ 1990, 293 m.Anm. Paulus.

[471] BGH NStZ 1993, 142 m. Anm. Roxin JZ 1993, 426.

Es genügt, daß ein Beruhen des tatrichterlichen Urteils auf dem Verfahrensverstoß nicht auszuschließen ist.[472]

Entsprechendes gilt für **rechtswidrige Vernehmungsmethoden** (§ 136a), die ein Verwertungsverbot nach sich ziehen. In der Begründung der insoweit zu erhebenden Verfahrensrüge sind wie stets (§ 344 II) alle tatsächlichen Umstände vorzutragen, die den Rechtsfehler begründen. Gegenüber dem Postulat, es müsse auch dargelegt werden, daß und inwiefern der gerügte Rechtsfehler bis zum Urteil fortgewirkt habe, was nicht ohne weiteres anzunehmen sei,[473] muß differenziert werden: Hat der Angeklagte in der Hauptverhandlung keine Aussage gemacht, so wird das Fortwirken des Rechtsfehlers bis zu dem auf die frühere Vernehmung gestützten Urteil in aller Regel nicht auszuschließen sein. Hat der Angeklagte hingegen vor Gericht Aussagen zur Sache gemacht, so bedarf es besonderer Darlegungen darüber, daß die unzulässigen Ermittlungsmethoden ihn noch bei seinen Aussagen in der Hauptverhandlung beeinflußt haben. 230

bb) Verfahrensfehler bei der Erhebung der öffentlichen Klage

Die **öffentliche Klage** wird durch Einreichung einer Anklageschrift erhoben (§ 170). Mängel der Anklageschrift sind in ihrer revisionsrechtlichen Auswirkung verschieden.[474] Sie können die Anklage unwirksam machen. Wird die Anklage mit den nicht behobenen Mängeln im Eröffnungsbeschluß (§ 207) zugelassen und genügt dieser damit nicht seinen gesetzlichen Voraussetzungen und bleibt deshalb unwirksam, so entsteht auf diesem Wege ein Prozeßhindernis[475] (Rdn 97). Das **Fehlen der** (nicht rekonstruierbaren) **Anklageschrift** entzieht dem weiteren Verfahren die Grundlage; dies gilt auch dann, wenn die Anklage nur ein Entwurf ist oder wesentliche Teile fehlen. Mängel der (zugelassenen) Anklage haben nur dann ihre Unwirksamkeit zur Folge und begründen ein Verfahrenshindernis, wenn sie wesentlich sind.[476] Ein **wesentlicher Mangel** liegt nicht schon jeder Abweichung von den gesetzlichen Anforderungen des § 200 vor, sondern nur in so gewichtigen formalen und sachlichen Defiziten, daß die Zweckbestimmung der Anklage ausgehöhlt wird. Dazu gehört z.B. das Fehlen der Unterschrift dann nicht, wenn zweifelsfrei feststeht, daß die Anklageschrift mit Wissen und Wollen des Staatsanwalts in der vorliegenden Form als eine von ihm verantwortete Urkunde dem Gericht vorgelegt werden sollte.[477] Wenn hingegen im Inhalt der Anklage Verhandlungs- und Entschei- 231

---

[472] Vgl. BGH NStZ 1992, 295; Herdegen NStZ 1990, 513, 517f.

[473] BGH bei Pfeiffer NStZ 1981, 298.

[474] Kleinknecht/Meyer-Goßner § 200 Rdn 25ff.

[475] Allg. Meinung BGHR § 200 I S. 1 Tat 1; OLG Karlsruhe NStZ 1993, 147; Löwe/Rosenberg/Rieß § 200 Rdn 60; Kleinknecht/Meyer-Goßner § 200 Rdn 26.

[476] BGHR § 200 I, 1, Anklagesatz 2 unklare Tatzeit; BGH GA 1980, 108; OLG Karlsruhe NStZ 1993, 147.

[477] Vgl. dazu RGSt 37, 707; BayObLG StV 1990, 395f Eröffnungsbeschluß; Löwe/Rosenberg/Rieß § 200 Rdn 50.

dungsgegenstand so ungenau und unvollständig bezeichnet sind, daß weder der historische Ablauf des Tatgeschehens noch Art und Umfang des Tatgeschehens deutlich zu erkennen sind, ist dies ein wesentlicher, die Unwirksamkeit begründender Mangel. Mängel dieser Art finden sich häufig in Anklagen wegen fortgesetzter Handlung bei vielen Einzelakten.[478] Hier soll es für den Umfang der Tatdarstellung zwar auf die Umstände des Einzelfalles ankommen und Zusammenfassungen zulässig sein, jedoch gehören die Mindestzahlen der Einzelakte, Beginn und Ende der Fortsetzungstat, Ort und Zeit der Tatbegehung, der Mindestschaden und die Geschädigten zum Minimalbestand der Anklage. Je mehr gleichartige Taten in Betracht kommen, umso mehr müssen die Einzelfälle durch tatsächliche Merkmale voneinander unterschieden werden.[479] Auch wenn Mängel der Anklage in der Tatbeschreibung nicht „wesentlich" sind, können sie dazu führen, daß eine sachgerechte Verteidigung nicht gewährleistet ist, was ebenfalls die Aufhebung des Urteils nach sich ziehen kann,[480] wenn nicht (ausnahmsweise) ersichtlich ist, daß der Angeklagte sich nicht anders als geschehen hätte verteidigen können.

Bei mangelhaftem Anklagesatz kann das in der Anklage enthaltene wesentliche Ergebnis der Ermittlungen zur Klärung und Ergänzung herangezogen werden.[481] Es ist aber revisionsrechtlich bedenklich, wenn der Anklagesatz ungewöhnlich viele Einzelheiten des Tatgeschehens und zusätzlich Beweiswürdigung enthält.[482]

232 Wichtig ist die Möglichkeit der **Heilung** von Mängeln der Anklage.[483] So können die Unterschrift des Staatsanwalts nachgeholt werden, inhaltliche Mängel durch Klarstellung oder Hinweis im Zwischen- oder Hauptverfahren seitens der Staatsanwaltschaft und des Gerichts beseitigt werden.[484] Sogar umfangreiche Klarstellungsbeschlüsse des Tatgerichts in der Hauptverhandlung werden revisionsrechtlich akzeptiert.[485] Derartige Maßnahmen der Heilung des Verfahrensfehlers in der Hauptverhandlung gehören zu den wesentlichen Förmlichkeiten (§§ 273, 274), die in der Sitzungsniederschrift beurkundet werden müssen.[486]

---

[478] BGHR § 200 I, 1 Tat 1; BGH NStE Nr. 1 zu § 200; BGH GA 1988, 205.

[479] BGH NStZ 1980, 275; BGH NStZ 1984, 229; OLG Düsseldorf NStE Nr. 2 zu § 200 m. Nachw.

[480] BGH NStZ 1984, 133.

[481] BGH GA 1973, 111.

[482] Vgl. dazu BGHR § 261 Inbegriff der Verhandlung 2.

[483] Löwe/Rosenberg/Rieß § 200 Rdn 56ff m. Nachw.

[484] So schon RGSt 37, 408; BGH NStZ 1984, 133; BGH GA 1973, 111; OLG Karlsruhe NStZ 1993, 147.

[485] BGH B.v.30. 6. 1992 – 5 StR 91/92 – unv.

[486] BGH NStZ 1984, 133; BGHR § 200 I 1 Anklagesatz 2; BGH GA 1973, 112; 1988, 504; OLG Karlsruhe NStZ 1993, 147; OLG Frankfurt NStE Nr. 3 zu § 200.

cc) Verfahrensfehler im Eröffnungsverfahren

Es beginnt mit der **Zustellung** der Anklageschrift und der **Aufforderung zur Erklärung** in bestimmter Frist (§ 201).[487] Wird die Mitteilung an den Angeschuldigten unterlassen, so liegt darin zwar ein gewichtiger Rechtsfehler. Für die Revision ist er aber nicht fruchtbar zu machen, wenn der Angeklagte sich rügelos auf die Hauptverhandlung eingelassen und keinen Antrag auf Aussetzung und Nachbesserung der Mitteilung gestellt hat; darin wird ein **Verzicht** auf die Geltendmachung des Fehlers gesehen.[488] 233

Die **Fristsetzung** zur Stellungnahme spielt in den Revisionen von Angeklagten öfter eine Rolle, indem ihre Angemessenheit bestritten oder ihre Nichteinhaltung gerügt wird. Auch kann es vorkommen, daß überhaupt keine Frist bestimmt ist. Werden derartige Rügen in der Revisionsinstanz vorgebracht, so liegt darin die Rüge der Verletzung des Anspruchs auf rechtliches Gehör (Art. 103 I GG – Rdn 111f.). Ihrer Wirksamkeit steht aber § 210 I entgegen, wonach der Eröffnungsbeschluß nicht, auch nicht über § 336 als voraufgegangene Entscheidung (Rdn 6) angefochten werden kann. Außerdem ist die den Angeklagten zunächst treffende Beschwer durch die Hauptverhandlung überholt (Rdn 379), weil er dort den Anspruch auf rechtliches Gehör realisieren kann. Er hätte im übrigen auch nach § 33a seine nachträgliche Anhörung und evtl. eine Aufhebung des Eröffnungsbeschlusses trotz seiner Unanfechtbarkeit herbeiführen können und müssen.[489]

Jedenfalls wird die **Nichtbeachtung der Äußerungsfrist** nicht als Hinderungsgrund für die Fortsetzung der Hauptverhandlung angesehen.[490] Der Angeklagte kann aber ggfs. Aussetzung oder Unterbrechung (§ 228) der Hauptverhandlung (analog § 265 IV) verlangen, um seine Verteidigung ordnungsgemäß vorbereiten zu können. Wird das versäumt, so beruht das Urteil auf dieser Unterlassung, nicht auf dem Formfehler.[491]

Das Recht auf **einzelne Beweiserhebungen** nach § 202 bringt keine revisionsrechtlichen Probleme. Überschreitung der richterlichen Befugnis kann zwar eine Beschwerde begründen,[492] beeinflußt aber regelmäßig die Hauptverhandlung und damit das Urteil ebensowenig wie die Unterlassung gebotener oder beantragter Beweismaßnahmen. Sie können in der Hauptverhandlung nachgeholt werden. Dagegen ist die Revision begründet, wenn in der Hauptverhandlung gegen den Widerspruch des Angeklagten bzw. seines Verteidigers Vernehmungsprotokolle aus dem Zwischenverfahren verlesen werden, 234

---

[487] Vgl. dazu Krekeler wistra 1985, 56.
[488] BGH NStZ 1982, 125 m. Nachw.
[489] OLG Hamburg JR 1966, 30; Kleinknecht/Meyer-Goßner § 33a Rdn 4, 9.
[490] BGHSt 6, 109 (114).
[491] BGHSt 15, 40; Löwe/Rosenberg/Schäfer Einl. Kap. 12 Rdn 7.
[492] Löwe/Rosenberg/Rieß § 202 Rdn 7.

bei deren Zustandekommen zwingende Vorschriften, z.B. über die Benachrichtigung der Beteiligten (§ 268c V) verletzt worden sind.[493]

235 Der **Eröffnungsbeschluß** (§ 203) ist die Grundlage der Hauptverhandlung. Sein Fehlen ist ein absolutes Verfahrenshindernis (Rdn 97ff.)[494] und daher in der Revision zu beachten. Daran ändert auch nichts, daß die Beteiligten den Mangel übersehen oder in seiner Kenntnis sich mit der Hauptverhandlung einverstanden erklärt haben.[495]

Der fehlende Eröffnungsbeschluß soll durch **Surrogate** ersetzt werden können. Danach soll ein (konkludenter) Eröffnungsbeschluß auch in einer anderen, schriftlich ergangenen Entscheidung gesehen werden, aus der sich zweifelsfrei ergibt, daß das Gericht nach ordnungsgemäß erfolgter Prüfung die Anklage zur Hauptverhandlung zulassen wollte und feststeht, daß damit die Schutzfunktion des Eröffnungsbeschlusses eingehalten ist.[496] Je nach Lage des Einzelfalles ist eine solche Entscheidung sicher pragmatisch und vielleicht auch „richtig". Vor dem Hintergrund einer gegenüber der „Reparatur" von Fehlern im Eröffnungsverfahren eher permissiven Einstellung (vgl. Rdn 236ff.) müssen aber Zweifel bestehen, ob nicht zunehmend die Grenzen zur Fiktion der Eröffnungsentscheidung und ihrer Schutzfunktionen überschritten werden.[497]

236 Streitig ist auch die Frage des **Nachholens** des Eröffnungsbeschlusses in der Hauptverhandlung.[498] Nach der Rechtsprechung soll dies im ersten Rechtszug noch zulässig sein.[499] Für den Angeklagten bedeutet das zumindest faktisch eine Verkürzung der Verteidigung, weil die das Zwischenverfahren besonders prägende Phase der Verdachtsüberprüfung durch das erstmals mit der Sache befaßte neutrale Gericht[500] verloren ist und die „Nachholentscheidung" durch das in der Überzeugungsbildung während der Hauptverhandlung bereits vorgeprägte Gericht kein Äquivalent sein kann. Das Verfahren muß vielmehr nach § 206a eingestellt und in den Stand des Zwischenverfahrens mit erneuter Gelegenheit zur Stellungnahme für den Betroffenen und zur erneuten Entscheidung über die Zulassung der Anklage zurückversetzt

---

[493] BGH bei Holtz MDR 1977, 461; Löwe/Rosenberg/Rieß § 202 Rdn 18; vgl. auch OLG Bremen StV 1992, 59.

[494] BGHSt 29, 224; BGH NStZ 1981; 448; BGHR § 206a I Verfahrenshindernis 1; OLG Hamm NStZ 1990, 146; Löwe/Rosenberg/Rieß § 207 Rdn 70; zum Begriff des Fehlers: OLG Hamm NStZ 1990, 146; Löwe/Rosenberg/Rieß § 207 Rdn 41f; Kleinknecht/Meyer-Goßner § 207 Rdn 8.

[495] RGSt 68, 107; 67, 59.

[496] BGH NStZ 1984, 520 (allerdings verneinend für Übernahmebeschluß); BGHR § 203 Beschluß 1 (verneinend für Verweisungsbeschluß); OLG Hamm NStZ 1990, 146.

[497] Krit. auch Naucke StV 1990, 397.

[498] Vgl. die Darstellung des Problems bei Kleinknecht/Meyer-Goßner § 203 Rdn 3 und Löwe/Rosenberg/Rieß § 206a Rdn 14ff.

[499] Vgl. nur BGHSt 29, 224; BGH NStZ 1981, 448; zust. Löwe/Rosenberg/Rieß § 203 Rdn 15; KK-Treier § 203 Abs. 2; a.A. Meyer-Goßner JR 1981, 214.

[500] Vgl. dazu OLG Hamm NStZ 1990, 146.

werden. Das ist kein zu hoher Preis für den vorangegangenen schweren Rechtsfehler des Gerichts.

Wird der Eröffnungsbeschluß in der Hauptverhandlung nachgeholt, so muß dies als **wesentliche Förmlichkeit** des Verfahrens (§§ 273, 274)[501] aus der Niederschrift der Verhandlung ersichtlich sein. Auch muß dem Angeklagten zu Protokoll eine Belehrung über die Möglichkeit der Aussetzung der Hauptverhandlung gem. § 217 I, § 218 erteilt werden und er (und sein Verteidiger) darauf (zu Protokoll) verzichtet haben. Dann kann die Hauptverhandlung ohne Unterbrechung sofort weitergeführt werden.[502]

Von den **formalen Mängeln** des Eröffnungsbeschlusses kommt vor allem 237
den Folgen fehlender Unterschrift besondere Bedeutung zu. Auch hier ist die Tendenz der Rechtsprechung erkennbar, Wege zu finden, die nicht zur Feststellung eines Verfahrenshindernisses mit der Folge der Urteilsaufhebung führen. Im einzelnen: Für den Bereich des Amtsgerichts hat das BayObLG[503] entschieden, daß ein Eröffnungsbeschluß trotz fehlender Unterschrift wirksam sein kann, wenn sich aus den Umständen des Falles mit Sicherheit ergibt, daß er von dem zuständigen Richter stammt und dieser das Verfahren tatsächlich eröffnen wollte.[504] Der BGH hat es für die Strafkammer offen gelassen, ob die fehlende Unterschrift des dritten Berufsrichters zur Unwirksamkeit des Eröffnungsbeschlusses führt.[505] Entscheidend soll sein, daß nach dem Ergebnis des revisionsgerichtlichen Freibeweisverfahrens festgestellt werden kann, daß nach Beratung ein ansonsten ordnungsgemäßer Eröffnungsbeschluß erlassen, schriftlich niedergelegt und lediglich unvollständig unterzeichnet worden ist.[506] Übereinstimmung besteht immerhin darin, daß kein Eröffnungsbeschluß angenommen werden kann, wenn die Richter sich über die Eröffnung des Hauptverfahrens einig waren, die schriftliche Niederlegung dieses mündlichen Beschlusses jedoch unterblieben ist, oder wenn der Beschluß lediglich ein Entwurf war, der noch nicht von allen dazu berufenen Mitgliedern des Spruchkörpers gebilligt war.[507] Es kommt also darauf an, daß der Beschluß tatsächlich durch die zur Mitwirkung berufenen Richter gefaßt worden ist. Kann diese Frage **im Freibeweisverfahren** bejahend geklärt werden, so ist die fehlende Unterschrift, die die richterliche Mitwirkung an der Entscheidung lediglich dokumentieren soll, rechtlich unschädlich.[508] Die hier erneut erkennbaren Aufweichungen der Förmlichkeiten des Verfahrens sind bedenklich. Die gesetzlich vorgeschriebene Form des Beschlusses soll sicher-

---

501 BGH NStZ 1981, 448.

502 Vgl. BGHSt 29, 224 (230).

503 StV 1990, 395 m. krit. Anm. Naucke.

504 Ähnlich OLG Düsseldorf StV 1983, 408 (m. abl. Anm. Fuchs), das die Paraphe des Richters für ausreichend hält; a. A. OLG Frankfurt NStE Nr. 7 zu § 203.

505 BGHSt 34, 248; weitergehend Kleinknecht/Meyer-Goßner § 207 Rdn 11.

506 BGHSt 34, 248.

507 BGH NStZ 1981, 448; BGHSt 34, 249; BayObLG StV 1990, 396.

508 Vgl. nur BGH NStZ 1986, 276; BGHSt 10, 278.

stellen, daß das Gericht das Zwischenverfahren nach Erwägung und Beratung durch eine von seinem Willen getragene Entscheidung abgeschlossen hat. Der Zwang zur Einhaltung der Formalien ist in jeder Phase – bis zur Unterschrift – der Appell an den Richter, seinen Entschluß immer wieder kritisch zu überdenken. Der Betroffene ist auf diesen „Schutz durch die Form" angewiesen.

Die **gesetzwidrige Besetzung** des Gerichts bei Erlaß des Eröffnungsbeschlusses hat der BGH früher als Mangel einer Prozeßvoraussetzung angesehen.[509] Nach der späteren Rechtsprechung bleiben derartige Rechtsverstöße revisionsrechtlich folgenlos.[510] Enthält dagegen der Eröffnungsbeschluß unzulässigerweise eine Würdigung der Ermittlungsergebnisse, so kann die Revision begründet sein.[511] Auch ein Eröffnungsbeschluß auf unvollständiger Aktengrundlage kann die Revision rechtfertigen.[512]

Da die **Anklageschrift** die Grundlage des Verfahrens bildet, macht ihr **Fehlen** als unheilbarer Mangel auch den Eröffnungsbeschluß unwirksam, so auch wenn die konkrete Tat nicht richtig bezeichnet ist.[513] Es fehlt dann an einer Prozeßvoraussetzung (Rdn 97). Auch andere sachliche Mängel der Anklage, auf der der Eröffnungsbeschluß beruht, haben diese Konsequenz (Rdn 97).

238 Geringe Mängel der Anklageschrift und des Eröffnungsbeschlusses können durch **Ergänzung** oder Erläuterung behoben werden, wenn dadurch alle Zweifel über den Umfang des Schuldvorwurfes ausgeräumt werden.[514]

Ist der Eröffnungsbeschluß abhanden gekommen, so steht das dem Fehlen in diesem Sinne nicht gleich. Er kann rekonstruiert werden,[515] jedoch nur wenn feststeht, daß ein ordnungsgemäßer Beschluß ergangen war.[516] Ist der Eröffnungsbeschluß nicht zugestellt (§ 215), so soll das die Revision nicht begründen können. Der Mangel rechtfertigt aber einen Aussetzungsantrag (§ 228) und auf diesem Wege evtl. die Revision (Rdn 261 ff.).[517]

dd) Verfahrensfehler bei der Vorbereitung der Hauptverhandlung

239 Hier kann die Nichtbeachtung der maßgebenden Verfahrensvorschriften (§§ 213 ff) revisionsrechtlich bedeutsam werden.

Abgesehen von der **fehlenden Zustellung** des Eröffnungsbeschlusses (§ 215) (Rdn 238) kommt namentlich die Nichteinhaltung der **Ladungsfristen** (§§ 217, 218) in Betracht. Ist der Angeklagte überhaupt nicht geladen und deshalb

---

509 BGH GA 1980, 108.

510 BGHSt 29, 351 (355) = JR 1981, 377 m. Anm. Meyer-Goßner; krit. Löwe/Rosenberg/Rieß § 207 Rdn 51.

511 BGH bei Pfeiffer/Miebach NStZ 1984, 15.

512 Dazu Rieß NStZ 1983, 247.

513 BGH NStZ 1992, 553; BGHSt 10, 137 f; 5, 227; BGH bei Holtz MDR 1980, 107.

514 BGHSt 10, 227; RGSt 59, 360; 44, 28; 31, 104; Löwe/Rosenberg/Rieß § 207 Rdn 57.

515 RGSt 65, 250; 55, 159; Schmid FS Lange S. 781 (783 ff).

516 BGH bei Holtz MDR 1977, 639.

517 RGSt 55, 159; Kleinknecht/Meyer-Goßner § 215 Rdn 8 m. w. Nachw.

nicht anwesend, so wäre die Verhandlung in seiner Abwesenheit ein **absoluter Revisionsgrund** nach § 338 Nr. 5. Ist er trotzdem oder trotz nicht fristgerechter Ladung (§ 217 I) erschienen, so kann er bis zum Beginn seiner Sachvernehmung Aussetzung verlangen (§ 217 II). Daraus wird gefolgert, daß er den Mangel später nicht mehr mit der Revision geltend machen könne.[518] Ist die Aussetzung zu Unrecht abgelehnt oder ist fälschlich ein Verzicht des Angeklagten auf die Ladungsfrist (§ 217 III) angenommen worden, so kann darauf die Revision jedenfalls nach § 338 Nr. 8 gestützt werden.[519] Dazu soll aber nicht genügen, daß der Angeklagte entgegen § 228 III nicht auf seinen Aussetzungsanspruch hingewiesen worden ist, da es sich nur um eine „Ordnungsvorschrift" handele (Rdn 89) (§ 228).[520] Die **Ladung des Verteidigers** (§ 218) bzw. aller Verteidiger ist unabdingbar. Ist diese unterblieben, so ist grds. die Revision begründet.[521] Ob die Kenntnis des Verteidigers vom Termin die Ladung ersetzt, ist nach den Umständen des Einzelfalles zu entscheiden.[522] Insoweit genügt es aber nicht, daß der Verteidiger durch die ihm gewährte Akteneinsicht Kenntnis von dem Termin hatte oder haben konnte.[523] Hat allerdings der Angeklagte Kenntnis von der unterbliebenen Ladung des Verteidigers und stellt er trotz Belehrung keinen Aussetzungsantrag, so soll darin ein Verzicht auf die Ladung zu sehen sein.[524] Wesentlich ist in diesem Zusammenhang, daß die Anwesenheit des von amts wegen bestellten Verteidigers dann nicht ausreicht[525] und in der Regel nicht ausgeschlossen werden kann, daß die Hauptverhandlung in Anwesenheit des Wahlverteidigers zu einem günstigeren Ergebnis geführt hätte.[526] Das Beruhen des Urteils auf dem Verfahrensfehler kann dagegen ausgeschlossen werden, wenn feststeht, daß der Verteidiger bei Ladung nicht erschienen wäre.-[527]

„Beweisanträge" vor der Hauptverhandlung im Sinne des § 219 können bedeutsame Wirkungen für die Hauptverhandlung und die **Revision** auslösen.[528] Zwar beschwert eine Ablehnung den Angeklagten insofern nicht endgültig, als es sich dabei nur um eine vorläufige Stellungnahme durch den 240

518 BGHSt 24, 143 (145ff); Kleinknecht/Meyer-Goßner § 217 Rdn 12; anders OLG Hamburg JR 1967, 193.

519 BayObLG NStZ 1982, 172; Kleinknecht/Meyer-Goßner § 217 Rdn 12.

520 BGHSt 24, 143, 146; a.A. KMR-Paulus § 217 Rdn 15; Schlüchter SKStPO § 217 Rdn 20.

521 BGHSt 36, 259; OLG Frankfurt StV 1983, 268; OLG Köln MDR 1973, 70; Kleinknecht/Meyer-Goßner § 218 Rdn 15; vgl. aber OLG Celle NJW 1974, 1258.

522 BGH NStZ 1985, 229; BGHSt 36, 261; Kleinknecht/Meyer-Goßner § 218 Rdn 8.

523 BGH NStZ 1985, 229.

524 BGHSt 36, 261; Löwe/Rosenberg/Gollwitzer § 218 Rdn 28; Kleinknecht/Meyer-Goßner § 218 Rdn 12, 16f.

525 BGHSt 36, 261; Löwe/Rosenberg/Gollwitzer § 218 Rdn 28.

526 BGHSt 36, 262; OLG Hamburg NStE Nr. 1 zu § 218.

527 OLG Hamburg NStE Nr. 1 zu § 218.

528 Vgl. zum flgd. die umfassende Darstellung bei Alsberg/Nüse/Meyer S. 360ff; ferner Oske MDR 1971, 797ff.

Vorsitzenden handelt, dem durch einen echten Beweisantrag in der Hauptverhandlung (§ 244) oder durch unmittelbare Ladung (§§ 220, 245 II) begegnet werden kann. Die darauf ergehende Entscheidung wird Grundlage des Urteils, das damit nicht auf § 219 beruht (Rdn 458ff.). Hiernach kann die **Revision** nicht auf die Ablehnung nach § 219 gestützt werden, auch wenn die Begründung unrichtig war. Der Revisionsgrund wird aber anerkannt, wenn die Ablehnungsverfügung des Vorsitzenden dazu Anlaß gibt. Aus ihr muß hervorgehen, daß es sich nur um eine vorläufige Entscheidung handelt, die Möglichkeit der unmittelbaren Ladung besteht und der Antrag in der Hauptverhandlung wiederholt werden kann.[529] Wird die Ablehnung damit begründet, daß die Beweistatsache als wahr unterstellt (Rdn 339f.) wird, ist sie fehlerhaft; denn das kann nur in der Hauptverhandlung beschlossen werden.[530] Ein Revisionsgrund ergibt sich dann, wenn das Gericht in der Hauptverhandlung dem Angeklagten davon keine Kenntnis gibt und dieser auf die Wahrunterstellung vertraut.[531] Auch wenn der Angeklagte auf seinen Antrag nach § 219 dahin beschieden wird, das Gericht werde darüber in der Hauptverhandlung beschließen, ist es eine revisible Verletzung der **Fürsorgepflicht**, wenn der Angeklagte in der Hauptverhandlung nicht auf die Möglichkeit erneuter Antragstellung hingewiesen wird.[532] Das Gericht ist ohnehin gehalten, sich damit auseinanderzusetzen,[533] auch wenn der Vorsitzende nach § 219 nichts veranlaßt hatte. Sonst müßte hier auch die **Aufklärungsrüge** (Rdn 475ff.) begründet sein. Die Rechtslage ist nicht anders, wenn der Antrag nach § 219 zwar positiv beschieden, die Ausführung aber unterlassen worden ist.[534] Ist sie aber erfolgt und bleiben darauf dann geladene Beweispersonen in der Hauptverhandlung aus, so muß ein neuer Beweisantrag gestellt werden, soweit nicht die Aufklärungspflicht mit der Möglichkeit einer Aufklärungsrüge auch hier eingreift.

Soweit hiernach eine Verletzung des § 219 die Revision begründet, kann es anders sein, wenn ein Verteidiger den Antrag nach § 219 gestellt hatte. Bei ihm kann die Auslegung seines Prozeßverhaltens als **Verzicht** in Frage kommen, wobei alle Umstände abzuwägen sind.[535]

241 Die **kommissarische Vernehmung** von Zeugen oder Sachverständigen wird an dieser Stelle behandelt. Sie kommt aber auch in anderen Verfahrensstadien vor, insbesondere während der Hauptverhandlung und wird in den entsprechenden Abschnitten genannt werden (Rdn 278). Für die **kommissarische**

---

529 BGHSt 1, 53; RGSt 75, 165.

530 RGSt 75, 167.

531 BGHSt 1, 51 (53); Alsberg/Nüse/Meyer S. 363.

532 RGSt 75, 167; BayObLG GA 1964, 334; OLG Köln NJW 1954, 46; OLG Hamburg NJW 1955, 1938; Alsberg/Nüse/Meyer S. 362.

533 BGHSt 1, 51 (53).

534 OLG Braunschweig HRR 1928, Nr. 1676.

535 Vgl. BGH JZ 1951, 725 m. Anm. Gehler; BayObLG GA 1964, 334; OLG Köln NJW 1954, 46; a. A. Alsberg/Nüse/Meyer S. 363; Löwe/Rosenberg/Gollwitzer § 219 Rdn 13.

Vernehmung ist die Benachrichtigung der Beteiligten vorgeschrieben (§ 224). Der Zugang der Benachrichtigung muß nachgewiesen werden.[536] Die Unterlassung der Benachrichtigung begründet die **Revision**, da das „Beruhen" nicht ausgeschlossen werden kann (Rdn 458ff.).[537] Sie ist jedoch verzichtbar.[538]

Die Benachrichtigung soll unterbleiben können, wenn nach Auffassung des kommissarischen Richters Gefahr im Verzuge ist. Dafür soll die Gefährdung des Untersuchungszweckes[539] sowie die Gefahr des Beweisverlustes[540] genügen. Das geht ziemlich weit. Jedenfalls kann die Verzögerung des Verfahrens nicht als genügend gelten.[541] Daß ein Zeuge am folgenden Tage zu seinem ausländischen Wohnort zurückfahren will, ist ebenfalls als ungenügend angesehen worden.[542]

Auch wenn die Benachrichtigung des Verteidigers zulässigerweise unterblieben ist, muß er zugelassen werden, wenn er erscheint.[543]

Die Entscheidung über eine Gefährdung des Untersuchungserfolges unterliegt tatrichterlichem Ermessen. Das Revisionsgericht prüft nur nach, ob rechtliche Ermessensfehler, insbesondere eine Überschreitung des Ermessens vorliegen.[544]

In der Praxis ist der Angeklagte oder der Verteidiger häufig an der Teilnahme verhindert. Ihm wird ein Anspruch auf Terminsverlegung aber versagt[545] und ein **Revisionsgrund** insoweit also nicht anerkannt. Das ist eine schwerwiegende Rechtsverkürzung, deren Berechtigung sehr zweifelhaft ist.[546] Jedenfalls bei **Willkür** sollte ein revisibler Rechtsfehler anerkannt werden.[547]

Bei Vernehmung im Ausland sind die am Ort geltenden Prozeßvorschriften maßgebend.[548] Auch wenn den Prozeßbeteiligten das Recht, Fragen zu stellen oder überhaupt die Teilnahme an der Vernehmung untersagt ist[549] oder wenn keine Verteidigung erfolgt, ergibt das keinen Revisionsgrund.[550] Allerdings muß in einem Rechtshilfeersuchen darauf hingewirkt werden, daß

---

536 Löwe/Rosenberg/Gollwitzer § 224 Rdn 8.

537 BGHSt 31, 140 (144); 29, 1 (3); 26, 332 (335).

538 BGHSt 9, 24 (26f); OLG Bremen StV 1992, 59 m. Nachw.

539 BGHSt 29, 1 (3); 26, 332 (335); RGSt 43, 337.

540 BGH NJW 1980, 2088; Kleinknecht/Meyer-Goßner § 224 Rdn 8.

541 BayObLGSt 50, 113.

542 OLG Hamm JMBlNRW 1962, 223.

543 BGH NStZ 1984, 36 (39).

544 BGHSt 29, 1.

545 BGH NJW 1952, 1426; BGHSt 1, 284; Kleinknecht/Meyer-Goßner § 224 Rdn 9.

546 Löwe/Rosenberg/Rieß § 168c Rdn 47; KK-R. Müller § 168c Rdn 20; Kleinknecht/Meyer-Goßner § 168c Rdn 5.

547 So wohl tendenziell auch Löwe/Rosenberg/Rieß § 168c Rdn 47.

548 BGHSt 7, 16; GA 1964, 176; VRS 20, 122; 31, 268; Löwe/Rosenberg/Gollwitzer § 251 Rdn 22.

549 BGH GA 1964, 176; RGSt 46, 50f; Löwe/Rosenberg/Gollwitzer § 251 Rdn 24.

550 BGHSt 1, 219 (221).

die Beteiligten rechtzeitig von dem Termin benachrichtigt werden und an ihm teilnehmen können.[551]

Ist ein Revisionsgrund gegeben, so kann er hier wie sonst durch Verzicht geheilt bzw. „verwirkt" werden (Rdn 376ff.). Das geschieht insbesondere durch **Wiederholung** der Vernehmung in richtiger Form oder dadurch, daß der **Verlesung** in der Hauptverhandlung nach § 251 I Nr. 4 oder § 251 II 1 zugestimmt bzw. nicht widersprochen wird (Rdn 296f.).[552] Ein solcher Verzicht wird einem nicht verteidigten Angeklagten aber nicht zu unterstellen sein, es sei denn, daß ihm sein Widerspruchsrecht bewußt war (Rdn 376ff.).[553] Ein in erster Instanz erklärtes Einverständnis mit der Verlesung kann in der Berufungsinstanz widerrufen und der Verlesung widersprochen werden. Das Protokoll über die kommissarische Vernehmung darf dann nicht verlesen werden.[554]

b) Verfahrensfehler in der Hauptverhandlung

aa) Unmittelbarkeit und Mündlichkeit („Inbegriff der Hauptverhandlung")

Lit.: *Bruns,* Die Entscheidung des Großen Senates zum strafprozessualen V-Mann Problem – Anfang oder Ende einer notwendigen Neuorientierung der Rechtsprechung?, MDR 1984, 177; *Dahs,* „Wahrheitserforschung" contra Unmittelbarkeitsprinzip?, StV 1988, 169; *Fezer,* Anmerkung zu BGH NStZ 1983, 278, NStZ 1983, 278; *ders.,* Die Rüge, daß das Tatgericht – (wesentlichen) Beweisstoff nicht aus dem Inbegriff der Hauptverhandlung geschöpft, – (wesentlichen) Beweisstoff übersehen oder übergangen habe, Schriftenreihe DAV, Bd. 9 (1992), S. 58; *ders.,* Grenzen der Beweisaufnahme durch das Revisionsgericht, Hanack-Symp., S. 89; *Hamm,* Öffentliche Urteilsberatung, NJW 1992, 3147; *Herdegen,* Überprüfung der tatsächlichen Feststellungen durch das Revisionsgericht auf Grund einer Verfahrensrüge, StV 1992, 590; *Hilger,* Zum Rechtsweg gegen Sperrerklärung und Verweigern der Aussagegenehmigung in V-Mann-Prozessen, NStZ 1984, 145; *Krey,* Probleme des Zeugenschutzes im Strafverfahrensrecht, in GS K. H. Meyer, S. 239; *Maul,* Die Überprüfung der tatsächlichen Feststellungen durch das Revisionsgericht in der neueren Rechtsprechung des Bundesgerichtshofes, FS Pfeiffer, S. 409; *Rebmann,* Der Zeuge vom Hörensagen im Spannungsverhältnis zwischen gerichtlicher Aufklärungspflicht, Belangen der Exekutive und Verteidigungsinteressen, NStZ 1982, 315; *Schäfer, Gerhard,* Die Rüge, daß das Tatgericht (wesentlichen) Beweisstoff nicht aus dem Inbegriff der Hauptverhandlung geschöpft, wesentlichen Beweisstoff übersehen oder übergangen habe, Schriftenreihe DAV, Bd. 9 (1992), S. 44; *Schlothauer,* Unvollständige und unzutreffende tatrichterliche Urteilsfeststellungen, StV 1992, 134; *Seebode/Sydow,* „Hörensagen ist halb gelogen". Das Zeugnis vom Hörensagen im Strafprozeß, JZ 1980, 506; *Tiedemann/Sieber,* Die Verwertung des Wissens von V-Leuten im Strafverfahren, NJW 1984, 753; *Widmaier,* Die Rüge, daß das Tatgericht (wesentlichen) Beweisstoff übersehen oder übergangen habe, Schriftenreihe DAV, Bd. 9 (1992), S. 66.

---

[551] Vgl. Kleinknecht/Meyer-Goßner § 168c Rdn 8.

[552] BGHSt 9, 24 (26f); OLG Bremen StV 1992, 59.

[553] Löwe/Rosenberg/Gollwitzer § 224 Rdn 46; ferner Niese JZ 1953, 222; vgl. auch BGHSt 31, 140 (144).

[554] OLG Bremen StV 1992, 59.

Grundlage des Urteils ist nach §§ 261, 264 die aus dem **Inbegriff der Hauptverhandlung** geschöpfte freie Überzeugung des Gerichts (dazu i.e. Rdn 406ff.). 242

Überzeugung ist nicht die logisch-theoretische Unwiderlegbarkeit, sondern die absolut freie, subjektive Gewißheit des Richters.[555] Die abstrakte Möglichkeit eines Andersseins schließt also die Überzeugung nicht aus.[556] Dabei ist vor der schillernden Formel von der „an die Gewißheit grenzenden Wahrscheinlichkeit" zu warnen. Die subjektive Gewißheit des Richters reicht nur aus, wenn sie ohne jede Einschränkung gegeben ist. Etwa vorhanden gewesene Zweifel muß er restlos überwunden haben, anderenfalls verstößt er gegen den materiellen Rechtssatz in dubio pro reo (Rdn 435f.). Außerhalb der Hauptverhandlung gewonnene Erkenntnisse dürfen nicht verwertet werden,[557] auch nicht im allgemeinen Einverständnis.[558]

Der „Inbegriff der Hauptverhandlung" umfaßt die gesamten Prozeßvorgänge. Dazu gehören auch eine erschöpfende Beweiswürdigung (Rdn 409), die Erledigung aller Beweisanträge (Rdn 315), die Schlußvorträge sowie alle Äußerungen des Angeklagten, deren Berücksichtigung von seinem Anspruch auf rechtliches Gehör erfaßt werden (Rdn 111, 313).

Ein Urteil kann in der **Revision** leicht durch Saloppheiten der Urteilsfällung zu Fall kommen. Schreibt ein Richter das Urteil während des Schlußvortrages vorzeitig nieder, kann daraus ein Verstoß gegen § 261 abgeleitet werden (Rdn 361f.),[559] zumindest wenn es sich um einen längeren Urteilstenor, zumal in Verbindung mit Nebenentscheidungen, handelt. Nicht als Verfahrensverstoß hat es der BGH angesehen, wenn in einer umfangreichen Wirtschaftsstrafsache der Vorsitzende schon vor den Schlußvorträgen ein umfangreiches Manuskript für die mündliche Urteilsbegründung herstellt.[560] Auch dagegen bestehen Bedenken, weil die hier unterstellte Bereitschaft des Richters zu jederzeitiger Änderung seiner „vorläufigen" Entscheidung leicht zur Fiktion werden kann.

Ein Anhörungsanspruch steht den Beteiligten auch zu hinsichtlich der **offenkundigen Tatsachen**, die zwar keines Beweises bedürfen, aber zur Diskussion gestellt werden müssen (Rdn 330, 410).[561] Solche Tatsachen sind nicht auch solche, die nur auf privatem Wissen des Richters beruhen. Diese dürfen 243

---

[555] BGHSt 10, 208; Kleinknecht/Meyer-Goßner § 261 Rdn 2; Kleinknecht GA 1961, 45 (51f); zur Revisibilität des § 261 eingehend Meurer, GS Hilde Kaufmann (1986), S. 947ff.

[556] BGH NJW 1951, 83, 122, 325; GA 1954, 152; BayObLG GA 1970, 186; RGSt 66, 164.

[557] BGH StV 1992, 356; BGHSt 13, 73; 11, 159; 6, 292; 5, 278.

[558] BGHSt 17, 112 (120).

[559] A. A. für den Regelfall BGHSt 11, 74.

[560] U. v. 31. 3. 1976 – 3 StR 487/75 – unv.

[561] BVerfGE 10, 177 (182); BGHSt 36, 354 (359); Kleinknecht/Meyer-Goßner § 261 Rdn 7u. Einl. Rdn 28; Schlothauer StV 1986, 228.

nicht als solche verwertet, sondern nur zu einem Vorhalt benutzt werden.[562] Die Gewährung des rechtlichen Gehörs ist aber hier wie auch sonst kein protokollpflichtiger Vorgang (§§ 273, 274);[563] für Verstöße gilt also das Freibeweisverfahren (Rdn 486ff.).

244 Wenn das Gericht nach **Beratung** wieder in die Hauptverhandlung eingetreten ist, muß im Anschluß grundsätzlich erneut geheim beraten werden. Das kann nur ausnahmsweise im Sitzungssaal durch Flüsterverständigung unter allen Richtern einschließlich der Schöffen oder Kopfnicken geschehen, wenn die Entscheidung einfachster Fragen raschestens möglich ist (Rdn 365), z.B. nach Beschlüssen gem. §§ 154, 154a ohne weitere Sachausführungen der Verfahrensbeteiligten das Beratungsergebnis zum Strafausspruch lediglich zu bestätigen ist oder sonst absolut auszuschließen ist, daß die „Nachverhandlung" Einfluß auf die Entscheidung haben könnte.[564] Der Vorsitzende sollte aber gegenüber einer solchen Form der „Beratung" größte Zurückhaltung üben.[565] Jedenfalls muß die Tatsache, daß eine **erneute Beratung** zwischen allen Mitgliedern des Gerichts einschließlich der Schöffen stattfindet, für die übrigen Prozeßbeteiligten äußerlich erkennbar sein.[566] Der Nachweis rechtsfehlerhaft unterlassener erneuter Beratung ist im Revisionsverfahren oft schwer zu führen, weil die Beratung allgemein kein protokollpflichtiger Vorgang ist.[567] In der Rechtsprechung wird den Tatgerichten jedoch empfohlen, aus Gründen der Rechtssicherheit einen entsprechenden Vermerk in das Protokoll aufzunehmen.[568] Sein Fehlen kann daher im Einzelfall im Freibeweisverfahren ein gewichtiges Indiz für den Sachvortrag des Revisionsführers sein.

245 Das Prinzip der **Mündlichkeit**, das ebenfalls durch § 261 abgedeckt wird, verbietet die Verwertung von Umständen, die in der Hauptverhandlung nicht zur Sprache gekommen sind. Zur Vermeidung derartiger Rechtsfehler ist es zulässig, für die Beratung und Abfassung des Urteils Vorgänge der Hauptverhandlung durch Benutzung richterlicher Notizen oder von Tonbandaufnahmen zu rekonstruieren, wenn diese auf erlaubte Weise für justizinterne Zwecke (etwa für Zwecke des Gerichts oder der Verteidigung) (Rdn 260) zustandegekommen sind.[569] Der Akteninhalt als solcher darf dem Urteil nicht zugrundegelegt werden. Dazu gehören namentlich frühere Vernehmungsprotokolle. Sie müssen wie alle Urkunden verlesen werden (Rdn 291), Zeugen müssen vernommen werden (Rdn 271), Sachverständigengutachten in der Hauptverhandlung mündlich vorgetragen werden. Es genügt nicht, daß be-

---

[562] BGHSt 36, 354 (359); Löwe/Rosenberg/Gollwitzer § 261 Rdn 19, 24.
[563] BGHSt 36, 354.
[564] BGHSt 24, 170; 19, 156; vgl. auch Kleinknecht/Meyer-Goßner § 260 Rdn 4.
[565] So auch BGH U. v. 31. 3. 1976 – 3 StR 487/75 – unv.
[566] BGH NJW 1992; 3182; BGH StV 1991, 547; BGHSt 24, 170.
[567] BGHSt 37, 141 (143).
[568] BGH NJW 1987, 3210; OLG Hamm NJW 1992, 3147; a.A. BGH NJW 1992, 3181.
[569] BGHSt 19, 193; Kleinknecht/Meyer-Goßner § 261 Rdn 10; § 169 GVG Rdn 11; Bruns GA 1960, 162.

stimmte Akten summarisch „zum Gegenstand der mündlichen Verhandlung gemacht" werden, wenn sie nicht verlesen werden (Rdn 293)[570] oder nach § 249 II verfahren wird. Verstöße begründen die Revision.

Eine für die Praxis des Strafprozesses besonders bedeutende Funktion entfaltet die Vorschrift des § 261 im Bereich von **Divergenzen** zwischen dem **Inhalt der Beweisaufnahme** und seiner **Darstellung im Urteil.**[571] Die hier angesprochenen Urteilsfehler sind mit der **Sachrüge** nur dann zu erfassen, wenn sie aus den Urteilsgründen erkennbar sind. 246

Fall:
Die Strafkammer hat den Angeklagten wegen fortges. Beischlafes mit seiner Tochter verurteilt. In den Urteilsgründen heißt es, die Sexualbeziehung zwischen Vater und Tochter sei beendet worden, als die Mutter beide unbekleidet in eindeutiger Position im Bett angetroffen habe; darüber habe sie ihre Mutter (Schwiegermutter des Angeklagten) sofort telefonisch unterrichtet. In der Beweiswürdigung werden die Bekundungen dieser beiden Zeuginnen weder mitgeteilt noch – auch nicht summarisch – gewertet.

Der BGH sah diese Beweiswürdigung als unvollständig und lückenhaft an, weil das Tatgericht es unterlassen habe, alle Umstände, die die Glaubhaftigkeit der Aussage der Geschädigten bestätigen oder in Frage stellen könnten, in seine Überlegungen einzubeziehen. Die Aussagen der angeblichen Augenzeugen zu dem geschilderten Vorfall wären insoweit gewichtige Indizien gewesen, mit denen sich die Strafkammer in nachvollziehbarer Weise hätte auseinandersetzen müssen. Das Urteil wurde auf die Sachrüge aufgehoben.[572]

Die Sachrüge greift aber nach früherer Rechtsprechung dann nicht, wenn Rechtsfehler dieser Art aus den schriftlichen Urteilsgründen allein nicht zu entnehmen sind, z.B. die unrichtige Wiedergabe der Einlassung des Angeklagten im Urteil, die Nichtberücksichtigung der Aussage eines Entlastungszeugen, die unzutreffende Wiedergabe der Bekundungen von Zeugen und Sachverständigen, von Urkunden u.ä. Die sogenannte **Rüge der „Aktenwidrigkeit"** oder der „Verhandlungswidrigkeit" der Urteilsgründe wurde von der Rechtsprechung nicht zugelassen, weil sie auf eine in der Revision unzulässige inhaltliche Rekonstruktion der Hauptverhandlung hinauslaufe.[573] In gleicher Weise konnte die Revision nicht darauf gestützt werden, das Tatgericht habe sich mit einem bestimmten beweiserheblichen Umstand, der in der Hauptverhandlung zur Sprache gekommen sei, im Urteil nicht auseinander- 247

---

570 BGHSt 11, 29; Löwe/Rosenberg/Gollwitzer § 261 Rdn 20.

571 Vgl. dazu Schlothauer StV 1992, 134; Herdegen StV 1992, 590; ders. Schriftenreihe DAV Bd. 9 (1992) S. 30 sowie ebendort Theune S. 13; Hamm S. 20; G. Schäfer S. 44, Fezer S. 58; Widmaier S. 66.

572 BGH B.v. 7. 9. 1992 – 3 StR 278/92 – unv.; daß die Zeuginnen ausgesagt und sich nicht auf ihr Zeugnisverweigerungsrecht nach § 52 berufen hatten, folgerte der BGH aus dem Schweigen der Urteilsgründe dazu und aus einem Gerichtsbeschluß, der von der Revision in einer zulässigen Verfahrensrüge vorgetragen war.

573 Vgl. nur BGHSt 21, 149 (151) sowie zuletzt BGH MDR 1992, 890 (891).

gesetzt, wenn nicht dieser Umstand sich aus dem Urteil selbst ergab.[574] Diese Rechtsprechung ist aber in Bewegung geraten.[575]

248 Nach neuerer Auffassung wird eine gewisse revisionsrechtliche **Kontrolle der tatsächlichen Feststellungen** und der **Beweiswürdigung** des Urteils auf dem Wege über die Rüge der Verletzung des § 261 und die Aufklärungsrüge (§ 244 II) (Rdn 475ff.) zugelassen. Dabei sind mehrere Fallgruppen zu unterscheiden:

- Ist das tatrichterliche Urteil auf **Beweisergebnisse** oder sonstige Vorgänge gestützt, die **nicht Gegenstand der Hauptverhandlung** waren, so ist § 261 verletzt. Der Beweis der Verfahrensrüge (vgl. dazu Rdn 484ff.) ist hier durch einen Vergleich zwischen den in den Urteilsgründen verwendeten Beweismitteln und den nach Maßgabe des Protokolls in der Hauptverhandlung herangezogenen Beweismitteln oder sonstigen Prozeßvorgängen zu führen. Stützt also das Tatgericht die Verurteilung z.B. auf die Einlassung des Angeklagten, auf eine bestimmte Zeugenaussage, Niederschrift über Zeugenaussage, Urkunde, ärztliches Attest oder Lichtbilder und ergibt das Hauptverhandlungsprotokoll, daß der Angeklagte sich nicht zur Sache eingelassen hat, der Zeuge nicht vernommen, Niederschriften und Urkunden nicht verlesen oder sonst in zulässiger Weise in die Hauptverhandlung eingeführt und Lichtbilder nicht in Augenschein genommen wurden, so wird das Urteil der Revision nicht standhalten, wenn es auf dem Verfahrensfehler (möglicherweise) beruht.[576] Die Rspr. hat in dieser Beweisführung schon früher keine unzulässige (partielle) Rekonstruktion der Hauptverhandlung gesehen.[577]
- In Fortentwicklung dieser Rechtsprechung können auch **Urteilsfeststellungen**, die in **Widerspruch** zu dem **Ergebnis der Hauptverhandlung** stehen, dann zum Gegenstand einer Revisionsrüge (Verletzung des § 261) gemacht werden, wenn sich die Divergenz aus dem Vergleich zwischen Urteilsinhalt und solchen Vorgängen in der Beweisaufnahme ergibt, deren Inhalt schriftlich niedergelegt ist.[578] Die Rüge greift z.B. durch, wenn eine in der Hauptverhandlung verlesene Urkunde zweifelsfrei einen anderen Inhalt hat als in den Urteilsgründen behauptet[579] oder der Wortlaut einer verlesenen Urkunde oder Vernehmungsniederschrift im Urteil falsch wiedergegeben wird.[580] Folgerichtig ist auch eine im Urteil vorgenommene Auslegung

---

[574] Vgl. nur BGH NStZ 1991, 500; BGHSt 29, 18 (20) und die bei Schlothauer StV 1992, 134 zit. Rspr. und Lit.

[575] Vgl. dazu Schlothauer StV 1992, 134; Herdegen StV 1992, 590; Widmaier Schriftenreihe DAV Bd. 9 (1992), S. 66; Schlüchter SKStPO § 261 Rdn 104bf.

[576] Vgl. Schlothauer StV 1992, 136f m.weit.Beisp.

[577] BGHSt 29, 18 (21); 22, 26 zu den Einzelfällen BGH StV 1987, 516; BGHR § 261 Inbegriff der Verhandlung 9, 10.

[578] Vgl. Maul FS Pfeiffer S. 417f; OLG Bremen StV 1990, 536.

[579] BGHSt 29, 18 (21)

[580] BGHSt 29, 18 (21); BayObLG StV 1985, 226; offen gelassen in BayObLG NStZ 1990, 508 (509) (zu den Anforderungen an das Rügevorbringen).

einer Urkunde oder eines Protokolls angreifbar, die mit dem Wortlaut nicht zu vereinbaren ist.[581]

- Umgekehrt greift die Rüge der Verletzung des § 261 auch gegen solche Feststellungen über Vorgänge in der Hauptverhandlung durch, die sich nach Lage des Protokolls anders oder gar nicht zugetragen haben. Es wird im Urteil z. B. die Einlassung des Angeklagten als Beweismittel verwertet, während sich aus dem Protokoll ergibt, daß er sich nicht eingelassen hat.[582] Wie stets muß die **Revisionsbegründung** streng an den Forderungen des § 344 II orientiert sein, d. h. den tatsächlichen Ablauf der Hauptverhandlung nach Maßgabe des Protokolls vortragen, erforderlichenfalls den Wortlaut der verlesenen Urkunde und Niederschriften zitieren und darlegen, daß die Urteilsgründe damit nicht in Einklang stehen. Hinsichtlich des Beruhens gelten die allgemeinen Grundsätze (Rdn 458 ff.). 249
- Auch **unvollständige Tatsachenfeststellungen** und eine **unvollständige Beweiswürdigung** können unter gewissen Voraussetzungen mit Verfahrensrügen der Verletzung des § 244 II bzw. § 261 erfolgreich angegriffen werden. In Anlehnung an *Schlothauer*[583] sind hier vier Fallgruppen zu erwähnen: 250
  - Übergehen entlastender Sachverhaltsfeststellungen zur Schuldfrage
  - Unvollständige Beweiswürdigung
  - Selektive Würdigung einzelner Beweismittel
  - Nichtberücksichtigung günstiger Umstände in der Strafzumessung.

Entscheidend für den Erfolg einer auf die Verletzung des § 261 gestützten Rüge ist der **Nachweis**, daß ein wesentlicher Vorgang der Hauptverhandlung bei der Urteilsfindung unberücksichtigt geblieben ist, obwohl sich seine Erörterung aufdrängte.[584] So muß das vom Beschwerdeführer in der richterlichen Beweiswürdigung vermißte Beweisergebnis (z. B. Zeugenaussage, Urkunde) und seine Erörterungsbedürftigkeit mit den Mitteln des Revisionsrechts feststellbar sein.[585] Das ist z. B. dann der Fall, wenn eine für die Beweiswürdigung erhebliche Aussage gem. § 273 III wörtlich protokolliert worden ist[586] oder die Feststellungen u. a. auf „dem verlesenen Protokoll über die frühere richterliche Aussage des Angeklagten“,[587] seiner – verlesenen – Aussage als Zeuge in einem anderen Verfahren[588] oder einer durch Verlesung in die Hauptverhandlung eingeführten polizeilichen Zeugenaussage[589] beruhen, ohne daß das Tatgericht den Inhalt wiedergegeben bzw. sich damit

---

[581] OLG Bremen StV 1990, 536.

[582] Weit. Beisp. bei Schlothauer, StV 1992, 138.

[583] StV 1992, 138 f.

[584] Widmaier Schriftenreihe DAV Bd. 9 (1992) S. 66.

[585] BGH StV 1993, 115; BGH NStZ 1991, 500 m. Nachw.; dazu Widmaier Schriftenreihe DAV Bd. 9 (1992) S. 66; BGH NStE § 337 Nr. 6.

[586] BGH NStE § 337 Nr. 6; BGHSt 38, 14.

[587] BGH StV 1991, 548

[588] BGH StV 1993, 115.

[589] BGH StV 1988, 138 m. Anm. Schlothauer.

auseinandergesetzt hat. Aus dem diesbezüglichen Schweigen des Urteils soll dann gefolgert werden können, der Tatrichter habe es entweder unterlassen, Fragen zu stellen oder Vorhalte zu machen, die sich aufdrängten (Verletzung des § 244 II) oder die Beweiswürdigung sei lückenhaft, weil sie sich mit den in der Hauptverhandlung gemachten Angaben eines Angeklagten, Zeugen oder Sachverständigen zu seinen früheren Bekundungen nicht auseinandersetze, obwohl dies geboten war.[590]

251 Die **Leistungsfähigkeit** dieser Rüge darf aber nicht überschätzt werden; sie findet ihre Grenze dort, wo der im Urteil vermißte Vorgang der Hauptverhandlung nicht in einer mit den Mitteln des Revisionsrechts greifbaren Art und Weise dokumentiert ist.[591] Die Rekonstruktion des faktischen Inhalts von Teilen der Hauptverhandlung, insbesondere des Inhalts von mündlichen Äußerungen der Beweispersonen, die nur mit den Mitteln des Freibeweises möglich wäre, wird nach wie vor abgelehnt,[592] nur der „rechtliche" Rückblick ist zulässig.[593] Dabei muß jedoch auch im Lichte der neueren Rspr. beachtet werden, daß das Schweigen der Urteilsgründe allein Rechtsfehler der erörterten Art nicht zu beweisen vermag.[594]

252 Daran ändert sich auch angesichts der Rechtsprechung zur **Nichtausschöpfung eines Beweismittels** nichts. Diese erfaßt Fallstrukturen, in denen das Schweigen der Urteilsgründe ein revisionsrechtlich „beredtes Schweigen" ist. Damit sind solche Fälle gemeint, in denen Inhalt und Zusammenhang der Urteilsgründe erkennen lassen, daß der Tatrichter ein Beweismittel nicht ausgeschöpft hat, weil er eine wesentliche Frage nicht gestellt oder einen bestimmten Vorhalt nicht gemacht hat, was z.B. bei Widersprüchen zwischen Zeugenaussagen sowie zwischen Sachverständigengutachten in Betracht kommt. Kann ein solcher Verfahrensfehler allein anhand der Urteilsgründe zur Überzeugung des Revisionsgerichts dargetan werden, ist die **Aufklärungsrüge** (§ 244 II) (Rdn 475ff.) gerechtfertigt, wenn ein Zusammenhang zwischen dem Rechtsfehler und der Entscheidung nicht ausgeschlossen werden kann.[595]

253 Für die **Revisionsbegründung** ist zu beachten, daß auch die prozessualen Bezugsvorgänge gem. § 344 II 2 genauestens vorgetragen werden müssen, etwa zur verlesenen Urkunde der gesamte prozessuale Vorgang und der genaue Inhalt des Dokumentes, zur wörtlich protokollierten Zeugenaussage neben dem Inhalt auch die Verlesung und Genehmigung der Niederschrift.[596]

254 Streitig ist das Problem des **Zeugen vom Hörensagen** und des polizeilichen

---

[590] BGH StV 1992, 2; Schlothauer StV 1992, 139f.

[591] BGH NJW 1992, 2838 (2840); Widmaier Schriftenreihe DAV Bd. 9 (1992) S. 71.

[592] BGH StV 1991, 340; BGHSt 31, 139.

[593] Widmaier Schriftenreihe DAV Bd. 9 (1992), S. 68.

[594] BGH NJW 1992, 2838 (2840).

[595] BGH NStZ 1991, 448; dazu G. Schäfer, Schriftenreihe DAV Bd. 9 (1992), S. 44ff; BGH NStZ 1990, 244; BGHSt 17, 351 (352f); Schlothauer StV 1992, 139 m. Nachw.

[596] BayObLG NStZ 1990, 508.

Gewährsmannes (V-Mann), dessen Identität die Polizeibehörden nicht offenbaren wollen. Die Vernehmung des Zeugen vom Hörensagen ist grundsätzlich – insbesondere im Hinblick auf das Unmittelbarkeitsprinzip – als zulässig anerkannt.[597] Auch er ist Zeuge und erbringt eine Aussage, die deshalb nur mittelbar ist, weil er nicht eine zum Tatbestand gehörende Tatsache bekundet, sondern lediglich ein Beweisanzeichen liefert, das auf eine solche Tatsache hindeutet. Da naturgemäß der Beweiswert eines solchen Zeugnisses Zweifeln begegnet, ist nicht nur sorgfältigste Prüfung, sondern regelmäßig auch Bestätigung durch andere Erkenntnisse nötig, wenn Feststellungen darauf gestützt werden sollen.[598] Das Urteil muß dies in der Beweiswürdigung erkennen lassen, sonst kann die Sachrüge begründet sein.

Das Problem spitzt sich im Bereich der V-Leute besonders zu, wenn deren Wissen in die Beweisaufnahme eingebracht werden soll, was nach ständiger Rspr. entgegen im Schrifttum geäußerten Bedenken als zulässig bejaht wird.[599] Grundsätzlich muß der V-Mann jedoch selbst vor Gericht aussagen, wobei er von der Angabe seiner Personalien nicht freigestellt werden kann (§ 68);[600] dies gilt auch für eine kommissarische Vernehmung.[601] Vernimmt das Gericht statt eines erreichbaren sachnäheren nur den sachferneren Zeugen vom Hörensagen, so kann dies die Revision unter dem Gesichtspunkt der Verletzung der Aufklärungspflicht (§ 244 II) begründen.[602] Auf die unmittelbare Vernehmung des V-Mannes darf das Tatgericht nur dann verzichten, wenn es keine Kenntnis von seiner Identität hat und die zuständigen Behörden es ablehnen, diese bekanntzugeben, obwohl das Gericht bei der Verwaltungsbehörde auf die Freigabe hingewirkt hat.[603] Erst wenn die gerichtliche Vernehmung des V-Mannes als sachnächstes Beweismittel trotz nachhaltiger Bemühungen nicht erreicht werden kann, ist es unter dem Gesichtspunkt der Amtsaufklärungspflicht revisionsrechtlich hinnehmbar, ein sachferneres Beweismittel zu verwenden. Als solches kommt die Verlesung von Niederschriften einer polizeilichen Vernehmung des gesperrten Zeugen gem. § 251 II,[604] sowie die Vernehmung der Verhörsperson als Zeuge vom Hörensagen

---

[597] BVerfGE 57, 250 (259ff); BVerfG NStZ 1991, 445; BGHSt 33, 178 (181); dagegen Seebock/Sydow JZ 1980, 506 m.w.Nachw.; krit. auch Grünwald JZ 1966, 494; Hanack JZ 1972, 236; v. Zezschwitz NJW 1971, 796.

[598] BVerfG NStZ 1991, 445; BGH StV 1988, 237 (238); StV 1991, 101; Kleinknecht/Meyer-Goßner § 250 Rdn 5.

[599] BGHSt 36, 159 (161); 33, 178 (182); 32, 115 (122); a.A. Dencker FS Dünnebier 1982, 447ff; Bruns NStZ 1983, 49; dazu auch Herdegen NStZ 1984, 97, 200, 337.

[600] BGH NJW 1986, 1999 (2000); KK-Pelchen vor § 48 Rdn 68ff.

[601] Zu den Voraussetzungen siehe BGHSt 32, 115; Kleinknecht/Meyer-Goßner § 223 Rdn 2ff.

[602] BGH StV 1988, 91 m. Anm. Strate, auch zu den Anforderungen an eine formgerechte Rüge.

[603] BGHSt 33, 83 (90f); 32, 115 (126); BGH NStZ 1989, 331 (332); KK-Pelchen vor § 48 Rdn 60ff.

[604] Vgl. hierzu ausführlich KK-Mayr § 251 Rdn 27.

in Betracht. Unter Beachtung aller Aufklärungspflichten auf diese Weise in das Strafverfahren eingeführte Aussagen eines anonymen oder gesperrten V-Mannes werden in Rspr. und Schrifttum als verwertbar anerkannt.[605] Es ist jedoch zu beachten, daß der Beweiswert einer solchen mit vielen Unsicherheiten behafteten Aussage besonders kritischer Würdigung bedarf, was im Urteil zum Ausdruck kommen muß. Tatsachenfeststellungen dürfen regelmäßig nur dann auf die Aussage eines Zeugen vom Hörensagen gestützt werden, wenn dessen Bekundungen durch andere gewichtige Gesichtspunkte bestätigt werden.[606] Dies wird in der Revision auf die **Sachrüge** nachgeprüft.[607]

255 Als Revisionsgrund hat es zu gelten (Verstoß gegen § 261), wenn ein **Schöffe** in die **Anklageschrift** vor oder während der Hauptverhandlung Einblick nimmt, weil damit seiner Überzeugungsbildung auf Grund nicht mündlicher Verhandlung Vorschub geleistet wird, vorausgesetzt, daß sich die Kenntnisnahme auch auf das Ermittlungsergebnis bezieht.[608] Derselbe Vorgang kann auch Grund für eine **Ablehnung** des Schöffen nach § 24 StPO sein (Rdn 167).

256 Es widerspricht nicht der Mündlichkeit, wenn ein **Sachverständiger** im mündlich erstatteten Gutachten Anknüpfungs- oder Befundtatsachen[609] vorträgt, die er im Rahmen seiner Vorbereitung ausschließlich auf Grund seiner Sachkunde ermittelt hat. Ist das nicht der Fall, bedarf es der Vernehmung des Sachverständigen oder anderer als Zeugen.[610]

Besteht ein **Beweisverwertungsverbot**, so bedeutet dies, daß die von ihm betroffenen Tatsachen nicht berücksichtigt werden dürfen. Dieser umfangreiche Problemkreis kann hier in seiner Dogmatik und den praktischen Fallgruppen nicht behandelt werden; insoweit ist auf Kommentare und Schrifttum zu verweisen.[611] Nur einige Beispiele: Die Verlesung der polizeilichen Aussage eines in der Hauptverhandlung nach §§ 52, 252 die Aussage zu Recht verweigernden Zeugen (Rdn 272) würde dem Mündlichkeitsgebot des § 261 widersprechen, was sich auch aus § 250 ergibt. Unter Verstoß gegen § 136a zustande gekommene Aussagen dürfen nicht durch Vorhalt oder Ver-

---

[605] BGHSt 36, 159 (162); 33, 178 (191); 32, 115 (122); KK-Mayr § 250 Rdn 13; Löwe/Rosenberg/Gollwitzer § 250 Rdn 27.

[606] BGHSt 17, 382 (386); OLG Köln NStZ 1990, 557 m. w. Nachw.

[607] Z. B. BGHSt 34, 15; OLG Köln NStZ 1990, 557.

[608] BGHSt 13, 73 = JR 1961, 301 m. Anm. Eb. Schmidt; BGH bei Dallinger MDR 1973, 19; RGSt 69, 120; s. auch BGH NJW 1987, 1209; vgl. auch RiStBV Nr. 126 III.

[609] Zum Begriff vgl. Kleinknecht/Meyer-Goßner § 79 Rdn 10; § 261 Rdn 8; Löwe/Rosenberg/Dahs Rdn 8 vor § 72.

[610] BGHSt 22, 268; 20, 164; 18, 107; 9, 293; Löwe/Rosenberg/Gollwitzer § 250 Rdn 34.

[611] Vgl. dazu die umfassende Darstellung bei Schlüchter SKStPO § 261 Rdn 33ff; ferner Kleinknecht/Meyer-Goßner § 261 Rdn 13ff; Löwe/Rosenberg/Gollwitzer § 261 Rdn 64ff; Roxin § 24 Rdn 18ff; Gössel JZ 1984, 361; Wolter NStZ 1984, 276.

nehmung der Verhörperson in die Hauptverhandlung eingeführt werden.[612] Andererseits ist es aber nicht unzulässig, bei unbefugter Aussageverweigerung des Zeugen aus seinem Verhalten Schlüsse zu ziehen.[613] Auch bei befugtem Schweigen des Zeugen oder in engen Grenzen auch des Angeklagten,[614] kann dies unter Umständen in Betracht kommen (Rdn 269). Liegt ein Beweisverwertungsverbot vor, so sind auch seine ggfs. bestehenden **Fernwirkungen** zu beachten.[615] Im übrigen ist zu bedenken, daß gerade die Revisionsgerichte über die rechtlichen Möglichkeiten zum Ausbau der Beweisverbote verfügen.[616]

bb) Allgemeiner Gang der Hauptverhandlung

Er ist in § 243 geregelt. Nach dem **Aufruf der Sache** ist die Anwesenheit der 257
Prozeßbeteiligten festzustellen. Die Zeugen haben den Sitzungssaal zu verlassen (§ 243 I). Nach der Vernehmung des Angeklagten über seine persönlichen Verhältnisse hat der Staatsanwalt den **Anklagesatz** zu verlesen.

Darauf folgt die Vernehmung des Angeklagten zur Sache (§ 243 III), dann die Beweisaufnahme (§ 244). Abweichungen von dieser Reihenfolge sind revisionsrechtlich von unterschiedlicher Bedeutung. Sind sie nicht wesentlich oder haben sie ihrer Natur nach reinen Ordnungscharakter, ist kein revisionsrechtlicher Verstoß gegeben (Rdn 89).[617] Das ist aber anders, wenn der Aufbau in seiner Gesamtstruktur erschüttert wird.[618]

Die **Verlesung des Anklagesatzes** – wesentliche Förmlichkeit des Verfahrens 258
(§§ 273 I, 274)[619] – ist eine essentielle Voraussetzung für die Durchführung der Hauptverhandlung. Der Eröffnungsbeschluß muß dagegen nicht verlesen werden.[620] Wird die Anklageverlesung unterlassen, ist grundsätzlich ein die **Revision** rechtfertigender Verfahrensverstoß anzunehmen.[621] Es ist so gut wie nie auszuschließen, daß das Urteil auf der Nichtverlesung beruhen kann, es sei denn, daß die Sach- und Rechtslage exzeptionell einfach ist und offensichtlich alle Beteiligten den Anklagevorwurf genau verstanden haben.[622] Der Nichtverlesung steht es gleich, wenn der Anklagesatz verspätet (etwa nach Sachvernehmung des Angeklagten oder erst während der Beweisaufnahme)

---

612 BGH bei Dallinger MDR 1973, 371; zur „Fernwirkung" von Beweisverwertungsverboten BGHSt 29, 244 (249ff); Roxin § 25 Rdn 42.

613 BGH NJW 1966, 211; Kleinknecht/Meyer-Goßner § 261 Rdn 20; KK-Hürxthal § 261 Rdn 44).

614 BGHSt 32, 140 (142)

615 Vgl. BGHSt 29, 244, 249; 27, 355, 357; Kleinknecht/Meyer-Goßner Einl. 57 m. Nachw.; Löwe/Rosenberg/Schäfer Einl. Kap. 14 Rdn 38ff.

616 KK-Pfeiffer Einl. 124.

617 RGSt 58, 180.

618 BGHSt 19, 93 (96); 13, 358; 3, 384.

619 BGHR § 274 Beweiskraft 6.

620 Kleinknecht/Meyer-Goßner § 243 Rdn 15 a.E.

621 BGH NStZ 1984, 521; 1982, 431 u. 518; BGHR § 274 Beweiskraft 6.

622 BGH MDR 1970, 777; KK-Treier § 243 Rdn 26; Schlüchter SKStPO § 243 Rdn 69.

verlesen worden ist.[623] Dieser Mangel ist aber heilbar, indem der entsprechende Teil der Hauptverhandlung wiederholt wird (Rdn 379). Ist die Anklage gem. § 207 nur mit Änderungen zugelassen und dementsprechend abgeändert worden, ist sie in der geänderten Fassung zu verlesen. Wird eine mit Rechtsfehlern behaftete Anklage verlesen, ist dies zwar ein Verfahrensverstoß, jedoch wird seine Kausalität für das Urteil in aller Regel ausgeschlossen werden können.[624]

259 In der **Berufungsinstanz** tritt an die Stelle der Anklageverlesung der Vortrag über die Ergebnisse des bisherigen Verfahrens und die Verlesung des Urteils des ersten Rechtszuges (§ 324 I, 1, 2). Wird dies unterlassen, so ist die Revision begründet, soweit nicht auf die Verlesung des Urteils rechtswirksam verzichtet worden ist (Rdn 450).

260 **Tonbandaufnahmen** und **Filmaufnahmen** in der Hauptverhandlung können für justizinterne Zwecke zugelassen werden. Darüber entscheidet der Vorsitzende (RiStBV Nr. 129 III).[625]

Anders liegt es bei Ton, **Fernseh-** und Rundfunkaufnahmen sowie Ton- und Filmaufnahmen, die zum Zwecke der **Veröffentlichung** gemacht werden sollen. Sie sind nach § 169 Satz 2 GVG unzulässig. Der Verstoß begründet für alle Beteiligten die **Revision**, auch wenn er nur bei einer Augenscheinseinnahme außerhalb des Gerichts[626] oder bei der Urteilsverkündung vorgekommen ist.[627]

cc) Unterbrechung und Aussetzung des Verfahrens

261 Wenn die dem Urteil zugrunde liegende Hauptverhandlung Prozeßbeteiligte in ihren Rechten dadurch verkürzt, daß sie zu Ende geführt worden ist, obwohl sie durch **Aussetzung** hätte beendet oder durch **Unterbrechung** hätte verschoben werden müssen, kann das die **Revision** begründen. Die Einzelheiten sind in §§ 228, 229 und zugehörigen Bestimmungen (z.B. §§ 217, 218, 222a II, 246 II, 262 II, 265 III und IV u.a. und mittelbar auch in §§ 230, 244 II, 145 I, II) enthalten.

262 Die Aussetzung (§ 228) erfordert einen **Gerichtsbeschluß**,[628] der von Amts wegen oder auf Antrag ergeht. Das bedeutet, daß die Verhandlung entweder in einem weiteren Termin fortgesetzt wird (Unterbrechung § 229) oder demnächst neu zu verhandeln ist. Der Begriff der Aussetzung umfaßt also die Unterbrechung. Ein Aussetzungsbeschluß wird regelmäßig kein Revisionsgrund sein können, weil er das Urteil im allgemeinen nicht negativ beeinflußt und damit keinen Beteiligten beschwert (Rdn 31); Ausnahmen sind aber

---

[623] RGSt 23, 310.
[624] Dazu Schlüchter SKStPO § 243 Rdn 69.
[625] Vgl. dazu Praml MDR 1977, 14.
[626] BGH NJW 1989, 1741 m. Anm. Fezer StV 1989, 291.
[627] BGHSt 22, 83; 21, 290; 16, 114.
[628] BGHSt 33, 217.

denkbar.[629] Die Unterlassung oder Ablehnung einer Aussetzung kann die Revision begründen.[630] Das ist zunächst dann der Fall, wenn die Aussetzung zwingend vorgeschrieben war. Das ist z.B. gegeben im Falle des § 265 IV (Veränderung des rechtlichen Gesichtspunktes) (Rdn 357) oder bei Nichteinhaltung der Ladungsfrist (§ 217 II) (Rdn 239). Steht die Aussetzung im Ermessen des Gerichts, ist die Ablehnung nach allgemeinen Regeln nur angreifbar bei rechtsfehlerhafter oder willkürlicher Ausübung (Rdn 88).

Ist der **Verteidiger** in der Hauptverhandlung nicht anwesend, ist die Ausset- 263
zung (oder Unterbrechung) im Falle der notwendigen Verteidigung zwingend geboten (§ 145). Das gilt nach § 228 II jedoch nicht für den Fall einer nicht notwendigen Verteidigung. Trotzdem kann auch hier die Aussetzung aus dem Gesichtspunkt der **Fürsorgepflicht** des Gerichts[631] geboten sein (Rdn 187). Das wird bei unverschuldeter Verhinderung des Verteidigers, z.B. dessen plötzlicher Erkrankung häufig der Fall sein. Die Fürsorgepflicht ist auch nicht gewahrt, wenn der Verteidiger wegen plötzlich eintretender Terminkollisionen nicht rechtzeitig erscheinen kann, ein rechtzeitig bestellter Verteidiger am Tage vor dem Termin absagt oder infolge eines Versehens der Geschäftsstelle nicht erscheint. Ist der Verteidiger oder einer der Verteidiger nicht oder nicht richtig geladen, ist ebenso wie bei Nichtladung des Angeklagten Aussetzung zu verlangen (Rdn 239 – §§ 214, 218). Auch kann die Beschaffung oder Prüfung von Beweismitteln oder Akten dem Verteidiger das Recht geben, die Aussetzung zu verlangen.[632] Auch wenn der Angeklagte sich infolge Ungenügens des Anklagesatzes nicht hinreichend auf seine Verteidigung vorbereiten konnte, muß einem Aussetzungsantrag stattgegeben werden.[633]

In all diesen Fällen wird anzunehmen sein, daß das Urteil auf der unberechtigten Ablehnung der Aussetzung beruht oder beruhen kann (Rdn 458).

Bei **Verspätung** des Verteidigers besteht eine gewisse **Wartepflicht** des Gerichts.[634]

Die Ablehnung einer beantragten Aussetzung erfordert einen **Gerichtsbeschluß**, der vor dem Urteil zu verkünden ist, so daß die Beteiligten noch Gelegenheit zur weiteren Antragstellung und Verhandlung haben,[635] wenn es sich nicht um einen Eventualantrag handelt.[636] Der Beschluß muß mit Grün-

---

[629] BGHSt 33, 217 (219); Schlüchter SKStPO § 228 Rdn 25.

[630] OLG Hamm NJW 1972, 1096.

[631] OLG Düsseldorf GA 1979, 226; KK-Treier § 228 Rdn 11; Löwe/Rosenberg/Gollwitzer § 228 Rdn 20; Schlüchter SKStPO § 228 Rdn 19.

[632] Vgl. hierzu und zu weiteren Fällen OLG Hamburg AnwBl 1964, 265; OLG Celle NdsRpfl 1961, 161; OLG Düsseldorf GA 1958, 54; OLG Hamm NJW 1954, 933.

[633] Dahs, Handbuch Rdn 409.

[634] Dazu OLG Köln StV 1990, 257; StV 1984, 147; Schlüchter SKStPO § 228 Rdn 20; Heubel NJW 1981, 2678.

[635] RG HRR 38, Nr. 193.

[636] OLG Schleswig SchlHA 1956, 298.

den versehen sein (§ 34), wovon freilich bei einer reinen Ermessensentscheidung abgesehen werden kann.[637] Unterbleibt ein ausdrücklicher Beschluß, indem der Antrag stillschweigend übergangen wird, kann die Rechtslage für den Betroffenen nicht schlechter sein. Auch in diesem Falle ist die Revision wie bei einem audrücklichen Beschluß gegeben. Das gilt auch, wenn der Antrag vor der Hauptverhandlung gestellt, in der Hauptverhandlung aber nicht erörtert und beschieden worden ist.[638] Die Anfechtbarkeit dieser ausdrücklichen oder stillschweigenden Beschlüsse durch die Revision ergibt sich im übrigen auch aus der hier in Betracht kommenden Bestimmung des § 338 Nr. 8 wegen unzulässiger Beschränkung der Verteidigung durch einen Gerichtsbeschluß (Rdn 213).

264 Eine Aussetzung der Hauptverhandlung kommt in Betracht, wenn der in der Sitzung amtierende Staatsanwalt als Zeuge vernommen wird (Rdn 177, 271).

265 Wird im Falle der Unterbrechung die **Zehntagefrist** oder die **Dreißigtagefrist** des § 229 überschritten,[639] ist damit ein revisibler Verfahrensverstoß gegeben. Als absoluter Revisionsgrund gilt er indessen nicht.[640] Es wird aber regelmäßig nicht auszuschließen sein, daß das Urteil auf der Fristüberschreitung beruht bzw. beruhen kann (Rdn 213), so daß der relative Revisionsgrund anzuerkennen ist.[641] Der Bundesgerichtshof läßt allerdings die Rüge nicht durchgreifen, wenn nach Verfahrensgang oder Urteilsgründen ausgeschlossen werden kann, daß die Fristüberschreitung zu einer wie immer gearteten Benachteiligung des Beschwerdeführers geführt hat.[642] Diese Beurteilung darf aber das Tatgericht nicht vorwegnehmen.[643] Besonderheiten gelten für die Frage der Hemmung nach § 229 III.[644]

dd) Fehlerhafte Vernehmung des Angeklagten

266 Schon die **Vernehmung zur Person** (§ 243 II S. 2) – ein protokollpflichtiger Vorgang (§§ 273, 274)[645] – fordert die Beachtung bestimmter Regeln, deren Verletzung für die Revisionsinstanz wichtig sein kann. Sie braucht zwar nicht auf die reine „Identitätsfeststellung“ beschränkt zu werden, darf aber keine Umstände betreffen, die zur Sache gehören. Diese dürfen erst nach der Verlesung des Anklagesatzes und nach Belehrung über das Schweigerecht

---

[637] OLG Celle NJW 1961, 1319.

[638] OLG Bremen GA 1964, 211.

[639] Zur Berechnung der Frist bei Erkrankung des Angeklagten BGH StV 1992, 453.

[640] BGHSt 23, 224 m. Anm. Eb. Schmidt JR 1970, 309.

[641] BGH StV 1992, 453; 1990, 52; BGHSt 23, 225; NJW 1952, 1149; OLG Karlsruhe StV 1993, 66.

[642] BGHSt 23, 224; BGH StV 1986, 186 m. Anm. Kühl; BGH JR 1970, 309 m. zust. Anm. Eb. Schmidt; s. auch KK-Treier § 229 Rdn 11 m. Nachw.

[643] BGH NStZ 1986, 518.

[644] Dazu Schlüchter SKStPO § 229 Rdn 38f.

[645] OLG Köln NStZ 1989, 44.

(Rdn 269) erfragt werden. Dagegen können Generalfragen behandelt werden, die ein allgemeines Bild der Persönlichkeit, der Verhandlungsfähigkeit und der intellektuellen Fähigkeiten vermitteln sollen, wenn auch diese Umstände schon eine gewisse Bedeutung für die Tat- und Schuldfrage und – wenn auch allgemein – für die Strafzumessung gewinnen können.[646] Fragen, die nur auf diese Umstände Bezug haben, sind aber unzulässig. Das Gericht kann sich jedoch Erkenntnisse darüber verschaffen, ob der Angeklagte sich selbst verteidigen kann.[647]

Die Verlesung der **Vorstrafen** gehört eindeutig zur Sachvernehmung (§ 243 IV – Nr. 134 RiStBV – Rdn 267). Sie dürfen bei der Vernehmung zur Person keinesfalls erörtert werden.[648]

Die **Vernehmung zur Sache** erfolgt nach Maßgabe des § 243 IV 2 und § 136 267
II. Der Angeklagte hat einen Anspruch auf Abgabe eines zusammenhängenden **Berichts**, an den sich ein **Verhör** anschließen wird (vgl. für den Zeugen § 69).

Die **Vernehmungsmethode** des Vorsitzenden ist oft Gegenstand von Revi- 268
sionsangriffen, obwohl diese schon an der Schwierigkeit des Beweises (Rdn 484) leicht scheitern können. Schwerwiegende Ausfälle des Richters können seine Ablehnung und bei Zurückweisung die **Revision** rechtfertigen (Rdn 167). Vorhalte dürfen auch nicht so ausarten, daß statt einer Vernehmung nur eine Nachvollziehung des Akteninhaltes vor sich geht. Revisionsangriffe in diesem Bereich können vor allem gegen Beschlüsse auf Beanstandungen der Sachleitung (§ 238) oder von Fragen und Vorhalten (§ 242) erhoben werden (§ 338 Nr. 8).

Die **Aussage zur Sache** - die der absoluten Beweiskraft des Protokolls unter- 269
liegt (§§ 273, 274)[649] – ist keine Verpflichtung des Angeklagten. Ihm steht vielmehr ein **Schweigerecht** zu. Es schützt ihn davor, durch eigene Aussage selbst zu seiner Belastung oder gar zu seiner Überführung beizutragen. Der Beschuldigte im Ermittlungsverfahren und der Angeklagte in der Hauptverhandlung müssen einen ausdrücklichen **Hinweis** auf ihr Schweigerecht erhalten (§§ 136 I, 163a III, IV, 243 IV 1). Die Belehrungspflicht gilt auch in der Berufungsinstanz.[650] Unterbleibt der Hinweis, so kann die Revision begründet sein, wenn nicht der Angeklagte einen Verteidiger hatte, das Schweigerecht kannte oder darüber vom Gericht belehrt worden war.[651] Die Durchset-

---

646 Vgl. BGH StV 1984, 192; Schlüchter SKStPO § 243 Rdn 20, 22.

647 Kleinknecht/Meyer-Goßner § 243 Rdn 11.

648 BGH bei Dallinger MDR 1968, 203; w. Nachw. bei OLG Stuttgart NJW 1973, 1941.

649 BGH NStZ 1992, 49.

650 BGHSt 25, 325.

651 Vgl. BGH bei Pfeiffer/Miebach NStZ 1983, 210; BGHSt 25, 325; 22, 129 (132f); Schlüchter SKStPO § 243 Rdn 71; Roxin § 24 Rdn 33f; Löwe/Rosenberg/Gollwitzer § 243 Rdn 108f; Hanack JR 1975, 340; Eb. Schmidt NJW 1968, 1209ff u. 1969, 1144 Fn. 73; Grünwald JZ 1968, 52; Stree JZ 1966, 593.

zung einer auf die Verletzung der Hinweispflicht gegründeten Revisionsrüge kann schwierig sein[652] (Rdn 229).

Die Ausübung des Schweigerechts darf im übrigen nicht zum Nachteil des Angeklagten ausschlagen. Anderenfalls hätte es keinen praktischen Sinn. Das Schweigen hat somit bei der Beweiswürdigung als belastendes Indiz auszuscheiden,[653] was aber nur Gegenstand der Sachrüge sein kann (Rdn 427). Hat der Angeklagte bei einer Vernehmung als Zeuge in einem anderen Verfahren gemäß § 55 Auskünfte verweigert, so dürfen daraus keine nachteiligen Schlüsse gezogen werden, wenn gegen ihn über den gleichen Tatkomplex verhandelt wird, was zum Gegenstand einer Verfahrensrüge (§ 261) werden kann.[654]

Macht der Angeklagte von seinem Schweigerecht nur **teilweise** Gebrauch, so können daraus für ihn nachteilige Schlüsse gezogen werden[655] (Rdn 427), weil er sich damit kraft eigenen Entschlusses zum Beweismittel macht. Hat der in der Hauptverhandlung schweigende Angeklagte früher Angaben gemacht, so kann die Vernehmung von Hörzeugen oder Vernehmungspersonen in Betracht kommen. Wenn aber die frühere Vernehmung durch verbotene Vernehmungsmittel bewirkt worden ist, ist jegliche Verwertung, auch die Vernehmung von Verhörpersonen, ausgeschlossen.[656] Ein Verstoß begründet die Revision, vorausgesetzt, daß das Urteil darauf beruht (Rdn 458ff.). Auch die unterlassene Belehrung nach § 136 I 2 kann ggfs. ein Verwertungsverbot begründen (Rdn 229).

Als Teilschweigen gilt es nicht, wenn der Angeklagte nur erklärt, nicht schuldig zu sein oder ähnliches[657] (Rdn 427).

Unzulässig ist auch die Verlesung von nichtrichterlichen Protokollen über frühere Vernehmungen des schweigenden Angeklagten (§§ 250, 254) Rdn 297). Sie dürfen allerdings als Vorhalt bei der Vernehmung der Verhörpersonen verwendet werden (Rdn 299).[658] Zulässig ist dagegen die Verlesung schriftlicher Äußerungen zur Sache des in der Hauptverhandlung schweigenden Angeklagten, die er gegenüber Ermittlungsbehörden oder einem Gericht abgegeben hat (Rdn 299).

Äußerungen des **Verteidigers**, die in der Hauptverhandlung in Gegenwart des Angeklagten abgegeben werden, gelten nur dann als Erklärungen des Angeklagten, wenn in einer jeden Zweifel ausschließenden Weise feststeht, daß er sie als eigene Einlassung verstanden wissen will.[659] Ent-

---

[652] Vgl. zu dieser i. e. str. Frage Schlüchter SKStPO § 243 Rdn 71f m. Nachw. sowie BGHSt 38, 214 (226f) (zu §§ 163a IV 2, 136 I 2).

[653] BGH bei Pfeiffer/Miebach NStZ 1984, 16; Doller MDR 1974, 979.

[654] BGH NStZ 1992, 448.

[655] BGHSt 20, 298; BGH bei Dallinger MDR 1972, 18.

[656] BGH bei Dallinger MDR 1973, 371; Kleinknecht/Meyer-Goßner § 136a Rdn 29.

[657] OLG Celle MDR 1974, 249; Kleinknecht/Meyer-Goßner § 261 Rdn 16.

[658] BGHSt 14, 310 (312); 1, 337 (339); BGH bei Dallinger MDR 1971, 18.

[659] BGH NStZ 1990, 447; BayObLG NJW 1981, 142; OLG Hamm JR 1980, 82 m. Anm. Fezer.

sprechendes gilt auch für Schriftsätze des Verteidigers[660] und Beweisanträge.[661]

Abweichungen von dem in § 243 IV (§ 244 I) vorgeschriebenen Verfahrensgang sind gegen den Widerspruch des Angeklagten unzulässig und begründen die Revision, wenn durch Gerichtsbeschluß der Widerspruch zurückgewiesen worden ist.[662]

ee) Fehler in der Beweisaufnahme

Lit.: *Dölling,* Verlesbarkeit schriftlicher Erklärungen und Auskunftsverweigerung nach § 55 StPO, NStZ 1988, 6; *Eisenberg,* Persönliche Beweismittel in der StPO, 1993, Rdn. 520ff.; *Jähnke,* Verwertungsverbote bei Zeugnis- und Auskunftsverweigerungsrechten, Schriftenreihe DAV, Bd. 6 (1988), S. 69; *Kühne,* Der Beweiswert von Zeugenaussagen, NStZ 1985, 252; *Müller, Egon,* Einige Bemerkungen zum Thema: Der Staatsanwalt als Zeuge, Dogmatik und Praxis des Strafverfahrens, 1989, S. 83; *Müller-Gabriel,* Neue Rechtsprechung des BGH zum Ausschluß des „Zeugen-Staatsanwalts“, StV 1991, 235; *Otto,* Das Zeugnisverweigerungsrecht des Angehörigen (§ 52 StPO) im Verfahren gegen mehrere Beschuldigte, NStZ 1991, 220; *Rengier,* Die Zeugnisverweigerungsrechte im geltenden und künftigen Strafverfahrensrecht, 1979; *Schöneborn,* Das Problem der Rollenvertauschung und des Zeugnisverweigerungsrechts bei mehreren Mitbeschuldigten in vergleichender Bewertung, ZStW 86 (1974), 921; *Tolksdorf,* Mitwirkungsverbot für den befangenen Staatsanwalt, 1989.

Die Erhebung der Beweise und die Handhabung des Beweisantragsrechts 270
einschließlich der Behandlung präsenter Beweismittel führen in der Praxis der tatrichterlichen Verhandlungen häufig zu revisiblen Prozeßverstößen.

– Zeugenbeweis

Schon die Verkennung der **Zeugeneigenschaft** kann sich als revisibler Ver- 271
fahrensverstoß auswirken (über die Abgrenzung zum Sachverständigen vgl. i.e. – Rdn 280), z.B. wenn ein Sachverständiger nur als solcher behandelt (Nichtvereidigung nach § 79) worden ist, obwohl er als Zeuge über Tatsachen bekundet hat. Der **Staatsanwalt** kann nicht zugleich Zeuge sein. Wird er als solcher vernommen, kann er im allgemeinen als Staatsanwalt nicht weiter amtieren.[663] Dies soll jedoch nicht gelten, wenn sich seine Vernehmung auf Wahrnehmungen bezogen hat, die nicht in unlösbarem Zusammenhang mit dem im übrigen zu erörternden Sachverhalt stehen und Gegenstand einer abgesonderten Betrachtung und Würdigung sein können.[664] Wird dagegen

---

660 BGH NStZ 1990, 447; OLG Celle NStZ 1988, 426.

661 BGH NStZ 1990, 447.

662 BGH StV 1991, 148.

663 BGH NStZ 1984, 14f; 1983, 135; BGHSt 14, 265; OLG Düsseldorf wistra 1991, 39; vgl. auch BGHSt 21, 85 (89) m.krit.Anm. Hanack JR 1967, 230; RGSt 29, 236; KK-Pelchen vor § 48 Rdn 11; eingehend Löwe/Rosenberg/Dahs vor § 48 Rdn 25; Müller-Gabriel StV 1991, 235; Tolksdorf S. 99; E. Müller S. 85.

664 BGH NStZ 1989, 583; BGHSt 21, 85 (90); Schäfer Rdn 97.

verstoßen, ist die Revision begründet, falls das Beruhen des Urteils nicht auszuschließen ist.[665]

Der **Verteidiger** kann zwar unter Umständen Zeuge sein (vgl. § 53 Nr. 2).[666] Daraus können zwar Konflikte entstehen, die aber angesichts der abschließenden Regelung in § 138a die Ausschließung des Verteidigers nicht rechtfertigen.

Auch **Mitbeschuldigte**, deren Fall sich noch in der Untersuchung befindet, können als Zeugen vernommen werden,[667] desgleichen sogar Mitangeklagte, wenn deren Verfahren in zulässiger Weise abgetrennt ist.[668]

272 Die vielfältigen Rechtsfragen zur Zeugenvernehmung, zu den Zeugnisverweigerungsrechten usw. können hier nicht dargestellt werden; auf die Kommentarliteratur wird verwiesen.[669] Wird ein Recht des **Zeugen** zur **Aussageverweigerung** verletzt, kann die Revision begründet sein. Das ist unbestritten für die Verweigerungsrechte aus §§ 52 und 53, wenn der Zeuge in der Hauptverhandlung davon Gebrauch macht. Das gilt auch, wenn der Zeuge erst während der Hauptverhandlung das Aussageverweigerungsrecht erwirbt.[670] Dann ist in diesen Fällen der **„Rechtskreis"** des Angeklagten (Rdn 34) berührt.[671] Die frühere Aussage darf nach § 252 nicht verlesen werden (Beweisverwertungsverbot – Rdn 298). Das darf nicht einmal im Einverständnis der Beteiligten geschehen[672] und auch nicht mittelbar durch Vorhalt eingeführt werden.[673] Auch darf die **Verhörperson** nicht vernommen werden, selbst wenn diese den Zeugen über sein Verweigerungsrecht belehrt hatte[674] oder dieser sonst darum wußte.[675] Die Aussage eines früheren Vernehmungsrichters wird aber als zulässig angesehen, wenn dieser belehrt hatte.[676] Unzulässig ist die Vernehmung von Verhörpersonen, wenn das Gericht den Grund der Zeugnisverweigerung nicht glaubt, z.B. ein Verlöbnis (§ 52 I Nr. 1), den Zeugen die Richtigkeit der behaupteten Tatsache aber nicht eidlich versichern läßt (§ 56).[677] Auch die rechtsfehler-

---

[665] BGH NStZ 1983, 135; BGH bei Pfeiffer/Miebach NStZ 1984, 14.

[666] BGH NJW 1953, 1600; KK-Pelchen vor § 48 Rdn 12; Löwe/Rosenberg/Dahs Rdn 29 vor § 48; zu den Grenzen des Zeugnisverweigerungsrechts für Rechtsanwälte nach § 53 I Nr. 3 vgl. Hass NJW 1972, 1081; BGH bei Holtz MDR 1978, 281.

[667] Dazu Löwe/Rosenberg/Dahs Rdn 17ff vor § 48; Grünwald FS Klug S. 493ff.

[668] BGH NJW 1985, 76; 1964, 1034; RGSt 27, 313f; krit. Grünwald FS Klug S. 493ff; i.ü. KK-Pelchen vor § 48 Rdn 7ff; Löwe/Rosenberg/Dahs Rdn 17ff vor § 48; Schöneborn ZStW 86 (1974) 925.

[669] Vgl. nur Löwe/Rosenberg/Dahs § 52 Rdn 4, § 53 Rdn 12ff.

[670] BGHSt 27, 231.

[671] BGHSt 25, 276f; krit. z. Rechtskreistheorie Löwe/Rosenberg/Hanack § 337 Rdn 95ff; Rudolphi MDR 1970, 93.

[672] BGHSt 10, 77.

[673] BGH NJW 1956, 1886; Kleinknecht/Meyer-Goßner § 252 Rdn 12.

[674] BGHSt 21, 218.

[675] BGH NJW 1954, 204.

[676] BGHSt 32, 25.

[677] BGH NJW 1972, 1334.

hafte Anerkennung eines Zeugnisverweigerungsrechts begründet die Revision.[678]

Hat der Zeuge von seinem Aussageverweigerungsrecht Gebrauch gemacht, so soll er trotzdem Objekt einer richterlichen Augenscheinseinnahme sein können.[679]

Ist der Angehörige als Zeuge entgegen § 52 III nicht belehrt worden, besteht das Beweisverwertungsverbot ebenso, wie wenn der Zeuge die Aussage verweigert hätte. Seine Verletzung ist daher ein relativer **Revisionsgrund.**[680] Der Zeuge kann aber natürlich nach Belehrung neu vernommen werden.

Hat ein Zeuge auf Grund falscher Belehrung objektiv unrichtig verweigert, so ist die **Revision** gegeben.[681] Dasselbe ist grundsätzlich auch der Fall, wenn der verweigerungsberechtigte Zeuge durch eine falsche Belehrung zur Aussage veranlaßt worden ist.[682]

Ist ein Zeuge vor der Hauptverhandlung verstorben, vernehmungsunfähig oder unerreichbar geworden, so kann die frühere Aussage sogar dann verlesen werden, wenn er nicht belehrt war.[683] Auch in bestimmten anderen Fällen kann das Protokoll über eine frühere Vernehmung des Zeugen verlesen werden (§§ 251, 253) (Rdn 296).

Handelt es sich um ein Aussageverweigerungsrecht nach § 54 (Zeuge aus dem **öffentlichen Dienst**) oder um ein **Auskunftsverweigerungsrecht** nach § 55, wird bei Verletzungen einschließlich fehlender Belehrung ein Beweisverwertungsverbot in der Rechtsprechung nicht anerkannt. Insbesondere vertritt der Bundesgerichtshof diese Auffassung mit der Begründung, der **„Rechtskreis"** des Angeklagten werde nicht berüht, weil diese Bestimmungen nicht auf den Schutz des Angeklagten (oder seiner Angehörigen) abzielten.[684] In diesem Bereich hat die „Rechtskreistheorie" ihr Feld gefunden. Gerade hier kann sie aber auch mit guten Gründen bekämpft werden, wenn das Urteil nach Lage des Falles auf der Verwertung eines unzulässigen Beweismittels beruht[685] (Rdn 34).

Kein Revisionsgrund ist die Unterlassung der allgemeinen Zeugenbelehrung

---

678 BGHSt 38, 96; BGH StV 1992, 1.

679 BGH GA 1965, 108; OLG Hamm MDR 1974, 1036 m abl Anm Rogall MDR 1975, 813; KK-Pelchen § 52 Rdn 44.

680 BGHSt 12, 235 (243); 10, 77f.

681 BGH bei Dallinger MDR 1974, 16; RGSt 32, 157; Löwe/Rosenberg/Dahs § 52 Rdn 55.

682 RGSt 57, 64; Löwe/Rosenberg/Dahs § 52 Rdn 55.

683 BGHSt 27, 231; 25, 176; 22, 35; Kleinknecht/Meyer-Goßner § 252 Rdn 2; Löwe/Rosenberg/Gollwitzer § 252 Rdn 12.

684 So für § 54 BGH NJW 1952, 151; RGSt 44, 291; 48, 38; Kleinknecht/Meyer-Goßner § 54 Rdn 32; Löwe/Rosenberg/Dahs § 54 Rdn 28; für § 55 insbesondere BGH JZ 1958, 620; ferner: BGHSt 11, 213; 1, 40; NJW 1957, 919; Löwe/Rosenberg/Dahs § 55 Rdn 21, 22; KK-Pelchen § 55 Rdn 19; RGSt 48, 269 (270).

685 Vgl. dazu Schlüchter SKStPO § 252 Rdn 18, 19, 37 m. Nachw.; zur Frage der Verlesbarkeit einer schriftlichen Erklärung des die Auskunft nach § 55 verweigernden Zeugen vgl. BGHR § 55 I Auskunftsverweigerung 1.

über die Wahrheitspflicht (§ 57). Es wird allgemein eine Ordnungsvorschrift zugunsten des Zeugen angenommen, die den Rechtskreis des Beschuldigten nicht berührt.[686]

Ebenso wird die Vorschrift über die Reihenfolge der Zeugenvernehmungen (entgegen § 58) als bloße Ordnungsregel ohne Revisionseffekt angesehen.[687] Die Revision kann aber in Betracht kommen bei Ermesssensmißbrauch oder Verletzung der Fürsorgepflicht oder wegen Verletzung der Aufklärungspflicht auf die Aufklärungsrüge hin (Rdn 314).[688]

Zwingendes Recht ist § 68 hinsichtlich der Angaben zur Person des Zeugen.[689] Über den Verzicht auf die Angabe des Wohnortes eines gefährdeten Zeugen entscheidet der Vorsitzende nach pflichtgemäßem Ermessen.[690] Eine insoweit auf Rechtsfehler oder Willkür gestützte Revisionsrüge (§ 338 Nr. 8) setzt einen Gerichtsbeschluß voraus.

Dagegen löst die Nichtbeachtung der dem Schutz der Zeugen dienenden Sollvorschrift des § 68a zur Einschränkung gewisser Fragen **keine Revision** aus, schon weil das „Zuvielfragen" der Wahrheitsermittlung nicht schädlich ist. Wenn aber umgekehrt fälschlich aus dem Grunde des § 68a eine Frage an den Zeugen durch Gerichtsbeschluß (§§ 240 II, 242) abgelehnt wird, welche seine Glaubwürdigkeit betrifft, kann das einen Revisionsgrund bedeuten.[691]

Die **Vernehmung zur Sache** regelt § 69. Danach sind Bericht und Verhör zu trennen. Der Bericht ist im Zusammenhang zu erstatten (§ 69 I) und darf nicht durch eine Serie von Fragen ersetzt oder unterbrochen werden. Diese sind vielmehr als Verhör erst im Anschluß zugelassen (§ 69 II). Das ist zwingendes Recht. Gleichwohl wird dagegen häufig verstoßen. Das begründet die Revision, wenn das Urteil darauf beruhen kann (Rdn 458).[692] Wodurch im einzelnen die Vorschrift verletzt sein kann, läßt sich aus der Kasuistik der Rechtsprechung entnehmen.[693] Bloße **Zwischenfragen** während des Berichts der Zeugen sind jedenfalls nicht unzulässig.[694] Bei Vernehmungen im Ausland sind die örtlichen Vorschriften maßgebend.[695]

---

[686] BGH bei Pfeiffer/Miebach NStZ 1983, 354; BGHSt 25, 325 (332); Kleinknecht/Meyer-Goßner § 57 Rdn 6.

[687] BGH NJW 1962, 260f; OGHSt 2, 20; Löwe/Rosenberg/Dahs § 58 Rdn 8, 18; KK-Pelchen § 58 Rdn 3.

[688] BGH NJW 1989, 1230; 1987, 3090; BGH bei Dallinger MDR 1955, 396; Löwe/Rosenberg/Dahs § 58 Rdn 8; Kleinknecht/Meyer-Goßner § 58 Rdn 13; KK-Pelchen § 58 Rdn 11.

[689] BGH NStZ 1984, 36.

[690] BGH NJW 1989, 1230.

[691] BGH NStZ 1982, 170; Löwe/Rosenberg/Dahs § 68a Rdn 9; KK-Pelchen § 68a Rdn 6.

[692] BGH bei Pfeiffer/Miebach NStZ 1983, 212; BGH StV 1981, 269; RGSt 74, 35; BGH NJW 1953, 35, 231; KK-Pelchen § 69 Rdn 8; Löwe/Rosenberg/Dahs § 69 Rdn 16;

[693] Löwe/Rosenberg/Dahs § 69 Rdn 16ff.

[694] BGH 1 StR 293/78 v. 26. 9. 1978, zit. bei KK-Pelchen § 69 Rdn 4.

[695] BGH NStE Nr. 1 zu § 69.

Daß die Beteiligten gegen die unzulässige Vernehmung keinen Einspruch erhoben haben, ist unerheblich.[696] Auch eine Verlesung der Aussage ist selbst bei Zustimmung unzulässig.[697] Die **Revision** greift indessen hier wie sonst stets nur durch, wenn der Beweis für den Verstoß gesichert ist (Rdn 484).

Daß der Tatrichter es unterlassen hat, gegen einen Zeugen zur Erzwingung der Aussage Ordnungsmittel i.S. des § 70 zu verhängen, kann grundsätzlich mit der Revision nicht gerügt werden.[698] Nur im Ausnahmefall kommt eine Aufklärungsrüge in Betracht.[699]

Die Vorschriften über die **Vereidigung der Zeugen** sind streng. Ihre Verlet- 273
zung begründet nicht selten die Revision. Die Vereidigung ist nach § 59 für den Regelfall zwingend vorgeschrieben.[700] Wird **keine Entscheidung** (protokollpflichtig, §§ 273, 274) über die Vereidigung getroffen, greift die Revision durch, auch wenn keine Entscheidung des Gerichts nach § 238 II herbeigeführt worden ist.[701] Der in der Rspr. erkennbaren Tendenz, die (allseits gebilligte) Entlassung des Zeugen (§ 248) als **schlüssige Entscheidung** der Nichtvereidigung zu werten,[702] muß – nicht nur im Interesse des unverteidigten Angeklagten – widersprochen werden.[703] Die **Revision** ist auch gegeben, wenn der Eid nicht in der richtigen Form oder nicht als Nacheid[704] geleistet ist. Das Verbot des Voreides ist auch verletzt, wenn der Zeuge nachträglich nochmals befragt (hervorgerufen) wird. Die ergänzende Aussage ist von dem Eid nicht gedeckt.[705] Sie muß besonders beeidet oder nach § 67 (Berufung auf den früher geleisteten Eid) einbezogen werden[706] (Rdn 279).

Auf Einzelvereidigung ist zu achten, wozu jedoch das einzelne Nachsprechen der Eidesformel genügt.[707]

Die **Entscheidung** über die Vereidigung steht dem Gericht zu. Den Beteiligten ist Gelegenheit zur Stellungnahme zu geben, ohne daß aber eine besondere Aufforderung dazu vorgeschrieben ist. Zunächst kann der Vorsitzende allein entscheiden.[708] Entscheidet er sich für Nichtvereidigung, so kann eine

---

[696] BGH NJW 1953, 35.

[697] BGH bei Pfeiffer/Miebach NStZ 1983, 212.

[698] BGH NJW 1966, 211; B.v.26. 7. 1983 – 5 StR 310/83 – unv.; B.v.10. 4. 1984 – 5 StR 165/84 – unv.; RGSt 73, 31 (34); 57, 29.

[699] KK-Pelchen § 70 Rdn 17 m. Nachw.

[700] BGH NStZ 1984, 371.

[701] BGH bei Pfeiffer/Miebach NStZ 1988, 18; BGH NStZ 1981, 71.

[702] BGH bei Pfeiffer/Miebach NStZ 1988, 18; BGH NStZ 1981, 71.

[703] Kleinknecht/Meyer-Goßner § 59 Rdn 7; Löwe/Rosenberg/Dahs § 59 Rdn 14.

[704] BGHSt 1, 271 (346, 348); BGH bei Dallinger MDR 1972, 198; Löwe/Rosenberg/Dahs § 59 Rdn 20.

[705] BGH bei Dallinger MDR 1972, 198; BGHSt 1, 348.

[706] BGH bei Dallinger MDR 1972, 198; Löwe/Rosenberg/Dahs § 59 Rdn 9.

[707] BGH 2 StR 596/98 v. 4. 1959, zit. bei KK-Pelchen § 59 Rdn 2; OLG Frankfurt NJW 1962, 1834; Kleinknecht/Meyer-Goßner § 66c Rdn 2; Löwe/Rosenberg/Dahs § 59 Rdn 10.

[708] BGHSt 1, 216 (218); OLG Hamburg MDR 1979, 74; Kleinknecht/Meyer-Goßner § 59 Rdn 7; Löwe/Rosenberg/Dahs § 59 Rdn 13.

Revisionsrüge nur erhoben werden, wenn ein Gerichtsbeschluß herbeigeführt worden ist.[709] Maßgebend ist die Zeit der Urteilsfindung. Hat sich bis dahin seit der Vernehmung die Auffassung des Gerichts geändert, muß dem Rechnung getragen werden. Ist der Zeuge aus einem der Ausnahmegründe der §§ 60–63 bis dahin unvereidigt geblieben, muß die Vereidigung nachgeholt werden,[710] anderenfalls werden die Beteiligten irregeführt. Erweist sich eine Vereidigung als unberechtigt, muß das Gericht dies den Beteiligten bekanntgeben, damit sie weitere Beweisanträge stellen können.[711] Geschieht dies nicht, so besteht der **Revisionsgrund** auch, wenn das Gericht die Aussage im Urteil als uneidlich würdigt.[712] Denn auch in diesem Falle dürfen die Prozeßbeteiligten nicht in einem Irrtum über die gerichtliche Würdigung der Aussage belassen werden. Ergeben die Urteilsgründe, daß der vereidigte Zeuge nicht hätte vereidigt werden dürfen, liegt der Prozeßverstoß zutage.[713] An seinem Widerspruch kann auch ein Urteil zerbrechen, das eine uneidliche Aussage als eidlich bezeichnet.[714] Das kommt vor, wenn in der Aufzählung der Beweisgrundlagen im Urteil die einzelnen Zeugen aufgezählt werden und dabei irrig eine uneidliche Aussage den eidlichen zugerechnet wird.

In jedem Fall stellen Prozeßfehler in diesem Bereich nur einen relativen Revisionsgrund dar. Die mögliche Ursächlichkeit für das Urteil wird aber häufig nicht auszuschließen sein (Rdn 458ff.). Ist eine Entscheidung über die Beeidigung einer im Urteil verwerteten Aussage aus Versehen ganz unterblieben, so ist die Frage des „Beruhens" dann zu bejahen, wenn das Gericht zu Lasten des Beschwerdeführers der Aussage geglaubt und Bedeutung beigemessen hat.[715] Das ist aber noch nicht zwingend aus der Wendung, das Urteil „beruhe" auf den Aussagen der vernommenen Zeugen und Sachverständigen, zu schließen (Rdn 460). Auch wenn das Gericht einer (versehentlich) unbeeidigt gebliebenen, entlastenden Zeugenaussage nicht geglaubt hat, ist kaum auszuschließen, daß die Beweiswürdigung bei Eidesleistung anders ausgefallen wäre.[716] Es kann im übrigen vom Revisionsführer nicht verlangt werden, daß er konkrete Anhaltspunkte für die Möglichkeit einer Aussagekorrektur bei Vereidigung vorträgt.[717] Auch wenn der Zeuge nur zu „Nebenpunkten" vernommen worden ist, soll die Rüge nicht durchdringen.[718]

---

[709] BGHSt 1, 216; Kleinknecht/Meyer-Goßner § 59 Rdn 8; Löwe/Rosenberg/Dahs § 59 Rdn 15.

[710] BGHSt 8, 155; KMR-Paulus § 59 Rdn 19ff; Löwe/Rosenberg/Dahs § 60 Rdn 53.

[711] BGHSt 4, 130; Schmid FS Maurach S. 545ff; zweifelnd BGH MDR 1986, 158.

[712] BGHSt 4, 130; RGSt 72, 219.

[713] BGH NJW 1952, 1146; OHGSt 2, 153; Löwe/Rosenberg/Dahs § 59 Rdn 55.

[714] OLG Hamm NJW 1955, 1451; OLG Hamm B.v. 24. 10. 1983 – 2 Ss 1393/83 – unv.; OLG Bremen OLGRspr § 60 S. 13.

[715] BGH NStZ 1984, 371; BGHSt 1, 270 (274); BGH NJW 1955, 1765; OLG Köln NJW 1954, 1820; MDR 1955, 311.

[716] BGH StV 1990, 193.

[717] So aber anscheinend BGH U.v. 26. 9. 1978 – 1 StR 293/78 – unv.

[718] BGH U.v. 26. 9. 1978 – 1 StR 293/78 – unv.

Ausnahmen von dem grundsätzlichen **Vereidigungsgebot** des § 59 finden sich in den §§ 60–63. Sie werden inhaltlich hier nicht behandelt, jedoch in ihrer Bedeutung und Auswirkung für die Revisionsinstanz dargestellt. 274

Die **Begründung** für eine Nichtvereidigung nach §§ 60–63 muß erkennen lassen, aus welchem konkreten Grunde die Vereidigung unterblieben ist. Jedoch genügt im Falle des § 60 Nr. 2 der allgemeine Hinweis auf einen bestehenden „Verdacht der Teilnahme"[719] ohne nähere Angabe der Teilnahmeform.[720] Auch kann die Angabe der Gesetzesstelle ausnahmsweise genügen, wenn sie allen Beteiligten klar ist.[721] Hat ein Beteiligter selbst die Nichtvereidigung beantragt, kann er keine Revision auf das Fehlen einer Begründung stützen.[722]

Die Entscheidung nach § 60 kann mit der **Revision** nur angefochten werden, wenn Rechtsfehler gerügt werden.[723] Ein solcher liegt vor, wenn z. B. die Begriffe „Beteiligung" oder „Tatverdacht" unrichtig ausgelegt sind.[724] Die tatsächliche Beurteilung des Gerichts ist der Nachprüfung entzogen. Soweit Ermessenserwägungen zugrundeliegen, kommen solche für die Revision nur bei Rechtsfehlerhaftigkeit in Betracht (Rdn 88).[725] Hat der Tatrichter die Frage des § 60 übersehen oder nicht geprüft, so kann das die Revision begründen,[726] ebenso auch die Unkenntnis des Richters von Umständen, die ihn veranlaßt haben könnten, von der Vereidigung abzusehen.[727] Besteht nur hinsichtlich einzelner Sachkomplexe einer Zeugenaussage ein Vereidigungsverbot, so muß eine **Teilvereidigung** erfolgen.[728]

Die Verletzung des § 60, insbes. des § 60 Nr. 2 kann ohne vorangegangenen Gerichtsbeschluß gerügt werden, wenn der Zeuge auf Anordnung des Vorsitzenden vereidigt worden ist,[729] vor allem auch, wenn das Tatgericht die Frage des Vereidigungsverbotes gar nicht gesehen hat, obgleich dies nahelag.[730] Ist der Zeuge dagegen auf Anordnung des Vorsitzenden im Hinblick auf § 60 unvereidigt geblieben, setzt eine Revisionsrüge voraus, daß gegen die Anordnung des Vorsitzenden das Gericht angerufen worden ist und diese durch Beschluß bestätigt hat.[731] In der **Revisionsbegründung** muß dieser Entscheidungsgang im einzelnen dargelegt werden (§ 344 II 2).

Die Bestimmung des § 61 stellt eine Kann-Vorschrift dar. Damit ist auch

---

[719] BGH NJW 1952, 273; RGSt 44, 380 (385); 24, 130; Eb. Schmidt § 60 Rdn 7.
[720] BGH DAR 1956, 190; a. A. KMR-Paulus § 60 Rdn 29.
[721] BGH NJW 1953, 232; Löwe/Rosenberg/Dahs § 60 Rdn 51.
[722] Vgl. Löwe/Rosenberg/Dahs § 60 Rdn 55.
[723] BGHSt 22, 266 (267).
[724] BGHSt 4, 225 (369).
[725] BGHSt 9, 72.
[726] BGHSt 22, 266; Löwe/Rosenberg/Dahs § 60 Rdn 50.
[727] BGH NJW 1969, 61.
[728] BGH NStZ 1987, 516 m. Anm. Dahs; Kleinknecht/Meyer-Goßner § 60 Rdn 26.
[729] BGHSt 20, 99; Löwe/Rosenberg/Dahs § 60 Rdn 55.
[730] BGH StV 1988, 125.
[731] BGH bei Miebach NStZ 1988, 447 (Nr. 3); BGH StV 1988, 125 (LS).

bei Annahme der gesetzlichen Voraussetzungen die Entscheidung über die Beeidigung in das **Ermessen** des Gerichts gestellt. Sie ist auch hier grundsätzlich nicht revisibel (Rdn 88). Die Revision kommt aber zum Zuge, wenn das Ermessen mißbräuchlich, rechtsfehlerhaft oder überhaupt nicht ausgeübt worden ist, auch, wenn ggfs. die Frage der Teilvereidigung nicht geprüft worden ist.[732] Das kann allerdings aus dem Schweigen des Protokolls allein noch nicht geschlossen werden.[733]

Ergeben die Urteilsgründe, daß das Gericht der Aussage eines nach § 61 Nr. 3 unvereidigten Zeugen trotzdem wesentliche Bedeutung beigemessen hat, begründet dieser Widerspruch die **Revision**.[734] Dazu genügt auch, daß die Aussage tatsächlich von Bedeutung gewesen ist und sich dies aus den Urteilsgründen ergibt.[735] Der **Verzicht** i. S. des § 61 Nr. 5 kann in einer schlüssigen Handlung, auch in bloßem Stillschweigen liegen; die negative Beweiskraft des Protokolls gilt nicht.[736] Wer selbst verzichtet hat, kann die Revision nicht auf die fehlende Erklärung eines anderen stützen.[737] Ist § 61 rechtsfehlerhaft angewendet worden, so ist dies unschädlich, wenn die Vereidigung aus einem anderen Grunde unzulässig war, etwa in einem Falle des § 60.[738]

Die Nichtvereidigung muß so begründet werden, daß die Prozeßbeteiligten ihr Verhalten danach einrichten können,[739] es sei denn, daß die Sachlage eindeutig ist.[740] Die einzelnen Ermessenserwägungen brauchen nicht angegeben zu werden. Ist die Entscheidung, einen Zeugen unvereidigt zu lassen, nicht begründet worden, so soll das Urteil auf diesem Rechtsfehler nicht beruhen, wenn der Verteidiger beantragt hatte, von der Vereidigung abzusehen.[741] Wird mit der Revision (unberechtigterweise) die Nichtvereidigung gerügt, so steht der Verwerfung der Revision nicht entgegen, daß die Revision eine nicht zureichende Begründung des Ablehnungsbeschlusses hätte rügen können.[742]

275 Die nach § 52 zur Verweigerung der Aussage berechtigten Zeugen (Rdn 272) haben zusätzlich ein Recht zur **Verweigerung des Eides** (§ 63). Darüber hat sie das Gericht zu belehren (§ 63), aber nur, wenn es den Zeugen tatsächlich vereidigen will.[743] Hier können Revisionsgründe entstehen. Zwar

---

732 BGH StV 1986, 283.

733 BGH bei Dallinger MDR 1971, 897; KMR-Paulus § 81 Rdn 26.

734 BGHSt 7, 281; 1, 8 (12).

735 BGH NJW 1978, 1815; BGHSt 7, 281.

736 BGH bei Pfeiffer/Miebach NStZ 1984, 209; Kleinknecht/Meyer-Goßner § 61 Rdn 24.

737 BGH bei Pfeiffer/Miebach NStZ 1984, 209.

738 Löwe/Rosenberg/Dahs § 60 Rdn 52.

739 BGHSt 14, 374; 10, 109; i. e. streitig, vgl. Löwe/Rosenberg/Dahs § 62 Rdn 12ff m. Nachw.

740 BGHSt 14, 374 (378).

741 BGH B. v. 14. 8. 1986 – 4 StR 412/86 – unv.; BGH bei Dallinger MDR 1951, 275.

742 BayObLGSt 57, 247.

743 Kleinknecht/Meyer-Goßner § 63 Rdn 2.

soll es kein Rechtsfehler sein, wenn trotz Verweigerung des Eides die Aussage gewürdigt wird.[744] Wird aber die Belehrung unterlassen, so ist die Revision ebenso begründet wie im Falle unterlassener Belehrung über das Aussageverweigerungsrecht nach § 52.[745] Erklärt der ohne Belehrung vereidigte Zeuge nachträglich, er würde von seinem Recht zur Verweigerung des Eides Gebrauch gemacht haben, so darf die Aussage nur als uneidlich gewertet werden.

Wenn sich erst in der Beratung herausstellt, daß die Belehrung nach § 63 unterblieben ist, muß dies den Beteiligten eröffnet werden. Der Fehler kann dann unter Umständen noch geheilt werden.[746] Sonst bedarf es der Klarstellung, daß die Aussage nur als uneidlich gewertet wird. Verstöße können die Revision begründen. Sie greift aber hier wie sonst nur durch, wenn das Urteil darauf beruht (Rdn 458). Das ist nicht der Fall, wenn die Aussage entweder gar nicht oder nur als uneidliche gewertet worden ist oder inhaltlich den revisionsführenden Angeklagten nicht belastet.[747]

Der **Protokollzwang** des § 64 kann eine Revision auslösen. Der vorgeschrie- 276
bene Protokollvermerk soll einerseits die gebotene Unterrichtung der Prozeßbeteiligten über die Gründe einer Nichtvereidigung wie auch den Nachweis der Verkündung sicherstellen. Wegen des Umfanges der Beschlußbegründung wird hier auf die Darstellung der einzelnen Fälle verwiesen.[748]

Ergibt das Protokoll nicht in ausreichender Weise die Gründe für eine Nichtvereidigung, ist die Revision begründet, weil aus der negativen Beweiskraft des Protokolls (§ 274 – Rdn 487) die Nichtbekanntgabe der Gründe folgt. Dem steht nicht entgegen, daß der Protokollzwang des § 64 an sich nur eine „Ordnungsvorschrift" ist (Rdn 34).[749] Wenn aber der Vermerk nicht ergibt, daß das Gericht pflichtgemäß alle gesetzlichen Voraussetzungen geprüft oder wenn es sie verkannt hat, ergibt sich daraus der revisionsbeachtliche Verfahrensfehler.[750] Mängel der Begründung rechtfertigen dann nicht die Revision, wenn alle Verfahrensbeteiligten den Grund für die Nichtvereidigung eindeutig erkennen können.[751]

Zeugen können auch **außerhalb der Hauptverhandlung** (§§ 65, 173 III, 202, 277
205 Satz 2), wenn die besonderen Voraussetzungen vorliegen, eidlich vernommen werden. Wird dabei gegen die **Benachrichtigungspflicht** aus § 168c V 1 verstoßen, so kann die Verlesung des Protokolls gegen den Widerspruch

---

744 Löwe/Rosenberg/Dahs § 63 Rdn 8.

745 BGH NStZ 1989, 84; 1987; 84: BGHSt 4, 217; Löwe/Rosenberg/Dahs § 63 Rdn 9; einschränkend BGH NStZ 1992, 224.

746 Kleinknecht/Meyer-Goßner § 63 Rdn 2; Schmid FS Maurach S. 535.

747 OLG Düsseldorf NStZ 1984, 182 m. Anm. Krekeler; Kleinknecht/Meyer-Goßner § 63 Rdn 3; Löwe/Rosenberg/Dahs § 63 Rdn 8, 9.

748 Vgl. KK-Pelchen § 64 Rdn 2; Löwe/Rosenberg/Dahs § 64 Rdn 2 u. 3.

749 RG JW 1935, 476.

750 BGHSt 10, 109 (112).

751 BGH NStE Nr. 1 zu § 64.

des Betroffenen einen Revisionsgrund darstellen[752] (Rdn 241, 245). Vernehmung und Vereidigung müssen in der Hauptverhandlung wiederholt werden, wenn der Zeuge erscheinen kann. Sonst kann eine Verlesung nach § 251 I (Rdn 296) oder § 251 II zulässig sein. Im Protokoll muß der besondere Grund der Vereidigung angegeben sein (§ 66a). Ist eine Vereidigung erfolgt, obwohl die Voraussetzungen des § 65 nicht vorlagen, kann die Aussage als eidlich gewertet und entsprechend § 251 verlesen werden,[753] anders ist es bei Verstößen gegen §§ 60, 63.

278 Bei **kommissarischen Vernehmungen** (§ 223) (Rdn 241) entscheidet der vernehmende Richter über die Vereidigung (§ 66b), wobei ein entsprechender Auftrag des Gerichts zu beachten ist. Auch hier gilt der Protokollierungszwang des § 64, nicht aber die Protokollierungsvorschrift des § 66a.[754] Hält das erkennende Gericht in der Hauptverhandlung die Vereidigung durch den kommissarischen Richter für unzulässig, muß die Aussage als uneidliche gewertet werden.[755] Hat ein Beteiligter der Vereidigung durch den kommissarischen Richter widersprochen und ausdrücklich oder nach den Umständen erkennbar[756] einen Gerichtsbeschluß verlangt, ist ein solcher nach § 238 II geboten. Verstöße gegen die Vorschriften zu kommissarischer Vernehmung können die Revision begründen, wenn sie in der Hauptverhandlung nicht geheilt werden (Rdn 376) und das Urteil darauf beruhen kann (Rdn 458).

279 Die Berufung auf den **früher geleisteten Eid** (§ 67) führt zu mancherlei Verfahrensverstößen, die in der Revisionsinstanz bedeutsam werden. Das ist namentlich der Fall, wenn der Zeuge nicht selbst die Berufung auf den früheren Eid erklärt hat, sondern der Richter ihn lediglich darauf hinweist,[757] ohne daß der Zeuge sich bestätigend äußert. Auch wenn die Versicherung fälschlich vor der neuen Vernehmung abgegeben wird (unzulässiger „Voreid") (Rdn 273) ist das Gesetz verletzt (§ 59).[758]

Begnügt sich der Richter fälschlich mit einer Erklärung nach § 67, obwohl der frühere Eid in einem anderen Verfahren oder sonst nicht ordnungsgemäß geleistet ist, so soll das Urteil auf dem Rechtsfehler nicht beruhen, wenn der Zeuge eine gültige Vereidigung annimmt und die Aussage als eidliche gewürdigt ist.[759] Wenn allerdings ein früherer Eid überhaupt nicht geleistet ist,

---

752 BGHSt 31, 140 (144); KG StV 1984, 68; Dölp NStZ 1990, 117.

753 RGSt 10, 156; KK-Pelchen § 65 Rdn 6; Löwe/Rosenberg/Dahs § 65 Rdn 7.

754 KK-Pelchen § 66a Rdn 1; KMR-Paulus § 64 Rdn 6; Löwe/Rosenberg/Dahs § 66a Rdn 2.

755 Kleinknecht/Meyer-Goßner § 66b Rdn 2; Löwe/Rosenberg/Dahs § 66b Rdn 2.

756 Löwe/Rosenberg/Dahs § 66b Rdn 5.

757 BGHSt 4, 140; Kleinknecht/Meyer-Goßner § 67 Rdn 7; Löwe/Rosenberg/Dahs § 67 Rdn 13.

758 Kleinknecht/Meyer-Goßner § 67 Rdn 7; KK-Pelchen § 67 Rdn 8.

759 BGH NStZ 1984, 328 m. Nachw.; BGH bei Dallinger (krit) MDR 1953, 772; RGSt 64, 379; Löwe/Rosenberg/Dahs § 67 Rdn 22.

sondern nur irrig angenommen wird, muß die Revision durchgreifen, wenn die Aussage nicht ausschließbar im Urteil verwertet ist.[760]

– Sachverständigen- und Augenscheinsbeweis

Lit.: *Dippel,* Die Stellung des Sachverständigen im Strafprozeß, 1986; *Fezer,* Die Folgen der Sachverständigenablehnung für die Verwertung seiner Wahrnehmungen, JR 1990, 397; *Müller K.,* Der Sachverständige im gerichtlichen Verfahren 3. Aufl., 1988.

Der Begriff des **Sachverständigen** ist namentlich in seiner Abgrenzung zum Zeugen (Rdn 271) nicht einfach zu bestimmen. Von der richtigen Unterscheidung hängt für das Verfahren, besonders auch für die Revision, viel ab. Man hat mit manchen Kriterien den Unterschied zu fixieren gesucht. Die meisten befriedigen aber nicht.[761] In grober Kennzeichnung kann gesagt werden: Der Zeuge bekundet Wahrnehmungen, die er in Bezug auf den Prozeßgegenstand gemacht hat, ohne dabei im Auftrag eines Strafverfolgungsorgans zu handeln. Der Sachverständige wird nicht wegen solcher Wahrnehmungen, sondern wegen seiner allgemeinen Erfahrung und Sachkunde zur Begutachtung herangezogen. Das kann sich überschneiden. Es zeigt sich, daß diese Unterscheidungsformel im einzelnen zu erheblichen Zweifeln und Schwierigkeiten führt.[762] 280

Das Verhältnis des Richters zum Sachverständigen ist problematisch. Die Kompetenzabgrenzungen werden mit der Entwicklung der Wissenschaft immer schwieriger. Die Praxis neigt dazu, die nur dem Richter obliegende Sachentscheidung dem Sachverständigen zu überlassen, der eigentlich nur sein Gehilfe zu sein hat. Besonders deutlich ist dies bei den psychiatrischen Sachverständigen, wenn sie die Entscheidung über die Anwendbarkeit des § 20 oder § 21 StGB in eigener Kompetenz fällen, die als Rechtsfrage in Wahrheit nur dem Richter zusteht. Allerdings wird es als zulässig angesehen, daß der Sachverständige zu den rechtlichen Schlußfolgerungen (etwa zur Anwendbarkeit des § 20) sich „ratgebend" äußert.[763] 281

Hat das Gericht die **Kompetenzfrage** verkannt und ist dies aus den Urteilsgründen erkennbar, kommt die Revision in Betracht. So wenn sich das Gericht ersichtlich ohne eigene Meinungsbildung nur „dem überzeugenden Gutachten des Sachverständigen" anschließt (Sachrüge – Rdn 423).[764]

Ob Sachverständige überhaupt zugezogen werden, ist eine an anderen Stellen zu behandelnde Frage der Aufklärungspflicht (§ 244 II) (Rdn 314) oder des Beweisantragsrechts (§ 244 I, 245 II) (Rdn 346ff.).

---

[760] Dazu BGH bei Pfeiffer/Miebach NStZ 1983, 359 (Nr. 48); BGH GA 1980, 184; OLG Köln NJW 1963, 2333; Löwe/Rosenberg/Dahs § 67 Rdn 15; KK-Pelchen § 67 Rdn 10.

[761] Vgl. i. e. Löwe/Rosenberg/Dahs § 85 Rdn 3ff; Alsberg/Nüse/Meyer § 213ff.

[762] Kleinknecht/Meyer-Goßner Rdn 1 vor § 48, 9 vor § 72; Löwe/Rosenberg/Dahs § 85 Rdn 11.

[763] BGHSt 7, 238.

[764] Dazu Dippel S. 30ff.

282 Die **Auswahl** des Sachverständigen obliegt nach § 73 dem Gericht, sofern er nicht schon im vorbereitenden Verfahren beauftragt wird. Es ist zulässig, dem ersuchten Richter die Auswahl des Sachverständigen aufzugeben.[765] Der auswählende Richter hat sich an der Sachkunde des Sachverständigen zu orientieren. Die Entscheidung des Tatrichters über die Zuziehung von Sachverständigen kann nur ausnahmsweise mit der Revision beanstandet werden und zwar mit der Aufklärungsrüge (§ 244 II) (Rdn 314), wenn der Sachverständige fachlich ungeeignet war und sich dies aus dem Urteil ergibt.[766] Revisionsrechtlich angreifbar sind auch Verstöße gegen Denkgesetze und Erfahrungssätze bei der tatrichterlichen Bewertung des Gutachtens (Sachrüge – Rdn 398, 407). Insoweit kann sogar zur Überprüfung die Vernehmung von Sachverständigen durch das Revisionsgericht in Betracht kommen.[767]

283 Die **Ablehnung** von Sachverständigen spielt in der Praxis der Revisionsgerichte eine nicht unbedeutende Rolle. Im Gesetz (§ 74) wird auf die Grundsätze zur Richterablehnung (§ 24) (Rdn 161) verwiesen. Hiernach ist die Ablehnung begründet, wenn ein Grund zur Ausschließung eines Richters oder für die Annahme einer Besorgnis der Befangenheit gegeben ist, z.B. der Sachverständige schon für die Interessen der Geschädigten tätig gewesen ist,[768] unprofessionell oder einseitig gearbeitet hat.[769] Kein Ablehnungsgrund ist die frühere Vernehmung des Sachverständigen als Zeuge (§ 74 I 2) oder als Sachverständiger.[770] Das kann anders sein, wenn der Sachverständige dabei einen besonderen „Jagdeifer" entwickelt hatte.[771] Über die zahlreichen Fälle denkbarer Ablehnung gibt im Einzelfall die reichhaltige Rechtsprechung Aufschluß.[772]

Gegenüber der Richterablehnung bestehen wichtige Abweichungen. Die Ablehnung ist während der Hauptverhandlung nicht zeitgebunden. Sie kann bis zum Schluß der Beweisaufnahme erklärt werden, selbst dann, wenn der Ablehnungsberechtigte den Ablehnungsgrund vor der Erstattung des Gutachtens bewußt nicht geltend gemacht hat.[773] Allerdings soll hier unter Umständen ein rechtswirksamer Verzicht (Rdn 380) in Betracht kommen.[774]

---

765 KK-Pelchen § 73, Rdn 1; Kleinknecht/Meyer-Goßner § 73 Rdn 1; Löwe/Rosenberg/Dahs § 73 Rdn 5; anders OLG Hamm JMBlNRW 1953, 117.

766 BGHSt 7, 82; KK-Pelchen § 73 Rdn 9; Müller Rdn 184f.

767 BGHSt 7, 82; JR 1970, 151 m.Anm. Peters; vgl. auch OLG Hamm NJW 1970, 907.

768 BGHSt 20, 245; vgl. aber auch Kleinknecht/Meyer-Goßner § 74 Rdn 7.

769 BGHR § 74 I S. 1 Befangenheit 3.

770 RGSt 33, 198.

771 Löwe/Rosenberg/Dahs § 74 Rdn 12; vgl. dazu aber auch KK-Pelchen § 74 Rdn 5.

772 BGHSt 20, 245; 18, 214; BGH bei Dallinger MDR 1972, 925; BGH NJW 1961, 2069; RGSt 72, 250; 58, 262; Müller Rdn 218ff; KK-Pelchen § 74 Rdn 4ff; Löwe/Rosenberg/Dahs § 74 Rdn 4–13.

773 So Löwe/Rosenberg/Dahs § 74 Rdn 21.

774 OLG Stuttgart NJW 1957, 1646; a.A. Löwe/Rosenberg/Dahs § 74 Rdn 21 m.Nachw.; vgl. dazu auch RGSt 58, 301.

Mit all diesen Fragen kann das **Revisionsgericht** nur befaßt werden, wenn die Ablehnung in der Hauptverhandlung erklärt worden ist. Selbst ein vorher eingebrachtes Ablehnungsgesuch muß in der Hauptverhandlung wiederholt worden sein, wenn es in der Revisionsinstanz Beachtung finden soll. Ablehnungsgründe können auch nicht nachgeschoben werden. Die Zurückweisung des Ablehnungsgesuchs ist der Revision zugänglich als „eine dem Urteil voraufgegangene Entscheidung des erkennenden Gerichts", sofern sie nach der Eröffnung des Hauptverfahrens erfolgt ist und die Beschwerde deshalb entfällt (§§ 305, 336) (Rdn 6). Die Grenzen der Nachprüfung sind aber hier enger gezogen als bei der Richterablehnung. Da es sich dort um einen absoluten Revisionsgrund handelt, umfaßt die Nachprüfung auch die tatsächlichen Grundlagen der Entscheidung. Diese werden nach Beschwerdegesichtspunkten voll überprüft (Rdn 161). Bei dem Sachverständigen geht es dagegen um einen nur relativen Revisionsgrund, der nach normalen Revisionsregeln nur unter dem Gesichtspunkt der Rechtsverletzung zu beurteilen ist. Beschwerderechtliche Grundsätze kommen hier nicht in Betracht.[775] Die „Besorgnis der Befangenheit" und das „Geeignetsein" des Ablehnungsgrundes sind aber als unbestimmte Rechtsbegriffe oder als Ermessengrundlagen der **Revisionskontrolle** nach allgemeinen Regeln unterworfen[776] (Rdn 88, 458). Damit nähern sich beide Ablehnungsfälle in der Revisionspraxis einander doch ziemlich an.

In der **Begründung der Revisionsrüge** müssen die Tatsachen, aus denen die Besorgnis der Befangenheit hergeleitet wird, im einzelnen vorgetragen werden. Sind Äußerungen im schriftlichen Gutachten Grundlage der Rüge, so reicht weder ein summarischer noch ein zu knapper Vortrag aus, sondern die einzelnen Stellen sind im Kontext zu zitieren.[777] Es ist auch davor zu warnen, insoweit lediglich auf den Inhalt des protokollierten Ablehnungsgesuches zu verweisen. Dagegen genügt es, wenn dieses im Wortlaut wiedergegeben und anschließend erklärt wird, daß sich diese Tatsachen so ereignet haben. Weiterhin ist der die Ablehnung zurückweisende Beschluß mit Begründung notwendiger Inhalt der Revisionsbegründung.

Der **sachverständige Zeuge** (§ 85) ist nicht Sachverständiger im Sinne der 284
StPO. Er ist nichts anderes als ein Zeuge. Keine für den Sachverständigen bestimmte Vorschrift kann daher auf ihn angewendet werden.

Ist ein Sachverständiger mit Erfolg abgelehnt worden, so kann er als sach- 285
verständiger Zeuge vernommen werden (Rdn 284). Er soll in dieser Eigenschaft auch über solche Beobachtungen aussagen dürfen, die er bei Durchführung seines Gutachterauftrages gemacht hat;[778] an diese darf ein anderer Sachverständiger anknüpfen.[779]

---

775 BGHR § 74 Ablehnungsgrund 2.
776 BGHSt 8, 226.
777 BGHR § 74 I S. 1 Befangenheit 1.
778 BGHSt 20, 222; krit. Löwe/Rosenberg/Dahs § 74 Rdn 34.
779 BGHSt 20, 222; Kleinknecht/Meyer-Goßner § 74 Rdn 19.

Hat ein Sachverständiger ohne leitende Anwesenheit des Richters (§ 78) selbst Ermittlungen durchgeführt, die auch ohne seine Sachkunde möglich gewesen wären, so darf er das Ergebnis nicht verwerten. Er müßte gegebenenfalls als (mittelbarer) Zeuge vernommen werden.[780] In diesem Bereich ist auf das Prinzip der **Unmittelbarkeit** der Beweisaufnahme besonders sorgfältig zu achten.[781]

286 Die **Vereidigung des Sachverständigen**[782] steht nach § 79 I 1 grundsätzlich im Ermessen des Gerichts. Dieses ist so gut wie unüberprüfbar, weil Rechtsmißbrauch nicht recht vorstellbar ist. Den Ausgleich bietet das Antragsrecht der Beteiligten (§ 79 I 2). Unterbleibt die Vereidigung trotz Antrag, ist ein revisibler Rechtsverstoß offenkundig. Das gilt zugunsten des Angeklagten auch dann, wenn nur der Staatsanwalt die Vereidigung beantragt hatte.[783]

Der Beschluß über die Nichtvereidigung (§ 79 I 1) kann nach Ansicht des BGH[784] stillschweigend ergehen oder auch ganz unterbleiben. Dagegen bestehen Bedenken, denn § 79 I verlangt vom Gericht eine Ermessensentscheidung, die auch für den praktischen Regelfall der Nichtvereidigung nicht einfach unterbleiben darf;[785] jedoch wird das „Beruhen" des Urteils meist zweifelhaft sein.[786] In jedem Falle genügt es aber, daß der Vorsitzende die Nichtvereidigung ausspricht.

Ist ein Sachverständiger allgemein vereidigt, genügt die Berufung auf diesen Eid (§ 79 III). Sie muß aber vom Sachverständigen selbst erklärt werden. Ein Hinweis des Richters reicht nicht aus. Es gelten hier dieselben Grundsätze wie bei der Berufung eines Zeugen (oder Sachverständigen) auf den früheren Zeugeneid nach § 67 (Rdn 279).

287 Im Rahmen der Vereidigung kommt der **Abgrenzung** des Sachverständigengutachtens zur **Zeugenaussage** eine revisionsrechtlich wichtige Bedeutung zu. Enthält das Gutachten Elemente einer der Vereidigungsvorschrift des § 59 unterfallenden Zeugenaussage (Rdn 273), verfällt das Urteil in aller Regel der Aufhebung, wenn insoweit die Vereidigung als Zeuge unterblieben ist. Im einzelnen können hier Zweifel auftreten. Sicher ist alles das Zeugenaussage, was sich auf Beobachtungen des Sachverständigen bezieht, die er vor seiner Heranziehung oder auch danach zufällig gemacht hat. Dagegen gehört zu seinem Gutachten alles, was er auf Grund seines Auftrages in seiner Eigenschaft als Sachverständiger gerade durch seine spezielle Sachkunde ermittelt hat,[787] einschließlich seiner rein tatsächlichen Beobachtungen. Problematisch

---

[780] BGHSt 20, 164; 18, 107; 13, 1, 250.
[781] BGHSt 13, 1, 250; Löwe/Rosenberg/Dahs § 79 Rdn 21.
[782] Müller Rdn 486ff.
[783] OLG Hamm NJW 1960, 1361.
[784] BGHSt 21, 227.
[785] KMR-Paulus § 79 Rdn 9; Löwe/Rosenberg/Dahs § 79 Rdn 3; a.A. Kleinknecht/Meyer-Goßner § 79 Rdn 1.
[786] BGH NStE Nr. 2 zu § 79 = BGHR § 79 I Vereidigung 1.
[787] BGHSt 18, 107ff.

ist die Aussage über Ermittlungen des Sachverständigen, mit denen er seine Kompetenzen überschritten hat, z.B. Vernehmung von Tatzeugen, Dritten oder Bewirkung eines Geständnisses. Das dürfte eine zu beeidende Zeugenaussage sein.[788] Erfolgt eine **Vereidigung** des Sachverständigen als Zeuge, so soll der Zeugeneid auch das Gutachten erfassen.[789]

Die im Zusammenhang mit der Beeidigung oben schon behandelten eigenen Ermittlungen des Sachverständigen sind ihm nach § 80 nicht gestattet. Die Zusatztatsachen sind vielmehr nach allgemeinen Verfahrensvorschriften durch Vernehmungen zu ermitteln. Diesen kann der Sachverständige beiwohnen (§ 80 II). Hier kommen zahlreiche Verstöße zur revisionsgerichtlichen Überprüfung.[790] Es ist aber kein Verstoß, wenn ein Sachverständiger mit einem Zeugen Unterhaltungen führt, die über seine Glaubwürdigkeit Aufschluß geben sollen, deren Beurteilung dem Sachverständigen aufgetragen ist.[791] Wenn der Zeuge eine solche Untersuchung überhaupt ablehnt und sich dem Sachverständigen nicht stellt, kann dieser trotzdem zur Hauptverhandlung zugezogen und zur Glaubwürdigkeitsfrage gehört werden,[792] wobei ihm das Fragerecht nach § 80 II zusteht, soweit nicht Fragen nach § 241 II zurückgewiesen werden. Soll das Gutachten aufgrund von Erkenntnissen erstattet werden, die der Sachverständige (auch) aus dem Verhalten eines Zeugen oder Angeklagten in der Hauptverhandlung gewinnt, muß er während aller einschlägigen Teile der Hauptverhandlung zugegen sein. Ist das nicht der Fall, kann die Revision begründet sein. 288

Sind die Zusatztatsachen prozessual richtig durch das Gericht ermittelt worden, so dürfen sie dem Gutachten nur dann zugrundegelegt werden, wenn sie vom Gericht als voll bewiesen angesehen werden.[793] Dazu bedarf es der normalen Beweiserhebung in der Hauptverhandlung, wobei auch der Sachverständige selbst (als Zeuge) in Betracht kommt (Rdn 283, 285).

Hat ein aussageverweigerungsberechtigter Zeuge trotz richtiger Belehrung (§ 52) gegenüber dem Sachverständigen Angaben gemacht und beruft er sich erst nachträglich in der Hauptverhandlung auf § 52, so ist nach Ansicht des BGH die Verwertung der Angaben möglich. Das wird aus der analogen Rechtsprechung zur Zulässigkeit der Zeugenvernehmung des Vernehmungsrichters (Rdn 272) gefolgert.[794] 289

Der **richterliche Augenschein** kann innerhalb oder außerhalb (§ 86) der Hauptverhandlung eingenommen werden.[795] Revisionsrechtlich kann die 290

[788] So BGHSt 13, 250; 13, 1; Löwe/Rosenberg/Dahs § 79 Rdn 17.

[789] BGH bei Miebach NStZ 1988, 447 (Nr. 4); Löwe/Rosenberg/Dahs § 79 Rdn 23.

[790] BGH NJW 1951, 771; Blau GA 1959, 304; Weimann JR 1951, 198; Löwe/Rosenberg/Dahs § 80 Rdn 4–6.

[791] BGHR § 74 I S. 1 Befangenheit 3; BGHSt 7, 82.

[792] BGHSt 23, 1 m. krit. Anm. Peters JR 1970, 68; anders OLG Hamm JMBlNRW 1957, 45.

[793] BGHSt 13, 1.

[794] BGHSt 11, 97.

[795] Zum Augenschein bei Gegenüberstellung vgl. Odenthal S. 101 ff, 105 f.

Abgrenzung gegen andere Beweismittel bedeutsam werden. Der zu eng gefaßte Begriff „Augenschein" umschließt außer dem Sehen alle anderen sinnlichen Wahrnehmungen, besonders auch das Hören. Deshalb ist, wie die Besichtigung von Örtlichkeiten, Urkunden und Lichtbildern, auch das Abhören von Schallplatten und Tonbändern[796] Augenscheinseinnahme, nicht etwa Urkundenbeweis; dagegen darf die Niederschrift einer nach § 100a zulässig hergestellten Tonbandaufnahme als Urkundenbeweis verwendet werden.[797] Ist diese unzulässig zustandegekommen (Rdn 298, 301), sind insbesondere §§ 136, 136a verletzt worden, besteht ein Beweisverwertungsverbot.[798] Die Verbote des § 136a betreffen aber nur Vernehmungen, nicht die anderweitige Beschaffung von Beweismitteln.[799] Auch ist das Abhören einer Aussage anstelle der Zeugenvernehmung unzulässig. Insoweit gilt das Urkundenverlesungsverbot des § 250 S. 2 analog[800] (Rdn 295).

Ein revisibler Prozeßverstoß ist natürlich gegeben, wenn der Augenschein in der Hauptverhandlung nicht von allen Richtern eingenommen wird (§ 261) (Rdn 242). Die Verlesung von Protokollen über einen Augenschein außerhalb der Hauptverhandlung ist ein revisibler Verstoß, wenn kein Protokollführer mitgewirkt hat und das Urteil auf der Verlesung des Protokolls, nicht auf dem Fehlen des Protokollführers beruhen kann.[801]

Hat den Augenschein nicht das Gericht, sondern ein anderer (Polizeibeamter, Staatsanwalt, Sachverständiger) eingenommen, ist das Ergebnis nur durch Vernehmung in die Hauptverhandlung einzuführen, da es sich nicht um Augenscheinsbeweis handelt und die Verlesung eines vorhandenen Protokolls gegen § 250 verstoßen würde (Rdn 295).

– Urkundenbeweis

Lit.: *Denckner,* Zum Geständnis im Straf- und Strafprozeßrecht, ZStW 102 (1990), 51; *Geerds,* Über Vorhalt und Urkundenbeweis mit Vernehmungsprotokollen, FS Blau, S. 67; *Geppert,* Der Grundsatz der Unmittelbarkeit im deutschen Strafverfahren, 1979; *ders.,* Das Beweisverbot des § 252 StPO, Jura 1988, 305; *Hanack,* Protokollverlesungen und -vorhalte als Vernehmungsbehelf, FS Schmidt-Leichner, S. 83; *Jerouscheck,* Jenseits von Gut und Böse: Das Geständnis und seine Bedeutung im Strafrecht, ZStW 102 (1990), 793; *Mitsch,* Protokollverlesung nach berechtigter Auskunftsverweigerung (§ 55 StPO) in der Hauptverhandlung, JZ 1992, 174; *Paulus,* Rechtsdogmatische Bemerkungen zum Urkundenbeweis in der Hauptverhandlung des Strafverfahrens, JuS 1988, 873; *Prittwitz,* Das Zeugnisverweigerungsrecht des Angehörigen und seine Wirkung auf Mitbeschuldigte, NStZ 1986, 323; *Schlüchter,* SKStPO, 1992, §§ 251 ff., 256 Rdn. 11 ff.; *Wömpner,* Ergänzender Urkundenbeweis neben §§ 253, 254 StPO?, NStZ 1983, 293; *ders.,* Zur Verlesung früherer Urteile, NStZ 1984, 481.

---

796 BGHSt 14, 339 (341); Löwe/Rosenberg/Dahs § 86 Rdn 23, 29.

797 BGHSt 27, 135.

798 BGHSt 38, 214; Zur „Fernwirkung" des Verwertungsverbots vgl. BGHSt 29, 244 (248 ff) i. ü. Rdn 229.

799 BGH bei Dallinger MDR 1975, 23; Löwe/Rosenberg/Hanack § 136a Rdn 9.

800 BGHSt 27, 135 (137); KK-Mayr § 250 Rdn 3; Löwe/Rosenberg/Dahs § 86 Rdn 31: Direkte Anwendung des § 250.

801 Löwe/Rosenberg/Dahs § 86 Rdn 37.

Der Urkundenbeweis ist ein weites Feld für **revisible Rechtsverstöße.** Das 291
liegt an der undurchsichtigen Systematik und Technik des Gesetzes in diesem Bereich.[802]

Urkunden werden zur Einführung ihres Inhaltes verlesen (§ 249). Dazu zählen auch frühere Urteile, die nach h. M. ggfs. auch zu Zwecken des Beweises in der Schuld- und Straffrage verlesen werden können.[803] Beruht das Urteil auf einer nicht verlesenen Urkunde als Beweismittel, etwa auf einem polizeilichen Aussageprotokoll, muß es auf Rüge wegen Verletzung der §§ 249, 261 aufgehoben werden.[804] **Verlesung** bedeutet wörtliche Verlesung. Teilverlesung ist nicht unzulässig. Jeder Beteiligte kann aber die vollständige Verlesung der Urkunde als eines präsenten Beweismittels nach § 245 beantragen, wenn er sie in der Hauptverhandlung vorlegt oder sie sich bei den Akten befindet (Rdn 353). Nach § 249 II kann von der Verlesung abgesehen werden, wenn Richter und Schöffen von der Urkunde Kenntnis genommen haben, die übrigen Beteiligten dazu Gelegenheit hatten und niemand dieser Verfahrensweise widersprochen hat. Bei Widerspruch entscheidet das Gericht (§ 249 II). Diese Verfahrensvorgänge gehören zu den wesentlichen Förmlichkeiten des Verfahrens (§§ 273 I, 274). Die verbreitete Praxis des Verlesungsersatzes durch Bekanntgabe des wesentlichen Inhalts ist ebenfalls zulässig, wenn kein Verfahrensbeteiligter widerspricht und § 244 II die Verlesung nicht gebietet.[805] Das Verfahren nach § 249 II kann unter dem Aspekt gerügt werden, daß die Schöffen keine Gelegenheit hatten, die Urkunde zu lesen[806] oder der Widerspruch eines Verfahrensbeteiligten (§ 249 II 2) rechtsfehlerhaft zurückgewiesen worden ist.

Ebenso ist die Verlesung nicht durch einen bloßen **Vorhalt** zu ersetzen.[807] 292
Zwar können alle (auch sonst unverlesbaren)[808] Urkunden und Tonbandaufnahmen[809] vorgehalten werden, um damit die Vernehmung inhaltlich anzureichern. Der Vorhalt ist aber (Rdn 299) nur ein **Vernehmungsbehelf.**[810] Als Urteilsgrundlage kann daher nur das verwendet werden, was die Auskunftsperson auf den Vorhalt der Urkunde erklärt, nicht aber der Inhalt der verlesenen Urkunde selbst.[811] Der Vorhalt ist folgerichtig auch nicht in das Proto-

---

802 Zum Ganzen Alsberg/Nüse/Meyer S. 241 ff; Schlüchter SKStPO § 249 Rdn 41 ff; Rieß/Hilger NStZ 1987, 150.

803 Zum Problemkreis Wömpner NStZ 1984, 481.

804 BGHSt 11, 29; 6, 141 (143); 5, 278.

805 BGHSt 30, 10, 14; BGH NStZ 1981, 231 m. zust. Anm. Kurth; krit. Hanack JZ 1972, 202 f; Löwe/Rosenberg/Gollwitzer § 249 Rdn 44 f.

806 BGHSt 30, 10, (14) m. abl. Anm. Gollwitzer JR 1982, 83; Kleinknecht/Meyer-Goßner § 249 Rdn 30.

807 Vgl. i. e. Schlüchter SKStPO § 249 Rdn 59 ff.

808 BGHSt 14, 312; zum Problem Hanack FS Schmidt-Leichner S. 83 ff.

809 BGHSt 14, 340; Kleinknecht/Meyer-Goßner § 249 Rdn 29.

810 Vgl. Hanack FS Schmidt-Leichner S. 83 ff; Alsberg/Nüse/Meyer S. 330 f m. Nachw.

811 BGH StV 1991, 197; Schlüchter SKStPO § 249 Rdn 60 m. Nachw.

koll nach § 273 aufzunehmen, da er nicht zu den Förmlichkeiten des Verfahrens gehört. Geschieht dies doch, so wird er von der Beweiskraft des § 274 (Rdn 487) ebensowenig erfaßt wie das Fehlen eines Protokollvermerks negativ einen tatsächlichen Vorhalt widerlegt.[812] Im Urteil kann der Wortlaut der Urkunde ausgewertet werden, wenn der Inhalt auf den Vorhalt hin als richtig bestätigt worden ist.[813] Dabei soll es auch zulässig sein, die Urkunde zum Zwecke des Vorhaltes wörtlich zu verlesen,[814] allerdings nur bei kurzem und leicht faßlichem Inhalt. Im anderen Fall und wenn es auf den genauen Inhalt ankommt, ist nur die Verlesung nach § 249 zulässig.[815] Handelt es sich bei der vorgehaltenen Urkunde um die Niederschrift einer früheren Aussage, insbesondere eines Geständnisses, das nach § 254 nur auf Grund eines richterlichen Protokolls verlesen werden dürfte (Rdn 301), so ist die wörtliche Wiedergabe besonders bedenklich. Die Unterschiede zur Verlesung nach § 249ff verwischen sich. Besonders die Laienrichter halten Urkundeninhalt und Aussageinhalt nicht mehr auseinander. Praktisch wird die Urkunde selbst zum Beweismittel. Die Hauptverhandlung kann zu einem bloßen Nachvollzug der Akten entarten. Deshalb bestehen gegen die Zulässigkeit Bedenken.[816] So kann es jedenfalls nicht hingenommen werden, daß das Urteil sich nur auf die vorgehaltene Urkunde als solche stützt. Beweisgrundlage ist vielmehr nur die in der Hauptverhandlung abgegebene Erklärung. Das muß das Urteil zum Ausdruck bringen.[817] Wenn der Vorhalt nicht zu einer Bestätigung der früheren Aussage führt, bleibt er ohne jede Wirkung. Das Gericht muß die Aufklärung auf andere Weise versuchen. Dazu bietet sich die **Vernehmung der Verhörsperson** als Zeuge an.[818] Wenn dieser dann aber erklären muß, daß er sich an den Inhalt nicht mehr erinnert, so schließt der Leerlauf dieses Vorhaltes die Verwertung des Protokollinhaltes endgültig aus, auch wenn die Verhörsperson versichert, sie pflege „getreulich zu protokollieren".[819]

293 Prozeßverstöße in diesem Bereich begründen die **Revision**. Das setzt aber wie immer ihren **Nachweis** voraus (Rdn 484). Er kann aus den §§ 273, 274 zu entnehmen sein, wenn das Protokoll die Verlesung einer im Urteil als Beweismittel gewerteten, wörtlich wiedergegebenen Urkunde komplizierten Inhaltes nicht ergibt.[820] Das Protokoll muß die Verlesung oder das Selbstlesever-

---

[812] BGHSt 11, 159; BGH U.v. 31.3. 1976 – 3 StR 48//75 – unv.; krit. Hanack JZ 1972, 202.

[813] BGHSt 22, 171f; 14, 312; 11, 338 (341); 1, 4 (8), 339.

[814] BGHSt 11, 338 (341); 1, 4 (8); Kleinknecht/Meyer-Goßner § 249 Rdn 28; Löwe/Rosenberg/Gollwitzer § 249 Rdn 85.

[815] BGH StV 1991, 340; BGHSt 11, 29, 159; 5, 278; Löwe/Rosenberg/Gollwitzer § 249 Rdn 46; KK-Mayr § 249 Rdn 49; Kleinknecht/Meyer-Goßner § 249 Rdn 28.

[816] So auch Eb. Schmidt I Rdn 442; Roxin § 44 Rdn 16; Löwe/Rosenberg/Gollwitzer § 249 Rdn 45; abl. auch Schroth ZStW 87 (1975), 103 (131); Niese JZ 1953, 597f.

[817] BGHSt 22, 172; 14, 310 (312).

[818] Löwe/Rosenberg/Gollwitzer § 254 Rdn 25 m. Nachw.

[819] BGHSt 14, 310; Löwe/Rosenberg/Gollwitzer § 249 Rdn 88.

[820] BGH StV 1991, 340.

fahren (§ 249 II) exakt fixieren.[821] Die vielfach übliche Wendung, bestimmte Akten oder Urkunden seien „zum Gegenstand der Hauptverhandlung gemacht", ist nicht nur eine Unsitte, sondern als Beweis für einen Verlesungsvorgang i.S. § 249 nichtssagend und unzureichend.[822] Dagegen ist noch kein Revisionsgrund dargetan, wenn das Urteil auf eine Urkunde gestützt ist, die ausweislich des Sitzungsprotokolls nicht verlesen worden ist. Denn sie kann vom Angeklagten selbst inhaltlich vorgetragen, unstreitig geworden oder durch Vorhalt zulässig bekanntgegeben und dann durch vernommene Auskunftspersonen bestätigt worden sein (Rdn 292). Es ist dazu aber erforderlich, daß die Urteilsgründe zweifelsfrei ergeben, daß das Gericht seine Überzeugung nicht aus der Urkunde als solcher, sondern auf Grund der Aussage der Auskunftsperson gewonnen hat.[823] Wörtliche Wiedergabe spricht regelmäßig dagegen und bringt das Urteil in Gefahr. Der Erfolg der Verfahrensrüge in bezug auf § 249 wird insgesamt immer davon abhängen, ob Urteil oder Protokoll einen Prozeßfehler hinreichend ergeben. Um das zu erreichen oder zu vermeiden, steht allen Prozeßbeteiligten die Möglichkeit der Verfahrensmitwirkung über §§ 238 II, 273 III, 249 I und besonders auch § 245 II zu. Sie können danach die Verlesung einer jeden verwertbaren Urkunde beantragen und so die nötige Protokollierung erzwingen. Ist das unterblieben, werden sich die Vorgänge um Vorhalte oder Verlesung im Wege des Freibeweises (Rdn 492) nach den Erfahrungen der Praxis schwer aufklären lassen. Es kann aber auch das bloße Vorhandensein einer Urkunde die Verlesungspflicht des Gerichts ohne besonderen Antrag auslösen (§ 244 II). Die Nichtverlesung kann mit der Aufklärungsrüge angreifbar sein (Rdn 314); insbesondere kann das **Selbstleseverfahren** nach § 249 II 1 trotz allseitiger Zustimmung dem Aufklärungsgrundsatz (§ 244 II) widersprechen, wenn es sich um wichtige Beweispersonen handelt.

Für die **Revisionsbegründung** (Verletzung der §§ 261, 249) ist zu beachten: 294
Soll gerügt werden, daß im Urteil eine Urkunde wiedergegeben ist, die in der Hauptverhandlung nicht verlesen wurde, ist zunächst die Anordnung des Vorsitzenden oder der Gerichtsbeschluß vorzutragen, wonach die Urkunde verlesen werden sollte. Daran muß sich die Rügebehauptung anschließen, daß diese Urkunde nicht verlesen worden ist. Den Beweis dafür liefert das Protokoll, in dem nicht beurkundet ist, daß die Anordnung/der Beschluß ausgeführt und die Urkunde tatsächlich verlesen worden ist. Insoweit greift die negative Beweiskraft des § 274 durch. Zusätzlich muß aber vorgetragen werden, daß die Urkunde auch nicht in sonst zulässiger Weise (z.B. Selbstleseverfahren, Vorhalt, Vortrag) in die Hauptverhand-

[821] BGH wistra 1992, 30.
[822] BGHSt 11, 29 (30); OLG Düsseldorf StV 1990, 256; Löwe/Rosenberg/Gollwitzer § 249 Rdn 51.
[823] BGHSt 22, 172.

lung eingeführt worden ist.[824] Für ersteres gelten die §§ 273, 274, im übrigen gilt das Freibeweisverfahren. Der Revisionsführer wird sich dabei an der Rechtsprechung orientieren können, die bei längeren oder inhaltlich schwierigeren Texten, die sich wörtlich im Urteil finden,[825] quasi von einer Beweisvermutung zugunsten der Revision ausgeht mit der zutreffenden Begründung, es könne ausgeschlossen werden, daß eine Beweisperson den Text wörtlich bekundet habe. Das Beweisproblem erledigt sich nicht selten auch dadurch, daß im Urteil selbst von der „verlesenen" Urkunde die Rede ist.[826] Bei Einführung durch Vorhalt kann es in den Urteilsgründen zur Verwischung der Grenzen zwischen Zeugenaussage und Urkunde kommen, was die Revision als Verstoß gegen § 261 aufgreifen kann.

Wird die **Revisionsrüge** (Verletzung der §§ 244 II, 250) darauf gestützt, daß entgegen dem Verbot des § 250 der Personal- durch den Urkundenbeweis ersetzt worden ist, so muß vorgetragen werden
- welchen Inhalt die Urkunde hat,
- wer ihr Aussteller ist,
- daß der Verfasser in der Hauptverhandlung als Zeuge vernommen worden ist oder hätte vernommen werden können
- daß der Urkundeninhalt im Urteil verwertet worden ist.

Das Revisionsgericht prüft dann von Amts wegen, ob einer der gesetzlichen Ausnahmefälle vorgelegen hat (z.B. §§ 251, 256) und das Urteil auf dem gerügten Rechtsfehler beruht.[827]

295 Nicht alle Urkunden sind durch Verlesung nach § 249 verwertbar. Die Verlesung kann durch **Beweisverbote** verschiedener Art ausgeschlossen sein. Sie können hier nicht alle behandelt werden. Das wichtigste Verlesungsverbot der StPO ist die unverzichtbare[828] Vorschrift des § 250. Wahrnehmungen einer Person dürfen nur durch Vernehmungen in die Hauptverhandlung eingeführt werden, sofern die Vernehmung möglich ist.[829] An deren Stelle ist die Verlesung früherer Vernehmungsprotokolle unzulässig. Wird die in dem Protokoll behandelte Wahrnehmung von der Auskunftsperson nicht bestätigt, kann es ihr vorgehalten werden (§ 253 I – Rdn 299). Hilft auch das nicht weiter, kann die Verhörperson vernommen werden. Revisible Verstöße sind hier nicht selten. Im einzelnen muß hierzu auf die voraufgehende Darstellung über den Vorhalt und die reichliche Rechtsprechung und Kommentarliteratur[830] verwiesen werden. Das gilt namentlich

---

[824] Z. B. BGH wistra 1992, 30; 1990, 197.

[825] Z. B. BGHR § 261 Inbegriff der Verhandlung 5, 12.

[826] Z. B. BGHR § 261 Inbegriff der Verhandlung 4; Anhang I.

[827] Zu den Einzelheiten vgl. Kleinknecht/Meyer-Goßner § 250 Rdn 15; Schlüchter SKStPO § 250 Rdn 25f.

[828] RGSt 9, 49; RG JW 1935, 2380; 1932, 1751.

[829] Löwe/Rosenberg/Gollwitzer § 250 Rdn 1; Schlüchter SKStPO § 250 Rdn 7ff.

[830] Vgl. Kleinknecht/Meyer-Goßner § 250 Rdn 1ff; Löwe/Rosenberg/Gollwitzer § 250 Rdn 1ff; KK-Mayr § 250 Rdn 13f; Schlüchter SKStPO § 250 Rdn 7ff; Roxin § 44 Rdn 16, 24; Alsberg/Nüse/Meyer S. 623ff.

auch für die Vernehmung von **Zeugen vom Hörensagen**, insbesondere von unbekannten Gewährsmännern oder Verbindungsmännern (V-Mann) (Rdn 254).[831]

Die Ausnahmevorschrift des § 250 ist ihrerseits durch **Ausnahmen** unterbrochen. Sie finden sich in verschiedenen Bestimmungen der §§ 251 ff. Hiernach ist die Verlesung von Niederschriften früherer Vernehmungen oder schriftlicher Erklärungen anstelle (oder auch neben) einer Vernehmung in der Hauptverhandlung nach § 251 unter bestimmten Voraussetzungen zulässig. Darauf kann hier im einzelnen nicht eingegangen werden; auf die einschlägigen Kommentare und die dort verarbeitete Rechtsprechung wird verwiesen.[832] 296

Es soll indessen besonders darauf hingewiesen werden, daß ein über eine **frühere Hauptverhandlung** aufgenommenes Protokoll, das gem. § 273 II das wesentliche Ergebnis einer Zeugenaussage enthält, nach § 251 I verlesbar ist,[833] obwohl es dem Zeugen weder vorgelesen, noch von ihm unterschrieben ist. Das ist nicht unbedenklich und es stellt sich hier wie auch sonst zur Urkundenverlesung die Frage nach dem Verhältnis zur Aufklärungspflicht (Rdn 382). Sie kann es nahelegen, dem relativ geringen Beweiswert der Urkunde nicht zu vertrauen und statt dessen durch Vernehmungen oder Anhörungen besser aufzuklären, zumindest die Zuverlässigkeit des Protokollinhaltes besonders kritisch zu prüfen.[834] Die Freigabe der Verlesung in § 251 I ist also kein „Freifahrtschein".[835] Dasselbe gilt für die Verlesung nichtrichterlicher Protokolle und schriftlicher Erklärungen nach § 249 II.

Revisionsrechtlich wichtig sind zunächst **Rechtsfehler** bei der Feststellung der **Verlesungsvoraussetzungen**, insbesondere Verkennung von Rechtsbegriffen und unzureichende Feststellungen zu den tatsächlichen Umständen, z. B. bei § 251 I Nr. 2. Revisionsrechtlich relevante Fehler können auch dem verlesenen Protokoll oder anderen Erklärungen anhaften sowie dem Verfahren, in dem die Niederschrift der Aussage erstellt wurde. Insoweit ist der Verstoß gegen die Benachrichtigungspflicht des § 168c V bei richterlicher Vernehmung besonders zu nennen; allerdings muß dann der Verlesung widersprochen worden sein.[836] Besondere Bedeutung haben auch die Vorschriften über das **Verfahren** bei der **Verlesung.** Sie erfolgt nach § 251 IV auf Gerichtsbeschluß. Vorher sind die Beteiligten zu hören (§ 33). Über den Widerspruch 297

---

831 Vgl. hierzu Löwe/Rosenberg/Gollwitzer § 250 Rdn 25, 28; Alsberg/Nüse/Meyer S. 548ff; Kleinknecht/Meyer-Goßner § 250 Rdn 4.

832 Vgl. Schlüchter SKStPO § 252 Rdn 4ff; Kleinknecht/Meyer-Goßner § 251 Rdn 2ff; KK-Mayr § 251 Rdn 2ff; Löwe/Rosenberg/Gollwitzer § 251 Rdn 7ff.

833 BGHSt 24, 183.

834 BGH NStE Nr. 4 zu § 251 = BGHR § 251 I Nr. 4 Aufklärungspflicht 1; BGHSt 10, 186 (189); Hanack JR 1971, 514; KK-Mayr § 251 Rdn 12.

835 Hanack JR 1971, 514.

836 BGH NStZ 1983, 325; zu Einzelheiten vgl. Schlüchter SKStPO § 251 Rdn 76ff; § 252 Rdn 42.

eines Verfahrensbeteiligten nach § 249 II 1 muß ebenfalls durch Gerichtsbeschluß entschieden werden. Das Gericht hat in den Fällen des § 251 I Nr. 2, 3, II 2 die Voraussetzungen für den Zeitpunkt der Verlesung zu prüfen.[837] Frühere Beschlüsse bewirken keine Bindung, aber auch keine Befreiung von nochmaliger Prüfung. Diese erfolgt nach den Regeln des Freibeweises. Erfährt das Gericht vor Verkündung des Urteils, daß die Voraussetzungen für die Verlesung entfallen sind, so muß es gem. § 244 II die Frage persönlicher Anhörung der Beweisperson prüfen. Der Beschluß bedarf einer mündlichen konkreten **Begründung**, die eine rechtliche Nachprüfung ermöglichen muß;[838] die Wiederholung des Gesetzestextes genügt nicht.[839] Bloße Anordnungen des Vorsitzenden stellvertretend für das Gericht genügen hier nicht. Verzicht auf den Gerichtsbeschluß ist ohne Bedeutung.[840] Rechtsverstöße gegen diese strenge Regelung begründen die **Revision**, falls das Urteil darauf beruhen kann (Rdn 458).[841] Das Fehlen oder ein Mangel der Begründung kann allenfalls dann hingenommen werden, wenn die Verlesung zweifellos zulässig und ihre Bedeutung klar war.[842] Das Urteil beruht dann nicht auf dem Mangel der Begründung.[843]

Schließlich ist die Notwendigkeit der Entscheidung über die Vereidigung (§ 251 IV 3) zu beachten, auch wenn keine Entscheidung des Gerichts nach § 238 II vorliegt.[844]

298 Ein **Verlesungsverbot** statuiert § 252 bezüglich der Aussage eines das Zeugnis in der Hauptverhandlung zu Recht verweigernden Zeugen. Es betrifft die Fälle der §§ 52, 53, 53a und 54,[845] dagegen soll bei Auskunftsverweigerung im Falle des § 55 das Verbot nicht gelten (Rdn 33, 268),[846] ebensowenig bei „spontanen Äußerungen" außerhalb einer förmlichen Vernehmung.[847] Das Beweisverwertungsverbot des § 252 ist im übrigen im entsprechenden Abschnitt (Rdn 272) behandelt. Wegen der Einzelheiten wird auf Rechtsprechung und Schrifttum Bezug genommen.[848]

Als **revisible Rechtsfehler** kommen in Betracht sowohl die Nichtbeachtung

---

[837] Schlüchter SKStPO § 251 Rdn 77.

[838] BGH StV 1993, 234; NStZ 1986, 325; 1983, 569; BGH bei Dallinger MDR 1972, 572; OLG Karlsruhe MDR 1973, 868.

[839] BGH NStE Nr. 9 zu § 251.

[840] BGH NJW 1952, 1305.

[841] BGH NStZ 1986, 325; Löwe/Rosenberg/Gollwitzer § 251 Rdn 88f.

[842] BGHR § 251 IV Gerichtsbeschluß 2; BGH bei Dallinger MDR 1972, 572; Löwe/Rosenberg/Gollwitzer § 251 Rdn 92 m. Nachw.

[843] BGHR § 251 IV Gerichtsbeschluß 2.

[844] BGHR § 251 IV Vereidigung 1.

[845] Kleinknecht/Meyer-Goßner § 252 Rdn 1ff; Löwe/Rosenberg/Gollwitzer § 252 Rdn 1.

[846] BGHSt 17, 350; die Frage ist i.ü. str. vgl. i.e. Schlüchter SKStPO § 252 Rdn 19; Hanack JZ 1972, 238.

[847] BGHSt 36, 389; BGHR § 252 Vernehmung 1u. Verwertungsverbot 5.

[848] Vgl. die Nachweise bei Löwe/Rosenberg/Gollwitzer § 252 Rdn 1ff; KK-Mayr § 252 Rdn 4ff; Schlüchter SKStPO § 252 Rdn 3ff; Rogall ZStW 91 (1979), 38.

des Verwertungsverbotes (Verstoß gegen §§ 337, 252) als auch seine rechtsfehlerhafte Annahme, die als Verletzung des § 244 II zu rügen wäre.[849]

Die Verlesung von früheren amtlichen **Vernehmungsprotokollen** nach 299
§ 253 ist nur zur Unterstützung des Gedächtnisses oder zur Behebung von Widersprüchen zulässig. Es handelt sich dabei um mehr als einen bloßen Vorhalt. Primär liegt eine Kombination von Zeugen- und Urkundenbeweis vor, jedoch kann das Protokoll zum Beweismittel werden.[850] Allerdings kann sein Beweiswert gering sein und ist besonders vorsichtig zu würdigen.[851] Eine Aussage wird nicht dadurch glaubhaft, daß sie „schwarz auf weiß" dasteht. Die Verlesung setzt im übrigen eine vorherige normale Vernehmung (vgl. besonders § 69 – Bericht und Verhör – Rdn 272), sowie den ergebnislosen Vorhalt voraus. Erinnert sich die Beweisperson trotz Verlesung nicht oder löst sich der Widerspruch nicht auf, wird die Beweiswürdigung besonders kritisch, wenn die Beweisperson auf entsprechende Vorhaltung äußert, sie habe sicherlich nichts Unrechtes zu Protokoll gegeben. Das Gericht wird die Vernehmung der **Verhörperson** erwägen müssen, anderenfalls in der Revision eine **Aufklärungsrüge** (Rdn 314) in Betracht kommen kann.

Die **Anordnung der Verlesung** steht primär dem Vorsitzenden, auf Bean- 300
standung dann dem Gericht zu.[852] Die **Protokollierung** der Verlesung, die ohnehin nach § 273 vorgeschrieben ist,[853] muß auf Antrag durch die Angabe des Grundes ergänzt werden (§ 255). Diese wichtige Schutzvorschrift wird ausgehöhlt, wenn ihrer Verletzung die Revisibilität versagt wird. Das wird mit der Begründung versucht, auf der Verletzung der Protokollierungsvorschrift (Rdn 491) könne das Urteil nicht beruhen (Rdn 458), die Voraussetzungen des § 253 seien im Wege des Freibeweises (Rdn 492) nachprüfbar.[854] Das ist zwar richtig, aber die Protokollierung der Begründung kann dem Angeklagten die Möglichkeit geben, durch den Vortrag neuer Argumente die Entscheidung zu ändern oder über die Begründung die getroffene Entscheidung als rechtsfehlerhaft zu erweisen. Diese Möglichkeit der Rechtsverteidigung sollte nicht sanktionslos abgeschnitten werden dürfen.

Ein **Geständnis** des Angeklagten kann nach § 254 I durch Verlesung eines 301
vorschriftsmäßig[855] zustande gekommenen richterlichen Protokolls bewiesen

---

[849] Zu weiteren Einzelheiten Schlüchter SKStPO § 252 Rdn 38ff.

[850] Vgl. Schlüchter SKStPO § 253 Rdn 6ff; KK-Mayr § 253 Rdn 1ff; Kleinknecht/Meyer-Goßner § 253 Rdn 1; Löwe/Rosenberg/Gollwitzer § 253 Rdn 3f; Wömpner NStZ 1983, 296; Hanack JZ 1972, 27u. FS Schmidt-Leichner S. 83ff.

[851] Löwe/Rosenberg/Gollwitzer § 253 Rdn 4.

[852] Kleinknecht/Meyer-Goßner § 253 Rdn 2; KMR-Paulus § 253 Rdn 6.

[853] BGH NStE Nr. 1 zu § 253.

[854] Löwe/Rosenberg/Gollwitzer § 255 Rdn 6; KK-Mayr § 255; Schlüchter SKStPO § 255 Rdn 5.

[855] Die Vereidigung des Protokollführers nach § 168 S. 2 in einer anderen Sache genügt grds. nicht – BGHSt 27, 339; KK-Mayr § 254 Rdn 3.

werden. Die Vorschrift gilt auch für die kraft Gesetzes gleichgestellten Niederschriften.[856] Aus § 254 folgt zugleich, daß nichtrichterliche Geständnisprotokolle nicht verlesen, sondern nur vorgehalten werden dürfen (Rdn 269). Führt der Vorhalt zu keinem Erfolg, weil etwa der Angeklagte in der Hauptverhandlung schweigt (Rdn 269), so kann die Verhörperson vernommen werden.[857]

Der Verhörperson soll dann wiederum zur Stützung des Gedächtnisses das frühere Protokoll vorgehalten oder vorgelesen, ja sogar ein von der Polizei aufgenommenes Tonband mit einem Geständnis vorgespielt werden dürfen.[858] Dagegen wendet *Hanack* mit Recht ein, daß das Verbot der Verwertung damit in der Praxis ausgehöhlt werde.[859] Andererseits ist die Verlesung **anderer Schriftstücke** (Briefe, Notizen) nicht verboten. Diese sind vielmehr nach der allgemeinen Vorschrift des § 249 regelmäßig verlesbar. Das gilt namentlich auch für Eingaben, die der Angeklagte früher zu den Akten der Staatsanwaltschaft oder des Gerichts eingereicht hat, auch wenn diese ein Geständnis enthalten.[860] Verlesbar sind danach auch die schriftlichen Äußerungen, die der Beschuldigte nach entsprechender Belehrung (§ 136 I 2, 3 – vgl. Rdn 229) anstelle einer Vernehmung oder z. B. im Klageerzwingungsverfahren abgegeben hat.[861] Die Verlesbarkeit dieser Schriftstücke ist besonders wichtig, wenn der Angeklagte in der Hauptverhandlung von seinem Schweigerecht Gebrauch macht (Rdn 269).

302 Ein **Revisionsgrund** kann gegeben sein durch die Mitverlesung von Erklärungen des Angeklagten in nichtrichterlichen Niederschriften, auf welche in dem richterlichen Protokoll verwiesen ist. Das ist zwar zulässig, wenn diese zum Bestandteil des richterlichen Protokolls gemacht worden sind.[862] Dies ist aber nur der Fall, wenn sie nicht nur vorgehalten, sondern ihr Inhalt durch eine zusammenhängende Aussage bestätigt ist, die Protokolle dann vorgelesen worden sind und der Angeklagte eindeutig ihre Richtigkeit als seine jetzige Aussage klarstellt. Das alles muß sich aus dem Protokoll zweifelsfrei ergeben.[863]

303 Auch zur Behebung von Widersprüchen in den Aussagen des Angeklagten ist nach § 254 II die Verlesung zulässig, wenn der Widerspruch nicht anders

---

856 Kleinknecht/Meyer-Goßner § 254 Rdn 4; vgl. auch BGHSt 6, 141.

857 BGHSt 22, 171; 3, 149; 1, 337.

858 BGHSt 22, 170; 14, 339; 14, 10; krit. Eb. Schmidt Nachtr. § 244 Rdn 80; JZ 1964, 537.

859 JZ 1972, 274; FS Schmidt-Leichner S. 95f m. Nachw.; Grünwald JZ 1968, 754.

860 OLG Hamm JMBlNRW 1968, 215; RGSt 35, 234; 18, 23; Alsberg/Nüse/Meyer S. 310 m. Nachw.; Löwe/Rosenberg/Gollwitzer § 254 Rdn 8; Schlüchter SKStPO § 254 Rdn 4.

861 BGHSt 10, 364; 6, 143; 3, 150; OLG Düsseldorf JMBlNRW 1972, 22; vgl. hierzu auch Günter DRiZ 1971, 380.

862 BGH StV 1989, 90; BGHSt 6, 279; Kleinknecht/Meyer-Goßner § 254 Rdn 4.

863 BGH StV 1989, 90; BGHSt 7, 74; 6, 279; BGH NJW 1952, 1027; Löwe/Rosenberg/Gollwitzer § 254 Rdn. 23.

gelöst werden kann. Das ist aber im Gegensatz zur Vernehmung von Zeugen und Sachverständigen nach § 253 nur bezüglich **richterlicher** Protokolle zulässig.

Bezüglich der **Aufklärungsrüge** trotz Beachtung der Vorschrift des § 254, 304
der Anordnung der Verlesung durch den Vorsitzenden oder durch Gerichtsbeschluß (§ 238 II) sowie der Protokollierung nach § 255 und der Bedeutung dieser Fragen für die **Revision** wird auf die Ausführungen zu § 253 verweisen (Rdn 299f.).

Die Vorschrift des § 256 enthält besondere Bestimmungen über die Ver- 305
wertung von **Zeugnissen** oder **Gutachten öffentlicher Behörden, Leumundszeugnissen**, ärztlichen **Attesten** und bestimmten **anderen Gutachten** und **Testberichten.** Sie sind für die Revision sehr wichtig. Über die reichhaltige Literatur und Rechtsprechung orientieren die Kommentare.[864]

Auf dieses Material ist namentlich zurückzugreifen, wenn es sich um die Ausfüllung der gesetzlichen Begriffe der Vorschrift handelt. Für die Tagespraxis ist wichtig die Zuordnung der rechtsmedizinischen Universitätsinstitute,[865] der Landeskriminalämter, des Bundeskriminalamtes,[866] staatlicher Gesundheitsämter[867] und der chemischen Untersuchungsanstalten[868] zu den öffentlichen Behörden.

Auch die Verlesung der in § 256 genannten Urkunden ausländischer Behörden ist zulässig.[869]

Dagegen fallen unter § 256 nicht Berichte der Gerichtshilfe, Jugendgerichtshilfe[870] oder interne Berichte der Staatsanwaltschaft oder der Polizei;[871] ebensowenig Gutachten des TÜV und der Berufsgenossenschaften.[872] Überhaupt sind über § 256 nicht verlesbar alle einschlägigen Erklärungen aus dem Strafverfahren selbst, z. B. Vermerke eines Vernehmungsrichters über die Glaubwürdigkeit eines Zeugen,[873] oder die Niederschrift über eine Augenscheinseinnahme der Staatsanwaltschaft oder Polizei.[874] Die Verlesung setzt in allen Fällen die Vertretung des Inhaltes nach außen durch eine vertretungs-

---

864 KK Mayr § 256 Rdn 3ff; Kleinknecht/Meyer-Goßner § 256 Rdn 1 17; Löwe/Rosenberg/Gollwitzer § 256 Rdn 1ff; Alsberg/Nüse/Meyer S. 295ff; Schlüchter SKStPO § 256 Rdn 8ff.

865 St. Rspr. vgl. nur BGH bei Dallinger MDR 1956, 651; w. Nachw. bei Schlüchter SKStPO § 256 Rdn 11.

866 St. Rspr. vgl. nur BGH NJW 1968, 206; Kleinknecht/Meyer-Goßner § 256 Rdn 3.

867 BGHSt 1, 97.

868 BGH StV 1991, 549.

869 KK-Mayr § 256 Rdn 4; Kleinknecht/Meyer-Goßner § 256 Rdn 3.

870 Löwe/Rosenberg/Gollwitzer § 256 Rdn 18; KK-Mayr § 256 Rdn 5.

871 BGH NStZ 1982, 79; Löwe/Rosenberg/Gollwitzer § 256 Rdn 17.

872 W. Nachw. bei Kleinknecht/Meyer-Goßner § 256 Rdn 4.

873 RGSt 37, 212; Alsberg/Nüse/Meyer S. 302.

874 Alsberg/Nüse/Meyer S. 302.

berechtigte Person voraus.[875] Innerdienstliche Erklärungen reichen nicht aus.[876]

Leumundszeugnisse, auch von öffentlichen Behörden, sind schlechthin unverwertbar, mögen sie den Angeklagten oder andere Personen betreffen.[877] Das folgt auch schon aus § 250. Das Verlesungsverbot betrifft unter anderem Schulzeugnisse über die Haltung des Schülers, Wahrheitsliebe u.a.,[878] entsprechend Berichte von Jugend- und Sozialämtern.[879]

Sind **ärztliche Atteste** über Körperverletzungen nach § 256 verlesbar, dürfen darin enthaltene Angaben insoweit nicht mitverlesen werden als sie über den Befund hinaus zusätzliche Angaben enthalten.[880] Darüber hinaus sind **standardisierte Gutachten** und **Berichte** über die Entnahme von **Blutproben** nach § 256 I S. 2 verlesbar.[881]

306 Die **Revision** ist – wegen Verstoßes gegen §§ 250, 256, ggfs. auch § 344 II und § 261 – begründet, wenn nach § 256 nicht verlesbare Urkunden verlesen werden, auch wenn das nur für einen Teil der Urkunden zutrifft.[882] Die Frage, ob es sich bei dem verlesenen Gutachten um ein Behördengutachten i.S. des § 256 gehandelt hat, wird im Revisionsverfahren durch Freibeweis geklärt.[883] Soweit eine Verlesung nach § 256 statthaft ist, kann die Ablehnung einer Vernehmung des Ausstellers zulässig sein. Nach Lage der Sache kann darin aber auch eine Verletzung der Aufklärungspflicht liegen und so ein Revisionsgrund gegeben sein.[884] Das kann auch der Fall sein, wenn bei unterlassener Verlesung der Vorsitzende den Inhalt eines Leumundszeugnisses auf andere Weise bekanntgibt, etwa durch formfreien Vorhalt.[885]

Allerdings wird man nicht verhindern können, daß Prozeßbeteiligte einen Beweisantrag auf Vernehmung der Zeugen in der Form einer Verlesung eines schriftlichen Leumundszeugnisses stellen.[886] Allein dadurch wird das Leumundszeugnis aber nicht zum Beweismittel.

307 **Rechtsgutachten** fallen nicht unter § 256, auch wenn sie von einer Behörde erstattet sind. Rechtsfragen werden nicht nach den Regeln des Sachverständi-

---

875 BGH NStZ 1984, 231; OLG Karlsruhe NJW 1973, 1426; vgl. i.e. Kleinknecht/Meyer-Goßner § 256 Rdn 6; Löwe/Rosenberg/Gollwitzer § 256 Rdn 15; Alsberg/Nüse/Meyer S. 299.

876 RGSt 26, 138; OLG Hamburg NJW 1963, 408; Schlüchter SKStPO § 256 Rdn 17.

877 Nachweise bei Schlüchter SKStPO § 256 Rdn 25ff; Löwe/Rosenberg/Gollwitzer § 256 Rdn 29ff; Alsberg/Nüse/Meyer S. 303ff.

878 RGSt 53, 280.

879 RG HRR 1936 Nr. 856; RG JW 1930, 3468.

880 BGH StV 1984, 142; Löwe/Rosenberg/Gollwitzer § 256 Rdn 43; KK-Mayr § 256 Rdn 8.

881 Dazu i.e. Schlüchter SKStPO § 256 Rdn 41aff.

882 BGHSt 4, 155.

883 OLG Düsseldorf StV 1983, 241.

884 BGHSt 1, 94 (96); BayObLG NJW 1953, 194.

885 RGSt 59, 374; Löwe/Rosenberg/Gollwitzer § 256 Rdn 33.

886 Dahs Handbuch Rdn 533.

genbeweises der StPO geklärt. Rechtsgutachten können aber formlos im Wege des Freibeweises durch den Gutachter oder Prozeßbeteiligte vorgetragen werden,[887] was besonders zur Feststellung von ausländischem Recht oder von Gewohnheitsrecht in Frage kommen kann.[888]

Die Verlesung nach § 256 ist als **wesentliche Förmlichkeit** des Verfahrens 308
nach § 273 I protokollpflichtig. Es ist aber zu beachten, daß neben der förmlichen Verlesung auch eine Verwertung als Vorhalt im Rahmen einer Vernehmung in Betracht kommt, so können auch z. B. nach § 256 nicht verlesbare Atteste in die Verhandlung eingeführt werden.[889] Allerdings darf sich das Urteil dann nicht auf die „Verlesung" stützen (vgl. auch Rdn 309).

In der **Revisionsbegründung** muß der Inhalt der Urkunde, deren Verlesung 309
oder Nichtverlesung gerügt wird, wiedergegeben werden. Ebenso ist die Behauptung erforderlich, daß die nicht oder zu Unrecht verlesene Urkunde nicht auf andere, zulässige Art und Weise in die Verhandlung eingeführt worden ist. So soll nach neuerer Rechtsprechung des BGH zur Rüge der Verletzung des § 256 der Vortrag gehören, daß auch nicht eine Verlesung nach § 251 II 1 im allseitigen Einverständnis durchgeführt oder nach § 249 II 1 verfahren worden ist.[890] Der „Beruhensnachweis" wird oft dadurch erleichtert, daß nach praktischer Erfahrung Urteile ausdrücklich auf die „nach § 256 verlesene" Urkunde gestützt werden.

ff) Verletzung von Mitwirkungsrechten der Prozeßbeteiligten

– Fragerechte

Lit.: *Gollwitzer,* Das Fragerecht des Angeklagten, GS K. H. Meyer, S. 147; *Hammerstein,* Die Grenzen des Erklärungsrechts nach § 257 StPO, FS Rebmann, S. 233; *Meier,* Zwischen Opferschutz und Wahrheitssuche – Überlegungen zur Rechtsstellung von kindlichen Zeugen im Strafprozeß, JZ 1991, 638; *ter Veen,* Die Beschneidung des Fragerechts und die Beschränkung der Verteidigung als absoluter Revisionsgrund – zugleich Anmerkung zu BGH 3 StR 449/450/83, StV 1983, 167.

Mitwirkungsrechte, insbesondere Fragen, Vorhalte und Anträge bedürfen 310
einer **Informationsgrundlage**, um sachgemäß ausgeübt zu werden.[891] Diese Grundlage gewinnt der Angeklagte in der Regel aus seiner Anwesenheit in der Verhandlung und besonders der Beweisaufnahme. Bleibt er ihr eigenmächtig fern (§§ 231 II, 231 a – Rdn 182), so verzichtet er freiwillig auf seine Informations- und Mitwirkungsrechte. Das ist anders, wenn er gem. § 247 durch richterliche Entscheidung zeitweise von der Hauptverhandlung ausgeschlossen wird. Das damit entstehende Wissensdefizit soll der Vorsitzende

---

887 RG LZ 1916, 1044; Löwe/Rosenberg/Gollwitzer § 256 Rdn 26.

888 Löwe/Rosenberg/Gollwitzer § 244 Rdn 4; Kleinknecht/Meyer-Goßner § 244 Rdn 7.

889 Vgl. BGHR § 256 I Verlesung 1.

890 BGH StV 1990, 345; BGHR § 344 II 2 Urkunden 1; krit. dazu Meyer-Goßner, Schriftenreihe DAV Bd. 9 (1992) S. 78.

891 BGH StV 1992, 359.

durch entsprechende **Unterrichtung** über den Inhalt des versäumten Prozeßvorganges nach § 247 S. 4 ausgleichen. Dabei unterlaufen nicht selten revisible Fehler. Dazu gehört zunächst das Unterlassen der – protokollpflichtigen (§§ 273, 274) – nachträglichen Information.[892] Verkannt wird immer wieder die Notwendigkeit, den Angeklagten nach seiner Rückkehr in den Verhandlungssaal sofort, d.h. „vor jeder weiteren Verfahrenshandlung"[893] zu unterrichten. Das gilt auch, wenn die in Abwesenheit des Angeklagten durchgeführte Zeugenvernehmung nur unterbrochen wird, in der Zwischenzeit aber andere Beweishandlungen vorgenommen werden.[894] Der **Zeitpunkt** der Unterrichtung steht nicht im Ermessen des Vorsitzenden. Auf die Einhaltung der gesetzlichen Anforderungen kann auch nicht verzichtet werden. Deshalb bedarf es auch keines Antrages und keiner Anrufung des Gerichts nach § 238 II.[895] Da Verfahrensmängel in diesem Bereich stets Auswirkungen auf das Fragerecht des Angeklagten gehabt haben können – jedenfalls wenn der Zeuge schon entlassen ist – wird das Urteil regelmäßig auf dem Fehler beruhen.[896] Die Unterrichtung muß auch die im Rahmen einer Zeugenvernehmung durchgeführten anderen Prozeßhandlungen (z.B. Vorhalte, Anträge usw.) umfassen.[897] Eine in Abwesenheit des Angeklagten durchgeführte Augenscheinseinnahme oder Urkundenverlesung muß grundsätzlich wiederholt werden.[898] Ob dies allerdings auch gilt, wenn es sich um Spuren am Körper des Zeugen handelt, erscheint zweifelhaft, dürfte aber jedenfalls bei dringender Gefahr eines schwerwiegenden Nachteils für die Gesundheit des Zeugen zu verneinen sein.[899] Gegen die diesbezügliche Ermessensentscheidung des Vorsitzenden kann ein Gerichtsbeschluß nach § 238 II beantragt werden.[900] Eine **Heilung** von Verfahrensfehlern ist nur durch **Wiederholung** des Verfahrensabschnitts nach ordnungsgemäßer Unterrichtung möglich. Die Frage, ob die inhaltliche Unterrichtung als unzureichend gerügt werden kann, ist im übrigen streitig.[901] Sie müßte freibeweislich geklärt werden, was auf eine teilweise Rekonstruktion der Verhandlung hinauslaufen würde, die in der Revisionsinstanz nicht stattfindet.[902] Gleichwohl sind krasse Fälle denkbar (z.B. „die Zeugin

---

[892] BGHSt 3, 384.

[893] BGH StV 1992, 359.

[894] BGH NStZ 1992, 501; BGH StV 1992, 359.

[895] BGH NStZ 1992, 502; 1981, 71.

[896] BGH StV 1992, 360.

[897] BGH NStE Nr. 4 zu § 274.

[898] BGH NStE Nr. 7 zu § 247 = BGHR § 247 Abwesenheit 4; Nr. 6 (unter b); Nr. 8 = BGHR § 247 Abwesenheit 5; BGHR § 247 Abwesenheit 9.

[899] Z. B. in Fällen wie BGHR § 247 Abwesenheit 8 und BGH NStE Nr. 6 (unter b) zu § 247; vgl. auch die Erwägungen von Meyer-Goßner FS Pfeiffer S. 311, 321 ff.

[900] BGH NStE Nr. 4 zu § 247; vgl. aber auch BGH NStE Nr. 6 (unter b) und Nr. 8.

[901] Vgl. Kleinknecht/Meyer-Goßner § 247 Rdn 19 m.Nachw.; jedoch auch BGH NStE Nr. 4 zu § 247.

[902] BGHR § 261 Inbegriff der Verhandlung 14 m.Nachw.

hat den Anklagevorwurf bestätigt"), die als willkürliche Rechtsverkürzung Berücksichtigung in der Revision beanspruchen können.

Die **Revisionsbegründung** erfordert besondere Sorgfalt. Neben den rügebegründenden Behauptungen über alle Einzelheiten des beanstandeten Prozeßvorganges muß jeweils auch der einschlägige Inhalt des Protokolls (oder auch dessen Schweigen) vorgetragen werden.[903]

Das **Fragerecht** von Prozeßbeteiligten findet seine Grundlage in §§ 240, 242 311
mit der Einschränkung aus § 241 a. Es ist ein besonders wichtiges Element der Sachaufklärung und ein rechtsstaatlicher Prozeßgrundsatz. Seine Ausübung wird durch die Revisionsgerichte überwacht. Es ist vom Vorsitzenden der Staatsanwaltschaft, dem Angeklagten[904] und dem Verteidiger zu gewähren, steht aber auch anderen Prozeßbeteiligten (Privatkläger, Nebenkläger, Nebenbeteiligten u. a.) zu. Es betrifft Fragen an Angeklagte, Zeugen und Sachverständige. Der Vorsitzende kann nur **„ungeeignete"** oder **„nicht zur Sache gehörige Fragen"** zurückweisen (§ 241). Eine generelle Entziehung des Fragerechts ist durch § 241 nicht gedeckt,[905] jedoch soll es zulässig sein, ggfs. für bestimmte Abschnitte der Beweisaufnahme weitere Fragen zu untersagen.[906] Der Vorsitzende untersteht dabei der Kontrolle durch das Gericht (§ 242), das durch einen Beschluß entscheidet, der bei unzulässiger Beschränkung der Verteidigung für den Angeklagten den **„absoluten" Revisionsgrund** des § 338 Ziff. 8 darstellt, wenn es sich um einen wesentlichen Punkt handelt (Rdn 213 ff.).[907] Das Gericht entscheidet auch nach Maßgabe des § 238 II, wenn der Vorsitzende sich weigert, an den Mitangeklagten eine vom Angeklagten gewünschte Frage zu stellen, die dieser selbst nicht stellen darf (§ 240 II 2).[908] Dagegen findet § 238 II im Rahmen des § 241 a II 2 nur eingeschränkt Anwendung.[909] Es kann beanstandet werden, daß der Vorsitzende die Prozeßbeteiligten bei der Befragung unterbricht oder die Vernehmung wieder an sich zieht.[910] Der Vorsitzende kann auch nicht verlangen, daß ihm die Frage vorher bekanntgegeben wird, solange das Fragerecht nicht erheblich mißbraucht wird.[911] Andererseits kann er eine Erläuterung der Frage beanspruchen, um ihre Zulässigkeit (§ 241 II) beurteilen zu können. Verstöße des Vorsitzenden korrigiert das Gericht bei Anordnung nach § 238 II, namentlich auch eine unzulässige **Entziehung des Fragerechts.**[912] Ist eine Beweisperson schon vernommen und entlassen, ist das Fragerecht hinfällig. Es kann nur

---

903 Vgl. BGHR § 247 Abwesenheit 10.

904 Dazu Gollwitzer GS K. H. Meyer S. 147.

905 RGSt 38, 58; Löwe/Rosenberg/Gollwitzer § 241 Rdn 22; Schlüchter SKStPO § 241 Rdn 3; Kleinknecht/Meyer-Goßner § 241 Rdn 6.

906 KK-Mayr § 241 Rdn 1; Kleinknecht/Meyer-Goßner § 241 Rdn 6 m. Nachw.

907 BGHSt 2, 286; BGH bei Dallinger MDR 1975, 726; 1973, 372.

908 RGSt 47, 139; 68, 110.

909 Kleinknecht/Meyer-Goßner § 241 a Rdn 7.

910 Kleinknecht/Meyer-Goßner § 240 Rdn 9.

911 BGH NStZ 1982, 159; bei Pfeiffer/Miebach NStZ 1983, 209; RGSt 18, 365 (367).

912 Dazu OLG Karlsruhe NJW 1978, 436.

über den Weg eines **Beweisantrags** wieder ausgeübt werden,[913] wenn neue Beweistatsachen in Betracht kommen.[914]

312 **Ungeeignete Fragen** (§ 241 II) sind solche, die aus rechtlichen Gründen nicht gestellt werden dürfen oder der Wahrheitsermittlung nicht dienen. Das kann aber in der Regel erst aus der Antwort entnommen werden.[915] Ein „Abschneiden" der Frage ist in einem solchen Falle unzulässig. Zu den ungeeigneten Fragen gehören die nach § 68a an einen Zeugen gerichteten Fragen[916] sowie im allgemeinen **Suggestiv**- und **Fangfragen**, die der zu fordernden Fairneß des Verfahrens widersprechen. Das Gericht hat hier eine Schutzaufgabe gegenüber den zu vernehmenden Personen zu erfüllen. Solche Fragen können aber zu Testzwecken unter Umständen zugelassen sein.[917]

Schon beantwortete Fragen sind „ungeeignet", sofern sie nicht Widersprüche klären sollen[918] oder nur Anknüpfungsfragen[919] oder sonst ein berechtigtes Interesse darstellen.[920] Nicht zur Sache gehörige Fragen sind nur solche, die den Prozeßstoff überhaupt nicht – weder mittelbar noch unmittelbar – berühren.[921] Fragen, die für die Entscheidung „ohne Bedeutung" sind (§ 244 III), sind damit noch nicht „ungeeignet" im Sinne des § 241.[922] Ungeeignet sind Fragen, die prozeßfremden Zwecken dienen,[923] so wenn in unsachlicher Weise durch die Befragung eine Show inszeniert oder eine bestimmte Person unnötig bloßgestellt werden soll.[924] Hypothetische Fragen an einen Zeugen sind im allgemeinen nicht zulässig, weil sie sich nicht auf Tatsachen beziehen und der Zeuge sie deshalb nicht beantworten kann; sie können aber in Ausnahmefällen zulässig sein.[925] Ähnliches gilt für Fragen nach Werturteilen; sie können manchmal für die Beurteilung der Glaubwürdigkeit des Befragten aufschlußreiche Antworten produzieren. Die in allen Fällen unzulässiger Zurückweisung eingelegte Revision wird immer scheitern müssen, wenn kein **Gerichtsbeschluß** erwirkt worden ist (§§ 242, 238 II, 338 Nr. 8). Durch diese Säumnis wird der Mangel geheilt (Rdn 383). Aus dem Wesen des Fragerechts folgt auch, daß niemand sich über Unvollständigkeit einer Vernehmung beklagen kann, der sie durch eigene Befragung oder bei Ablehnung durch einen Beweisantrag hätte komplettieren können. Das Beweisantragsrecht verbleibt

---

[913] BGHSt 15, 161.
[914] BGH GA 1958, 305.
[915] BayObLG JR 1964, 389 m. zust. Anm. Peters.
[916] Zu den Ausnahmen vgl. z. B. BGH NStE Nr. 1 (= BGHR § 24 1, II Zurückweisung 2) u. 2 zu § 241 = BGHR § 241 II Zurückweisung 4.
[917] Dahs Handbuch Rdn 433f.
[918] RGSt 44, 41.
[919] Kleinknecht/Meyer-Goßner § 241 Rdn 15; Dahs Handbuch Rdn 433.
[920] BGHSt 2, 284 (290).
[921] BGHSt 2, 284 (287).
[922] BGH NStZ 1984, 133.
[923] Peters JR 1964, 390.
[924] BGHSt 2, 284 (287); RGSt 66, 14.
[925] Löwe/Rosenberg/Gollwitzer § 241 Rdn 12; Schlüchter SKStPO § 241 Rdn 7.

dem Betroffenen in jedem Falle. Auch kann Raum für eine Aufklärungsrüge entstanden sein (Rdn 314).

Der Gerichtsbeschluß, durch den eine Frage zurückgewiesen wird, ist **protokollpflichtig** (§§ 273, 274) und bedarf der **Begründung**, damit der Angeklagte seine weitere Verteidigung darauf einrichten kann und dem Revisionsgericht die rechtliche Nachprüfung ermöglicht wird.[926]

Großzügigkeit und **Toleranz** in Gestaltung und Ausübung der Fragerechte sind Kennzeichen eines fairen Verfahrens. Loyalität und Geschick des Verteidigers sowie prozeßgerechtes ruhiges Verhalten der Frageberechtigten werden unerfreulichen Streit und manche daraus resultierenden Revisionen vermeiden helfen.

– Erklärungsrechte

Den Prozeßbeteiligten stehen in der Hauptverhandlung nach Maßgabe der 313
entsprechenden Bestimmungen verschiedene **Erklärungsrechte** zu. Sie können ein wirksames Mittel sein, ihre der Sachaufklärung dienende Mitwirkung am Prozeßgeschehen zu sichern. Das Recht besteht für den Angeklagten, seinen Verteidiger sowie für den Staatsanwalt (§ 257 I, II).

Das Erklärungsrecht des **Angeklagten** nach jedem Akt der Beweisaufnahme (§ 257 I) ist ausdrücklich als Soll-Vorschrift ausgestaltet. Daraus hat man früher den Schluß gezogen, daß eine Verletzung die **Revision** nicht begründet.[927] Nachdem die Rechtsprechung zur Revisibilität der sogenannten Ordnungsvorschriften jedoch tiefgreifende Änderungen erfahren hat,[928] muß auch die Verletzung des § 257 I grundsätzlich mit der Revision geltend gemacht werden können.[929] Staatsanwalt, Verteidiger und anderen Verfahrensbeteiligten ist gem. § 257 II nur auf Verlangen das Wort zu erteilen. Der Umfang des Erklärungsrechtes wird durch den gerade durchgeführten Einzelakt der Beweisaufnahme und § 257 III beschränkt. Bei Ablehnung oder unzulässiger Verkürzung sollte eine Entscheidung nach § 238 II herbeigeführt werden,[930] die dann nach § 338 Nr. 8 angegriffen werden kann. Das Urteil soll aber in der Regel auf einem solchen Gesetzesverstoß nicht beruhen, weil alle Erklärungen im Schlußvortrag nachgeholt werden können.[931]

---

926 BGHR § 241 II Zurückweisung 3.

927 BGH bei Dallinger MDR 1967, 175; VRS 34, 344; OGHSt 1, 111; Kleinknecht/Meyer-Goßner § 257 Rdn 9.

928 BGHSt 38, 214; BGHSt 25, 325 = JR 1975, 339 m. Anm. Hanack; eingehend Löwe/Rosenberg/Hanack § 337 Rdn 15 ff.; KK-Hürxthal § 257 Rdn 5; Schlüchter SKStPO § 257 Rdn 15; Weber-Petras, Ordnungs- und Sollvorschriften im Strafprozeßrecht, 1992.

929 Dazu i.e. Löwe/Rosenberg/Gollwitzer § 257 Rdn 25; Schlüchter SKStPO § 257 Rdn 15 ff.; Hammerstein FS Rebmann S. 236.

930 Die Frage ist str. Löwe/Rosenberg/Gollwitzer § 257 Rdn 26; Schlüchter SKStPO § 257 Rdn 15.

931 Kleinknecht/Meyer-Goßner § 257 Rdn 9; Löwe/Rosenberg/Gollwitzer § 257; KK-Pikart § 337 Rdn 13.

Das erscheint bedenklich, weil durch eine sofortige Intervention nicht nur die sich während der Beweisaufnahme entwickelnde und fortschreitende Überzeugungsbildung der Richter, sondern nicht selten auch die Zielrichtung der Beweiserhebung beeinflußt werden kann, was durch spätere Beweisanträge oder den Schlußvortrag nicht mehr möglich ist.[932]

Die **Revisionsrüge** der Verletzung des § 257 wird wegen der Schwierigkeiten des **Kausalnachweises** zwischen Rechtsfehler und Urteil eine verfahrensprägende Kraft nur entfalten können, wenn eine Art „Beweisvermutung" für das Beruhen streitet, die nur bei besonderen Umständen widerlegt werden kann. Ein überzeugender Unterschied zur Verletzung der Äußerungsrechte in Einlassung, Schlußvortrag und letztem Wort ist nicht begründbar; auf den Zeitpunkt kann es angesichts des dynamisch wachsenden Erkenntnisvorganges nicht entscheidend ankommen.

gg) Verletzung der Aufklärungspflicht

Lit.: *Herdegen,* Die Überprüfung der tatsächlichen Feststellungen durch das Revisionsgericht auf Grund einer Verfahrensrüge, StV 1992, 590; *Maul,* Die gerichtliche Aufklärungspflicht in der Sicht der Rechtsprechung des Bundesgerichtshofs, FG Peters, S. 47; *Müller, Heinz-Rudolf,* Zur Aufklärungspflicht bei Wahrunterstellung, GS K. H. Meyer, S. 285; *Schlüchter,* Zur Relativierung der gerichtlichen Aufklärungspflicht durch Verständigung im Strafverfahren, FS Spendel, S. 737; vgl. auch das vor Rdn 242 angeführte Schrifttum.

314 Die **Aufklärungspflicht** des Gerichts (§ 244 II) ist die Grundlage zahlreicher Revisionsangriffe. Das ist verständlich. Diese Pflicht ist eine der wichtigsten Grundlagen unseres Strafprozesses.[933]

Sie nötigt das Gericht, ohne Beweisanträge der Beteiligten von Amts wegen die Beweisaufnahme auf alle zur Erforschung der Wahrheit bedeutsamen Tatsachen und Beweismittel zu erstrecken,[934] soweit nicht Schätzklauseln eingreifen.[935] Die Revisionsgerichte haben hier eine wichtige Kontrollfunktion. Die Aufklärungspflicht setzt ein, wenn die Umstände unter Berücksichtigung der ganzen Sachlage einschließlich der Akten dazu drängen oder es nahelegen, von einem bestimmten Beweismittel Gebrauch zu machen.[936] Wenn auch nur die entfernte Möglichkeit einer Änderung der durch die abgelaufene Beweisaufnahme begründeten Vorstellung über den zu beurteilenden Sachverhalt in Betracht kommt, müssen die Beweismittel benutzt und ausgeschöpft werden.[937] Das wird aus der Sicht des Revisionsgerichts anhand

[932] Löwe/Rosenberg/Hanack § 337 Rdn 24; Löwe/Rosenberg/Gollwitzer § 257 Rdn 28; Meyer-Goßner, Schriftenreihe DAV, Bd. 3 (1986) S. 122ff.

[933] BVerfGE 33, 367 (383); BGH NStZ 1984, 36 (37f.).

[934] Vgl. Alsberg/Nüse/Meyer S. 19ff. und Maul FS Peters II S. 47ff.

[935] Kleinknecht/Meyer-Goßner § 244 Rdn 14ff.

[936] BGH bei Miebach NStZ 1988, 447; BGHSt 23, 176 (187); Löwe/Rosenberg/Gollwitzer § 244 Rdn 46.

[937] BGH bei Miebach NStZ 1988, 447 m. Nachw.

aller sachdienlichen Prozeßumstände nachgeprüft.[938] Das gilt hier aber auch gegen den Angeklagten. Das Gericht darf ihn nicht nach dem Grundsatz in dubio pro reo freisprechen oder eine Tatsache zu seinen Gunsten als wahr unterstellen (Rdn 339ff.) solange eine Aufklärung möglich ist.[939] Noch viel weniger darf von einer Beweisaufnahme zum Nachteil des Angeklagten Abstand genommen werden, nur weil sie beschwerlich, langwierig oder aussichtsschwach ist. Dazu gehört – ungeachtet der Änderung des § 244 V – auch die Ladung ausländischer Zeugen oder deren Vernehmung im Ausland,[940] wenn ihre Anschrift bekannt oder zu ermitteln ist (Rdn 334f.). Ist die Verlesung von Urkunden nach § 249ff. zulässig (Rdn 291ff.), so kann trotzdem die Aufklärungspflicht die Vernehmung des Ausstellers oder von Verhörpersonen gebieten.[941] Ob die Prozeßbeteiligten einschließlich der Staatsanwaltschaft[942] die Beweisaufnahme als erschöpft ansehen wollen oder der Angeklagte sogar einem Entlastungsbeweis widerspricht, ist irrelevant.[943] Auch Wahlfeststellungen dürfen nicht sein, solange Aufklärung möglich ist. Andererseits braucht das Gericht keinen Beweis zu erheben, von dem es sich nichts verspricht;[944] ebenso braucht es bei schweigendem Angeklagten nicht allen denkbaren, jedoch ganz unwahrscheinlichen Fallvarianten nachzugehen.[945] Insoweit ist das Verbot der Beweisantizipation eingeschränkt (Rdn 325). Bei der Blutalkoholfeststellung dürfen denkbare Fehler nicht als möglich unterstellt werden, ehe die Möglichkeit der Aufklärung erschöpft ist.[946] Eine Verletzung der Aufklärungspflicht kann dagegen regelmäßig nicht mit der Behauptung begründet werden, der Tatrichter habe ein Beweismittel nicht „ausgeschöpft“, insbesondere bestimmte Fragen und Vorhalte an einen Zeugen[947] oder die erneute Vernehmung eines bereits entlassenen Zeugen[948] unterlassen, auch wenn die Urteilsgründe dazu schweigen.[949] Erhebliche Widersprüche zwischen den Aussagen eines Zeugen im Ermittlungsverfahren und in der Hauptverhandlung können aber die Notwendigkeit entsprechender **Vorhalte** oder Verlesungen nach § 253 I begründen; hier kann auch ausnahmsweise die Rüge der Verletzung der Aufklärungspflicht wegen Nichtausschöpfung eines

---

938 BGH NStZ 1985, 324; 1083, 34.

939 BGHSt 13, 326; RGSt 47, 417 (424).

940 KK-Herdegen § 244 Rdn 82f.

941 BGHSt 9, 230, 300; GA 1955, 178.

942 BGH bei Holtz MDR 1981, 455; BGH VRS 4, 30; RGSt 47, 417 (427).

943 RGSt HRR 1940 Nr. 840.

944 Aus der umfangreichen Rspr. vgl. BGHSt 14, 339 (342); RGSt 54, 181; 56, 134; KK-Herdegen § 244 Rdn 21 m.Nachw.

945 BGHSt 25, 365 (367).

946 BGH VRS 6, 48.

947 BGHSt 4, 125 (126); Löwe/Rosenberg/Gollwitzer § 244 Rdn 342 m.Nachw.; KK-Herdegen § 244 Rdn 40.

948 BGH bei Holtz MDR 1978, 626; Alsberg/Nüse/Meyer S. 96 m.Nachw.

949 BGH NJW 1992, 2840.

Beweismittels gerechtfertigt sein;[950] dasselbe gilt, wenn sich den Urteilsgründen entnehmen läßt, daß ein Zeuge zu einer wesentlichen Frage nicht vernommen worden ist[951] oder Widersprüche zwischen dem in der Hauptverhandlung erstatteten Sachverständigengutachten und dem vorläufigen Gutachten bestehen[952] (vgl. i.e. Rdn 422).

Die Aufklärungspflicht berührt sich mit dem Grundsatz der freien **Beweiswürdigung** (§ 261), was nicht bedeutet, daß bei Widersprüchen zwischen Akten und Urteilsinhalt **alternativ** die Rüge der Verletzung des § 244 II oder des § 261 erhoben werden kann.[953] Wenn das Gericht ohne Vorbehalt überzeugt ist, liegen ihm weitere Beweiserhebungen fern, wenn sie nicht beantragt werden.[954] So sind besondere Ermittlungen über die Glaubwürdigkeit der Zeugen im allgemeinen nicht geboten, jedoch darf in der Berufungsinstanz (Rdn 450ff.) die Glaubwürdigkeit eines Zeugen, dessen frühere Aussage nach § 325 verlesen worden ist, nicht ohne nochmalige Vernehmung anders beurteilt werden als in der Vorinstanz.[955] Überhaupt kann die Aufklärungspflicht die erneute Vernehmung der Zeugen in der Berufung gebieten, obwohl die Staatsanwaltschaft, Verteidiger und Angeklagter mit der Verlesung nach § 325 I einverstanden sind (Rdn 450). Schließlich ist auch die Anhörung von Sachverständigen oder weiteren Sachverständigen[956] ein Teilproblem der Aufklärungspflicht. Die in der Rechtsprechung entschiedenen Fälle sind sehr zahlreich und hier i.e. nicht abzuhandeln; die umfangreiche Rechtsprechung ist in der Kommentarliteratur aufgearbeitet.[957] Auf die jeweils bestehende Aufklärungspflicht ist an vielen Stellen dieser Schrift hingewiesen.

Die Aufklärungspflicht ermöglicht in der **Revision** eine weitgehende Nachprüfung des Urteils in seinen tatsächlichen Grundlagen. Dem Revisionsgericht steht dabei der gesamte Akteninhalt offen, anhand dessen es untersuchen kann, ob der Tatrichter in der Hauptverhandlung auch alle erheblichen Beweismittel herangeschafft hat.[958] Die Aufklärungsrüge soll zwar kein Mittel sein, Fehler und Versäumnisse der Verteidigung mit der Revision „auszubügeln"; andererseits geht die richterliche Aufklärungspflicht weiter als die des Verteidigers, der mit seinen Aufklärungsbemühungen bei Erreichen des „non liquet" einhalten kann. Auch soll der Angeklagte Rechtsfehler seines Verteidigers nicht entgelten. Fehlende Sachaufklärung kann im Ausnahmefall

---

[950] BGH StV 1991, 337; BGHSt 17, 351.

[951] BGH bei Pfeiffer/Miebach NStZ 1985, 13f.

[952] BGH NStZ 1991, 448.

[953] BGH NStZ 1992, 506.

[954] BayObLG MDR 1973, 244.

[955] BGH NJW 1951, 283; BayObLG StV 1992, 152; OLG Zweibrücken StV 1992, 153; KK-Ruß § 325 Rdn 11.

[956] BGH NStZ 1991, 383; 1991, 80.

[957] Vgl. Löwe/Rosenberg/Gollwitzer § 244 Rdn 71ff.; KK-Herdegen § 244 Rdn 26ff.; Schlüchter SKStPO § 244 Rdn 29ff.; Kleinknecht/Meyer-Goßner § 244 Rdn 10ff.

[958] Löwe/Rosenberg/Gollwitzer § 244 Rdn 346 m.Nachw.

auch ein sachlich-rechtlicher Mangel sein, wenn dem Revisionsgericht nach den Urteilsgründen eine ausreichende Grundlage für die Nachprüfung fehlt (Rdn 398). Die **Begründung** der Aufklärungsrüge wirft besondere Probleme auf, die an anderer Stelle behandelt werden (Rdn 475 ff.).

hh) Fehlerhafte Behandlung von Beweisanträgen

Lit.: *Alsberg/Nüse/Meyer,* Der Beweisantrag im Strafprozeß, 5. Aufl., 1983; *Born,* Wahrunterstellung zwischen Aufklärungspflicht und Beweisablehnung wegen Unerheblichkeit, 1984; *Bringewat,* Grundfragen der Wahrunterstellung im Strafprozeß, MDR 1986, 353; *Gollwitzer,* Einschränkungen des Beweisantragsrechts durch Umdeutung von Beweisanträgen in Beweisanregungen, StV 1990, 420; *Herdegen,* Aufklärungspflicht – Beweisantragsrecht – Beweisantrag – Beweisermittlungsantrag, GS K. H. Meyer, S. 187, *ders.*, Grundfragen der Beweiswürdigung, Schriftenreihe DAV Bd. 3 (1986), S. 106; *ders.*, Zum Begriff der Beweisbehauptung, StV 1990, 518; *Julius,* Zum Verhältnis von Aufklärungspflicht und Beweisantragsrecht im Strafprozeß, NStZ 1986, 61, *ders.*,Beweis-, Beweisermittlungs- und Verschleppungsantrag im Strafprozeß, MDR 1989, 116; *Krekeler,* Einschränkungen des Beweisantragsrechts durch Umdeutung von Beweisanträgen in Beweisanregungen, Schriftenreihe DAV, Bd. 7 (1991), S. 137; *Liemersdorf,* Beweisantragsrecht und Sachverhaltsaufklärung, StV 1987, 175; *Meyer-Goßner,* Fehlerhaft beschiedene Beweisanträge, Erfolgschancen von Aufklärungsrügen – Aufklärungspflicht des Gerichts, Aufklärungsbereitschaft der Verteidigung, Schriftenreihe DAV, Bd. 3 (1986), S. 122.; *ders.*, Änderungen der Strafprozeßordnung durch das Rechtspflegeentlastungsgesetz, NJW 1993, 498; *Michalke,* Noch einmal: „Hilfsbeweisantrag – Eventualbeweisantrag – bedingter Beweisantrag", StV 1990, 184; *Müller, Heinz-Rudolf,* Zur Aufklärungspflicht bei Wahrunterstellung, GS K. H. Meyer, S. 285; *Neumann,* Die Abgrenzung von Rechtsfrage und Tatfrage und das Problem des revisionsgerichtlichen Augenscheinsbeweises, GA 1988, 387; *Niemöller,* Bedingte Beweisanträge im Strafverfahren, JZ 1992, 884; *Quedenfeld,* Beweisantrag und Verteidigung in den Abschnitten des Strafverfahrens bis zum erstinstanzlichen Urteil, FG Peters, S. 215; *Sarstedt,* Auswahl und Leitung des Sachverständigen im Strafprozeß (§§ 73, 78 StPO), NJW 1968, 177; *Scheffler,* Der Hilfsbeweisantrag und seine Bescheidung in der Hauptverhandlung, NStZ 1989, 158; *Schlothauer,* Hilfsbeweisantrag – Eventualbeweisantrag – Bedingter Beweisantrag, StV 1988, 542; *Schlüchter,* SKStPO, §§ 213–295; *dies.*, Weniger ist mehr, Aspekte zum Rechtspflegeentlastungsgesetz; *Schrader,* Der Hilfsbeweisantrag – Ein Dilemma, NStZ 1991, 224; *Schröder A.,* Die Ablehnung von Beweisanträgen auf Grund Wahrunterstellung und Unerheblichkeit, NJW 1972, 2105; *Schweckendieck,* Die Ablehnung eines Beweisantrages wegen Verschleppungsabsicht – eine zu wenig genutzte Möglichkeit?, NStZ 1991, 109; *Schwenn,* Was wird aus dem Beweisantrag?, StV 1981, 631; *v. Stackelberg,* Zur Wahrunterstellung in der strafrechtlichen Revision, FS Sarstedt, S. 373; *Strate,* Verfassungsrechtliche Aspekte des Beweisantragsrechts, Schriftenreihe DAV, Bd. 9 (1992), S. 80; *Tenckhoff,* Die Wahrunterstellung im Strafprozeß, 1980; *Thole,* Der Scheinbeweisantrag im Strafprozeß, 1992; *Widmaier,* Zur Rechtsstellung des vom Verteidiger geladenen Sachverständigen, StV 1985, 526; *Willms,* Zur Problematik der Wahrunterstellung, FS K. Schäfer, S. 275.

Das **Beweisantragsrecht** bietet wohl das weiteste Feld für verfahrensrechtli- 315
che Revisionen. Es handelt sich um eine für Richter, Staatsanwälte und Verteidiger offenbar gleichermaßen schwierige Materie. Man sollte sich mit keiner Revision aus dem Gebiet des Beweisantragsrechts befassen, ohne sich zuvor sowohl mit den Grundlagen dieses „Kernbereichs" der Hauptverhand-

lung als auch mit dem aktuellen Stand der sehr differenzierten Rechtsprechung zu befassen. Dazu wird auf die Schrifttumshinweise, die Rechtsprechungsübersichten und die Kommentarliteratur verwiesen, die umfassend Auskunft geben. Hier können vergleichsweise nur punktuelle Hinweise mit weiterführenden Anmerkungen erwartet werden.

Beweisanträge (§ 244 III bis VI, § 245 II) kommen in Betracht, soweit das Gericht nicht von Amts wegen im Rahmen seiner Aufklärungspflicht die Beweise erhebt (§ 244 II) (Rdn 314), wozu auch die Benutzung der präsenten Beweismittel (§ 245 I) (Rdn 353 ff.) gehört.

In der Praxis ersucht der Vorsitzende regelmäßig um **schriftliche Formulierung** des Beweisantrages. Darauf besteht aber kein Anspruch. Andererseits hat der Antragsteller kein Recht auf Diktat des Wortlauts in das Protokoll,[959] wenn auch der Antrag nach § 273 I protokolliert werden muß. Die schriftliche Formulierung, die zweckmäßigerweise stets erfolgen sollte, ist vom Antragsteller inhaltlich vorzutragen, wenn das Gericht nicht darauf verzichtet.[960]

Beweisanträge können grundsätzlich zu jedem **Zeitpunkt** der Hauptverhandlung gestellt und dürfen nicht wegen Verspätung abgelehnt werden (§ 246).

Manchmal wird ein Beweisantrag dem Gericht in das **Beratungszimmer** nachgeschickt. Seine Nichtbescheidung begründet nur dann die Revision, wenn nach Wiedereintritt des Gerichts der Antrag mündlich gestellt wird.[961] Ein Beweisantrag kann auch noch während der **Urteilsverkündung** gestellt werden, jedoch muß das Gericht ihn dann nicht mehr entgegennehmen. Geschieht dies dennoch, muß er nach den allgemeinen Regeln behandelt werden.[962]

316 Begriffswesentlich für den Beweisantrag ist die Behauptung einer bestimmten **Beweistatsache** und des **Beweismittels**. Wird nur die Prüfung beantragt, **ob** eine bestimmte Tatsache gegeben sei, so handelt es sich nicht um einen Beweisantrag,[963] sondern um eine bloße **Beweisanregung**, die allenfalls eine Aufklärungspflicht des Gerichts auslösen kann (Rdn 314 ff.). Das Erfordernis der **Bestimmtheit** darf indessen nicht überspannt werden. Der Sinn des Beweisantrages ist durch **Auslegung** - auch aus dem Akteninhalt – zu ermitteln.[964] Bei eingekleideten Beweisbehauptungen ist es erforderlich, den Tatsachenkern herauszuschälen.[965] Auch geistige Anlagen oder Eigenschaften eines Menschen und innere Tatsachen sind der Beweiserhebung zugänglich.

---

959 Kleinknecht/Meyer-Goßner § 244 Rdn 32.

960 BGH NJW 1953, 35; a.A. Alsberg/Nüse/Meyer S. 383; KK-Herdegen § 244 Rdn 49.

961 BGH StV 1992, 218; KK-Herdegen § 244 Rdn 49; vgl. auch BGH NStZ 1992, 346.

962 BGH StrVert 1985, 398.

963 Alsberg/Nüse/Meyer S. 46; Kleinknecht/Meyer-Goßner § 244 Rdn 17 ff.; zur auch insoweit erforderlichen Auslegung vgl. KG StV 1983, 95.

964 BGHSt 37, 162, 164 ff = BGH JR 1991, 470 m. Anm. Gollwitzer.

965 BGH NJW 1968, 1293.

An die **Bezeichnung des Beweismittels** dürfen keine übertriebenen Forderungen gestellt werden. So sind zwar Namen und ladungsfähige Anschrift eines Zeugen grundsätzlich erforderlich. Es kann aber die Angabe von Tatsachen genügen, die zur Feststellung des Namens und des Aufenthalts führen können,[966] z. B. des Weges, auf dem die Person des Zeugen zuverlässig festgestellt werden kann.[967] Urkunden müssen als Beweismittel konkret bezeichnet sein, besonders wenn eine umfangreiche Akte beigezogen werden soll. Es kommt aber auf die Besonderheiten des einzelnen Falles an.[968] 317

Die **Beweisanregung** ist kein Beweisantrag.[969] Sie braucht deshalb nicht nach den Regeln der §§ 244 III bis VI, 245 II 2 beschieden zu werden. Daraus wird in der Praxis gelegentlich irrtümlich ihre Verwerfung als unzulässig abgeleitet. Das kann die Revision begründen, weil das Gericht damit gegen seine Aufklärungspflicht (§ 244 II) (Rdn 314) verstoßen haben kann. Auch sonst führt die Beweisanregung jedenfalls zu einer **Intensivierung der Aufklärungspflicht.**[970] Daneben kann ein Verfahrensfehler darin liegen, daß der Vorsitzende eine gebotene Erörterung der Anregung mit dem Antragsteller unterlassen hat, die einen richtigen Beweisantrag freigelegt haben könnte (Rdn 316, 323). 318

Hierher gehören auch die **Beweisermittlungsanträge** (Ausforschungsanträge). Sie sind keine echten Beweisanträge, weil es an der Angabe einer bestimmten Beweistatsache oder des Beweismittels fehlt.[971] Sie sollen vielmehr das Material für einen richtigen Beweisantrag erst aufdecken. Für die Revision ist auch hier von Interesse, daß der Beweisermittlungsantrag nicht als unzulässig abgetan werden darf. Daraus würde sich nämlich ergeben, daß das Gericht den Antrag fälschlich als unbeachtlich angesehen hat. Zwar bedarf es keiner Prüfung und Entscheidung nach den Regeln des § 244 III bis VI.[972] Gleichwohl hat im Rahmen der Fürsorge- und Aufklärungspflicht der Vorsitzende dem Antragsteller zu eröffnen,[973] ob oder warum nicht der Beweisanregung stattgegeben werden kann. Dieser kann nach § 238 II das Gericht anrufen.[974] 319

Eine **Kontroverse** hat sich über die Abgrenzungsfrage entwickelt, ob förmlich einwandfreie Beweisanträge mit bestimmten Beweisbehauptungen und 320

---

[966] BGH NStZ 1981, 310 m. Nachw.; Kleinknecht/Meyer-Goßner § 244 Rdn 21.

[967] BGH StV 1989, 379.

[968] BGH JR 1954, 352; Löwe/Rosenberg/Gollwitzer § 244 Rdn 109.

[969] Zur Abgrenzung BGH NStZ 1989, 334 m. Nachw.; NStZ 1992, 397; Schlüchter SKStPO § 244 Rdn 68 ff.

[970] Vgl. i. e. Schlüchter SKStPO § 244 Rdn 69.

[971] Zur Abgrenzung BGHSt 30, 131 (142); BGH StV 1983, 185; BGH GA 1981, 228; Alsberg/Nüse/Meyer S. 40 ff., 75 ff.; Schwenn StV 1981, 631; Kleinknecht/Meyer-Goßner § 244 Rdn 25, 22 ff.

[972] BGHSt 6, 128; JR 1951, 509; Kleinknecht/Meyer-Goßner § 244 Rdn 25; Löwe/Rosenberg/Gollwitzer § 244 Rdn 115 ff.

[973] Alsberg/Nüse/Meyer S. 90; Beling JW 1925, 2782.

[974] KK-Herdegen § 244 Rdn 55; Löwe/Rosenberg/Gollwitzer § 244 Rdn 121; a. A. Alsberg/Nüse/Meyer S. 90.

Angabe des Beweismittels deshalb als Beweisermittlungsanträge behandelt (d.h. nicht nur gem. § 244 III – VI abgelehnt) werden dürfen, weil sie nach Überzeugung des Tatrichters nur auf Vermutungen des Antragstellers beruhen, die durch keine tatsächliche Grundlage gestützt sind, insbesondere keinerlei Verknüpfung des Beweisthemas mit dem genannten Beweismittel nach Aktenlage und bisherigem Beweisergebnis erkennbar ist. Der BGH hat dazu klargestellt, daß den Prozeßbeteiligten nicht verwehrt ist, auch solche Tatsachen zum Gegenstand eines Beweisantrages zu machen, deren sie nicht sicher sind. Die Grenze zum Beweisermittlungsantrag soll erst dann überschritten sein, wenn es sich bei der Beweisbehauptung aus der Sicht eines „verständigen Antragstellers" um eine völlig haltlose Vermutung handelt, die „aufs Geratewohl" geäußert wird, wobei es auch auf die vom Antragsteller selbst nicht in Frage gestellten Tatsachen ankommen soll. Das Verbot der Beweisantizipation sei ebenso zu beachten wie die Funktion des Beweisantrages, den Tatrichter über das von ihm selbst für erforderlich gehaltene Maß hinaus zu weiteren Beweiserhebungen zu veranlassen.[975] Revisionsrechtlich kommt es zunächst darauf an, ob das **Tatgericht** seiner **Darlegungspflicht** im Hinblick auf die tatsächlichen Umstände, die seine Beurteilung des Beweisantrages stützen, nachgekommen ist.[976] Das Revisionsgericht prüft die Richtigkeit der Begründung anhand der „Gesamtumstände",[977] des „Urteilsinhalts",[978] des „Konkretisierungsgrades der Beweisbehauptung",[979] der „Plausibilität",[980] der Reaktion des Antragstellers auf tatrichterliche Erläuterungsbitte[981] und sonst feststellbarer Kriterien nach. Für die Frage, ob für einen verständigen Antragsteller Hinweise für die Richtigkeit der aufgestellten Behauptung vorhanden waren, soll auch der entsprechende Vortrag der Revision indizielle Bedeutung haben.[982] Im übrigen beurteilt das Revisionsgericht die tatrichterliche Wertung in vollem Umfange „aus seiner Sicht der Dinge",[983] wobei es indes den – im Gegensatz zum Tatrichter – als solchen bewerteten Beweisantrag als „völlig ungeeignetes Beweismittel" beurteilen und deshalb den Zusammenhang eines etwaigen Rechtsfehlers mit dem Urteil zum Nachteil des Angeklagten verneinen kann.[984] Im übrigen wird bei einem tatrichterlichen Bewertungsfehler und dementsprechend unterlassener Entscheidung die Revision wegen Verletzung des § 244 VI (Rdn 326) begründet sein.

---

975 Vgl. BGH NStZ 1989, 334; 1992, 397 mit Anm. Peters NStZ 1993, 293; StV 1993, 232; 1993, 199; BGHR § 244 VI Beweisantrag 5; Analyse der Rechtsprechung bei Gollwitzer StV 1990, 420; Herdegen StV 1990, 518; Schlüchter SKStPO § 244 Rdn 65.
976 Herdegen geht von einer Beweispflicht aus – StV 1990, 519.
977 BGH NStZ 1992, 398; vgl. auch BGH NStZ 1993, 199.
978 BGH NStZ 1989, 335.
979 BGH NStZ 1992, 398.
980 BGH StV 1993, 233; BGHR § 244 VI Beweisantrag 5.
981 BGHSt 37, 162 (167).
982 BGH NStZ 1992, 398.
983 Herdegen StV 1990, 520.
984 BGH NStZ 1989, 335.

Der **Hilfsbeweisantrag**[985] (**Eventualbeweisantrag**) wird für den Fall gestellt, daß das Gericht über einen verfahrensabschließenden Hauptantrag nicht zu einem vom Antragsteller vorgegebenen Ergebnis gelangt (z.B. Freispruch, Einstellung, bestimmtes Strafmaß, Bewährung). Er spielt in der Praxis auch der Revisionsgerichte eine wesentliche Rolle. Das ist seiner Lästigkeit zuzuschreiben. Ein zur Verurteilung neigendes Gericht läßt sich nur ungern aufhalten und widmet daher dem Antrag möglicherweise nicht die gebührende Beachtung, um so mehr als es verständlicherweise eine Aussetzung des Verfahrens vermeiden möchte. Dabei unterlaufen leicht **Fehler**. Das ist namentlich der Fall, wenn in üblicher Weise der Eventualantrag erst im Plädoyer gestellt wird. Dann wird auch die Zeit für eine gründliche Prüfung des Antrages knapp.[986] Es passiert auch, daß bei längerer Prozeßdauer ein Eventualantrag „untergeht" oder daß übersehen wird, den Antrag später im Urteil zu bescheiden. Das wird regelmäßig zur Aufhebung des Urteils nötigen.[987] Auch wenn das Gericht erfolglos versucht hat, dem Hilfsbeweisantrag nachzugehen, braucht die **Entscheidung** erst im Urteil zu erfolgen.[988] Die Ablehnung des Eventualbeweisantrages wegen Verschleppungsabsicht (§ 244 III) darf übrigens nicht bis zur Urteilsbegründung aufgeschoben werden, sondern muß vorher durch besonderen Beschluß erfolgen, damit der Antragsteller die Begründung des Gerichts noch widerlegen kann.[989] 321

Kontrovers wird auch die Frage beurteilt, ob auf Antrag das Gericht im Schlußvortrag gestellte **Hilfsbeweisanträge**[990] noch vor der Urteilsverkündung bescheiden muß, widrigenfalls die Revision auf Verstoß gegen § 244 VI i.V.m. mit § 338 Nr. 8 gestützt werden kann.[991] Einerseits ist das Interesse des Antragstellers verständlich, vor Verkündung der abschließenden Sachentscheidung des Tatrichters Gelegenheit zu erhalten, auf die richterliche Überzeugung im Sinne der von ihm vertretenen Rechtsposition erneut einzuwirken. Andererseits würde durch die Bekanntgabe der Gründe, aus denen das Gericht die Beweiserhebung für nicht geboten erachtet, entweder die Geheimhaltung des Beratungsergebnisses bis zur Urteilsverkündung tangiert oder eine rechtlich problematische Offenlegung von richterlicher Würdigung des Ergebnisses der gesamten Beweisaufnahme herbeigeführt werden. Auch die begriffliche Logik der verschiedenen Varianten möglicher Beweisanträge spricht dafür, die Begründung für die Ablehnung des von der Sachentscheidung abhängig gemachten Beweisantrages den Urteilsgründen vorzubehal- 322

[985] Alsberg/Nüse/Meyer S. 57ff.; Löwe/Rosenberg/Gollwitzer § 244 Rdn 160ff.

[986] Sarstedt/Hamm Rdn 284.

[987] BGHR § 244 VI Hilfsbeweisantrag 5; BGH StV 1990, 533.

[988] BGHSt 32, 10.

[989] BGH NStE § 244 Nr. 3; BGHSt 22, 124; KK-Herdegen § 244 Rdn 90.

[990] Anders bei in der Beweisaufnahme gestellten Hilfsbeweisanträgen, BGH NStZ 1989, 191.

[991] So KG StV 1989, 518; OLG Celle MDR 1966, 605; vgl. auch BGH GA 1972, 59; Alsberg/Nüse/Meyer S. 769; Löwe/Rosenberg/Gollwitzer § 244 Rdn 170; Scheffler NStZ 1989, 159; Schlothauer StV 1988, 547.

ten.[992] Allerdings ist das Gericht nicht gezwungen, so zu verfahren.[993] Es ist auch daran zu denken, daß der Grundsatz des fairen Verfahrens es in besonders gelagerten Fällen nahelegen kann, dem Antragsteller einen Hinweis zu geben, etwa wenn Schlußvortrag und Hilfsbeweisanträge eine gravierende Fehleinschätzung der Sach- und Rechtslage zeigen. In jedem Falle ist aber auch hier die Aufklärungspflicht (§ 244 II) zu beachten.

323 Wird die **nochmalige Vernehmung** bereits vernommener Personen beantragt, kann es sich um einen echten Beweisantrag handeln, der nach § 244 III – VI zu behandeln ist;[994] das ist insbesondere der Fall, wenn der Zeuge zu einem bei seiner früheren Vernehmung noch nicht behandelten Beweisthema gehört werden soll. Soll die Person aber zu demselben Thema nochmals gehört werden, etwa zur Beseitigung von Unklarheiten, so handelt es sich um eine Beweisanregung (Rdn 318).[995] Als solche darf sie aber nicht übergangen werden, sondern muß nach § 244 II wenigstens beschieden werden.[996]

In den Fällen **mangelhafter Beweisanträge** hat das Gericht die Pflicht zur Klärung. Widersprüche und Unklarheiten sind zu erörtern, der Sinn zweifelhafter Worte ist zu ermitteln. Die Unterlassung solcher Fürsorge kann ein beachtlicher Verfahrensfehler sein.[997] Die Änderung der Einlassung des Angeklagten rechtfertigt es nicht, einen darauf bezogenen Hilfsbeweisantrag abzulehnen.[998]

324 **Unzulässige Beweisanträge** haben eine Sonderstellung. Sie müssen nach § 244 III abgelehnt werden. Die anderen Ablehnungsgründe des § 244 bedeuten nur, daß die Beweiserhebung abgelehnt werden kann. Es gibt zahlreiche Fälle der Unzulässigkeit. Sie kann sich aus der Kollision mit öffentlichen oder privaten Interessen ergeben. Sie kann auf dem Grundgesetz, anderen Gesetzen oder sonstigen Umständen beruhen.

Die sonstigen Fälle unzulässiger Beweiserhebung können hier im einzelnen nicht aufgezählt werden.[999] Beachtet werden muß, daß die Beweiserhebung für **verfahrensfremde Zwecke** immer unzulässig ist. Sie ist gegeben, wenn der Antrag nicht auf Wahrheitsfindung[1000] ausgerichtet ist, sondern auf Bloßstellung, Beschimpfung von Zeugen, Verhöhnung des Gerichts oder dergleichen

---

[992] BGH NStZ 1991, 47 m.krit.Anm. Scheffler NStZ 1991, 348; BGH StV 1990, 149; BGHSt 32, 10 (13) = NStZ 1984, 372 m.Anm. Schlüchter; Kleinknecht/Meyer-Goßner § 244 Rdn 44a; Schlüchter SKStPO § 244 Rdn 161.

[993] BGHR § 244 VI Hilfsbeweisantrag 2.

[994] BGHR § 244 VI Beweisantrag 16.

[995] BGH StV 1991, 2; Kleinknecht/Meyer-Goßner § 244 Rdn 26; Löwe/Rosenberg/Gollwitzer § 244 Rdn 55.

[996] Kleinknecht/Meyer-Goßner § 244 Rdn 27; KK-Herdegen § 244 Rdn 49 a.E.

[997] BGH NStE § 244 Nr. 84; Alsberg/Nüse/Meyer S. 393ff; Löwe/Rosenberg/Gollwitzer § 244 Rdn 113f.; vgl. aber BGH StV 1989, 465 m.abl.Anm. Schlothauer.

[998] BGH bei Holtz MDR 1977, 461.

[999] Vgl. dazu Kleinknecht/Meyer-Goßner § 244 Rdn 48f.; Löwe/Rosenberg/Gollwitzer § 244 Rdn 186, 192ff.; Alsberg/Nüse/Meyer S. 423ff.

[1000] BGHSt 17, 28.

abzielt. Auch die Benennung des in der Hauptverhandlung amtierenden Staatsanwalts (die nicht grundsätzlich ausgeschlossen ist – Rdn 271) oder eines erkennenden Richters als Zeuge kann als unzulässig abgelehnt werden, wenn sie nur die Ausschaltung aus der Verhandlung bezweckt. Das wird man als ausreichend festgestellt ansehen können, wenn der Benannte dienstlich erklärt, über das Beweisthema nichts zu wissen.[1001] Dieser ist auch bei der Entscheidung über die Ablehnung des Antrages nicht ausgeschlossen.[1002] Beweisanträge über Vorgänge in derselben Hauptverhandlung, etwa den Inhalt einer Zeugenaussage, sind ebenfalls unzulässig.[1003]

Das **Verbot der Beweisantizipation**[1004] untersagt es dem Gericht, die Erfor- 325
schung von entscheidungserheblichen Tatsachen – sei es auf Antrag der Prozeßbeteligten, sei es von Amts wegen – zu unterlassen, weil auf Grund des bisherigen Beweisergebnisses zu erwarten ist, daß die Ausbeute des neuen Tatsachenmaterials unwesentlich oder die Beweisbehauptung nicht erweislich oder das Beweismittel nicht tauglich (z.B. wegen Unglaubwürdigkeit des Zeugen) sei. Die Überzeugung des Gerichts von der Erfolglosigkeit der Beweiserhebung ist kein Ablehnungsgrund.[1005] Ein Urteil wird daher der Revision nicht standhalten, wenn ein Beweisantrag nur mit der Begründung abgelehnt worden ist, die Beweiserhebung verspreche keinen Erfolg,[1006] sei nicht erforderlich[1007] oder das Gegenteil der unter Beweis gestellten Tatsache sei bereits erwiesen.[1008] Nicht selten unterlaufen auch Fehler, wenn das Gericht versucht, die Ablehnung des nach seiner Überzeugung aussichtslosen Beweisantrages in die Form eines der zulässigen Ablehnungsgründe des § 244 III zu kleiden.

Die **Ablehnung des Beweisantrages** erfordert nach § 244 VI einen **Gerichtsbe-** 326
schluß. Wird über den Beweisantrag nicht entschieden oder wird er gesetzeswidrig abgelehnt, ist regelmäßig die Revision gegeben.[1009] Sie kann wie immer nur auf Rechtsgründe (§ 337) (Rdn 216ff.) gestützt werden. Die rein tatsächlichen Umstände und deren Würdigung durch den Tatrichter sind der Revision entzogen, soweit dabei nicht eine Rechtsverletzung unterlaufen ist (Rdn 395ff.).

Die Ablehnung ist nur aus den **Gründen** der §§ 244 III–V zulässig. Das 327
Revisionsgericht muß genau prüfen, ob der Grund in dem Beschluß hinreichend deutlich bestimmt und den Beteiligten verkündet worden ist (§§ 34, 35

1001 BGH NStE § 244 Nr. 110 = BGHR § 244 III S. 1 Unzulässigkeit 4; BGHSt 7, 330.

1002 BGHSt 7, 330; 11, 206.

1003 BGHR § 244 III S. 1 Unzulässigkeit 7.

1004 BGH StV 1989, 187 (189); Alsberg/Nüse/Meyer S. 411ff.; KK-Herdegen § 244 Rdn 65; Alsberg JW 1923, 994.

1005 BGH StV 1986, 418 (419).

1006 BGH StV 1986, 418.

1007 BGHR § 244 IV S. 1 Sachkunde 1.

1008 BGH NStE § 244 Nr. 116.

1009 BGH StV 1990, 533.

I). Die Begründung muß zweifelsfrei ergeben, auf welchen rechtlichen oder tatsächlichen Gründen die Ablehnung beruht.[1010] Sie genügt nur, wenn sie dem Antragsteller eine klare Orientierung für sein weiteres Prozeßverhalten und dem Revisionsgericht die sichere Nachprüfung ermöglicht. Bezieht sich das Gericht auf eigene Sachkunde, muß deren Vorhandensein zwar nicht unbedingt im Ablehnungsbeschluß[1011] (sondern im Urteil) dargelegt werden, wenn es sich um spezielle Kentnisse handelt.[1012] Allerdings muß für die Verfahrensbeteiligten in der Verhandlung deutlich werden, z.B. aus dem Beschluß oder aufgrund eines Hinweises, daß das Gericht die einschlägigen Fragen aufgrund eigener Sachkunde entscheiden will; dazu müssen sie Gelegenheit zur Stellungnahme erhalten.[1013] Die bloße Bezeichnung der Beweistatsache mit dem Ausdruck des Gesetzes (§ 244 III) als „unerheblich" oder „ohne Bedeutung" (Rdn 331) reicht in der Regel nicht aus.[1014] Ebenso müssen die für die Annahme einer Verschleppungsabsicht (§ 244 III) (Rdn 336) verwendeten Tatsachen im einzelnen angegeben sein.[1015] Die **Bezugnahme** auf die Ablehnung eines anderen, gleichlautenden Beweisantrages ist zwar zulässig, aber risikoreich, weil die nötige völlige Identität, z.B. bei verschiedenen Antragstellern, zweifelhaft sein kann.

Die Ablehnung kann auf mehrere Gründe gestützt sein. Diese dürfen sich aber nicht widersprechen.[1016] Wenn das Gericht seine Auffassung ändert und einen verkündeten Ablehnungsgrund durch einen anderen ersetzen will, ist die Bekanntgabe an den Antragsteller geboten, damit dieser sich entsprechend einrichten kann.[1017]

Auch das **Verhältnis** der **Beschlußbegründung** zur **Urteilsbegründung** ist **revisionsrechtlich** in mehrfacher Hinsicht von Interesse. Der Ablehnungsbeschluß muß aus sich heraus eine richtige Begründung ergeben. Im Urteil kann sie nicht nachgeschoben werden.[1018] Befassen sich aber die Urteilsgründe mit dem abgelehnten Beweisantrag, so können dabei selbständige Rechtsfehler unterlaufen, die zur Aufhebung des Urteils führen können, auch wenn der Ablehnungsbeschluß selbst nicht angreifbar ist.[1019] Stehen

---

1010 BGHSt 2, 286; Kleinknecht/Meyer-Goßner § 244 Rdn 41, 43.

1011 Dies ist aber möglich und aus praktischen Gründen empfehlenswert; vgl. BGH StV 1991, 405 (406).

1012 BGHSt 12, 18; Kleinknecht/Meyer-Goßner § 244 Rdn 73.

1013 BGHSt 12, 18; BGH StV 1991, 405, auch zu der Frage, wann die richterliche Sachkunde bei der Glaubwürdigungsprüfung sich von selbst versteht.

1014 BGH StV 1990, 246 m.w.N.

1015 Kleinknecht/Meyer-Goßner § 244 Rdn 43; Schweckendieck NStZ 1991, 111f.

1016 Seibert NJW 1962, 136; Schlüchter SKStPO § 244 Rdn 157; Löwe/Rosenberg/Gollwitzer § 244 Rdn 147.

1017 BGHSt 19, 24; KK-Herdegen § 244 Rdn 62; Löwe/Rosenberg/Hanack § 233 Rdn 155; Schlüchter SKStPO § 244 Rdn 163.

1018 BGH bei Miebach/Kusch NStZ 1991, 28 m.w.N.; Schlüchter SKStPO § 244 Rdn 151 m.Nachw.

1019 BGHSt 19, 24 (26); BayObLG NJW 1952, 1387.

die Urteilsgründe inhaltlich nicht im Einklang mit dem Ablehnungsbeschluß, so wird die Revision im allgemeinen das Urteil zu Fall bringen.[1020] Das ist besonders bei der Ablehnung wegen Wahrunterstellung wichtig (Rdn 339ff.).

Eine **Austauschbarkeit** von Beweismitteln besteht grundsätzlich nicht. Infolgedessen kann das Gericht nicht anstelle eines benannten Zeugen einen anderen vernehmen.[1021] Das liegt in der Natur der Sache, wenn der Zeuge über eine subjektive Wahrnehmung aussagt. Handelt es sich aber um eine objektive Gegebenheit (z. B. eine Straßenlage), will der BGH je nach Lage des Einzelfalles die Austauschbarkeit bejahen.[1022] Danach könnte das Gericht anstelle der beantragten Zeugenvernehmung eines Polizeibeamten sich mit der Einsicht in eine Straßenkarte begnügen.[1023] Der Austausch von Augenscheinseinnahme durch Zeugenvernehmung wird in der Regel auf Bedenken stoßen müssen.[1024] Beim **Sachverständigenbeweis** ist die Austauschbarkeit ohne weiteres gegeben. Das Gericht ist an den vorgeschlagenen Sachverständigen nicht gebunden. 328

Die **gesetzlichen Gründe für die Ablehnung eines Beweisantrages** sind in § 244 Abs. III Satz 2 genannt. 329

Die **Offenkundigkeit** einer Tatsache ist der an erster Stelle genannte Ablehnungsgrund. Offenkundige Tatsachen sind nicht beweisbedürftig. Die Offenkundigkeit umfaßt den Begriff der Allgemeinkundigkeit und der Gerichtskundigkeit. Die Begriffe werden im Zusammenhang mit der Verletzung sachlichen Rechts bei der Feststellung materiell-rechtlicher Tatsachen behandelt. Auf diese Darstellung wird hier Bezug genommen[1025] (Rdn 420). Für die Revision ist besonders bedeutungsvoll der Rechtssatz, daß auch die offenkundigen Tatsachen in der Hauptverhandlung ausdrücklich erörtert werden müssen,[1026] falls nicht alle Prozeßbeteiligten sie kennen und mit ihrer Verwertung rechnen müssen.[1027] 330

Bedeutungslosigkeit einer Beweistatsache (§ 244 II 2) bedeutet dasselbe wie **Unerheblichkeit**. Sie kann auf tatsächlichen oder rechtlichen Gründen beruhen. Das muß der Ablehnungsbeschluß im einzelnen deutlich ergeben 331

1020 BGHSt 19, 24 (26); RG HRR 1938 Nr. 790; BayObLG NJW 1952, 1387; OLG Köln VRS 17, 140; Löwe/Rosenberg/Gollwitzer § 244 Rdn 150; Kleinknecht/Meyer-Goßner § 244 Rdn 83.

1021 BGHSt 22, 347 (349); BGH NJW 1983, 126; RGSt 47, 100 (106); OLG Köln NStZ 1987, 341; Schlüchter SKStPO § 244 Rdn 164; Kleinknecht/Meyer-Goßner § 244 Rdn 47.

1022 NJW 1983, 126 (127).

1023 Vgl. die Kritik von Hanack in JZ 1970, 561; ferner JZ 1971, 55 u. JZ 1972, 115; sowie Mayer JZ 1971, 55; Peters JR 1970, 105.

1024 Instruktiv BGH NStZ 1984, 565.

1025 Vgl. i. ü. Alsberg/Nüse/Meyer S. 530ff.; Kleinknecht/Meyer-Goßner § 244 Rdn 50ff.; Löwe/Rosenberg/Gollwitzer § 244 Rdn 227ff.

1026 BGH StV 1988, 514; 1981, 223 m. Anm. Schwenn/Strate.

1027 BGHZ 31, 43.

(Rdn 326).[1028] Erheblichkeit ist gegeben, wenn die Beweisbehauptung unmittelbar auf das Ergebnis Einfluß haben kann. Sie fehlt, wenn die Tatsache zum Prozeßgegenstand überhaupt keine Beziehung hat oder bei vorhandener Beziehung die zu treffende Entscheidung in keiner Weise beeinflussen kann.[1029]

Hier liegt eine für die Revision erhebliche Fehlergefahr. Die Bedeutungslosigkeit muß aus dem Beweismittel selbst herzuleiten sein, ihm gewissermaßen innewohnen. Das ist nicht der Fall, wenn sie erst aus dem bisherigen Beweisergebnis abgeleitet wird.[1030] Das wäre eine unzulässige **Beweisantizipation** (Rdn 325). Bei dieser Abgrenzung ist das Gericht freilich nicht gehalten, die **Schlußfolgerungen** zu übernehmen, die der Antragsteller aus der Beweisbehauptung für seine Annahme der Erheblichkeit gezogen hat.[1031] Das ist vielmehr Sache der gerichtlichen Würdigung, die insoweit auch vom Revisionsgericht nachzuprüfen ist. Dabei ist die tatsächliche Beweiswürdigung wie stets (Rdn 392) der **Revision** entzogen, sofern sie nicht rechtsfehlerhaft zustandegekommen ist. Zur Rechtsfrage gehört dagegen die Erwägung, ob bestimmte Beweistatsachen, die an sich sachliche Bedeutung haben, deshalb als nicht erheblich zurückgestellt werden dürfen, weil ein anderer Gesichtspunkt oder Beweisantrag Vorrang hat. Die Rechtsprechung nimmt das weitgehend an, namentlich für die Ablehnung von Beweisanträgen des Angeklagten zum objektiven Sachverhalt, wenn aus subjektiven Gründen der Freispruch geboten ist (vgl. zum entsprechenden Problem im Zusammenhang der Beschwer – Rdn 31).[1032]

Nachschieben von Ablehnungsgründen und Widersprüchlichkeit in den Urteilsgründen können die Revision begründen (Rdn 398). Das ist auch der Fall, wenn das Gericht einer als unerheblich zurückgewiesenen Beweistatsache im Urteil Bedeutung beimißt, ohne die Beteiligten auf seinen Auffassungswandel hinzuweisen.[1033] Dadurch wird den Beteiligten die Möglichkeit genommen, ihr weiteres Prozeßverhalten der neuen Lage anzupassen. Ihr Anspruch auf rechtliches Gehör ist verkürzt (Rdn 111f.).

332 **Erwiesenheit** der Beweistatsache ist ebenfalls Ablehnungsgrund nach § 244 III 2. Das darf nicht zu dem falschen Schluß verleiten, die Ablehnung sei auch zulässig, wenn das Gericht das Gegenteil der Beweistatsache als erwiesen oder den Angeklagten schon als überführt ansehe. Das wäre der klassische Fall einer mit § 244 unvereinbaren **Beweisantizipation** (Rdn 325).[1034] Im übri-

---

[1028] BGH StV 1990, 246; BGH NStE § 244 Nr. 102, Nr. 16 m. Nachw. = BGHR § 244 III S. 2 Bedeutungslosigkeit.

[1029] Kleinknecht/Meyer-Goßner § 244 Rdn 56; Alsberg/Nüse/Meyer S. 574ff.; Löwe/Rosenberg/Gollwitzer § 244 Rdn 219ff.

[1030] BGH NStE § 244 Nr. 4; Kleinknecht/Meyer-Goßner § 244 Rdn 56.

[1031] St. Rspr. BGH NStE § 244 Nr. 84; bei Pfeiffer/Miebach NStZ 1983, 211; 1982, 126.

[1032] Einzelheiten hierzu bei Löwe/Rosenberg/Gollwitzer § 244 Rdn 221.

[1033] BGH StV 1992, 147; NStZ 1988, 38; vgl. aber auch BGH StV 1987, 46 m. Anm. Schlüchter.

[1034] BGH bei Dallinger MDR 1974, 16; BGH bei Miebach NStZ 1982, 189.

gen setzt diese Ablehnung nicht voraus, daß die Tatsache erheblich ist.[1035] Wenn ein Beweisantrag wegen Erwiesenheit der Beweistatsache abgelehnt wird, dürfen sich die Feststellungen in den Urteilsgründen hierzu nicht in Widerspruch setzen.[1036]

Dieselbe Gefahr besteht bei der Annahme einer **Ungeeignetheit** des Beweis- 333
mittels. Diese darf nicht aus der Überzeugung des Gerichts gewonnen werden, die beantragte Beweiserhebung sei nicht geeignet, das bisherige Beweisergebnis zu widerlegen (Rdn 325).[1037] Nur wenn die Beweiserhebung völlig nutzlos wäre, kann der Antrag abgelehnt werden.[1038] Das kann das **Revisionsgericht** aber nur akzeptieren, wenn die Annahme jedem Zweifel entrückt ist und nicht auf dem Ergebnis der bereits durchgeführten Beweisaufnahme beruht,[1039] z. B. wenn das in Aussicht gestellte Ergebnis sich mit dem angegebenen Beweismittel nach sicherer Lebenserfahrung nicht erzielen läßt.[1040] Sonst ist ein zulässiger Gegenbeweis unzulässig abgeschnitten. Das Beweisergebnis darf auch nicht vorweggenommen werden. Der Beweiswert eines Beweismittels darf grundsätzlich erst nach der Beweiserhebung beurteilt werden. So darf insbesondere nicht die Glaubwürdigkeit eines Zeugen von vornherein verneint werden, mögen auch gravierende Umstände (Vorstrafen,[1041] Verwandtschaft,[1042] Begünstigungsverdacht, geistige Beschränktheit, fehlende Sachkunde, Vergeblichkeit einer früheren Vernehmung u. a.) stark dagegen sprechen. In ganz engem Rahmen kann bei Vorliegen extremer Tatsachen die völlige Ungeeignetheit auch in solchen Fällen ausnahmsweise zuzugestehen sein, z. B. wenn ein Blinder über optische Gegebenheiten aussagen soll oder wenn ein Angeklagter durch eine alkoholische Belastungsprobe seine Fahrtüchtigkeit beweisen will, obwohl für den Zeitpunkt der Tat ein Blutalkoholgehalt von 2,0‰ feststeht. Im Grenzgebiet liegen Fälle geistig behinderter Zeugen, Unvereinbarkeit mit der Lebenserfahrung, völlige Unmöglichkeit der Rückerinnerung an einen belanglosen Vorfall und dergleichen[1043] oder Mittäterschaft. Hier haben gerade die Revisionsgerichte für äußerste Zurückhaltung zu sorgen.

In der **Revision** ist öfter die **Unerreichbarkeit** eines Beweismittels (§ 244 III 334
2) zu überprüfen. Sie setzt voraus, daß keine Aussicht besteht, es „in absehba-

---

1035 BGH NStZ 1988, 38; Niemöller JZ 1992, 886.

1036 BGH NStZ 1989, 83.

1037 BGH bei Miebach NStZ 1989, 219 = NStE § 244 Nr. 98.

1038 BGH StV 1990, 98; StV 1990, 246; OLG Düsseldorf NStZ 1990, 506; Kleinknecht/Meyer-Goßner § 244 Rdn 58; Löwe/Rosenberg/Gollwitzer § 244 Rdn 276.

1039 St. Rspr. vgl. nur BGH NStE § 244 Nr. 98, 89 m. Nachw.

1040 St. Rspr. BGH NStE § 244 Nr. 98, 89 m. Nachw.; BGH StV 1993, 232.

1041 RG JW 1927, 2468; OLG Hamburg NJW 1953, 917.

1042 BGH NJW 1952; 191.

1043 St. Rspr. vgl. u. a. BGH NStZ 1993, 295; BGH bei Miebach NStZ 1989, 219; Alsberg/Nüse/Meyer S. 603 ff.; Kleinknecht/Meyer-Goßner § 244 Rdn 60; Löwe/Rosenberg/Gollwitzer § 244 Rdn 281, 292; KK-Herdegen § 244 Rdn 77.

rer Zeit" heranzuschaffen,[1044] worüber der Tatrichter nach pflichtgemäßem Ermessen zu entscheiden hat.[1045] Dabei kann allerdings die theoretische Möglichkeit, daß man des Beweismittels einmal habhaft werden könnte, außer Betracht bleiben.[1046] Andererseits ist Unerreichbarkeit noch nicht gegeben, wenn dem Gericht zumutbare Nachforschungen noch Aussicht auf Erfolg versprechen.[1047] Die im Ausland befindliche Beweisperson ist nicht ohne weiteres unerreichbar;[1048] insbesondere müssen auch die Möglichkeiten des Europäischen Übereinkommens über die Rechtshilfe in Strafsachen (EuRHÜbk) ausgeschöpft[1049] und die Möglichkeit einer kommissarischen Vernehmung geprüft[1050] werden. Kommt eine Ladung, die je nach Lage des Falles nicht unbedingt unternommen werden muß,[1051] mit dem Vermerk „Unbekannt verzogen" zurück, sind Nachforschungen geboten,[1052] ebenso wenn die Beweisperson hinsichtlich ihrer Anschrift oder ihres Aufenthaltes im Beweisantrag ungenügend benannt war (Rdn 317). Gänzlich unbestimmte Benennung bedeutet allerdings Unerreichbarkeit, so wenn namentlich nicht bekannte Unfallzeugen erst durch Zeitungsannonce[1053] oder irgendwo im Ausland[1054] gesucht werden müssen. Ein besonderer Fall ist die Gefahr einer rechtsstaatswidrigen Verfolgung einer Beweisperson aus Anlaß ihrer Vernehmung[1055] (zum V-Mann vgl. Rdn 254).

335 Auf die Möglichkeit der **erleichterten Ablehnung** von Beweisanträgen auf Vernehmung von „im Ausland" zu ladenden Zeugen gem. § 244 V S. 2 (Gesetz zur Entlastung der Rechtspflege vom 11. 1. 1993)[1056] können die zu § 244 V S. 1 entwickelten Grundsätze[1057] nicht schematisch angewendet werden.[1058] Die auf die Maxime des § 244 II reduzierte Beweiserhebungspflicht findet beim Augenschein ihre Rechtfertigung in der Benutzung anderer, gleichwertiger Beweismittel,[1059] was beim Zeugen nicht ohne weiteres möglich ist.[1060]

1044 BGH NJW 1990, 398 (399); Alsberg/Nüse/Meyer S. 619ff.; Kleinknecht/Meyer-Goßner § 244 Rdn 62ff.; Löwe/Rosenberg/Gollwitzer § 244 Rdn 260.

1045 BGH NStZ 1991, 143.

1046 RGSt 38, 257; RG JW 1927, 1491.

1047 BGH StV 1987, 45; BGHSt 22, 118.

1048 BGH NJW 1991, 186.

1049 BGH StV 1992, 216; BGH bei Miebach NStZ 1990, 29; Löwe/Rosenberg/Gollwitzer § 244 Rdn 266.

1050 BGH NJW 1991, 186.

1051 BGH NStZ 1993, 294.

1052 BGH GA 1968, 19.

1053 OLG Hamm DAR 1956, 280.

1054 RG JW 1931, 949.

1055 BGHSt 17, 337 (347) (unzulässig); dazu Hanack JZ 1972, 115; Schlüchter SKStPO § 244 Rdn 114 a.E.; Löwe/Rosenberg/Gollwitzer § 244 Rdn 272.

1056 Dazu Meyer-Goßner NJW 1993, 499.

1057 Kleinknecht/Meyer-Goßner § 244 Rdn 78.

1058 So aber Böttcher/Meyer NStZ 1993, 155.

1059 Kleinknecht/Meyer-Goßner § 244 Rdn 78; Schlüchter SKStPO § 244 Rdn 143.

1060 Bedenklich Böttcher/Meyer NStZ 1993, 155, da BGH NStZ 1984, 565 den Austausch von Zeugen gerade nicht stützt.

Revisionsrechtlich ist zu überprüfen, ob der Tatrichter sein Ermessen rechtsfehlerfrei angewendet hat. Dabei kommt der Bedeutung der in das Wissen des Zeugen gestellten Tatsachen, seiner mutmaßlich leichten oder schwierigen Erreichbarkeit (auch Entfernung vom Gerichtsort) sowie etwa bestehenden Rechtshilfeabkommen ebenso besondere Bedeutung zu wie der Frage, ob die Vernehmung des Zeugen mit einer Unterbrechung nach § 229 I oder aber nur einer Aussetzung der Hauptverhandlung (§ 228 I 1) erreichbar ist. Darüber muß der Ablehnungsbeschluß Auskunft geben. Die Revisonsgerichte werden mit Strenge darüber zu wachen haben, daß das richterliche Ermessen nicht auf eine schlichte Beweisantizipation hinabsinkt, oder der Hinweis auf die Notwendigkeit des persönlichen Eindrucks des Tatgerichts zum „Allheilmittel" gegen Beweisanträge auf Vernehmung von Auslandszeugen wird.

Die **Verschleppungsabsicht** (§ 244 III 2) im richtig verstandenen Sinne 336
brauchte eigentlich als Ablehnungsgrund nicht benannt zu sein. Sie schließt nämlich die Annahme eines gültigen Beweisantrages von vornherein aus, weil ein so motivierter Antrag nicht auf Förderung des Verfahrenszweckes durch Sachaufklärung, sondern unter **Mißbrauch einer gesetzlichen Form** ausschließlich auf Verhinderung derselben durch Verzögerung abzielt. Wenn diese Absicht und dazu die objektive Ungeeignetheit des Beweismittels zweifelsfrei feststehen, entfällt die weitere Aufklärungspflicht, die sonst zur Fortsetzung der Beweiserhebung zwingen würde. In diesem Bereich ist das Verbot der Beweisantizipation (Rdn 325) ausnahmsweise eingeschränkt.[1061] Voraussetzung der Ablehnung ist ferner die Befürchtung einer erheblichen Verzögerung des Verfahrens,[1062] was im allgemeinen nur bei Aussetzung über die Fristen des § 229 hinaus in Betracht kommen dürfte.

Subjektiv muß die **Absicht** der Verschleppung festgestellt sein. Sie ist nur anzunehmen, wenn der Antragsteller selbst sich keinerlei sachlichen Erfolg für das Beweisergebnis verspricht, es ihm also ausschließlich auf Prozeßsabotage ankommt.[1063]

Die Revisionen bringen öfter zu Tage, daß begreiflicher Unmut über verspätete und grob fahrlässig versäumte Beweisanträge den Tatrichter zur Ablehnung wegen Prozeßverschleppung verführt. Das ist ein fundamentaler Fehler. Es gibt keinen **Ablehnungsgrund der Verspätung** (§ 246 I). Auch die ärgerlichste Schlamperei und gröbste Prozeßverlängerung wäre für sich allein kein Ablehnungsgrund, solange nicht einer der streng begrenzten Gründe des § 244 III konkret festzustellen ist.

Hat der **Verteidiger** den Beweisantrag gestellt, setzt dessen Ablehnung die 337

[1061] BGH NStZ 1992, 551; BGHSt 21, 118; Alsberg/Nüse/Meyer S. 635ff.; Kleinknecht/Meyer-Goßner § 244 Rdn 68; Löwe/Rosenberg/Gollwitzer § 244 Rdn 209ff.

[1062] Schweckendieck NStZ 1991, 109 m.w.N.

[1063] Vgl. dazu i.e. Schlüchter SKStPO § 244 Rdn 119, 120f.; Kleinknecht/Meyer-Goßner § 244 Rdn 67f.

Verschleppungsabsicht in seiner Person voraus.[1064] Sie darf wegen seiner berufsrechtlichen Bindung und Aufgabe nur ausnahmsweise angenommen werden.[1065] Auch wenn der Verteidiger den Antrag „im Namen des Angeklagten" gestellt hat, kommt es für die Verschleppungsabsicht nur auf ihn selbst an. Das ist jedoch dann anders, wenn er als Werkzeug des Angeklagten dessen Anträge übernimmt oder erkennbar jede persönliche Verantwortung für den Antrag ablehnt.[1066] Wenn der Verteidiger Beweisbehauptungen aufstellt, von denen er nach eigener Erklärung keine sichere Kenntnis hat, oder wenn er das Ergebnis selbst für zweifelhaft hält, darf das nicht beanstandet werden (vgl. dazu Rdn 320). Ebenso kann der Aufschub des Einwandes der Schuldunfähigkeit bis zum letzten Augenblick gute Gründe haben.[1067] Auch daß der Verteidiger erklärt, den Inhalt der Akten nicht zu kennen, beweist seine Verschleppungsabsicht ebensowenig wie die Anpassung an wechselnde Einlassungen des Angeklagten, sofern diese sich nicht gegenseitig ausschließen und er ihnen nicht kritiklos folgt.[1068] Der Zeitpunkt eines Beweisantrages ist kein entscheidendes Indiz,[1069] weil er durch taktische Erwägungen bestimmt sein kann, deren Offenbarung gegenüber dem Gericht dem Ziel der Verteidigung widerspricht; allerdings soll unter besonderen Voraussetzungen die späte Benennung von Alibizeugen als Anhaltspunkt für Verschleppungsabsicht verwertbar sein.[1070] Der **Ablehnungsbeschluß** muß die Verschleppungstatsachen so vollständig darlegen, daß der Antragsteller sein weiteres Prozeßverhalten danach einrichten[1071] und das Revisionsgericht die rechtliche Grundlage nachprüfen kann;[1072] aus demselben Grunde muß hier auch ein Hilfsbeweisantrag ausnahmsweise vor dem Urteil beschieden werden (Rdn 322).[1073] Die Begründung muß so ausführlich und sorgfältig sein, wie jede andere tatrichterliche Enscheidung, die aufgrund von Indizien getroffen wird[1074] (vgl. dazu Rdn 409ff.). Dazu gehören regelmäßig der bisherige Verfahrensver-

---

[1064] BGH NStZ 1992, 551; BGHSt 21, 118; BGH JR 1983, 35 m. Anm. K. Meyer; Alsberg/Nüse/Meyer S. 647 m. zahlr. Nachw.

[1065] OLG Köln JR 1954, 69; VRS 24, 217; KMR-Paulus § 244 Rdn 431; Löwe/Rosenberg/Gollwitzer § 244 Rdn 215; a. A. Alsberg/Nüse/Meyer S. 648; Kleinknecht/Meyer-Goßner § 244 Rdn 69; Schlüchter SKStPO § 244 Rdn 122; vgl. auch BGH JR 1983, 35 m. Anm. K. Meyer (3).

[1066] BGH NStZ 1984, 466; NJW 1953, 1314; 1969, 281; Kleinknecht/Meyer-Goßner § 244 Rdn 69.

[1067] OLG Düsseldorf NJW 1949, 970.

[1068] BGH NJW 1953, 1314; 1969, 281; Alsberg/Nüse/Meyer S. 648 Fn. 87, S. 649.

[1069] So auch BGH NStE § 244 Nr. 4 = BGHR § 244 III S. 2 Prozeßverschleppung 1.

[1070] BGHR § 244 III S. 2 Prozeßverschleppung 4.

[1071] BGHSt 1, 32.

[1072] Zum Problem Kleinknecht/Meyer-Goßner § 244 Rdn 86.

[1073] BGH StV 1990, 394; BGH NStE § 244 Nr. 3.

[1074] BGH JR 1983, 35 (37) m. Anm. K. Meyer (2); zur Bindung des Revisionsgerichts an die Tatsachenfeststellungen vgl. Löwe/Rosenberg/Gollwitzer § 244 Rdn 351.

lauf sowie sonstige Prozeßumstände unter Einbeziehung des Prozeßverhaltens des Antragstellers.[1075] Eine Korrektur oder ein Nachschieben von Ablehnungsgründen im Urteil ist unzulässig.[1076]

Für die **Revisionsbegründung** ist zu beachten, daß Beweisantrag und Ableh- 338
nungsbeschluß mit Begründung genau und vollständig – zweckmäßig im Wortlaut – vorgetragen werden müssen. Dies gilt auch insoweit als es sich um dem Beschwerdeführer nachteilige Tatsachen handelt, soweit sie für den gerügten Beschluß mitbestimmend waren.[1077] Weiterhin sind die (tatsächlichen) Umstände darzulegen,[1078] die der vom Tatrichter vorgenommenen Bewertung bestimmter Prozeßvorgänge als Indizien für Verschleppungsabsicht entgegenstehen, z. B. Erklärungen des Verteidigers oder des Angeklagten, Mitteilungen dritter Personen u. a. Die Klärung dieser Umstände erfolgt im Freibeweisverfahren, auch wenn damit (punktuell) eine Rekonstruktion von Vorgängen in der Hauptverhandlung verbunden sein kann. Außerdem ist darauf zu achten, daß die Beschlußbegründung frei von Lücken und Widersprüchen ist und bei mehreren Deutungsmöglichkeiten, insbesondere des Prozeßverhaltens, nicht ohne überzeugenden Grund die jeweils für den Antragsteller ungünstige gewählt ist.

Im Bereich der **Wahrunterstellung**[1079] sind die Revisionsangriffe wegen Ver- 339
letzung des § 244 III 2 wohl am häufigsten und erfolgreichsten. Die Gerichte sehen in der Wahrunterstellung leicht ein bequemes Mittel, um lästige Beweisanträge des Angeklagten „herumzukommen“, besonders wenn diese, wie häufig, erst im Plädoyer eventualiter gestellt werden (Rdn 321).

Dabei unterlaufen leicht **Fehler**, die man etwa in folgenden Gruppen zu- 340
sammenfassen kann:

- Verwertung zu Lasten des Angeklagten
- unzulässige Einengung des Beweisthemas
- nicht vollständige Einhaltung der Wahrunterstellung
- sonst fehlerhafte Behandlung in den Urteilsgründen
- Änderung des Ablehnungsgrundes

Sie haben in einer umfangreichen Rechtsprechung Niederschlag gefunden, auf die verwiesen wird. Hier können nur einige allgemeine Hinweise und Beispiele gegeben werden.

Die Wahrunterstellung ist nur zulässig, wenn die Beweisbehauptung aus- 341
schließlich **zugunsten des Angeklagten** als wahr unterstellt wird. Wirkt sie sich auch nur teilweise zu seinen Lasten aus, ist die Beweiserhebung unumgänglich, was vor allem bei Beweisanträgen der Staatsanwaltschaft zu beachten ist.

[1075] BGHR § 244 III S. 2 Prozeßverschleppung 7.
[1076] BGH NStZ 1982, 41.
[1077] BGH NStE § 244 Nr. 4.
[1078] Schlüchter SKStPO § 244 Rdn 182 m. Nachw.
[1079] Dazu grundlegend Tenckhoff, Die Wahrunterstellung im Strafprozeß 1980; Bringewat MDR 1986, 353.

Ist dagegen verstoßen, wird die Revision regelmäßig Erfolg haben.[1080] Sie ist allerdings häufig deshalb unbegründet, weil nur die **Schlußfolgerungen** des Gerichts aus der Wahrunterstellung angegriffen werden. Solche darf das Gericht nach dem Grundsatz der freien Beweiswürdigung aus der zugunsten des Angeklagten unterstellten Tatsache auch in anderem Sinne ziehen als der Antragsteller es möchte;[1081] das betrifft vor allem Indiztatsachen.[1082] Selbstverständlich ist es ein schwerer Verfahrensfehler, eine zugunsten des einen Angeklagten als wahr unterstellte Tatsache ohne Beweiserhebung zum Nachteil eines anderen Angeklagten zu verwenden.[1083]

342 Dagegen abzugrenzen ist die Aufgabe der richtigen **Auslegung** des Beweisantrages. Das Gericht muß mit dem richtig verstandenen Sinn des Antrages im Einklang bleiben[1084] und die Wahrunterstellung in ihrem wirklichen Sinn ganz und ohne jede **Einengung, Verschiebung** oder sonstige Änderung als bewiesen behandeln.[1085] Auch darf nicht unterstellt werden, ein Zeuge werde etwas Bestimmtes bekunden, ohne daß das Gericht zugleich die Aussage inhaltlich als wahr annimmt.[1086]

Im übrigen darf niemals etwas als wahr unterstellt werden, solange eine **Aufklärung** durch Beweiserhebung möglich ist. Die Sachaufklärung hat unbedingt **Vorrang** vor der Wahrunterstellung.[1087] Auf die Verletzung dieses Grundsatzes wird namentlich die Staatsanwaltschaft eine Revision stützen können (Rdn 314).

343 Der Grundsatz, daß Beschluß und **Urteilsbegründung** übereinstimmen müssen (Rdn 327) gewinnt im Zusammenhang mit der Wahrunterstellung besondere Aktualität. Das Urteil verfällt der Revision mit Sicherheit, wenn das Gericht sich in den Urteilsgründen nicht an die zugesagte Wahrunterstellung hält oder Feststellungen zugrunde legt, die mit der Wahrunterstellung nicht vereinbar sind.[1088] Dafür genügt es, daß in den Urteilsgründen das Gericht

---

[1080] BGHR § 244 III S. 2 Wahrunterstellung 16; BGH StV 1981, 270; BGH bei Holtz MDR 1978, 112.

[1081] BGH NJW 1959, 396; OLG Hamm NStZ 1983, 522; BGHR § 244 III S. 2 Wahrunterstellung 1; Kleinknecht/Meyer-Goßner § 244 Rdn 71; Löwe/Rosenberg/Gollwitzer § 244 Rdn 252f.

[1082] Vgl. dazu OLG Hamm NStZ 1983, 522 m. Nachw.; Alsberg/Nüse/Meyer S. 664ff.

[1083] BGH StV 1983, 140 m. Anm. Strate.

[1084] BGHR § 244 III S. 2 Wahrunterstellung 21, 23; Einzelheiten bei Löwe/Rosenberg/Gollwitzer § 244 Rdn 253; Alsberg/Nüse/Meyer S. 668f.

[1085] BGH wistra 1990, 196; BGH NStZ 1989, 129 m. Anm. Volk; BGHR § 244 III S. 2 Wahrunterstellung 4, 6, 8, 17, 18; Alsberg/Nüse/Meyer S. 677ff.

[1086] BGH NStZ 1989, 129; Alsberg/Nüse/Meyer S. 676.

[1087] BGH NStE § 244 Nr. 34, 93; Kleinknecht/Meyer-Goßner § 244 Rdn 70; Löwe/Rosenberg/Gollwitzer § 244 Rdn 238; Schlüchter SKStPO § 244 Rdn 124; BGH NStZ 1989, 129.

[1088] Dazu grundsätzlich BGHSt 32, 44 = JR 1984, 171 m. abl. Anm. K. Meyer; BGH StV 1988, 91; BGHR § 244 III S. 2 Wahrunterstellung 7, 14, 19, 24; Schlüchter SKStPO § 244 Rdn 186; Alsberg/Nüse/Meyer S. 675.

eine durch Beschluß als wahr unterstellte Tatsache nicht mehr als wahr behandelt hat.[1089] Es kann auch ausreichen, daß das Gericht sich mit der als wahr unterstellten Tatsache im Urteil nicht auseinandergesetzt hat, obwohl die übrigen Feststellungen dazu drängten.[1090] Alles das ist unbestrittene Rechtsprechung.[1091]

Ändert sich nach verkündeter Wahrunterstellung die Ansicht des Gerichts, 344
und will es deshalb von der Wahrunterstellung wieder abgehen, so muß den Prozeßbeteiligten ein **Hinweis** gegeben werden, damit sie sich auf den Auffassungswandel einrichten und entsprechende Anträge stellen können. Andernfalls ist die Revision begründet,[1092] die hier auch auf Verletzung des rechtlichen Gehörs (Art. 103 I GG) gestützt werden kann (Rdn 111ff.). Das gilt auch, wenn der Vorsitzende vor der Hauptverhandlung (§ 219) (Rdn 240) die Wahrunterstellung zugesichert hatte und das Gericht sich nicht daran halten will.[1093]

Eine Wahrunterstellung ist nur zulässig, wenn eine **erhebliche** Tatsache unter Beweis gestellt ist. Dagegen wird sehr oft verstoßen. Dadurch ist der Angeklagte beschwert, weil er durch die unrichtige Begründung irregeführt wird. Er richtet sich in der Prozeßführung auf die Annahme der Erheblichkeit ein und versäumt dadurch sachgerechte Anträge. Den Irrtum des Gerichts erfährt er in der Regel erst aus der Urteilsbegründung, wenn dort die Beweistatsachen erstmalig als unerheblich behandelt werden. Die darauf gestützte Revision ist aber gefährdet, denn der Widerspruch zwischen Ablehnungsbeschluß und Urteil kann auch darauf beruhen, daß das Gericht nicht geirrt, sondern zu einer **Änderung** seiner Ansicht über die **Erheblichkeit** gelangt ist. In diesem Falle will die Rechtsprechung anders als bei dem Abrükken von einer Wahrunterstellung den Tatrichter nicht für verpflichtet halten, durch einen **Hinweis** den Auffassungswandel bekanntzugeben.[1094] Dieser Auffassung kann u. E. nicht gefolgt werden.[1095] Es ist im Hinblick auf die Gefahr einer Aushöhlung des Gesetzes schon bedenklich, in den eindeutigen Wortlaut der Vorschrift („... eine **erhebliche** Behauptung ...") den tiefgrei-

---

[1089] BGHSt 28, 310; Löwe/Rosenberg/Gollwitzer § 244 m. Nachw.

[1090] BGHR § 244 III S. 2 Wahrunterstellung 2, 3, 5, 11, 12.

[1091] BGHSt 28, 310; BGH bei Miebach NStZ 1988, 213; Kleinknecht/Meyer-Goßner § 244 Rdn 71; Löwe/Rosenberg/Gollwitzer § 244 Rdn 249.

[1092] BGHSt 32, 44 (47); 21, 38 (39); OLG Hamm JR 65, 269; Niemöller S. 86; Löwe/Rosenberg/Gollwitzer § 244 Rdn 248; Schlüchter SKStPO § 244 Rdn 132.

[1093] BGHSt 21, 38; Alsberg/Nüse/Meyer S. 688; Schlüchter SKStPO § 244 Rdn 152.

[1094] BGH bei Pfeiffer/Miebach NStZ 1983, 357; NStZ 1981, 96; bei Spiegel DAR 1980, 209; bei Kusch NStZ 1992, 28; BGH GA 1972, 272 u. st. Rspr.; vgl. auch die zusammenfassende Darstellung bei Schlüchter SKStPO § 244 Rdn 132; Alsberg/Nüse/Meyer S. 658; Kleinknecht/Meyer-Goßner § 244 Rdn 70; KK-Herdegen § 244 Rdn 92; Herdegen NStZ 1984, 342.

[1095] Abl. auch Löwe/Rosenberg/Gollwitzer § 244 Rdn 255; KMR-Paulus § 244 Rdn 451; Roxin § 43 Rdn 15; Schäfer S. 359; Gutmann JuS 1962, 369 (377); Seibert NJW 1969, 20; Tenckhoff StV 1986, 424.

fenden Vorbehalt der nur vorläufigen und jederzeit abänderbaren Beurteilung des Gerichts hineinzuinterpretieren.[1096] Ein solcher Vorbehalt für die Wahrunterstellung könnte auch Eingang in weitere Ablehnungsgründe des § 244 III, z. B. Unerheblichkeit der Beweistatsache, Erwiesenheit der Beweistatsache, Ungeeignetheit des Beweismittels finden mit der Folge, daß in der Beratung die verschiedenen Begründungen untereinander ausgetauscht werden dürften. Wenn dem Tatrichter schon konzediert wird, daß er seine den Prozeßbeteiligten eröffnete Tatsachenbeurteilung und Rechtsauffassung im Fortgang des Verfahrens ändert, dann müssen die Prozeßbeteiligten von diesem Wandel der Aufassung des Gerichts wenigstens in Kenntnis gesetzt werden, um ihr Prozeßverhalten – nicht nur bezüglich etwaiger Beweisanträge – der neuen Prozeßlage anpassen zu können. Die damit geforderte **Hinweispflicht** des Gerichts folgt nicht nur aus dem Anspruch aller Prozeßbeteiligten auf ein **faires Verfahren** (Art. 6 III MRK, Art. 20 III GG), sondern auch aus ihrem Anspruch auf Gewährung rechtlichen Gehörs (Art. 103 GG), der u. a. dem Gericht auferlegt, durch Hinweise dafür zu sorgen, daß die Prozeßbeteiligten ihr Recht auf Gehör, wozu auch das Beweisantragsrecht zählt, sachgemäß ausüben können.[1097] Ohne einen Hinweis des Gerichts sind die Prozeßbeteiligten genötigt, die in den Beschlüssen des Gerichts erkennbar werdende Prozeßlage zu relativieren und vorsorglich alle sonst noch geeignet erscheinenden Beweisanträge zu stellen.[1098] Die Folge würde ein Übermaß von Beweisanträgen sein, weil Verteidigung und Staatsanwaltschaft sich veranlaßt sehen müßten, alle denkbaren Wege der Beweisführung, die sie zur Erreichung ihres jeweiligen Prozeßzieles für geeignet halten, trotz entgegenstehender Äußerung des Gerichts weiter zu verfolgen. Auch unter dem Blickwinkel des Gebots der Prozeßökonomie stehen die so provozierte Belastung des Verfahrens und des Gerichts und die Gefahr revisibler Prozeßfehler in keinem vertretbaren Verhältnis zu dem vergleichsweise minimalen Aufwand eines **Hinweises** an die Prozeßbeteiligten und den sich daraus vielleicht noch ergebenden zusätzlichen Anträgen. Die auf die Entscheidung RGSt 65, 322 (330) zurückgehende Rechtsprechung des Bundesgerichtshofs, die eine Hinweispflicht verneint, kann auch deshalb nicht überzeugen, weil sie die Antwort auf die Frage schuldig bleibt, welche Gesetzesvorschrift oder welcher Rechtsgedanke dem Hinweis an die Prozeßbeteiligten eigentlich entgegenstehen könnte.[1099]

Nach einer neueren Rechtsprechung des BGH ist eine **Aufklärung** über die Änderung des Ablehnungsgrundes immerhin dann erforderlich, wenn es na-

---

[1096] So ausdrücklich z. B. OLG Celle NStE § 244 Nr. 1.

[1097] Dazu Dahs, Rechtliches Gehör S. 30ff.

[1098] So BGH GA 1972, 273.

[1099] Das RG hat die fehlende Hinweispflicht a. a. O. nur apodiktisch festgestellt, und der BGH hat in seinem grundlegenden Urteil vom 31. 10. 1961 – 5 StR 260/61 – das Urteil des RG in dieser Passage lediglich wörtlich zitiert, ohne sie im Lichte des rechtsstaatlichen Prozeßverständnisses zu diskutieren.

heliegt, daß ein Verfahrensbeteiligter wegen der Wahrunterstellung davon absieht, bestimmte Beweisanträge zu entscheidungserheblichen Beweisthemen zu stellen oder andere Beweispersonen entsprechend zu befragen.[1100] Dies dürfte vielfach – wenn nicht regelmäßig – der Fall sein, jedenfalls aus der Sicht des Revisionsgerichts nicht ausgeschlossen werden können.

Revisionsrechtlich bedeutsam ist noch die Frage, ob die **Staatsanwaltschaft** die Verletzung des § 244 wegen unrichtiger Wahrunterstellung geltend machen kann. Da die Vorschrift aber nur zugunsten des Angeklagten wirken soll, kann sich der Staatsanwalt gemäß § 339 darauf nicht berufen.[1101] Die Staatsanwaltschaft kann aber rügen, daß mit der (unzulässigen) Wahrunterstellung der Sinngehalt der Beweisbehauptung nicht erschöpft sei.[1102]

In der **Revisionsbegründung** ist neben der Wiedergabe des Inhalts von An- 345
trag und Ablehnungsbeschluß deutlich zu machen, welcher Rechtsfehler geltend gemacht, ob also z.B. die Nichteinhaltung der Wahruntertellung, eine unzulässige Einengung oder Verbiegung des Antragsinhalts, Widersprüche zwischen Beschluß und Urteilsgründen oder rechtsfehlerhaft unterlassene Würdigung im Urteil geltend gemacht wird. Insoweit können gegebenenfalls auch einzelne Passagen der Urteilsgründe als Verfahrenstatsachen i.S. § 344 II in Betracht kommen. Im übrigen empfiehlt sich hier besonders auch eine Stellungnahme zur Frage des Beruhens.[1103] Hat das Gericht seine Aufklärungspflicht bei Wahrunterstellung verletzt, muß der Revisionsführer vortragen, welche Beweisanträge er gestellt hätte, wenn ihm der Auffassungswandel zur Kenntnis gebracht worden wäre.[1104] Gerade im Zusammenhang mit der Wahrunterstellung sind auch sachlich-rechtliche Fehler in den Urteilsgründen (z.B. Lücke, Widerspruch) denkbar.

Die **Vernehmung eines Sachverständigen** kann im Rahmen der Aufklä- 346
rungspflicht von Amts wegen geboten (§ 244 II) oder Gegenstand eines Beweisantrages sein. Ein solcher kann außer in den Fällen des § 244 III auch aus den besonderen Gründen des Absatzes IV abgelehnt werden. Die Anwendung dieser Vorschrift ist fehlerhaft, wenn in Wirklichkeit die Vernehmung eines sachverständigen Zeugen (Rdn 284) beantragt ist.[1105] Fehlt es an der Bestimmtheit der behaupteten Beweistatsache (Rdn 316), so kann es sich leicht um einen bloßen Beweisermittlungsantrag (Rdn 319) handeln, der nicht den Regeln des § 244 III–VI untersteht, z.B. bei einem Antrag auf Feststellung der „Glaubwürdigkeit" oder der „Schuldfähigkeit". Im einzelnen Fall kann aber darin auch eine genügend konkretisierte Tatsachenbe-

---

1100 OLG Hamm NStZ 1983, 522 (523); BGH NStZ 1982, 341; Schäfer S. 359; Roxin § 43 Rdn 15; BGHSt 30, 383 (385).

1101 BGH NStZ 1984, 564; OLG Stuttgart NJW 1967, 1627.

1102 BGH NStZ 1984, 564.

1103 Vgl. dazu Schlüchter SKStPO § 244 Rdn 190f.; Kleinknecht/Meyer-Goßner § 244 Rdn 86.

1104 BGH NStZ 1982, 342.

1105 BGH bei Miebach/Kusch NStZ 1991, 121; BGH StV 1982, 102.

hauptung stecken. Ob dem so ist, hat auch maßgebliche Bedeutung für die Frage, ob die angebliche Tatsachenbehauptung in Wahrheit einen Rechtsbegriff (z.B. Verantwortlichkeit i.S. des § 20 StGB) betrifft und deshalb unzulässig ist (Rdn 307).

Zum bloßen Beweisermittlungsantrag wird der zulässige Beweisantrag nicht deshalb, weil kein bestimmter Sachverständiger benannt ist. Das ist nicht erforderlich. Der Sachverständige ist auswechselbar[1106] (Rdn 282).

347 Die **eigene Sachkunde** des Gerichts kann die Ablehnung eines Beweisantrages rechtfertigen. Dazu soll es genügen, daß ein Mitglied des Gerichts die Sachkunde besitzt und sie den anderen mitteilt,[1107] ohne daß dies in der Verhandlung öffentlich geschehen müsse.[1108] Das Urteil kann aber der Revision verfallen, wenn in den Gründen die Sachkunde des Gerichts nicht dargetan ist.[1109] In der Praxis steht häufig die gerichtliche Beurteilung der Schuldfähigkeit zur Entscheidung. Hier ist der Spielraum für die eigene Sachkunde gering. Regelmäßig wird die Ablehnung eines beantragten Sachverständigenbeweises zur Aufhebung des Urteils führen,[1110] besonders wenn die Tat nicht in das Persönlichkeitsbild paßt. Bei Hirnverletzten muß dem Beweisantrag auf Zulassung eines Spezialsachverständigen entsprochen werden.[1111] Die Glaubwürdigkeit wird das Gericht in der Regel selbst beurteilen können, wenn es sich um einen Erwachsenen handelt;[1112] bei neurotischer Persönlichkeitsstruktur oder langdauerndem Drogen- und Alkoholmißbrauch kann es anders sein.[1113] Auch bei Kindern kann das erfahrene Gericht grundsätzlich seiner Sachkunde vertrauen.[1114] Die Beurteilung des Einflusses von Geisteskrankheiten, Psychosen[1115] und Affektzuständen[1116] wird dagegen im allgemeinen nicht ohne Sachverständige möglich sein. Auch wenn Schwierigkeiten bei der Feststellung des Blutalkohols auftreten, wird die eigene Sachkunde des Gerichts in der Regel dubios sein.[1117]

1106 KK-Pelchen § 73 Rdn 3; Schlüchter SKStPO § 244 Rdn 43; Löwe/Rosenberg/Dahs § 73 Rdn 1; § 85 Rdn 12.

1107 BGHSt 2, 165; 12, 18; Kleinknecht/Meyer-Goßner § 244 Rdn 73; a.A. Hanack JZ 1972, 116.

1108 Löwe/Rosenberg/Gollwitzer § 244 Rdn 302; a.M. OLG Köln NJW 1958, 881; KMR-Paulus § 244 Rdn 465.

1109 BGHSt 12, 18; OLG Düsseldorf StV 1991, 553 (554); Alsberg/Nüse/Meyer S. 715; Löwe/Rosenberg/Gollwitzer § 244 Rdn 303; einschr. Kleinknecht/Meyer-Goßner § 244 Rdn 73; Dippel S. 30ff.

1110 BGH bei Pfeiffer/Miebach NStZ 1983, 337; Löwe/Rosenberg/Gollwitzer § 244 Rdn 305 m.Nachw.

1111 BGHR § 244 VI S. 1 Glaubwürdigkeitsgutachten 2, Sachkunde 4.

1112 BGHR § 244 IV S. 1 Glaubwürdigkeitsgutachten 1.

1113 BGHR § 244 IV S. 1 Glaubwürdigkeitsgutachten 3.

1114 BGH NStZ 1981, 400; BGHSt 8, 130; vgl. auch BGH StV 1990, 248; Kleinknecht/Meyer-Goßner § 244 Rdn 74.

1115 BGHR § 244 II S. 1 Sachkunde 1.

1116 BGH NStE § 244 Nr. 62, 82.

1117 Vgl. z.B. Alsberg/Nüse/Meyer S. 710.

Die Frage, ob der Blutalkoholgehalt zur Schuldunfähigkeit geführt hat, wird der Tatrichter nur in eindeutigen Fällen selbst beurteilen können; treten z.B. Einflüsse von Medikamenten hinzu o.ä., bedarf er eines Sachverständigen.[1118] Im übrigen muß immer der „richtige" Sachverständige gewählt werden, wobei insbesondere die Abgrenzung von Psychiatern und Psychologen[1119] sowie Blutgruppen- und DNA-Sachverständigen[1120] wichtig ist. Bedenken bestehen auch gegen die Universalgenies unter den Gutachtern, die sich z.B. für Frauenheilkunde, Toxikologie, Ophtalmologie, Psychiatrie und Rechtsmedizin gleichermaßen für kompetent erachten.

Wird ein **weiteres Gutachten** beantragt, hält die Ablehnung der Revision 348
dann stand, wenn einer der nachstehenden Voraussetzungen genügt ist: Das Gericht muß sich die erforderliche Sachkunde selbst zutrauen, die es auch aus dem ersten Gutachten gewonnen haben kann,[1121] oder durch das erste Gutachten ist das Gegenteil der Beweisbehauptung bereits erwiesen. In beiden Fällen wird in der Revision aber zu prüfen sein, ob das Gericht oder der erste Gutachter sich nicht zu viel zugetraut haben, so z.B. bei der Beurteilung ungewöhnlicher sexueller Triebanomalie.[1122] Wenn zwei sich widersprechende Gutachten erstattet sind, braucht das Gericht einem Antrag auf Einholung eines „**Obergutachtens**" nicht zu folgen, wenn es sich zur Entscheidung der Kontroverse selbst in der Lage sieht.[1123] Das **Revisionsgericht** wird aber stets kontrollieren, ob ein erstattetes Gutachten so viele Schwierigkeiten offenbart und solche Zweifel offenläßt, daß ein weiteres Gutachten am Platze gewesen wäre.[1124] Beweisanträgen in dieser Richtung sollten Gericht, Staatsanwalt und Verteidiger daher größte Aufmerksamkeit schenken. Ein weiterer medizinischer Sachverständiger ist auch dann am Platze, wenn ein vernommener Sachverständiger sich zu einer bestimmten Schule oder Heilweise bekennt, die mit anderen Richtungen im Widerspruch stehen[1125] oder sonst seine Auffassung in der Wissenschaft umstritten ist;[1126] „weiterer" Gutachter kann auch der Angehörige einer anderen wissenschaftlichen Fachrichtung sein.[1127] Bei **Schriftgutachten** verlangt man allgemein besondere Vorsicht. Die Ablehnung

---

[1118] BGH NStZ 1991, 47; Alsberg/Nüse/Meyer S. 705f.

[1119] Vgl. dazu BGHSt 23, 8 (12); BGH StV 1990, 248; BGH NStE § 244 Nr. 60; BGH NStZ 1990, 400 (401); zum Verhältnis von Psychiatern und Neurologen BGH NStZ 1991, 80.

[1120] BGH NStZ 1993, 199.

[1121] BGH NStZ 1984, 467; Kleinknecht/Meyer-Goßner § 244 Rdn 75.

[1122] BGHSt 23, 176.

[1123] BGH bei Spiegel DAR 1980, 206; Kleinknecht/Meyer-Goßner § 244 Rdn 75.

[1124] BGH NStZ 1991, 383 (384); BGH StV 1989, 331 m.Anm. Wasserburg.

[1125] BGH StV 1989, 335 m.Anm. Schlothauer; Löwe/Rosenberg/Gollwitzer § 244 Rdn 311; Alsberg/Nüse/Meyer S. 731.

[1126] BGH bei Miebach NStZ 1990, 27 = StV 1989, 335 m.Anm. Schlothauer.

[1127] BGHSt 34, 355.

eines zweiten Sachverständigen kann daher in der Revision dem Urteil gefährlich werden.[1128]

349 Schwierig ist die Frage der **überlegenen Forschungsmittel** des weiteren Sachverständigen, deren Vorhandensein die Beweiskraft des ersten Gutachtens aufheben kann (§ 244 IV 2). Mit diesem Begriff sind die Revisionsgerichte häufig beschäftigt. Die Beweisanträge zielen auf seine Vernehmung meist mit der Begründung ab, der beantragte zweite Sachverständige besitze einen höheren Grad von Kapazität, Erfahrung, fachlichem Ruf und wissenschaftlicher Autorität. Darauf hat *Eb. Schmidt* die Anwendung des § 244 IV 2 abgestellt.[1129] Diese Eigenschaften bedeuten zwar viel für die überragende Qualität des Sachverständigen und können durchaus Veranlassung zu seiner Vernehmung geben. Damit ist aber noch nicht die Alternative der „überlegenen Forschungsmittel" zwingend gegeben,[1130] denn darunter sind nur konkrete, instrumentelle Hilfsmittel und wissenschaftliche Verfahren zu verstehen. Sie können einem sonst renommierten Sachverständigen fehlen, aber einem anderen Sachverständigen zur Verfügung stehen, der im übrigen der Unterlegene ist, etwa im Fall eines Außenseiters, der einen speziellen Test erfunden hat. Daraus erhellt, warum die überlegenen Forschungsmittel in der Praxis der Beweisanträge so selten richtig dargetan werden.[1131] Ist dies aber richtig geschehen, so wird die Revision besonders Erfolg haben, wenn die Ablehnung auf den Inhalt des ersten Gutachtens selbst gestützt wird.[1132] Die Beobachtung in einem öffentlichen psychiatrischen Krankenhaus (§ 81) ist als überlegenes Forschungsmittel in der Revision nicht anerkannt;[1133] für kriminaltechnische Gutachten dürften dagegen den Landeskriminalämtern und dem Bundeskriminalamt durchweg überlegene Forschungsmittel zur Verfügung stehen. Die Revisionsgerichte müssen im übrigen beachten, daß Bestimmung und Auffindung des überlegenen Forschungsmittels für die Antragsteller recht schwierig sein kann, besonders wenn es sich um neue wissenschaftliche Erkenntnisse handelt. Das Gericht muß die Möglichkeit der Beschaffung von Unterlagen erschöpfen.[1134] Der ablehnende Beschluß kann nicht nur mit den Worten des Gesetzes begründet werden.[1135]

350 Die Ablehnung eines Beweisantrages auf Erhebung eines **Augenscheinsbeweises** ist dem pflichtmäßigen Ermessen des Gerichts anheimgestellt (§ 244

[1128] BGHSt 10, 116; OLG Düsseldorf StV 1991, 456 (457); OLG Düsseldorf NStE § 244 Nr. 5; Löwe/Rosenberg/Gollwitzer § 244 Rdn 313.

[1129] Eb. Schmidt Nachtr. § 244 Rdn 72; dazu Schlüchter SKStPO § 244 Rdn 141; Löwe/Rosenberg/Gollwitzer § 244 Rdn 319.

[1130] BGHSt 34, 355 (358).

[1131] Zur Problematik vgl. Alsberg/Nüse/Meyer S. 733ff.; Sarstedt NJW 1968, 178; Löwe/Rosenberg/Gollwitzer § 244 Rdn 318ff.

[1132] RG JW 1931, 1600; 1932, 3095; 1932, 3358.

[1133] BGHSt 23, 311; 23, 187; 8, 76; Kleinknecht/Meyer-Goßner § 244 Rdn 76.

[1134] RGSt 64, 160 (163); JW 1930, 2230; OLG Düsseldorf VRS 39, 354.

[1135] KK-Herdegen § 244 Rdn 103.

V), muß aber über den Gesetzeswortlaut hinaus begründet werden.[1136] Dieser große Spielraum der Bestimmung bedeutet die Zulassung einer ziemlich weitgehenden Beweisantizipation und auch des Beweismittelaustausches (Rdn 325, 328), wobei allerdings die richterliche **Aufklärungspflicht** (§ 244 II) maßgebliches Kriterium bleibt.[1137]

Wird z. B. der Augenschein zur Feststellung einer bestimmten Entfernung beantragt, ist die Ablehnung nicht angreifbar, wenn das Gericht eine amtliche Straßenkarte oder auch eine Zeugenaussage als **Ersatzmittel** benutzt. Wenn aber durch Augenschein gerade die Unrichtigkeit einer entgegenstehenden Zeugenaussage bewiesen werden soll, so kann die Ablehnung des Antrages wegen Glaubwürdigkeit des Zeugen als durch das pflichtmäßige Ermessen nicht gedeckt mit der Revision bekämpft werden.[1138] Im übrigen wird hinsichtlich der Beweistatsachen, die Gegenstand eines beantragten Augenscheins sein können, auf Rdn 290 verwiesen.

Der häufige Antrag auf **Ortsbesichtigung** ist kein echter Beweisantrag, wenn 351
die Angabe fehlt, welche konkrete Tatsache bewiesen werden soll. Er ist eine Beweisanregung, die im Rahmen der allgemeinen Aufklärungspflicht Bedeutung gewinnen kann (Rdn 314, 318). Eine private Kenntnis, die ein Richter sich außerhalb der Hauptverhandlung durch eine informatorische Besichtigung der Örtlichkeit verschafft, ist unverwertbar,[1139] sofern nicht Offenkundigkeit (Rdn 330) gegeben ist. Andererseits kann der Vorsitzende oder der Berichterstatter als beauftragter Richter die Örtlichkeit besichtigen, wenn das darauf bezügliche Protokoll in der Hauptverhandlung verlesen wird.[1140] In ähnlicher Weise kann sich der Tatrichter eines **Augenscheinsgehilfen** bedienen.[1141] Zur Einnahme des Augenscheins im Ausland ist er nicht verpflichtet.[1142] Hat das Gericht auf einen Beweisantrag die Beweiserhebung beschlossen, die Ausführung dieses Beschlusses aber unterlassen, so ist die Revision begründet. Der bei Abschluß der Beweisaufnahme vielfach übliche Protokollvermerk, daß auf ausdrückliches Befragen keine Beweisanträge mehr gestellt wurden, weist hier keine eindeutige Verzichtserklärung aus.[1143]

Mit der **Revision** kann die fehlerhafte Ablehnung eines Beweisantrages, die 352
unterbliebene Entscheidung über einen Beweisantrag, die (versehentliche) Nichterhebung des vorgesehenen Beweises gerügt werden. Dagegen versagt in der Regel eine Revisionsrüge, die darauf gestützt wird, ein (in der Hauptverhandlung benutztes) **Beweismittel** sei **nicht „ausgeschöpft"** worden, z. B.

1136 Sarstedt DAR 1964, 314; a. A. Kleinknecht/Meyer-Goßner § 244 Rdn 43 e.

1137 BGH NStZ 1988, 88.

1138 BGHSt 8, 177; Kleinknecht/Meyer-Goßner § 244 Rdn 78; Löwe/Rosenberg/Gollwitzer § 244 Rdn 330.

1139 Schlüchter SKStPO § 244 Rdn 143.

1140 KK-Herdegen § 244 Rdn 104.

1141 BGHSt 27, 135.

1142 BGH bei Miebach/Kusch NStZ 1991, 121 (Nr. 18).

1143 BGH B. v. 19. 12. 1986 – 2 StR 519/86 – unv.; U. v. 12. 5. 1970 – 5 StR 194/70 – unv.

weil bestimmte Fragen bzw. Vorhalte unterlassen wurden oder eine erneute Vernehmung des Zeugen oder Sachverständigen zur Klärung von aufgetretenen Widersprüchen oder Lücken unterblieben sei.[1144] Solche Beanstandungen erfordern in der Regel eine in der Revision nicht zulässige inhaltliche Rekonstruktion von Vorgängen in der Tatsacheninstanz, insbesondere des Inhalts von Aussagen, Fragen, Vorhalten. Nur ausnahmsweise kann das Revisionsgericht eingreifen, wenn sich ein Rechtsverstoß aus den Urteilsgründen i.V.m. dem Protokoll der Hauptverhandlung ergibt[1145] (Rdn 250).

ii) Unrichtige Behandlung präsenter Beweismittel

Lit.: *Marx,* Die Verwertung präsenter Beweismittel nach neuem Recht, NJW 1981, 1415.

353 Die gesetzliche **Verpflichtung des Gerichts**, die in der Hauptverhandlung von Staatsanwaltschaft und Verteidigung förmlich präsentierten Beweise zu erheben, ergibt sich aus § 245.

354 Ein Zwang zur Beweiserhebung besteht nur hinsichtlich der vom Gericht selbst oder der Staatsanwaltschaft zur Hauptverhandlung herbeigeschafften Beweismittel,[1146] sofern nicht Staatsanwalt, Verteidiger und Angeklagter darauf verzichten[1147] und § 244 II nicht entgegensteht. Das Einverständnis mit der Nichterhebung präsenter Beweise gehört zu den wesentlichen Förmlichkeiten des Verfahrens (§ 273 I).[1148] Zwar kann es durch schlüssige Handlung,[1149] evtl. sogar durch Schweigen des Angeklagten zu Äußerungen seines Verteidigers abgegeben werden,[1150] jedoch wird die widerspruchslose Hinnahme der Feststellung über den Schluß der Beweisaufnahme (§ 258 I 1) nicht als Verzicht i.S. des § 245 I 3 gewertet werden dürfen. Fehlender oder rechtsunwirksamer Verzicht rechtfertigen die Revision. Sind die Verfahrensbeteiligten rechtsirrtümlich der Auffassung, die Vernehmung eines präsenten Zeugen sei unzulässig und unterbleibt deshalb die Beweiserhebung, so ist § 245 verletzt; ein Verzicht ist dann nicht anzunehmen.[1151]

355 Zur Benutzung der von den Prozeßbeteiligten unmittelbar geladenen und erschienenen **Zeugen und Sachverständigen** und herbeigeschafften **anderen Beweismittel** kann das Gericht nur nach § 244 II oder durch **Beweisantrag** veran-

---

[1144] Vgl. dazu aber die Analyse der Rspr. bei Herdegen StV 1992, 590; Schlüchter SKStPO § 244 Rdn 179 m. Nachw.

[1145] BGH StV 1984, 231; BGHSt 17, 351 (383); BGH bei Pfeiffer/Miebach NStZ 1985, 14; Herdegen StV 1992, 590; Schlüchter SKStPO § 244 Rdn 179; Kleinknecht/Meyer-Goßner § 244 Rdn 82; Löwe/Rosenberg/Gollwitzer § 244 Rdn 342.

[1146] Vgl. dazu BGH StV 1992, 3 m. Anm. Köhler.

[1147] Entlassung von Zeugen im allseitigen Einvernehmen genügt insoweit nicht – OLG Celle B. v. 5. 7. 1983 – 1 Ss 214/83 – unv.

[1148] Kleinknecht/Meyer-Goßner § 273 Rdn 7; Schlüchter SKStPO § 245 Rdn 44.

[1149] BGH GA 1976, 115.

[1150] BayObLG NJW 1978, 1817; vgl. i.ü. Schlüchter SKStPO § 245 Rdn 21; BGH NJW 1978, 1815 für Vereidigung; Kleinknecht/Meyer-Goßner § 245 Rdn 11.

[1151] OLG Celle NStZ 1984, 136.

laßt werden. Der Antrag kann nur aus den Gründen des § 245 II 3 abgelehnt werden, der mit Ausnahme der Bedeutungslosigkeit,[1152] der Unerreichbarkeit und Wahrunterstellung dem § 244 III entspricht (Rdn 339); für Sachverständige gelten die Ablehnungsgründe des § 244 IV (Rdn 346) nicht.[1153] Die rechtsfehlerhafte Zurückweisung von Beweisanträgen begründet nur im Rahmen des § 244 III (Rdn 329) die Revision.

Die **Revision** kann darauf gestützt werden, daß ein Beweismittel unter Verstoß gegen § 245 überhaupt nicht benutzt worden ist.[1154] Soweit die nicht hinreichende Ausschöpfung des Beweismittels beanstandet wird (Rdn 352), soll eine bestimmte, erhebliche Beweisbehauptung zum Sachvortrag gehören.[1155] 356

kk) Benachteiligung des Angeklagten bei der Umgestaltung der Anklage, Veränderung der Sachlage und Beschränkung des Prozeßstoffes

Lit.: *Hänlein/Moos,* Zu Reichweite und revisionsrechtlicher Problematik der Hinweispflicht nach § 265 I StPO, NStZ 1990, 481; *Küpper,* Die Hinweispflicht nach § 265 StPO bei verschiedenen Begehungsformen desselben Strafgesetzes, NStZ 1986, 249; *Michel,* Aus der Praxis: Die richterliche Hinweispflicht, JuS 1991, 850; *Niemöller,* Die Hinweispflicht des Strafrichters bei Abweichung vom Tatbild der Anklage, 1988; *Scheffler,* Rückkehr zur bisherigen Rechtsauffassung nach einem rechtlichen Hinweis gem. § 265 StPO ohne erneuten Hinweis?, JR 1989, 232; *Schlothauer,* Gerichtliche Hinweispflichten in der Hauptverhandlung, StV 1986, 213.

Rechtsverstöße in diesem Bereich führen verhältnismäßig häufig zur Aufhebung tatrichterlicher Urteile. Die Vorschrift des § 265 umfaßt mehrere prozessuale Fallgestaltungen, die gleichermaßen revisionsträchtig sind: (1) Hinweis auf Veränderung des rechtlichen Gesichtspunktes; (2) Hinweis auf Erweiterung des Sachverhalts; (3) Aussetzung der Hauptverhandlung auf Antrag wegen neu hervorgetretener Umstände; (4) Aussetzung der Hauptverhandlung aus anderen Gründen auf Antrag oder von Amts wegen. 357

Der Angeklagte kann nur aufgrund eines in der zugelassenen Anklageschrift (Rdn 231) angenommenen Strafgesetzes[1156] verurteilt werden. Andernfalls ist er auf die **Veränderung** des **rechtlichen Gesichtspunktes** eindeutig hinzuweisen (§ 265);[1157] der **Hinweis** ist eine **wesentliche Förmlichkeit** des Verfahrens.[1158] Wird er entgegen dieser Vorschrift verurteilt, kann er darauf seine **Revision** stützen. Es wird in der Regel anzunehmen sein, daß das Urteil auf

[1152] In § 245 ersetzt durch den fehlenden Zusammenhang mit dem Urteilsgegenstand; dazu Rieß NJW 1978, 2270.

[1153] Zur Präsentation von Sachverständigen vgl. Widmaier StV 1985, 526; ferner Rieß NJW 1978, 2270.

[1154] OLG Celle NStE § 245 Nr. 1 m. Nachw.

[1155] OLG Celle NStE § 245 Nr. 1.

[1156] Vgl. dazu Löwe/Rosenberg/Gollwitzer § 265 Rdn 20ff.

[1157] BGH NStZ 1993, 200; Schlothauer StV 1986, 213; Hanack JZ 1972, 433; Hänlein/Moos NStZ 1990, 481.

[1158] BGHSt 19, 141.

dem Mangel beruht bzw. beruhen kann (Rdn 458ff.).[1159] Das ist dann der Fall, wenn nicht auszuschließen ist, daß sich der Beschwerdeführer aufgrund des Hinweises anders verteidigt hätte.[1160] Das Beruhen kann aber ausgeschlossen sein, wenn die Prozeßbeteiligten auch ohne Hinweis den veränderten Gesichtspunkt behandelt haben[1161] oder wenn offensichtlich ist, daß der Hinweis nicht zu einer anderen Gestaltung der Verteidigung geführt haben würde.[1162] Es soll allerdings nicht ausreichen, daß der Staatsanwalt ihn erörtert hat[1163] oder den Verfahrensbeteiligten durch den Gang der Hauptverhandlung die Änderung klar geworden war.[1164] Zur Frage einer evtl. anderweitigen Verteidigung wertet das Revisionsgericht den gesamten Akten-, Protokoll- und Urteilsinhalt aus.[1165] Die Revision braucht dazu an sich nichts vorzutragen; allerdings weisen die Revisionsgerichte gelegentlich darauf hin, daß „auch" die Revision Möglichkeiten anderer Verteidigung bei gegebenem Hinweis nicht aufgezeigt habe. Das Revisionsgericht kann in geeigneten Fällen den Revisionsführer darüber befragen, was er bei erfolgtem Hinweis zur Verteidigung vorgetragen haben würde.[1166] Allerdings wird die Revision mangels **Beschwer** scheitern, wenn z.B. die Verurteilung in Abweichung von der Anklage wegen einfachen statt wegen Diebstahls mit Waffen[1167] oder wegen Totschlags statt wegen Mordes[1168] erfolgt ist. Auch wenn der Anklagevorwurf zwischen verschiedenen Mordmerkmalen wechselt,[1169] ist ein Hinweis zu erteilen, ebenso wenn wegen einer von der Anklage in tatsächlicher Hinsicht abweichenden Begehungsform verurteilt werden soll.[1170]

In welchen Fällen im einzelnen die Hinweispflicht wegen veränderter rechtlicher Beurteilung besteht, kann hier nicht dargestellt werden.[1171] Auch

---

1159 BGHSt 23, 95 (98); Hanack JZ 1972, 434; Roxin § 42 Rdn 29.

1160 BGHR § 265 I Hinweispflicht 5; BGH StV 1988, 329; Schlüchter SKStPO § 265 Rdn 58 m. Nachw.

1161 BGH NJW 1951, 726; Niemöller S. 81; Kleinknecht/Meyer-Goßner § 265 Rdn 48.

1162 BGH StV 1988, 329; BGH NStZ 1983, 358; BGH bei Dallinger MDR 1974, 548; Niemöller S. 82.

1163 BGHSt 22, 29; OLG Hamm JR 1971, 518m. krit. Anm. Meyer; Kleinknecht/Meyer-Goßner § 265 Rdn 29; anders OLG Koblenz NJW 1971, 1472, m.krit. Anm. Händel.

1164 BGHSt 23, 95 (98).

1165 BGH StV 1988, 329; BGHR § 265 I Hinweispflicht 5, 6, 8; § 265 IV Hinweispflicht 2.

1166 Dahs, Handbuch Rdn 839.

1167 Kleinknecht/Meyer-Goßner § 265 Rdn 19.

1168 BGH bei Dallinger MDR 1952, 532.

1169 BGH StV 1984, 367; BGHSt 25, 287 (289); 23, 95 (98).

1170 BGH bei Holtz MDR 1977, 108f.; Küpper NStZ 1986, 249; Schlüchter SKStPO § 265 Rdn 59.

1171 Vgl. die Zusammenstellung bei Kleinknecht/Meyer-Goßner § 265 Rdn 8–15, 11; KK-Hürxthal § 265 Rdn 6–15; Löwe/Rosenberg/Gollwitzer § 265 Rdn 20ff.; Schlüchter SKStPO § 265 Rdn 5–16.

bei einer **Änderung tatsächlicher Gesichtspunkte**, die für die Verurteilung wesentlich ist, ist eine Unterrichtung des Angeklagten erforderlich.[1172] Das gilt insbesondere dann, wenn es zu Änderungen des dem Anklagevorwurf zugrunde gelegten Sachverhalts kommt.[1173] Allerdings soll es keines förmlichen Hinweises bedürfen, sondern ausreichen, wenn die Veränderung der Sachlage sich aus dem Gang der Verhandlung ergibt,[1174] das wird freilich nur in – auch für den unverteidigen Angeklagten – völlig eindeutigen Fällen gebilligt werden können.[1175] Im übrigen gilt der Freibeweis.[1176]

Auch wenn der Angeklagte auf die veränderte Rechtslage richtig hingewiesen worden ist, kann die **Revision** begründet sein, wenn eine nach § 265 III oder IV beantragte oder sonst gebotene Aussetzung unterblieben ist („... so **ist** die Hauptverhandlung auszusetzen"). Hier gelten die allgemeinen Grundsätze über die Revisibilität von Aussetzungsentscheidungen, welche die Verteidigung unzulässig beschränken (Rdn 261 f., 211). Die Ablehnung der Aussetzung wird in der Regel die Revision begründen.[1177] In diesem Bereich gilt der Freibeweis (Rdn 492).[1178] 358

Eine **Veränderung der Sachlage** kann ebenfalls die Aussetzung erfordern. Dazu zählt auch die Veränderung der Prozeßlage (z.B. der plötzliche Ausfall des Verteidigers).[1179] Über die Aussetzung entscheidet das Gericht nach seinem pflichtgemäßen Ermessen. Seine rechtsfehlerhafte Ausübung rechtfertigt die Revision (Rdn 88).[1180] Dabei ist auf die Belange der Verteidigung und das Recht des Angeklagten auf Beistandsschutz besonders Bedacht zu nehmen.[1181] Die Ablehnung eines Aussetzungsantrages muß in der Hauptverhandlung beschieden werden.[1182] 359

Für die **Revision** ist wichtig, daß der Hinweis nach § 265 eine Förmlichkeit des Verfahrens darstellt (§ 273) (Rdn 487), die nur durch das Protokoll bewiesen werden kann (§ 274).[1183] Eine Angabe im Urteil genügt daher nicht. Ist der Hinweis durch das Protokoll erwiesen, so kann zu näheren Feststel-

---

1172 BGH GA 1980, 185.

1173 BGHSt 28, 196; BGH NStZ 1988, 190; 1984, 422 (geänderte Tatzeit).

1174 BGH StV 1988, 330; BGHSt 28, 196; Hanack JZ 1972, 433; a.A. Schlothauer StV 1986, 213; Niemöller S. 74.

1175 Vgl. auch Schlüchter SKStPO § 265 Rdn 33.

1176 Vgl. z.B. BGH StV 1990, 250 (Feststellung des fehlenden Hinweises aus den Urteilsgründen).

1177 BGHSt 8, 96 (98); Löwe/Rosenberg/Gollwitzer § 265 Rdn 115.

1178 KMR-Paulus § 265 Rdn 61; Schlüchter SKStPO § 265 Rdn 61 f.

1179 Beispiele bei Kleinknecht/Meyer-Goßner § 265 Rdn 43; Schlüchter SKStPO § 265 Rdn 46 ff.

1180 BGHSt 8, 96 ; RGSt 57, 147; Löwe/Rosenberg/Gollwitzer § 265 Rdn 106; Schlüchter SKStPO § 265 Rdn 62.

1181 BGH NStZ 1993, 400; OLG Celle MDR 1966, 169; Kleinknecht/Meyer-Goßner § 265 Rdn 43 a.E.; Löwe/Rosenberg/Gollwitzer § 265 Rdn 105.

1182 Löwe/Rosenberg/Gollwitzer § 265 Rdn 94, 107; Schlüchter SKStPO § 265 Rdn 51; Kleinknecht/Meyer-Goßner § 265 Rdn 45.

1183 BGHSt 23, 95; 19, 141.

lungen (z.B. des genauen Wortlauts) der Freibeweis zulässig sein.[1184] Bei einer Änderung der tatsächlichen Gesichtspunkte ist der Hinweis nicht protokollpflichtig und deshalb Gegenstand des Freibeweises.[1185]

360 Änderungen der Prozeßlage können sich auch aus **Beschränkungen des Verfahrensstoffs** nach § 154 II, 154a II ergeben. Die Verfahrensbeteiligten werden darüber entweder durch den erforderlichen Gerichtsbeschluß (§ 154 V) oder eindeutigen Hinweis (§ 154a)[1186] unterrichtet; dies gilt auch, soweit ausgeschiedene Taten oder Tatteile wieder in die Verhandlung einbezogen werden (§ 154 V, § 154a III 1). Ein ausdrücklicher Hinweis an den Angeklagten ist auch dann erforderlich, wenn ausgeklammerte Taten oder Tatteile als Indizien oder Strafzumessungründe Verwendung finden sollen, was zulässig ist.[1187] Der hier notwendige Hinweis soll nicht zu den Förmlichkeiten der Hauptverhandlung gehören.[1188] Ein Verstoß gegen die Hinweispflicht soll allerdings nicht die Verfahrens-, sondern die Sachrüge begründen.[1189]

ll) Verkürzung des Schlußvortrages und letzten Wortes

Lit.: *Häger,* Zu den Folgen staatsanwaltschaftlicher in der Hauptverhandlung begangener Verfahrensfehler, GS K. H. Meyer, S. 271; *Hamm,* Öffentliche Urteilsberatung, NJW 1993, 3147; *Hammerstein,* Verteidigung mit dem letzten Wort, FS Tröndle, S. 485; *Schlothauer,* Wiedereröffnung der Hauptverhandlung und letztes Wort, StV 1984, 134.

361 Wird einem Berechtigten der **Schlußvortrag** nicht gestattet, ist der Anspruch auf rechtliches Gehör verletzt (Art. 103 I GG) (Rdn 111)[1190] und ein Revisionsgrund gegeben (§ 337). Gleiches gilt, wenn das Gericht eine Unterbrechung der Verhandlung für die notwendige Vorbereitung des Schlußvortrages verweigert.[1191] Obwohl der **Verteidiger** in § 258 I nicht genannt ist, ergibt sich aus § 258 III, daß ihm der Schlußvortrag zusteht.[1192] Macht er davon Gebrauch, braucht der Angeklagte nur nach § 258 III befragt zu wer-
362 den, ob er noch etwas auszuführen habe. Hält der Verteidiger den Schlußvor-

---

[1184] BGHSt 13, 320; 11, 88; in diesen Fällen ist der BGH entsprechend verfahren.

[1185] BGHR § 265 IV Hinweispflicht 1; BGHSt 28, 196 (197); anders für den Fall der Änderung der Tatzeit BGHSt 19, 88.

[1186] BGH StV 1992, 425.

[1187] BGH NStZ 1987, 133; BGH NJW 1985, 1479; NStZ 1984, 20; BGHSt 31, 302; 30, 147; BGH NStZ 1987, 134 m.Anm. Rieß; BGH NJW 1987, 509; Niemöller S. 85, m.Nachw.; Löwe/Rosenberg/Rieß § 154 Rdn 54, 56; § 154a Rdn 29.

[1188] BGHSt 30, 147 (148): Hinweis ist weder der Sitzungsniederschrift noch dem Urteil zu entnehmen; BGH NStZ 1987, 134: Wurde der Angeklagte durch den Ablauf der Hauptverhandlung unmißverständlich darauf hingewiesen; a.A. Rieß NStZ 1987, 135; Löwe/Rosenberg/Rieß § 154 Rdn 56.

[1189] BGH NStZ 1983, 20; StV 1984, 364 tendenziell wohl a.A. BGH NStZ 1987, 1348, wo die Frage letztlich offen bleibt; auch Löwe/Rosenberg/Rieß § 154 Rdn 77.

[1190] BGH bei Miebach NStZ 1990, 28.

[1191] KG NStZ 1984, 523.

[1192] RGSt 42, 52.

trag nicht, so soll kein revisibler Verfahrensverstoß vorliegen.[1193] Das erscheint angesichts des verfassungsrechtlichen Gebots der Gewährung (effektiven) rechtlichen Gehörs (Art. 103 I GG) und der möglicherweise prozeßentscheidenden Bedeutung des Plädoyers mindestens dann bedenklich, wenn der Angeklagte nicht in der Lage ist, sich selbst zu verteidigen (§ 140 II 1 Alt. 3).[1194] Anders ist es, wenn der Sitzungsvertreter der **Staatsanwaltschaft** keinen Schlußvortrag hält; dadurch kann der Angeklagte beschwert sein.[1195] Die Form des Schlußvortrages ist freigestellt. Er braucht nicht in freier Rede gehalten zu werden. Benutzung von schriftlichen Texten ist also zulässig.[1196] Inhaltlich ist der Schlußvortrag des Angeklagten und seines Verteidigers nicht zu beschneiden. Unterbrechungen sind aber nicht unzulässig, um Ergänzungen anzuregen oder auf die Sache zurückzuführen. Gegen Beanstandungen des Vorsitzenden oder gar Wortentzug muß eine Entscheidung des Gerichts nach § 238 II herbeigeführt worden sein, wenn die Revision darauf gestützt werden soll.[1197] Es ist ein Verfahrensverstoß, wenn das Gericht ein vor den Schlußvorträgen beschlossenes Urteil ohne weitere Beratung verkündet.[1198] Das Gericht kann aber durch eine Vorberatung das Urteil vorbereiten, muß dann aber nach den Schlußvorträgen nochmals beraten.[1199]

Der **Wiedereintritt** in die Verhandlung eröffnet erneut das Recht zum Schlußvortrag; die Gelegenheit zum Plädoyer braucht aber nicht stets ausdrücklich angeboten zu werden.[1200]

Das vorzeitige **Niederschreiben der Urteilsformel** während des Plädoyers kommt immer noch vor. Ein Revisionsgrund (§ 261) und eine Verletzung des Anspruchs auf rechtliches Gehör (Art. 103 I GG) wird aber im allgemeinen nicht anerkannt, weil der Richter seine Aufmerksamkeit teilen und auch vor der Verkündung sich noch anders entschließen könne[1201] (Rdn 242).

Das **letzte Wort** des Angeklagten spielt in der Praxis der Revisionsgerichte **363**
mit Recht eine große Rolle. Dieses Recht ist als eine rechtsstaatliche Grundnorm des Verfahrens zu respektieren. Es muß erteilt werden, bevor die Schlußberatung beginnt; sein Inhalt muß bei der Urteilsfindung berücksich-

---

1193 BGH bei Pfeiffer/Miebach NStZ 1987, 217; NStZ 1981, 295; OLG Köln StV 1991, 9; Kleinknecht/Meyer-Goßner § 258 Rdn 11; Löwe/Rosenberg/Gollwitzer § 258 Rdn 17; KK-Hürxthal § 258 Rdn 5.

1194 Vgl. Schlüchter SKStPO § 258 Rdn 45 für alle Fälle der notwendigen Verteidigung.

1195 OLG Stuttgart NStZ 1992, 98; BGH NStZ 1984, 468; OLG Zweibrücken StV 1986, 51; vgl. aber Häger, GS K. H. Meyer S. 176.

1196 BGHSt 3, 368.

1197 Vgl. dazu Schlüchter SKStPO § 258 Rdn 40.

1198 OGHSt 2, 193; RGSt 58, 253.

1199 BGHSt 17, 337 (339).

1200 BGHSt 22, 278; 20, 273 (274).

1201 BGHSt 11, 74; OLG Celle 1958, 30; OLG Frankfurt JR 1965, 431; vgl. dagegen Hanack JZ 1972, 314; Eb. Schmidt, Die Sache der Justiz S. 19; a.A. auch OLG Köln NJW 1955, 1291; OLG Hamm DAR 1956, 254.

tigt werden.[1202] War regelwidrig das Urteil vor dem Schlußwort schon beraten, so bedarf es nachher einer neuen Entscheidung. Das letzte Wort gebührt dem Angeklagten auch, wenn ein Verteidiger plädiert hat. Es ist ein höchstpersönliches Recht, das nicht auf den Verteidiger übertragen werden kann.[1203] § 258 III bedeutet nicht, daß der Angeklagte, dem nach § 258 II das letzte Wort in einer für ihn unmißverständlichen Form gewährt worden ist, förmlich nochmals ausdrücklich befragt werden muß, ob er noch etwas auszuführen habe.[1204] Es genügt, wenn ihm klar zur Kenntnis gegeben worden ist, daß er sich als letzter Verfahrensbeteiligter abschließend zur Sache äußern kann.[1205] Wenn der Staatsanwalt erwidert oder der Verteidiger nochmals spricht, ist das letzte Wort erneut zu erteilen.[1206] Die Erteilung des letzten Wortes ist eine wesentliche Förmlichkeit des Verfahrens (§§ 273 I, 274 I).[1207] Im Sitzungsprotokoll (Rdn 487) genügt die Beurkundung der Worterteilung, ohne daß die Tatsache der Befragung (§ 258 III) erwähnt zu sein braucht[1208] – und umgekehrt.[1209]

Der Angeklagte kann zwar mit seinem letzten Wort recht lästig fallen, gleichwohl muß sein Recht respektiert werden. Es darf allenfalls dann versagt werden, wenn er aus sitzungspolizeilichen Gründen aus dem Verhandlungssaal entfernt worden oder aus anderen Gründen abwesend ist.[1210] Nimmt er vor der Verkündung des Urteils wieder an der Hauptverhandlung teil, ist ihm das letzte Wort zu gewähren.[1211]

364 Wird das letzte Wort in fehlerhafter Weise erteilt, so steht dies der Nichterteilung gleich.[1212] Das ist der Fall, wenn notwendige Vorbereitungszeit nicht gewährt wird (§ 238 II) oder die Redezeit beschränkt wird.[1213] Der Vorsitzende kann nur bei grobem Mißbrauch eingreifen, um prozeßfremde oder überhaupt nicht zur Sache gehörige Ausführungen, Wiederholungen und Abschweifungen auszuschließen.[1214] Diese Befugnis sollte aber nur mit größter Zurückhaltung zugestanden werden, um die Freiheit der Verteidigung nicht zu gefährden.[1215] Nur bei krassem Rechtsmißbrauch kann daher an eine

---

1202 BGH StV 1983, 402.

1203 BGH bei Holtz MDR 1978, 460.

1204 RGSt 61, 317.

1205 BGHSt 18, 84.

1206 BGH bei Holtz MDR 1978, 281; BGH NJW 1976, 1951; BGHSt 22 278 (279); 18, 84; 13, 53 (59).

1207 BGHSt 22, 278.

1208 Kleinknecht/Meyer-Goßner § 258 Rdn 32; KK-Hürxthal § 258 Rdn 17; Löwe/Rosenberg/Gollwitzer § 258 Rdn 53.

1209 BGH bei Pfeiffer/Miebach NStZ 1985, 494 (Nr. 16).

1210 OLG Koblenz MDR 1975, 424; KK-Hürxthal § 258 Rdn 22.

1211 BGH NStE § 258 Nr. 1.

1212 BGHSt 3, 368 (370).

1213 BGH bei Dallinger MDR 1953, 598; RGSt 64, 57; Kleinknecht/Meyer-Goßner § 258 Rdn 25.

1214 BGH bei Dallinger MDR 1953, 598; BGH MDR 1964, 72.

1215 RGSt 64, 58; KK-Hürxthal § 258 Rdn 21.

Wortentziehung gedacht werden. Dazu rechnet nicht die Unrichtigkeit, Unhaltbarkeit oder auch vorsätzliche Unwahrheit der Ausführungen. Der Vorsitzende kann dem Angeklagten auch keine Rechtsausführungen verbieten. Es ist aber keine unzulässige Beschränkung des letzten Wortes, wenn der Vorsitzende vorher oder durch Unterbrechung den Angeklagten zweckdienlich ermahnt und zur sachgemäßen Ausführung anleitet. Der Bundesgerichtshof hat auch zugelassen, daß einem Angeklagten die im allgemeinen nicht unzulässige[1216] Verlesung eines Manuskripts untersagt wird, wenn dessen Inhalt von dem Angeklagten schon mündlich vorgetragen war.[1217] Alle derartigen Einschränkungen sind aber im Grundsatz bedenklich und sollten in der **Revisionsinstanz** kritisch beurteilt werden.[1218]

Der **Wiedereintritt in die Verhandlung** hat hinsichtlich des letzten Wortes 365
eine doppelte Wirkung. War es vorher nicht oder nicht zureichend erteilt, so wird dieser Mangel bedeutungslos, weil die Verhandlung fortgesetzt wird. War es dagegen richtig erteilt, so wird dies jetzt hinfällig, weil es als „letztes" Wort jetzt wieder neu zu erteilen ist.[1219] Das ist an sich eine Selbstverständlichkeit, wird aber häufig übersehen, besonders dann, wenn die wiedereröffnete Verhandlung sich nur auf einen einzelnen Punkt (etwa die Einstellung bezüglich eines Nebendelikts) oder auf eine verfahrensrechtliche Frage[1220] bezieht. Auch in einem solchen Falle steht dem Angeklagten bezüglich des gesamten Verhandlungsstoffes erneut das letzte Wort zu.[1221] Das folgt schon daraus, daß die Verhandlung des Teilkomplexes durch das Gericht Schlußfolgerungen auf seine Gesamtbeurteilung zulassen kann. Zusammenfassend gilt: Nach jedem Wiedereintritt in die Verhandlung ist das Gericht grundsätzlich verpflichtet, noch einmal das letzte Wort zu erteilen.[1222] Eine Ausnahme kommt nur dann in Betracht, wenn ausschließlich Vorgänge zur Sprache gekommen sind, die auf die gerichtliche Entscheidung keinen Einfluß haben können.[1223]

Für die **Revisionsbegründung** wegen Nichtgewährung des Schlußvortrages 366
oder des letzten Wortes kann man sich bezüglich der Verfahrenstatsachen an

---

1216 BGHSt 3, 368.

1217 BGH MDR 1964, 72.

1218 Schlüchter SKStPO § 258 Rdn 36.

1219 BGH bei Pfeiffer/Miebach NStZ 1987, 36; BGH NStZ 1984, 521; BGHSt 22, 278 (279).

1220 Z. B. Vollzug des Haftbefehls, BGH NStZ 1986, 470; Klärung des Berufungsumfangs, BGH NStZ 1984, 521.

1221 BGH StV 1984, 104; 1982, 4; 1981, 221; BGHSt 20, 273; 13, 53 (59); dazu Hanack JZ 1972, 275.

1222 BGH StV 1993, 344; 1992, 551; BGHSt 22, 278 (279).

1223 BGH StV 1992, 551 (Erörterung der Sach- und Rechtslage, Rücknahme eines Haftprüfungsantrages); BGH NStE § 258 Nr. 2 (rechtlicher Hinweis) Nr. 5 (Entscheidung über Meldeauflage); BGHR § 258 III Wiedereintritt 2 (informatorische Frage); BGHR § 258 III Wiedereintritt 3 (Änderung von Haftauflagen); 7 (Teileinstellung); BGH NStZ 1988, 512 (Verfahrensabtrennung).

den Förmlichkeiten des Verfahrens orientieren. Machen nach Wiedereröffnung der Verhandlung die Beteiligten von der Möglichkeit nochmaliger Äußerung keinen Gebrauch, bedarf es grundsätzlich einer neuen Beratung nicht, wenn das Gericht sich für diesen Fall schon entschieden hat. Wenn aber nach Wiedereintritt noch etwas verhandelt worden ist oder ein Beteiligter Stellung genommen hat, muß erneut beraten werden. Dies folgt aus §§ 260 I, 261 (Rdn 242). Die Beratung kann ohne Verlassen des Sitzungsraumes durch Flüsterverständigung oder Kopfnicken nur dann erfolgen, wenn bei der Entscheidung einfachster Fragen rascheste Verständigung möglich ist (Rdn 244).[1224] Dabei genügt es aber nicht, daß den Schöffen nur Gelegenheit zur Stellungnahme gegeben worden ist. Sie müssen eindeutig in die Beratung einbezogen werden. Bei anderen Beeinträchtigungen des abschließenden Äußerungsrechts können auch dem Freibeweis unterliegende Vorgänge (z.B. Rdn 458ff.) von Bedeutung sein, wobei es auch auf nach § 238 II herbeigeführte Gerichtsbeschlüsse ankommen kann, wenn z.B. das letzte Wort zuvor erteilt, dann aber entzogen worden ist.[1225] Wichtig ist, daß zur Begründung der Revisionsrüge nicht angegeben werden muß, ob und welche Ausführungen gemacht und Anträge gestellt worden wären, wenn Schlußvortrag oder letztes Wort gewährt oder nicht eingeschränkt worden wären.[1226] Das gilt auch, wenn der Angeklagte sich bis dahin nicht zur Sache erklärt hatte, in gleicher Weise, wenn er voll geständig war.

367 Das erforderliche **„Beruhen"** (Rdn 458ff.) des Urteils auf einem Fehler der Worterteilung wird in der Regel nicht auszuschließen und daher zu beachten sein.[1227] Dafür genügt jede Möglichkeit eines ursächlichen Zusammenhanges, die man kaum jemals verneinen kann, weil man nicht weiß, was der Angeklagte gesagt haben würde. Das gilt auch, wenn der Angeklagte sich in der Hauptverhandlung nicht eingelassen hat.[1228] Nur in besonderen Ausnahmefällen wird man ausschließen können, daß das Urteil auf dem Verfahrensfehler beruht.[1229] Das kommt im Bereich des Schuldspruchs dann in Betracht, wenn und soweit der Angeklagte uneingeschränkt geständig ist und auch sonst (etwa in rechtlicher Hinsicht) der Schuldspruch nicht mehr hätte beeinflußt werden können.[1230] Bei dieser Prüfung berücksichtigt das Revisionsgericht allerdings auch, daß die Revision nicht vorgetragen hat, was noch zur Verteidigung gegen den Schuld-

---

[1224] BGHSt 24, 170; 19, 156, BGH MDR 1971, 938; Eb. Schmidt § 193 GVG Rdn 8.

[1225] BGHSt 3, 368 (369).

[1226] BGHSt 21, 288 (290); OLG Düsseldorf NStE § 258 Nr. 6; Kleinknecht/Meyer-Goßner § 258 Rdn 33.

[1227] BGH NStZ 1988, 512; 1984, 376; BGH bei Pfeiffer/Miebach NStZ 1983, 357; BGHSt 22, 278 (280/281); dazu Hanack JZ 1972, 276.

[1228] BGHR § 258 letztes Wort 1.

[1229] BGHSt 22, 278 (281) m.Nachw.; 21, 285 (290).

[1230] BGH StV 1992, 551; 1992, 410; BGHSt 22, 278 (281).

spruch vorgebracht worden wäre.[1231] Anders ist es beim Strafausspruch, der praktisch stets durch ein Schlußwort noch beeinflußt werden kann.[1232]

Der Revisionsgrund entsteht durch den Prozeßfehler des Vorsitzenden, ohne daß es hier eines Beschlusses nach § 238 II bedarf.[1233]

mm) Mängel der Beratung und der Urteilsverkündung

Lit.: *Dahs,* Zur Rechtswirksamkeit des nach der Urteilsverkündung „herausgefragten" Rechtsmittelverzichts, FS Schmidt-Leichner, S. 17; *Hamm,* Öffentliche Urteilsberatung, NJW 1992, 3147; *Hammerstein,* Beschränkung der Verteidigung durch Hinausschieben der Beratung und Urteilsverkündung, Hanack-Symp., S. 71

Der Verkündung des Urteils geht die Beratung voraus. Ihr Hergang ist in 368
§§ 192ff GVG geregelt; sie ist keine wesentliche Förmlichkeit i.S. des § 273 I.[1234] Eine bestimmte **Dauer der Beratung** ist nicht vorgesehen. Die Unzulänglichkeit der Beratungszeit wird – verständlicherweise – manchmal als Revisionsgrund geltend gemacht. Sie kann dann als Verletzung des § 260 oder § 261 verstanden werden (Rdn 242). Die Rechtsprechung steht indes auf dem Standpunkt, daß die Dauer der Urteilsberatung nicht Gegenstand revisionsrechtlicher Überprüfung sein kann.[1235] In der Tat hindert das Beratungsgeheimnis den Zugang zur tatsächlichen Dauer und dem Inhalt der Beratung (§§ 43, 45 I 2 DRiG). Auch kann die Kürze der Beratungszeit nach Schlußvorträgen und letztem Wort darauf beruhen, daß **Vorberatungen** stattgefunden haben. Vorberatungen sind namentlich in größeren Sachen zur Ordnung und Besprechung der vorläufigen Ergebnisse nicht unzulässig und können sogar sachdienlich sein.[1236] Allerdings ist das ein nicht ungefährliches Verfahren, weil es die weitere Aufnahmebereitschaft gefährden kann. Besonders bedenklich ist die vorzeitige Niederschrift eines Manuskripts für die mündliche Urteilsbegründung.[1237] Die Grenze des Zulässigen wird dann überschritten, wenn im Hinblick auf die Vorberatung überhaupt keine (erneute) Schlußberatung durchgeführt wird.[1238]

Dagegen unterlaufen bei **erneuter Beratung** nach Wiedereintritt in die Ver- 369
handlung recht häufig revisible Rechtsfehler. Zwar besteht auch insoweit keine Protokollpflicht, aber auch mit den Mitteln des Freibeweises kann dargetan werden, daß das Gericht den Sitzungssaal nicht zum Zwecke der Beratung verlassen hat und im Sitzungssaal eine echte (erneute) Beratung nicht stattgefunden hat. Die Verfahrensweise der Beratung im Sitzungssaal ist revisionsrechtlich so heikel, daß der BGH den Instanzgerichten ausdrücklich

---

[1231] BGHSt 22, 278 (282).

[1232] BGH StV 1992, 410; BGHR § 258 III Wiedereintritt 2.

[1233] BGHSt 21, 288 (290); 3, 368 (370).

[1234] BGHSt 37, 141 (143).

[1235] BGHSt 37, 141; 17, 337.

[1236] BGHSt 17, 337 (339f.).

[1237] BGH U.v. 31. 3. 1976 – 3 StR 387/75 – unv.; vgl. auch die in BGHSt 37, 141 (143) erwähnten Fälle.

[1238] BGHR § 260 I Beratung 2.

empfiehlt, die Tatsache der Verständigung über die Bestätigung des Beratungsergebnisses in die Sitzungsniederschrift aufzunehmen.[1239] Zur „Nachberatung" im Sitzungssaal nach Wiedereintritt in die Verhandlung sind folgende höchstrichterliche Forderungen zu beachten:

- Vor Verkündung des Urteils muß nochmals beraten werden.[1240]
- Die nochmalige Beratung kann in Form einer kurzen Verständigung zwischen dem Vorsitzenden, den Beisitzern und Schöffen stattfinden.[1241]
- Diese Art der „Nachberatung" ist nur zulässig, wenn für die Entscheidung einfacher Fragen rascheste Verständigung möglich ist.[1242]
- Die erneute Beratung zwischen Berufs- und Laienrichtern muß für die Verfahrensbeteiligten äußerlich erkennbar sein.[1243]

Auf die Frage des sachlichen Gehalts des neuen Verhandlungsteils soll es insoweit nicht ankommen.[1244]

370 Dieser Umstand mag bei der Prüfung des **Beruhens** des Urteils auf dem Verfahrensfehler ausnahmsweise eine Rolle spielen, jedoch wird in aller Regel nicht auszuschließen sein, daß das Urteil bei (ausreichender) erneuter Beratung (ganz oder teilweise) anders ausgefallen wäre.[1245]

371 Die **Verkündung** erfolgt öffentlich (§ 173 I GVG). Verstöße ergeben einen absoluten Revisionsgrund (Rdn 196). Alle Personen, deren Anwesenheit während der Hauptverhandlung vorgeschrieben ist, müssen zugegen sein. Die Wortmeldung eines Prozeßbeteiligten vor Beginn der Verkündung darf nicht übergangen werden.[1246] Werden vor der Verkündung noch Anträge gestellt, müssen sie beschieden werden.[1247] Dies gilt auch für Beweisanträge. Der Vorsitzende darf weder die Ankündigung, Beweisanträge stellen zu wollen, stillschweigend ignorieren noch sich weigern, Beweisanträge (in mündlicher oder schriftlicher Form) entgegenzunehmen.[1248] Allerdings soll die Revisionsrüge davon abhängig sein, daß ein Gerichtsbeschluß nach § 238 II herbeigeführt wird.[1249] Ob der Beschluß entbehrlich ist, wenn die Ablehnung des Vorsitzenden unter erkennbarer Billigung der übrigen Richter erfolgt ist,[1250] hängt von den Umständen des Einzelfalles ab, dürfte aber häufig auch ein Beweisproblem darstellen.

1239 BGH NJW 1992, 3182; BGH NStE § 260 Nr. 4 = BGHR § 260 I Beratung 1 = NJW 1987, 3210 (3211); Hamm NJW 1992, 3147.

1240 BGHR § 260 I Beratung 4; BGH NStZ 1988, 470; BGH NJW 1987, 3210.

1241 BGH NStZ 1992, 601; 1992, 552; 1991, 595; BGHSt 24, 170 (171).

1242 BGH NStZ 1992, 601; 1992, 552; 1991, 595; BGHSt 24, 170 (171).

1243 BGHR § 260 I Beratung 4; BGHSt 19, 156 (158); vgl. auch Hamm NJW 1992, 3147.

1244 BGH NStZ 1992, 601.

1245 BGH NStZ 1992, 552; 1991, 595; 1988, 470; 1987, 472; BGHSt 24, 170 (172).

1246 BGH NJW 1967, 2019.

1247 BGH NStZ 1981, 311; KG StV 1991, 59.

1248 BGH NStZ 1992, 346.

1249 BGH NStZ 1992, 346.

1250 BGH NStZ 1981, 311; krit. wohl BGH NStZ 1992, 346.

Auch nach Beginn der Urteilsverkündung können die Beteiligten unterbrechen, um Anträge zu stellen oder Erklärungen abzugeben. Sie haben aber keinen Rechtsanspruch darauf, daß ihnen dazu Gelegenheit gegeben und über ihren Antrag in der Sache entschieden wird.[1251] Die bloße Kenntnisnahme eines Antrages, etwa eines Beweisantrages, durch das Gericht stellt noch keinen Wiedereintritt in die Verhandlung dar.[1252] Maßstab für die dem Vorsitzenden zustehende Entscheidung über den Wiedereintritt in die Verhandlung ist die Aufklärungspflicht (§ 244 II); insoweit kommt gegebenenfalls auch eine Revisionsrüge in Betracht.[1253] Die Entscheidung über den Wiedereintritt kann gesondert ergehen (ohne daß sie einer besonderen Begründung bedarf) oder in die Urteilsgründe verwiesen wird.[1254] Unterbricht das Gericht die Urteilsverkündung und nimmt Anträge förmlich entgegen, z.B. durch Protokollierung oder Worterteilung an den Staatsanwalt zur Stellungnahme, so tritt es damit wieder in die Verhandlung ein und muß dann auch nach den allgemeinen Regeln, d.h. gem. § 244 III – V über den Beweisantrag entscheiden.[1255] Auch im übrigen sind dann vor erneutem Abschuß der Verhandlung die Rechte der Beteiligten aus § 258 sowie die Verpflichtung zur Beratung (§ 260) (vgl. Rdn 368 und Rdn 369) zu beachten.

Es kann sein, daß das Gericht nachträglich einen Rechtsfehler im Urteil 372
oder im Verfahren entdeckt, der den Angeklagten ungerecht belastet. Es ist ein nobile officium des Gerichts, in einem solchen Falle den Angeklagten oder Verteidiger auf den Revisionsgrund hinzuweisen, mindestens soweit das Urteil falsch ist.

Die **Frist** für die Urteilsverkündung läuft nach § 268 II bis zum elften Tage 373
nach dem Schluß der Verhandlung;[1256] ihre Überschreitung begründet die Revision (§ 337).[1257] Wird keine schriftliche Urteilsformel verlesen, kann dies bei behaupteter Abweichung der mündlichen Begründung einen Revisionsgrund abgeben.[1258] Inhaltlich haben die mündlich verkündeten Urteilsgründe keine revisionsrechtliche Bedeutung, da bei Widerspruch die schriftlichen Gründe vorgehen.[1259] Fehler des mündlich verkündeten Urteils können zwar

---

1251 BGH StV 1991, 368; BGHSt 15, 263 (264); RGSt 57, 142; Kleinknecht/Meyer-Goßner § 268 Rdn 15; Schlüchter SKStPO § 268 Rdn 4; Alsberg/Nüse/Meyer S. 388.

1252 BGH NStZ 1986, 182 m.Nachw.; RGSt 57, 142; KK-Herdegen § 246 Rdn 1.

1253 Schlüchter SKStPO § 268 Rdn 36, 4 m.Nachw.

1254 BGH NStZ 1986, 182; KK-Herdegen § 246 Rdn 1, Schlüchter SKStPO § 268 Rdn 4; Alsberg/Nüse/Meyer S. 388 m.Nachw.

1255 So ist wohl auch BGH StV 1991, 398 zu verstehen; Alsberg/Nüse/Meyer S. 388 m.Nachw.

1256 Dazu Hammerstein, Hanack-Symp. S. 71 ff.

1257 BGHR § 268 III Verkündung 1; BGH StV 1982, 4 m.Anm. Peters (auch zu den förmlichen Anforderungen an die Zulässigkeit der Rüge); Schlüchter SKStPO § 268 Rdn 24 m.Nachw.

1258 RGSt 3, 131; 16, 347; Kleinknecht/Meyer-Goßner § 268 Rdn 18; Schlüchter SKStPO § 268 Rdn 31.

1259 BGHSt 7, 363 (370); BGH bei Dallinger MDR 1951; 539; RGSt 4, 383; 13, 68.

noch während der Verkündung, nach deren Abschluß aber nicht mehr korrigiert werden,[1260] allenfalls reine Formfehler, die ganz offensichtlich sind.[1261]

374 Im übrigen kann ein nachträglicher **Berichtigungsbeschluß** zulässig sein, wenn er keine inhaltliche Änderung bedeutet.[1262] Niemals ist eine Änderung zulässig, die auf neuen rechtlichen Denkvorgängen beruht.[1263] Deckt der Wortlaut der Urteilsformel sachlich-rechtlich nicht die Entscheidung, so können zu ihrer Auslegung die Urteilsgründe herangezogen werden.

375 Ein **Rechtsmittelverzicht** nach der Urteilsverkündung kann besonders kritische Prüfungen des Revisionsgerichts erfordern. Ihm obliegt der Schutz des Angeklagten vor den Folgen einer übereilten Erklärung. Sie wird nicht anerkannt werden dürfen, wenn dieser zu ruhiger Überlegung nicht in der Lage war oder sogar gedrängt[1264] oder der Verteidiger übergangen wurde.[1265] Auf die Darstellung über den Verzicht auf die Revision (Rdn 43) wird Bezug genommen.

4. Heilung von Verfahrensfehlern, „Verwirkung“, Rügeverlust

Lit.: *Bohnert,* Die Behandlung des Verzichts im Strafprozeß, NStZ 1983, 344; *Erker,* Das Beanstandungsrecht gem. § 238 II StPO, 1988; *Kindhäuser,* Rügepräklusion durch Schweigen im Strafverfahren, NStZ 1987, 529; *Maatz,* Mitwirkungspflicht des Verteidigers in der Hauptverhandlung und Rügeverlust, NStZ 1992, 513; *Müller, Holger,* Zum Problem der Verzichtbarkeit und Unverzichtbarkeit von Verfahrensnormen im Strafprozeßrecht, 1984; *Ranft,* Die Präklusion der Besetzungsrüge gemäß der Strafprozeßnovelle 1979 und das Recht auf den gesetzlichen Richter, NJW 1981, 1473; *Schlüchter,* Wider die Verwirkung von Verfahrensrügen im Strafprozeß, GS K. H. Meyer, S. 445; *Schmid W.,* Die Verwirkung von Verfahrensrügen im Strafprozeß, 1967; *Weber,* Der Mißbrauch prozessualer Rechte im Strafverfahren, GA 1975, 289; *Widmaier,* Mitwirkungspflicht des Verteidigers in der Hauptverhandlung und Rügeverlust, NStZ 1992, 519.

376 In der Praxis des Strafverfahrens kommen **zahlreiche Prozeßverstöße** vor, die als absolute oder relative **Revisionsgründe** die Aufhebung des Urteils rechtfertigen würden. Die meisten kommen aber nicht zum Zuge. Dafür gibt es verschiedene Gründe. Entweder ist die gesetzliche Präklusionswirkung eingetreten (Rdn 122) oder die Verfahrensrüge nicht erkannt, nicht vorschriftsmäßig erhoben (§ 344 II) (Rdn 464) oder der Beweis des Fehlers nicht zu führen (Rdn 484). Vor allem aber kann ein zunächst vorhandener Fehler

---

[1260] BGH NStE § 268 Nr. 1 = BGHR § 268 II Ergänzung 1; BGHSt 25, 333 (335); 17, 94 (97); Löwe/Rosenberg/Gollwitzer § 268 Rdn 138.

[1261] BVerfGE 9, 235; BGH NStZ 1984, 279; BGHSt 25, 333 (336); Kleinknecht/Meyer-Goßner § 268 Rdn 10.

[1262] BGHSt 12, 347; Schlüchter SKStPO § 268 Rdn 14.

[1263] Löwe/Rosenberg/Gollwitzer § 268 Rdn 44f; zahlreiche Beispiele a.d. Praxis bei Kroschel/Meyer-Goßner S. 14ff.

[1264] BGHSt 18, 257; BGH JR 1952, 483; Dahs FS Schmidt-Leichner S. 17.

[1265] BGH StV 1983, 268; BGHSt 19, 101; Schl.-Holst. OLG SchlHA 1971, 21; OLG Frankfurt NJW 1966, 1376; Kleinknecht/Meyer-Goßner § 302 Rdn 21ff.

durch besondere Umstände **geheilt** oder rechtlich **neutralisiert** worden sein. Das hat zur Folge, daß das Rügerecht verloren geht, was man als **„Verwirkung"** bezeichnen kann.[1266]

Derartige Umstände können als Folge objektiver Prozeßumstände eintreten oder auf Versäumnissen der Prozeßbeteiligten oder sogar auf arglistigem Verhalten beruhen. Im Revisionsverfahren darf man daher keiner an sich relevanten Prozeßrüge eine Chance zusprechen, solange sie nicht unter diesen Gesichtspunkten auf ihren Bestand geprüft ist.

Die **Verwirkung von Verfahrensrügen** ist nur für die Besetzungs- und Unzu- 377
ständigkeitsrüge (Rdn 120, 172) sowie die Richterablehnung (§§ 25 I, 24 II) (Rdn 161) im Gesetz geregelt. Darüber hinaus hat sie aber in der Rechtsprechung mit jeweils unterschiedlicher Stellungnahme des Schrifttums eine sich nach und nach ausbreitende Anerkennung, aber auch Kritik gefunden,[1267] ohne daß fest umrissene Konturen bestehen. Es wird jeweils nach der Bedeutung der verletzten Vorschrift und des Verstoßes für das Verfahren geprüft, ob die Verwirkung vertretbar ist.

Dabei kann es auch darauf ankommen, wieweit der Beteiligte die Tragweite seiner Verfahrensbefugnisse kannte.[1268] Insbesondere die Revisionsgerichte werden dafür sorgen müssen, daß Unkenntnis und das Bestreben, dem Gericht nicht lästig zu fallen, angemessen berücksichtigt werden.[1269] Es kommt dabei wesentlich auf die Person des Angeklagten, nicht seines Verteidigers an.[1270]

Die in Betracht kommenden Fälle können hier nicht alle zusammengestellt werden. Sie sind an den jeweils zugehörigen Stellen behandelt. Eine gute Zusammenfassung bietet nach wie vor das aktuelle Werk von *W. Schmid*.[1271] Es lassen sich sechs Gruppen unterscheiden:

Die **gesetzliche Rügepräklusion** in den Fällen der nicht rechtzeitigen Bean- 378
standung der gesetzeswidrigen Besetzung der Richterbank (§§ 222a, 222b; 338 Ziff. 1 – Rdn 120) und der Unzuständigkeit des Gerichts (§§ 6a, 16, 338 Ziff. 4 – Rdn 172).

Verfahrensverstöße können durch **Prozeßfortgang** hinfällig werden. Das 379
betrifft namentlich die Verfahrensfehler vor der Hauptverhandlung

---

[1266] Dazu Löwe/Rosenberg/Hanack § 337 Rdn 267ff.; Bohnert NStZ 1983, 344; Schlüchter GS K. H. Meyer S. 447ff.

[1267] Vgl. Maatz NStZ 1991, 513; dagegen Widmaier NStZ 1992, 519; Kindhäuser NStZ 1987, 529; Löwe/Rosenberg/Hanack § 337 Rdn 277; Schlüchter GS K. H. Meyer S. 447; Schmid, Die „Verwirkung" von Verfahrensrügen im Strafprozeß 1967; Jagusch NJW 1971, 2202 Fn. 17e; Weber GA 1975, 301ff.; Dahs, Handbuch Rdn 668ff.

[1268] Löwe/Rosenberg/Hanack § 337 Rdn 275.

[1269] Vgl. z.B. RGSt 61, 377; KG NJW 1954, 124; KMR-Paulus § 344 Rdn 42.

[1270] BGHSt 24, 280 (283); Löwe/Rosenberg/Hanack § 337 Rdn 276.

[1271] Die Verwirkung von Verfahrensrügen im Strafprozeß 1967; vgl. auch die darauf zurückgehenden Beispiele bei Dahs, Handbuch Rdn 688ff.; Weber GA 1975, 289, 301ff.; ferner Jescheck JZ 1952, 400ff.

(Rdn 218ff.). Sie bleiben überwiegend unschädlich, weil das in der Hauptverhandlung ergehende Urteil nicht darauf beruht (Rdn 458). Der Revisionsgrund bleibt zwar bei solchen Verstößen vorhanden, die noch in die Hauptverhandlung hineinwirken und das Urteil beeinflussen können (vgl. Rdn 218), eine Verwirkung ist aber dann zu erwägen, wenn der Betroffene sie erkannt hat und hinnehmen[1272] oder sogar die noch mögliche Beseitigung verhindern will (z.B. keine Wahrnehmung nachträglich möglicher Akteneinsicht, verspätete Bestellung eines Pflichtverteidigers). In der Hauptverhandlung ist die verspätete Richterablehnung (§§ 25, 26a) ein typisches Beispiel für den Verlust einer Rüge (§ 338 Nr. 3) durch Verfahrensfortgang. Im übrigen kann auch fehlerhaftes Geschehen in der Hauptverhandlung durch Nachholung geheilt werden,[1273] z.B. die fehlerhaft unterlassene Vereidigung. In gleicher Weise kann die Heilung durch fehlerfreie Wiederholung des Prozeßvorganges herbeigeführt werden.

380 Der häufigste Fall der Heilung eines Verfahrensfehlers ist der **Rügeverzicht**. Er kann ausdrücklich oder durch schlüssiges Handeln, nicht jedoch durch bloßes Unterlassen eines Widerspruchs erklärt werden. Er kann vor der Prozeßhandlung ausgedrückt sein (etwa ein Verzicht auf die Ladungsfrist – Rdn 239) oder dieser nachfolgen (etwa Verzicht auf die Nachholung einer unterbliebenen Erklärung nach § 257 – vgl. Rdn 334). Solche heilenden Verzichte schließen eine Revision aus, wenn sie eine verzichtbare Prozeßvorschrift betreffen, wie z.B. Einhaltung von Ordnungsvorschriften, soweit diese die Revision begründen können (Rdn 89) und der absoluten Revisionsgründe der §§ 338 Ziff. 1 – 7, soweit nicht die Rügepräklusion eingreift. Für die Fälle von Arglist vgl. Rdn 384. Ob ein Stillschweigen des Angeklagten oder seines Verteidigers als Verzicht zu deuten ist, kann zu einer schwierigen Tat- und Rechtsfrage werden.[1274]

Wird am Schluß der Hauptverhandlung die Frage nach weiteren Anträgen nicht beantwortet, so darf dies nicht als Verzicht auf Erledigung noch nicht beschiedener Beweisanträge gewertet werden.[1275] Sogar der ausdrückliche Verzicht auf die Vernehmung weiterer Zeugen befreit das Gericht nicht von seiner Aufklärungspflicht und schließt die Rüge der Verletzung des § 244 II nicht aus.[1276] Ob sich in einem solchen Fall dem Gericht eine weitere Aufklärung noch „aufdrängt" (Rdn 314), ist eine andere Frage. Auch kann aus dem Protokollvermerk „die Beweisaufnahme wird im allseitigen Einverständnis

---

1272 OLG Hamm NJW 1972, 1096 m.Nachw.; Jescheck JZ 1952, 402.

1273 Vgl. dazu Schmid FS Maurach S. 535.

1274 BGH bei Holtz MDR 1978, 461; Löwe/Rosenberg/Hanack § 337 Rdn 274; Sarstedt/Hamm S. 153.

1275 BGH bei Dallinger MDR 1971, 18; Löwe/Rosenberg/Gollwitzer § 244 Rdn 136ff.

1276 BGH U.v. 28.2.1973 – 3 StR 377/72 – unv.

geschlossen" kein Verzicht auf weitere Beweisanträge entnommen werden.[1277]

Der stillschweigende Verzicht – **Rügeverlust durch Schweigen** – wird mancher sonst begründeten Revision gefährlich. Er geht häufig auf Versäumnisse des Verteidigers in der Hauptverhandlung zurück, dem hier größere Wachsamkeit abverlangt wird.[1278] Als Beispiele seien genannt 381

- unterlassener Aussetzungsantrag gem. § 246 II, III i.V.m. § 222,[1279]
- unterlassener Widerspruch gegen die Verlesung der Aussage eines kommissarisch – unter Verstoß gegen § 224 – vernommenen Zeugen (§ 251 I Nr. 4),[1280]
- versäumter Widerspruch gegen das „Selbstleseverfahren" gem. § 249 II,
- versäumte Wiederholung eines Beweisantrages in der Hauptverhandlung, der ohne Erfolg zuvor nach § 219 gestellt worden war,[1281]
- verpaßter Aussetzungsantrag nach § 265 III u. IV.[1282]

Allerdings bedarf in diesem Punkt die Rechtsprechung jeweils kritischer Prüfung. Die Vefahrensvorschriften sind für die Gerichte grundsätzlich verbindlich. Für bewußte oder unbewußte Verstöße den Angeklagten büßen zu lassen, weil er nicht gleich den Fehler erkennt und auswertet, ist nicht ohne Bedenken. Manche Entscheidungen gehen hier zu weit.[1283] Die Praxis wird indessen diese Judikatur in Rechnung stellen müssen.

Andererseits müssen die Richter ihre Rechtspflicht beachten, ihrerseits nicht nur Prozeßfehler zu vermeiden, sondern auch für ihre nachträgliche Korrektur zu sorgen, statt sie unbeachtet untergehen zu lassen. Sie haben eine „Heilungspflicht".[1284] Wird sie mißachtet, so kann das doppelte Versehen des Gerichts nicht durch höhere Anforderungen an die Verteidigung kompensiert werden.[1285] 382

Dies gilt namentlich auch für die **Nichtanrufung des Gerichts**, die zur Verwirkung einer an sich gegebenen Verfahrensrüge führen kann.[1286] In vielen Beziehungen ist die Entscheidung des Gerichts (anstelle des Vorsitzenden) ausdrücklich vorgesehen, so z.B. bei der Entscheidung über Fragerechte 383

[1277] Vgl. BGHSt 24, 280 (282f.) für einen Fall des § 245; Alsberg/Nüse/Meyer S. 403.

[1278] Vgl. die Beispiele bei Widmaier NStZ 1992, 519; Dahs, Handbuch Rdn 668.

[1279] OLG Hamburg GA 1971, 134; w. Nachw. bei Kindhäuser NStZ 1992, 530 Fn. 12.

[1280] OLG Bremen StV 1992, 59.

[1281] RGSt 58, 100 (101); BGH NJW 1952, 1426 Fn. 13; w. Nachw. bei Kindhäuser NStZ 1992, 530 Fn. 12.

[1282] Eindrucksvolles Beispiel bei Widmaier NStZ 1992, 519.

[1283] Vgl. dazu i.e. die Kontroverse zw. Maatz NStZ 1992, 513 u. Widmaier NStZ 1992, 519; die Kritik bei Schmid FS Maurach S. 269f.; Weber GA 1975, 289, 302ff.; Löwe/Rosenberg/Hanack § 337 Rdn 274; Jagusch NJW 1971, 2202 Fn. 17e.

[1284] Schmid FS Maurach S. 285ff.

[1285] BGH GA 1988, 426.

[1286] Vgl. dazu Erker S. 147ff.

(§ 241 II, 242) (Rdn 311). Im Rahmen der Sachleitung in Bezug auf Verhandlung, Vernehmungen und Beweisaufnahme (§ 238 I) trifft der Vorsitzende in der Hauptverhandlung fortgesetzt Anordnungen, über deren Beanstandung durch Prozeßbeteiligte das Gericht nach § 238 II befindet,[1287] so z.B. die Anordnung der Vereidigung oder Belehrung eines Zeugen. Nun ist zwar nirgendwo gesetzlich bestimmt, daß durch die Nichtanrufung des Gerichts das Beanstandungsrecht verwirkt werde. Gleichwohl ist dies allgemeine Auffassung.[1288] Im einzelnen bestehen hier aber doch beträchtliche Unterschiede, insbesondere je nach dem Gewicht der Rügen.[1289] Nicht vertretbar erscheint es auch, dem unverteidigen Angeklagten eine Rüge wegen Nichtanrufung des Gerichts gegen die Entscheidung des Vorsitzenden abzuschneiden, wenn ihm dieses Recht unbekannt war.

In diesem Zusammenhang hat auch § 338 Ziff. 8 (Rdn 213) Bedeutung.[1290] Hiernach kann eine Beschränkung der Verteidigung als Revisionsgrund nur geltend gemacht werden, wenn ein **Gerichtsbechluß** erwirkt worden ist (vgl. i.e. Rdn 213). Freilich bewirkt das Fehlen des Gerichtsbechlusses dann keinen Rügeverlust, wenn der Vorsitzende von Amts wegen eine bestimmte Handlung hätte vornehmen, z.B. einen Zeugen vereidigen (Rdn 272), dem Angeklagten das letzte Wort erteilen (Rdn 265) oder ein Verfahrenshindernis (Rdn 94)[1291] hätte beachten müssen. In solchen Fällen haftet der Verfahrensfehler des Vorsitzenden der Entscheidung des Kollegiums unmittelbar an, insofern er unbeanstandet übernommen und voll verwertet, z.B. eine fälschlich beeidigte Aussage auch im Urteil als eidlich gewertet wird.[1292]

384 **Treuwidriges Verhalten** des Beschwerdeführers kann eine Revision zu Fall bringen.[1293] Das ist bei **verzichtbaren Verfahrensmängeln** ziemlich unproblematisch. Hier ist die Rüge verwirkt, wenn der Mangel absichtlich herbeigeführt, verdeckt oder auch vorsätzlich unbeanstandet gelassen worden ist. Wer durch solches Verhalten einen Revisionsgrund insgeheim zu schaffen oder zu konservieren sucht und so „der Justiz ein Schnippchen schlagen will", muß damit rechnen, daß er mit seiner Revision scheitert.[1294] Schwieriger ist es bei **unverzichtbaren Prozeßverstößen.** Hier ist das Bild der Rechtsprechung nicht einheitlich. Während der BGH den Rügeverlust bei illoyalem Verhalten

---

[1287] Vgl. aber die Fälle originär dem Gericht zustehender Entscheidungen bei Widmaier NStZ 1992, 522 Fn. 24.

[1288] BGHSt (GrS) 11, 213 (215); Schmid FS Maurach S. 249 m.Nachw. Fn. 3; Kleinknecht/Meyer-Goßner § 238 Rdn 22; einschränkend Roxin § 42 Rdn 16 m.w.Nachw.; Widmaier NStZ 1992, 522.

[1289] Vgl. d. Nachw. bei Schmid FS Maurach S. 269; Widmaier NStZ 1992, 522.

[1290] Vgl. dazu Schmid FS Maurach S. 263ff.

[1291] Löwe/Rosenberg/Hanack § 337 Rdn 271.

[1292] Kleinknecht/Meyer-Goßner § 60 Rdn 34; Schmid FS Maurach S. 287f.

[1293] Vgl. dazu Maatz NStZ 1992, 513.

[1294] Vgl. dazu Löwe/Rosenberg/Hanack § 337 Rdn 281ff.; KMR-Paulus § 344 Rdn 43, 44; einschränkend Schlüchter GS K. H. Meyer 1991, 461.

grundsätzlich ablehnt,[1295] haben Oberlandesgerichte früher bei wirklich oder vermeintlich arglistigem Verhalten einen Rügeverlust angenommen.[1296] Die Rechtsprechung hat aber noch keine einheitliche Linie gefunden, je nachdem ob es sich um aktive Arglist oder um illoyales Verhalten, um Herbeiführung oder Aufrechterhaltung oder nur um eine treuwidrige oder um eine arglose Ausnutzung eines Prozeßverstoßes handelt.[1297] Bei der Vielfalt der Varianten wird in jedem Falle eine sorgfältige Analyse des angegebenen Materials geboten sein.[1298]

Die Verwirkung von Verfahrensrügen durch die **Staatsanwaltschaft** wirft 385
Sonderfragen von besonderem Interesse auf. Diese ist durch dienstliche Anweisungen (Nr. 147 RiStBV) zur Zurückhaltung angehalten.[1299]

Es kommen trotzdem sogar arglistig erscheinende Revisionsrügen der Staatsanwaltschaft vor.[1300] Die Staatsanwaltschaft muß sich einen strengen Maßstab gefallen lassen. Das folgt aus ihrer Prozeßstellung und ihrer besonderen rechtlichen Mitverantwortung für fehlerlose Verfahren.[1301]

IV. Die Verletzung des sachlichen Rechts

Lit.: *Börker,* Der Aufbau des Urteils in Strafsachen, JZ 1956, 399; *Fezer,* Die erweiterte Revision – Legitimierung der Rechtswirklichkeit, 1974; *Herdegen,* Bemerkungen zum Beweisantragsrecht, NStZ 1984, 97, 200, 337; *ders.*, Grundfragen der Beweiswürdigung, Schriftenreihe DAV, Bd. 3 (1986), S. 106; *ders.*, Tatgericht und Revisionsgericht – insbesondere die Kontrolle verfahrensrechtlicher „Ermessensentscheidungen“, FS Kleinknecht, S. 173; *Jagusch,* Die Revision in Strafsachen – ausreichende Rechtsgarantie?, NJW 1971, 2009; *Kroschel/Meyer-Goßner,* Die Urteile in Strafsachen, 25. Aufl., 1988; *Meyer-Goßner,* Hinweise zur Abfassung des Strafurteils aus revisionsrechtlicher Sicht, NStZ 1988, 529; *Niemöller,* Die strafrichterliche Beweiswürdigung in der neuen Rechtsprechung des Bundesgerichtshofes, StV 1984, 431; *Schmid W.*, Der Revisionsrichter als Tatrichter, ZStW 85 (1973), 360.

1295 BGHSt 24, 280 (283); BGH bei Holtz MDR 1978, 461; BGHSt 10, 77; vgl. aber auch BGH NJW 1956, 1766u. BGHSt 15, 306f.; Schmid FS Maurach S. 68f., 71f.; Löwe/Rosenberg/Hanack § 337 Rdn 281 ff.

1296 Schmid FS Maurach S. 535ff.; OLG Frankfurt NJW 1947–1948, 395; OLG Darmstadt JR 1949, 515; OLG Bremen GA 1953, 87; OLG Hamm VRS 14, 370; OLG Hamm NJW 1960, 1361; OLG Hamm VRS 20, 68; vgl. aber OLG Frankfurt JZ 1987, 81 m. Anm. Schlüchter.

1297 BGH NStZ 1993, 198 schließt einen Rügeverlust bei arglistigem (rechtsmißbräuchlichem) Vorgehen jedenfalls nicht aus.

1298 Eine Anzahl von Beispielen aus der höchstrichterlichen Rechtsprechung mit zum Teil unveröffentlichen Entscheidungen findet sich bei Dahs, Handbuch Rdn 688 bis 699.

1299 Kohlhaas NJW 1958, 1428; Schmid FS Maurach S. 361; Biermann GA 1953, 383.

1300 Schmid FS Maurach S. 545 m. Beispielen.

1301 Vgl. i.e. Schmid FS Maurach S. 363 Fn. 59; Löwe/Rosenberg/Hanack § 337 Rdn 286.

386 Die hier zu behandelnden Verstöße gegen das materielle Recht haben systematisch – wenn auch nicht in der praktischen Bearbeitung (Rdn 104 und Einführung) – den Vorrang vor den Verfahrensfehlern, weil der sachliche Fehler weiter reicht als der bloße Formfehler, der den Urteilsspruch in seiner materiellen Grundlage nicht erfaßt (über den Vorrang des weitestreichenden Revisionsgrundes auch bei der Findung des Revisionsurteils – vgl. Rdn 571).

1. Die Verletzung des sachlichen Rechts im Urteilsausspruch

Schon aus dem **Tenor** eines Urteils kann hervorgehen, daß es materiellrechtlich falsch oder wegen seiner Unvollständigkeit **revisibel** ist. Damit sind hier nicht bloße verfahrensrechtliche Ungenauigkeiten und offensichtliche Formfehler gemeint. Diese beeinträchtigen die sachliche Richtigkeit des Urteils nicht, können aber andere Fragen auslösen (vgl. Rdn 372). Anders liegt es bei sachlich-rechtlichen Fehlern. Wenn in einem Urteil wegen Kindestötung (§ 217 StGB) auf lebenslange Freiheitsstrafe erkannt ist, oder wenn der Angeklagte auf Grund eines aufgehobenen oder für verfassungswidrig erklärten Gesetzes verurteilt worden ist, so tritt die materiell-rechtliche Unrichtigkeit schon im Tenor zu Tage und begründet auf die Sachrüge hin die Revision. Es sind manche Fälle dieser Art denkbar und in der Praxis der Revisionsgerichte nicht ganz selten.[1]

2. Die Verletzung des sachlichen Rechts in den Urteilsgründen

Lit.: *Herdegen*, Die Überprüfung der tatsächlichen Feststellungen durch das Revisionsgericht auf Grund der Sachrüge, StV 1992, 527; *ders.*, Die Überprüfung der tatsächlichen Feststellungen durch das Revisionsgericht auf Grund einer Verfahrensrüge, StV 1992, 590; *Schlothauer*, Unvollständige und unzutreffende tatrichterliche Urteilsfeststellungen, StV 1992, 134.

387 In den materiell-rechtlichen Urteilsgründen werden revisionsbegründende Rechtsfehler oft in beträchtlichem Umfange sichtbar. Da die Nachprüfung auf Revision hin von Amts wegen erfolgt, verfallen zahlreiche Urteile der Aufhebung. Das vermeidet nur, wer die gesetzlichen Anforderungen zum Urteilsinhalt (§ 267) und die einschlägige Rechtsprechung völlig beherrscht
388 und sich im materiellen Strafrecht ebenso auskennt. Der **Urteilsaufbau** muß klar gegliedert, übersichtlich und aus sich verständlich sein, sonst ist das Urteil in der Revision gefährdet.[2] Die **Urteilsgründe** müssen klar, in sich

---

[1] Vgl. nur BGHSt 27, 287 (289); BGH MDR 1985, 1043; OLG Oldenburg NStE § 267 Nr. 27, weitere Bsp. bei Meyer-Goßner NStZ 1988, 529

[2] BGH bei Miebach NStZ 1989, 15; Kroschel/Meyer-Goßner S. 74ff.

geschlossen und erschöpfend sein; Satzungeheuer können lebensgefährdend sein.[3] **Widersprüche** führen zur Aufhebung[4] (vgl. im einzelnen Rdn 404 ff.).

Wer sich (außerhalb des hier nicht einschlägigen § 267 IV) die Absetzung 389 des Urteils durch **Bezugnahme** auf die Anklage, den Eröffnungsbeschluß, ein früheres Urteil, ein Zivilurteil und dergleichen ersparen will, wird wenig Freude davon haben. Bezugnahmen sind nur ausnahmsweise zulässig (vgl. Rdn 402). Im einzelnen Falle wird es der Sichtung des einschlägigen Materials bedürfen.[5] In jedem Falle muß die Urteilsbegründung materiellrechtlich den äußeren und inneren Tatbestand des angewandten Strafgesetzes ausschöpfen und den Anforderungen der Rechtsprechung voll genügen. (Vgl. Rdn 401).

Für das **freisprechende Urteil** gilt dies entsprechend.[6] Der Tatvorwurf muß 390 entsprechend Anklage und Eröffnungsbeschluß für jeden Angeklagten individuell und klar umrissen, d.h. nach Ort, Zeit, Verantwortungsbereich und Begehungsweise aufgezeigt werden.[7] Weiterhin muß anhand des Ergebnisses der Hauptverhandlung dargelegt sein, daß sich der jeweilige Vorwurf aus tatsächlichen oder rechtlichen Gründen nicht bestätigt hat. Dem Revisionsgericht muß durch die Urteilsgründe eine umfassende Nachprüfung auch der freisprechenden Entscheidung ermöglicht werden,[8] sie muß aus sich heraus verständlich sein. Zur Vielzahl der möglichen Fehler muß auf Schrifttum und Rechtsprechung verwiesen werden.[9]

Theorie und Praxis des Revisionsrechts präsentieren ihre Schwierigkeiten in 391 der Überlagerung des Rechts und des Sachverhalts, der Abgrenzung von Tat- und Rechtsfrage und in den Problemen der Verbindlichkeit von Tatsachenfeststellungen für das Revisionsgericht. Dieser entscheidenden Gegebenheit ist der folgende Aufbau dieser Materie angepaßt.

a) Die Bindung an die rechtsfehlerfreien Tatsachenfeststellungen des Urteils

Jedem sachlich-rechtlichen Angriff **entzogen** sind grundsätzlich die **Tatsa-** 392 **chenfeststellungen** des Tatrichters. An diese Feststellungen ist die Revision gebunden. Diese Bindung ist ein Wesenselement der Revision. Sie besteht insbesondere auch dann, wenn die Feststellungen tatsächlich unrichtig sind.[10] Sie betrifft sowohl die **äußeren wie die inneren** Tatsachen. Beanstandungen in dieser Richtung gehen daher von vornherein ins Leere, es sei denn, daß sie einen Widerspruch zu geschichtlichen oder offenkundigen Tatsachen enthal-

[3] Kroschel/Meyer-Goßner S. 65 ff.

[4] Kroschel/Meyer-Goßner S. 76 ff.

[5] Kroschel/Meyer-Goßner S. 80 ff.; Löwe/Rosenberg/Hanack § 337 Rdn 137 ff.

[6] Kroschel/Meyer-Goßner S. 202 ff.

[7] Vgl. z.B. BGH NStZ 1990, 438; BGHR § 267 V Freispruch 2.

[8] BGH NStZ 1990, 438 m. Nachw.; KK-Hürxthal § 267 Rdn 41.

[9] Kroschel/Meyer-Goßner S. 203 ff.; Kleinknecht/Meyer-Goßner § 267 Rdn 33 ff.; Löwe/Rosenberg/Gollwitzer § 267 Rdn 148 ff.; Löwe/Rosenberg/Hanack § 337 Rdn 131.

[10] Vgl. dazu Schlothauer StV 1992, 134.

ten.[11] Unzulässig ist insbesondere die Rüge, die festgestellten Tatsachen stünden mit dem Akteninhalt im Widerspruch (**Rüge der Aktenwidrigkeit**).[12] (Vgl. aber Rdn 247)

Die Bindung postuliert die Folgerung, daß von einem Urteilssachverhalt **ausgegangen** werden muß, gegen den in der Regel der Beschwerdeführer **angehen** will. Das ist vor allem für den Angeklagten und seinen Verteidiger schwer zu verkraften, wenn die Tatsachenfeststellung wirklich falsch ist.[13] Darauf beruht es, daß eine Unzahl von Revisionen der Angeklagten als unzulässige Angriffe auf die bindenden Feststellungen, meist durch Beschluß, als „offensichtlich unbegründet" einstimmig verworfen werden (§ 349 II). Die Revisionsbegründungen bringen auch immer wieder Angriffe auf die **Beweiswürdigung** (Rdn 409), deren Nachprüfung als ureigene Aufgabe des Tatrichters dem Revisionsgericht grundsätzlich verschlossen ist. (Vgl. i. ü. Rdn 410ff.)

b) Die Abgrenzung von Tat- und Rechtsfrage

393 Es liegt auf der Hand, daß die bindenden Tatsachenfeststellungen und die Beurteilung der Rechtsfrage ineinander übergehen können. Eine begrifflich saubere Trennung ist oft schwierig, manchmal auch praktisch unmöglich.[14]

Die Abgrenzung wird besonders kritisch bei den **Wertungen**, die den Feststellungen des Tatrichters zugrunde liegen. Sie sind der Kontrolle des Revisionsgerichts sicherlich dann entzogen, wenn sie im rein tatsächlichen Bereich liegen, insbesondere die **Beweiswürdigung** betreffen, etwa die Beurteilung der Glaubwürdigkeit einer Aussage oder der Geschwindigkeit eines Fahrzeuges. Der Tatrichter nimmt Wertungen aber auch bei der **Anwendung des Gesetzes** auf den festgestellten Sachverhalt (**Subsumtion**) vor (Rdn 433ff.).

394 Das ist insbesondere bei der wertenden Auslegung **unbestimmter Rechtsbegriffe** bzw. **normativer Tatbestandsmerkmale** der Fall (z. B. „unerläßlich zur Verteidigung der Rechtsordnung" – §§ 47 I, 56 III StGB und „Erforderlichkeit" bei der Notwehr – § 32 StGB – oder „Verwerflichkeit" bei der Nötigung – § 240 II StGB – oder „unordentliche Buchführung" – § 283b StGB). Hier ist die revisionsrechtliche Nachprüfung auf die Frage beschränkt, ob der Tatrichter die seine Wertung rechtfertigenden tasächlichen Umstände festgestellt[15] und den richtigen **Wertmaßstab** „im abstrakten Sinn" angewandt oder ob er ihn rechtlich verkannt hat. Wird dies verneint und läßt sich also die Subsumtion des Tatrichters allgemein, d. h. ohne Rücksicht auf die näheren Tatumstände nachvollziehen, wird ein Rechtsfehler nicht angenommen.[16] Ob

---

[11] BGHSt 6, 296; 2, 305.

[12] BGH NJW 1992, 2840; Löwe/Rosenberg/Hanack § 337 Rdn 132, 105; Kleinknecht/Meyer-Goßner § 337 Rdn 23; vgl. aber BGH StV 1993, 115.

[13] Dahs, Handbuch Rdn 845.

[14] Vgl. Löwe/Rosenberg/Hanack § 337 Rdn 2ff.; Schmid ZStW 85 (1973) 300ff.

[15] Dazu OLG Düsseldorf JR 1985, 157 m. Anm. Lampe; eingehend Löwe/Rosenberg/Hanack § 337 Rdn 111ff.

[16] Z. B. BayObLG NJW 1978, 1337 mit Anm. Horn JR 1978, 514.

die Tatumstände die Anwendung des Begriffs nach den konkreten Sachgegebenheiten rechtfertigen, wird dagegen meist als eine „im wesentlichen irrevisible Tatfrage" angesehen, es sei denn, sie sind offensichtlich gerade nicht geeignet, den Rechtsbegriff auszufüllen.[17] Diese Unterscheidungen sind in der Praxis häufig nicht eindeutig zu treffen. Das Revisionsgericht kann auf Grund seiner allgemeinen Lebenserfahrung und besonders dann, wenn im Urteil alle tatsächlichen Bewertungsumstände vollständig mitgeteilt sind, sehr wohl die Wertung nachvollziehen oder sie verwerfen. Fehlt es an ausreichenden Tatsachengrundlagen, so kann eben in dieser Vereitelung der Rechtskontrolle der Revisionsgrund liegen.[18]

c) Rechtsfehler bei der Feststellung der Tatsachen

Die **Tatsachenfeststellungen** sind das Herzstück des Urteils. In ihnen manifestiert sich das Ergebnis der richterlichen Überzeugungsbildung und Beweiswürdigung (§ 261). Beide Vorgänge sind für das Revisionsgericht nicht überprüfbar, soweit es um die Umsetzung von tatsächlichen Erkenntnissen aus der tatrichterlichen Hauptverhandlung geht. Die Struktur des auf die Überprüfung der Rechtsanwendung beschränkten Rechtsmittels der Revision schließt die vollständige oder teilweise Wiederholung der Hauptverhandlung der Vorinstanz absolut aus. Die prinzipielle Unangreifbarkeit der Feststellungen des Instanzgerichts im Revisionsverfahren ist eine zwangsläufige Folge der Eigenart dieses Rechtsmittels. 395

Diese für die Revision charakteristische **Bindung an die Tatsachenfeststellungen** des Urteils und die darin inbegriffene Gefährdung der individuellen Fallgerechtigkeit findet allerdings ihre Grenze in dem Postulat rechtsfehlerfreien Zustandekommens und rechtsfehlerfreier Wiedergabe der Feststellungen. Das ist ebenso selbstverständlich wie bedeutungsvoll. Wenn der Tatrichter bei der ihm allein obliegenden Tatsachenfeststellung Rechtsfehler macht, so kann die an sich gegebene Irrevisibilität der Feststellungen den Angriff auf Rechtsfehler nicht ausschließen. Unterlaufen dem Tatrichter bei der Beweiswürdigung und Überzeugungsbildung Rechtsfehler, so können sich diese im feststellenden Teil der Urteilsgründe niederschlagen. Derartige Rechtsfehler heben die grundsätzliche Verbindlichkeit der Tatsachenfeststellungen auf.[19]

In diesem **Spannungsfeld** zwischen der revisionsrechtlich unangreifbaren „Wahrheit" der Tatsachenfeststellungen einerseits und der Angreifbarkeit ihrer rechtlich fehlerhaften Gewinnung und Darstellung liegen die Chancen und Gefahren der Sachrüge. Sie hat ihre gesetzliche Grundlage in § 337, der aber lediglich festlegt, daß ein Urteil aufzuheben ist, wenn es auf einer unterlassenen oder fehlerhaften Anwendung einer Rechtsnorm beruht. So lapidar diese Gesetzesaussage ist, so zahlreich, vielschichtig und für die Rechtspraxis 396

---

[17] Z. B. BGHSt 24, 40.

[18] Jagusch NJW 1971, 2010.

[19] Vgl. dazu auch Herdegen StV 1992, 590; Schlothauer StV 1992, 134.

kompliziert sind die Modalitäten und Feinheiten der Rechtsüberprüfung, mit der eine sich über viele Jahrzehnte entwickelnde Rechtsprechung den gesetzlichen Rahmen des § 337 ausgefüllt hat.[20] Eine allgemein anerkannte Systematik zulässiger Rechtsangriffe gegen das Urteil des Tatrichters bzw. der Gefahrenquellen für die richterliche Entscheidung hat sich bis heute nicht durchgesetzt. Die nachfolgende Darstellung ist der Versuch, nach Sachlogik und Praktikabilität ein System von Aspekten aufzuzeigen, an dem sich Urteilsverfasser und Revisionsführer bei ihrer Arbeit orientieren können.[21]

aa) Inhalt der Urteilsgründe nach § 267

397 Der vorgeschriebene **Inhalt der Urteilsgründe** ergibt sich aus § 267. Indes läßt sich bei unvollständigen, lückenhaften oder sonst mangelhaften Urteilsbegründungen in aller Regel eine auf die Verletzung des § 267 gegründete Verfahrensrüge nicht mit Aussicht auf Erfolg erheben, weil das Urteil nicht auf dem nachträglichen Begründungstext beruht. Auch unter dem Aspekt der Sachrüge ist § 267 wenig ergiebig, weil der dort festgelegte Mindestinhalt des Urteils sehr dürftig ist.[22] Insbesondere müssen die Beweisergebnisse nicht mitgeteilt und die Beweismittel nicht angegeben werden; auch eine Beweiswürdigung ist nicht vorgeschrieben. Nur beim Indizienbeweis ist die Angabe der indiziellen Tatsachen durch eine Soll-Vorschrift vorgesehen (§ 267 I 2), deren Verletzung als solche indes mit einer Verfahrensrüge nicht geltend gemacht werden kann.

Gleichwohl können Rechtsfehler bei der Tatsachenfeststellung auf einer Verletzung von Verfahrensbestimmungen beruhen. Als solche sind sie im Teil 5 3. Kap. A III 3b) (Rdn 242ff.) behandelt. Derartige Urteilsmängel sind aber nicht mit der Sachrüge geltend zu machen, sondern erfordern spezielle Verfahrensrügen (Rdn 242ff.).

bb) Geschlossenheit und Klarheit der Darstellung des Sachverhalts

398 Die Sachdarstellung des Urteils muß in sich geschlossen, klar und verständlich sein.[23] Nur dann hat das Revisionsgericht eine zweifelsfreie Basis für seine Prüfung, ob der Tatrichter in rechtsfehlerfreier Weise zu seinen Feststellungen gelangt ist. Erfüllt das Urteil diese Anforderungen nicht, insbesondere weil die Sachdarstellung formelhaft, nicht vollständig oder nicht voll verständlich ist, so verfällt es der Aufhebung. Derartige Mängel werden in Revisionsurteilen häufig mit der Formulierung umschrieben

---

[20] Vgl. Fezer, Die erweiterte Revision – Legitimierung der Rechtswirklichkeit, Tübingen 1974; Bespr. v. Hanack, JZ 1975, 583 u. Willms, JR 1975, 52; Löwe/Rosenberg/Hanack § 337 Rz. 124; Roxin § 53 Rdn 21ff.

[21] Vgl. dazu umfassend Löwe/Rosenberg/Hanack § 337 Rdn 120ff.; die vom BGH nicht veröffentlichte Rspr. wird laufend dargestellt und ausgewertet von Miebach und Kusch in der NStZ (zuletzt 1993, 27; 1992, 27, 224; 1991, 27, 120, 226).

[22] Vgl. aber BGHR § 267 I 1 Mindestfeststellungen 1, 2; BGH bei Holtz MDR 1990, 490.

[23] Vgl. dazu Meyer-Goßner NStZ 1988, 531.

„Die Feststellungen sind zu ungenau, als daß dem Senat eine sichere Prüfung möglich wäre, ob das Tatgericht in jeder Hinsicht von zutreffenden Voraussetzungen ausgegangen ist."[24]

Mit diesem **Prüfungsmaßstab** hat sich die revisionsgerichtliche Rechtsprechung eine gewisse Flexibilität im Einzelfall vorbehalten. So gerät zwar stets ein Urteil in Gefahr, das nicht übersichtlich gegliedert ist und bei dem die Feststellungen nicht einheitlich zusammengefaßt, sondern in den Urteilsgründen verstreut sind.[25] Andererseits wird es aber revisionsrechtlich akzeptiert, daß sich einzelne Feststellungen in der rechtlichen Würdigung befinden. Diese Ausnahme wird man indes für die das Urteil entscheidend tragenden Kernfeststellungen nicht gelten lassen können. Manchmal begnügen sich die Revisionsgerichte auch damit, die zur Überprüfung erforderlichen Feststellungen „aus dem Zusammenhang der Urteilsgründe" zu entnehmen – eine bedenklich konturlose Ausweitung. Die Anforderungen an die **Vollständigkeit** der Urteilsfeststellungen dürfen aber auch nicht überspannt werden. Ein Fall kann so eindeutig sein, daß bestimmte Tatbestandsmerkmale sich auch ohne Einzelfeststellungen von selbst ergeben. So brauchen z.B. die Rechtswidrigkeit wegen Fehlens eines Rechtfertigungsgrundes und der Vorsatz oder die Schuldfähigkeit nicht besonders dargelegt zu werden, wenn offensichtlich keine Zweifel vorhanden sind.

Die Urteilsgründe sollen zwar knapp gefaßt werden, d.h. das Wesentliche, 399
aber auch nur das Wesentliche enthalten. Jedoch wird ein Urteil der Revision nicht standhalten, das sich mit allzu wenigen und dürftigen Worten um Revisionssicherheit bemüht. Das gilt vor allem für Entscheidungen, die i.w. **formelhafte, tabellarische**[26] oder **summarische Angaben**[27] enthalten oder in denen Tatsachen mit Hilfe von Rechtsbegriffen geschildert werden.[28] Insbesondere innere Tatsachen, die sich nicht von selbst verstehen, müssen dargelegt werden,[29] z.B. zum Vorsatz, zur Abgrenzung des bedingten Vorsatzes von der Fahrlässigkeit, zum Verbotsirrtum usw. So kann es z.B. in der Regel nicht ausreichen, wenn das Urteil lapidar feststellt, der Täter habe den Tod des Opfers „billigend in Kauf genommen".

Mehrdeutige Tatsachenfeststellungen sind zwar gefährlich, können aber 400
trotzdem eine Verurteilung ermöglichen und werden vom Revisionsgericht ohne weiteres als unzureichend verworfen.[30]

---

[24] Vgl. dazu BGH, StV 1984, 64; KK-Hürxthal § 267 Rdn 8ff.; zur „Darstellungsrüge" Fezer S. 41ff.; Löwe/Rosenberg/Hanack § 337 Rdn 120ff.

[25] BGH bei Miebach NStZ 1989, 15; Kroschel/Meyer-Goßner S. 74ff.; Löwe/Rosenberg/Hanack § 337 Rdn 133.

[26] BGHR § 267 I 1 Sachdarstellung 1.

[27] BGHR § 267 I 1 Mindestfeststellungen 1, 2; BGHSt 7, 75; 3, 213 (215); Löwe/Rosenberg/Gollwitzer § 267 Rdn 33.

[28] Kleinknecht/Meyer-Goßner § 267 Rdn 7.

[29] RGSt 55, 204; Löwe/Rosenberg/Gollwitzer § 267 Rdn 41ff.; Löwe/Rosenberg/Hanack § 337 Rdn 143; KK-Hürxthal § 267 Rdn 10 m.Nachw.

[30] Löwe/Rosenberg/Gollwitzer § 267 Rdn 46; KK-Hürxthal § 267 Rdn 11

Die Geltendmachung von Urteilsmängeln der vorstehenden Art wird gelegentlich unter dem zwar griffigen, aber rechtlich zweifelhaften Begriff „**Darstellungsrüge**" zusammengefaßt.[31] Der Text der Urteilsgründe ist zwar als solcher nicht die Basis der Entscheidung und kann daher die Fehlerhaftigkeit eines Urteils nicht begründen. Die im Urteil niedergeschriebenen Feststellungen sind aber andererseits das „in Worte geronnene Ergebnis der richterlichen Erkenntnis". Mängel in den Feststellungen offenbaren daher Rechtsfehler des Erkenntnisprozesses, die allein der Revision zugänglich sind.

cc) Lückenhafte Feststellungen

401 Die Tatsachenfeststellungen sind auch dann in revisionsrechtlich bedeutsamer Weise unvollständig, wenn sie nicht den gesamten äußeren und inneren Tatbestand des anzuwendenden Gesetzes ausschöpfen.[32] Alle Elemente der Tatbestandsmäßigkeit, der Rechtswidrigkeit, der Schuld einschließlich der Schuldfähigkeit und des Unrechtsbewußtseins müssen durch Tatsachen belegt sein, wenn das Urteil der Revision standhalten soll. Je nach Sachlage sind auch die tatsächlichen Grundlagen einer Prozeßvoraussetzung, z.B. des Strafantrages in revisionsrechtlich nachprüfbarer Weise darzulegen.[33] Die lediglich formelhafte Wiedergabe des Gesetzeswortlautes oder Leerformeln genügen nicht. Vielmehr muß der Tatbestand in konkrete Tatsachenfeststellungen so aufgelöst sein, daß in jedem Punkte eine rechtliche Nachprüfung möglich ist. Ein Urteil wird der Aufhebung verfallen, in dem auch nur über ein Merkmal des Tatbestandes der angewendeten Rechtsnorm keine Feststellungen getroffen worden sind, obwohl dies nach Lage der Sache erforderlich gewesen wäre. Bei **mehraktigen Delikten** und bei der fortgesetzten Handlung müssen alle Einzelakte in objektiver und subjektiver Hinsicht durch Feststellungen so belegt sein, daß sie rechtlich einwandfrei nachprüfbar sind.[34] Dabei dürfen freilich gleichartige Teilakte zusammengefaßt werden. Das Urteil kann hier nur bestehen, wenn es einwandfrei auf wirklich festgestellten Vorgängen und nicht auf nur angenommenen Teilakten beruht. Bei der Verurteilung wegen eines **Unterlassungsdeliktes** muß das Urteil erkennen lassen, durch welche hypothetische Handlung der Verletzungserfolg entfallen wäre.[35] Wird der Angeklagte wegen einer **fahrlässigen Tat** verurteilt, so sind Feststellungen zu der Frage erforderlich, aufgrund welcher konkreten Umstände er voraussehen konnte, daß aufgrund seines Verhaltens der tatbestandsmäßige Erfolg eintreten konnte. Nimmt der Tatrichter entgegen der Einlassung des Angeklagten einen **bedingten Vorsatz** an, so muß das Urteil Feststellungen zur Vorstellungs- und Willensseite enthalten, die die Schlußfolgerung tragen, der

---

[31] Fezer S. 41; Löwe/Rosenberg/Hanack § 337 Rdn 125.
[32] BGH NStZ 1990, 496.
[33] OLG Hamm MDR 1986, 778 zu § 109 UrhG.
[34] BGH NStZ 1992, 602; NStE § 267 Nr. 21, 36.
[35] BGH B. v. 12. 7. 1988 – 1 StR 57/88 – unv.

Angeklagte habe den Eintritt des Erfolges „billigend in Kauf genommen“.[36] Ist Absicht erforderlich, muß das Streben nach dem Erfolg festgestellt sein.[37] Auch das Unrechtsbewußtsein muß sich aus dem Urteil ergeben, ebenso die Vermeidbarkeit des Verbotsirrtums.[38]

dd) Unzulässige Bezugnahmen

Eine gefährliche Erleichterung bei der Urteilsbegründung ist die Zulässig- 402
keit der **Bezugnahme** auf Abbildungen, insbesondere Fotos, Skizzen, Pläne, Anlagen zum Urteil[39] und den Inhalt früherer Urteile.[40] **Abbildungen**, die für die Entscheidung wesentlich sind, müssen im Urteil dargestellt werden; § 267 Abs. 1 Satz 2 erlaubt die Bezugnahme lediglich hinsichtlich der Einzelheiten.[41] **Urkunden**, die die strafbare Handlung beinhalten, z.B. eine Beleidigung, falsche Anschuldigung oder Täuschung beim Betrug, müssen wörtlich oder inhaltlich im Urteil wiedergegeben werden. Wird lediglich auf den Text der bei den Akten befindlichen Urkunde Bezug genommen, ist die Revision begründet. Ob der Text der Urkunde nur inhaltlich oder wörtlich in das Urteil aufgenommen werden muß, hängt im Einzelfall von der Bedeutung des Wortlauts für die Entscheidung ab.[42] Eine Örtlichkeit muß in den Urteilsgründen in den wesentlichen Zügen dargestellt werden, lediglich wegen der Einzelheiten darf auf eine Skizze verwiesen werden.[43]

Besonders gefährlich ist die Bezugnahme auf frühere Urteile.[44] Es muß sich 403
stets um Urteile handeln, die in demselben Verfahren ergangen sind. Dabei ist genau zu prüfen, ob das frühere Urteil die Bezugnahme „trägt“, d.h. Feststellungen des Inhalts wie sie für das neue Urteil erforderlich sind, wirklich enthält. Hier unterlaufen gerade in „Punktesachen“ nicht selten Fehler. Auch die Trennung zwischen den Feststellungen, die in Rechtskraft erwachsen sind und jenen, die aufgehoben worden, also rechtlich nicht mehr existent sind, ist häufig schwierig.[45] Erstreckt sich die Bezugnahme auf einen Abschnitt des früheren Urteils, in dem beide Arten von Feststellungen enthalten sind, oder kommen andere Fehler bei der Bezugnahme vor, wird das Urteil nicht zu halten sein.

---

[36] BGH NStZ 1987, 362 m.Anm. Puppe; Löwe/Rosenberg/Gollwitzer § 267 Rdn 42; Kroschel/Meyer-Goßner S. 103.

[37] BGHSt 4, 107; Löwe/Rosenberg/Gollwitzer § 267 Rdn 42.

[38] BGHSt 2, 199; Kroschel/Meyer-Goßner S. 103f.

[39] BGHR § 267 I 1 Bezugnahme 1; § 267 Darstellung 1.

[40] KK-Hürxthal § 267 Rz. 3ff.; Kroschel/Meyer-Großner S. 80ff.; Kleinknecht/Meyer-Goßner § 267 Rdn 2; vgl. i.ü. z.B. die bei Pfeiffer/Miebach NStZ 1983, 213 u. 358 angeführte Rspr.

[41] KK-Hürxthal § 267 Rdn 3 m.Nachw.

[42] BGHSt 17, 388; 11, 29 (31); Hanack JZ 1972, 488; vgl. aber BGH NStZ 1987, 374 für die Bezugnahme auf Urteilsanlagen.

[43] Löwe/Rosenberg/Hanack § 337 Rdn 139.

[44] BGH wistra 1992, 70; BGH bei Kusch NStZ 1992, 29; BGH NStZ 1992, 49.

[45] Dazu i.e. BGHSt 24, 274 (275).

ee) Widersprüche in den Feststellungen

404 Die Tatsachenfeststellungen müssen auch frei sein von **Widersprüchen**, die sich in ganz unterschiedlichen Passagen des Urteils offenbaren. Hier können nur einige markante Beispiele genannt werden.

Nicht selten finden sich Widersprüche in den Feststellungen in der Form, daß die Darstellung des Sachverhalts, der den Tatbestand ausfüllen soll, in sich widersprüchlich ist, z. B. auf Seite 17 der Urteilsgründe das Gegenteil dessen festgestellt wird, was auf Seite 4 ebenfalls „festgestellt" worden ist.

Fall:
Im Urteil ist zunächst ausgeführt, der Angeklagte habe seinen Vertragspartner getäuscht und einen dementsprechenden Irrtum erregt. An anderer Stelle heißt es, das Gericht könne nicht ausschließen, daß der Vertragspartner die Unrichtigkeit der Erklärungen des Angeklagten erkannt habe.

Widersprüche lassen manchmal auch einen **Verstoß** des Richters **gegen die Denkgesetze** (dazu Rdn 416) oder schlichte Nachlässigkeit erkennen.

Fall:
Das Urteil stellt an einer Stelle fest, die Tat sei in tiefdunkler Nacht begangen worden. An anderer Stelle wird ausgeführt, ein Zeuge habe auf 70 m Entfernung die Gesichtszüge des Angeklagten erkannt.
Die zweite Feststellung kann darauf beruhen, daß der Richter an seine erste Feststellung nicht mehr gedacht hat (Nachlässigkeit). Er kann aber auch beide Feststellungen für vereinbar gehalten haben (Denkfehler). In jedem Falle dürfte das Urteil zu Fall kommen.

Exemplarische Widersprüche in den Urteilsgründen findet man insbesondere auch im Bereich des inneren Tatbestandes.

Fall:
Zur Schuldfrage wird festgestellt, der Täter einer Körperverletzung habe bei Abgabe eines Schusses in Kauf genommen, daß er einen Menschen treffen könne. Bei der Strafzumessung wird strafschärfend der grobe Leichtsinn des Täters hervorgehoben, mit dem er auf die Ungefährlichkeit seines Schusses vertraute.

Sind derartige Widersprüche mit dem Urteilsausspruch in einen kausalen Zusammenhang zu bringen, führen sie zur Aufhebung des angefochtenen Urteils.

Nicht selten werden die Hoffnungen des Revisionsführers aber auch durch „Widersprüche" in den Urteilsgründen enttäuscht, die nur scheinbar sind.

Fall:
Das Gericht spricht einen wegen Trunkenheit am Steuer Angeklagten frei, weil der Blutalkoholgehalt von 2,5‰ möglicherweise auf einem Nachtrunk beruhe. An anderer Stelle wird das Verschulden dieses Angeklagten an der Körperverletzung eines anderen Verkehrsteilnehmers verneint, weil er möglicherweise volltrunken gewesen sei.

Das ist kein Widerspruch, sondern nur eine zulässige und gebotene Alternativität in der Anwendung des Grundsatzes in dubio pro reo (Rdn 435).

Fall:
Einem Angeklagten wird bei der allgemeinen Persönlichkeitswürdigung eine in langjähriger Tätigkeit vielfach bewährte, optimale Zuverlässigkeit als Kraftfahrer bescheinigt. Gleichwohl wird er im konkreten Fall einer bodenlosen Fahrlässigkeit für schuldig erachtet.

Das ist kein „Widerspruch" in der Logik der Urteilsgründe, sondern allenfalls im Charakter des Angeklagten.

ff) Verstöße gegen Naturgesetze und anerkannte Ergebnisse der Wissenschaft

Einen weiteren Bereich der Normverletzung bieten die Verstöße gegen 405
Naturgesetze. Zu ihnen rechnen u.a. die Gesetze der Physik, insbesondere auch der Mechanik und der Statik. Sie sind als solche zwar keine Rechtsnormen, jedoch bedeutet der Widerspruch tatsächlicher Feststellungen zu naturwissenschaftlich gesicherten Erkenntnissen, daß das Recht „nicht richtig angewendet worden ist" (§ 337 II). Der Urteilsfehler zeigt sich bisweilen unverhüllt.

Fall:
Im Urteil ist für die Nacht des 15. März Vollmond festgestellt. An anderer Stelle wird für den 1. Juni das gleiche angenommen.

Das ist naturgesetzlich unmöglich.

Die Feststellungen von Licht- und Wetterverhältnissen scheitern auch häufig an naturgesetzlichen Gegebenheiten der Wetterkunde.

Fall:
Im Urteil wird festgestellt, im Monat Juni herrschte gegen 18.00 Uhr Dämmerung.

Das ist naturgesetzlich nicht möglich.

Naturwissenschaftliche Erkenntnisse sind manchmal schwer zu ergründen. Sie sind aber dem Juristen – mindestens durch Befragung von Wissenschaftlern und Literatur – häufig zugänglich. So kann es dazu kommen, daß das Revisionsgericht nach Gewinnung sämtlicher Erkenntnisse schließlich „aus eigener Wissenschaft" die tatrichterlichen Feststellungen verwirft.

Stehen Feststellungen des angefochtenen Urteils nicht mit Naturgesetzen, sondern mit **Erkenntnissen der Wissenschaft** in Gegensatz, so ist dies revisionsrechtlich nur relevant, wenn es sich um „allgemein anerkannte" Ergebnisse der Wissenschaft handelt. Dies ist nicht immer leicht festzustellen. Es kann daher zum naturwissenschaftlichen Streitgespräch in der Revisionsinstanz kommen. Medizinische Lehrbücher auf dem Tisch des Revisionsgerichts sind zwar eine Seltenheit, jedoch kommt auch dieses vor. Die Anhörung von Sachverständigen kann ebenfalls erforderlich werden. Dies alles bedeutet freilich nicht uferlose Ausdehnung auf jegliche Fachprobleme, weil diese grundsätzlich in den der Revision verschlossenen Bereich gehören. Anders ist es nur im Bereich der wissenschaftlich feststehenden Erkenntnisse, die den Naturgesetzen gleichgesetzt werden müssen.

d) Rechtsfehler bei der richterlichen Überzeugungsbildung

406 Grundlage jeder Sachentscheidung des Tatrichters ist der **Sachverhalt**, von dem sich der oder die Richter im Laufe der Verhandlung und Beratung überzeugt haben.[46] Diese **Überzeugung** müssen sie nach dem Gesetz (§ 261) aus dem Inbegriff der Hauptverhandlung gewinnen. Wichtigste Erkenntnisquelle ist in der Hauptverhandlung insoweit neben der Einlassung des Angeklagten die Beweisaufnahme. Sie zu leiten und ihre Ergebnisse zu würdigen ist die ureigene Kompetenz des Tatrichters, der die Zeugen befragt, die Sachverständigen angehört, Örtlichkeiten in Augenschein genommen und andere Beweise selbst erhoben hat. Ohne Bindung an gesetzliche Beweisregeln hat der Richter nur vor seinem Gewissen verantwortlich zu prüfen, ob er angesichts des Beweisergebnisses mögliche Zweifel überwinden und sich von einem bestimmten Sachverhalt überzeugen kann oder nicht. Dabei ist er auch in seinen Schlußfolgerungen insofern frei, als er jede Schlußfolgerung ziehen darf, die nach den Gesetzen der Logik möglich ist, ohne daß ihm vorgeschrieben wird, unter bestimmten Voraussetzungen zu bestimmten Folgerungen und einer bestimmten Überzeugung gelangen zu müssen. Allerdings sind dem Gericht in der Freiheit der Überzeugungsbildung gewisse Grenzen gesetzt. Er darf seine Befugnis nicht willkürlich ausüben, muß die Beweise erschöpfend würdigen und gesicherte wissenschaftliche Erkenntnisse, die Gesetze der Logik und Erfahrungssätze des täglichen Lebens beachten.[47]

407 Die Natur des richterlichen Überzeugungsprozesses bringt es zwingend mit sich, daß das Revisionsgericht die Überzeugungsbildung[48] nur in begrenztem Umfang nachprüfen kann. Die Überzeugung des Tatgerichts ist für das Revisionsgericht grundsätzlich bindend; insbesondere ist es ihm verwehrt, die Beweiswürdigung des Tatrichters durch eine eigene zu ersetzen.[49] Die Wiederholung der Beweisaufnahme oder einzelner Beweiserhebungen ist unzulässig, die Überprüfung des Beweisergebnisses an Hand von Hauptverhandlungsprotokoll oder Akten nicht erlaubt. Außerhalb der Verfahrensrüge des § 261 (Rdn 242) hat die Rechtsprechung jedoch eine Reihe von Rechtskriterien entwickelt, die in engen Grenzen einen Zugriff auf Rechtsfehler der Beweiswürdigung und Überzeugungsbildung erlauben.

aa) Die Einlassung des Angeklagten

408 Die **Wiedergabe der Einlassung** des Angeklagten im Urteil ist in § 267 nicht vorgeschrieben. Gleichwohl hält es die Rechtsprechung für erforderlich, die Einlassung des Angeklagten zu einem Schuldvorwurf in die Urteilsgründe aufzunehmen und zu würdigen. Ohne die Wiedergabe der Einlassung und

[46] Hierzu grundsätzlich BGHSt 29, 18; 10, 208; für Freispruch BGH NJW 1980, 2423; Hanack JuS 1977, 727 (730); Schmid ZStW 85 (1973), 360.

[47] BGHSt 29, 18 (20); 17, 382 (385); Kleinknecht/Meyer-Goßner § 261 Rdn 2.

[48] BGHSt 29, 18 (20); 10, 208 (210).

[49] Kleinknecht/Meyer-Goßner § 337 Rdn 26 m.w.Nachw.

ihrer Würdigung kann das Revisionsgericht in der Regel nicht erkennen, ob der Beurteilung des Sachverhalts, insbesondere im Hinblick auf den subjektiven Tatbestand, rechtlich fehlerfreie Erwägungen zugrunde liegen.[50]

Fall:
Gegen einen Chefarzt war der Vorwurf erhoben worden, er habe einen fachlich und charakterlich ungeeigneten Arzt zum Nachtdienst eingesetzt, durch dessen Fehler ein Patient zu Tode gekommen sei. Die Mängel des Arztes hätte er vorher erkennen müssen.
Wegen der fehlenden Wiedergabe der Einlassung des Chefarztes zu diesem Punkt und ihrer Würdigung war das Revisionsgericht außerstande, die Annahme des Tatrichters rechtlich zu überprüfen, der Chefarzt habe die Mängel des von ihm zum Nachtdienst eingesetzten Arztes früher erkennen müssen. Das Urteil wurde aufgehoben.

Die zu kurze Wiedergabe der Einlassung des Angeklagten ist ein Mangel, der vielen Urteilen anhaftet. Die richterliche Kunst der Komprimierung ist fehl am Platze, wenn sie dazu benutzt wird, stunden- oder tagelange Einlassungen von Angeklagten auf einige Zeilen oder eine Seite eines umfangreichen Urteils zu reduzieren. Ein Urteil, in dem über die Sacheinlassung lediglich mitgeteilt wird, der Angeklagte bestreite den Anklagevorwurf, wird der Revision in der Regel nicht standhalten können, weil es u.a. nicht deutlich macht, ob der Vorwurf im Tatsächlichen, hinsichtlich des objektiven oder subjektiven Tatbestandes oder aus Rechtsgründen bestritten wird. Das Revisionsgericht kann bei allzu knapp gefaßten Passagen dieser Art nicht erkennen, ob die Einwendungen des Angeklagten gegen den Anklagevorwurf rechtserheblich waren und mit welchen Erwägungen der Tatrichter sie überwunden hat. Damit wird ein Teil der Rechtskontrolle unmöglich gemacht, die Aufgabe der Revision ist. In einer derartigen Beschneidung der revisionsrechtlichen Kontrollmöglichkeiten liegt ein sachlich-rechtlicher Fehler.

Handelt es sich um mehrere unterschiedliche Vorwürfe, muß das Urteil die Stellungnahme des Angeklagten zu jedem einzelnen deutlich machen. Bei fortgesetzten Handlungen, Dauerstraftaten u.ä. ist eine gewisse Zusammenfassung je nach Lage des Falles zulässig. Dagegen ist es rechtsfehlerhaft, wenn das Urteil nicht wiedergibt, was der Angeklagte speziell zu dem Sachverhalt geäußert hat, mit dem letztlich der Urteilsvorwurf begründet worden ist.[51]

bb) Die Beweiswürdigung 409

Lit.: *Geerds,* Revision bei Verstoß gegen Denkgesetze oder Erfahrungssätze, FS Peters, S. 267; *Hanack,* Maßstäbe und Grenzen richterlicher Überzeugungsbildung im Strafprozeß, JuS 1977, 727; *Herdegen,* Bemerkungen zur Beweiswürdigung, NStZ 1987, 193; *Kaufmann,* Über den Zirkelschluß in der Rechtsfindung, FS Gallas, S. 7; *Keller,* Offenkundigkeit und Beweisbedürftigkeit im Strafprozeß, ZStW 101 (1989), 381; *Lampe,* Richterliche Überzeugungsbildung, FS Pfeiffer, S. 353; *Meurer,* Beweiswürdigung, Überzeugung und Wahrscheinlichkeit, FS Tröndle, S. 553; *Meyer-Goßner,* Über

---

[50] BGH NStZ 1992, 49; BGH StV 1984, 64; 1983, 8; KK-Hürxthal § 267 Rdn 14; Kleinknecht/Meyer-Goßner § 267 Rdn 12.

[51] Vgl. dazu BGHSt 28, 198.

die „Gerichtskundigkeit", FS Tröndle, S. 551; *Nack*, Der Indizienbeweis, MDR 1986, 366; *Paulus*, Prozessuale Wahrheit und Revision, FS Spendel, S. 687; *Peters*, Zur Problematik der freien Beweiswürdigung, in Strafrechtspflege und Menschlichkeit, 1988, S. 391; *Schmid, W.*, Der Revisionsrichter als Tatrichter, ZStW 85 (1973), 360; *Widmaier*, Die Rüge daß das Tatgericht (wesentlichen) Beweisstoff übersehen oder übergangen habe, Schriftenreihe DAV, Bd. 9 (1992), S. 66.

Die Rechtsprechung verlangt heute vom Tatrichter regelmäßig eine **Beweiswürdigung**. Darin muß er die Ergebnisse der Beweisaufnahme, die Grundlage der tatsächlichen Feststellungen sind, darstellen und erschöpfend würdigen – d.h. insbesondere sich mit allen wesentlichen für und gegen den Angeklagten sprechenden Umständen auseinandersetzen;[52] diese erschöpfende Würdigung hat er in den Urteilsgründen darzulegen.[53] Dabei können in verschiedener Weise Rechtsfehler unterlaufen, die in der Revision eine erfolgreiche Sachrüge begründen.[54]

– Vollständigkeit und Geschlossenheit

410 Auch im Rahmen der Beweiswürdigung wird kein Urteil durchgehen können, das mit allzu knappen Mitteln versucht, revisionsrechtliche Angriffe abzuwehren. Ein bloßes Aneinanderreihen von Beweistatsachen reicht nicht aus. Es genügt auch nicht, daß die einzelnen Vorgänge jeweils für sich und ohne Zusammenhang mit sonst festgestellten Tatsachen gewürdigt werden. Das Gericht muß vielmehr eine **Gesamtwürdigung** aller in der Hauptverhandlung festgestellten Tatsachen vornehmen. Dabei müssen auch die für seine Überzeugungsbildung bewerteten **Beweisanzeichen** (**Indizien**) lückenlos (!) zusammengefügt und unter allen (!) für ihre Beurteilung maßgebenden Gesichtspunkten gewürdigt werden.[55] Dies geht allerdings nicht so weit, daß Selbstverständlichkeiten, die sich ohne weiteres aus den Feststellungen ergeben, eines weiteren Nachweises bedürfen.

1. Fall:
In einem Urteil ist festgestellt, daß der Angeklagte das Alter eines Kindes kannte, ohne daß dieses Wissen näher begründet ist.
Eine solche Begründung ist entbehrlich.

2. Fall:
Im Urteil ist angegeben, der Täter habe das Alter des Kindes gekannt, weil er es aus dem Aussehen und dem Verhalten des Kindes „habe erkennen müssen". Hier ist nicht

---

[52] BGH NStE § 261 Nr. 30 m.Nachw.

[53] BGH NStZ 1984, 81, 271; BGH bei Holtz MDR 1980, 631; Niemöller StV 1984, 432f.; Kleinknecht/Meyer-Goßner § 267 Rdn 12; Löwe/Rosenberg/Hanack § 337 Rdn 451 m.Nachw.; Löwe/Rosenberg/Gollwitzer § 261 Rdn 58f.; Herdegen FS Kleinknecht S. 177 (krit).

[54] Vgl. zum flgd. die instruktive systematische Darstellung der Rspr. des BGH bei Niemöller StV 1984, 431.

[55] BGHSt 35, 308, 316; BGH bei Pfeiffer/Miebach NStZ 1988, 19; KK-Hürxthal § 261 Rdn 49f. m.Nachw.; Löwe/Rosenberg/Gollwitzer § 267 Rdn 51; Löwe/Rosenberg/Hanack § 337 Rdn 152; Kleinknecht/Meyer-Goßner § 267 Rdn 11; Hanack JZ 1972, 488.

auszuschließen, daß der Tatrichter Vorsatz und Fahrlässigkeit nicht voneinander geschieden hat. Deshalb reicht die Begründung nicht aus.

Kommen für die Beweiswürdigung **mehrere Möglichkeiten** gleichermaßen in Betracht, so müssen die Gründe dargelegt werden, die das Gericht veranlaßt haben, der von ihm angenommenen Modalität den Vorzug zu geben.[56] Wie genau die Konkretisierung sein muß, wird im übrigen immer vom Einzelfall abhängen.

Zur Vollständigkeit der Beweiswürdigung gehört auch die **zusammenfassende Würdigung** ent- oder belastender Anhaltspunkte. So können berechtigte Zweifel an der Richtigkeit einer (ent- oder) belastenden Zeugenaussage durch das Zusammentreffen mehrerer Umstände auch dann entstehen, wenn jeder einzelne Umstand die Richtigkeit der Aussage noch nicht in Frage stellt.[57] Kommt einem Beweismittel von vornherein nur ein geringer Beweiswert zu, wie z.B. der Aussage des Zeugen vom Hörensagen (vgl. Rdn 254), so kann es für die Unbrauchbarkeit der Aussage bereits ausreichen, wenn sie in einem wesentlichen Punkt nicht der Wahrheit entspricht.[58] Auf der anderen Seite kann jedes der im Urteil einzeln vermerkten Indizien nicht ausreichend sein, die Verurteilung zu tragen, während in der Gesamtwürdigung die Indizien für die Überzeugung des Gerichts ausreichen.[59] Das tatrichterliche Urteil muß deutlich machen, daß eine Gesamtwürdigung vorgenommen wurde und zu welchem Ergebnis sie geführt hat. Ob dieses „überzeugend" ist, hat das Revisionsgericht dagegen nicht zu prüfen.

– Lücken

Die Beweiswürdigung darf auch keine **Lücken** aufweisen. Aufgabe des Tatrichters ist es, in der Beweiswürdigung darzustellen, auf welchen Wegen er zu den Feststellungen gelangt ist, die Grundlage der Entscheidung geworden sind. Dabei muß er die in der Hauptverhandlung benutzten Beweismittel erschöpfend würdigen, soweit sich aus ihnen bestimmte Schlüsse zugunsten oder zuungunsten des Angeklagten herleiten lassen.[60] Der typische Fall einer revisionsrechtlich relevanten Lücke ist dann gegeben, wenn das Tatgericht wesentliche, für den Beschwerdeführer sprechende Umstände außer Acht gelassen oder nicht hinreichend, d.h. unter allen in Betracht kommenden Aspekten gewürdigt hat.[61] Eine Lücke ist z.B. auch dann gegeben, wenn der Tatrichter seine Feststellungen zum äußeren Tathergang allein auf Angaben des Angeklagten außerhalb der Hauptverhandlung stützt, von dieser Darstel- **411**

[56] BGH StV 1982, 59; BGH U.v. 26. 2. 1981 – 4 StR 713/80 – unv.

[57] BGH MDR 1986, 950; StV 1991, 7; BGH NStZ 1983, 133; 1983, 277.

[58] LG Aachen StV 1991, 341; zum Beweiswert einer DNA-Analyse vgl. nur BGH NStZ 1992, 554.

[59] BGH NStE § 261 Nr. 30.

[60] BGH NStZ 1985, 184.

[61] BGH StV 1991, 485; Kleinknecht/Meyer-Goßner § 261 Rdn 2.

lung jedoch in einem wesentlichen Punkt abweicht, ohne darzulegen, worauf diese Abweichung beruht.[62] Gleiches gilt, wenn der Schuldspruch auf eine zeugenschaftliche Täteridentifizierung gestützt ist und das Urteil auf eine wesentliche Abweichung zwischen Zeugenaussage und Feststellung (z.B. Alter) nicht eingeht.[63] Bei der Auswertung des Beweisergebnisses ist jede nach Lage der Sache ernsthaft in Betracht kommende Möglichkeit zu erwägen. Das gilt auch, wenn der Angeklagte von seinem Recht Gebrauch gemacht hat, zur Anklage zu **schweigen.** In einem solchen Fall müssen **naheliegende Verteidigungsumstände** abgehandelt und sich aufdrängende Beweisumstände erörtert werden.

Bei der Bewertung einzelner tatsächlicher Umstände ist auch darauf Bedacht zu nehmen, daß die tatrichterliche Annahme, ein Vorgang könne sich nur in einer bestimmten Weise ereignet haben, hinreichend mit Tatsachen begründet wird. Wird ein für den Beschwerdeführer günstiges Indiz in den Urteilsgründen „hinwegdiskutiert", so kann dies rechtsfehlerhaft sein, wenn das Urteil zu dem vom Gericht unterstellten Alternativgeschehen keine „sicheren Feststellungen" enthält. Damit ist auch der für Indiztatsachen geltende Grundsatz in dubio pro reo verletzt.[64]

Rechtsfehlerhaft sind Urteil und Beweisführung auch dann, wenn **naheliegende andere Möglichkeiten**, die nicht rein theoretisch sind, übersehen und unerörtert geblieben sind.[65] Das kann rechtliche Gesichtspunkte (Notwehr,[66] Notstand,[67] Versuch) oder tatsächliche Umstände betreffen.[68] Es kann dann zu folgern sein, daß der Tatrichter rechtsirrig angenommen hat, auf diese Umstände komme es nicht an. Ist das aus dem Urteil nicht zu widerlegen, muß es mangels Nachprüfbarkeit aufgehoben werden. Dasselbe ist der Fall, wenn von mehreren gleich naheliegenden Schlüssen nur einer behandelt ist.

Das Urteil kann aber auch durchaus richtig sein, weil der Richter die andere Möglichkeit wohl gesehen, aber sie aus rechtlich oder tatsächlich zutreffenden Gründen nicht für gegeben gehalten hat. Hier liegen also gewisse Gefahren für den Bestand auch richtiger Urteile. Es wird daher nur offensichtliches Übersehen naheliegender, bedeutungsvoller Möglichkeiten anerkannt werden können, um die Kriterien der „Lückenhaftigkeit" und der „naheliegenden Möglichkeiten" nicht zur Zauberformel von „Revisionsspezialisten" werden zu lassen.

---

[62] BGH StV 1991, 584.
[63] BGH StV 1986, 287.
[64] BGHSt 36, 286 (290); vgl. aber Kleinknecht/Meyer-Goßner § 261 Rdn 29.
[65] BGH StV 1982, 210; BGH NStZ 1981, 271; BGH bei Pfeiffer/Miebach NStZ 1984, 212; BGH bei Miebach NStZ 1990, 28; BGH NStE § 261 Nr. 42, 46; BGH StV 1981, 508; dazu Widmaier, Schriftenreihe DAV, Bd. 9, S. 69.
[66] BGH U.v. 16. 10. 64 – 2 StR 267/64 – unv.
[67] BGH U.v. 16. 10. 80 – 4 StR 530/80 – unv.
[68] Z. B. BGH NStE § 261 Nr. 99.

Fall:
Der Tatrichter hatte aus der Wucht des auf das Körperzentrum geführten Messerstiches auf bedingten Tötungsvorsatz geschlossen. Obwohl diese Schlußfolgerung zulässig ist, hob der BGH das Urteil auf, weil sich das Gericht mit der nach Sachlage naheliegenden Möglichkeit einer erheblichen Einschränkung des Einsichtsvermögens des mit dem Opfer befreundeten alkoholiserten Angeklagten nicht befaßt hatte.[69]

Die Notwendigkeit der Erörterung naheliegender anderer Umstände kann sich auch zum Nachteil des Angeklagten auswirken.

Fall:
Der Angeklagte war vom Vorwurf der Vergewaltigung freigesprochen worden. Eine Gewaltanwendung war zwar festgestellt worden, jedoch hatte der Tatrichter nicht ausgeschlossen, daß der Angeklagte die Gegenwehr der Zeugin nicht ernst nahm. Der BGH bemängelte, daß die später vom Angeklagten an die Zeugin gestellte Frage, ob sie sich vergewaltigt fühle, nicht in die Beweiswürdigung zum subjektiven Tatbestand einbezogen worden war.[70]

Ein instruktives Beispiel für eine revisionsrechtlich relevante Lücke in der Beweiswürdigung ist auch der folgende

Fall:
Die nach ihrer Aussage vergewaltigte Zeugin hatte hinsichtlich der Bedrohung mit einer Pistole unterschiedliche Angaben gemacht. Der Tatrichter überwand diesen Widerspruch mit der Erwägung, Opfer von Vergewaltigungen neigten nach der Tat zunächst häufig zu Übertreibungen. Das Revisionsgericht beanstandete, daß die Strafkammer sich in der Beweiswürdigung nicht mit dem Zeitabstand zwischen Tat und polizeilicher Aussage sowie Hauptverhandlung befaßt hatte. Deshalb könne nicht überprüft werden, ob der wiedergegebene Erfahrungssatz der Strafkammer im konkreten Fall eine hinreichende tatsächliche Basis habe.[71]

Auch sonst ist die **Vollständigkeit** der **Beweiswürdigung** geboten. So muß sie sich mit wesentlichen Umständen auseinandersetzen, deren Erörterung sich aufdrängt, z.B. allen Fakten im Zusammenhang mit dem Wiedererkennen des Täters,[72] wesentlichen Zeugenaussagen[73] , der Frage, ob der Angeklagte, der in der Hauptverhandlung eine (aus der Sicht des Gerichts unglaubhafte) entlastende Einlassung vorbringt, diese schon früher im Verfahren vorgetragen hat,[74] wie die als unwahr angesehene Aussage eines Entlastungszeugen gelautet hat, wer der Zeuge gewesen ist und aufgrund welcher Erwägungen der Tatrichter der Aussage nicht gefolgt ist.[75] Revisionsrechtlich angreifbar ist nicht selten auch die beliebte tatrichterliche Argumentation, es sei nicht er-

---

[69] BGH StV 1991, 510; BGH B.v. 7.3.79 – 3 StR 43/79 – unv.; weitere Fälle bei Fezer S. 31ff. und 88ff., auch S. 16ff.; zur Frage des Rückschlusses von Tatausführung auf den subjektiven Tatbestand BGH NStZ 1984, 19.

[70] BGH StV 1982, 210.

[71] BGH StV 1981, 114.

[72] BGH NStZ 1981, 271; zur Wahlgegenüberstellung BGH NStE § 261 Nr. 9, 11; OLG Köln StV 1992, 412.

[73] BGH NStZ 1983, 133; BGH StV 1988, 138.

[74] OLG Köln, B.v. 24.3.1982 – 3 Ss 120/82 – unv.

[75] BGH NStZ 1983, 133.

kennbar, warum der (frühere) Mitangeklagte den Angeklagten der Wahrheit zuwider belasten sollte. Wird hier, je nach Lage des Falles, z.B. nicht erwogen, daß der Zeuge mit seiner Aussage zivilrechtliche Ansprüche von sich abwehren wollte, verfällt das Urteil der Aufhebung.[76]

412 Bei Belastung ausschließlich durch einen Mitangeklagten, müssen die Urteilsgründe erkennen lassen, daß der Tatrichter alle für die Beurteilung der Glaubwürdigkeit wesentlichen Umstände erkannt und in seine Überlegungen einbezogen hat.[77] Entsprechendes gilt für die Verurteilung aufgrund der belastenden Aussage nur eines Zeugen.[78] Die Lücken in der Beweiswürdigung können auch den **Strafausspruch** betreffen, wenn z.B. ein besonders schwerer Fall angenommen wird und das Gericht es unterläßt, sich mit zugunsten des Täters sprechenden Umständen auseinanderzusetzen, die sich aus den Feststellungen ergeben.[79]

Kommt nach den Darlegungen zum Tathergang als **Schuldform** nicht nur vorsätzliches, sondern ebenso ein fahrlässiges Handeln des Angeklagten in Betracht, so genügt es nicht, daß der Tatrichter sich darauf beschränkt, den Vorsatz als erwiesen hinzustellen; er muß sich vielmehr unter Berücksichtigung des sonstigen Beweisergebnisses auch des näheren mit der Frage auseinandersetzen, warum eine fahrlässige Begehung ausscheidet.[80]

Dies alles bedeutet aber nicht, daß jedes Beweismittel, das ausweislich des Hauptverhandlungsprotokolls verwertet worden ist, auch im Urteil behandelt werden muß. Bleibt ein **Beweismittel** in den Urteilsgründen **unerwähnt**, so kann daraus nicht geschlossen werden, daß es bei der Entscheidung übersehen worden ist.[81] Das gilt auch dann, wenn es in der in den Entscheidungsgründen häufig üblichen Zusammenstellung der Beweismittel, auf denen die Feststellungen beruhen, erwähnt ist.[82] Die einzelnen Probleme der **unvollständigen Beweiswürdigung** sind eingehend unter Rdn 409ff. erörtert.

– Widersprüche

413 Auch **innere Widersprüche** in der Beweiswürdigung sind für die Revisionsgerichte Anlaß zur Aufhebung.

Fall:
Der Tatrichter hatte seine Überzeugung von der Schuld des wegen Vergewaltigung Angeklagten u.a. darauf gestützt, daß die Angaben des Opfers und des Angeklagten „weitgehend" überstimmten und „nur" in der Frage der Erzwingung des Geschlechtsverkehrs voneinander abwichen. Die im Urteil wiedergegebene Einlassung

---

[76] OLG Stuttgart, B. v. 14. 3. 86 – 1 Ss (25) 51/86 – unv.
[77] BGH StV 1992, 97; 1992, 149; 1992, 555; BGH NStZ 1990, 603.
[78] BGH StV 1992, 98; 1992, 149; 1992, 261; NStZ 1992, 347.
[79] BGH StV 1981, 72.
[80] BGH B.v. 7. 3. 1979 – 3 StR 43/79 – unv.
[81] BGH StV 1992, 550.
[82] Kleinknecht/Meyer-Goßner § 267 Rdn 12; Löwe/Rosenberg/Gollwitzer § 267 Rdn 55.

des Angeklagten und die Aussage der Zeugin zeigten jedoch, daß die Darstellungen in nahezu allen wesentlichen Punkten unterschiedlich waren.[83]

Fall:
Die Strafkammer hatte als besonderes Glaubwürdigkeitskriterium die angebliche Äußerung der Angeklagten gewertet, sie wollten sich durch die Brandstiftung für die verweigerte Regulierung eines zuvor erlittenen Diebstahls an der Versicherung schadlos halten. Sie sah darin ein „lebensnahes und in sich stimmiges Bild ... des Tatgeschehens." Das OLG verwarf die Agumentation als widersprüchlich und widersinnig, weil die Herbeiführung eines weiteren Eigenschadens nach den Umständen des Falles nicht zum Ausgleich des früheren Schadens führen konnte.[84]

Fall:
Das Landgericht hatte das Urteil darauf gestützt, daß keine Anhaltspunkte für Zweifel an der Glaubwürdigkeit der Belastungszeugin bestünden. In demselben Urteil war der Angeklagte von weiteren Vorwürfen freigesprochen worden, die dieselbe Zeugin in demselben Verfahren erhoben hatte, ohne daß der Widerspruch in den Urteilsgründen erörtert wurde. Der BGH bemängelte, daß es an einer gründlichen, vor allem in sich verständlichen Beweiswürdigung fehle.[85]

Auf dieser Linie liegt auch die **Verkennung von Widersprüchen.** 414

Fall:
Die Strafkammer hat mehrere Widersprüche zwischen der Aussage eines Zeugen in der Hauptverhandlung im Vergleich zu seiner früheren richterlichen Vernehmung aufgezeigt, die sie fälschlich als nur „scheinbare" Widersprüche wertet und deshalb als bedeutungslos ansieht.

Der Grundsatz **in dubio pro reo** muß auch bei der Wüdigung einzelner 415
indizieller Vorgänge beachtet werden, anderenfalls ist das Urteil gefährdet.

Fall:
Der Tatrichter hat im Urteil Widersprüche zwischen den Aussagen des Belastungszeugen A und des Entlastungszeugen B mit der lakonischen Bemerkung überwunden, es bestünden Bedenken, ob der Zeuge B die volle Wahrheit gesagt habe.

In diesem Bereich sind auch die Grenzfälle angesiedelt, die „auf des Messers Schneide liegen"; sie sind vielfach auch systematisch schwer einzuordnen.

– Verstoß gegen die Denkgesetze

Der Verstoß gegen die **Denkgesetze** ist einer der beliebtesten Revisions- 416
gründe; derartige Mängel sind in den Urteilen aber bei weitem nicht so häufig vorhanden wie sie von Revisionsführern behauptet werden.

Denkgesetze sind an sich keine Rechtsnormen, sie können aber zur Verletzung des Rechts führen, insofern die denkgesetzwidrig angewendete Rechtsnorm eben „nicht richtig angewendet" worden ist (§ 337 II).[86] Es kommt also

---

[83] BGH U. v. 19. 6. 1979 – 5 StR 192/79 – unv.; ähnlicher Fall bei Fezer S. 13 unter Hinweis auf BGHSt 3, 213 (214).
[84] OLG Düsseldorf StV 1982, 12.
[85] BGH StV 1986, 236.
[86] Zum Ursprung vgl. OLG Dresden JW 1932, 3070 m. Anm. Alsberg.

darauf an, ob ein Verstoß gegen die Denkgesetze, d.h. gegen die Gesetze der Logik tatsächlich vorliegt. Indes ist die reine Logik nur eines und keinesweges das dominierende der angewandten Erkenntnismittel des Richters. Ihn bestimmen außerdem Lebenserfahrung, Phantasie, Stimmungen, Gefühle, Beeinflussungen u.a. Die Überzeugungsbildung ist eben ein schwer zu erfassender, äußerst komplexer, geistig-psychischer Vorgang höchstpersönlicher Natur. Der Revisionsrichter hat in diesem Bereich die Möglichkeit und die Aufgabe einzugreifen nur dann, wenn als ein wesentliches Element der Beweiswürdigung und Überzeugungsbildung des Tatrichters ein Verstoß gegen ein **zwingendes Gesetz der Logik** nachweisbar ist.

Fall:
Im Urteil sind 1 Jahr und 3 Monate Gefängnisstrafe als 1,3 Jahre behandelt. Das ist ein Denkverstoß. Der Richter ist irrigerweise in das dekadische System hineingeraten.

Fall:
Nach den Urteilsfeststellungen sind alle Fahrzeuge in einer Autoschlange in einem Abstand von nur 3m gefahren. Das Gericht hat gleichwohl einem Zeugen Glauben geschenkt, der eines der beteiligten Fahrzeuge von 5m Länge in eine Lücke hineinfahren gesehen haben will.
Auch hier ist der Denkfehler offensichtlich.

Fall:
Im Urteil wird der in das Tatgeschehen verwickelte Angeklagte B für überführt erachtet, weil er an der zu Lasten des A festgestellten Tat allein deshalb beteiligt gewesen sein müsse, weil dieser die Tat „nicht allein“ habe ausführen können.

Diese Feststellung ist unlogisch. Der Richter hat übersehen, daß ein anderer als B der Mittäter gewesen sein kann.

Die Prüfung der **Glaubwürdigkeit** eines Belastungszeugen beruht dann auf einer gegen die Denkgesetze verstoßenden Grundlage, wenn sie sich zu Ungunsten des Angeklagten auf dessen durch die Aussage des Zeugen widerlegte Schutzbehauptung stützt.[87] Ebenso kann die Glaubwürdigkeit eines Belastungszeugen nicht mit dem Argument der Aussagekonstanz begründet werden, wenn dessen Aussage in der Hauptverhandlung von einer früheren abweicht.[88]

Denkfehler dieser Art sind als solche meist ebenso unverkennbar wie selten. Was demgegenüber in der Praxis von den Revisionsführern als denkgesetzwidrig oder „unlogisch“ ausgegeben wird, ist es meistens nicht. So ist eine unwahrscheinliche Annahme noch nicht unlogisch. Der Richter, der einem nicht vereidigten Zeugen gegen 10 vereidigte Zeugen glaubt oder der gegen 5 übereinstimmende Sachverständigengutachten entscheidet, mag irren. Dieser Irrtum liegt aber im Bereich des Tatsächlichen und ist kein denkgesetzlicher Widersinn. Ebenso liegt es, wenn einem Zeugen in einem Punkte geglaubt, im übrigen aber nicht geglaubt wird, was häufig gerügt wird.

---

[87] KG StV 1986, 469; Löwe/Rosenberg/Hanack § 337 Rdn 169.
[88] BGH StV 1992, 2.

Immer wieder werden auch **Schlußfolgerungen** des Tatrichters angegriffen. Das ist unbegründet, wenn kein Denkverstoß festzustellen ist. Es gilt der Grundsatz, daß dem Tatgericht, dem es obliegt, die tatsächlichen Feststellungen zu treffen, von Rechts wegen nicht vorgeschrieben werden kann, welche Schlußfolgerungen es aus den von ihm festgestellten Tatsachen zu ziehen hat. Die Revision greift – wie stets – nur bei Rechtsfehlern durch.[89] So müssen die Indiztatsachen, aus denen Schlußfolgerungen gezogen werden, vollständig bewiesen sein, d.h. zur vollen Überzeugung des Gerichts feststehen. Auch dürfen die tatsächlichen Grundlagen für die Schlußfolgerungen nicht in einer so losen Beziehung zur Tat stehen, daß sich das Ergebnis der Bewertung als bloße Vermutung erweist.[90] Auch kann eine Überbewertung tatferner Indizien den Schlußfolgerungen die Grundlage entziehen.[91] Die Schlußfolgerungen selbst brauchen nicht logisch zwingend zu sein. Wer die Schlußfolgerung als „nicht zwingend" angreift, hat die falsche Schußrichtung.[92] Nur logisch unmögliche Schlüsse (Trugschlüsse) kommen in Betracht. Es genügt nicht, daß ein anderer Schluß näher liegt oder dem Revisionsgericht wahrscheinlicher vorkommt (über die Nichtbeachtung naheliegender Möglichkeiten als Urteilsfehler vgl. Rdn 411). Weder der Revisionsführer noch das Revisionsgericht ist befugt, seine Schlußfolgerung an die Stelle der tatrichterlichen Schlußfolgerung zu setzen.[93] So geht auch der häufige Angriff ins Leere, das Gericht habe ein Geständnis nicht zugrunde legen dürfen, weil sein Widerruf aus „logisch zwingenden" Gründen überzeugend sei. Allerdings muß das Urteil bedenkenfrei ergeben, daß der Tatrichter bei seiner Prüfung keinen wesentlichen Gesichtspunkt außer acht gelassen hat, der geeignet sein konnte, das Beweisergebnis zu beeinflussen; nur dann sind die gezogenen Schlußfolgerungen unangreifbar.[94] Vor diesem Hintergrund wird in der Regel eine frühere Aussage, auf die das Urteil gestützt wird, in den Gründen darzulegen sein (Rdn 411). Die Revision kann ebenso darauf gestützt werden, daß der Tatrichter irrtümlich angenommen hat, eine von ihm im Urteil gezogene Schlußfolgerung sei zwingend.[95] 417

Bei **freisprechenden Urteilen** ist zu prüfen, ob die Anforderungen an die richterliche Überzeugungsbildung rechtsfehlerhaft überspannt worden sind.[96] So mussen solche Zweifel außer Betracht bleiben, die keine realen Anknüpfungspunkte haben und lediglich auf Vermutungen[97] oder einer nur gedanklichen, abstrakt theoretischen Möglichkeit beruhen.[98]

---

[89] BGH NStE § 261 Nr. 10.
[90] BGH NStE § 261 Nr. 4, 107.
[91] BGH bei Pfeiffer/Miebach NStZ 1985, 495.
[92] BGH NStE § 261 Nr. 13, 45; BGH bei Miebach NStZ 1990, 28; 1990, 228.
[93] Vgl. z.B. BGH NStE § 261 Nr. 30.
[94] BGH StV 1981, 114; BGH NStE § 261 Nr. 106.
[95] Löwe/Rosenberg/Hanack § 337 Rdn 168.
[96] BGH NStZ 1991, 400; BGH NStE § 261 Nr. 74, 83.
[97] BGH NStE § 261 Nr. 64.
[98] BGH NStE § 261 Nr. 25 m. Nachw., 83.

418 Ein eindeutig revisibler Rechtsverstoß ist der **Kreis-** oder **Zirkelschluß**. Hier wird für eine Schlußfolgerung der Umstand verwertet, dessen Vorhandensein gerade erst aus der Schlußfolgerung entnommen wird (petitio principii).[99]

Fall:
In einem Urteil wegen sexueller Nötigung ist die Glaubwürdigkeit der Zeugin (Geschädigten) damit begründet, daß es gänzlich ausgeschlossen sei, daß die Zeugin zu sexuellen Handlungen der festgestellten (abstoßenden) Art freiwillig bereit gewesen sein könnte.[100]
Das ist ein Denkfehler. Hier wird als Beweisanzeichen (für die Glaubwürdigkeit der Aussage) die Aussage selbst (Art der geschilderten sexuellen Handlungen) verwendet, deren Richtigkeit (Glaubwürdigkeit der Zeugin) gerade erst bewiesen werden sollte (quod erat demonstrandum).

Häufig wird auch die Glaubhaftigkeit einer Zeugenaussage rechtsfehlerhaft mit Äußerungen eben dieses Zeugen begründet, wonach ein Irrtum ausgeschlossen sei.

Fall:
Die StrK hat die Glaubwürdigkeit der Aussage zunächst vor allem mit der lebensnahen Schilderung des Tatgeschehens begründet, die es ausgeschlossen erscheinen lasse, daß die Zeugin die Geschehnisse (sexuelle Praktiken) erfunden oder aus Zeitschriften bzw. Filmen erfahren habe. Damit stand aber noch nicht fest, daß die Aussage auch insoweit zutreffend war, als sie den Angeklagten als Täter bezeichnete. Die auch vom LG für notwendig erachtete weitere Überprüfung der Glaubwürdigkeit in diesem, für den Angekl. entscheidenden Punkt, durfte dann nicht durch den Hinweis erfolgen, die Zeugin selbst habe versichert, der Angekl. und nicht ein anderer sei der Täter, denn gerade die Richtigkeit dieser Versicherung war zu überprüfen. Es ist zu besorgen, daß der Tatrichter hier einem Zirkelschluß erlegen ist.[101]

Fall:
Das Tatgericht hat den Kriminalbeamten St als Zeugen über den Inhalt der Aussagen des von ihm vernommenen Zeugen F vernommen. Im Urteil werden die Aussagen von St als glaubhaft bezeichnet, da sie mit den (sonst berichteten) Aussagen des F übereinstimmen.[102]

Das ist eine Kreisschluß. Zu dem Ergebnis, daß zwischen den Aussagen des Zeugen St und den Angaben des F Übereinstimmung bestehe, durfte die StrK nicht schon anhand der Aussage des Zeugen St gelangen.

Anders soll es sein können, wenn es um die Aussagekonstanz als Indiz für die Glaubwürdigkeit geht.

Fall:
Die Geschädigte (Zeugin) hatte die Richtigkeit ihrer polizeilichen Aussage auf Vorhalt der Protokolle in der Hauptverhandlung bestätigt.
Der BGH sah darin keinen Kreisschluß, weil der Tatrichter die Überzeugung von der

---

99 BGH NStZ 1986, 373, bei Pfeiffer/Miebach NStZ 1985, 495 (Nr. 18).
100 BGH NStE § 261 Nr. 99.
101 BGH StV 1986, 467.
102 BGHR § 261 Inbegriff der Verhandlung 1.

Zuverlässigkeit der Angaben der Zeugin zu ihrem früheren Aussageverhalten unabhängig von der Frage der Glaubhaftigkeit der Angaben zum eigentlichen Tatgeschehen gewinnen könne.[103]

Diese Differenzierung erscheint so feinsinnig, daß sie Zweifel erwecken muß, ob die Tatgerichte damit werden einwandfrei praktizieren können.

Verstöße gegen die Denkgesetze der geschilderten Art führen häufig zur Aufhebung tatrichterlicher Urteile.

Nicht ganz selten ist die **Begriffsvertauschung** oder Begriffsverwechslung 419
(quaternio terminorium). Sie bewirkt denkgesetzwidrige Feststellungen, indem unter derselben Bezeichnung zwei verschiedene Begriffe Verwirrung anrichten. Das hier zugrunde liegende Denkmodell wird in folgender Geschichte deutlich: In einem Waffengeschäft erscheint ein verdächtig aussehender Kunde, der eine Pistole kaufen will.

Verkäufer: „Sie wollen die Waffe doch wohl zu Ihrer Verteidigung gebrauchen?" Antwort: „Nein, dafür nehme ich mir einen Anwalt".

In nicht so krasser Form finden sich solche Begriffsverwechslungen auch in Urteilen.

Fall:
Ein Angeklagter wird einer sexuellen Nötigung für schuldig befunden, weil er gleich nach der Tat geäußert habe, ein „Verbrechen" begangen zu haben. Damit hatte er nur das reuevolle Bekenntnis der geschlechtlichen Ausnützung eines ihm geneigten Mädchens gemeint. Die fehlerhafte Verurteilung beruht hier auf der dem Tatrichter unbemerkt gebliebenen Verwechslung des Begriffs des „Verbrechens" im allgemeinen Sinne einer moralischen Verfehlung mit dem rechtstechnischen Begriff der kriminellen Straftat.

Ein Verstoß gegen die Denkgesetze liegt auch vor, wenn in der Beweiswürdigung Verdachtsgründe als Indizien verwertet werden.

– Offenkundige Tatsachen

Offenkundige Tatsachen werden vom Tatrichter verwertet, ohne daß eine 420
Beweiserhebung darüber nötig ist. Der Begriff umfaßt die Allgemeinkundigkeit und die Gerichtskundigkeit (Rdn 330).[104] Die offenkundigen Tatsachen brauchen nicht unbedingt wahr zu sein, so daß im Einzelfall ein Gegenbeweis in Betracht kommt.

Allgemeinkundig sind die Tatsachen, die erfahrenen und verständigen Menschen regelmäßig bekannt sind, oder über die sie sich durch Benutzung zuverlässiger Quellen, die jedem offenstehen, orientieren können.[105] Es ist also nicht nur das jedermann und jederzeit parate Wissen.

---

[103] BGH NStZ 1992, 553 = StV 1993, 59 mit abl. Anm. Weider.

[104] Vgl. i. e. Löwe/Rosenberg/Hanack § 337 Rdn 179; Löwe/Rosenberg/Gollwitzer § 244 Rdn 227.

[105] BVerfGE 10, 177 (183).

Fall:
In einem Urteil wird die Bedeutung der weißen Fahne als allgemein bekanntes Symbol einer Kapitulation gewertet.
Das ist wegen Allgemeinkundigkeit zulässig.

Fall:
Im Urteil wird die Nationalflagge eines winzigen afrikanischen Staates aufgrund eines dafür gültigen Registers ermittelt und entsprechend verwertet.
Auch das ist wegen Allgemeinkundigkeit zulässig, obwohl die Tatsache nicht allen Menschen bekannt ist.

Das Tatgericht kann eine Offenkundigkeit auch dann annehmen, wenn nicht alle seine Mitglieder darum wissen, oder wenn keine Einstimmigkeit herrscht. Im Revisionsrecht ist die Offenkundigkeit sowohl von Bedeutung, wenn der Tatrichter eine solche im Urteil angenommen, als auch wenn er sie abgelehnt hat oder wenn seine Feststellungen mit offenkundigen Tatsachen kollidieren.

Die **Gerichtkundigkeit** bezieht sich auf Umstände, die dem Gericht außerhalb der Hauptverhandlung zuverlässig bekannt geworden sind,[106] z.B. der Name des Präsidenten des Landgerichts oder das Zimmer der Geschäftsstelle. Die in der Hauptverhandlung zum Anklagefall selbst ermittelten Falltatsachen fallen nicht unter den Begriff der Gerichtskundigkeit.

Wenn das Gericht offenkundige Tatsachen also solche ohne Beweiserhebung dem Urteil zugrunde legen will, muß dies den Beteiligten durch einen Hinweis zur Kenntnis gegeben werden, damit sie sich darauf einrichten können. Anderenfalls ist ein revisibler Rechtsverstoß gegen den Anspruch auf rechtliches Gehör gegeben (Rdn 111).[107] Die Erörterung gehört indes nicht zu den **wesentlichen Förmlichkeiten** des Verfahrens (§ 273 I), deren Beobachtung das Protokoll ersichtlich machen muß.[108]

– Erfahrungssätze

421 Die Mißachtung von **Erfahrungssätzen** kann ebenfalls eine fehlerhafte Beweiswürdigung sein und zu rechtsfehlerhaften Tatsachenfeststellungen führen, wenn sie den Gesetzen der **allgemeinen Lebenserfahrung** widersprechen. Das ist der Fall, wenn ihr Inhalt mit an Sicherheit grenzender Wahrscheinlichkeit zutrifft und keine Ausnahme zuläßt.[109] Sie stehen dann den **Naturgesetzen** (Rdn 405) nahezu gleich. Diese Voraussetzungen sind also sehr eng. Bloße Unwahrscheinlichkeiten noch so schwerwiegender Art reichen nicht aus, solange die Grenze der erfahrungsmäßigen Unmöglichkeit nicht erreicht ist.

---

106 Kleinknecht/Meyer-Goßner § 244 Rdn 52.
107 BVerfGE 10, 177 (183); BGH StV 1988, 514.
108 BGH NStZ 1991, 291 = StV 1991, 51 mit krit. Anm. Kahlo.
109 Kleinknecht/Meyer-Goßner § 337 Rdn 31 m. zahlr. Nachw.

Fall:
In einem Urteil ist festgestellt, daß Eltern ihre 3 Kinder getötet und anschließend eine Tanzveranstaltung besucht haben.
Es nützt der Revision nichts, daß dies der „Lebenserfahrung" widerspricht. Auch das Unwahrscheinlichste kommt vor.

Andererseits sind Urteile manchmal auf „allgemeine Erfahrungssätze" gestützt, die gar nicht bestehen.[110]

Fall:
Die Verurteilung eines Kraftfahrers wegen überhöhter Geschwindigkeit ist ausschließlich mit der allgemeinen Erfahrung begründet, jeder Fahrer habe auf der Rückfahrt nach Hause eine höhere Geschwindigkeit als auf der Hinfahrt zur Arbeitsstelle.
Zwar kann eine solche Erfahrung des täglichen Lebens als Indiz mit herangezogen werden. Rechtsfehlerhaft ist es aber, sie als zwingend zu behandeln.

Auch dürfen **naheliegende** und zulässige **Rückschlüsse** auf Elemente des subjektiven Tatbestandes nicht wegen ihrer besonderen Plausibilität zu allgemeinen Erfahrungssätzen hochgestuft werden.

Fall:
Die Strafkammer hatte sich nicht vom (bedingten) Tötungsvorsatz überzeugen können, obwohl der Angeklagte mehrfach und mit großer Wucht von oben auf den Kopf eines dreimonatigen Kleinkindes getreten hatte. Der BGH billigte diese Entscheidung unter Hinweis darauf, es gebe keinen allgemeinen Erfahrungssatz, daß jede so handelnde Person mit der Todesfolge ihres Tuns rechnen und diese zumindest billigend in Kauf nehmen müsse.[111]

Tatrichterliche Urteile können der Revision auch deshalb verfallen, weil sie **wissenschaftlichen Erfahrungssätzen** (mit oder ohne Allgemeingültigkeit) widersprechen[112] (vgl. Rdn 405).

In den Zusammenhang gehören auch die Sprachgesetze, deren Verletzung in engen Grenzen ebenfalls die Revision begründen kann.

Ein Rechtsverstoß kann aber auch im Zusammenhang mit anderen **Erfahrungssätzen ohne Allgemeingültigkeit** vorkommen. Derartige Erfahrungssätze sind nicht zwingend, geben aber nach den Erfahrungen des täglichen Lebens, der Wissenschaft, den kriminalistischen Regeln usw. den regelmäßigen Ablauf der Dinge wieder. Der Tatrichter muß solche Erfahrungssätze im Urteil heranziehen und sich mit ihnen auseinandersetzen. Er ist allerdings nicht gezwungen, ihnen zu folgen, was dann der begründeten Darlegung bedarf. Kein Erfahrungssatz ist z.B. die Erwägung, daß die erste Aussage, die nach der Tat gemacht wird, der Wahrheit entspricht.

Gerade im Zusammenhang mit Erfahrungssätzen dieser Art kommt es nicht selten zu revisiblen Rechtsfehlern.

---

[110] BGH StV 1993, 114; 1991, 515; NStZ 1993, 95; 1988, 236.
[111] BGHR § 261 Erfahrungssatz 1.
[112] BGHR § 261 Erfahrungssatz 3, 4.

Fall:
Das Landgericht hat ohne nähere Darlegungen angenommen, der Angeklagte habe ausgeschüttetes Heizöl mit Streichhölzern in Brand gesetzt. Dem steht der wissenschaftlich gesicherte Erfahrungswert entgegen, daß Heizöl einen so hohen Flammpunkt hat, daß es bei Raumtemperatur nicht ohne weiteres mittels einer Flamme entzündet werden kann.[113]

Fall:
Die Strafkammer hat ihre Überzeugung von der Indentität des Angeklagten mit dem Täter überwiegend darauf gestützt, daß der Zeuge den Angeklagten, den er vor der Tat nicht kannte, auf einem Lichtbild zweifelsfrei wiedererkannte, das 5 Jahre zuvor gefertigt war und den Angeklagten mit völlig anderem Aussehen zeigte. In der Hauptverhandlung hatte der Zeuge den Angeklagten nicht wiedererkannt.

Diese Argumentation widerspricht der allgemeinen Erfahrung, daß ein Beschuldigter, dessen Aussehen seit der Tat das gleiche geblieben ist, bei persönlicher Gegenüberstellung eher wiederzuerkennen ist, als ein Beschuldigter, der (lediglich) auf einem Lichtbild älteren Datums mit wesentlich anderem Aussehen abgebildet ist. Wenn gleichwohl der Tatrichter der Identifizierung dieses Lichtbildes den Vorzug geben wollte, so hätte er, um einen Denkfehler auszuschließen, näher darlegen müssen, aus welchen besonderen Umständen diese Folgerung zu ziehen war.[114]

Verstöße dieser Art gegen Erfahrungssätze berühren sich mit der Rüge nicht vollständiger Beweiswürdigung, insbesondere der Außerachtlassung naheliegender anderer Möglichkeiten (Rdn 411).

– Sachverständigengutachten

422 Bei der Würdigung eines **Sachverständigengutachtens** (Rdn 348ff., 280ff.), dem sich das Tatgericht anschließt, müssen die Anknüpfungstatsachen, die Ausführungen des Sachverständigen und die eigenen Erwägungen des Gerichts in den Urteilsgründen dargelegt werden. Nur dann ist das Revisionsgericht in der Lage nachzuprüfen, ob das Gutachten auf eine rechtlich einwandfreie Basis gegründet ist und die Vorinstanz ihm mit rechtsfehlerfreien Erwägungen zugestimmt hat.[115]

Weicht das Gericht von einem Sachverständigengutachten ab, müssen der wesentliche Inhalt des Gutachtens, die Gründe für die **Abweichung** und die eigene Sachkunde des Gerichts, das kein weiteres Gutachten eingeholt hat, dargelegt werden.[116] Dies ist häufig deshalb schwierig bzw. angreifbar, weil der Tatrichter zunächst die Heranziehung des Sachverständigen für notwendig gehalten hatte. Daraus ergibt sich aber nicht zwingend die Folgerung, daß

---

[113] BGHR § 261 Erfahrungssatz 4.

[114] BGH StV 1981, 55.

[115] BGH NStZ 1991, 595; BGH NStE § 267 Nr. 31 = BGHR § 261 Sachverständiger 2; Löwe/Rosenberg/Gollwitzer § 261 Rdn 92f.; Albrecht NStZ 1983, 486; vgl. aber BGH NStZ 1993, 95; Dippel S. 24ff.

[116] BGH StV 1981, 113; BGH NStE § 261 Nr. 39; Löwe/Rosenberg/Hanack § 337 Rdn 140; Löwe/Rosenberg/Gollwitzer § 261 Rdn 91; zur Frage der richterlichen Sachkunde Dippel S. 27ff.

es an eigener Sachkunde fehlte. In der Praxis der Tatgerichte hat der Sachverständige auf manchen Gebieten trotz angenommener eigener richterlicher Sachkunde nur die Funktion eines „beratenden Fachmannes". Dazu sind in den Urteilsgründen dann allerdings entsprechende Ausführungen erforderlich.[117] Diese können sich als rechtsfehlerfrei erwiesen, wenn es sich z. B. um eine erfahrene Jugendkammer handelt, die zusätzlich zu ihren eigenen Erkenntnissen über den Entwicklungsstand des Heranwachsenden die Beweisaufnahme um die durch den Sachverständigen durchzuführenden Tests „anreichern" wollte. Ein Rechtsfehler wird hingegen naheliegen, wenn es sich z. B. um Probleme aus einem naturwissenschaftlichen Fachgebiet handelt, für das eine richterliche Kompetenz nicht ohne weiteres angenommen werden kann. Bei einander widersprechenden Gutachten darf sich der Tatrichter nicht auf die Mitteilung der unterschiedlichen Ergebnisse beschränken, sondern muß die tatsächlichen Grundlagen und Erwägungen der Gutachten ebenso darlegen wie die eigenen Überlegungen, mit denen er sich einem Gutachten angeschlossen hat. Der revisionsrechtlichen Nachprüfung werden tatrichterliche Urteile nur dann standhalten, wenn die Darlegungen des Sachverständigen i. e. wiedergegeben sind und nachvollziehbar begründet wird, warum das Gericht dem Gutachten folgt oder nicht.[118]

Bei **Blutalkoholgutachten** reicht es aus, daß das tatrichterliche Urteil lediglich den aus den Einzelanalysen gewonnenen Mittelwert der Blutprobe enthält; Zahl, Art und Ergebnisse der Einzelanalysen müssen nicht mitgeteilt werden.[119]

cc) Überzeugungsbildung im engeren Sinne 423

Lit.: *Albrecht,* Überzeugungsbildung und Sachverständigenbeweis in der neueren strafrechtlichen Judikatur zur freien Beweiswürdigung, NStZ 1983, 486; *Dahs/Langkeit,* Das Schweigerecht des Beschuldigten und seine Auskunftsverweigerung als „verdächtiger Zeuge", NStZ 1993, 213; *Meyer-Goßner,* Hinweise zur Abfassung des Strafurteils aus revisionsrechtlicher Sicht, NStZ 1988, 529; *Rieß,* Zur Revisibilität der freien tatrichterlichen Überzeugung, GA 1978, 257; *Rogall,* Der Beschuldigte als Beweismittel gegen sich selbst, 1977; *Schäfer Gerhard,* Die Rüge, daß das Tatgericht (wesentlichen) Beweisstoff nicht aus dem Inbegriff der Hauptverhandlung geschöpft, (wesentlichen) Beweisstoff übersehen oder übergangen habe, Schriftenreihe DAV, Bd. 9 (1992), S. 41; *Schneider,* Die strafprozessuale Beweiswürdigung des Schweigens von Beschuldigten und angehörigen Zeugen, Jura 1990, 572.

Die sozusagen „klassischen" Fehler bei der Gewinnung der richterlichen Überzeugung sind die **Verstöße gegen § 261**, d. h. die Verwertung von Vorgängen, die nicht Gegenstand der Verhandlung waren, z. B. Zeugenaussagen aus den Akten usw. Derartige Rügen sind dann erfolgreich, wenn ohne Rekonstruktion der Beweisaufnahme der Nachweis der Verwertung verhandlungsfremder Beweismittel oder Vorgänge geführt werden kann. Insoweit

---

117 BGH NStE § 267, Nr 31 = BGHR § 261 Sachverständiger 1; Dippel S. 30ff.
118 BGH StV 1983, 8.
119 BGHSt 28, 235; Kroschel/Meyer-Goßner S. 128.

kommt nur eine **Verfahrensrüge** in Betracht, die an anderer Stelle (Rdn 242) erörtert ist. Dazu gehört auch die Frage, ob sich der Angeklagte in der Hauptverhandlung zur Sache geäußert hat oder nicht (§§ 261, 273, 274).[120]

Auf die **Sachrüge** prüfen die Revisonsgerichte, ob das Gesamtbild der feststellbaren, mitgeteilten und intersubjektiv vermittelbaren Tatumstände eine rational einleuchtende und so hohe Wahrscheinlichkeit der tatrichterlichen Feststellungen begründet, daß diese als vertretbar und nachvollziehbar erscheinen. Dabei muß ein Restbereich nicht mitteilbarer richterlicher Dezision ausgespart bleiben.[121]

424 Die Feststellung der das Urteil begründenden Tatsachen verlangt – so der BGH – keine absolute, von niemandem anzweifelbare Gewißheit. Es genüge vielmehr, daß ein nach der Lebenserfahrung ausreichendes Maß an Sicherheit besteht, demgegenüber vernünftiger Zweifel nicht laut werden kann. Daß der Tatrichter diese Überzeugung erlangt hat, müssen die Urteilsgründe deutlich machen.[122] Wird diesen Anforderungen nicht genügt, so hebt das Revisionsgericht das angefochtene Urteil auf und ordnet eine Wiederholung der Überzeugungsbildung des Tatgerichts an (§ 354 III) (Rdn 580).

425 **Freisprüche** unterliegen öfter revisionsrechtlichen Bedenken, wenn das Tatgericht bei seiner Überzeugungsbildung naheliegende Schlußfolgerungen (z.B. auf die Täterschaft des Angeklagten) nicht gezogen hat, weil sie „nicht zwingend" sind. Es genügt, daß Schlüsse denkgesetzlich und nach der Lebenserfahrung möglich sind. Höhere Anforderungen werden an die Überzeugungsbildung nicht gestellt. Erforderlich, aber auch ausreichend ist die aus den Urteilsgründen ersichtliche Erlangung der persönlichen Gewißheit, daß ein bestimmter Sachverhalt wahr ist bzw. daß vorhandene Zweifel an der Wahrheit eines bestimmten Sachverhalts nicht überwunden werden können. Dieses Ergebnis muß das Revisionsgericht hinnehmen, auch wenn es aufgrund der im Urteil festgestellten Beweisanzeichen der Auffassung ist, daß eine an Sicherheit grenzende Wahrscheinlichkeit für die Schuld des Angeklagten vorliegt.[123]

426 Steht **„Aussage gegen Aussage"**, so darf der Angeklagte nicht verurteilt werden, wenn Umstände vorliegen oder nicht widerlegbar zu seinen Gunsten angenommen werden müssen, die aus rationalen, intersubjektiv vermittelbaren und einsichtigen Gründen nicht den Schluß erlauben, daß die Übereinstimmung von Zeugenaussagen und tatsächlichem Geschehen in hohem Maße wahrscheinlich ist. Lediglich abstrakte, theoretische, unvernünftige Zweifel, für die es keine reale Grundlage gibt, **„überspannte" Anforderungen** an die tatrichterliche Gewißheit dürfen das zur Verurteilung nach der Lebenserfahrung ausreichende Maß an Sicherheit nicht in Frage stellen

[120] BGH NStZ 1992, 49.

[121] Rieß GA 1978, 257, 272ff. (276); BGH NStZ 1984, 180.

[122] BGHR § 261 Überzeugungsbildung 2 m. Nachw.; KK-Hürxthal § 261 Rdn 2, 3.

[123] St. Rspr. BGHR § 261 Überzeugungsbildung 2; BGH NStZ 1983, 277; 1984, 180; BGHSt 10, 208; Herdegen Schriftenreihe DAV Bd. 9 (1992) S. 30f.

(Rdn 417). Gründe, die zu „vernünftigen Zweifeln" in einer für den Schuldspruch erheblichen Frage Anlaß geben, stehen der Verurteilung entgegen. Der „vernünftige Zweifel" findet seine Basis in rationaler Argumentation, welche die Indizien, die zugunsten des Angeklagten sprechen, vollständig in ihren sachverhaltsbedeutsamen Aspekten erfaßt. Wo er Platz greift, ist das für eine Verurteilung erforderliche Beweismaß der hohen Wahrscheinlichkeit nicht zu erreichen (Rdn 423).[124]

Das **Schweigen des Angeklagten** ist anscheinend immer noch für viele Tat- 427
richter ein Ärgernis, und sie erliegen der Versuchung, dieses Prozeßverhalten des Angeklagten in ihre Überzeugungsbildung zu seinen Lasten einfließen zu lassen. Dabei ist das Verbot, daß das Schweigen des Angeklagten nicht zu seinem Nachteil verwertet werden darf, ein unangefochtener Rechtssatz,[125] der aus der Maxime folgt, daß niemand gezwungen sein darf, sich selbst zu belasten.[126] Dies gilt gleichermaßen für die Aussage des Angeklagten in dem gegen ihn gerichteten Strafverfahren wie auch für die Aussage als verdächtiger Zeuge in einem anderen Strafverfahren. Betrifft ein anderes Strafverfahren denselben Tatkomplex und beruft sich der Zeuge auf § 55, so ist es unzulässig, in dem gegen ihn gerichteten Strafverfahren hieraus nachteilige Schlüsse zu ziehen.[127] Der Angeklagte „schweigt" auch dann, wenn er lediglich in allgemeiner Form den Anklagevorwurf bestreitet oder sich für unschuldig erklärt; in diesem Falle darf auch aus seinem Verhalten gegenüber den Strafverfolgungsorganen kein ihm nachteiliger Schluß gezogen werden.[128]

Anders ist es, wenn teilweise Angaben zur Sache gemacht werden; aus einem solchen „**Teilschweigen**" sollen dann Schlüsse gezogen werden dürfen.[129] Um ein solches Teilschweigen handelt es sich aber dann nicht, wenn der Angeklagte nur im Vorverfahren Angaben gemacht hat, in der Hauptverhandlung jedoch die Aussage verweigert. Dieses Schweigen darf dann nicht zu seinem Nachteil verwertet werden.[130] Verwertbar ist jedoch das außerstrafprozessuale Schweigen eines Beschuldigten.[131]

Unverwertbar ist auch das **Aussageverhalten** des Angeklagten, wenn er bei 428
ermittlungsbehördlichen und richterlichen Vernehmungen im Vorverfahren und Zwischenverfahren schweigt und sich erst in der Hauptverhandlung

---

[124] So BGH NStZ 1988, 236 m. Nachw. (st. Rspr.); 1992, 48; 1992, 347; Theune Schriftenreihe DAV Bd. 9 (1992) S. 15 ff.; Hamm S. 22 ff.; Herdegen S. 30 ff.

[125] Kleinknecht/Meyer-Goßner § 261 Rdn 16 m. Nachw.; Löwe/Rosenberg/Gollwitzer § 261 Rdn 75; Dahs/Langkeit NStZ 1993, 214 f.

[126] Dazu Rogall, der Beschuldigte als Beweismittel gegen sich selbst, 1977, S. 42 ff.

[127] BGH NStZ 1992, 448 m. Nachw.; Dahs/Langkeit, NStZ 1993, 213.

[128] OLG Düsseldorf StV 1990, 12.

[129] BGHSt 26, 298 m. Anm. Meyer JR 1966, 352; Kleinknecht/Meyer-Goßner § 261 Rdn 17; Löwe/Rosenberg/Gollwitzer § 261 Rdn 78.

[130] OLG Köln NStZ 1991, 52 m. w. Nachw.

[131] OLG Karlsruhe StV 1989, 7.

I. Instanz[132] oder im Berufungsrechtszug zur Sache äußert. Ein „Schuldindiz der verspäteten Aussage“ gibt es nicht.

Das gilt auch dann, wenn der Beschuldigte zunächst schweigt und erst später ein **Alibi** behauptet, das er nach Überzeugung des Tatrichters schon früher hätte vorbringen können.[133] Ebenso rechtsfehlerhaft ist es, wenn die Verurteilung darauf gestützt wird, daß der in der Hauptverhandlung schweigende Angeklagte trotz entsprechender Belehrung für die Tatzeit kein Alibi benannt habe, obwohl ihm dies möglich gewesen sei.[134]

Revisionsrechtliche Bedenken äußert der BGH dagegen, daß **Lügen**, mit denen ein Angeklagter sich verteidigt, als Beweisanzeichen für seine strafrechtliche Schuld gewertet werden. Er weist darauf hin, daß zum einen die unwahre Aussage ein prozessual zulässiges Verteidigungsmittel des Angeklagten ist, zum anderen auch ein Unschuldiger vor Gericht Zuflucht zur Lüge nehmen kann, so daß ein solches Verhalten nicht ohne weiteres tragfähige Rückschlüsse darauf gestattet, was sich in Wirklichkeit ereignet hat.[135]

429 Auch sonst ist der Tatrichter gut beraten, wenn er das **Prozeßverhalten des Angeklagten** bei der Bildung seiner Überzeugung zur Sache unbeachtet läßt.[136] So ist es rechtsfehlerhaft, wenn ein Indiz für die Täterschaft des Angeklagten darin gesehen wird, daß er seine Entlastungszeugen erst im Verlauf des Verfahrens und nicht zum frühestmöglichen Zeitpunkt benannt hat.[137] Dies ist eine logische Konsequenz der Regelung des § 246, wonach die „Verspätung“ eines Beweisantrages kein Grund für seine Zurückweisung ist. Hiervon ist der Fall zu unterscheiden, daß der Angeklagte trotz erfolgter Einlassung beim Haftrichter und in der ersten Hauptverhandlung zunächst nichts von seinem Alibi erwähnt hat; wechselt er später seine Aussage, so darf dieses Verhalten zu seinem Nachteil in die Beweiswürdigung einfließen.[138] Der Verzicht eines früheren Mitangeklagten auf Anfechtung seiner Verurteilung kann allenfalls dann ein Indiz für die Schuld des Angeklagten sein, wenn der Tatrichter in der Lage ist, die Motive für jenes Prozeßverhalten zuverlässig zu beurteilen,[139] was in der Regel nicht möglich sein dürfte. Andererseits kann ein revisionsrechtlicher Fehler darin liegen, daß das Gericht sich nicht mit den Motiven der Auskunftsverweigerung eines Zeugen nach § 55 StPO auseinandersetzt.[140]

430 Auch das **Prozeßverhalten der Verteidigung** darf in der Regel nicht als Indiz

---

[132] BGH StV 1989, 90; OLG Düsseldorf StV 1990, 12.

[133] BGH StV 1989, 80; BGH bei Miebach NStZ 1990, 26.

[134] OLG Zweibrücken StV 1986, 290.

[135] BGH StV 1986, 369 (371); BGHR § 261 Aussageverhalten 5.

[136] Dahs/Langkeit NStZ 1993, 214f.

[137] BGH bei Kusch NStZ 1993, 229; BGH NStZ 1987, 281; BGHR § 261 Überzeugungsbildung 8, 10; OLG Köln StV 1986, 192.

[138] BGH U.v. 12. 11. 91 – 4 StR 491/91 – unv.

[139] BGH NStZ 1986, 325.

[140] BGH StV 1984, 233; BGH U.v. 15. 8. 90 – 2 StR 202/90 – unv.; KMR-Paulus § 55 Rdn 18.

zu Lasten des Angeklagten verwertet werden.[141] **Schriftsätze** des Verteidigers, die eine Sachdarstellung enthalten, dürfen nicht als eine Art „Aussagesurrogat" verlesen und zu Lasten des Angeklagten verwendet werden,[142] das gilt auch für den Inhalt von Beweisanträgen.[143] Etwas anderes kann allenfalls dann gelten, wenn Sach- und Prozeßerklärungen ausdrücklich im Namen des Angeklagten abgegeben werden.[144]

An dieser Stelle zu erwähnen sind auch die Fälle, in denen der Tatrichter 431
fehlerhaft die berechtigte **Zeugnisverweigerung** gem. §§ 52ff. bei der Bildung seiner Überzeugung zum Nachteil des Angeklagten berücksichtigt.[145] Allerdings ist streitig, ob dieser Rechtsverstoß auf die Sachrüge oder eine Verfahrensrüge wegen Verstoßes gegen § 261 (so BGH) zu beachten ist.[146]

Im Zusammenhang mit der Bewertung des **Alibibeweises** im Rahmen der 432
Überzeugungsbildung kommen immer wieder Rechtsfehler vor. So ist es ein allgemeiner rechtlicher Mangel, wenn bei der Beurteilung des Alibibeweises der Grundsatz „in dubio pro reo" zugunsten des Angeklagten angewendet wird[147] (Rdn 435f.). Andererseits ist die Überzeugungsbildung rechtsfehlerhaft, wenn das Mißlingen des Alibibeweises oder der Versuch, sich ein falsches Alibi zu beschaffen, als (gewichtiges) Beweisanzeichen für die Schuld des Angeklagten gewertet wird.[148] Führen Beweiserhebungen und Beweiswürdigung nicht zum Nachweis oder zur Widerlegung eines Alibis, so ist der Einfluß von „Alibitatsachen" auf die Überzeugungsbildung des Gerichts kein anderer als der sonstiger mittelbar erheblicher Tatsachen, die in die richterliche Gesamtwürdigung sämtlicher Beweisanzeichen einzubeziehen sind. Beim **Freispuch** muß der Tatrichter in den Urteilsgründen zunächst darlegen, welchen Sachverhalt er für festgestellt erachtet,[149] sodann die Einlassung des Angeklagten zu dem Vorwurf der zugelassenen Anklage wiedergeben[150] und diese anschließend unter Berücksichtigung der erhobenen Beweise umfassend würdigen.[151] Das Urteil verfällt der Revision, wenn die Feststellungen fehlen oder aus der Beweiswürdigung nicht hervorgeht, aus welchen Gründen die für einen Schuldspruch erforderlichen – zusätzlichen –

---

[141] BGH StV 1986, 515.

[142] BGH NStZ 1990, 447; OLG Celle NStZ 1988, 426.

[143] BGH NStZ 1990, 447; Dahs/Langkeit NStZ 1993, 214.

[144] BGH NStZ 1990, 447; OLG Celle NStZ 1988, 426.

[145] BGH StV 1992, 97; StV 1993, 61.

[146] BGH StV 1985, 486 (487); BGHSt 22, 113; Löwe/Rosenberg/Gollwitzer § 261 Rz. 87f.; vgl. dazu Löwe/Rosenberg/Dahs § 52 Rdn 41ff.; Löwe/Rosenberg/Hanack § 337 Rdn 127.

[147] BGHSt 25, 285; BGH StV 1983, 267; NStZ 1983, 422.

[148] BGHR § 261 Überzeugungsbildung; BGHSt 25, 285 (287); BGH StV 1984, 495; Kleinknecht/Meyer-Goßner § 261 Rdn 25.

[149] BGH NJW 1980, 2423; BGHR § 267 V Freispruch 4, 7; Kroschel/Meyer-Goßner S. 203.

[150] BGHR § 267 V Freispruch 5, 8 m. Nachw.

[151] BGH NJW 1980, 2423; BGHR § 267 V Freispruch 4, 7.

Feststellungen nicht getroffen werden konnten. Dies alles muß so ausführlich geschehen, daß das Revisionsgericht prüfen kann, ob der Tatrichter die Einlassung zu Recht als unwiderlegbar seiner Entscheidung zugrunde gelegt hat.[152] Insbesondere genügt die in der Praxis nicht seltene bloße Gegenüberstellung unterschiedlicher Aussagen zum Tatgeschehen nicht revisionsrechtlichen Anforderungen,[153] ebensowenig die Hinnahme einer Einlassung als unwiderlegbar, weil sich ihr Gegenteil nicht positiv feststellen läßt.[154] Es ist Aufgabe der Urteilsgründe, dem Revisionsgericht eine umfassende Nachprüfung auch der freisprechenden Entscheidung zu ermöglichen.[155]

Freisprüche werden nicht selten auch deshalb aufgehoben, weil der Tatrichter an die Gewinnung seiner Überzeugung zu hohe Anforderungen gestellt hat, z.B. die lediglich theoretisch oder naturwissenschaftlich nicht auszuschließende Möglichkeit eines anderen Sachverhaltsablaufes als rechtliches Hindernis für die Überzeugung von der Schuld des Angeklagten angesehen hat[156] (Rdn 425).

Macht der Angeklagte von seinem Schweigerecht Gebrauch, ist es rechtsfehlerhaft, zu seinen Gunsten einen zwar denkbaren, aber atypischen Sachverhalt, z.B. Notwehr, ohne ausreichende tatsächliche Anhaltspunkte zu unterstellen.[157]

Ist der Versuch eines Alibibeweises mißlungen, darf er nicht zugunsten des Angeklagten als gelungen unterstellt werden.[158]

e) Rechtsfehler bei der Anwendung des sachlichen Rechts auf die festgestellten Tatsachen

Lit.: *Gropp,* Zum verfahrenslimitierenden Wirkungsgehalt der Unschuldsvermutung, JZ 1991, 804; *Meyer, K.H.,* Grenzen der Unschuldsvermutung, FS Tröndle, S. 61; *Meyer-Goßner,* Typische materiell-rechtliche Fehler in Strafurteilen aus revisionsrechtlicher Sicht, NStZ 1986, 49, 103; *Schmid W.,* Der Revisionsrichter als Tatrichter, ZStW 85 (1973), 360; *Stree,* In dubio pro reo, 1962; *Wolter,* Contra in dubio pro reo, MDR 1981, 441; *ders.,* Wahlfeststellung und in dubio pro reo, 1987.

433 Halten die Tatsachenfeststellungen der Nachprüfung stand (Rdn 392ff.), obliegt dem Revisionsgericht die Nachprüfung ihrer **rechtlichen Subsumtion** unter das Gesetz als spezifische Aufgabe. Das Feld dieser Aufgabe ist weit gespannt und umfaßt alle denkbaren Rechtsfehler bei der Anwendung des sachlichen Rechts. Ihre Darstellung im einzelnen gehört nicht in eine verfah-

---

[152] BGHR § 267 V Freispruch 2, 7.

[153] BGHR § 267 V Freispruch 4, 7; BGH NStZ 1985, 184.

[154] BGHR § 267 V Freispruch 4 m. Nachw.

[155] BGH NStZ 1990, 438; BGH U.v. 20. 10. 83 – 4 StR 517/83 – unv.; U.v. 20. 9. 1979 – 4 StR 428/79 – m.w.Nachw. – unv.

[156] BGH StV 1983, 267; zu Einzelheiten Löwe/Rosenberg/Hanack § 337 Rdn 162.

[157] Löwe/Rosenberg/Hanack § 337 Rdn 163 m. Nachw.

[158] Löwe/Rosenberg/Gollwitzer § 261 Rdn 115 m. Nachw.

rensrechtliche Schrift über das Revisionsrecht.[159] Allgemein ist zu sagen, daß die Gesetzesverletzung sich sowohl aus der Nichtanwendung bestehender, als auch aus der Anwendung nicht bestehender, wie aus fehlerhafter Anwendung der Gesetze ergeben kann. Der Fehler kann auch in der Nichtachtung des Vorranges höherwertiger, jüngerer oder milderer (§ 2 StGB) Rechtsvorschriften liegen.

Das angewandte Strafgesetz braucht nicht unbedingt mit dem bezifferten Paragraphen angegeben zu sein,[160] jedoch müssen Urteilstenor (§ 260 V) und Urteilsgründe (§ 267 III 1) eindeutig erkennen lassen, gegen welche Straftatbestände der verurteilte Angeklagte verstoßen hat.[161]

Zum Bereich des materiellen Rechts gehören auch die auf die Gesetze 434
bezüglichen zahlreichen **Auslegungsvorschriften** und auch ungeschriebene **Auslegungsregeln**, soweit sie allgemein bekannt sind.[162] Dagegen gehört die Auslegung von Sachverhalten, Äußerungen und dergleichen in den Bereich der Tatsachenfeststellungen. Hier ist der Revisionsrichter also an den Tatrichter gebunden.[163] Er kann nur eingreifen, wenn Denk- oder Erfahrungssätze (Rdn 416, 421) verletzt sind.[164] Das kann aber nur in engen Grenzen anerkannt werden, namentlich dann, wenn die Auslegung des Tatrichters unmöglich ist. Wenn aber mehrere Auslegungen an sich denkbar sind, kann der Revisionsrichter die seinige nicht an die Stelle der tatrichterlichen setzen.[165] Allerdings ist es rechtsfehlerhaft, wenn der Tatrichter von mehreren Möglichkeiten der Auslegung nur eine in Erwägung zieht.[166]

Beispiel:
In einem Urteil ist allgemein gesagt, daß das „Vogelzeichen" eines Kraftfahrers im Straßenverkehr nicht als Kundgebung der Mißachtung zu deuten sei.
Das ist ein revisionsrechtlich angreifbarer Auslegungsfehler. Es wäre anders, wenn der Tatrichter die Beleidigung aus konkreten in der Besonderheit des Falles liegenden Gründen verneint hätte.

Die **Unschuldsvermutung** (Art. 6 II MRK) ist ein beliebtes Requisit der 435
Revision. Auf ihr beruht auch der Grundsatz **in dubio pro reo**. Seine Verletzung ist ein Verstoß gegen das **sachliche Recht**.[167] Er verwirklicht das Prinzip des Rechtsstaates, daß nur der volle Beweis **aller Tatbestandselemente** eine

---

159 Vgl. dazu die instruktive und umfassende Abhandlung von Meyer-Goßner, Typische materiell-rechtliche Fehler in Strafurteilen aus revisionsrechtlicher Sicht, NStZ 1986, 49 u. 103.

160 RGSt 32, 351; 43, 299; 51, 33; KK-Hürxthal § 267 Rdn. 21.

161 BGH NStE § 260 Nr. 18; BGH StV 1981, 626.

162 Über Arten und Methoden der Auslegung vgl. Kleinkecht/Meyer-Goßner Einl. Rdn 190ff.; über Gesetzeslücken Kleinknecht/Meyer-Goßner Einl. 10 E (Rdn 202).

163 Kleinknecht/Meyer-Goßner § 337 Rdn 32 m. w. Nachw.

164 Kleinknecht/Meyer-Goßner § 337 Rdn 32 m. w. W.

165 Sarstedt/Hamm Rdn 367.

166 OLG Köln NJW 1988, 1802 m. w. Nachw.; W. Schmid ZStW 85 (1973), 377ff.

167 Löwe/Rosenberg/Gollwitzer § 261 Rdn 103; Kleinknecht/Meyer-Goßner § 261 Rdn 26; Schlüchter SKStPO § 261 Rdn 69ff.

Verurteilung rechtfertigt. Insofern bedeutet er also etwas Selbstverständliches. Er ist z.B. verletzt, wenn der Tatrichter einen Sachverhalt als nicht eindeutig geklärt bezeichnet und sich dann für die dem Beschuldigten ungünstige Möglichkeit entscheidet, oder wenn der Tatrichter seine Zweifel am Beweisergebnis zum Ausdruck bringt und trotzdem verurteilt.[168] Auch bei Zweifeln über das Vorhandensein von Prozeßvoraussetzungen und Verfahrenshindernissen ist die dem Angeklagten günstige Entscheidung geboten (Rdn 95).

Eine Verletzung des Grundsatzes „im Zweifel für den Angeklagten" liegt nun in keinem Fall vor, wenn der Tatrichter gar keine Zweifel gehabt oder sie überwunden und sich deshalb für seine Feststellung entschieden hat (Rdn 423f.). Er hat dann eben deshalb nicht mehr „im Zweifel" zu Ungunsten des Angeklagten entschieden. Das ist sein alleiniger Verantwortungsbereich und kann nicht mit der Begründung angegriffen werden, ihm hätten sich Zweifel aufdrängen müssen oder er habe sich für die falsche oder eine ganz unwahrscheinliche Alternative entschieden. Ist allerdings nicht eindeutig klar, daß der Tatrichter sich voll überzeugt hat, ist die Rechtsverletzung nicht auszuschließen. Eine solche ist auch vorhanden, wenn das Gericht dem Angeklagten fälschlich eine **Beweislast** aufgebürdet hat.

Fall

Im Urteil wird der Angeklagte als überführt erachtet, weil der von ihm angetretene Alibibeweis mißglückt ist.

In dieser Form ist die Begründung rechtsfehlerhaft. Dem Angeklagten obliegt auch hinsichtlich eines Alibibeweises keine Beweislast. Das Scheitern des Beweises ist für sich allein kein Indiz.[169]

Probleme ergeben sich häufig auch, wenn die **Tatbeteiligung mehrerer Angeklagter** zu prüfen ist, sichere Feststellungen aber nicht getroffen werden können. Dann muß nach dem Zweifelssatz für jeden Angeklgten von der für ihn günstigsten Möglichkeit ausgegangen werden. Dies kann dazu führen, daß in demselben Urteil von mehreren unterschiedlichen oder sich sogar ausschließenden Fallgestaltungen ausgegangen werden muß.[170]

436 Die Verletzung des Grundsatzes in dubio pro reo kommt auch oft zur Sprache im Zusammenhang der „an Sicherheit grenzenden Wahrscheinlichkeit", besonders bei Indizienbeweisen und Sachverständigengutachten. Nach dieser aus dem Grundsatz der freien Beweiswürdigung (§ 261) entwickelten gefährlichen Formel der Rechtsprechung soll für den vollen Beweis nach einem häufigen Mißverständnis die „hunderprozentige" Gewißheit des Tatrichters nicht erforderlich sein.[171] Davon kann keine Rede sein. Niemals kann der Richter sich über einen ihm verbleibenden Zweifel hinwegsetzen, ohne

---

[168] BVerfG NJW 1988, 477; OLG Bremen NStE § 261 Nr. 104.

[169] BGHSt 25, 285 (287); Löwe/Rosenberg/Gollwitzer § 261 Rdn 115; zum Alibi vgl. i.ü. Rdn 432f.

[170] BGH StV 1992, 260.

[171] Vgl. dazu Kleinknecht/Meyer-Goßner § 261 Rdn 2.

gegen das Gesetz in dubio pro reo zu handeln.[172] Es kann nur sein, daß bei einer an Sicherheit grenzenden Wahrscheinlichkeit das Gericht zunächst vorhanden gewesene Zweifel überwunden hat und zur vollen Gewißheit gekommen ist. Deshalb ist unter dem zugunsten des Angeklagten wirkenden „Zweifel" nicht jede theoretisch noch eben denkbare abstrakte Möglichkeit, sondern nur der **„vernünftige Zweifel"** zu verstehen[173] (Rdn 424).

Fall
Das Gericht erachtet die Täterschaft des Angeklagten A wegen Tötung des B auf Grund von Indizien für erwiesen, besonders weil er mit B verfeindet war, wiederholt Mordabsichten geäußert hat, im Zeitpunkt des Todes des B anwesend war und sich im Besitz einer Pistole befand, deren Kaliber mit der Mordwaffe übereinstimmte, und weil keinerlei Anzeichen für die Täterschaft eines anderen festzustellen waren.
Diese Beweiswürdigung enthält keinen Rechtsfehler, auch wenn dabei die theoretisch denkbare Möglichkeit der Täterschaft eines unbekannten Dritten nicht berücksichtigt ist.

Es kommt also immer nur auf die zweifelsfreie Überzeugung des Tatrichters an. Weder darf der Revisionsrichter seine eigene Überzeugung oder Zweifel tatsächlicher Art berücksichtigen, noch kommt es darauf an, ob ein anderer aus den festgestellten Tatsachen andere Schlußfolgerungen gezogen oder eine andere Überzeugung gewonnen haben würde. Bezüglich der Besonderheiten bei der Wahlfeststellung muß auf das Schrifttum[174] verwiesen werden.

f) Rechtsfehler bei der Strafzumessung

Lit.: *Bruns,* Zum Revisionsgrund der – ohne sonstige Rechtsfehler – „ungerecht" bemessenen Strafe, FS Engisch, S. 708; *ders.*, Strafzumessungsrecht, 2. Aufl., 1979; *ders.*, Prozessuale „Strafzumessungsverbote" für nicht mitangeklagte oder wieder ausgeschiedene strafbare Vor- und Nachtaten?, NStZ 1981, 81; *Frisch,* Revisionsrechtliche Probleme der Strafzumessung, 1971; *ders.*, Ermessen, unbestimmter Begriff und „Beurteilungsspielraum" im Strafrecht, NJW 1973, 1345; *Horn,* Systematischer Leitsatz-Kommentar zum Sanktionenrecht, 1983; *Jungfer,* Grundfragen der vergleichenden Strafzumessung, Schriftenreihe DAV, Bd. 3 (1986), S. 155; *Müller-Dietz,* Strafzumessung und Folgenorientierung, FS Spendel, S. 413; *Schäfer, Gerhard,* Praxis der Strafzumessung, NJW-Schriftenreihe, Heft 51, 1990; *Streng,* Die Strafzumessungsbegründung und ihre Orientierungspunkte, NStZ 1989, 393; *Theune,* Grundfragen der vergleichenden Strafzumessung – Revisibilität von Strafzumessungserwägungen, Schriftenreihe DAV, Bd. 3 (1986), S. 145.

Das **Strafmaß** ist für den Verurteilten meist das Wichtigste. Die Strafzumes- 437
sung galt lange als „Domäne des Tatrichters" und der Revisionskontrolle als Ermessensentscheidung mehr oder weniger entzogen. Revisibilität der Strafzumessung wurde als „Quadratur des Zirkels" bezeichnet.[1] Das hat sich nicht

---

[172] BGHSt 10, 208; BGHR § 261 Überzeugungsbildung 18.
[173] BGH NStZ 1990, 402; 1990, 603.
[174] Löwe/Rosenberg/Gollwitzer § 261 Rdn 125ff.; Dreher/Tröndle § 1 Rdn 12ff.
[1] Niese JZ 1957, 707 (710).

nur im Schrifttum, sondern auch in der Rechtsprechung erheblich geändert;[2] die „Kontrolldichte“ in Bezug auf den Strafausspruch ist durch die Revisionsgerichte beträchtlich erhöht worden.

Die Rechtsprechung ist vielgestaltig und nicht selten am Einzelfall orientiert. Eine vorzügliche Darstellung und Systematisierung aus der Sicht des Revisionsgerichts enthalten die NJW-Schrift von *Schäfer* „Praxis der Strafzumessung“ und der Systematische Leitsatzkommentar zum Sanktionenrecht von *Horn*, die bei keiner Revisionsbearbeitung fehlen sollten. Hier können nur die häufigsten Fehlerquellen und markante Beispielsfälle angesprochen werden.

Ein Rechtsfehler im Bereich der Strafzumessung ist offensichtlich, wenn im **Tenor** des Urteils eine andere Strafe erscheint als in den Gründen.[3]

438 Im übrigen sind Grundlage der revisionsrechtlichen Prüfung die Strafzumessungsgründe, die nach § 267 III alle bestimmend gewesenen Strafzumessungsumstände im weitesten Sinne anführen müssen. Genügt die Begründung des Strafmaßes den Anforderungen des § 267 III nicht und ist diese Vorschrift also „verletzt“, ist die Revision nicht mit der form- und fristgebundenen Verfahrensrüge anzugreifen, weil darauf das vorher ergangene Urteil nicht beruhen kann (Rdn 458). Die Unzulänglichkeit der Urteilsgründe ist aber die Basis für die hier allein zuständige **Sachrüge**. Diese ist namentlich auch von Erfolg, wenn sich die Begründung in formelhafter Weise auf die Angabe beschränkt, die Strafe sei „nach Wertung aller für und gegen den Angeklagten sprechenden Gesichtspunkte erforderlich aber auch ausreichend“.[4] Eine erschöpfende Aufzählung aller Strafzumessungsumstände wird von der Rechtsprechung allerdings nicht verlangt.[5] Im Einzelfall bleibt die Abgrenzung schwierig.

439 Die Strafzumessungsgründe haben zwei Bestandteile. Die Strafzumessungstatsachen und die Strafzumessungserwägungen. Daran knüpft das Revisionsproblem an. Die Tatsachen müssen ebenso wie zum Schuldspruch einwandfrei festgestellt und erwiesen sein. Mängel der Tatsachenfeststellung begründen die Revision nach denselben Kriterien wie bei der Schuldfeststellung. Bloße Verdachtsgründe dürfen demnach nicht verwertet werden.[6] Feststellungen zu nicht mitangeklagten oder ausgeschiedenen Taten und ihre Verwertung sind unter bestimmten Voraussetzungen zulässig[7] (Rdn 360).

---

[2] Vgl. dazu insbesondere die laufende Auswertung der Rspr. des BGH in der NStZ durch Detter 1991, 177, 272, 475; 1992, 169, 477; 1993, 176.

[3] BGH bei Mösl NStZ 1982, 148.

[4] BGH StV 1981, 277; KK-Hürxthal § 267 Rdn 24 m. Nachw.; Löwe/Rosenberg/Gollwitzer § 267 Rdn 83, 170.

[5] BGH StV 1993, 72; BGHR § 267 Abs. 3 Satz 1 Strafzumessung 2; Löwe/Rosenberg/Hanack § 337 Rdn 184.

[6] BGH bei Theune NStZ 1986, bei Mösl DRiZ 1979, 168; NStZ 1981, 132.

[7] Dazu BGH NStZ 1981, 99; dazu Bruns NStZ 1981, 81.

Die **Strafzumessungserwägungen** lösen die Revision aus, wenn sie rechtsfehlerhaft sind. Das ist der Fall, wenn von einem **falschen Strafrahmen** ausgegangen wird[8] oder die für das Strafmaß materiell-rechtlich maßgeblichen **Leitgesichtspunkte** (§ 46 StGB) nicht richtig gesehen oder nicht zugrunde gelegt worden sind.[9] Sind sie übergangen oder falsch angeordnet oder zueinander nicht in das richtige Verhältnis gesetzt, fehlt der Strafzumessung die einwandfreie Grundlage,[10] z.B. wenn die seit der Tat verflossene Zeit und die Verfahrensdauer nicht berücksichtigt worden sind.[11] Sind derartige Rechtsverstöße nicht gegeben, soll die Strafmaßrevision in der Regel scheitern, weil das Strafmaß an sich Sache des tatrichterlichen Ermessens sei, das als solches vom Revisionsgericht nicht nachzuprüfen wäre. An dieser Stelle treten die Abgrenzungsschwierigkeiten auf. Es besteht wohl Einigkeit darüber, daß die Revision eingreift, wenn ein besonders grober Fehlgriff festzustellen ist, indem eine übermäßig hohe oder niedrige Strafe in einem unerträglichen Mißverhältnis zur Schuld und Gefährlichkeit des Angeklagten steht.[12] 440

Im einzelnen sind bei der Bearbeitung der Strafzumessungsgründe im Urteil folgende Gesichtspunkte zu beachten: 441

Es müssen ausreichende **Feststellungen zur Person** des Angeklagten getroffen werden.[13] Wenn auch § 267 III nur davon spricht, daß die bestimmenden Umstände in den Urteilsgründen darzulegen sind, so kann doch in der Regel von einer Erörterung des Vorlebens des Täters, seiner persönlichen und wirtschaftlichen Verhältnisse sowie seines Verhaltens nach der Tat nicht abgesehen werden; der erforderliche Umfang dieser Ausführungen richtet sich nach den Umständen des Einzelfalles. Das gilt auch für im Urteil verwerteten **Vorstrafen**; über deren bloße Erwähnung hinaus wird oft eine Darstellung des zugrunde liegenden Sachverhalts und die spezifische Bewertung für die Entscheidung des aktuellen Verfahrens nötig sein.[14] Eine besondere Gefahr stellt in diesem Bereich die unzulässige Bezugnahme auf die Feststellungen eines früheren Urteils dar, wenn dieses im Strafausspruch mit den Feststellungen aufgehoben und die Sache zurückverwiesen worden oder eine frühere **Gesamtstrafe**[15] einzubeziehen ist. Das gilt auch, wenn in der neuen Hauptverhandlung die gleichen Feststellungen getroffen wurden wie in dem früheren

---

[8] Vgl. dazu Detter NStZ 1992, 477 m.w.Nachw.; BGHR § 267 Abs. 3 Satz 1 Strafrahmenwahl 1.

[9] BGH NStZ 1992, 381.

[10] Kleinknecht/Meyer-Goßner § 337 Rdn 35.

[11] BGH NStZ 1992, 229; BGH StV 1992, 452.

[12] Zur „Einordnung" der Tat in dem gesetzlichen Strafrahmen BGH wistra 1990, 98; NStZ 1990, 334; StV 1990, 494; NJW 1990, 846; Kleinknecht/Meyer-Goßner § 337 Rdn 34; KK-Pikart § 387 Rdn 32; Bruns FS Engisch S. 708.

[13] BGH StV 1992, 462 m.Nachw.; BGHR § 267 III 1 Strafzumessung 1, 8, 9, 10.

[14] BGHR § 267 III Strafzumessung 6.

[15] BGH NStE § 267 Nr. 1.

Urteil.[16] Schweigt der Angeklagte in der Hauptverhandlung, so enthebt dies das erkennende Gericht nicht der Verpflichtung, im Rahmen des Möglichen Feststellungen zur Person zu treffen.[17]

442 **Unzulässige Bezugnahmen** unterlaufen auch leicht bei der Bildung der Gesamtstrafe (§ 54 StGB). Ein Urteil, das „zur Vermeidung von Wiederholungen" auf Strafzumessungsgründe eines einbezogenen Urteils Bezug nimmt, wird in der Revision aufgehoben.[18]

443 Auf **Widersprüche** in den Strafzumessungserwägungen ist besonders zu achten; sie sind nicht selten. So ist es z.B. rechtsfehlerhaft, wenn die gegen einen Arzt verhängte Geldstrafe damit begründet wird, er habe „in hohem Maße" vorwerfbar gegen seine ärztliche Aufklärungs- und Sorgfaltspflicht verstoßen, während es an anderer Stelle des Urteils heißt, der Angeklagte habe sich „in einem Grenzfall" falsch verhalten.[19] Derartige Fehler kommen insbesondere auch dann vor, wenn der Angeklagte vermindert schuldfähig gewesen ist und es sich um ein Versagen in einer schwer zu bewältigenden Situation gehandelt hat. Damit nicht zu vereinbaren ist z.B. die Erwägung, der Angeklagte habe die Tat überlegt und kaltblütig nach Art eines erfahrenen Berufsverbrechers geplant und ausgeführt.[20] Derartige Widersprüche können sowohl innerhalb der Strafzumessungsgründe unterlaufen, aber auch zwischen Tatfeststellungen und Strafzumessung bestehen.

444 Die **Generalprävention** ist entgegen der Ansicht manches Revisionsführers nach wie vor ein rechtlich anerkannter Strafzweck, ohne daß ihm allerdings ein Übergewicht über andere Strafzwecke zukommt;[21] die Abschreckung anderer darf nur innerhalb des Spielraums der schuldangemessenen Strafe berücksichtigt werden.[22] Insbesondere bei Verurteilung wegen Betäubungsmitteldelikten wird dem Strafzweck der Abschreckung nicht selten in rechtsfehlerhafter Weise ein übergroßes Gewicht beigemessen, das den Gegebenheiten des Einzelfalles und dem Grundsatz von der persönlichen Schuld nicht gerecht wird.[23]

445 Strafschärfend wird auch immer wieder das **Fehlen von Strafmilderungsgründen** verwertet; das ist rechtsfehlerhaft.[24] Wird dem Angeklagten besonders angelastet, daß er „ohne wirtschaftliche Not" oder „ohne Drogenabhängig-

---

[16] BGH bei Detter NStZ 1991, 178; 1992, 162; NStE § 46 StGB Nr. 39; BGHR § 267 III Strafzumessung 5, 7, 11 (f. rechtskräftiges Urteil); BGH NStE § 267 Nr. 1 (f. einbezogenes Urteil).

[17] BGH StV 1986, 287.

[18] BGH bei Pfeiffer/Miebach NStZ 1986, 208.

[19] BGH bei Mösl NStZ 1982, 149; BGH StV 1987, 62.

[20] BGH bei Mösl NStZ 1982, 149; vgl. auch Kleinknecht/Meyer-Goßner § 337 Rdn 35.

[21] BGH NStZ 1992, 275; BGHR § 46 Abs. 1 Generalprävention 4.

[22] Schäfer Rdn 339.

[23] BGH StV 1990, 494; BGH bei Detter NStZ 1993, 478; BGH MDR 1980, 240.

[24] Vgl. Mösl NStZ 1983, 163; 1982, 151 und Theune NStZ 1986, 157 st. Rspr. sowie Schäfer Rdn 457.

keit" gehandelt habe, so steht diese Strafschärfungserwägung mit dem Gesetz nicht in Einklang.[25] Zulässig ist sie demgegenüber dann, wenn der Angeklagte in besonders guten finanziellen Verhältnissen lebte und somit nicht den geringsten Anlaß zu einer Vermögensstraftat hatte, die deshalb als besonders verwerflich anzusehen war.

Die **berufliche Stellung** des Angeklagten, z.B. als Rechtsanwalt darf nur dann zu seinen Lasten berücksichtigt werden, wenn eine innere Beziehung zwischen den beruflichen Pflichten und der Straftat besteht.[26] Ebenso rechtsfehlerhaft ist es, wenn dem Angeklagten sein **Verteidigungsverhalten** strafschärfend zur Last gelegt wird, das dieser im Hinblick auf seine Verteidigungsposition für angezeigt hielt.[27] Das gilt auch dann, wenn der Angeklagte in Konsequenz seiner Verteidigungseinlassung andere Personen falsch belastet,[28] es sei denn, daß zusätzliche Umstände oder die Verdächtigung einer besonders verwerflichen Handlung[29] eine zu mißbilligende, rechtsfeindliche Einstellung erkennen lassen.[30]

Der Tatrichter muß in den Entscheidungsgründen des Strafausspruches deutlich machen, daß er **gesetzliche Milderungsmöglichkeiten** gesehen und in seine Erwägungen einbezogen hat,[31] bei zwingender Strafmilderung muß das Urteil erkennen lassen, daß sie berücksichtigt ist. Gleiches gilt naturgemäß auch für die gesetzlichen **Strafschärfungsgründe**.

In diesem Zusammenhang gehört auch die Nichtberücksichtigung **naheliegender Milderungs-**[32] oder **Strafschärfungsgründe**. So kommt es häufig vor, daß das Fehlen von Vorstrafen als Milderungsgrund nicht anerkannt wird, weil grundsätzlich erwartet werden müsse, daß jeder Bürger sich rechtmäßig verhalte.[33] Auch die beamtenrechtlichen oder berufsrechtlichen Nebenfolgen einer Bestrafung dürfen unter dem Aspekt des § 46 I 2 StGB nicht unbeachtet bleiben,[34] das Urteil muß deutlich machen, daß diese Umstände in die Bewertung Eingang gefunden haben.

Immer wieder wird übersehen, daß allein schon die Bejahung der erheblich verminderten Schuldfähigkeit (§ 21 StGB) zur Annahme eines minder schweren Falles führen kann.[35] Fehlen im Urteil diesbezügliche Ausführungen, so kann das Revisionsgericht nicht feststellen, daß der Tatrichter mit rechtlich einwandfreien Erwägungen zum Strafausspruch gelangt ist. In jedem Fall ist

---

[25] BGH NStZ 1981, 343; BGH StV 1981, 69.
[26] BGH U. v. 25. 1. 1978 – 3 StR 412/77 – unv.
[27] BGH NStZ 1993, 37; StV 1992, 570; 1991, 255.
[28] BGHR § 46 II StGB Verteidigungsverhalten 5.
[29] BGH NStZ 1988, 35
[30] BGHR § 46 II StGB Verteidigungsverhalten 4, 10 m. Nachw.; OLG Stuttgart B. v. 2. 5. 1986 – 1 Ss 242/86 – unv.
[31] KK-Pikart § 337 Rdn 32 a.E.; Löwe/Rosenberg/Hanack § 337 Rdn 228.
[32] BGH NStZ 1991, 581.
[33] BGH NStZ 1982, 376.
[34] BGH StV 1991, 207; BGH bei Detter NStZ 1992, 171; 1991, 275.
[35] BGH bei Detter NStZ 1992, 478.

hier eine Gesamtbetrachtung der Tat und des Täters und eine Abwägung aller Tatumstände erforderlich, wenn das Urteil der Revision standhalten soll.[36] Gleiches gilt für den besonders schweren Fall.

Die gesetzlichen Strafzumessungsgründe (§ 46 II StGB) brauchen deshalb nicht in jedem Urteil wie ein Katalog „abgehandelt“ zu werden; der Tatrichter kann und soll sich auf diejenigen Gründe beschränken, die im konkreten Fall tatsächlich ins Gewicht fallen. Besonderer Aufmerksamkeit bedarf die Würdigung des Verhaltens nach der Tat, insbesondere des Verteidigungsverhaltens im Verfahren.[37]

446 Im besonderen Fall des § 47 StGB (Freiheitsstrafe unter sechs Monaten) müssen die Urteilsgründe erkennen lassen, daß das Gericht von einer zutreffenden **Rechtsauslegung** der maßgebenden Begriffe des materiellen Rechts (Verteidigung der Rechtsordnung, Unerläßlichkeit) ausgegangen ist, anderenfalls wird die Revision begründet sein. Hier gibt es reichliche Literatur und Rechtsprechung, auf die hier in der Zusammenstellung bei *Dreher-Tröndle*[38] und *Horn*[39] verwiesen wird. Wichtig ist die Befugnis des Revisionsgerichts, auch selbst die Strafe zur Bewährung auszusetzen (§ 354). Ob und wann hier eine Beseitigung bewilligter Strafaussetzung gegen das Verbot der Schlechterstellung (§ 358 II) verstößt, bedarf der Prüfung im Einzelfall. Die Revision kann auf die Aussetzung beschränkt werden.

447 Im einzelnen muß das Revisionsgericht bei der von Amts wegen gebotenen Überprüfung des Strafmaßes die speziellen Bestimmungen des materiellen Strafrechts anwenden. Sie können hier nicht einzeln behandelt werden. Besonders zu beachten ist das Verbot der Doppelbewertung von Umständen sowohl für die Festlegung des gesetzlichen Tatbestandes als auch für das Strafmaß (§ 46 Abs. III StGB).[40]

Fall

Im Urteil ist bei der Strafrahmenwahl und der eigentlichen Strafzumessung zu Lasten des Angeklagten gewertet, daß er bei der Tat mit direktem Vorsatz, also einer der schärfenden Schuldformen gehandelt hat.

Das ist rechtsfehlerhaft, wenn der Tatbestand vorsätzliche Tatbegehung voraussetzt, deren Regelfall der direkte Vorsatz ist.[41]

Fall:

Gegen einen Anstaltsarzt, der wegen einer Straftat nach § 174a II verurteilt ist, wird strafschärfend bewertet, daß er durch seine sexuellen Handlungen an einer Anstaltskranken die Sauberkeit der Amtsführung mißachtet und das Vertrauen der Anstaltsinsassen enttäuscht habe.

Das ist ein Rechtsfehler, weil der Mißbrauch der Amtsstellung zum gesetzlichen Tatbe-

---

[36] Dazu BGH StV 1992, 372; Mösl DRiZ 1979, 167 sowie die bei Horn sLSK zu § 46 Rdn 4 angef. Rspr.

[37] BGH bei Detter NStZ 1993, 178; 1992, 479; 1991, 477.

[38] § 47 Rdn 2ff.

[39] SLSK § 47 Rdn 2.

[40] Vgl. Detter NStZ 1993, 177; 1992, 171, 479; Schäfer Rdn. 301.

[41] BGH StV 1993, 72 m. Nachw.

stand gehört. Es ist allerdings anders, wenn die besonders raffinierte Art der Ausführung strafschärfend berücksichtigt ist.

Letztlich kommt es in diesem Bereich auf die Frage nach Sinn und Zweck 448
der Strafe und des Wesens der Schuldstrafe an. Diese Kriterien geben die Richtung für die Strafzumessungserwägungen. Die hier einschlägigen Fragen gehören indessen dem **materiellen Strafrecht** an und sind deshalb hier nicht weiter darzustellen. Dazu gehört auch die in der Rechtsprechung herrschende, aber sonst stark umstrittene **„Spielraumtheorie"**, die für die richtige Strafe einen bestimmten Rahmen zur Verfügung stellt.[42] Je nach dem materiellrechtlichen Standort beurteilt es sich, ob und inwieweit dem Tatrichter ein Bereich nicht kontrollierbaren rein tatsächlichen und freien Ermessens verbleibt. In der Praxis auch der obersten Gerichte wird dem Revisionsrichter die Kontrolle des tatrichterlichen Ermessens weitgehend versagt. Wird aber das Ermessen nachweisbar mißbräuchlich oder fehlerhaft ausgeübt (Rdn 88), wird eine Verletzung des § 337 nicht zu verneinen sein. Im einzelnen ist dazu auf Judikatur und Rechtsprechung zu verweisen.

g) Rechtsfehler bei der Strafaussetzung zur Bewährung

Derselbe Hinweis gilt auch für die revisionsrechtliche Überprüfung der 449
Entscheidung über die **Strafaussetzung zur Bewährung.**[43] Hier ist ebenfalls in erster Linie zu prüfen, ob die Erwägungen des Tatgerichts zur Frage der Strafaussetzung durch entsprechende Tatsachenfeststellungen zur Person des Angeklagten, zur Tat, zum Schuldgewicht und zu allen prognoserelevanten Umständen abgedeckt sind. Mängel in diesem Bereich werden durchweg die Revision begründen. Auch ein nicht näher ausgeführter Hinweis auf die einschlägigen Vorstrafen reicht bei sonst positiven Aspekten nicht aus, um eine ungünstige Sozialprognose i.S. § 56 I StGB zu stellen.[44] Das Prozeß- bzw. Verteidigungsverhalten ist nur im Ausnahmefall geeignet, die sonst nicht ausgeschlossene günstige Sozialprognose zu verneinen;[45] das gleiche gilt für die nicht selten anzutreffende tatrichterliche Erwägung, aus dem hartnäckigen Bestreiten des Angeklagten (noch in der Berufungsinstanz!) folge, daß es ihm an Unrechtseinsicht fehle, was die Prognose negativ beeinflussen müsse. Hier liegt deshalb ein Rechtsfehler vor, weil das Verteidigungsrecht des Angeklagten ausgehöhlt wird, wenn er befürchten muß, das Bestreiten der Tat werde sich in einem evtl. Strafausspruch negativ auswirken.[46]

[42] BGH wistra 1988, 345; Schäfer Rdn 453ff.; Dreher/Tröndle § 46 Rdn 10; Bruns FS f. Henkel S. 287; Mösl DRiZ 1979, 165.

[43] Dreher/Tröndle § 56 Rdn 2ff.; Horn sLSK § 56 Rdn 2ff.; Detter NStZ 1992, 480; 1993, 179; Schäfer Rdn 104ff.

[44] BGH bei Theune NStZ 1986, 497; BGH NStZ 1985, 261 (nur Geldstrafen); Horn sLSK § 56 Rdn 3.

[45] BGHR § 56 Abs. 2 Umstände, besondere 12; § 56 Abs. 3 Verteidigung 12.

[46] BGH bei Detter NStZ 1992, 480; 1993, 179

Die meisten Rechtsfehler unterlaufen den Tatgerichten jedoch bei Entscheidungen über die Nichtaussetzung einer Freiheitsstrafe von bis zu 1 Jahr und die Aussetzung einer Freiheitsstrafe von bis zu 2 Jahren gem. § 56 II StGB. Im ersten Fall sind eingehende Ausführungen erforderlich, wenn die Umstände des Falles die Strafaussetzung nahelegen oder einem ausdrücklichen Aussetzungsantrag nicht stattgegeben wird.[47] Im anderen Falle können sie sich ersichtlich nur schwer von der früheren Auslegung trennen, wonach die Strafaussetzung nur in extrem gelagerten, außergewöhnlichen Ausnahmefällen in Betracht kam.[48] Inzwischen ist aber gesetzlich klargestellt,[49] daß es sich bei den „besonderen Umständen" i.S. von § 56 II StGB um solche handelt, die im Vergleich mit den gewöhnlichen, durchschnittlichen, allgemeinen oder einfachen Milderungsgründen von besonderem Gewicht sind und eine Strafaussetzung trotz des erheblichen Unrechts- und Schuldgehalts der Tat als nicht unangebracht und den vom Strafrecht geschützten Interessen nicht zuwiderlaufend erscheinen lassen.[50] Dabei sind die besonderen Umstände in der Tat und in der Persönlichkeit des Angeklagten nicht immer eindeutig voneinander zu trennen. Auch können Umstände, die sich bei der Einzelbewertung nur als einfache und durchschnittliche Milderungsgründe erweisen, in der Gesamtschau durchaus die Qualifikation der besonderen Umstände i.S. des § 56 II StGB erreichen,[51] wobei die Tendenzen in der Rechtsprechung eindeutig in Richtung einer für die Angeklagten günstigen Auslegung gehen. Abgesehen von den notwendigen umfassenden Tatsachenfeststellungen zu allen im Rahmen des § 56 Abs. 2 StGB relevanten Voraussetzungen ist zu beachten, daß das Tatgericht eine **Gesamtwürdigung** der entscheidungsrelevanten Umstände vornehmen muß. Dabei wird nicht selten verkannt, daß ein § 50 StGB entsprechendes Verbot der Doppelbewertung von Umständen, die sowohl bei der Bemessung von Strafart und Strafhöhe herangezogen wurden, die aber auch für die Strafaussetzung Bedeutung haben, nicht besteht.[52] Solche Umstände sind für die Strafaussetzung also nicht „verbraucht". Im übrigen gelten auch hier die allgemeinen Grundsätze, d.h. der Tatrichter muß erkennbar machen, daß er alle entscheidungsrelevanten Tatsachen in die Würdigung einbezogen und sich mit ihnen auseinandergesetzt hat. Erachtet der Tatrichter bei einem Angeklagten die Strafaussetzung nach § 56 II StGB für schlechthin unvertretbar, obwohl die Urteilsgründe eine Vielzahl persönlicher und tatbezogener Strafmilderungsgründe erkennen lassen, so

---

[47] BGHR § 267 III 4.

[48] Vgl. BGH bei Detter NStZ 1991, 478; zur Rechtsentwicklung auch Schäfer Rdn 122.

[49] 23. StrÄG v. 13. 4. 1986.

[50] Detter NStZ 1992, 172.

[51] BGH NStZ 1991, 581; BGH bei Detter NStZ 1992, 172f.; BGHR § 267 III 4 Strafaussetzung 2 (bloßer Hinweis auf dem Mitangeklagten gewährte Strafaussetzung).

[52] BGH NStZ 1985, 261; BGH bei Theune NStZ 1986, 498.

dürfte in der Regel ein Wertungsfehler vorliegen.[53] Selbstverständlich ist es auch nicht angängig, die Strafaussetzung „deliktsspezifisch" zu versagen, d.h. der Art der Straftat bei der Wertung ein Übergewicht zuzumessen. Auf der anderen Seite werden die Urteile der Aufhebung verfallen, in denen bei verhältnismäßig geringgewichtigen besonderen Umständen eine Strafe im oberen Bereich des § 56 II StGB ausgesetzt worden ist; je mehr sich die Freiheitsstrafe der Höchstgrenze des § 56 II nähert, umso gewichtiger müssen die besonderen Umstände sein.[54]

Beachtet der Tatrichter die für die Strafaussetzung zur Bewährung revisionsrechtlich relevanten allgemeinen und speziellen Grundsätze, so hat das Revisionsgericht die Entscheidung bis zur Grenze des Vertretbaren hinzunehmen, wobei es nicht darauf ankommt, ob die von der Revision vorgenommene gegenteilige Wertung überzeugender erscheint. Ebensowenig darf das Revisionsgericht seine eigene Gesamtwürdigung der festgestellten Umstände an die Stelle der Würdigung des Tatrichters setzen, wenn diese rechtsfehlerfrei zustande gekommen ist.

V. Besonderheiten der Revision gegen Berufungsurteile

Lit.: *Böttcher/E. Mayer*, Änderungen des Strafverfahrensrechts durch das Entlastungsgesetz, NStZ 1993, 153; *Kissel*, Gerichtsverfassung unter dem Gesetz zur Entlastung der Rechtspflege, NJW 1993, 489; *Meyer-Goßner*, Änderungen der Strafprozeßordnung durch das Rechtspflegeentlastungsgesetz, NJW 1993, 498; *Pfeiffer*, Grundzüge des Strafverfahrensrechts, 2. Aufl., 1993, Rdn. 147ff.; *Rieß*, Das Gesetz zur Entlastung der Rechtspflege, AnwBl. 1993, 53; *Siegismund/Wickern*, Das Gesetz zur Entlastung der Rechtspflege, wistra 1993, 81.

In der Revision gegen **Berufungsurteile** der kleinen und großen Strafkammern (§ 333 i.V.m. § 76 n.F. GVG) (Rdn 8) kommen vor dem Hintergrund der Generalverweisung in § 332 grundsätzlich gleichartige Verfahrensfehler und sachlich-rechtliche Fehler wie im Hauptverfahren I. Instanz in Betracht (vgl. Rdn 218ff.).[1] Hinsichtlich beider Rüge-Kategorien bestehen jedoch einige, gerade für die Revision wichtige **Besonderheiten.** 450

Die Berufung des Angeklagten wird nicht selten deshalb verworfen, weil er zur Hauptverhandlung nicht erschienen ist (§ 329); ist in einem solchen Falle über die Berufung der Staatsanwaltschaft zu verhandeln, so wird die Hauptverhandlung in Abweichung von § 230 I in Abwesenheit des Angeklagten durchgeführt (§ 329 II). In derartigen Fällen ist einmal zu prüfen, ob sein Ausbleiben nicht genügend entschuldigt war.[2] Während die Frage der La- 451

---

[53] BGH bei Detter NStZ 1989, 471.

[54] BGH bei Detter NStZ 1991, 478.

[1] Die Verwerfung der Annahmeberufung (§ 313 II n.F.) bedarf hier keiner Erörterung; zur Zulässigkeit der Sprungrevision in diesen Fällen vgl. Rdn 9ff.

[2] Kleinknecht/Meyer-Goßner § 329 Rdn 17ff; vgl. i.ü. die in StV 1987, 9ff. veröffentliche Rspr. des BGH.

dung vom Revisionsgericht im Wege des Freibeweises (Rdn 492) vollständig nachgeprüft wird,[3] sind die tatsächlichen Feststellungen zur Frage der genügenden Entschuldigung der Überprüfung durch das Revisionsgericht entzogen, das sich auf die Frage beschränken muß, ob die Rechtsbegriffe des Ausbleibens und der genügenden Entschuldigung rechtsfehlerfrei angewendet worden sind,[4] z.B. ob der Angeklagte durch das vorgelegte ärztliche Attest – nach der wirklichen Sachlage – genügend entschuldigt ist.[5] Nur wenn eine Aufklärungsrüge (§ 244 II) mit der Begründung erhoben worden ist, die Verwerfung der Berufung sei rechtsfehlerhaft, weil das Berufungsgericht die Abwesenheit des Berufungsführers zu Unrecht als nicht genügend entschuldigt angesehen habe, muß das Revisionsgericht dies im Wege des Freibeweises (Rdn 492) nachprüfen. Erweist sich die Rüge als begründet, so wird nach allgemeinen Grundsätzen das angefochtene Urteil aufgehoben und die Sache zu neuer Verhandlung und Entscheidung an die Vorinstanz zurückverwiesen.[6] Verbleiben Zweifel, ob der Angeklagte ordnungsgemäß geladen war, ist das Urteil ebenfalls aufzuheben.[7] Auch in diesem Fall bleiben aber die getroffenen Feststellungen des Berufungsgerichts zur Frage der Entschuldigung als solche unangreifbar. Wird die Revision gegen ein Urteil nach § 329 nur mit der Sachrüge gerechtfertigt, so beschränkt sich die Prüfung des Revisionsgerichts, da das Berufungsurteil keinen sachlich-rechtlichen Inhalt hat, auf das Vorliegen von Verfahrenshindernissen[8] (Rdn 135ff.).

Wird neben der Revision Antrag auf **Wiedereinsetzung in den vorigen Stand** gem. § 329 II gestellt (Rdn 517), so ist die Frist zur Begründung der Revision (§ 345 I) unabhängig vom Gang des Wiedereinsetzungsverfahrens zu beachten.

452 Die **Besetzung des Gerichts** bedarf in der Berufungsinstanz keiner Prüfung und Erörterung in der Hauptverhandlung, weil die aus § 222a folgende Rügepräklusion des § 338 Nr. 1 in der Berufungsinstanz nicht gilt. Eine gleichwohl erfolgte Mitteilung der Besetzung des Gerichts nach § 222a ist irrelevant. Die Rüge der nicht ordnungsgemäßen Besetzung der Richterbank bleibt in vollem Umfange eröffnet; das gilt auch im Hinblick auf die gesetzlichen Änderungen gem. § 76 GVG n.F.

453 Im Ablauf der Hauptverhandlung tritt an die Stelle der Verlesung der Anklage der **Vortrag** über die **Ergebnisse des bisherigen Verfahrens** und die

---

3 KG JR 1984, 78; wohl auch BGH MDR 1987, 336; BGH NJW 1987, 1777; OLG Düsseldorf StV 1990, 58/59; OLG Braunschweig NStE § 329 Nr. 3; OLG Frankfurt NStE § 329 Nr. 4; Kleinknecht/Meyer-Goßner § 329 Rdn 19; a.A. OLG Düsseldorf NStE § 329 Nr. 7 (Arbeitsunfähigkeitsbescheinigung); a.A. OLG Düsseldorf JMBlNRW 1982, 68.

4 BGHSt 28, 384 (387f.).

5 OLG Düsseldorf NStE § 329 Nr. 11.

6 BGHSt 28, 284 (286f.).

7 OLG Stuttgart NStZ 1989, 91.

8 BGHSt 21, 242; vgl. aber OLG Saarbrücken NStZ 1991, 147.

Verlesung des angefochtenen Urteils I. Instanz (§ 324 I). Dabei handelt es sich um **wesentliche Förmlichkeiten** des Verfahrens, die der absoluten Beweiskraft des Protokolls nach § 274 unterliegen. Der Vortrag und die Urteilsverlesung sollen den Gegenstand der Verhandlung klar herausstellen und die Verfahrensbeteiligten darüber unterrichten, worauf es für den Verfahrensgegenstand in tatsächlicher und rechtlicher Beziehung ankommt. Die Unterlassung dieser Unterrichtung begründet daher im allgemeinen die Revision.[9] Allerdings soll das Urteil dann nicht auf dem Verfahrensfehler beruhen, wenn es sich um einen rechtlich und tatsächlich einfach liegenden Sachverhalt handelt, der sich den nicht mit Aktenkenntnis ausgestatteten Verfahrensbeteiligten, insbesondere der Schöffen, rechtzeitig wärend der Verhandlung erschließen konnte.[10] Das Beruhen (Rdn 458) wird aber nur in sehr eindeutig gelagerten Fällen ausgeschlossen werden können. Auch der ungenügende Umfang der Berichterstattung kann ggfs. Grundlage einer Revisionsrüge sein,[11] etwa wenn auf Anordnung des Vorsitzenden das Urteil I. Instanz nur teilweise verlesen und dies auf Beanstandung nach § 238 II vom Gericht gebilligt worden ist (§ 338 Nr. 8).[12]

Verweigert der Angeklagte in der Berufungsverhandlung die **Einlassung** 454
und soll seine Einlassung aus der Hauptverhandlung I. Instanz eingeführt oder ihm vorgehalten werden, so muß dies durch Verlesung des angefochtenen Urteils nach § 249 geschehen. Die Verlesung des erstinstanzlichen Urteils im Zusammenhang mit der Berichterstattung gem. § 324 I reicht dafür nicht aus.[13] Auch wenn im Berufungsurteil lediglich auf die Einlassung des Angeklagten in der Vorinstanz Bezug genommen worden ist, begründet dies die Revision. Wenn die Berufung auf den Strafausspruch beschränkt ist, muß – je nach Sachlage – das Urteil sich über die Einlassung des Angeklagten verhalten (vgl. auch Rdn. 408).

An die Stelle der unmittelbaren Vernehmung von **Zeugen** kann in der Beru- 455
fungsverhandlung unter besonderen gesetzlichen Voraussetzungen, wozu u.a. die Zustimmung der Verfahrensbeteiligten[14] gehört, die **Verlesung** der entsprechenden **Protokolle** I. Instanz treten (§ 325 I). Die **Zustimmung** zu dieser Verfahrensweise ist eine **wesentliche Förmlichkeit** des Verfahrens, die protokolliert werden muß (§ 273 I). Außer wegen Verletzung der formellen Voraussetzungen des § 325 kann eine Revisionsrüge hier erhoben werden, wenn das Gericht im Rahmen seiner Aufklärungspflicht (§ 244 II, Rdn 314) gedrängt war, statt der Verlesung der Aussagen die persönliche Vernehmung der Beweisperson durchzuführen, etwa weil es sich um ein kompliziertes

9 OLG Hamburg NStZ 1985, 379.
10 OLG Hamburg NStZ 1985, 379.
11 BayObLG MDR 1982, 249; a.A. Kleinknecht/Meyer-Goßner § 324 Rdn 9; KK-Ruß § 324 Rdn 10.
12 Wohl a.A. Kleinknecht/Meyer-Goßner § 324 Rdn 5, 9.
13 OLG Frankfurt StV 1990, 399; Kleinknecht/Meyer-Goßner § 324 Rdn 5.
14 Kleinknecht/Meyer-Goßner § 325 Rdn. 4.

Beweisthema handelte, es auf den persönlichen Eindruck des Zeugen ankam oder eine Gegenüberstellung geboten war[15] (Rdn 228).

456 Für die **Tatsachenfeststellungen** gelten dieselben Grundsätze wie für das erstinstanzliche Urteil. Die größte Gefahr für die Berufungsurteile stellen **Bezugnahmen** auf das angefochtene Urteil dar. Sie halten nur dann der revisionsrechtlichen Überprüfung stand, wenn die Feststellungen I. und II. Instanz vollständig übereinstimmen, Abweichungen eindeutig gekennzeichnet sind und in den Urteilsgründen genau angegeben wird, in welchem Umfange das Berufungsgericht die Feststellungen der Vorinstanz als zutreffend für seine eigene Entscheidung zugrunde legt.[16] Unklare Ausdrücke wie, das Berufungsgericht habe „in allen wesentlichen Punkten" dieselben Feststellungen wie der Vorderrichter getroffen, bringen das Urteil in akute Gefahr.[17] Besonders leicht führen pauschale Bezugnahmen in Urteilen bei einer Mehrzahl gleichgelagerter oder unterschiedlicher Einzelstraftaten zu revisiblen Verfahrensfehlern. Man sollte jede Bezugnahme in einem Berufungsurteil besonders kritisch überprüfen, gleichgültig ob sie sich auf tatsächliche Feststellungen oder die rechtliche Würdigung oder die Strafzumessung erstreckt.[18] Die **Strafzumessung** muß neue und selbständige Erwägungen des Berufungsgerichts enthalten und auch die Umstände berücksichtigen, die sich seit der Entscheidung der Vorinstanz ergeben haben können.[19]

457 Bei rechtswirksamer **Beschränkung der Berufung** sind **Bezugnahmen** auf die in Rechtskraft erwachsenen Feststellungen des Urteils der Vorinstanz nicht unzulässig. Das Revisionsgericht prüft bei zulässiger Revision jedoch von Amts wegen, ob die Beschränkung der Berufung z.B. auf den Rechtsfolgenausspruch wirksam ist.[20] Kommt es zu dem Ergebnis, daß die Beschränkung nicht wirksam und deshalb das Urteil I. Instanz in vollem Umfang angefochten ist, erweist sich dann die Bezugnahme als unzulässig und die Revision greift mangels (ausreichender) eigener Feststellungen des Berufungsgerichts durch.[21]

Der Verstoß gegen das **Verschlechterungsverbot** des § 331 ist eine Rechtsverletzung, die das Revisionsgericht von Amts wegen zu beachten hat.[22] Voraussetzung ist aber, daß eine zulässige Sachrüge erhoben ist. Wegen der Einzelfälle von Verstößen gegen das Verschlechterungsverbot muß auf das Schrifttum und die reichhaltige Rechtsprechung verwiesen werden.[23]

---

[15] OLG Zweibrücken NStZ 1992, 147; BayObLG StV 1992, 152; Kleinknecht/Meyer-Goßner § 325 Rdn 12.

[16] Vgl. i.e. Kroschel/Meyer-Goßner S. 219.

[17] OLG Stuttgart StV 1991, 340.

[18] Dazu Kroschel/Meyer-Goßner S. 220f.

[19] BGHR § 267 III 1 Strafzumessung.

[20] BGHSt 27, 70 (72); BGH NJW 1980, 1807; OLG Düsseldorf NStZ 1992, 298.

[21] OLG Düsseldorf NStZ 1992, 298.

[22] BGHSt 29, 269 (280); vgl. auch OLG Hamburg NStE § 325 Nr. 8.

[23] Kleinknecht/Meyer-Goßner § 331 Rdn 5ff.; KK-Ruß § 331 Rdn 2ff.

B. Das „Beruhen" des Urteils auf der Gesetzesverletzung

Lit.: *Herdegen,* Die Beruhensfrage im strafprozessualen Revisionsrecht, NStZ 1990, 513; *Mehle,* Das Erfordernis des Beruhens im Revisionsrecht – die ungewisse Hürde für den Revisionsführer, Schriftenreihe DAV, Bd. 7 (1990), S. 47.

Die Verletzung des Gesetzes begründet nach § 337 nur dann die Revision, 458 wenn das Urteil darauf **„beruht"**. Das ist der Fall, wenn es ohne diese möglicherweise anders ausgefallen wäre. Der ursächliche Zusammenhang braucht also nicht festgestellt zu sein. Es genügt, daß er nicht auszuschließen ist.[24] So bleibt ein noch so eklatanter sachlich-rechtlicher Fehler des Tatrichters ohne Auswirkung, wenn die Entscheidung aus ihren sonstigen Gründen oder aus anderen, vom Tatrichter erkannten oder nicht erkannten Rechtsgründen materiell richtig ist, der Tatrichter also auch ohne den Fehler zweifelsfrei zu dem gleichen Ergebnis gekommen sein würde.[25] Das ist namentlich der Fall, wenn der Rechtsfehler sich in einer Hilfserwägung findet, die kein tragendes Element der Entscheidung oder sogar nur ein obiter dictum ist. Verletzungen des Verfahrensrechts können für die Sachentscheidung unter Umständen zweifelsfrei bedeutungslos sein. Das trifft z. B. grundsätzlich für die

Verfahrensfehler im Ermittlungsverfahren zu, sofern sie nicht ausnahmsweise 459 in das Urteil hineinwirken (Rdn 218).

Es ist an sich nicht Sache des Revisionsführers, das „Beruhen" des Urteils 460 nachzuweisen oder auch nur darzulegen; dies ist von Amts wegen zu prüfen.[26] Er hat das Seinige mit dem Nachweis der Gesetzesverletzung (Rdn 484) getan, weil das „Beruhen" eben schon dann anzunehmen ist, wenn es nicht mit Sicherheit auszuschließen ist. Das Beruhen entfällt nur, wenn Kausalität überhaupt oder jedenfalls regelmäßig nicht möglich ist.[27] Je nach Lage des Falles sollte der Revisionsführer aber doch darlegen, warum ein solcher Ausnahmefall nicht vorliegt.

Der Bundesgerichtshof hat wiederholt ausgesprochen, daß die in Urteilen häufige formelhafte Wendung „Diese Feststellungen beruhen auf den Aussagen der Zeugen ... und des Sachverständigen ... und der verlesenen Urkunden" nur bedeutet, daß die Beweisaufnahme auf diese Beweismittel erstreckt worden ist, nicht aber, daß sie auch Bedeutung für die Entscheidung haben.[28] Im übrigen überprüfen die Revisionsgerichte rückschauend den **hypothetischen Verfahrensfortgang** ohne den festgestellten Vefahrensfehler daraufhin, ob rechtmäßiges Prozedieren des Tatgerichts zu anderem Verfahrensverhal-

---

[24] BGHSt 22, 278 (280) (st. Rspr.); Kleinknecht/Meyer-Goßner § 337 Rdn 37; Löwe/Rosenberg/Hanack § 337 Rdn 254 ff.

[25] BGH NStZ 1986, 130 (st.Rspr.).

[26] Herdegen NStZ 1990, 517.

[27] BGHSt 36, 119 (123); BGH NJW 1988, 1224; Löwe/Rosenberg/Hanack § 337 Rdn 258.

[28] BGH bei Dallinger MDR 1972, 17; NJW 1951, 325.

ten des Beschwerdeführers und möglicherweise (nicht ausschließbar) zu einem anderen Verfahrensergebnis geführt hätte.[29] Sind zunächst rechtsfehlerhafte Verfahrensvorgänge erneuert oder wiederholt („geheilt") worden, liegt die Frage besonders nahe. Die Formel „nach Lage und Gestalt des Falles" sei es auszuschließen, daß sich der Beschwerdeführer anders als geschehen hätte verteidigen können, verdeckt gelegentlich eine doch recht problematische Eigenbeurteilung des der Tatsacheninstanz notwendigerweise fernen Revisionsgerichts.[30]

Die sehr zahlreich denkbaren Fälle des Beruhens oder Nichtberuhens sind in dieser Schrift jeweils an den im einzelnen in Betracht kommenden Stellen behandelt. In den Fällen der absoluten Revisionsgründe (§ 338 Nr. 1–7 – Rdn. 110ff.) besteht für das Beruhen eine unwiderlegbare Vermutung.

C. Die Darstellung der Revisionsgründe

Lit.: *Alberts,* Die Feststellung doppelt relevanter Tatsachen in der strafprozessualen Revisionsinstanz, 1990; *Dahs,* Überspannung der Anforderungen an den Sachvortrag aus der Sicht des Revisionsführers, Schriftenreihe DAV, Bd. 7 (1990), S. 85; *Gribbohm,* Das Scheitern der Revision nach § 344 StPO, NStZ 1983, 97; *Hamm,* Die Beweisführung zum tatsächlichen Vorbringen des Beschwerdeführers in der Revisionsinstanz, Schriftenreihe DAV, Bd. 7 (1991), S. 105; *Hamm,* Revision, in Formularbuch für den Strafverteidiger, 2. Aufl., 1992, S. 378ff.; *Krause,* Einzelfragen zur Revisionsbegründung nach § 344 Abs. 2 StPO, StV 1984, 483; *Krekeler,* Wehret auch den kleinen „Anfängen" oder § 273 Abs. 3 muß bleiben, AnwBl. 1984, 417; *Maul,* Der notwendige Umfang des Tatsachenvortrags aus der Sicht des Revisionsrichters, Schriftenreihe DAV, Bd. 7 (1990), S. 71; *Schlüchter,* SKStPO, 1992, § 244 Rdn. 11, 20ff.; *Schmid,* Die wörtliche Protokollierung einer Aussage in der Hauptverhandlung, NJW 1981, 1353; *Többens,* Der Freibeweis und die Prozeßvoraussetzungen, NStZ 1982, 184; *Ventzke,* § 344 Abs. 2 Satz 2 StPO – Einfallstor revisionsgerichtlichen Gutdünkens?, StV 1992, 338.

461 Die Revision kann nur darauf gestützt werden, daß durch das angefochtene Urteil das Gesetz verletzt sei (Rdn 86ff.). Die Anforderungen an die Revisionsrechtfertigung normiert § 344 II. Die Bestimmung wird ergänzt durch eine Vielzahl von Regeln, die Rechtsprechung und Schrifttum für die formgerechte Begründung der Revision entwickelt haben. Der Beschwerdeführer ist gut beraten, wenn er der **Formstrenge** seiner Revisionsbegründung besonderes Augenmerk widmet.[1] Schon manche sachlich begründete Revision ist wegen unzulänglicher, d.h. unzulässiger Rechtfertigung der vorgetragenen Rügen verworfen worden.[2]

---

[29] Vgl. i.e. u. mit Beispielen Herdegen NStZ 1990, 516ff. m.Nachw.

[30] Krit. Löwe/Rosenberg/Hanack § 337 Rdn 257ff., 266; Herdegen NStZ 1990, 517.

[1] Vgl. dazu die Darstellung von Hamm, Formularbuch, VIII C mit Schriftsatzbeispielen.

[2] Dazu Gribbohm NStZ 1983, 97 (98ff.); Krause StV 1984, 483.

I. Verfahrenshindernisse

Das Revisionsgericht prüft **von Amts wegen** und ohne entsprechende Ausführungen in der Revisionsrechtfertigung das Vorliegen der **Prozeßvoraussetzungen** bzw. **Verfahrenhindernisse** (dazu im einzelnen Rdn 102). Wenn es auch einer ausdrücklichen Rüge insoweit nicht bedarf, sollten derartige Revisionsgründe doch in der Revisionsbegründung dargelegt werden, wenn der Beschwerdeführer sie für gegeben erachtet. Besondere Vorschriften und Regeln für die Begründung bestehen nicht. 462

Voraussetzung für die Prüfung von Verfahrenshindernissen durch das Revisionsgericht ist die **Zulässigkeit** der Revision im Hinblick auf die Einlegung und Begründung. Nur die Zulässigkeit eröffnet die Möglichkeit einer Überprüfung der Verfahrenshindernisse von Amts wegen.[3] Eine Ausnahme gilt für den Fall, daß das Verfahrenshindernis erst nach dem Erlaß des angefochtenen Urteils eingetreten ist.[4] Das Revisionsgericht hat dann das Verfahrenshindernis auch zu beachten, wenn die Revision nicht oder nicht ordnungsgemäß begründet worden ist. Erforderlich ist aber auch hier, daß die Revision als solche form- und fristgerecht eingelegt worden ist.

II. Die Rüge der Verletzung des Verfahrensrechts („Verfahrensrüge")

Die strengen **Formvorschriften** des Revisionsrechts gewinnen im Rahmen der Verfahrensrüge ihre größte Bedeutung. Jeder Fehler in der Darlegung des Revisionsgrundes führt zur Unzulässigkeit der Rüge und nicht selten zur Verwerfung des ganzen Rechtsmittels.[5] Jede Rüge wirkt nur für den Beschwerdeführer, der sie erhoben hat, auch wenn der Verfahrensfehler mehrere Prozeßbeteiligte in gleicher Weise betroffen hat (Rdn 595).[6] 463

Auf die Formvorschriften ist an vielen Stellen der Schrift im Zusammenhang mit der Erörterung der einzelnen Rechtsfehler hingewiesen worden; dabei sind die für den Revisionsvortrag wichtigsten Punkte ebenso i.e. kenntlich gemacht wie Besonderheiten hervorgehoben sind. Hier werden deshalb in einer **Zusammenfassung** nur allgemein die wichtigsten Elemente einer formgerechten Verfahrensrüge dargestellt.

---

[3] BGHSt 16, 115; Sarstedt/Hamm Rdn 159.

[4] BGHSt 22, 213; OLG Hamburg NJW 1963, 265; Kleinknecht/Meyer-Goßner § 346 Rdn 11.

[5] I.e. Sarstedt/Hamm Rdn 165ff.; Dahs, Handbuch Rdn 814ff.; Dahs, Schriftenreihe DAV Bd. 7 (1990), S. 85f.

[6] Allg. Meinung vgl. BGH bei Holtz MDR 1985, 981; BGH StV 1991, 247.

1. Begründung der Verfahrensrüge

464 Die **Tatsachen**, die den Verfahrensmangel enthalten, müssen **genau** dargelegt werden (§ 344 II 2); eine „allgemeine Verfahrensrüge" gibt es nicht. So genügt es z.B. nicht vorzutragen, das Gericht habe einen Beweisantrag zu Unrecht abgelehnt, ohne den Inhalt des Antrages und des Ablehnungsbeschlusses anzugeben.[7] Richtig wäre folgende Rüge:

Der Verteidiger hat in der Hauptverhandlung beantragt, den Zeugen X darüber zu vernehmen, daß sich der Angeklagte zur Tatzeit bei ihm aufgehalten hat (Bl.... des Hauptverhandlungsprotokolls).
Das Gericht hat diesen Beweisantrag durch Beschluß mit der Begründung abgelehnt, daß die unter Beweis gestellte Tatsache für die Entscheidung ohne Bedeutung sei (Bl.... des Hauptverhandlungsprotokoll).
Die Ablehnung des Beweisantrages war rechtsfehlerhaft, weil es für die Entscheidung darauf ankam, ob sich der Angeklagte zur Tatzeit am Tatort befunden hat.

Ist ein Beweisantrag auf Vernehmung eines weiteren Sachverständigen abgelehnt worden (§ 244 IV 2), so gehört zur Begründung der Rüge auch die Angabe der Anknüpfungstatsachen, mindestens als Kompendium.

Unzulänglich ist die Formulierung, die Frage eines Verteidigers sei unberechtigt zurückgewiesen worden. Hier wäre folgendes auszuführen:

Der Verteidiger hat an die Zeugin Y, auf deren Aussage das Gericht im Urteil (UA Bl....) entscheidend abgestellt hat, die Frage gerichtet, ob sie wegen Meineids vorbestraft sei. Das Gericht hat durch Beschluß die Frage als nicht zur Sache gehörig zurückgewiesen (Bl.... des Hauptverhandlungsprotokolls). Der Beschluß des Gerichts war rechtsfehlerhaft, weil die Verurteilung wegen Meineids für die Glaubwürdigkeit der Zeugin von Bedeutung gewesen wäre.

465 An sich brauchen die Anträge nur dann im Wortlaut wiedergegeben werden, wenn es gerade auf ihn ankommt. Es ist jedoch zu empfehlen, zur Vermeidung von Unklarheiten in jedem Falle Antrag und Beschluß wörtlich anzuführen.

Die Rüge der Verletzung des § 265 ist nicht mit Tatsachen belegt, wenn lediglich gerügt wird, das Gericht habe den Angeklagten nicht auf die Veränderung des rechtlichen Gesichtspunktes hingewiesen;[8] vielmehr wäre die Rüge nur in folgender Fassung hinreichend genau begründet:

Dem Angeklagten ist in der zugelassenen Anklage eine Beleidigung gemäß § 185 StGB zur Last gelegt worden. Der Angeklagte ist jedoch wegen Verleumdung gemäß § 187 StGB verurteilt worden. Auf die Veränderung des rechtlichen Gesichtspunktes ist er nicht hingewiesen worden und hatte daher keine Gelegenheit, seine Verteidigung entsprechend einzurichten.

---

[7] OLG Hamm NStE § 344 Nr. 4.
[8] BGHR § 344 Abs. 2 Satz 2 Hinweispflicht 2

Der Beschwerdeführer sollte hinsichtlich der Genauigkeit des Tatsachenvortrages lieber zu viel als zu wenig schreiben.[9]

Die mangelnde Genauigkeit in der Bezeichnung der Tatsachen, in denen 466
die Revision den Verfahrensverstoß sieht, führt auch dann zur Unzulässigkeit der Rüge, wenn sich der Verfahrensmangel aus einer anderen Tatsache ergibt, die zwar aktenkundig ist, aber in der Revision nicht angeführt wird.[10] Dazu ist wichtig, daß eine formgerecht erhobene Verfahrensrüge nach Ablauf der Revisionsbegründungsfrist nicht auf neue, andere Tatsachen gestützt werden kann; das gilt erst recht, wenn diese den rechtzeitig vorgebrachten widersprechen.[11] Andererseits können die Revisionsgerichte in Ausnahmefällen fehlende Tatsachen aus dem (mit zulässiger Sachrüge angefochtenen) Urteil entnehmen.[12]

Dagegen ist die Bezeichnung der verletzten **Gesetzesvorschrift** nicht unbe- 467
dingt erforderlich und ihre unrichtige Bezeichnung unschädlich (§ 352 II). Das Revisionsgericht stellt im Wege der Auslegung des Vorbringens fest, welche Gesetzesvorschrift als verletzt anzusehen ist.[13] Der Revisionsbegründung muß allerdings zu entnehmen sein, gegen welches verfahrensrechtliche Gebot oder Verbot der Tatrichter verstoßen haben soll, d.h. es muß der rechtliche Aspekt bestimmt werden, unter dem der gerügte Prozeßvorgang zu würdigen ist.[14]

Der Beschwerdeführer muß die Tatsachen, die die Verfahrensrüge begrün- 468
den, als **bestimmt,** d.h. in der Form der **positiven Behauptung** ihres Vorhandenseins vorbringen.[15] Jede Einschränkung der Bestimmtheit des Vortrages führt zur Unzulässigkeit der Rüge, z.B. die nur „eventualiter" (bedingt) erhobene Rüge,[16] die Darstellung des Gesetzesverstoßes als wahrscheinlich,[17] die Bitte um Nachprüfung,[18] die Angabe der den Mangel begründenden Tatsachen nur als möglich.[19]

Die Tatsachen müssen auch **vollständig** angegeben werden. Das bedeutet, 469
daß sie ohne Ausnahme in einer formgerechten Revisionsbegründung enthalten sein müssen. Jede **Bezugnahme** auf Urkunden, Protokolle oder andere

---

[9] Z.B. OLG Koblenz GA 1978, 208 (Richterablehnung); BGH bei Holtz MDR 1978, 988f.; weitere Beispiele bei Sarstedt/Hamm Rdn 165ff.

[10] BGH MDR 1951, 371 m.Anm. Dahs sen.

[11] BGH LM § 344 Abs. 2 Nr. 12 für die Rüge der fehlerhaften Besetzung des Gerichts m.Anm. Jagusch.

[12] Vgl. z.B. BGHR § 344 II 2 Abwesenheit 1.

[13] BGH LM § 344 Abs. 1 Nr. 9 (Nr. 8 zu § 344 Abs. 2); Ventzke StV 1992, 341.

[14] Ventzke StV 1992, 341.

[15] BGHSt 7, 162 = LM § 344 Abs. 2 Nr. 6 mit Anm. Jagusch; BGH bei Dallinger MDR 1951, 276; RGSt 42, 168 (170); 53, 50 (51); Sarstedt/Hamm Rdn 170; Kleinknecht/Meyer-Goßner § 344 Rdn 25.

[16] RGSt 53, 50 (51); Löwe/Rosenberg/Hanack § 344 Rdn 69.

[17] BGH bei Dallinger MDR 1951, 276.

[18] BGHSt 12, 33.

[19] BGH NJW 1953, 836.

Schriftstücke macht die Rüge unzulässig,[20] anders u. U. jedoch bei Bezugnahme auf Anlagen zur Revisionsschrift.[21]

470 Die Angaben in der Revisionsbegründung müssen so **umfassend** sein, daß das Revisionsgericht allein auf dieser Grundlage prüfen kann, ob der behauptete Verfahrensfehler vorliegt, falls die vorgetragenen Tatsachen zutreffend sind.[22] So hat z. B. der BGH die Besetzungsrüge (§ 338 Nr. 1) als unzulässig angesehen, weil nicht dargelegt war, welche Schöffen bei richtiger Gesetzesanwendung zur Mitwirkung berufen gewesen wären[23] oder durch welchen Präsidialbeschluß die Hilfsstrafkammer eingerichtet worden war.[24] Insbesondere wird gegebenenfalls bemängelt, daß der den Besetzungseinwand zurückweisende Beschluß nicht (vollständig) mitgeteilt war.[25] Die Rüge nach § 338 Nr. 5 scheiterte daran, daß zur Verletzung des § 231 II nicht vorgetragen und erläutert war, der Angeklagte sei der Hauptverhandlung nicht eigenmächtig ferngeblieben.[26] Die Rüge der fehlerhaften Ablehnung eines Beweisantrages ist unzulässig, wenn „nicht von vornherein bedeutungslose" Teile des ablehnenden Gerichtsbeschlusses nicht vorgetragen werden.[27] Wird die Unzulänglichkeit eines Hinweises nach § 265 geltend gemacht, muß der genaue Inhalt des erteilten Hinweises mitgeteilt werden.[28] Zum Rügevorbringen, nach Wiedereintritt in die Verhandlung sei das letzte Wort nicht (erneut) erteilt worden, gehört eine vollständige Darstellung der Prozeßvorgänge nach dem Wiedereintritt.[29] Die Rüge der Verletzung des § 261 setzt voraus, daß der Beschwerdeführer das Ergebnis der Beweiserhebung mitteilt.[30] Die in der Praxis nicht seltenen Rügen, Zeugen seien zu Unrecht unvereidigt geblieben, scheitern oft daran, daß nicht vorgetragen wird, wer die Entscheidung über die Nichtvereidigung getroffen hat.[31]

471 In der Praxis ergeben sich Mängel der Vollständigkeit und Bestimmtheit der Verfahrensrüge häufig daraus, daß der Beschwerdeführer an die Stelle eigener Behauptungen über die Tatsachen des Verfahrensverstoßes die Bezugnahme auf das Hautpverhandlungsprotokoll (**„Protokollrüge"**) setzt, indem er z. B. ausführt:

---

[20] Löwe/Rosenberg/Hanack § 344 Rdn 82ff.; Gribbohm NStZ 1983, 101.

[21] Vgl. Maul, Schriftenreihe DAV Bd. 7 (1990), S. 71 (82ff.); Dahs, Schriftenreihe DAV Bd. 7 (1990), S. 85 (88).

[22] Vgl. dazu BGH bei Kusch NStZ 1993, 30; bei Miebach NStZ 1990, 29; 1990, 230; BGH NStZ 1987, 36; 1990, 508; BGHR § 344 Abs. 2 Satz 2 Beweiswürdigung 3; Sarstedt/Hamm Rdn 171 ff.

[23] BGH GA 1983, 180.

[24] BGHR § 344 II 2 Besetzungsrüge 2.

[25] BGHR § 344 II 2 Besetzungsrüge 2.

[26] BGH StV 1981, 393; BGH MDR 1984, 628; a. A. OLG StV 1985, 50; vgl. auch BGHR § 344 Abs. 2 Satz 2 Abwesenheit 1.

[27] BGHR § 344 II 2 Beweisantragsrecht 1.

[28] BGHR § 344 II 2 Hinweispflicht 1.

[29] BGHR § 344 II 2 Letztes Wort 1.

[30] BGHR § 344 II 2 Beweiswürdigung 1.

[31] BGHR § 344 II 2 Vereidigungsentscheidung 1.

Das Gericht hat den Antrag der Verteidigung auf Vernehmung des Zeugen X zu Unrecht zurückgewiesen. Vgl. das Hauptverhandlungsprotokoll.

oder

Ausweislich des Hauptverhandlungsprotokolls ist der Zeuge Y nicht vereidigt worden, obwohl dies im Gesetz vorgeschrieben war.

In beiden Fällen ist die Rüge unzulässig. Im ersteren Falle mangelt es an der Vollständigkeit der Begründung, im letzteren auch an der Bestimmtheit der Tatsachenbehauptungen. Der Beschwerdeführer hat in bestimmter Form lediglich behauptet, daß das Hauptverhandlungsprotokoll keine Niederschrift über die Vereidigung des Zeugen enthält. Damit ist aber nur ein Fehler des Protokolls, nicht jedoch das tatsächliche Unterlassen der vorgeschriebenen Vereidigung behauptet. Es liegt damit eine unzulässige „Protokollrüge" vor.[32]

Im Zusammenhang mit dem **Umfang** des notwendigen Revisionsvorbringens nach § 344 II 2 ist auch auf die Frage der **Negativtatsachen** einzugehen. 472
Damit ist zweierlei gemeint:

- Gehören zum notwendigen Vortrag auch Prozeßtatsachen, die dem Erfolg der Rüge entgegenstehen können?
- Muß dazu vorgetragen werden, ob der gerügte Verfahrensmangel durch ein „Surrogat" o. ä. ausgeglichen oder „geheilt" worden ist?

In der revisionsgerichtlichen Rechtsprechung finden sich unterschiedliche Einzelfallentscheidungen, ohne daß sich eine einheitliche Linie oder klare Konturen für diesen Bereich der Zulässigkeitsvoraussetzungen erkennen lassen.[33]

So fordert der BGH einerseits zur Begründung der Rüge eines zu Unrecht wegen Prozeßverschleppung abgelehnten Beweisantrages die Darstellung der Prozeßvorgänge, aus denen das Tatgericht die Absicht der Prozeßverschleppung abgeleitet hat[34] und bei Verletzung der Hinweispflicht des § 265 I den weiteren Vortrag, daß auch aus dem Gang der Hauptverhandlung der geänderte Gesichtspunkt nicht deutlich geworden ist[35] und – wie man ergänzen muß – sich der Beschwerdeführer nicht entsprechend verteidigt habe.[36]

Auch soll bei der Aufklärungsrüge wegen Nichtvernehmung eines (zeugnisverweigerungsberechtigten – § 53) Zeugen vorgetragen werden müssen, daß die Entbindung von der Schweigepflicht widerrufen worden sei.[37] Hierher gehört auch der Fall, daß die Nichtbescheidung oder Ablehnung eines

---

[32] BGHSt 7, 162 = BGH LM § 344 Abs. 2 Nr. 6 m. Anm. Jagusch; OLG Saarbrükken MDR 1986, 1050; Löwe/Rosenberg/Hanack § 344 Rdn 86, Sarstedt/Hamm Rdn 172; Dahs, Handbuch Rdn 805.

[33] Vgl. Maul, Schriftenreihe DAV Bd. 7 (1990), S. 73f.

[34] BGH NStZ 1986, 519; KK-Pikart § 344 Rdn 54.

[35] BGHR § 344 II 2 Hinweispflicht 2.

[36] Zusätzlich müßte hier sogar empfohlen werden, vorsorglich zum Beruhen darzulegen, daß eine andere Verteidigung möglich gewesen wäre.

[37] So GBA in 3 StR 102/93.

Beweisantrages gerügt wird ohne vorzutragen, ob der Zeuge später doch noch vernommen worden ist.[38]

Zu der Revisonsrüge, eine Urkunde sei entgegen § 249 I in der Hauptverhandlung nicht verlesen worden, gehört schon seit langem der weitere Vortrag, daß von dem gesetzlichen „Surrogat" des Selbstleseverfahrens nach § 249 II kein Gebrauch gemacht worden ist – aber auch die Behauptung, daß der Inhalt der Urkunde nicht auf andere zulässige Weise, etwa durch Sachvortrag eines Prozeßbeteiligten oder Vorhalt, eingeführt worden ist.[39]

Andererseits besteht eine ebenso feststehende Rechtsprechung, daß bei Verweigerung oder Verkürzung des (erneuten) letzten Wortes (§ 258) nicht vorgetragen werden muß, was der Angeklagte noch ausgeführt hätte.[40]

Zur **Heilung** eines Verfahrensfehlers durch ordnungsgemäße Wiederholung (oder Nachholung) vertritt *Herdegen* die Auffassung, diesbezügliche Prozeßhandlungen des Gerichts gehörten nicht zu den Vorgängen, die der Revisionsführer nach § 344 II 2 vorzubringen habe.[41]

Die Bewältigung dieses komplexen und dogmatisch schwierigen Problemkreises in der Praxis ist nicht einfach. Nach § 344 II 2 sind in der Revisionsbegründung „die den Mangel enthaltenden Tatsachen" anzugeben. Diese Formulierung legt nach Wortlaut und Sinngehalt den Schluß nahe, daß der Beschwerdeführer sich auf die Prozeßvorgänge beschränken kann, die das Entstehen des Verfahrensfehlers aus rechtlicher Sicht schlüssig machen. Ob dieser Vortrag des Beschwerdeführers zum Erfolg der Rüge führt oder weitere Prozeßvorgänge zu einer anderen rechtlichen Beurteilung Anlaß geben, ob von einem Fortbestand des Verfahrensfehlers bis zum Urteil ausgegangen werden kann, hat das Revisionsgericht mit den ihm zur Verfügung stehenden Mitteln aufzuklären und zu entscheiden. Dies ist aber dann keine Frage der Zulässigkeit der Rüge, sondern eine solche ihrer Begründetheit und des Beruhens des Urteils auf dem Rechtsfehler. Der Wortlaut des § 344 II 2 ist einerseits so präzise, andererseits so eng gefaßt, daß es fraglich erscheint, ob eine die Negativtatsachen einbeziehende Auslegung nicht schon über den Wortsinn des § 344 II hinausgeht und damit in Konflikt mit dem im verfassungsrechtlichen Bereich (Art. 19 IV GG) Geltung beanspruchenden Prinzip des Gesetzesvorbehaltes gerät.[42]

Aus der Sicht der Revisionspraxis ist zudem zu befürchten, daß jedenfalls eine Weiterentwicklung der Anforderungen an den Sachvortrag des Beschwerdeführers ihn zwingen könnte, das jeweilige Rügevorbringen um einen „Katalog von Negativtatsachen" zu erweitern, die möglicherweise die Tatsachengrundlage für den gerügten Prozeßfehler revisionsrechtlich „neu-

---

[38] Beispiel bei Gribbohm, NStZ 1983, 102.

[39] BGH wistra 1990, 197; OLG Hamburg MDR 1973, 156; Schlüchter SKStPO § 249 Rdn 67; KK-Pikart § 344 Rdn 58.

[40] BGHSt 21, 288 (290); OLG Düsseldorf NStE § 258 Nr. 6; vgl. auch Rdn 366.

[41] NStZ 1990, 519; a. A. Kleinknecht/Meyer-Goßner § 344 Rdn 27.

[42] Vgl. dazu Krey Bd. 1 § 1 Rdn 11 m. Nachw.

tralisieren" könnten. Die Unbestimmtheit eines solchen Katalogs und die Unvorhersehbarkeit der im Einzelfall gestellten Anforderungen würde die Besorgnis einer revisions-faktischen Aushöhlung der Rechtsweggarantie des Art. 19 IV GG begründen. Im übrigen darf die Frage der Zulässigkeit einer Verfahrensrüge nicht zum Test der prozessualen Phantasie des Beschwerdeführers werden. Danach ist einem „engen" Verständnis des § 344 II 2 der Vorzug zu geben. Stehen für einen bestimmten Prozeßvorgang, z.B. die Einführung einer Urkunde, nach Lage des Gesetzes mehrere Modalitäten alternativ zur Verfügung, so muß die Revisionsbegründung allerdings die Behauptung enthalten, daß das Tatgericht keine dieser Möglichkeiten genutzt hat. Hat das Tatgericht einen Verfahrensfehler bemerkt und den Vorgang ausdrücklich mit der Zielsetzung einer Heilung nachgeholt, ordnungsgemäß wiederholt oder korrigiert, so werden die beiden Prozeßvorgänge dadurch aber nicht zu einer „revisionstatsächlichen Einheit" verschmolzen, die eine Erörterung nach § 344 II 2 erfordern könnte. Die vielzitierte Maxime, das Revisionsgericht müsse allein aufgrund der Begründungsschrift den Verfahrensfehler prüfen können, muß sich auf die Schlüssigkeit des Sachvortrages für das Entstehen des Rechtsfehlers beschränken und darf weder die Frage seines Fortbestandes noch die Grundlagen für eine Diskussion über die Bedeutung anderer Verfahrenstatsachen für die rechtliche Bewertung des Vorganges als Verfahrensfehler einbeziehen.[43]

Solange sich indes keine gefestigte revisionsrechtliche Rechtsprechung 473
gebildet hat, muß der Praxis die **Empfehlung** gegeben werden, in allen Fällen, in denen sich rechtliche (z.B. Gesetzesalternativen) oder tatsächliche Umstände aufdrängen, die der Rüge entgegenstehen oder ihr den Boden entziehen könnten, diese vorzutragen und sich mit ihnen auseinanderzusetzen. Dabei müssen die nicht immer scharfen Grenzen zwischen dem für die Zulässigkeit notwendigen Tatsachenvortrag, der Erörterung von Umständen, die für die Begründetheit der Rüge relevant sind und Fragen des Beruhens nicht im Vordergrund stehen. Die Begründung einer Revisionsrüge wird auf umso größere Akzeptanz stoßen, als sie dem Revisionsgericht Auslegungsfragen, Durchforstung des Protokolls und der Urteilsgründe (Beruhen) abnimmt, so daß sich dieses auf eine einfache Gegenkontrolle der sachlichen und rechtlichen Richtigkeit des Rügevorbringens beschränken kann.

Für die **Staatsanwaltschaft** ergeben sich ergänzende Anforderungen an die 474
Begründung der Verfahrensrüge aus Nr. 156 Abs. 3 RiStBV.

Die Gefahr von Mängeln bei der Begründung der Verfahrensrüge besteht in besonderem Maße bei der sogenannten **„unwahren Verfahrensrüge"**. Wenn der Beschwerdeführer, gestützt auf die Beweiskraft des Protokolls (Rdn 487),

---

[43] In diesem Sinne wohl auch Gribbohm NStZ 1983, 102.

„wider besseres Wissen" einen Verfahrensverstoß behauptet, wird er aus einer gewissen Hemmung heraus dazu neigen, unscharfe Formulierungen zu verwenden, die zu einer unzulässigen Protokollrüge führen.[44]

475 Die **„Aufklärungsrüge"** (Verstoß gegen § 244 II) nimmt in der Praxis des Revisionsverfahrens eine Sonderstellung ein. Keine andere Rüge wird, namentlich vom Verteidiger, so oft erhoben, führt aber vergleichsweise selten zum Erfolg.

Die Verletzung der Aufklärungspflicht wird in der Revisionsbegründung häufig geltend gemacht, um an die der Revision grundsätzlich verschlossene Beweiswürdigung heranzukommen. Eine darauf abzielende Aufklärungsrüge stößt zugleich in die Lücken eines Urteils, die als solche schon auf Grund der allgemeinen sachlich-rechtlichen Nachprüfung wegen **unzureichender Tatsachenfeststellung** oder **Beweiswürdigung** (Rdn 401, 409) als materiell-rechtliche Fehler zur Aufhebung führen können (Rdn 433). Die Aufklärungsrüge ermöglicht in gewissem Rahmen die revisionsrechtliche Nachprüfung, ob der angefochtene Urteilsspruch in seinen tatsächlichen Grundlagen zutreffend ist. Dabei steht dem Revisionsgericht der gesamte Akteninhalt offen, anhand dessen es untersuchen kann, ob der Tatrichter in der Hauptverhandlung auch alle erheblichen Beweismittel herangeschafft und benutzt hat.[45]

Häufig wird versucht, auf diesem Wege Fehler und Versäumnisse der Tatsacheninstanz auszubügeln, so die Versäumung von Beweisanträgen, die Nichtausübung des Fragerechts, die unterlassene Abgabe von Erklärungen (Rdn 376ff.) u.a. Vor solcher Ausdeutung oder Ausweitung der Aufklärungspflicht wird gewarnt.[46] Allerdings gibt es auch gute Gründe, nicht stets dem Revisionsführer den „Schwarzen Peter" zuzuschieben.[47] Dem zur Verurteilung neigenden Gericht muß eine weitergehende Aufklärungspflicht als der Verteidigung aufgebürdet werden, für die nur das „non liquet" das Prozeßziel ist. Die Revisionsgerichte haben die Aufklärungsrüge zurückgewiesen, wenn nur die Unterlassung bestimmter Fragen und Vorhalte[48] als Nichtausschöpfung eines Beweismittels (Rdn 352)[49] oder eine nochmalige Vernehmung zu der gleichen Beweisbehauptung[50] (Rdn 323) geltend gemacht wurde. Auch unter dem Gesichtspunkt des § 245 (Rdn 353ff.) soll sich hier nichts anderes ergeben. Ebenfalls ist der Widerspruch zwischen Sitzungsprotokoll

---

[44] Dazu i.e. Sarstedt/Hamm Rdn 172; Dahs, Handbuch Rdn 805ff., 809ff.; Dahs sen. MDR 1951, 372.

[45] BGH bei Dallinger MDR 1974, 16; 1972, 572.

[46] Vgl. Löwe/Rosenberg/Hanack § 344 Rdn 89; Sarstedt/Hamm Rdn 252ff.; Dahs, Handbuch Rdn 834; dagegen Jagusch NJW 1971, 2201; auch Wessels JuS 1969, 1.

[47] Jagusch NJW 1971, 2201.

[48] BGHSt 17, 351; 4, 125; BGH bei Spiegel DAR 1988, 228; KG StV 1988, 519; vgl. aber BGH StV 1989, 423.

[49] BGH bei Miebach NStZ 1988, 448.

[50] BGHR § 244 VI Beweisantrag 16.

und Urteilsgründen nicht als ausreichend angesehen worden.[51] Diese Rechtsprechung ist aber in Bewegung geraten (vgl. Rdn 246) und der Fortentwicklung wert.

Wie alle Verfahrensfehler muß auch die Verletzung der Aufklärungs- 476
pflicht nach der strengen Formvorschrift des § 344 II gerügt sein, um bei dem Revisionsgericht Beachtung zu finden.[52] Daraus haben sich in Verbindung mit der Vielgestaltigkeit der Aufklärungspflicht in der Revision besondere **Maßstäbe** für die Begründung der Aufklärungsrüge entwickelt, die sorgfältige Beachtung erfordern.

Der Revisionsführer muß zunächst den Mangel des Urteils, den er zum 477
Gegenstand seiner Revisionsrüge machen will, präzise und klar herausarbeiten und sich die Frage vorlegen, ob die rügebegründenden Tatsachen überhaupt unter den **Begriff** der Aufklärungsrüge subsumiert werden können oder ob andere Rügen in Betracht kommen. Häufig wird gerügt, das Gericht habe den Sachverhalt so ungenügend aufgeklärt, daß der gesetzliche Tatbestand aus den festgestellten Tatsachen nicht entnommen werden könne.[53] In einem solchen Fall ist die Aufklärungsrüge verfehlt; es handelt sich vielmehr nur um die sachlich-rechtliche Frage, ob die in den Gründen enthaltenen Feststellungen das Urteil zu tragen vermögen. Hier ist die allgemeine Sachrüge am Platze, was vielfach verkannt wird. Eine Verkennung der Aufklärungsrüge liegt ebenfalls vor, wenn der Beschwerdeführer die Verletzung der Aufklärungspflicht beispielsweise darin sieht, daß das Gericht Fragen der Prozeßbeteiligten zurückgewiesen hat (§§ 240, 241, 242), Beweisanträge nach § 244 III bis V zu Unrecht zurückgewiesen oder nicht in der Form des § 244 VI beschieden hat, von präsenten Beweismitteln unter Verletzung des § 245 keinen Gebrauch gemacht hat, dem Angeklagten die Möglichkeit einer aufklärenden Stellungnahme (§ 257) oder des Schlußwortes (§ 258) versagt hat. Gerade in diesen Fällen ist nur die jeweilige spezielle Verfahrensnorm verletzt und die Erhebung einer entsprechenden Verfahrensrüge angezeigt. Die Verkennung der Aufklärungsrüge kann zur Unzulässigkeit des Rügevorbringens oder des ganzen Rechtsmittels führen. Zwar ist die fehlerhafte Bezeichnung der verletzten Norm unschädlich, und das Urteil kann bei fehlerhafter Aufklarungsruge auf die allgemeine Sachrüge aufgehoben werden. Es ist jedoch durchaus möglich, daß die Begründung der vermeintlichen Aufklärungsrüge in dem einen oder anderen Punkt nicht ausreicht, um die richtigerweise zu erhebende spezielle Verfahrensrüge formgerecht zu rechtfertigen. Der Prüfung, ob wirklich die Aufklärungsrüge gegeben ist, muß daher große Aufmerksamkeit gewidmet werden.

---

[51] KG JR 1968, 195; BGH NJW 1966, 63; weitere Beispiele bei Wessels JuS 1969, 1; anders aber u. U. bei einem Wortprotokoll gem. § 273 III; vgl. BayObLG NStE § 344 Nr. 13.

[52] BayObLG NStZ 1992, 509; Sarstedt/Hamm Rdn 257ff.

[53] Z. B. BGHSt 4, 125 (126); BGH MDR 1978, 67 (68).

478 Der **Bereich** der Aufklärungsrüge beschränkt sich auf die Verletzung der dem Gericht durch § 244 II auferlegten Verpflichtung, von Amts wegen und ohne Anträge der Prozeßbeteiligten die Beweisaufnahme auf alle zur Erforschung der Wahrheit bedeutsamen Tatsachen und Beweismittel zu erstrecken (Rdn 314). Für die Rechtfertigung der Rüge haben sich bestimmte Regeln herausgebildet, die mit größter Sorgfalt beachtet werden müssen.[54] Die ord-
479 nungsgemäße Begründung der Aufklärungsrüge muß sich stets mit den folgenden Fragen befassen:[55]

Welche konkreten **Tatsachen**, Zustände oder Vorgänge hätten vom Gericht aufgeklärt werden müssen?

Der Beschwerdeführer muß hier genau, bestimmt, lückenlos und in Form der positiven Behauptung alle Tatsachen vorbringen, die nach seiner Auffassung der Aufklärung bedurft hätten. Pauschale Angaben, z.B. das Gericht hätte die Nichtbeteiligung des Angeklagten an der Tat, den Hergang des Unfalls o.ä. aufklären müssen, sind unzulänglich und führen zur Unzulässigkeit der Rüge.[56]

480 Die Bezeichnung der Tatsachen allein, die nicht genügend erforscht sind, reicht jedoch zur ordnungsgemäßen Rechtfertigung der Rüge nicht aus, sondern der Beschwerdeführer muß sich mit weiteren Fragen befassen:

Auf welche Wege hätte das Gericht die erstrebte weitere Aufklärung durchführen, insbesondere welche anderen **Beweismittel** hätte es benützen müssen?

Auch bei der Beantwortung dieser Frage kann die Sorgfalt des Beschwerdeführers nicht groß genug sein. Er muß insbesondere die Art des Beweismittels (Urkunde, Sachverständiger, Zeuge usw.) angeben und das Beweismittel ausreichend individualisieren, z.B. den Namen der zu vernehmenden Zeugen, den Gegenstand der durchzuführenden Augenscheinseinnahme oder die zu verlesende Urkunde jedenfalls so präzise bezeichnen, daß das Beweismittel für das Gericht auffindbar ist. Die Anforderungen an die Bezeichnung der Beweismittel sollten hier mit Rücksicht auf die aus der Aufklärungspflicht folgende Mitwirkungspflicht des Gerichts aber nicht so eng gefaßt werden wie im Beweisantragsrecht. So muß es als ausreichende Begründung der Aufklärungsrüge angesehen werden, wenn der Beschwerdeführer beispielsweise die nach seiner Auffassung herbeizuziehenden Akten genau bezeichnet, ohne in der Lage zu sein, die in diesen Akten befindliche, letzlich erhebliche Beweisurkunde präzise zu kennzeichnen.[57]

---

[54] Sarstedt hat darauf hingewiesen, daß nicht einmal die Hälfte aller Aufklärungsrügen auch nur in zulässiger Form erhoben wird (Sarstedt/Hamm Rdn 243).

[55] Sarstedt/Hamm Rdn 258.

[56] Z. B. BGHSt 30, 131 (128); BGHR § 344 Abs. 2 Satz 2 Aufklärungsrüge 1; Schlüchter SKStPO § 233 Rdn 176.

[57] BGHSt 6, 128 (129); vgl. Kleinknecht/Meyer-Goßner § 244 Rdn 81; vgl. auch BGH StV 1991, 452 für Tonbandaufnahmen.

Inwiefern hätte die unterlassene Sachaufklärung und Beweiserhebung ein dem Beschwerdeführer günstiges Ergebnis gehabt, und in welcher Hinsicht ist er durch den Aufklärungsmangel beschwert? 481

Zu diesem Punkt ist zunächst die Angabe des nach der Vorstellung des Beschwerdeführers zu erwartenden Ergebnisses der weiteren Aufklärung erforderlich. Nicht ausreichend wäre die Behauptung, der Zeuge X hätte „die Unschuld des Angeklagten bestätigt", sondern es müssen konkret die Tatsachen angegeben werden, die sich aus der unterlassenen weiteren Erforschung des Sachverhaltes ergeben hätten, z.B. „die richterliche Augenscheinseinnahme des Tatortes hätte ergeben, daß der Zeuge Y entgegen seiner Behauptung von seinem Standort aus das Aufbrechen der Tür des Juweliergeschäftes nicht beobachten konnte". Der Vortrag, die vermißte Beweiserhebung hätte weitere Aufklärung darüber erbracht, „ob" die Beweistatsache sich als richtig erwiesen hätte, führt zur Unzulässigkeit der Rüge.[58] Das durch die fehlende Beweiserhebung zu erwartende Ergebnis muß vielmehr in Form einer uneingeschränkten Behauptung vorgetragen werden, also z.B. der Zeuge X hätte bekundet, daß sich der Angeklagte zur Tatzeit in Y aufgehalten hat – mithin nicht am Tatort gewesen sein kann. Schließlich muß der Beschwerdeführer vortragen, aus welchem Grunde er durch die unterlassene Aufklärung beschwert ist.[59] Eine Beschwer wird immer dann gegeben sein, wenn das erwartete Beweisergebnis für den Beschwerdeführer günstig gewesen und im Gegensatz zu anderen, ihn belastenden Beweisergebnissen gestanden hätte. Die Aufklärungsrüge ist nicht ordnungsgemäß erhoben, wenn nach dem Vortrag des Beschwerdeführers die weitere Erforschung des Sachverhaltes ersichtlich nur ein für ihn ungünstiges Ergebnis gehabt haben könnte.[60] Eine Prüfung und Abwägung entgegengesetzter Beweisergebnisse nach weiterer Sachaufklärung, also die Frage, ob das Tatsachengericht letztlich zu einer anderen Entscheidung gelangt wäre, gehört dagegen nicht zur Begründung der Aufklärungsrüge; es genügt vielmehr darzulegen, daß die unterlassene Aufkärung jedenfalls die Position des Beschwerdeführers verbessert hätte.

Aus welchem Grunde waren die bezeichneten Möglichkeiten zusätzlicher Sachaufklärung und Beweisführung dem Gericht bekannt oder zumindest erkennbar, und aus welchen Gründen mußte sich das Gericht zu weiterer Aufklärung **gedrängt** sehen? 482

An dieser Frage scheitert häufig die Aufklärungsrüge. Hat der Revisionsführer es versäumt, in der Tatsachenverhandlung selbst durch Anträge, Anregungen, Fragen oder Hinweise das Gericht auf die Notwendigkeit weiterer Sachaufklärung aufmerksam zu machen, so wird das Revisionsgericht nur schwer die Überzeugung gewinnen können, daß sich dem Tatsachengericht

[58] BGHR § 344 II 2 Aufklärungsrüge 1.
[59] BGH U. v. 2. 11. 1982 – 5 StR 123/82 – unv.
[60] Zur „Aufklärungsrüge mit verkehrter Front" vgl. Sarstedt/Hamm Rdn 260.

gleichwohl die Notwendigkeit weiterer Aufklärung habe „aufdrängen" müssen.[61] Selbst wenn der Revisionsführer nach dem Verlauf der Hauptverhandlung aus seiner Sicht davon ausgehen konnte, daß das Gericht zu einem seiner Vorstellung entsprechenden Urteil kommen würde, wird erwartet, daß er gleichwohl für den Fall einer anderen Auffassung des Gerichts vorsorglich auf die Notwendigkeit weiterer Sachaufklärung hinweist. Umstände, die das Gericht zum Gebrauch weiterer Beweismittel „drängen", ergeben sich nicht selten aus den Prozeßakten,[62] deren Auswertung dem Revisionsgericht sonst versagt ist. Auch einzelne Beweisergebnisse der Hauptverhandlung können die Notwendigkeit weiterer Sachaufklärung oder Beweiserhebung herbeigeführt haben.[63] Die Aufklärungsrüge bietet die einzigartige Möglichkeit, oft sogar die Notwendigkeit, den Sachverhalt in der Revisionsinstanz zu behandeln und Tatsachen einzuführen. Die Revisionsgerichte wachen aber mit Strenge darüber, daß die Aufklärungsrüge nicht als Instrument benutzt wird, Fehler und Unterlassungen des Beschwerdeführers (und seines Verteidigers) aus der Tatsacheninstanz „auszubügeln".[64] Am ehesten wird die Aufklärungsrüge als gerechtfertigt angesehen, wenn sich Umstände, die das Gericht zu weiterer Sachaufklärung und zum Gebrauch weiterer Beweismittel veranlaßt haben müßten, aus den Urteilsgründen oder den Akten ergeben (Urkunden), aus einem Beweisermittlungsantrag, den das Gericht als Beweisanregung zu behandeln hat, aus Anregungen, etwa zu Gegenüberstellungen, Rekonstruktionen usw., oder wenn die Verfahrenslage die Beauftragung eines Sachverständigen nahelegte.[65]

Der Beschwerdeführer hat zu beachten, daß die Tatsachen, die dem Tatrichter die weitere Beweiserhebung „aufdrängten", in der Revisionsbegründung dargelegt werden müssen (§ 344 II 2).[66]

483 Alle die Aufklärungsrüge rechtfertigenden Tatsachen müssen entsprechend § 344 II 2 in der Revisonsbegründung vollständig vorgetragen werden; jede Bezugnahme auf andere Schriftstücke ist auch hier unzulässig. Das Revisionsgericht darf auch nicht anstelle der vorgetragenen Tatsachen andere von der Revision nicht angeführte Umstände zur Begründung der Aufklärungsrüge heranziehen, sondern muß die Rechtfertigung der Rüge ausschließlich anhand des Vortrages in der Revisionsbegründung nachprüfen.[67]

---

[61] BGHSt 27, 250 (252); BGH NStE § 244 Nr. 96; BGHR § 344 Abs. 2 Satz 2 Aufklärungsrüge 3, 4.

[62] BGH bei Dallinger MDR 1972, 572.

[63] BGH StV 1991, 338.

[64] Nach den Ausführungen von Jagusch NJW 1971, 2201 sind die Revisionsgerichte hier zu streng.

[65] BGH NStZ 1991, 834; Dahs, Handbuch Rdn 834; Sarstedt/Hamm Rdn 263.

[66] BGHR § 344 II 2 Aufklärungsrüge 3; BayObLG NStZ 1992, 510.

[67] BGH NJW 1951, 283 (st. Rspr.); Wessels JuS 1969, 9.

2. *Beweis der Verfahrensrüge*

Verstöße gegen das Verfahrensrecht können in der Revision nur Bedeutung gewinnen, wenn sie **bewiesen** sind, d.h. zur vollen Überzeugung des Revisionsgerichts feststehen. 484

Es können keinerlei revisionsrechtliche Konsequenzen aus angeblichen Prozeßverstößen gezogen werden, solange noch irgendwelche Zweifel an ihrem Vorhandensein bestehen.[68]

Nur bezüglich der Verfahrenshindernisse bedarf es eines vollen Nachweises insofern nicht, als der Grundsatz in dubio pro reo gilt (Rdn 435), allerdings mit Ausnahme der Verhandlungsunfähigkeit.[69] 485

Nun ist dem Revisionsführer niemals eine **„Beweislast"** aufgebürdet, da auch das Gericht verpflichtet ist (§ 244 II), sich um die Aufklärung des behaupteten Verfahrensfehlers zu bemühen.[70] Aber der Revisionsführer darf sich nicht auf die Angabe der bloßen Möglichkeit beschränken, sondern hat den Verstoß konkret zu behaupten und die Beweistatsachen anzugeben (§ 344 – Rdn 464).[71] Der Beweis kann alsdann durch das **Sitzungsprotokoll** oder durch **Freibeweis**[72] geführt werden. Welche der beiden Beweisgrundlagen in Betracht kommen oder ob sie nebeneinander zum Zuge kommen, hängt von dem Charakter der konkreten Verfahrensrüge ab.[73] 486

Wird die Nichtbeachtung einer **„wesentlichen Förmlichkeit"**[74] des Verfahrens gerügt, so ist der Beweis ausschließlich durch das Sitzungsprotokoll zu führen, dem insoweit absolute **positive und negative Beweiskraft** zukommt (§§ 273, 274). Zu diesen Förmlichkeiten gehören nicht die nach § 273 II und III beurkundeten Verhandlungsergebnisse und -vorgänge sowie die Aussagen, wohl aber unter anderem die Beschlüsse des Gerichts, die Anträge, insbesondere die Beweisanträge einschließlich der Hilfsbeweisanträge[75] und deren Bescheidung. Macht z.B. ein Revisionsführer geltend, die Öffentlichkeit sei in der Hauptverhandlung unzulässig ausgeschlossen gewesen und steht das so im Protokoll, ist der absolute Revisionsgrund des § 338 Ziff. 6 unwiderlegbar bewiesen. Behauptet er, über einen Beweisantrag sei nicht entschieden worden, ist die Revision begründet, wenn das Protokoll nichts Gegenteiliges aussagt. Die Beweiskraft des Protokolls ist hiernach eine absolute. Sie kann insbesondere nicht im Wege des **Freibeweises** (Rdn 492) entkräftet werden. Weist z.B. das Protokoll die Vereidigung oder Nichtvereidigung 487

---

[68] BGH bei Pfeiffer/Miebach NStZ 1985, 207; Kleinknecht/Meyer-Goßner § 337 Rdn 12; § 261 Rdn 35ff.; krit. Löwe/Rosenberg/Hanack § 337 Rdn 76.

[69] Kleinknecht/Meyer-Goßner § 261 Rdn 34; Schlüchter SKStPO § 244 Rdn 11.

[70] BGHSt 16, 164 (166) m.Nachw.

[71] Sarstedt/Hamm Rdn 170.

[72] Dazu i.e. Schlüchter SKStPO § 244 Rdn 11, 20ff.; BGHSt 16, 164 (166).

[73] Vgl. i.e. Ditzen, Dreierlei Beweis im Strafverfahren.

[74] vgl. Kleinknecht/Meyer-Goßner § 273 Rdn 6ff.

[75] KK-Engelhardt § 273 Rdn 8.

eines Zeugen aus, sind die dienstlichen Erklärungen der Gerichtspersonen mit gegenteiligem Inhalt ohne Bedeutung. Im obigen Beispiel der Öffentlichkeitsrüge ist das Urteil auch dann nicht zu halten, wenn der Saal überfüllt war und alle Beteiligten dies freibeweislich bestätigen. Die Unwahrheit des Sachverhalts vermag demnach die Beweiskraft nicht zu erschüttern.[76]

Es muß aber beachtet werden, daß **Mängel des Protokolls** zum Verlust seiner absoluten Beweiskraft führen können, wenn es lückenhaft,[77] unklar,[78] widersprüchlich[79] oder auslegungsbedürftig ist.[80] In solchen Fällen erfolgt die Klarstellung im Wege der Auslegung des gesamten, als Einheit betrachteten Protokolls[81] oder der freien Beweiswürdigung[82] in Verbindung mit Mitteln des Freibeweises[83] (Rdn 492). Es können auch Umstände außerhalb des Protokolls herangezogen werden. Der Freibeweis kann somit auch im Zusammenhang der absoluten Beweiskraft des Protokolls durchaus Bedeutung gewinnen.[84] Die Rechtsprechung geht hier z.T. bedenklich weit in Richtung einer Aushöhlung der absoluten Beweiskraft. Das darf aber nie dazu führen, daß anstelle einer Auslegung eine unzulässige Ergänzung oder Berichtigung[85] steht.

488 Kommt eine Unrichtigkeit des Protokolls in Betracht, stehen zwei Möglichkeiten zur Entscheidung. Soweit es sich um die Förmlichkeiten handelt, ist nur der **Nachweis der Fälschung** zulässig (§§ 273, 274), worunter entweder die Herstellung oder Veränderung eines Protokolls durch eine unbefugte Person oder einer Niederschrift mit bewußt falschem Inhalt zu verstehen ist.[86]

489 Das Protokoll kann aber auch **berichtigt** werden.[87] Es soll zwar „kaum ein aussichtsloseres Unternehmen“ als den Versuch einer revisionsfördernden Protokollberichtigung geben,[88] gleichwohl haben entsprechende Anträge in

---

[76] BGHSt 36, 354 (358).

[77] BGHSt 36, 354 (358); BGH wistra 1992, 30; NStZ 1993, 51.

[78] OLG Düsseldorf NStE § 244 Nr. 6.

[79] BGH NStE § 274 Nr. 2.

[80] Kleinknecht/Meyer-Goßner § 274 Rdn 5.

[81] BGHSt 16, 306; BGH bei Dallinger MDR 1975, 725.

[82] BGHSt 17, 220; BGH NJW 1982, 1057.

[83] BGH NStE § 274 Nr. 2.

[84] BGH U. v. 31. 3. 1976 – 3 StR 487/75 – unv. (Aus dem Protokoll ergab sich nur die Feststellung über die Vereidigung des kommissarisch vernommenen Zeugen, nicht die Verlesung der Aussage); B. v. 27. 7. 1979 – 2 StR 318/79 – unv. (Ausweislich des Protokolls hatte der Staatsanwalt an 2 Ortsterminen im Rahmen einer mehrtägigen Hauptverhandlung nicht teilgenommen); strenger OLG Bremen OLGRspr. § 274 S. 13; vgl. ferner BGHSt 16, 306; dazu krit. Hanack JZ 1972, 489 sowie BGH NStE § 274 Nr. 2.

[85] BGH bei Dallinger MDR 1956, 398; zur Gesamtproblematik vgl. Löwe/Rosenberg/Gollwitzer § 274 Rdn 23 ff.

[86] Schlüchter SKStPO § 274 Rdn 22 m. Nachw.

[87] Vgl. RiStBV Nr. 161.

[88] Schneidewin MDR 1951, 194; Sarstedt/Hamm Rdn 173.

der Praxis in klaren Fällen durchaus Erfolg. Das hängt u.a. auch mit der sehr beschränkten Funktion der hier an sich zulässigen Beschwerde zusammen.[89]

Anders ist die Lage bei einer Protokollberichtigung, die einer Verfahrensrüge den Boden entzieht. Sie wird nur berücksichtigt, wenn sie vor dem Eingang der entsprechenden Rüge erfolgt ist. Das ist feststehende Rechtsprechung.[90]

Stützt sich eine Verfahrensrüge (z.B. gesetzeswidrige Nichtbeeidigung ei- 490
nes Zeugen) auf den entsprechenden Protokollinhalt und dessen absolute Beweiskraft, so entfällt die Rüge auch nicht bei evidenter Unrichtigkeit. Eine solche **„unwahre Verfahrensrüge"** ist prozessual nicht angekränkelt und gilt auch für den Verteidiger nicht mehr als berufsrechtliches Problem. Das ist ziemlich einhellige Auffassung auch in der Rechtsprechung des BGH.[91]

Die sogenannte **„Protokollrüge"** ist keine wirksame Verfahrensrüge. Män- 491
gel der Sitzungsniederschrift können das Urteil nicht beeinflußt haben. Dieses „beruht" ausschließlich auf dem Ergebnis der Hauptverhandlung, nicht auf dessen Protokollierung oder Nichtprotokollierung.[92] Ebenso muß die häufige Rüge, das Protokoll enthalte nichts oder etwas Falsches über einen bestimmten Vorgang, von vornherein „als bloße Protokollrüge unbeachtlich" bleiben.[93] Die Revisionsbegründung hätte vielmehr auf die Behauptung des Verfahrensfehlers (z.B. der Nichtvereidigung) abstellen müssen und sich allenfalls zum Beweis auf das Protokoll beziehen dürfen. Schon die Formulierung der Rüge „ausweislich des Protokolls ist der Zeuge nicht vereidigt worden", bringt ihre Wirksamkeit in Gefahr.[94]

Das bedeutet indessen nicht, daß Mängel des Protokolls ohne Bedeutung wären. Sie können seinen Beweiswert völlig entkräften, etwa wenn es nicht unterschrieben, nicht leserlich, lückenhaft oder unlösbar widersprüchlich ist. Daran kann die Verfahrensrüge scheitern, aber nicht weil das Protokoll diese Mängel enthält, sondern weil infolge des Protokollmangels der zugrunde liegende Verfahrensverstoß nicht bewiesen ist (Rdn 487).

Der **Freibeweis** steht begrifflich im Gegensatz zum Strengbeweis. Darun- 492
ter ist das in der StPO konkret geregelte Beweisverfahren zur Feststellung der materiellen Falltatsachen zur Schuld- und Straffrage zu verstehen. Im Gegensatz dazu sind im Freibeweisverfahren alle denkbaren Mittel zugelas-

---

[89] Kleinknecht/Meyer-Goßner § 273 Rdn 35; Sarstedt/Hamm Rdn 173.

[90] BGH NStZ 1992, 49 m.w.Nachw.; BGHSt 34, 11 (12); Löwe/Rosenberg/Gollwitzer § 271 Rdn 40.

[91] BGHSt 36, 354 (358f.), wo allerdings von einer „bedenklichen Konsequenz" des § 274 gesprochen wird; 7, 162 (164); Pfeiffer DRiZ 1984, 347; Schneidewin MDR 1951, 193; Sarstedt/Hamm Rdn 177; Dahs sen. AnwBl 1963, 62; Dahs, Handbuch Rdn 809ff.

[92] Sarstedt/Hamm Rdn 172; für den Verlust des Protokolls BGH NStZ 1992, 502.

[93] BGHSt 7, 162; BGH bei Dallinger MDR 1974, 369; Kleinknecht/Meyer-Goßner § 344 Rdn 26; § 271 Rdn 30.

[94] Sarstedt/Hamm Rdn 172; vgl. auch OLG Saarbrücken MDR 1986, 1050.

sen, die im Rahmen der Freibeweiswürdigung zu einer Überzeugungsbildung beitragen können (dienstliche Äußerungen der Prozeßbeteiligten einschließlich des Verteidigers, Urkunden, Akteninhalt, Auskünfte, eidesstattliche Erklärungen u.a.), aber auch das Sitzungsprotokoll, soweit dies wegen seiner Mängel (Rdn 487) keine absolute Beweiskraft hat.[95] Der Freibeweis ist auch immer dann zulässig, wenn eine Verfahrensrüge nicht eine der absoluten Beweiskraft unterliegende „wesentliche Förmlichkeit" betrifft, wenn es sich um Protokollierungen nach § 273 II und III handelt oder wenn es etwa um die Verhandlungsführung des Vorsitzenden, seine Anweisungen und Verbote für Prozeßbeteiligte, deren Gesundheitszustand, die Dauer der Pausen, der Unterbrechungen u.ä. geht.

493 Aus all dem wird ersichtlich, daß das **Sitzungsprotokoll** mit seinem gesamten von §§ 273, 274 nicht erfaßten Inhalt ein Mittel des Freibeweises sein kann. Auch können bezüglich einer nach § 273 beurkundeten wesentlichen Förmlichkeit durch Freibeweis Einzeltatsachen ergänzend festgestellt werden, welche die Beweiskraft des § 274 im Ergebnis aufheben, etwa wenn das letzte Wort zwar erteilt (so das Protokoll), aber dann durch Verkürzung unzulässig beschränkt worden ist (so dienstliche Äußerungen). Andererseits kann auch ein Mangel des Protokolls durch Freibeweis ausgeglichen werden. Fehlt z.B. bei einer nachträglichen Protokolländerung des Vorsitzenden der Genehmigungsvermerk des Urkundsbeamten, so kann das Revisionsgericht die inhaltliche Richtigkeit durch Freibeweis bestätigen lassen, sogar durch dienstliche Erklärung des Vorsitzenden selbst.[96]

494 Eine Art **„Beweiserleichterung"** kann Platz greifen, soweit die Protokollierung von Verfahrensvorgängen zwar nicht gesetzlich vorgeschrieben, aber von der Rechtsprechung nachdrücklich empfohlen oder als zweckmäßig bezeichnet wird. Dazu wird auf das Beispiel der Beratung (§ 260 I), ggfs. auch ihrer Dauer hingewiesen.[97] Da der BGH das Schweigen des Protokolls zur Frage der (erneuten) Beratung als entscheidende Bestätigung des Revisionsvortrages des Beschwerdeführers gewertet hat,[98] könnte man fast von einer „Beweisvermutung" zugunsten der Revison sprechen. In der Praxis mag der Revisionsführer daraus in geeigneten Fällen Nutzen ziehen, sollte sich aber – vorläufig – noch nicht allzusehr darauf verlassen.

495 Einen wesentlichen Anwendungsbereich des Freibeweises stellt die Feststellung der Prozeßvoraussetzungen dar.[99] Hier gilt aber die Besonderheit, daß ein non liquet des Freibeweises in der Regel nicht zu Lasten des Beschul-

---

[95] Vgl. dazu i.e. Schlüchter SKStPO § 244 Rdn 11, 20ff.; Alsberg/Nüse/Meyer S. 153, 142.

[96] BGH U.v. 4.7. 1979 – 2 StR 77/79 – unv.; Kleinknecht/Meyer-Goßner § 274 Rdn 18.

[97] Vgl. BGH NJW 1992, 3182; BGH NJW 1987, 3210 m.Nachw.; Hamm NJW 1992, 3147.

[98] BGH NJW 1992, 3182.

[99] Kleinknecht/Meyer-Goßner § 244 Rdn 7; Einl. 153.

digten gehen darf. Es gilt vielmehr der allgemeine Grundsatz **in dubio pro reo** (Rdn 435).

496 In der Praxis wird auch versucht, aus den nach § 273 II **protokollierten Vernehmungsergebnissen** im Wege des Freibeweises **Widersprüche zum Urteilsinhalt** auszuwerten, was allerdings nur noch bei der Sprungrevision in Betracht kommen kann. Das hat niemals Erfolg, soweit es sich um die dem Urteil vorbehaltenen Tatsachenfeststellungen zum Sachverhalt handelt. Das Revisionsgericht ist daran gebunden, auch wenn sie mit protokollierten Aussagen im Widerspruch stehen; der Prüfung des Revisionsgerichts unterliegt ausschließlich der im Urteil festgestellte Sachverhalt.[100] Nur in ganz krassen Fällen wäre, ausgehend von der fiktiven Annahme einer Uneinigkeit in der Urteilsberatung, eine Aufklärungsrüge (Rdn 314) in Betracht zu ziehen.

Zur Bedeutung **wörtlich protokollierter Aussagen** nach § 273 III für die Rüge der Verletzung des § 261 oder der Nichtausschöpfung eines Beweismittels vgl. Rdn 250.

497 Der Vorrang der Urteilsgründe besteht aber nicht bezüglich solcher Verfahrensvorgänge, zu deren Fixierung das Urteil als solches nicht bestimmt ist. Wenn z. B. im Urteil ein Sachverständigengutachten oder eine Zeugenaussage als Beweismittel gewürdigt ist und das Protokoll ausweist, daß dieses Beweismittel nicht produziert worden ist, dann ist das Protokoll maßgebend und das Urteil (auf Rüge der Verletzung des § 261 – Rdn 246) in der Regel nicht zu halten.

498 Bei sogenannten **doppelrelevanten Tatsachen** liegt das Beweisproblem anders. Es betrifft Tatsachen, die sowohl materiell-rechtlich wie für das Verfahren eine Rolle spielen,[101] z. B. der Zeitpunkt der Tat im Rahmen der Schuldfeststellung zugleich für die Verjährung oder das „Lebensalter" für den Tatbestand des § 174 I und die Vereidigung (§ 60 Nr. 1). In diesen Fällen haben die im Strengbeweisverfahren getroffenen materiell-rechtlichen Feststellungen auch für den verfahrensrechtlichen Bereich den Vorrang.[102] Das gilt aber nur, soweit sie als Umschreibung und Grundlage der Sachentscheidung unverzichtbar und nicht etwa ohne Entscheidungsbedeutung nur nebenher dort angeführt sind.[103] Solange eine gegenteilige Feststellung im Strengbeweisverfahren nicht getroffen ist, reicht der Freibeweis im Verfahren zunächst aus (z. B. vorläufige Annahme eines Zeitpunktes für die Verjährung).

499 Es besteht eine **Bindung** des Revisionsgerichts an solche **verfahrensrechtli-**

---

[100] BGHSt 29, 18 (20); BayObLG NStZ 1990, 508; a. A. OLG Koblenz VRS 46, 435 (436).

[101] Zu den Falltypen Alberts S. 29ff.

[102] OLG Düsseldorf MDR 1988, 253 = NStE § 337 Nr. 3; JMBlNRW 1988, 34.

[103] BGHSt 22, 90; RGSt 69, 319; Kleinknecht/Meyer-Goßner § 244 Rdn 8; § 337 Rdn 6; Löwe/Rosenberg/Hanack § 337 Rdn 35; Kleinknecht JR 1968, 467; Eb. Schmidt JZ 1968, 434; vgl. i. ü. Alberts, Die Feststellung doppelt relevanter Tatsachen in der strafprozessualen Revisionsinstanz, 1990.

chen Tatsachen, die der Tatrichter in der Hauptverhandlung nach pflichtgemäßem Ermessen festgestellt hat, so z.B. bezüglich eines Teilnahmeverdachts (§ 60 Nr. 2) oder eines Verlöbnisses (§ 52 I Nr. 1) oder eines eigenmächtigen Ausbleibens (§§ 230, 231) des Angeklagten. Das Revisionsgericht kann hier vom tatrichterlichen Urteil nur abweichen, wenn ein Rechtsirrtum erkennbar ist. Die Bindung besteht allerdings nicht, soweit der Tatrichter kein Ermessen auszuüben hatte (z.B. Feststellung des Alters nach §§ 60 Nr. 1 und 61 Nr. 1).[104] Das Revisionsgericht hat die Möglichkeit eigener **Beweisaufnahme** im Freibeweisverfahren vor und auch noch in der Hauptverhandlung (Rdn 492).

500 Besondere Schwierigkeiten bringt häufig der Beweis der die **Aufklärungsrüge** (Rdn 314) begründenden Tatsachen mit sich. So ist zu beachten, daß auch die sogenannten Beweisermittlungsanträge, die kein Beweisantrag im engeren Sinne des § 244 III bis V sind (Rdn 319), zu den in § 273 I erwähnten Anträgen gehören, die protokolliert werden müssen. Ist die Protokollierung unterblieben, so werden sie von der negativen Beweiskraft des § 274 erfaßt, und der Aufklärungsrüge kann damit der Boden entzogen sein. Soweit nicht protokollpflichtige Verfahrensvorgänge, z.B. Anregungen, Fragen, Hinweise, herangezogen werden, können diese im Wege des Freibeweises geklärt werden. Der Freibeweis scheitert indes meistens daran, daß ausreichende Unterlagen für eine Würdigung durch das Revisionsgericht fehlen.[105] Wenn den Revisionsführer auch keine **Beweislast** im förmlichen Sinne trifft, so wirkt sich doch jeder verbleibende Zweifel zu seinem Nachteil aus, weil nur ein erwiesener, nicht aber ein nur möglicher Verfahrensfehler zur Aufhebung des Urteils führen kann.[106] Aus den Entscheidungsgründen des angefochtenen Urteils wird sich die Richtigkeit des Revisionsvortrages nur selten ergeben.

501 An der Hürde des Beweises scheitert in der Regel auch die ohnehin selten zulässige Rüge, der Tatrichter habe es unterlassen, ein in der Hauptverhandlung benutztes Beweismittel **„auszuschöpfen"**, z.B. einem Zeugen oder Angeklagten bestimmte Fragen zu stellen oder Vorhalte zu machen (Rdn 352).[107] Die Richtigkeit des Tatsachenvortrages wird sich hier nur ausnahmsweise aus den Entscheidungsgründen des Urteils entnehmen lassen.[108] Eine Rekonstruktion von Einzelheiten der Hauptverhandlung im Wege des Freibeweises hat der Bundesgerichtshof bisher stets abgelehnt[109] (dazu Rdn 247). Selbst wenn man die Beweisführung grundsätzlich als rechtlich zulässig ansehen würde, so würden sich ihr in der Praxis insbesondere bei längeren Hauptverhandlungen kaum überwindbare Hindernisse in den Weg stellen.

---

104 Löwe/Rosenberg/Hanack § 337 Rdn 36; vgl. auch Ditzen S. 71 ff.
105 BGHSt 11, 213 (215).
106 Vgl. nur BGH bei Pfeiffer/Miebach NStZ 1985, 207.
107 BGHSt 17, 351 (352); 4, 125; BGH bei Spiegel DAR 1988, 228; KG StV 1988, 519.
108 BGH bei Pfeiffer/Miebach NStZ 1985, 14 (Nr. 6).
109 BGHSt 29, 18 (20) m. Nachw.; vgl. aber auch BGH NJW 1968, 997.

Eine besondere Art freibeweislicher Tatsachensammlung stellen die **Ergänzungen** des Sachvortrages der Revision aus anderem Rügevorbringen dar. So kann das Revisionsgericht aus dem Tatsachenvortrag zur (unbegründeten) Rüge der rechtswidrigen Ablehnung eines Beweisantrages (alle oder ergänzende) Elemente einer Aufklärungsrüge entnehmen[110] und allgemein Verfahrensrügen aus der Sachrüge ergänzen.[111] In ähnlicher Weise werden Fakten zur Beurteilung der Sachrüge aus zulässig erhobenen Verfahrensrügen entnommen. 502

Fall:
Die Verurteilung des Angeklagten wegen Beischlafs mit seiner Tochter beruht u.a. darauf, daß die Ehefrau beide in eindeutiger Situation im Bett überrascht habe. Die Zeugenaussage der Ehefrau ist im Urteil nicht wiedergeben. Für die Aufhebung des Urteils wegen lückenhafter Beweiswürdigung zog der BGH u.a. die aus einem in einer zulässigen Verfahrensrüge zitierten Gerichtsbeschluß ersichtliche Tatsache heran, daß die Zeugin von ihrem Zeugnisverweigerungsrecht keinen Gebrauch gemacht hatte.[112]

Insofern stellt also die Revisionsbegründung ohne Beschränkung auf die Zuordnung des Tatsachenvorbringens zu bestimmten Einzelrügen einen Fundus für anderweitig relevante Prozeßtatsachen dar, sofern sich diese nur in zulässig erhobenen Rügen finden.

III. Die Rüge der Verletzung materiellen Rechts („Sachrüge")

Soweit mit der Revision die falsche Anwendung des **sachlichen Rechts** geltend gemacht wird, genügt zur Begründung die entsprechende Erklärung als **allgemeine Sachrüge**, ohne daß die den Mangel begründenden Tatsachen angegeben sein müssen (§ 344 II). Die übliche Formel „Es wird die Verletzung des sachlichen Rechts gerügt" reicht aus. Allerdings ist die **Staatsanwaltschaft** gehalten, die Sachrüge näher auszuführen (RiStBV Nr. 156 Abs. 2).[113] Die Rüge verpflichtet das Revisionsgericht zur Nachprüfung des Urteils von Amts wegen in vollem Umfange einschließlich der Strafzumessung. Aber auch wenn nur eine einzelne Rechtsverletzung gerügt wird (z.B. Fehlen der Zueignungsabsicht bei § 242 StGB) wird das Urteil in vollem Umfange sachlich-rechtlich überprüft.[114] In jeder speziellen Sachrüge steckt also die allgemeine Sachrüge. Die totale Nachprüfung ist nur insoweit begrenzt als die Revision wirksam eingeschränkt worden ist, was namentlich durch Beschränkung auf das Strafmaß geschehen kann (vgl. hierzu Rdn 70ff.). 503

Die Sachrüge muß aber wenigstens als solche erkennbar sein. Allgemeine Redewendungen wie eine Anfechtung des Urteils „in seinem ganzen Um-

---

[110] Vgl. z.B. BGHR § 244 II Tonband 1; BGH bei Holtz MDR 1978, 805 (806); RGSt 74, 147 (152); OLG Düsseldorf NStE § 244 Nr. 86; Schlüchter SKStPO § 244 Rdn 178 m.Nachw.

[111] BGHR § 244 III Zeugenaussage 1; BGH NStZ 1993, 142 (d).

[112] BGH B.v. 7. 9. 1992 – 3 StR 278/92 – unv.

[113] BGHR § 344 Abs. 1 Antrag 3.

[114] BGHSt 1, 46; BGH JZ 1951, 727; Kleinknecht/Meyer-Goßner § 344 Rz. 18.

fang" oder „nach allen Richtungen" reichen deshalb nur unter Umständen aus, weil damit nicht eindeutig gesagt ist, ob die Sachrüge oder eine Verfahrensrüge gemeint ist.[115] Eine zulässig erhobene allgemeine Sachrüge setzt voraus, daß die Revision – allein oder neben der Verfahrensrüge – zweifelsfrei erkennbar auf die Verletzung sachlichen Rechts gestützt werden soll.[116]

504 Die Wirksamkeit der Sachrüge setzt voraus, daß sie auf die Verletzung einer **Rechtsnorm** gestützt ist (§ 337). Sie ist deshalb unzulässig bzw. unwirksam, wenn sie nach ihrer Begründung trotz gegenteiliger Angabe in Wirklichkeit gegen die Tatsachenfeststellungen gerichtet ist, die mit der Revision nicht angegriffen werden können (Rdn 392).[117] In der Praxis können falsch begründete Revisionen schon an dieser Klippe scheitern. Sie werden als unzulässig verworfen (§ 349 I).[118] Überhaupt sind die Revisionen im Ganzen oft nur zwecklose Angriffe auf die tatsächlichen Feststellungen und auf die Beweiswürdigung. So haben Angriffe etwa auf die Glaubwürdigkeit eines Zeugen oder die Wahrscheinlichkeit einer richterlichen Schlußfolgerung keinerlei Aussicht. Solche Revisionsbegründungen kranken daran, daß sie gegen den Urteilstatbestand angehen, statt von ihm auszugehen. Damit zielt der Revisionsführer in die **falsche Schußrichtung**. Indem er seine Tatsachenvorstellungen dem Revisionsgericht unterbreitet, verstellt er sich selbst den Blick auf die **Rechtsfehler** des Urteils. Daran scheitern zahlreiche Revisionen.[119] Diesem Schicksal entgehen sie auch nicht durch mehr oder weniger geschickte Verpackung als Rechtsfehler in Form von Verstößen gegen die Denkgesetze, Erfahrungssätze oder den Grundsatz in dubio pro reo. Erst recht sind Wiederaufnahmegründe keine Revisionsgründe, selbst wenn der angeblich Ermordete präsentiert werden kann. Im einzelnen können diese Hinweise hier nicht näher ausgeführt werden. Die Begründung der allgemeinen Sachrüge ist in dem Maße richtig wie sie auf den Revisionsgrund einer **Verletzung des sachlichen Rechts** (Rdn 386) ausgerichtet ist (Bindung an die Tatsachenfeststellungen Rdn 392; Abgrenzung von Tat- und Rechtsfrage Rdn 393; rechtsfehlerhaft getroffene, Rdn 395ff.; unzureichende, Rdn 398ff. Tatsachenfeststellungen; Fehler bei der Beweiswürdigung und Überzeugungsbildung Rdn 409ff.; Rechtsanwendungsfehler Rdn 433ff., Rechtsfehler bei der Strafzumessung Rdn 437ff. und Strafaussetzung zur Bewährung Rdn 449ff.). Dazu kommen die allgemeinen Voraussetzungen (Rdn 449ff.) jeder Revision (Gesetzesverletzung Rdn 87ff.; „Beruhen" Rdn 458ff.; „Beschwer" Rdn 31ff.). Die vorbezeichneten Abschnitte sind hiernach als dem Abschnitt

---

[115] Vgl. zu einzelnen Varianten Löwe/Rosenberg/Hanack § 344 Rdn 70 m. Nachw.

[116] BGH NStZ 1991, 597; BGHSt 25, 272 (275).

[117] BGH bei Kusch NStZ 1993, 31; BGH NStZ 1991, 597; OLG Düsseldorf NStZ 1993, 99; Löwe/Rosenberg/Hanack § 344 Rdn 68ff.; Kleinknecht/Meyer-Goßner § 344 Rdn 19.

[118] BGHR § 344 Abs. 2 Satz 1 Revisionsbegründung 2; Kleinknecht/Meyer-Goßner § 349 Rdn 2.

[119] Sarstedt/Hamm Rdn 19ff.; Dahs, Handbuch Rdn 845.

„Sachrüge" zugehörig voll zu berücksichtigen. Dazu gehören auch die Ausführungen zur Revision gegen Berufungsurteile (Rdn 450ff.).

Der Nachprüfung des Revisionsgerichts unterliegt sachlich-rechtlich nur das **Urteil**. Eine Nichtübereinstimmung mit dem Akteninhalt ist grundsätzlich bedeutungslos. Es gibt keine Sachrüge der **Aktenwidrigkeit** (Rdn 92). Sie kann allenfalls eine Aufklärungsrüge (Rdn 246ff.) fundieren. Auch ein Widerspruch zum Inhalt des Sitzungsprotokolls,[120] das hinsichtlich der Vernehmungsergebnisse (§ 273 II) keine Beweiskraft hat (§ 274), ist bedeutungslos (Rdn 487), ebenso zu den mündlich verkündeten Urteilsgründen[121] (Rdn 372) oder zu Sitzungsnotizen.[122] Es gibt auch grundsätzlich keine Sachrüge der **Verhandlungswidrigkeit**, d.h. es kann nicht geltend gemacht werden, der Urteilsinhalt stehe mit dem Beweisergebnis der Hauptverhandlung in Widerspruch[123] (vgl. dazu aber auch Rdn 246ff.). Ist die allgemeine oder eine spezielle Sachrüge wirksam erhoben, kann die nähere Begründung auch nach Fristablauf (§ 344) nachgeschoben werden. Das Gericht ist aber nicht verpflichtet, eine angekündigte Ergänzung abzuwarten. 505

---

[120] BGHSt 21, 151; BGH bei Dallinger MDR 1973, 557; 1974, 369; Schlüchter SKStPO § 273 Rdn 18.

[121] BGHSt 15, 263 (264); Löwe/Rosenberg/Gollwitzer § 267 Rdn 161.

[122] BGHSt 15, 347 (350).

[123] Löwe/Rosenberg/Gollwitzer § 267 Rdn 165.

Teil 6: Das weitere Revisionsverfahren

1. Kapitel
Das Verfahren bis zur Hauptverhandlung

A. Entscheidung über die Zulässigkeit der Revision

I. Verwerfung verspäteter oder formwidriger Revisionen durch den Tatrichter

Lit.: *Baumdicker,* Probleme der §§ 319 und 346 StPO, insbesondere des Antrags auf Entscheidung des Berufungs- oder Revisionsgerichts, 1967; *Dahs,* Disziplinierung des Tatrichters durch Beschlüsse nach § 349 II StPO?, NStZ 1981, 205; *ders.*, Handbuch, Rdn. 866; *Gribbohm„* Das Scheitern der Revision nach § 344 StPO, NStZ 1983, 97; *Hilger,* Wiedereinsetzung in den vorigen Stand bei „mangelhafter" Verfahrensrüge durch den Verteidiger, NStZ 1983, 152; *Kaiser,* Wiedereinsetzung in den vorigen Stand beim Nachschieben von Verfahrensrügen (§§ 344, 345 StPO), NJW 1975, 338; *Kalthoener,* Probleme aus dem strafprozessualen Recht der Wiedereinsetzung in den vorigen Stand, 1957; *Krehl,* Die Begründung des Revisionsverwerfungsbeschlusses nach § 349 Abs. 2 StPO, GA 1987, 162; *Kruse,* Die „offensichtlich" unbegründete Revision im Strafverfahren, 1980; *Meyer F.*, Stellungnahme zur Kritik an der Revisionsverwerfung nach § 344 Abs. 2 StPO, StV 1984, 222; *Römer,* Die Verwerfung wegen offensichtlicher Unbegründetheit der Revision (§ 349 Abs. 2 StPO), MDR 1984, 353; *Sarstedt/Hamm,* Die Revision in Strafsachen, 5. Aufl., 1983, Rdn. 454ff.; *Eb. Schmidt,* Nachtr. § 344 Rdn. 1 u. 2; *Schoreit,* Die Beschlußverwerfung der Revision gemäß § 349 Abs. 2 StPO und die Staatsanwaltschaft, FS Pfeiffer, S. 397; *v. Stackelberg,* Zur Beschlußverwerfung der Revision in Strafsachen als „offensichtlich unbegründet", FS Dünnebier, S. 365.

506 Zunächst prüft der **judex a quo**, bei dem Revision und Begründung einzureichen sind, ob das Rechtsmittel in rechter Form und Frist eingelegt und begründet worden ist.[1] Andere Voraussetzungen der Zulässigkeit, z.B. Berechtigung des Beschwerdeführers, Verzicht, Rücknahme usw. unterliegen nicht der Überprüfung durch den Tatrichter, sondern durch das Revisionsgericht. Sind die Vorschriften über Frist und Form der Einlegung des Rechtsmittels (Rdn 21ff.) oder über Frist und Form der Revisionsbegründung (Rdn 50ff.) nicht beachtet, so wird die Revision durch Beschluß des judex a quo nach § 346 I als unzulässig verworfen. Eine Aufhebung dieses Beschlusses wegen Tatsachen- oder Rechtsirrtums ist nicht möglich.[2]

---

[1] OLG Köln NStE § 346 Nr. 3; Roxin § 53 Rdn 43.

[2] OLG Düsseldorf JMBlNRW 1984, 250; Löwe/Rosenberg/Hanack § 346 Rdn 20; Kleinknecht/Meyer-Goßner § 346 Rdn 6.

Ist die Revision nicht durch die **Staatsanwaltschaft** eingelegt worden, so muß diese nach § 33 vor der Entscheidung über die Verwerfung gehört werden. 507

Erachtet das Gericht, dessen Urteil angefochten ist, die Revison für frist- 508
und formgerecht, so hat es nach § 347 I die **Zustellung** der Revisionsschrift an den Gegner des Beschwerdeführers zu veranlassen, auch wenn die Verwerfung des Rechtsmittels als unzulässig beantragt worden war.[3] In der Anordnung der Zustellung liegt inzidenter die Entscheidung über die Zulässigkeit der Revision. Einen besonderen Beschluß, der die Zulässigkeit positiv feststellt, sieht das Gesetz nicht vor. Ein gleichwohl vom Tatrichter erlassener Beschluß hat keine rechtliche Wirksamkeit.[4]

II. Antrag auf Entscheidung des Revisionsgerichts über die Zulässigkeit (§ 346 Abs. 2)

Gegen die Entscheidung des Tatrichters, durch die das Rechtsmittel nach 509
§ 346 I verworfen worden ist, eröffnet § 346 II den besonderen **Rechtsbehelf** des Antrages auf Entscheidung des Revisionsgerichts.[5] **Antragsberechtigt** ist der Prozeßbeteiligte, dessen Revision als unzulässig verworfen worden ist.[6] Die Staatsanwaltschaft kann den Antrag nicht zugunsten des Angeklagten stellen.[7] Das Gesuch ist binnen einer **Frist** von einer Woche seit (ordnungsgemäßer)[8] Zustellung des Verwerfungsbeschlusses einzureichen. **Adressat** des Gesuches ist der judex a quo;[9] ob der Antrag zulässigerweise auch unmittelbar beim Revisionsgericht eingereicht werden kann, ist streitig,[10] wird aber vom BGH verneint.[11] Wird die einwöchige Frist des § 346 II versäumt, besteht die Möglichkeit der Wiedereinsetzung in den vorigen Stand gem. § 44 (Rdn 517ff.), über die der Antragsteller zu belehren ist.[12] Ein solcher Antrag sollte hilfsweise auch immer dann gestellt werden, wenn die Frage der Rechtzeitigkeit des Rechtsmittels oder seiner Begründung streitig ist und im Verfahren nach § 346 II nachgeprüft werden soll.

---

3 OLG Kassel JW 1930, 2598 Nr. 42.

4 Löwe/Rosenberg/Hanack § 346 Rdn 15.

5 Zur Rechtsnatur Löwe/Rosenberg/Hanack § 346 Rdn 25; BGHSt 16, 115 (118); 11, 153; Baumdicker, Probleme der §§ 319 und 346 StPO, Diss. 1967.

6 Löwe/Rosenberg/Hanack § 346 Rdn 28 m. Nachw.; Kleinknecht/Meyer-Goßner § 346 Rdn 9.

7 Löwe/Rosenberg/Hanack § 346 Rdn 28 m. Nachw.; KK-Pikart § 346 Rdn 17.

8 BGH NStE § 346 Nr. 1.

9 BGH NStE § 346 Nr. 4 = BGHR § 346 II Antrag 1.

10 Bejahend OLG Düsseldorf OLGRspr. § 346 S. 3; KG JR 1978, 84; BayObLG bei Rüth DAR 1974, 188; Löwe/Rosenberg/Hanack § 346 Rdn 25; KMR-Paulus § 346 Rdn 1, § 319 Rdn 19.

11 BGH NStE § 346 Nr. 4; KK-Pikart § 346 Rdn 5; Kleinknecht/Meyer-Goßner § 346 Rdn 8.

12 Nöldeke NStZ 1991, 70.

510 Eine besondere **Form** ist für den Antrag nach § 346 II nicht vorgeschrieben;[13] sogar eine Unterschrift ist nicht erforderlich, wenn ersichtlich ist, daß der Antrag von einem Berechtigten herrührt.[14] Die **falsche Bezeichnung** des Rechtsbehelfs, z. B. als Antrag auf Wiedereinsetzung in den vorigen Stand ist gem. § 300 unschädlich.[15]

511 Über die **Zulässigkeit des Gesuchs** hat ausschließlich das Revisionsgericht und nicht der judex a quo zu entscheiden; der Tatrichter muß die Akten in jedem Falle dem Revisionsgericht zuleiten.[16]

Das Revisionsgericht prüft zunächst die Zulässigkeit des Antrages nach § 346 II (Berechtigung des Antragstellers, Fristwahrung usw.). Erweist sich der Antrag als zulässig, so tritt das Revisionsgericht nunmehr in eine umfassende Prüfung der **Zulässigkeit der Revision** selbst ein. Dabei unterliegt nicht nur der Beschluß des Tatrichters in dem eingeschränkten Rahmen des § 346 I der Überprüfung; vielmehr hat das Revisionsgericht auch alle weiteren Voraussetzungen der Zulässigkeit der Revision (Rdn 21 ff., 50 ff.) nachzuprüfen. Ergibt sich, daß das Rechtsmittel aus einem anderen als vom Instanzgericht angenommenen Grunde oder aus einem überhaupt nur vom Revisionsgericht zu beurteilenden Grunde unzulässig ist, so ist der Beschluß des Instanzgerichts aufzuheben und die Revision durch Beschluß des Revisionsgerichts zu verwerfen.[17]

512 Gegen die Entscheidung über das Gesuch nach § 346 II ist kein **Rechtsmittel** gegeben.[18]

Beruht die Entscheidung des Revisionsgerichts auf einer unrichtigen Tatsachengrundlage, so kann der Beschluß zurückgenommen werden.[19] Beruht der Beschluß dagegen auf einem Rechtsirrtum, so ist eine **Rücknahme** nach überwiegender Meinung nicht möglich.[20]

In der Sache hebt das Revisionsgericht entweder den angefochtenen Verwerfungsbeschluß auf (zur Auswirkung auf Fristen vgl. Rdn 53) oder verwirft den Antrag als unbegründet.

513 Auch wenn sich herausstellt, daß der Tatrichter ein Verfahrenshindernis (Rdn 94 ff., 462 ff.) übersehen hat, ist das Rechtsmittel als unzulässig zu verwerfen, wenn die in rechter Form und Frist eingelegte Revision nicht oder nicht ordnungsgemäß begründet worden ist.[21]

---

13 BGHSt 11, 153 (154) m. Nachw.

14 BGHSt 11, 153 (154); 2, 77.

15 BGH NStE § 346 Nr. 2.

16 Löwe/Rosenberg/Hanack § 346 Rdn 29.

17 BGHSt 22, 213 (214); 16, 115 (118); Kleinknecht/Meyer-Goßner § 346 Rdn 10.

18 RGSt 55, 100; Löwe/Rosenberg/Hanack § 346 Rdn 35; KK-Pikart § 346 Rdn 22.

19 RGSt 59, 519; BGH NJW 1951, 771 für die gleich zu behandelnden Beschlüsse nach § 349 Abs. 1; Schmitt JZ 1961, 15; Löwe/Rosenberg/Hanack § 346 Rdn 35; Eb. Schmidt § 346 Rdn 9; § 306 Rdn 9.

20 BGH NJW 1981, 771; Schmitt JZ 1961, 15; Eb. Schmidt § 346 Rdn 9, § 306 Rdn 9 m. Nachw.; Kleinknecht/Meyer-Goßner § 346 Rdn 13.

21 BGHSt 16, 115 = LM § 346 Nr. 4 m. Anm. Geier.

III. Verwerfung unzulässiger Revisionen durch Beschluß des Revisionsgerichts (§ 349 Abs. 1)

Das Revisionsgericht prüft auch außerhalb des Verfahrens nach § 346 II 514
(Rdn 509ff.) die **Zulässigkeit** des Rechtsmittels in vollem Umfange nach (Rdn 462, 21ff., 50ff.). Ist die Revision nach Ansicht des Instanzgerichts form- und fristgerecht eingelegt, so leitet es die Akten dem Revisonsgericht zu. Die damit eröffnete Zulässigkeitsprüfung durch das Revisionsgericht erstreckt sich nicht nur auf die in § 346 I genannten Gründe, sondern auf **alle** gesetzlichen Zulässigkeitsvoraussetzungen,[22] z.B. die Frage, ob das Rechtsmittel der Revision überhaupt eröffnet war (Rdn 4ff.),[23] die Berechtigung des Beschwerdeführers (Rdn 15ff.), die Beschwer des Revisionsführers (Rdn 31ff.), evtl. Verzicht oder Rücknahme (Rdn 40ff.)[24] u.a. Der Prüfung des Revisionsgerichts unterliegt auch die Frage, ob die Voraussetzungen des § 344 (Rdn 65ff.) beachtet sind. Hat der Revisionsführer zwar die Sachrüge erhoben, zeigen aber die weiteren Ausführungen mit aller Deutlichkeit, daß in Wirklichkeit nur die tatsächlichen Feststellungen angegriffen werden, so ist das Rechtsmittel wegen Verstoßes gegen § 344 II unzulässig.[25]

Stellt sich die Unzulässigkeit des Rechtsmittels heraus, so verwirft es das Revisionsgericht durch **Beschluß** nach § 349 I außerhalb der Hauptverhandlung.[26]

Hinsichtlich eines vom Tatrichter übersehenen oder nach Erlaß des ange- 515
fochtenen Urteils eingetretenen Prozeßhindernisses gelten die Ausführungen zu § 346 II (Rdn 513, 462).

Der Verwerfungsbeschluß ist **unanfechtbar** (§ 304 IV 1).[27] 516

Der Verwerfungsbeschluß nach § 349 I kann durch das Revisionsgericht zurückgenommen werden, wenn sich nach seinem Erlaß neue Tatsachen oder Beweismittel ergeben, die ihm die Tatsachengrundlage entziehen.[28] Die Frage der Wiedereinsetzung in den vorigen Stand wird im folgenden behandelt.

---

22 BGHSt 22, 213 = LM § 346 Nr. 5 m. Anm. Martin.

23 Dabei ist aber ggfs. die Möglichkeit der Umdeutung nach § 300 zu berücksichtigen.

24 Kann die Frage, ob Rechtsmittelschrift oder Verzicht zuerst eingegangen sind, nicht geklärt werden, so ist die Revision als unzulässig anzusehen, BGH LM § 349 Nr. 5.

25 BGH NStZ 1991, 597; BGHR § 344 Abs. 2 Satz 1 Revisionsbegründung 2.

26 Einstimmigkeit ist nicht erforderlich, § 196 I GVG.

27 Löwe/Rosenberg/Hanack § 349 Rdn 27; KK-Pikart § 349 Rdn 14, 47; KMR-Paulus § 349 Rdn 34.

28 RGSt 59, 419; KK-Pikart § 349 Rdn 47; KMR-Paulus § 349 Rdn 37; BGH NJW 1951, 771 u. BGHSt 17, 94 (96) haben die Frage offen gelassen.

IV. Wiedereinsetzung in den vorigen Stand

517 Gegen die Versäumung einer Frist kann nach §§ 44ff. Wiedereinsetzung in den vorigen Stand beansprucht werden, wenn der Revisionsführer **ohne Verschulden** an der Einhaltung der Frist verhindert war.

Die Vorschrift des §§ 44 umfaßt die prozessualen, bei Gericht wahrzunehmenden Fristen, und zwar unabhängig davon, ob es sich um gesetzliche oder richterliche Fristen handelt.[29] Dazu gehören im Revisionsverfahren insbesondere die Frist zur Einlegung der Revison (§ 341 I), zur Begründung der Revision (§ 345), für den Antrag auf Entscheidung des Revisionsgerichts (§ 346 II) (Rdn 509); auch ist hier die Frist zur Anbringung des Wiedereinsetzungsgesuchs selbst (§ 45 I) zu nennen. Keine Wiedereinsetzung gibt es gegen die Versäumung der Frist für den Übergang von der Berufung zur Revision (Rdn 9); auch bei der Frist des § 349 III ist für die Wiedereinsetzung kein Raum (Rdn 546). Ebenso gibt es gegen die Versäumung der Revisionshauptverhandlung keine Möglichkeit der Wiedereinsetzung; denn § 44 bezieht sich ausdrücklich nur auf Fristen, und eine gesetzliche Spezialregelung für die Versäumung der Hauptverhandlung ist nicht gegeben (Rdn 533).

518 Die **Versäumung** einer Frist wird in der Regel darin liegen, daß die fristgebundene Prozeßhandlung des Beschwerdeführers unbeabsichtigt nicht innerhalb der vorgeschriebenen Frist gegenüber der zuständigen Stelle vorgenommen wird. Eine Fristversäumnis i.S. des § 44 ist aber auch gegeben, wenn die Erklärung zwar fristgerecht, jedoch nicht in der vorgeschriebenen Form erfolgt ist.[30] Die Wiedereinsetzung kommt in Einzelfällen auch dann in Betracht, wenn die Revision aus anderen als Frist- und Formgründen unzulässig ist.[31]

519 Die Frage der Zulässigkeit einer Wiedereinsetzung zur **Nachholung einzelner Revisionsrügen** ist seit langem umstritten; die Rechtsprechung geht pragmatisch vor; im Schrifttum findet sich keine allgemein anerkannte Lösung.[32]

520 Allgemein abgelehnt wird die Wiedereinsetzung bezüglich einzelner verspäteter **Sachrügen**, wenn fristgemäß die allgemeine oder eine einzelne Sach-

---

[29] Kleinknecht/Meyer-Goßner Rdn 4ff. vor § 42; Löwe/Rosenberg/Wendisch § 44 Rdn 7.

[30] RGSt 67, 197 (198) für § 344 II; OLG Zweibrücken StV 1991, 500; Kleinknecht/Meyer-Goßner § 44 Rdn 6; Löwe/Rosenberg/Wendisch § 44 Rdn 9; Kalthoener, Probleme aus dem strafprozessualen Recht der Wiedereinsetzung in den vorigen Stand, 1957, S. 41–43; Pentz NJW 1962, 1236.

[31] BGHSt 26, 335 (338); OLG Hamburg NJW 1965, 312; Löwe/Rosenberg/Wendisch § 44 Rdn 10 m. Nachw.

[32] Vgl. die umfassende Darstellung des Fragenkomplexes bei Hilger NStZ 1983, 152; Kalthoener S. 43; Löwe/Rosenberg/Wendisch § 44 Rdn 15ff.; KK-Maul § 44 Rdn 13f.

rüge erhoben worden ist.[33] Insoweit kann auch schwerlich eine Rechtsverkürzung für den Revisionsführer eintreten; denn das Revisionsgericht prüft ohnehin von Amts wegen das Urteil in materieller Hinsicht in vollem Umfang nach. Der Beschwerdeführer ist auch nicht gehindert, noch nach Ablauf der Frist zur Revisionsrechtfertigung die Nachprüfung des Gerichts durch eigene schriftsätzliche Ausführungen und Begründung weiterer materieller Rügen zu unterstützen. Diese Möglichkeit bleibt ihm bis zur Entscheidung des Revisionsgerichts erhalten; er kann sogar noch in der Revisionshauptverhandlung mündlich eine weitere Sachrüge vortragen und begründen.[34]

Problematisch und streitig ist dagegen die Frage der Wiedereinsetzung zur Nachholung einzelner **Verfahrensrügen**. Unter dieses Thema fallen die folgenden, in den wesentlichen Grundzügen gleichgelagerten vier Fallgruppen:[35] a) die Sachrüge ist erhoben; der Beschwerdeführer will nach Fristablauf zusätzlich Verfahrensrügen erheben; b) es ist eine Verfahrensrüge erhoben; der Revisionsführer will nach Fristablauf weitere Verfahrensrügen nachschieben; c) Verfahrensrügen sind in nicht zulässiger Weise erhoben und sollen korrigiert werden; d) es sind nur Verfahrensrügen erhoben; der Revisionsführer will nach Fristablauf die Sachrüge erheben. 521

Der **Bundesgerichtshof** lehnt die Wiedereinsetzung zur Nachholung (oder „Nachbesserung“) einzelner Rügen grundsätzlich ab, wenn sowohl der Beschwerdeführer wie auch sein damaliger Verteidiger an der Hauptverhandlung des ersten Rechtszuges teilgenommen haben.[36] In einer Reihe von Einzelfällen ist dagegen die Wiedereinsetzung als Ausnahme bewilligt und mit der jeweils besonders gelagerten Fallstruktur begründet worden, z. B. schwere Erkrankung des Beschwerdeführers;[37] Nichtgewährung der erforderlichen Einsicht in das Sitzungsprotokoll an den Verteidiger trotz wiederholten Antrages;[38] vom Verteidiger versehentlich nicht unterzeichneter Schriftsatz;[39] Unzulässigkeit der Revisionsbegründung wegen § 146;[40] schwere Erkrankung des Verteidigers;[41] unerwartete Niederlegung des Verteidigermandats kurz vor Fristablauf;[42] Untätigkeit des Pflichtverteidigers und nicht rechtzei- 522

---

[33] BGHSt 1, 44 (46); Hilger NStZ 1983, 152; Kalthoener S. 43; Sarstedt/Hamm Rdn Fn. 38.

[34] BGH bei Pfeiffer/Miebach NStZ 1988, 20 (bis zur Entscheidung); Kleinknecht/Meyer-Goßner § 352 Rdn 8.

[35] Deshalb wird hier auch auf die verspätete Sachrüge eingegangen.

[36] BGH bei Kusch NStZ 1993, 27; BGH wistra 1992, 78; BGH NStE § 44 Nr. 10, 17; BGHR § 44 Satz 1 Verfahrensrüge 2; BGHSt 26, 335 (338) u. die bei Hilger NStZ 1983, 153 f. angeführte unveröffentlichte Rspr.

[37] BGH U. v. 25. 5. 1965 – 3 StR 5/65 – unv.

[38] BGH StV 1983, 353; vgl. auch BGHR § 44 Verfahrensrüge 4, 5, 7.

[39] BGH NStZ 1983, 132; StV 1988, 465.

[40] BGHSt 26, 335.

[41] BGH StV 1985, 3; bei Dallinger MDR 1966, 25.

[42] BGH bei Pfeiffer/Miebach NStZ 1983, 354.

tige Bestellung eines neuen Verteidigers;[43] verzögerliche Postbeförderung.[44, 45] Die nachgeschobene Rüge muß selbstverständlich der Form des § 344 II 2 entsprechen.[46] Die Rechtsprechung der **Oberlandesgerichte** scheint in der Gewährung der Wiedereinsetzung eher großzügiger.[47] Das **Schrifttum** spricht sich überwiegend für eine generelle Zulassung der nachgeschobenen bzw. korrigierten Revisionsrügen unter der Voraussetzung des § 44 aus.[48]

523 Die **berechtigten Interessen** des Revisionsführers sprechen sicher für eine generelle Zulassung der Wiedereinsetzung für einzelne Rügen, wenn man an dem Prinzip festhalten will, daß Versäumnisse und Fehler des (Wahl- oder Pflicht-) Verteidigers nicht zu Lasten des Angeklagten gehen sollen.[49] Dieser Grundsatz sollte für den Bereich der Revision mit Blick auf die sehr unterschiedliche Qualifizierung der Verteidiger für dieses besonders schwierige Rechtsgebiet nicht aufgegeben werden. Auch wenn der Beschwerdeführer selbst – evtl. mit Unterstützung des Rechtspflegers (§ 345 II)[50] – die Revision begründet und ein später bestellter oder beauftragter Verteidiger weitere Verfahrensfehler entdeckt, ist es angesichts der **Schwierigkeit der Materie** kaum akzeptabel, dem juristisch nicht vorgebildeten Bürger die Folgen seiner unverschuldeten Unkenntnis aufzubürden. In diesen Zusammenhang gehört auch die Frage, ob nicht ein fortgeschrittenes Verständnis **rechtsstaatlicher Justizgewährung** gewisse Anforderungen der extremen Formstrenge der Revision zugunsten der Einzelfallgerechtigtkeit – jedenfalls bei evidenten Verfahrensfehlern – nahelegt.[51] Der Rechtsprechung würde ein ausreichender Freiraum verbleiben,[52] um einer Ausuferung von Wiedereinsetzungsgesuchen und Mißbräuchen vorzubeugen, z.B.

---

[43] BGH StV 1983, 225; OLG Düsseldorf StV 1984, 327.

[44] BGH NStZ 1981, 110; 1983, 34.

[45] Weitere Beispiele bei Hilger NStZ 1983, 153 und Löwe/Rosenberg/Wendisch § 44 Rdn 15f.

[46] Kleinknecht/Meyer-Goßner § 44 Rdn 7.

[47] Z. B. OLG Frankfurt HESt 2, 76; OLG Frankfurt NJW 1963, 1792 (HV-Protokoll stand nicht zur Verfügung); OLG Bremen MDR 1968, 602; OLG Hamm MDR 1973, 691; BayObLG MDR 1974, 247; NJW 1981, 1055.

[48] Löwe/Rosenberg/Wendisch § 44 Rdn 17 m.Nachw.; KK-Maul § 44 Rdn 14; Kalthoener S. 44ff m.Nachw.; eingeschränkt auch Kaiser NJW 1975, 338; Sarstedt NJW 1968, 925; a.A. KK-Pikart § 345 Rdn 26; Gribbohm NStZ 1983, 102.

[49] Allerdings deutet sich hier in der Rspr. – BGH wistra 1993, 112 – ein Wandel jdfs. in Fällen vorsätzlicher Fristversäumung an.

[50] Da die Rspr. immer noch die Beiordnung eines Verteidigers nach § 140 II f.d. Revisonsbegründung grds. ablehnt – vgl. nur OLG Oldenburg JR 1985, 256 m.abl. Anm. Dahs; OLG Hamm NStZ 1982, 345 m.abl.Anm. Dahs; Kleinknecht/Meyer-Goßner § 140 Rdn 29; a.A. für Verfahrensrügen KK-Laufhütte § 140 Rdn 5.

[51] Vgl. zu diesem Themenbereich Dahs Schriftenreihe DAV Bd. 7 (1991) S. 85; Maul ebendort S. 71; Gribbohm NStZ 1983, 102.

[52] Vgl. BGHR § 44 Verfahrensrüge 1, 2, 3, 4, 7.

bei sachlich nicht begründeter absichtlicher Fristveräumung.[53] Dagegen erscheint die Anforderung an den Verteidiger, die vom Gericht nicht gewährte Akteneinsicht doch noch rechtzeitig zu erzwingen, unangemessen.[54] Ist über die Revision entschieden worden, ist für eine Wiedereinsetzung kein Raum mehr.[55]

Anspruch auf Wiedereinsetzung in den vorigen Stand hat jeder Verfahrensbeteiligte, der durch die Versäumung einer Frist einen Rechtsnachteil erleidet.[56] Die Wiedereinsetzung ist zu gewähren, wenn der Antragsteller **ohne Verschulden** an der Einhaltung der Frist verhindert gewesen ist. Das Verschulden fehlt, wenn der Prozeßbeteiligte, der die in Rede stehende Prozeßhandlung vorzunehmen hatte, bei Anwendung der ihm zuzumutenden und vernünftigerweise zu erwartenden Sorgfalt die Fristversäumung nicht abwenden konnte. Dabei dürfen die Anforderungen nicht überspannt werden;[57] insbesondere darf der Beschwerdeführer auf die normalen Laufzeiten der Post vertrauen.[58] Zur Frage des Verschuldens hat sich i. ü. eine umfangreiche Rechtsprechung entwickelt, auf die hier wegen aller Einzelheiten verwiesen werden muß.[59] 524

Der in der Praxis wichtigste und häufigste Fall ist die Fristversäumnis durch Verschulden des Verteidigers und seines Personals. Nach bisher feststehender Rechtsprechung wird in solchen Fällen stets die Wiedereinsetzung gewährt;[60] der BGH hat allerdings jetzt zu erkennen gegeben, daß bei absichtlicher Fristversäumung diese Rechtsprechung einer Überprüfung unterzogen werden wird.[61] Auch das Verschulden des Kanzleipersonals des Verteidigers rechtfertigt die Wiedereinsetzung.[62] 525

Eine – für die Praxis sehr bedeutsame – **Ausnahme** von diesen Grundsätzen gilt dann, wenn den Beschwerdeführer selbst ein **Mitverschulden** an der Fristversäumung trifft; in einem solchen Falle wird die Wiedereinsetzung nicht zugelassen.[63] Ein Mitverschulden soll dann vorliegen, wenn der Antragsteller 526

---

[53] Dazu in anderem Zusammenhang BGH wistra 1993, 112

[54] Der Verteidiger soll den Akten bis zum letzten Tage der Frist praktisch „nachlaufen" – vgl. BGHR § 44 Verfahrensrüge 5.

[55] Vgl. BGHR § 44 Verfahrensrüge 2.

[56] Löwe/Rosenberg/Wendisch § 44 Rdn 19; Kleinknecht/Meyer-Goßner § 44 Rdn 9.

[57] Kleinknecht/Meyer-Goßner § 44 Rdn 10ff.

[58] BVerfG 62, 334; 44, 302; BGH NJW 1978, 1488.

[59] Vgl. die bei Kleinknecht/Meyer-Goßner § 44 Rdn 10–20 und Löwe/Rosenberg/Wendisch § 44 Rdn 20–62 angeführte Rspr.

[60] BVerfG NJW 1991, 351; BGH StV 1988, 45; 1990, 438; BGH bei Miebach NStZ 1990, 25; OLG Zweibrücken StV 1991, 530; diese Rspr. gilt nicht für den Vertreter des Privatklägers, Nebenklägers u.a. Prozeßbeteiligter – vgl. Kleinknecht/Meyer-Goßner § 44 Rdn 19 m. Nachw. sowie Löwe/Rosenberg/Wendisch § 44 Rdn 61.

[61] BGH wistra 1993, 112.

[62] OLG Düsseldorf NStE § 44 Nr. 3.

[63] BGHSt 14, 306 (308); BGH GA 1980, 427; Löwe/Rosenberg/Wendisch § 44 Rdn 20ff.

mit einer Fristversäumnis durch den Verteidiger rechnete oder rechnen mußte und gleichwohl die anderweitige Fristwahrung unterlassen hat, z. B. wenn der Verteidiger die Begründung der Revision wegen Aussichtslosigkeit abgelehnt hat.[64]

527 Für die **Staatsanwaltschaft** ist die Möglichkeit der Wiedereinsetzung in den vorigen Stand erheblich eingeschränkt; auch das Verschulden der nachgeordneten Beamten ist durchweg kein Wiedereinsetzungsgrund.[65]

528 Kraft **gesetzlicher Vermutung** liegt ein Wiedereinsetzungsgrund vor, wenn die erforderliche **Rechtsmittelbelehrung** unterblieben ist (§ 44 Satz 2).[66] Die unvollständige oder unklare Rechtsmittelbelehrung fällt nur dann unter § 44 S. 2, wenn die Mängel so gravierend sind, daß sie einer unterbliebenen gleichsteht.[67] Ein Mitverschulden schließt auch im Rahmen des § 44 Satz 2 die Wiedereinsetzung aus.[68] Im Gesuch muß glaubhaft gemacht werden, daß der Belehrungsmangel für die Fristversäumnis ursächlich gewesen ist.[69]

529 Ist dem Antragsteller vor Erlaß der angefochtenen Entscheidung kein **rechtliches Gehör** gewährt worden, so muß die Wiedereinsetzung in den vorigen Stand auch dann gewährt werden, wenn er die Gewährung rechtlichen Gehörs schuldhaft vereitelt und ebenfalls schuldhaft von der öffentlichen Zustellung der Entscheidung keine Kenntnis erlangt hat. Die Verpflichtung des Gerichts zur Gewährung des rechtlichen Gehörs nach Art. 103 I GG wird als so gewichtig angesehen, daß ihre Verletzung einem Wiedereinsetzungsgrund i. S. des § 44 gleichsteht.[70]

530 Das Gesuch um Wiedereinsetzung in den vorigen Stand muß binnen einer **Frist** von **einer Woche** angebracht werden. Die **Frist** beginnt mit dem Tag, an dem das Hindernis für die rechtzeitige Bewirkung der Prozeßhandlung weggefallen ist. **Adressat** des Gesuchs ist das Gericht, bei dem die Frist wahrgenommen werden mußte (§ 45 I). Für die **Form** sind keine besonderen Vorschriften zu beachten.

531 Als **Hindernis** ist der Umstand zu verstehen, der die Versäumung verursacht hat. Das Hindernis ist normalerweise dann beseitigt, wenn der Betroffene Kenntnis von der Versäumung erlangt.[71]

532 Für den **Inhalt** des Wiedereinsetzungsgesuchs sind die in § 45 II erwähnten

---

[64] BGH bei Miebach NStZ 1990, 25; Kleinknecht/Meyer-Goßner § 44 Rdn 18 m. w. Nachw.; vgl. dagegen OLG München AnwBl 1973, 215; krit. Dahs AnwBl 1973, 331.

[65] BGHR § 44 Satz 1 Verhinderung 5 = wistra 1988, 198; BayObLG JR 1985, 254 m. Anm. Wendisch; Löwe/Rosenberg/Wendisch § 44 Rdn 62.

[66] OLG Düsseldorf MDR 1990, 460; zu allen Einzelheiten Löwe/Rosenberg/Wendisch § 44 Rdn 63 ff.

[67] OLG Saarbrücken NJW 1965, 1031; OLG Hamburg NJW 1962, 602; Kleinknecht/Meyer-Goßner § 44 Rdn 23.

[68] Löwe/Rosenberg/Wendisch § 44 Rdn 65; vgl. auch BVerfG NStE § 44 Nr. 27.

[69] OLG Düsseldorf MDR 1990, 460; NStZ 1986, 233 m. Anm. Wendisch.

[70] BVerfG NStZ 1991, 446.

[71] Vgl. Löwe/Rosenberg/Wendisch § 45 Rdn 7 f., auch zu allen Einzelfällen.

gesetzlichen Erfordernisse zu beachten. Die Gründe der Fristversäumung müssen im einzelnen angegeben und gleichzeitig oder im Verfahren glaubhaft gemacht werden. Für den Rechtsanwalt als Verteidiger wird hier die anwaltliche Versicherung genügen;[72] soweit ein Verschulden seines Kanzleipersonals in Betracht kommt, ist eine eidesstattliche Versicherung des betreffenden Mitarbeiters vorzulegen. Der Beschuldigte kann seinen Wiedereinsetzungsantrag nicht mit einer eigenen eidesstattlichen Versicherung glaubhaft machen.[73] Eine schlichte Erklärung des Angeklagten kann jedoch dann genügen, wenn eine anderweitige Beweismittelerbringung aus von ihm nicht zu vertretenden Gründen unmöglich ist.[74] Zu dem Antrag gehören auch Angaben über den Hinderungsgrund und den Zeitpunkt, zu dem das Hindernis weggefallen ist. Fehlen sie oder werden sie nicht glaubhaft gemacht, ist der Antrag unzulässig.[75] Eine Ausnahme kommt nur in Betracht, soweit Teile des notwendigen Vorbringens offenkundig oder dem Gericht aufgrund des Akteninhalts zweifelsfrei bekannt sind.[76]

Wird der Antrag mit Umständen aus dem Bereich des Verteidigers begründet, so muß gleichzeitig dargelegt und glaubhaft gemacht werden, daß kein Mitverschulden des Klienten vorliegt.[77]

Die **versäumte Handlung**, z.B. die Einlegung der Revision, die Begrün- 533
dung der Revision, der Antrag nach § 346 II, das formgerechte Gesuch nach § 44 ist zugleich mit dem Gesuch um Wiedereinsetzung nachzuholen. Auch hierfür gilt die Wochenfrist des § 45 I 1. Besondere Formerfordernisse der nachzuholenden Handlung, z.B. der Revisionsbegründung, müssen beachtet werden.[78] War die Prozeßhandlung – wenn auch verspätet – formgerecht erfolgt, braucht sie nicht wiederholt zu werden, sondern es genügt die Bezugnahme.[79]

Die **Staatsanwaltschaft** kann nicht zugunsten des Angeklagten die Wieder- 534
einsetzung beantragen.[80] Eine Wiedereinsetzung von Amts wegen ohne besonderen Antrag (§ 5 II S. 3) wird nur im Ausnahmefall gewährt.[81]

Bei **Berufungsurteilen** nach § 329 I ist die für den Beschwerdeführer gefähr- 535
liche Vorschrift des § 342 III besonders zu beachten. Danach wird bei Einlegung der Revision ein Verzicht auf die Wiedereinsetzung gegen die Versäu-

---

72 BGH NStZ 1991, 295.

73 BVerfGE 41, 332 (337ff.); BGH NStZ 1991, 295; BGHR § 45 Abs. 2 Glaubhaftmachung 1; BayObLG NStZ 1990, 340; OLG Düsseldorf NStE § 45 Nr. 11; KK-Maul § 45 Rdn 13.

74 OLG Düsseldorf NStZ 1990, 149 (150).

75 BGH NStZ 1991, 295.

76 OLG München NJW 1985, 214

77 Nach OLG Hamburg MDR 1974, 248 ist insoweit ein strenger Maßstab anzulegen.

78 BGH bei Miebach NStZ 1989, 15.

79 BGHR § 45 Abs. 2 Nachholen 2; Kleinknecht/Meyer-Goßner § 45 Rdn 11.

80 RGSt 22, 31; Löwe/Rosenberg/Wendisch § 46 Rdn 2; Kalthoener S. 99.

81 Vgl. Kleinknecht/Meyer-Goßner § 45 Rdn 12.

mung der Berufungshauptverhandlung unwiderlegbar vermutet.[82] Wiedereinsetzungsgesuch und Revision müssen also gleichzeitig (nicht nur an demselben Tag) eingereicht werden, wenn beide Wege beschritten werden sollen. Ist zunächst nur ein Wiedereinsetzungsgesuch gestellt, so kann die Revision bis zum Ablauf der Frist des § 341 „nachgeschoben" werden.[83]

536 **Zuständig** für die Entscheidung über das Wiedereinsetzungsgesuch ist das Gericht, das bei fristgemäßer Prozeßhandlung auch zur Entscheidung in der Sache selbst berufen wäre (§ 46 I), bei Versäumung von Fristen im Revisionsverfahren also das **Revisionsgericht**. Ausnahmsweise ist das Berufungsgericht zuständig, wenn ein Urteil, das statt mit der Berufung mit der Revision angefochten werden kann (§ 335 I), ohne Bezeichnung des Rechtsmittels angefochten ist und die Rechtsmittelfrist ohne Ausübung des Wahlrechts und ohne Vorlage einer formgerechten Revisionsbegründung abgelaufen ist; dieses Rechtsmittel ist als Berufung zu behandeln.[84] Die **Entscheidung** über das Gesuch erfolgt auf Grund des vom Antragsteller beigebrachten Materials zur Glaubhaftmachung, jedoch ist eine „Beweisaufnahme" durch das Revisionsgericht über die Frage der unverschuldeten Fristversäumnis nicht ausgeschlossen.[85]

537 Die **Entscheidung**, durch die dem Antrag auf Wiedereinsetzung stattgegeben wird, ist **unanfechtbar** (§ 46 II). Wird das Gesuch verworfen, so ist gegen die Entscheidung an sich das Rechtsmittel der **sofortigen Beschwerde** gegeben, die aber wegen § 304 IV im Revisionsverfahren praktisch nicht in Betracht kommt.[86] Ist dem Antrag auf Wiedereinsetzung stattgegeben worden, so kann diese Entscheidung (auch bei unrichtiger Tatsachengrundlage) durch das erkennende Gericht nicht wieder aufgehoben werden.[87] Ist das Gesuch verworfen worden und beruhte diese Entscheidung auf unrichtigen tatsächlichen Grundlagen, so kann sie (auch wenn keine sofortige Beschwerde eingelegt ist), ebenso wie im Falle des § 349 (Rdn 516) aufgehoben werden.[88]

B. Gegenerklärung des Revisionsgegners

538 Ist die Revision rechtzeitig und formgerecht eingelegt und begründet worden, so sind Rechtsmittelschrift und Begründung nach § 347 I dem Gegner

[82] OLG Stuttgart NJW 1984, 2900; Löwe/Rosenberg/Hanack § 342 Rdn 6; Kleinknecht/Meyer-Goßner § 342 Rdn 3; KK-Pikart § 342 Rdn 7.

[83] Löwe/Rosenberg/Hanack § 342 Rdn 6.

[84] BGHSt 33, 183 (189); eine Wiedereinsetzung zur Revisionseinlegung ist dann nicht mehr möglich, vgl. OLG Düsseldorf MDR 1991, 78.

[85] Löwe/Rosenberg/Wendisch § 46 Rdn 10.

[86] Für StA vgl. Kleinknecht/Meyer-Goßner § 46 Rdn 8.

[87] RGSt 40, 271; BVerfGE 14, 8 (10); Kleinknecht/Meyer-Goßner § 46 Rdn 6.

[88] So die Rspr. RGSt 75, 172; i.ü. str. vgl. i.e. Löwe/Rosenberg/Wendisch § 46 Rdn 19.

des Beschwerdeführers zuzustellen. Dieser hat Gelegenheit, binnen einer Woche eine Stellungnahme, die sogenannte **Gegenerklärung**, dazu abzugeben.

Die **Wochenfrist** ist keine Ausschlußfrist.[89] Auch nach Fristablauf können 539
Stellungnahmen zur Revision jederzeit bis zur Entscheidung abgegeben werden. Der Revisionsführer kann sich nach Ablauf der Wochenfrist indes nicht mehr darauf verlassen, daß die Akten nicht an das Revisionsgericht abgegeben werden[90] und dieses entscheidet. Im Einzelfall kann es sich daher empfehlen, eine beabsichtigte Gegenerklärung rechtzeitig anzukündigen und um Aufschub der Entscheidung bis zum Eingang der Gegenerklärung zu bitten. **Adressat** der Gegenerklärung ist das Instanzgericht, dessen Urteil angefochten ist.

Zum **Inhalt** der Gegenerklärung der **Staatsanwaltschaft** gibt Nr. 162 RiStBV 540
genaue Hinweise. Die Gegenerklärung der Staatsanwaltschaft verfolgt nicht das Ziel einer Auseinandersetzung mit dem Revisionsvorbringen des Beschwerdeführers; sie dient vielmehr der Unterstützung des Revisionsgerichts. Wird mit der Revision nur die Verletzung materiellen Rechts gerügt, verzichtet die Staatsanwaltschaft in aller Regel auf eine Gegenerklärung. Wenn die Revision auf einen Verfahrensverstoß gestützt ist, muß die Gegenerklärung der Staatsanwaltschaft eine erschöpfende Darstellung der für die Verfahrensrüge bedeutsamen tatsächlichen Vorgänge enthalten. Dazu gehört gegebenenfalls auch die Herbeiführung dienstlicher Äußerungen der Mitglieder des Gerichts, des Sitzungsstaatsanwalts sowie die Aufklärung von Vorgängen im Bereich der Justizverwaltung. Sie kann sich auch darauf beschränken, den Vortrag der Prozeßtatsachen durch den Beschwerdeführer als zutreffend zu bezeichnen. Die anderen Verfahrensbeteiligten unterliegen hinsichtlich des Inhalts der Revisionsgegenerklärung keiner Beschränkung. Strenge Sachlichkeit in der Stellungnahme zur Revision sollte schon mit Rücksicht auf den Charakter des Revisionsverfahrens oberstes Gebot sein; jede Art von Polemik ist fehl am Platze.

Die **Mitteilung der Gegenerklärung** an den Revisionsführer ist gesetzlich 541
zwar nicht vorgeschrieben. Der Grundsatz der Gewährung rechtlichen Gehörs (Art. 103 I GG) verlangt aber, daß die Gegenerklärung der Staatsanwaltschaft dem Angeklagten bzw. seinem Verteidiger zur Kenntnis gebracht wird.[91] Für den Fall, daß die Staatsanwaltschaft zu den erhobenen Revisionsrügen Ermittlungen angestellt, z.B. dienstliche Äußerungen eingeholt hat, ergibt sich diese Verpflichtung auch aus § 33 III.[92] Darüber hinaus ist aus Art. 103 I GG auch eine Mitteilungspflicht abzuleiten, soweit in der Revisionsgegenerklärung neue rechtliche Gesichtspunkte enthalten sind, die für die Entscheidung erheblich sein können. Bejaht man den Schutz vor Überra-

---

[89] Löwe/Rosenberg/Hanack § 347 Rdn 5; Kleinknecht/Meyer-Goßner § 347 Rdn 2.

[90] Zu den Folgen extrem verspäteter Zuleitung der Akten an das Revisionsgericht BGHSt 35, 137.

[91] So auch Nr. 162 III RiStBV.

[92] BVerfGE 7, 275 (278ff.) m. Anm. Peters JZ 1958, 422.

schungsentscheidungen als Gebot eines fairen Verfahrens (Art. 6 MRK) und des Art. 103 I GG, so hat der Beschwerdeführer einen Anspruch darauf, daß ihm auch potentiell erhebliche rechtliche Gesichtspunkte, die im Verfahren neu sind, zur Kenntnis gebracht werden.[93] In der Praxis ist die Mitteilung der Gegenerklärung inzwischen auch üblich geworden. Hat das Revisionsgericht das Rechtsmittel nach § 349 I oder II verworfen und dabei Verfahrenstatsachen und Beweisergebnisse aus der dem Beschwerdeführer unbekannt gebliebenen Gegenerklärung verwertet, so ist dieser auf die nachträgliche Stellungnahme gem. § 33a beschränkt – ein Verfahren mit erfahrungsgemäß geringen Erfolgsaussichten.

542 Die Mitteilung der Gegenerklärung kann für den Rechtsmittelführer Anlaß zu ergänzenden eigenen Ermittlungen zu den rügebegründenden Verfahrenstatsachen sein. Außerdem können weitere Ausführungen zur Revisionsbegründung angezeigt sein, mit denen zu den Ergebnissen des Freibeweisverfahrens (Rdn 492), z.B. dienstlichen Äußerungen, beweiswürdigend Stellung genommen wird. In diesem Verfahrensstadium wird nicht selten auch die Frage bedeutsam, ob die absolute Beweiskraft des Sitzungsprotokolls ausnahmsweise nicht gilt (Rdn 487) – ein ebenso schwieriges wie nicht selten prozeßentscheidendes Problem. Bei einer Revision des Angeklagten sollte die Stellungnahme an die Staatsanwaltschaft gerichtet werden, zumal sich die Akten zu dieser Zeit oft noch in deren Geschäftsbereich befinden (Nr. 162 IV, 163 RiStBV). Dem Rechtsmittelgegner ist die Erwiderung auf die Gegenerklärung aus den o.a. Gründen (Rdn 541) zur Kenntnis zu bringen.

C. Sachentscheidung durch Beschluß des Revisionsgerichts

I. Verwerfung als unbegründet nach § 349 Abs. 2

543 Das Revisionsgericht kann die Revision auch dann durch Beschluß verwerfen, wenn es sie **einstimmig** für **offensichtlich unbegründet** erachtet. Die Einrichtung der Beschlußverwerfung hat immer wieder Anlaß zu Kritik gegeben.[94] Sie wird aber letztlich aus dem praktischen Bedürfnis einer zügigen und effektiven Rechtspflege nicht zu entbehren sein. Durch das Antragserfordernis (§ 349 II) ist außerdem sichergestellt, daß vor dem Revisionsgericht

---

[93] Dazu BVerfG NJW 1978, 151 m. Bespr. Dahs NJW 1978, 140 sowie Dahs, Das rechtliche Gehör im Strafprozeß S. 110ff.; zust. Eb. Schmidt, Nachtr. § 347 Rdn 5; a.A. Kleinknecht/Meyer-Goßner § 347 Rdn 3 m.w.Nachw.

[94] Vgl. die eingehende Darstellung der Auseinandersetzung bei Sarstedt/Hamm Rdn 454ff. u. Eb. Schmidt, Nachtr. § 344 Rdn 1 und 2; Löwe/Rosenberg/Hanack § 349 Rdn 5f.; ferner Kruse, Die „offensichtlich" unbegründete Revision in Strafsachen, Diss. Göttingen 1980; v. Stackelberg, FS f. Dünnebier 365; F. Meyer StV 1984, 222; Dahs NStZ 1981, 205; Handbuch Rdn 866; Krehl GA 1987, 162.

bereits die **Staatsanwaltschaft** bei dem Revisionsgericht (Generalstaatsanwalt, Generalbundesanwalt) zu dem Ergebnis gekommen ist, daß das Rechtsmittel offensichtlich unbegründet ist und daß sie es außerdem für angezeigt erachtet, daß durch Beschluß entschieden wird. Nur die Übereinstimmung des Revisionsgerichts mit der Beurteilung der Staatsanwaltschaft eröffnet den Weg zur Entscheidung im schriftlichen Verfahren.

Der **Antrag** der Staatsanwaltschaft muß mit Gründen versehen sein und 544
dem Beschwerdeführer mitgeteilt werden. Dieser hat Gelegenheit zur schriftlichen **Gegenerklärung** binnen zwei Wochen. Einen Rechtsanspruch auf Übersendung der Akten in dieser Zeit hat der Verteidiger nicht. Eine Verlängerung der Frist ist nicht möglich.[95] Der Vorbehalt einer Stellungnahme hindert das Revisionsgericht nicht, nach Fristablauf binnen „angemessener Zeit" zu entscheiden.[96] Adressat der Gegenerklärung ist nach ausdrücklicher Gesetzesbestimmung das Revisionsgericht (§ 349 III 2).

Die Möglichkeit der Gegenerklärung gibt dem Revisionsführer Gelegen- 545
heit, sich mit der Beurteilung seines Rechtsmittels durch die Staatsanwaltschaft auseinanderzusetzen, evtl. seine Revisionsbegründung – soweit zulässig – zu ergänzen oder aber den Entschluß zu fassen, die Revision zurückzunehmen. Das Revisionsgericht hat unter Beachtung der Maxime der Gewährung rechtlichen Gehörs darüber zu entscheiden, ob es auf Grund der Gegenerklärung der Staatsanwaltschaft erneut Gelegenheit zur Äußerung gibt.[97]

Eine **Wiedereinsetzung** in den vorigen Stand gegen die Versäumung der 546
Zweiwochenfrist kommt nicht in Betracht. Hat das Revisionsgericht bei Eingang der (verspäteten) Erwiderung auf den Antrag nach § 349 III 1 noch nicht entschieden, muß es die Ausführungen zur Kenntnis nehmen und in die Entscheidung einbeziehen (Art. 103 I GG); die Frist des § 349 III 2 ist nach Gesetzeswortlaut und Rechtsnatur keine Ausschlußfrist. Ist die Revision bereits gemäß § 349 II verworfen, bevor die Stellungnahme des Revisionsführers eingeht, ist das Verfahren rechtskräftig abgeschlossen und deshalb für eine Wiedereinsetzung kein Raum;[98] ggfs. ist nach § 33a zu verfahren.[99] Hat das Revisionsgericht nach § 349 IV entschieden, fehlt es an einer Beschwer des Revisionsführers; ist Termin zur Hauptverhandlung bestimmt, bleibt weiteres Vorbringen eröffnet.

Die Revision ist dann **„offensichtlich unbegründet"**, wenn dem sachkundi- 547
gen Beurteiler, d.h. dem Revisionsrichter, nach vollständigem Sachvortrag ohne weiteres klar ist, welche Rechtsfragen vorliegen und wie sie zu beant-

---

95 BGH NStE § 349 Nr. 6; Kleinknecht/Meyer-Goßner § 349 Rdn 17.

96 BGH NStE § 349 Nr. 6; BGHSt 23, 102 (103).

97 Kleinknecht JZ 1965, 160; Eb. Schmidt Nachtr. § 349 Rdn 7.

98 BGHSt 17, 94; BGH GA 1980, 390; Löwe/Rosenberg/Hanack § 349 Rdn 29; KK-Pikart § 349 Rdn 48; Kleinknecht/Meyer-Goßner § 349 Rdn 25.

99 BVerfG NJW 1976, 1837; BGHR § 33a Satz 1 Anhörung 4; Löwe/Rosenberg/Hanack § 349 Rdn 30 m.Nachw.; KK-Pikart § 349 Rdn 49.

worten sind.[100] Es besteht eine gewisse Vermutung dafür, daß die Begründung des Beschlusses nach § 349 II sich mit der Rechtfertigung des Antrages der Staatsanwaltschaft deckt. Abweichungen werden nicht selten durch eine Begründung klargestellt, die gelegentlich überraschend umfangreich ist.

548 Ist die Revision nur teilweise offensichtlich unbegründet, so ist entweder Termin zur Hauptverhandlung zu bestimmen und durch Urteil zu entscheiden, auch wenn es sich um einen abtrennbaren Teil der Revision handelt, z. B. die Schuld- oder Straffrage,[101] oder es kann durch „kombinierten" Beschluß nach § 349 II und IV entschieden werden (Rdn 559).

549 Die Verwerfung der Revision der **Staatsanwaltschaft** durch Beschluß als offensichtlich unbegründet ist zulässig,[102] in der Praxis aber selten. Sie kommt z. B. in Betracht, wenn die Staatsanwaltschaft beim Revisionsgericht die Revision nicht vertritt, eine Rücknahme des Rechtsmittels durch die örtliche Staatsanwaltschaft und die Generalstaatsanwaltschaft abgelehnt und daraufhin die Verwerfung des Rechtsmittels beantragt wird.[103]

550 Die **Einstimmigkeit** bei der Entscheidung des Revisionsgerichts muß sich auf zwei Punke erstrecken, und zwar sowohl auf die Unbegründetheit der Revision als auch auf die Offensichtlichkeit. Die doppelte Einstimmigkeit ist schon wegen des Ausnahmecharakters der Vorschrift, die nur „mit großer Zurückhaltung" angewendet werden soll, unerläßlich. Wenn auch nur einer der beschließenden Richter das Rechtsmittel nicht für offensichtlich ungerechtfertigt hält, d. h. es letztlich nicht ausschließt, daß die Revision vielleicht zum Erfolg führen könnte, muß eine Hauptverhandlung stattfinden.

551 Es sollte auch nicht übersehen werden, daß § 349 II eine **Kannvorschrift** ist. *Sarstedt/Hamm*[104] heben zu Recht hervor, daß es vielfach eine Frage des Fingerspitzengefühls sein wird, ob von dem Institut der Beschlußverwerfung Gebrauch gemacht wird.

552 Eine **Berichtigung oder Ergänzung** des angefochtenen Urteils im Rahmen des Beschlusses nach § 349 II zugunsten des Angeklagten wird als zulässig angesehen.[105] In solchen Fällen wird die Revision als offensichtlich unbegründet verworfen, jedoch mit der Maßgabe, daß ein offensichtliches Versehen des

---

[100] Löwe/Rosenberg/Hanack § 349 Rdn 8ff.; Seibert DRZ 1948, 371; Peters JZ 1958, 436; Kleinknecht/Meyer-Goßner § 349 Rdn 10; zur Verfassungsmäßigkeit des § 349 II BVerfG NJW 1987, 2219.

[101] Str. wie hier Kleinknecht/Meyer-Goßner § 349 Rdn 21; Löwe/Rosenberg/Hanack § 349 Rdn 24; KMR-Paulus § 349 Rdn 10; Sarstedt JR 1967, 31; Eb. Schmidt Nachtr. § 349 Rdn 11; a. A. OLG Hamburg JR 1967, 31 m. abl. Anm. Sarstedt; KK-Pikart § 349 Rdn 33, der aber Entscheidung durch Urteil empfiehlt.

[102] BGHR § 349 Abs. 2 Verwerfung 1; BGH GA 1975, 333; Löwe/Rosenberg/Hanack § 349 Rdn 5; KK-Pikart § 349 Rdn 31; KMR-Paulus § 349 Rdn 9; Sarstedt/Hamm Rdn 472; Kleinknecht/Meyer-Goßner § 349 Rdn 8; a. A. Schlüchter 746.

[103] Sarstedt/Hamm Rdn 472; Amelunxen S. 75.

[104] Revision Rdn 495.

[105] Löwe/Rosenberg/Hanack § 349 Rdn 25; KMR-Paulus § 349 Rdn 24; Kleinknecht/Meyer-Goßner § 349 Rdn 22; a. A. Eb. Schmidt Nachtr. § 349 Rdn 11.

Instanzgerichtes bei der Fassung des Schuldspruches korrigiert wird, z.B. eine Teilfreisprechung, die das Instanzgericht übersehen hat, nachgeholt wird oder die Verurteilung wegen einer Einzeltat wegen Verjährung wegfällt.[106] Eine Ergänzung oder Berichtigung des Urteilsausspruches des Tatrichters soll aber auch **zuungunsten des Angeklagten** zulässig sein,[107] wenn nur ein offensichtliches Fassungsversehen des Tenors korrigiert wird.[108]

Der Beschluß nach § 349 II ist unanfechtbar, jedoch greift bei Versagung 553
des rechtlichen Gehörs § 33a ein.[109]

Die Frage, ob der die Revision als unbegründet verwerfende Beschluß nach 554
§ 349 II zurückgenommen werden kann, wenn er auf tatsächlich oder rechtlich fehlerhafter Grundlage beruht, wird vom BGH verneint.[110] Die Aufhebung einer die Rechtskraft herbeiführenden strafgerichtlichen Entscheidung wird im Interesse der Rechtssicherheit als nicht akzeptabel angesehen. Erweist sich eine solche Entscheidung als fehlerhaft, so kann sie nur im Wege des Wiederaufnahme- oder Gnadenverfahrens korrigiert werden.

II. Aufhebung des Urteils nach § 349 Abs. 4

Quasi als Gegenstück zur Beschlußverwerfung eröffnet § 349 IV dem Re- 555
visionsgericht die Möglichkeit, zugunsten des Angeklagten das angefochtene Urteil durch Beschluß aufzuheben.[111] Ein dahingehender Antrag der Staatsanwaltschaft ist für die Entscheidung nach § 349 IV nicht erforderlich. Die Revision muß (auch) nicht offensichtlich begründet sein. Notwendig ist indes die **Einstimmigkeit** der Beurteilung durch das Revisionsgericht. Es muß sich ferner um eine Revision handeln, die zugunsten des Angeklagten eingelegt ist. Diese Voraussetzung ist nur dann gegeben, wenn das Rechtsmittel vom Angeklagten selbst, seinem gesetzlichen Vertreter oder seinem Verteidiger eingelegt ist. Bei einer Revision der **Staatsanwaltschaft** ist nicht ausreichend, daß sie nach § 301 stets die Wirkung hat, daß auch zugunsten des Angeklagten entschieden werden kann; die Möglichkeit der Aufhebung durch Beschluß nach § 349 IV besteht nur dann, wenn die Revision der

---

[106] z.B. OLG Frankfurt B.v. 5.6. 1978 – 2 Ss 38/78 – unv. (Teilfreispruch und Änderung der Kostenentscheidung); weitere Beispiele bei KMR-Paulus § 349 Rdn 24.

[107] BGH NJW 1987, 1956; Kleinknecht/Meyer-Goßner § 349 Rdn 22; a.A. Eb. Schmidt Nachtr. § 349 Rdn 11; Kleinknecht/Meyer 39. Aufl. § 349 Rdn 24; Löwe/Rosenberg/Hanack § 349 Rdn 25.

[108] Zu problematischen Beschlußentscheidungen Dahs NStZ 1981, 205.

[109] BGH bei Holtz MDR 1976, 634; 1976, 511; BayObLG bei Bär DAR 1987, 311; vgl. aber BGHR § 349 Abs. 2 Beschluß 1.

[110] BGHSt 17, 94; ebenso OLG Hamburg MDR 1976, 511; als Ausnahme z.B. OLG Düsseldorf NStE § 349 Nr. 3 = MDR 1987, 1049 (Rücknahme der Revisionsentscheidung); Löwe/Rosenberg/Hanack § 349 Rdn 28; der bestimmte Ausnahmen zuläßt; ebenso Kleinknecht/Meyer-Goßner § 349 Rdn 24; Eb. Schmidt § 349 Rdn 15.

[111] In den letzten Jahren etwa 10% aller Revisionsentscheidungen.

Staatsanwaltschaft gem. § 296 II ausdrücklich zugunsten des Angeklagten eingelegt ist.[112]

556 Die Aufhebung durch Beschluß wird in der Praxis durchweg bei eindeutigen Fehlern, die den ganzen Urteilsbestand berühren, in Betracht kommen, z.B. bei Vorliegen absoluter Revisionsgründe,[113] aber auch bei gravierenden sachlich-rechtlichen Mängeln, z.B. wenn die Urteilsgründe allgemein oder in einem wesentlichen Punkt so dürftig sind, daß sie eine revisionsrechtliche Nachprüfung nicht erlauben oder sonst an einem zentralen Sachmangel leiden. Der Inhalt des Aufhebungsbeschlusses richtet sich nach §§ 353ff..[114] Die von *Eb. Schmidt* gegen die eigene Sachentscheidung des Revisionsgerichts im Beschlußwege erhobenen Bedenken,[115] die auch bei *Seibert*[116] anklingen, greifen nach Lage des Gesetzes nicht durch. In § 349 IV ist ebenso wie in § 353 I nur von der „Aufhebung" des angefochtenen Urteils die Rede; für die weitere Entscheidung des Revisionsgerichts sind folgerichtig in beiden Fällen die §§ 353ff. maßgebend. Eine gesetzliche Einschränkung, die eine Aufhebung durch Beschluß im Falle eigener Sachentscheidung (§ 354 I) ausschließt, besteht nicht. Das Beschlußverfahren ist in der Praxis akzeptiert und hat sich bewährt. Da § 349 IV eine **Kannvorschrift** ist, steht es zudem im Ermessen des Revisionsgerichts, bei Entscheidung nach § 354 I auch in den eindeutigen Fällen nur nach Hauptverhandlung zu entscheiden, was im Regelfall angemessen sein wird.

557 Eine **Begründung des Beschlusses** ist schon im Hinblick auf die Bindungswirkung des § 358 I geboten;[117] sie wird in der Praxis in der Regel kurz gehalten und beschränkt sich auf einen oder zwei der durchgreifenden Beschwerdepunkte; vielfach bleiben die Verfahrensrügen offen, weil die Sachrüge durchgreift (Rdn 571). Nur wenn das Revisionsgericht durchentscheidet, z.B. (zulässigerweise)[118] auf Freispruch erkennt, wird eine eingehende Begründung angemessen sein.

558 **Rücknahme** oder **Widerruf** des Beschlusses nach § 349 IV ist – ebenso wie beim Verwerfungsbeschluß nach § 349 II – nicht möglich.[119]

559 In der Praxis hat sich die **Kombination** zwischen **Teilverwerfung** und Teil-

---

[112] KMR-Paulus § 349 Rdn 28; Kleinknecht/Meyer-Goßner § 349 Rdn 8; a.M. BGH bei Dallinger MDR 1969, 904; KK-Pikart § 349 Rdn 37; Löwe/Rosenberg/Hanack § 349 Rdn 32.

[113] Seibert NJW 1966, 1064; KMR-Paulus § 349 Rdn 29.

[114] KMR-Paulus § 349 Rdn 31; Kleinknecht/Meyer-Goßner § 349 Rdn 31; Seibert NJW 1966, 1065, Ziff. 5; zweifelnd für § 349 Abs. 1 Eb. Schmidt Nachtr. § 349 Rdn 20.

[115] Eb. Schmidt Nachtr. § 349 Rdn 20.

[116] Seibert NJW 1966, 1065, Ziff. 5.

[117] Löwe/Rosenberg/Hanack § 349 Rdn 40; Kleinknecht/Meyer-Goßner § 349 Rdn 31 und allg. Praxis.

[118] KK-Pikart § 349 Rdn 40; Löwe/Rosenberg/Hanack § 349 Rdn 34 m.Nachw.

[119] KK-Pikart § 349 Rdn 47; KMR-Paulus § 349 Rdn 32; Eb. Schmidt Nachtr. § 349 Rdn 21.

aufhebung durch Beschluß durchgesetzt.[120] Voraussetzung ist, daß es sich um abtrennbare und isoliert zu beurteilende Teile des angefochtenen Urteils handelt und die Staatsanwaltschaft einen Antrag nach § 349 II, III stellt. Auch diese Modalität des Beschlußverfahrens hat sich in der Praxis bewährt.

2. Kapitel
Die Revisionshauptverhandlung

A. Vorbereitung und Verhandlungsgang

Lit.: *Fezer,* Grenzen der Beweiserhebung durch das Revisionsgericht, Hanack-Symp., S. 89; *Hanack,* Die Verteidigung vor dem Revisionsgericht, FS Dünnebier, S. 301; *Pfeiffer,* Grundzüge des Strafverfahrensrechts, 2. Aufl., 1993; *Sieg,* Eigene Beweiserhebung durch das Revisionsgericht, NJW 1983, 2014.

Die Hauptverhandlung vor dem Revisionsgericht folgt völlig anderen Ge- 560
setzen als die tatrichterliche Hauptverhandlung.[1] Das wirkt sich schon in der Vorbereitung aus. Weder der Angeklagte noch der Verteidiger werden geladen. Ihnen ist der Termin zur Hauptverhandlung nur formlos „mitzuteilen" (§ 350 I). Zum Erscheinen ist der Angeklagte nicht verpflichtet (§ 350 II 1). Der nicht auf freiem Fuß befindliche Angeklagte hat auf Anwesenheit nicht einmal Anspruch (§ 350 II 2). Die Beiordnung eines Pflichtverteidigers in der Vorinstanz erstreckt sich nicht auf die Hauptverhandlung in der Revisionsinstanz (Rdn 18). Allerdings muß dem nicht auf freiem Fuß befindlichen Angeklagten ein Verteidiger beigeordnet werden (§ 350 III), ohne dessen Anwesenheit die Revisionshauptverhandlung dann auch nicht durchgeführt werden darf; bei Verspätung muß ggfs. gewartet werden.[2]

Überhaupt ist die in der Vergangenheit sehr restriktive Rechtsprechung zur **notwendigen Verteidigung** vor dem Revisionsgericht in Bewegung geraten. Das Bundesverfassungsgericht erachtet die Bestellung eines Verteidigers für die Revisionshauptverhandlung in schwerwiegenden Fällen für notwendig, wenn der Angeklagte die Kosten eines Wahlverteidigers nicht aufbringen kann.[3] Nach dem Urteil des Europ. Gerichtshofs für Menschenrechte vom 25. 4. 1983 hat der Angeklagte nach Art. 6 IIIc MRK Anspruch auf unentgeltliche Beiordnung eines Verteidigers, wenn dies im Interesse der Rechtspflege erforderlich ist und er nicht über die erforderlichen Mittel zur Beauf-

[120] Kleinknecht/Meyer-Goßner § 349 Rdn 32; Löwe/Rosenberg/Hanack § 349 Rdn 38; KK-Pikart § 349 Rdn 38.

[1] Dazu umfassend Hanack FS Dünnebier S. 301 ff.

[2] BVerfG NStZ 1984, 82 m. Anm. Pikart.

[3] BVerfGE 46, 202 = NJW 1978, 151; dazu Dahs NJW 1978, 140; Hanack FS Dünnebier S. 316 ff.; grundsätzlich für notwendige Verteidigung OLG Oldenburg AnwBl 1981, 119; zum ganzen Kleinknecht/Meyer-Goßner § 350 Rdn 7 ff. m. Nachw.

tragung eines gewählten Verteidigers verfügt.[4] Zuständig für die Verteidigerbestellung ist der Vorsitzende des Revisionsgerichts.[5] Die **Praxis** ist zwar unterschiedlich, tendiert aber zunehmend dahin, bei schwierigeren revisionsrechtlichen Fragen notwendige Verteidigung zu bejahen.[6]

561 Wird der Revisionstermin vom Beschwerdeführer versäumt, ist eine **Wiedereinsetzung** in den vorigen Stand nicht vorgesehen (anders als in der Vorinstanz: §§ 235, 315, 329 III).[7] Das kann aber nur gelten, wenn die Terminsmitteilung nach § 350 I ordnungsmäßig und rechtzeitig erfolgt war, da sonst das rechtliche Gehör (Rdn 111ff.) nicht gewährleistet ist.[8] Aus der gleichen Erwägung heraus darf bei Verhandlungsunfähigkeit des Angeklagten nicht gegen seinen Willen verhandelt werden.[9] Es überzeugt demgegenüber nicht, daß grundsätzlich auch in Abwesenheit eines Angeklagten verhandelt werden darf (§ 350).

562 Die Frage nach einer Wiedereinsetzung in den vorigen Stand bei notwendiger Verteidigung i.S. der Rspr. des BVerfG und des EuGMR[10] kann sich eigentlich nicht stellen, weil in Abwesenheit des Verteidigers nicht verhandelt werden darf.[11] Erscheint der Wahlverteidiger zur Hauptverhandlung nicht, so muß das Revisionsgericht prüfen, ob die Mitwirkung eines Verteidigers notwendig ist;[12] bejahendenfalls muß die Verhandlung vertagt und ein Verteidiger bestellt werden. Beim „nicht notwendigen" Wahlverteidiger besteht kein Anspruch auf Wiedereinsetzung, wenn er die Revisionshauptverhandlung versäumt.

563 Der Anspruch auf das **rechtliche Gehör** spielt auch in anderer Hinsicht eine Rolle. So ist zwar keine Ladungsfrist vorgeschrieben. Wenn aber vor oder nach Mitteilung gem. § 350 I Erklärungen eingegangen sind (Gegenerklärungen oder rechtliche Ausführungen des Revisionsgegners – Rdn 538), muß so viel Zeit gewährt werden, daß eine Stellungnahme möglich ist. Anderenfalls

---

[4] EuGMR NStZ 1983, 373 m. Anm. Stöcker.

[5] BGHSt 19, 258 (261).

[6] In diesem Sinne wohl auch Pfeiffer, Grundzüge, Rdn 161.

[7] BGH bei Dallinger MDR 1975, 25; vgl. aber auch BVerfG NStZ 1984, 82; Kleinknecht/Meyer-Goßner § 350 Rdn 11.

[8] OLG Celle HESt 3, 79; OLG Koblenz MDR 1970, 66; KMR-Paulus § 350 Rdn 8; Löwe/Rosenberg/Hanack § 350 Rdn 14f.; a.A. Kleinknecht/Meyer-Goßner § 350 Rdn 11; KK-Pikart § 350 Rdn 10.

[9] Vgl. BVerfGE 46, 202 = NJW 1978, 151; dazu Dahs NJW 1978, 140; Hanack FS Dünnebier S. 316ff.; grundsätzlich für notwendige Verteidigung OLG Oldenburg AnwBl 1981, 119; zum Ganzen Kleinknecht/Meyer-Goßner § 350 Rdn 7ff. m. Nachw.; EuGMR NStZ 1983, 373 m. Anm. Stöcker.

[10] BVerfG NStZ 1984, 82 m. Anm. Pikart.

[11] BVerfGE 46, 202 = NJW 1978, 151; dazu Dahs NJW 1978, 140; Hanack FS Dünnebier S. 316ff.; grundsätzlich für notwendige Verteidigung OLG Oldenburg AnwBl 1981, 119; zum Ganzen Kleinknecht/Meyer-Goßner § 350 Rdn 7ff. m. Nachw.; EuGMR NStZ 1983, 373 m. Anm. Stöcker.

[12] So auch KMR-Paulus § 350 Rdn 8.

ist eine Verfassungsbeschwerde berechtigt (Rdn 111).[13] Wird der Termin in Abwesenheit von Angeklagtem und Verteidiger vertagt, so muß die Benachrichtigung wiederholt werden, sofern es sich nicht nur um die Urteilsverkündung handelt.[14] Der Mitteilung sollte der Hinweis beigefügt werden, daß auch bei Ausbleiben entschieden werden kann.[15]

Die Wahrnehmung der Anwesenheitsrechte von Angeklagten und Vertei- 564
digern ist im übrigen auch eine Frage der Opportunität, die verschiedenartige Aspekte hat und vom Revisionsführer nicht vernachlässigt werden sollte.[16]

Den **Gang der Hauptverhandlung** bestimmt § 351. Den vorgesehenen Vor- 565
trag des Berichterstatters kann auch der Vorsitzende übernehmen. Der Vortrag muß die Mitglieder des Gerichts über alles Wesentliche vollständig ins Bild setzen.[17] Er kann allerdings – abgesehen von Erörterung der Revisionsformalitäten – abgekürzt werden oder ganz wegfallen, wenn die Sache (d.h. mindestens das angefochtene Urteil, die Revisionsbegründung sowie evtl. weitere Äußerungen) allen Mitgliedern des Senats im **Rundlaufverfahren** bekanntgegeben worden ist. Der Bericht erstreckt sich auch auf die wesentlichen Teile des Sitzungsprotokolls sowie auf die Ergebnisse des Freibeweisverfahrens (Rdn 484ff., 492).

Nach dem Vortrag erhält zunächst der **Beschwerdeführer** das Wort. Prak- 566
tisch wird er in seinem Vortrag insoweit eingeschränkt sein, als der Berichterstatter die Verfahrensrügen und die zugehörigen Verfahrenstatsachen bereits vorgetragen hat, während die Begründung der Sachrüge meist dem Revisionsführer selbst vorbehalten bleibt. Der Vortrag von Verfahrensrügen ist auch insoweit begrenzt als ihre vorherige form- und fristgerechte Begründung vorausgesetzt ist (§§ 344, 352 I) (Rdn 463ff.).

Da hiernach die Verfahrensrügen schon vor der eigentlichen Hauptver- 567
handlung abschließend geprüft werden konnten und die Sachrüge nichts anderes als die richtige Anwendung des dem Revisionsgericht offenliegenden materiellen Rechts bewirken kann, drängt sich die Frage nach der Effektivität der Revisionsverhandlung auf. In der Tat geht diese ziemlich häufig ins Leere, was nicht zuletzt auch mit der oft geringen Vertrautheit mancher Verfahrensbeteiligten mit dem Revisionsrecht zusammenhängt.[18] In anderen Fällen wird aber die Hauptverhandlung neue Gesichtspunkte und Argumente liefern, die zu einer fruchtbaren Auseinandsetzung sachorientierter Disputanten um das Recht werden kann. Es kommt vor, daß die Verfahrensbeteiligten zur Vorbereitung der Hauptverhandlung schriftliche Hinweise des Senats auf besonders

---

13 In der Tendenz wohl so BVerfG JZ 1978, 21; auch Löwe/Rosenberg/Hanack § 350 Rdn 5.

14 Löwe/Rosenberg/Hanack § 350 Rdn 4.

15 Löwe/Rosenberg/Hanack § 350 Rdn 3.

16 Vgl. i.e. Hanack FS Dünnebier S. 306ff.; Dahs, Handbuch Rdn 868f.

17 Löwe/Rosenberg/Hanack § 351 Rdn 3.

18 Vgl. Hanack FS Dünnebier S. 307f.; Dahs, Handbuch Rdn 773, 775; Sarstedt/Hamm Rdn 482ff.

erörterungsbedürftige Rechtsfragen, bestimmte höchstrichterliche Entscheidungen oder andere Publikationen erhalten. Zu Beginn der Hauptverhandlung werden nicht selten Hinweise erteilt oder (in umfangreichen Sachen) sogar ein gegliederter Fragenkatalog verteilt. Darauf kann nur bei völliger Beherrschung der Materie qualifiziert reagiert werden. Die Mitteilung vorläufiger Beratungsergebnisse oder Voten, die Unbefangenheit und Schwung der Verhandlung empfindlich lähmen können, unterbleibt im allgemeinen.[19] Andererseits sollte in geeigneten Fällen auf jüngste Entscheidungen des Senats oder anderer Senate hingewiesen werden, wenn diese die Rechtslage maßgeblich beeinflussen und den Beteiligten (noch) nicht bekannt sein können.

568 Hier in der Revisionshauptverhandlung, in der nur über Rechtsfragen verhandelt wird, ist das **Rechtsgespräch** die gegebene Form der Gewährung rechtlichen Gehörs (Art. 103 I GG – Rdn 111ff.). Es hat in die Praxis der Revisionsgerichte auch weitgehend Eingang gefunden.[20] In vielen Fällen erhält der Verteidiger in der Revisionshauptverhandlung auch mündliche Hinweise, die ihm verdeutlichen, welche Rechtsfragen das Revisionsgericht als wesentlich ansieht, z.B. er möge das Gewicht seines Plädoyers auf die Sachrüge legen, der Senat weise auf diese oder jene (evtl. auch unveröffentlichte) Entscheidung hin (die der Berichterstatter auszugsweise verliest), der Senat habe z.B. gegen die Aufklärungsrüge ein bestimmtes Bedenken usw. Häufig beteiligen sich am Rechtsgespräch nicht nur der Vorsitzende und der Berichterstatter, sondern alle Mitglieder des Senats. Es spricht vieles dafür, daß die Revisionsgerichte in größerem Umfang Rechtsgespräche führen würden, hätten sie nicht allzuoft die Erfahrung gemacht, daß ihre Versuche nicht zu einer für die Rechtsfindung fruchtbaren Rede und Gegenrede führen, sondern es beim richterlichen Monolog bleibt.

569 Eine **Beweisaufnahme** als Teil der Hauptverhandlung ist in § 351 nicht genannt. Sie ist auch für die Umstände zur Schuld- und Straffrage wegen der Bindung des Revisionsgerichts an die Tatsachenfeststellungen (Rdn 392) nicht möglich. Auch soweit eine Tatsache durch die absolute Beweiskraft des Sitzungsprotokolls (§ 274 – Rdn 487) feststeht oder ausgeschlossen ist, kann keine Beweiserhebung in Betracht kommen. Im übrigen ist sie aber über Prozeßtatsachen im Rahmen zulässigen Freibeweises (Rdn 492) durchaus möglich, soweit eine solche nicht schon vor der Hauptverhandlung veranlaßt worden ist.[21] Dabei kann es um die Feststellung von Verfahrenshindernissen oder um die Nachprüfung von Verfahrensrügen gehen. Als Verteidiger wünscht man sich oft die Gelegenheit, den Verfasser einer dienstlichen Äußerung als Zeugen vor dem Revisionsgericht inquirieren zu können; leider führen derartige Anträge selten oder nie zum Ziel. Daß bei der Beweisaufnah-

[19] Dahs, Handbuch Rdn 873.

[20] Pfeiffer, Grundzüge, Rdn 161; Dahs, Rechtliches Gehör S. 26 Fn 4; Handbuch Rdn 875; jedoch soll sich aus Art. 103 I GG keine Frage- und Aufklärungspflicht hinsichtlich der Rechtsansicht des Gerichts ergeben, vgl. BVerfG MDR 1987, 290.

[21] Für die Rüge der Verletzung des § 267 II Sieg NJW 1983, 2014.

me für die Verfahrenshindernisse der Grundsatz in dubio pro reo gilt, bei Verfahrensrügen aber der volle Beweis geführt werden muß, ist an anderer Stelle ausgeführt (Rdn 485).

Der Angeklagte hat das **letzte Wort** (§ 351 II 2), wenn er anwesend ist, 570 während die Bestimmung der Reihenfolge in § 351 II 1 nur als bloße Ordnungsvorschrift gilt.[22]

B. Umfang der Prüfung und Konkurrenz von Revisionsrügen

Das Revisionsgericht prüft für seine Entscheidung das angefochtene Urteil 571 in dem durch § 352 bestimmten **Umfang** nach Maßgabe der Revisionsanträge nach. Vorab aber ist die Zulässigkeit erneut zu prüfen (Rdn 514ff.). Wird sie verneint, wird die Revision durch Urteil verworfen. Ferner sind vor der Beurteilung der Revisionsanträge bei zulässiger Revision, wie in jeder Verfahrenslage, die Prozeßhindernisse zu prüfen, auch wenn sie nicht geltend gemacht sind (Rdn 144, 462, 513, 515).[23]

Nur wenn die Sache freispruchreif ist, hat dieser ohne Berücksichtigung 572 des Verfahrenshindernisses zu erfolgen (Rdn 574).

Über die **Revisionsanträge** hat das Revisionsgericht im Rahmen und unter 573 den Voraussetzungen des § 344 zu entscheiden, die für Sachrüge (Rdn 503) und Verfahrensrügen verschieden und oben bereits dargestellt sind. Namentlich müssen verfahrensrechtliche Tatsachen **voll bewiesen** sein (Rdn 463, 484ff.).

Dem Revisionsgericht obliegt wegen seiner Bindung an die Tatsachenfeststellungen nur die rein rechtliche Prüfung, ob eine Rechtsnorm verletzt ist (§ 337), wobei auch Ermessensentscheidungen unter Kontrolle kommen können (Rdn 88).

Sind mehrere **konkurrierende Revisionsrügen** erhoben, ist die **Reihenfolge** 574 wichtig. Man hat lange nach dem allgemeinen Grundsatz judiziert, daß die prozessuale Zulässigkeit logisch der materiell-rechtlichen Sachprüfung vorauszugehen habe. Das führt aber zu prozeßökonomisch unerwünschten Ergebnissen. So könnte das Revisionsgericht einen Angeklagten weder freisprechen noch das Urteil aus durchgreifenden sachlich-rechtlichen Gründen aufheben, solange ein Prozeßhindernis oder eine durchschlagende Verfahrensrüge (etwa Verletzung des Öffentlichkeitsgrundsatzes – Rdn 196) eine solche Entscheidung blockiert. Rechtsprechung und Schrifttum haben deshalb den **Vorrang des weitestreichenden Revisionsgrundes** anerkannt.[24] Das bedeutet,

---

[22] RGSt 64, 133; Kleinknecht/Meyer-Goßner § 351 Rdn 4; KMR-Paulus § 351 Rdn 5.

[23] BGHSt 22, 213; Kleinknecht/Meyer-Goßner § 352 Rdn 2.

[24] Vgl. BGHSt 17, 253; 13, 268 (273); Kleinknecht/Meyer-Goßner § 352 Rdn 9; Löwe/Rosenberg/Hanack § 352 Rdn 12; KK-Pikart § 352 Rdn 19ff.; Sarstedt FS Hell-

daß Verfahrenshindernisse und Verfahrensrügen nicht zu prüfen sind, wenn dem Revisionsgericht ein Freispruch unmittelbar möglich ist. Auch sonst hat eine durchgreifende Sachrüge stets Vorrang vor Verfahrensrügen. Schlagen mehrere Rügen durch, hat diejenige Entscheidung den Vorzug, die das Verfahren der Enderledigung am nächsten bringt. Beruht das Urteil z.B. auf Beweisergebnissen, die nicht verwertet werden durften (§ 261) und ist deshalb das Urteil aufzuheben, sind andere Verfahrensrügen nicht mehr zu prüfen.

575 Die dargestellte Praxis der Revisionsgerichte befreit im übrigen den Verteidiger aus dem gefährlichen Dilemma, entweder um der Sachrüge willen auf durchgreifende prozessuale Rügen zu verzichten oder durch die Aufrechterhaltung den Weg zur sachlich-rechtlichen Entscheidung zu verbauen.[25]

576 Es fördert auch den Verhandlungsgang, wenn bei Konkurrenz von Revisionsrügen der Vorsitzende zu Beginn der Revisionsverhandlung eine Beschränkung auf die dem Senat zunächst als wesentlich erscheinende Rüge(n) anregt, um einem Auseinanderlaufen der Argumentationen entgegenzuwirken. Es kann dabei aus dem Gesichtspunkt der Fürsorgepflicht angezeigt sein, auf gewisse Gefahren für den Angeklagten hinzuweisen (Rdn 581).

---

muth Meyer, 529ff.; Eb. Schmidt JZ 1962, 155ff.; Jagusch NJW 1962, 1417ff.; Roesen NJW 1960, 1096.

[25] Vgl. Dahs, Handbuch Rdn 864.

Teil 7: Das Revisionsurteil

Lit.: *Dahs,* Bestehenbleibende Feststellungen (§ 353 Abs. 2 StPO) – und ihre Probleme, Hanack-Symp., S. 143; *Geis,* Mordverurteilung durch das Revisionsgericht, NJW 1990, 2735; *Gössel,* Über die Folgen der Aufhebung von Berufungsurteilen in der Revisionsinstanz, JR 1982, 270; *Hanack,* Aufhebung hessischer strafgerichtlicher Urteile durch den Bundesgerichtshof, 1986; *ders.*, Zum Verfahrensausgang nach erfolgreicher Revision. Bericht über eine rechtstatsächliche Untersuchung, FS Tröndle, S. 495; *Meyer-Goßner,* Nachholung fehlender Entscheidung durch das Rechtsmittelgericht?, JR 1985, 452; *Oberrath,* Die Probleme des § 357 StPO, 1992; *Peters,* Schuldspruch durch das Revisionsgericht bei Freispruch in der Tatsacheninstanz, in Strafrechtspflege und Menschlichkeit, 1988, S. 413; *Rieß,* Hinweise an den Tatrichter bei Zurückverweisung durch das Revisionsgericht, Hanack-Symp., S. 117.

A. Verwerfung der Revision

Sie ist geboten, wenn die Revision sich als unzulässig oder unbegründet 577
erweist. Sie ist allerdings nicht möglich, wenn wegen eines Verfahrenshindernisses einzustellen ist. Die Verwerfung kann sich auf einen Teil des Rechtsmittels beschränken. Bei Verwerfung der Revision wird die vom Verurteilten bis zur Rechtskraft erlittene Untersuchungshaft grundsätzlich angerechnet. Im einzelnen wird hierzu auf § 51 StGB, § 450 StPO, Nr. 138 VII RiStBV verwiesen.

B. Berichtigung des Urteilsausspruches

Trotz Verwerfung einer Revision kann in engen Grenzen eine **Berichtigung** 578
oder **Ergänzung** des **Urteilstenors** zulässig sein, um eine Urteilsaufhebung mit Zurückverweisung und Neuverhandlung der Sache (§ 354 – Rdn 592) zu vermeiden. So können zunächst offensichtliche Mängel der Urteilsformel korrigiert werden,[1] wenn nach den Urteilsgründen Grund und Umfang der Verurteilung klar, im Tenor aber irrig falsch bezeichnet sind.[2] Das kann auch bei der Berechnung der Strafe vorkommen[3] oder wenn der Tatrichter die Voraussetzungen für die Strafaussetzung zur Bewährung versehentlich nicht geprüft hat und das Revisionsgericht die Mindeststrafe mit der Staatsanwaltschaft für

[1] Kleinknecht/Meyer-Goßner § 354 Rdn 33; KK-Pikart § 354 Rdn 20; Blaese/Wielop Rdn 25e.

[2] BGHSt 5, 5; Löwe/Rosenberg/Hanack § 354 Rdn 47ff.; Kleinknecht/Meyer-Goßner § 354 Rdn 33.

[3] RGSt 57, 424 (429).

ausreichend hält.[4] Es kann auch möglich sein, in klar liegenden Fällen Teile eines nach dem Urteilsinhalt zweifelsfrei falschen Schuldspruchs oder Strafausspruchs zu streichen, ggfs. auch einen Teilfreispruch (mit entsprechender Kostenentscheidung) nachzuholen,[5] die Revision im übrigen aber zu verwerfen.[6]

579 Berichtigungen oder Ergänzungen sind aber bei Revisionsverwerfung immer nur zulässig, wenn sie keine sachliche Änderung der Entscheidung bedeuten, so wenn ein inhaltlich richtiger Tenor nur unklar oder unvollständig ist.[7] Die Grenze wird da überschritten, wo ein eigener Entscheidungsakt des Revisionsgerichts vollzogen würde, der über eine äußerliche Mängelbeseitigung hinaus in den dem Tatrichter vorbehaltenen Bereich eingreifen würde. Hier kann nur eine Urteilsaufhebung in Betracht kommen.

C. Aufhebung des Urteils

I. Schuldspruch, Strafausspruch, Tatsachenfeststellungen

580 Die **Urteilaufhebung** ist das Ziel einer jeden Revision und notwendiger Gegenstand des Revisionsantrages (Rdn 67). „Das Urteil ist aufzuheben, soweit die Revision für begründet erachtet wird" (§ 353 I). Die Aufhebung kann den Schuldspruch oder den Strafausspruch betreffen. Im letztgenannten Falle wird die weitergehende Revision verworfen. Der Schuldspruch erwächst in Rechtskraft. Die Aufhebung kann sich auf einen Teil der Entscheidung mit entsprechender Teilrechtskraft des verworfenen Teils beschränken. Bei der fortgesetzten Handlung gefährdet der Erfolg des Revisionsangriffes gegen Einzelhandlungen grundsätzlich nicht den Bestand des Schuld-, sondern des Strafausspruches. Ist bei Gesamtstrafe eine Einzelstrafe mit Erfolg angegriffen, so bleiben die übrigen davon unberührt. Es kann aber die Gesamtaufhebung geboten sein, wenn der Fehler auch die anderen Strafen beeinflußt haben kann.[8] Eine Aufhebung erübrigt sich, wenn der Angeklagte allein Revision eingelegt hat und ihn das Urteil nicht beschwert, z.B. wenn zu seinen Gunsten fälschlich Tateinheit statt Tatmehrheit angenommen ist oder er nur wegen Beihilfe statt wegen Täterschaft bestraft worden ist. Hier würde das **Verbot der Schlechterstellung** (§ 331, 358 II – Rdn 596) eine höhere Bestrafung ohnehin ausschließen.

---

[4] BGH NJW 1953, 1838f.

[5] BGH NJW 1951, 726.

[6] Löwe/Rosenberg/Hanack § 353 Rdn 1; weitere Beispiele bei Blaese/Wielop Rdn 25e.

[7] BGHSt 5, 5; 3, 245; RGSt 54, 205, 290; Löwe/Rosenberg/Hanack § 354 Rdn 58.

[8] BGHSt 3, 277 (280); BGH B.v. 25. 9. 1991 – 2 StR 373/91 – unv.; Löwe/Rosenberg/Hanack § 353 Rdn 14.

Das Revisionsgericht ist nicht verpflichtet, wohl aber berechtigt, den Schuldspruch zum Nachteil des Angeklagten zu berichtigen.[9] Diese negative Folgewirkung der eigenen Revision belastet den Angeklagten mit einer eventuell schweren Entscheidung. War er z. B. in der Vorinstanz nur wegen Beleidigung sexueller Art (§ 185 StGB) zu einer kleinen Geldstrafe verurteilt, nimmt aber das nun von ihm angerufene Revisionsgericht eine versuchte Vergewaltigung (§ 177 StGB) an, so kann bei gleichbleibender Strafe das Urteil doch zu schwerwiegenden, z. B. disziplinarischen Konsequenzen führen. Solcher Konsequenz entgeht der Angeklagte nur, wenn er seine Revision auf das Strafmaß beschränkt.[10] *Kleinknecht* nimmt mit Recht eine dahingehende Hinweispflicht des Gerichts[11] aus dem Gesichtspunkt der Fürsorgepflicht an. 581

Bei **mehreren Revisionen** betrifft die Aufhebung des Urteils im Prinzip nur denjenigen Beteiligten, der die erfolgreiche Revision eingelegt hat. Das gilt uneingeschränkt jedenfalls für die Verfahrensrügen (zur Erstreckung der Aufhebung auf Mitangeklagte vgl. Rdn 595). Haben mehrere das Rechtsmittel eingelegt, wird jede Revision so behandelt als wäre sie als einzige eingelegt. Das hat zur Folge, daß z. B. über die Revision der Staatsanwaltschaft nach Durchführung einer Hauptverhandlung, über die Revision des Angeklagten dagegen im Beschlußverfahren nach § 349 II entschieden werden kann.[12] So kann bei gleicher Sach- und Verfahrenslage die eine Revision vollen Erfolg haben, die andere hingegen ganz oder teilweise als unzulässig oder unbegründet verworfen werden, weil sie nicht richtig angebracht oder ungerechtfertigt ist oder ein durchgreifender Verfahrensfehler überhaupt übersehen worden ist. Der entsprechende Prozeßnachteil betrifft erst recht denjenigen, der das Urteil ganz oder teilweise hat rechtskräftig werden lassen. 582

Diese aus dem Wesen der Revision (Rdn 1 ff.) resultierenden Konsequenzen sind nach dem geltenden Recht zur Zeit unabweisbar.

Die Aufhebung des Urteils erfaßt auch die tatsächlichen Feststellungen, soweit sie durch die zur Aufhebung führenden Gesetzesverletzungen betroffen werden (§ 353 II),[13] und zwar unabhängig von einem entsprechenden Antrag des Revisionsführers von Amts wegen. Ist das materielle Recht fehlerhaft auf den angenommenen Sachverhalt angewendet, so zwingt die regelmäßig enge Verknüpfung der falschen Rechtsansicht ebenso wie die Notwendigkeit von Ergänzungen zur Aufhebung auch der Tatsachenfeststellungen.[14] Sie 583

---

[9] BGHSt 37, 5 (8); BGH bei Pfeiffer/Miebach NStZ 1986, 205; Jagusch NJW 1962, 1419 f.

[10] Kleinknecht/Meyer-Goßner § 331 Rdn 8 f.; Kleinknecht JZ 1955, 511.

[11] Kleinknecht [35] Einl. Rdn 152 ff.

[12] BGHR § 351 Hauptverhandlung 1.

[13] Vgl. hierzu Seibert NJW 1958, 1076; Dahs Hanack-Symp. (1991) S. 143.

[14] BGHSt 14, 249; 14, 30 (34); BayObLG NJW 1961, 742; Löwe/Rosenberg/Hanack § 353 Rdn 21; nach Kleinknecht/Meyer-Goßner § 353 Rdn 15 gilt hingegen der Grundsatz „tunlichster Aufrechterhaltung".

kann und soll andererseits unterbleiben, wenn die Aufhebung die Tatsachenfeststellungen überhaupt nicht berührt, z. B. wenn ein eindeutiger Sachverhalt rechtsirrig als Totschlag statt als Mord gewertet ist (vgl. zu diesem Fall Rdn 587). Hinsichtlich der Feststellungen ist auch eine Teilaufhebung möglich. Ist etwa ein Revisionsangriff nur hinsichtlich der Schuldunfähigkeit von Erfolg, so können die Tatsachenfeststellungen zum äußeren Tathergang aufrechterhalten werden.[15] Gleiches gilt für die unzutreffende Annahme eines Gesamtvorsatzes.[16] Wird wegen eines Verfahrensverstoßes aufgehoben, wird im Einzelfall die Auswirkung auf die Tatsachenfeststellungen zu prüfen sein (Rdn 584).[17]

584 Für die **Tatsacheninstanz** ist die Regel des § 353 II von besonderer Bedeutung. Soweit die Feststellungen nicht aufgehoben werden, ist der neue (§ 354 II) Tatrichter gebunden[18] und kann auf die rechtskräftigen inhaltsgleichen Feststellungen Bezug nehmen.[19] Soweit sie jedoch aufgehoben worden sind, ist jede Bezugnahme unzulässig.[20] Er darf keine abweichende Feststellungen treffen[21] und ergänzende nur, soweit sie keinen Widerspruch darstellen.[22] Daraus können sich vielfältige Probleme ergeben,[23] die die Empfehlung nahelegen, von der teilweisen Aufrechterhaltung von Feststellungen bei Aufhebung des Urteils nur äußerst zurückhaltend Gebrauch zu machen.[24]

585 Wird das Urteil im Strafausspruch aufgehoben, so gilt hinsichtlich der Feststellungen auch § 353 II. Es kann aber sein, daß die den Strafausspruch betreffenden Tatsachenfeststellungen zugleich für den Schuldspruch Bedeutung haben. Nimmt dieser an der Aufhebung nicht teil, bleiben die ihn tragenden Feststellungen bindend.[25]

II. Entscheidung in der Sache selbst

586 Dazu ist das Revisionsgericht unter bestimmten Voraussetzungen in der Lage. Da es die **Prozeßvoraussetzungen** von Amts wegen nachzuprüfen hat, kann in erster Linie die **Einstellung** des Verfahrens als eigene Entscheidung des Revisionsgerichts in Betracht kommen. Die Einzelheiten hierzu sind an anderen Stellen dargelegt (Rdn 94ff., 231, 235). Es muß beachtet werden, daß

---

[15] BGH bei Holtz MDR 1990, 95; Kleinknecht/Meyer-Goßner § 353 Rdn 15.
[16] BGH wistra 1990, 146.
[17] Vgl. Löwe/Rosenberg/Hanack § 353 Rdn 20.
[18] BGH NJW 1982, 1295; Kleinknecht/Meyer-Goßner § 353 Rdn 17ff.
[19] BGH NStZ 1982, 589.
[20] BGH MDR 1977, 510; BGH GA 1977, 366.
[21] BGHSt 28, 119 (121).
[22] Z. B. BGHSt 10, 333.
[23] Zu den Einzelheiten und Problemen Dahs Hanack-Symp. (1991) S. 150ff.
[24] Löwe/Rosenberg/Hanack § 353 Rdn 21.
[25] BGH NStZ 1988, 88; BGH bei Miebach NStZ 1988, 214; BGH bei Holtz MDR 1988, 102; BGHR § 353 Abs. 2 Teilrechtskraft 11.

die Einstellung einer entscheidungsreifen Sache zu unterbleiben hat, wenn der **Freispruch** ohne weiteres möglich ist. Das folgt aus dem Grundsatz des weitestreichenden Revisionsgrundes (Rdn 574).[26]

Auch eine Einstellung nach § 153 wegen **geringen Verschuldens** in der Revisionsinstanz ist möglich und erfolgt hier nach Zustimmung der Staatsanwaltschaft durch Beschluß (auch in der Hauptverhandlung). Das Revisionsgericht muß dabei aber von den festgestellten Tatsachen ausgehen, soweit es daran gebunden ist.[27] Diese Feststellungen müssen zur erschöpfenden Prüfung ausreichen.[28] Ebenfalls noch in der Revisionsinstanz möglich sind die **Teileinstellungen** bei **Mehrfachtätern** (§ 154)[29] und die **Beschränkung** des **Verfahrensgegenstandes** (§ 154 a)[30] und der Rechtsfolgen (§ 430);[31] nicht anders liegt es im Falle des § 154 b IV (**Auslieferung**).

Die Entscheidung in der Sache selbst bei Aufhebung des mit der Revision 587
angefochtenen Urteils kann auf **Freisprechung, Verurteilung** oder **Berichtigung** des Schuld- oder Strafausspruches lauten. Voraussetzung ist immer, daß die Entscheidung ohne weitere Tatsachenerörterungen, die dem Tatrichter vorbehalten sind, möglich ist. Das ist der Fall, wenn ein eindeutiger Sachverhalt rechtsfehlerhaft einem Strafgesetz subsumiert worden ist. Dann ist freizusprechen, wenn mit Sicherheit alle auch nur entfernt in Betracht kommenden Umstände zum objektiven und subjektiven Tatbestand festgestellt sind und weiteres nicht zu erwarten ist.[32] Der Freispruch ist aber auch am Platze, wenn aus dem Urteil etwa ein Rechtfertigungs-, Entschuldigungs- oder persönlicher Strafausschließungsgrund zweifelsfrei zu entnehmen ist.[33] Es kann aber auch so liegen, daß der Tatrichter ein falsches Strafgesetz angewendet hat, etwa indem bei einwandfrei festgestellten Mordmerkmalen des § 211 StGB rechtsirrtümlich nur wegen Totschlags (§ 212 StGB) verurteilt ist. Dieser „Rechtsirrtum“ kann auf eine Überstimmung der Berufsrichter durch emotional urteilende Laienrichter zurückgehen, was man der Urteilsbegründung manchmal deutlich anmerken kann (und soll). In solchem Falle kann es in der Revisionsinstanz zur sofort rechtskräftigen Verurteilung zur absoluten Höchststrafe „lebenslängliche Freiheitsstrafe“ kommen.[34] Es ist nur sorgfältig zu überwachen, ob nicht der Rechtsfehler auch die Richtigkeit oder Vollständigkeit der Tatsachenfeststellungen in Frage stellt.[35]

Die **Berichtigung** des Urteils setzt im übrigen voraus, daß sie im Rahmen 588

---

[26] Vgl. auch Löwe/Rosenberg/Hanack § 354 Rdn 46.

[27] Zum Umfang der Bindung vgl. BGHSt 22, 99; Kleinknecht/Meyer-Goßner § 353 Rdn 21; Löwe/Rosenberg/Hanack § 354 Rdn 58.

[28] BayObLGSt 52, 12; OLG Bremen NJW 1951, 326.

[29] Kleinknecht/Meyer-Goßner § 154 Rdn 19.

[30] Kleinknecht/Meyer-Goßner § 154 a Rdn 22.

[31] Kleinknecht/Meyer-Goßner § 354 Rdn 24 ff.

[32] BGH NJW 1962, 1452; KK-Pikart § 354 Rdn 3; Jagusch NJW 1962, 1418.

[33] BGHSt 12, 306; Löwe/Rosenberg/Hanack § 354 Rdn 2; Jagusch NJW 1962, 1417.

[34] Abl. Peters JZ 1978, 230.

[35] Jagusch NJW 1962, 1417.

der zugelassenen Anklage bleibt (§ 264 – Rdn 94) oder auf den veränderten rechtlichen Gesichtspunkt hingewiesen worden ist (§ 265 – Rdn 357).[36] Ausnahmsweise soll ohne Hinweis nach § 265 berichtigt werden können, wenn offensichtich ist, daß der Angeklagte sich in keiner Weise anders hätte verteidigen können[37] – eine bedenkliche Ausweitung.

589 Im Falle eines vorinstanzlichen **Freispruchs** soll das Revisionsgericht selbst den Schuldspruch fällen und wegen der Straffestsetzung zurückverweisen dürfen.[38] Das halten wir für bedenklich, denn in diesem Falle müssen regelmäßig die erforderlichen Tatsachenfeststellungen zur Verurteilung[39] fehlen. Ausnahmen können allenfalls nur in ganz engen Grenzen in Betracht kommen, wenn günstigere Feststellungen für den Angeklagten mit Sicherheit nicht zu erwarten sind.[40]

590 Das Revisionsgericht kann bei Urteilsaufhebung die gesetzlich **niedrigste Strafe** selbst festsetzen,[41] sie zur Bewährung aussetzen[42] oder von Strafe absehen, wenn die Staatsanwaltschaft zustimmt (§ 354 I). Es kann aber auch bei entsprechenden Feststellungen selbst auf Strafaussetzung zur Bewährung (§ 56 StGB) erkennen, wenn Gericht und Staatsanwaltschaft die gesetzliche Mindestdauer der Bewährungszeit für ausreichend halten.[43] Der Bundesgerichtshof hat auch die Strafe in einem Fall selbst festgesetzt, in dem nach seiner Beurteilung „nach dem Tatbild" eine geringere Strafe nicht in Betracht kam und eine höhere gesetzlich ausgeschlossen war[44] – sicher ein Grenzfall.

591 Es ist die Frage, ob über den Wortlaut des § 354 hinaus der Revisionsrichter bei Berichtigung des Schuldspruchs oder bei einem anderen Rechtsfehler[45] den Strafausspruch mit der Erwägung bestehen lassen kann, der Tatrichter hätte oder würde auch unter dem richtigen Schuldgesichtspunkt nicht zu einer anderen Strafe kommen können. Die Frage berührt kritische Probleme der Revisibilität der Strafzumessung (Rdn 437ff.).[46]

---

[36] Vgl. i.e. OGHSt 1, 134 (138); 152 (159); BGHSt 12, 28 (30); Löwe/Rosenberg/Hanack § 354 Rdn 19, 20; Kleinknecht/Meyer-Goßner § 354 Rdn 16.

[37] BGHSt 33, 44 (49); 163 (169); 28, 224 (231); BGH NJW 1987, 2384; BGHR § 354 Abs. 1 Strafausspruch 1, 3; OLG Hamm JZ 1958, 574 mit abl. Anm. v. Eb. Schmidt; Löwe/Rosenberg/Hanack § 354 Rdn 20 empfiehlt dabei „äußerste Vorsicht".

[38] BGH VRS 54, 436 (438); OLG Düsseldorf NJW 1991, 186; 1991, 1123 m. zahlr. Nachw.; vgl. aber BVerfG NStZ 1991, 499 m. Anm. Foth NStZ 1992, 444.

[39] Ebenso Kleinknecht/Meyer-Goßner § 354 Rdn 23; Löwe/Rosenberg/Hanack § 354 Rdn 44; KK-Pikart § 354 Rdn 13.

[40] Vgl. zur Frage hypothetischer Revisionserwägungen Löwe/Rosenberg/Hanack § 354 Rdn 2.

[41] BGH NStE § 354 Nr. 2 = BGHR § 354 II Mindeststrafe 1; Strafausspruch 5.

[42] BGHR § 354 II Sachentscheidung 1.

[43] BGHR § 354 I Sachentscheidung 1.

[44] BGH NStE Nr. 4 = BGHR § 354 I Strafausspruch 6, 2.

[45] BGH StV 1993, 62 mit abl. Anm. Hanack; BGH NStZ 1992, 292 m. Anm. Scheffler; OLG Düsseldorf NStE § 354 Nr. 1.

[46] BGH NJW 1953, 1838; Löwe/Rosenberg/Hanack § 354 Rdn 42.

III. Zurückverweisung

Kann das Revisionsgericht nicht selbst in der Sache entscheiden, ist nach § 354 II die **Zurückverweisung** vorgeschrieben. Diese ist in jedem Falle eine „Wegverweisung" an einen anderen, bislang mit der Sache nicht befaßten Spruchkörper. Das ist nach Wahl des Revisionsgerichts entweder ein anderes Gericht oder eine andere Abteilung, Kammer oder ein anderer Senat des zuletzt befaßt gewesenen Gerichts. Damit soll die Unvoreingenommenheit des Gerichts auch aus der Sicht des Angeklagten sichergestellt werden. Das Revisionsgericht wird sich zur Wegverweisung an ein anderes Gericht des Landes entschließen, wenn die Sache aus einer ungünstigen Ortsatmosphäre herausgenommen werden soll[47] oder Prozeßumstände (z.B. Wohngebiet von Zeugen oder Sachverständigen) dazu Anlaß geben. Einer Begründung bedarf diese Ermessensentscheidung nicht.[48] Bei Rückverweisung an dasselbe Gericht ist dessen erstrebte Unbefangenheit dann nicht voll erreicht, wenn in dem neuen Spruchkörper einer der früheren Richter (etwa infolge Änderung der Geschäftsverteilung) mitwirkt. Für diese Fälle hat man die Annahme eines gesetzlichen Auschlusses in direkter oder analoger Anwendung des § 23 oder einer Verhinderung aus Rechtsgründen[49] in Erwägung gezogen. Vorzugswürdig erscheint die Anerkennung der Richterablehnung wegen Besorgnis der Befangenheit aus dem Grunde der Vorbefassung,[50] was allerdings von der Rechtsprechung ebenso wie eine Selbstablehnung[51] nicht ohne weiteres anerkannt ist[52] (vgl. dazu Rdn 168). 592

An welchen Spruchkörper des Gerichts die Sache nach Zurückverweisung gelangt, richtet sich primär nach dem Geschäftsverteilungsplan,[53] sekundär nach der Bestimmung des Revisionsgerichts.[54] 593

Hinsichtlich der Zurückverweisung wegen zwischenzeitlicher Gesetzesänderung und wegen Unzuständigkeit des vorangehenden Rechtszuges wird auf die Erläuterungen zu § 354a u. § 355 verwiesen. 594

---

47 Kleinknecht/Meyer-Goßner § 354 Rdn 40.

48 Löwe/Rosenberg/Hanack § 354 Rdn 61; Kleinknecht/Meyer-Goßner § 354 Rdn 40.

49 Vgl. Löwe/Rosenberg/Hanack § 354 Rdn 57ff.; Dahs sen. NJW 1966, 1692.

50 Dahs sen. NJW 1966, 1694f.

51 OLG Bremen NStZ 1991, 95; LG Bremen StV 1986, 470.

52 BGHSt 21, 142; dagegen Hanack JZ 1971, 91; BGHSt 24, 336m. krit. Anm. Arzt JZ 1973, 33; OLG Stuttgart StV 1985, 492 m. zust. Anm. Hannover; siehe ferner: Zeitz DRiZ 1965, 393; BGH bei Pfeiffer/Miebach NStZ 1987, 19; Kleinknecht/Meyer-Goßner § 354 Rdn 39; Löwe/Rosenberg/Hanack § 354 Rdn 57ff.; Dahs sen. NJW 1966, 1692.

53 BGHSt 21, 250; Kleinknecht/Meyer-Goßner § 354 Rdn 38.

54 Kleinknecht/Meyer-Goßner § 354 Rdn 40f.

IV. Auswirkungen des Revisionsurteils

1. auf Mitangeklagte

595 Durch Nichteinlegung der Revision führt ein Verurteilter die **Rechtskraft** des ihn betreffenden Urteils nur (auflösend) bedingt herbei, wenn ein Mitverurteilter die Revision eingelegt hat. Denn wenn diese zur Aufhebung des Urteils führt, muß sie auch für den Nichtrevidenten ausgesprochen werden, soweit sie sich inhaltlich auf ihn erstreckt (§ 357).[55] Diese Bestimmung gilt aber nur für Aufhebungen aus **materiell-rechtlichen**, nicht aus rein **verfahrensrechtlichen** Gründen. Erfolgreiche Verfahrensrügen wirken immer nur für den, der sie formgerecht erhoben hat (Rdn 463).[56] Das ist nur anders, wenn es sich um ein Verfahrenshindernis handelt.[57] Die gleiche Rechtslage ist bei Beschlußaufhebung (§ 349 IV) gegeben. Die Erstreckung erfaßt nicht nur den Fall der Nichteinlegung, sondern auch der Rücknahme[58] der Revision und des Verzichts[59] oder der Beschränkung[60] oder auch schon erfolgter Verwerfung wegen Unzulässigkeit (§ 346).[61] Die als Rechtswohltat gedachte Erstrekkungswirkung kann einem Nichtrevidenten, der das Verfahren nicht fortsetzen möchte, unerwünscht sein. Die Vorschrift ist aber zwingend, verlangt indessen eine restriktive Auslegung.[62]

2. auf die Tatsachenverhandlung

596 Nach einer Zurückverweisung durch das Revisionsgericht ist das nunmehr (§ 354 II) mit der Sache befaßte Instanzgericht in bestimmter Weise an die bisherigen Verfahrensergebnisse gebunden. Das betrifft in erster Linie die Unberührbarkeit der Teile, die **rechtskräftig abgeschlossen** sind, so etwa den Schuldspruch bei Zurückverweisung nur wegen des Strafausspruchs. Mit ihm hat sich der Tatrichter nicht mehr zu befassen.[63] Ferner sind die **Tatsachenfeststellungen** des aufgehobenen Urteils unabänderlich hinzunehmen, soweit

---

[55] Vgl. i.e. Kleinknecht/Meyer-Goßner § 357 Rdn 1, 7; Löwe/Rosenberg/Hanack § 357 Rdn 17.

[56] Zuletzt BGH StV 1991, 247; Löwe/Rosenberg/Hanack § 357 Rdn 15; KMR-Paulus § 357 Rdn 11 ff.

[57] BGH NStZ 1987, 239 m.w.Nachw.

[58] BGH NJW 1958, 560; BGH LM § 357 Nr. 10.

[59] OLG Hamburg JW 1937, 3152.

[60] BGH NJW 1954, 441.

[61] RGSt 40, 219; OLG Zweibrücken wistra 1987, 269; Kleinknecht/Meyer-Goßner § 357 Rdn 7.

[62] BGHSt 20, 80; BGH NJW 1955, 19 (34); Löwe/Rosenberg/Hanack § 357 Rdn 10; Kleinknecht/Meyer-Goßner § 357 Rdn 1.

[63] BGHSt 24, 106; BGH bei Holtz MDR 1977, 639; Kleinknecht/Meyer-Goßner § 358 Rdn 4.

diese nicht gem. § 353 II mit aufgehoben worden sind (Rdn 584). Eine weitere Bindung folgt aus dem Verbot der **reformatio in peius** (§ 358 II), das den Angeklagten vor einer Schlechterstellung als Folge seiner Revision[64] oder einer zu seinen Gunsten erfolgten Revision der Staatsanwaltschaft[65] schützt. Das gilt auch dann, wenn der Strafausspruch unter der gesetzlichen Mindeststrafe liegt[66] oder von einem unzuständigen Gericht stammt.[67] Darüber hinaus statuiert § 358 I die Bindung des neuen Tatrichters an die rechtliche **Aufhebungsansicht** des Revisionsurteils. Das betrifft sowohl die Beurteilung des **sachlichen** wie des **Verfahrensrechts**. Vorausgesetzt ist, daß die betreffende Rechtsansicht die Aufhebung unmittelbar mit herbeigeführt hat[68] oder notwendige Voraussetzung des Aufhebungsgrundes war (ratio decidendi).[69] Ein die Aufhebung nicht tragendes oder stützendes obiter dictum reicht daher nicht aus. Hat das Revisionsgericht aus einem verfahrensrechtlichen Grunde aufgehoben, fehlt es an einer verbindlichen Festlegung einer sachlich-rechtlichen Aufhebungsansicht. Insoweit ist der Tatrichter frei. Hat in einem solchen Falle das Revisionsgericht durch einen „Hinweis" zusätzlich zum Ausdruck gebracht, daß die Sachrüge unbegründet erscheine, wird der Tatrichter nicht gebunden.[70] Solche rechtlichen Zusatzhinweise sind auch schon deswegen gefährlich,[71] weil durch neue Tatsachenfeststellungen ihre Grundlagen verlorengehen oder sich verschieben können und zudem ein späteres Revisionsgericht eine andere Rechtsansicht haben kann. Es wird nicht immer einfach zu erkennen sein, ob das Revisionsgericht seine Rechtsansicht als spezifischen Aufhebungsgrund oder nur als unverbindlichen Hinweis gemeint hat. Aber auch wenn es sich um eine verbindliche Aufhebungsansicht handelt, entfällt die Bindung aus § 358 I, wenn der Tatrichter zulässigerweise neue Tatsachenfeststellungen trifft, die von der bisherigen Rechtsbeurteilung nicht erfaßt sind.[72] Es muß beachtet werden, daß die Bindung niemals besteht, wenn die rechtliche Auffassung des Revisionsgerichts überhaupt nicht auf Aufhebungsgründe abgestellt ist, z.B. wenn der Revisionsrichter einer Rechtsansicht des Tatrichters nur beigepflichtet hat. Hier ist der neue Tatrichter absolut frei.

Der in § 358 vorgeschriebenen Bindung des Tatrichters entspricht eine 597
Selbstbindung der Revisionsinstanz, die für jedes später befaßte Revisionsge-

---

[64] BGHSt 37, 5 (9).

[65] BGH NStE § 358 Nr. 1; Kleinknecht/Meyer-Goßner § 358 Rdn 11; i.e. § 331 Rdn 2ff.

[66] BGHSt 27, 176.

[67] OLG Hamm JMBlNRW 1990, 91.

[68] BGHSt 9, 324 (329); 3, 357 (367).

[69] KMR-Paulus § 358 Rdn 8ff.

[70] BGHSt 3, 235; Kleinknecht/Meyer-Goßner § 358 Rdn 6.

[71] Sarstedt/Hamm Rdn 520; Rieß, Hinweise des Revisionsgerichts bei Zurückverweisung in: Schriftenreihe DAV Bd. 7 (1990) S. 161ff.

[72] BGHSt 9, 329; RGSt 31, 436; Kleinknecht/Meyer-Goßner § 358 Rdn 9; Löwe/Rosenberg/Hanack § 358 Rdn 13.

richt gilt.[73] Die Selbstbindung entfällt, wenn das Revisionsgericht seine bei der Zurückverweisung vertretene Rechtsansicht nachträglich geändert hat.[74] In dem aufgehobenen Umfange ist die Sache nach Zurückverweisung **vollständig neu** zu verhandeln. Insbesondere ist die Beweisaufnahme zu erneuern. Die Verhandlung darf nicht auf die Gründe beschränkt werden, die zur Aufhebung geführt haben. Hier können hinsichtlich der Verlesung und des Beweiswertes früherer Vernehmungen Probleme des Urkundenbeweises auftreten (Rdn 296). Insbesondere ist die Verlesung der in dem Protokoll der ersten Hauptverhandlung vor dem Amtsgericht nach § 273 II aufgenommenen Vernehmungsergebnisse problematisch.[75] Wegen der notwendigen Abgrenzung des für den neuen Tatrichter zur Entscheidung freien Bereichs zu den tatsächlichen oder rechtlich gebundenen Teilen müssen die Gründe des Revisionsurteils den Prozeßbeteiligten zuverlässig zur Kenntnis gebracht werden. Deshalb wird sich seine **Verlesung** häufig empfehlen, wenn das auch nicht vorgeschrieben ist;[76] auch kann eine Erörterung des durch das Revisionsurteil gesteckten Rahmens die neue Tatsachenverhandlung erleichtern, was in der Praxis öfters geschieht. Dadurch werden gegebenenfalls Umfang und Zweck der neuen Verhandlung dem in Revisionssachen ohnehin geringen Verständnis des Staatsbürgers (Rdn 11) nähergebracht.

---

[73] BVerfG NJW 1954, 1153; BGHSt 33, 356 (369); Löwe/Rosenberg/Hanack § 358 Rdn 15 m.w.Nachw.

[74] GmS-OGB NJW 1973, 1273; KK-Pikart § 358 Rdn 13; a.A. Mohrbotter ZStW 84 (1972), 612 (624); Sommerlad NJW 1974, 123; Kleinknecht/Meyer-Goßner § 358 Rdn 8.

[75] BGH JR 1971, 512 m. Anm. Hanack.

[76] RGSt 21, 436.

Anhang

Revisionsverfahren in der Praxis

Auch eine um Praxisnähe bemühte Darstellung vermag die Wirklichkeit des Revisionsverfahrens nicht so anschaulich zu vermitteln wie das Nachvollziehen eines konkreten Verfahrens anhand der eingereichten Schriftsätze und der revisionsgerichtlichen Entscheidungen. Deshalb folgt abschließend die Dokumentation dreier exemplarischer Revisionsverfahren, und zwar erfolgreiche Verfahrensrügen (I) und erfolgreiche Sachrüge (II) der Verteidigung sowie erfolglose Verfahrensrügen mit erfolgreicher Sachrüge der Staatsanwaltschaft gegen ein freisprechendes Urteil (III). Die Verfahrensvorgänge wurden anonymisiert und gekürzt; Nachteile für das Verständnis sind dadurch aber nicht entstanden.

I. Erfolgreiche Verfahrensrügen der Verteidigung

Einschreiben
An das
Landgericht
1. große Strafkammer

15. Februar 1989

In der Strafsache
gegen K
– KLs 97/88 –

wird Bezug genommen auf die Verteidigerbestellung mit Vollmachtvorlage vom 24. 1. 1989.

Gegen das Urteil vom 25. 11. 1988 ist durch den Verteidiger I. Instanz, Rechtsanwalt ..., mit Schriftsatz vom 1. 12. 1988, bei Gericht eingegangen am 1. 12. 1988 (Bl. 786 d. A.) das Rechtsmittel der Revision eingelegt worden.

Das angefochtene Urteil ist Herrn Kollegen ... am 24. 1. 1989 zugestellt worden.

Es wird beantragt,

> das Urteil des Landgerichts ... vom 25. 11. 1988 mit den Feststellungen aufzuheben und die Sache zur anderweitigen Verhandlung und Entscheidung an ein anderes Landgericht zurückzuverweisen.

Begründung

Die Revision greift das Urteil vom 25. 11. 1988 in verfahrensrechtlicher und sachlich-rechtlicher Hinsicht an.

I. Verfahrensrügen

1. Es wird gerügt, daß das Urteil und die Entscheidungsgründe nicht innerhalb des sich aus § 275 Abs. 1 Satz 2 und 4 ergebenden Zeitraumes zu den Akten gebracht worden ist (§ 338 Nr. 7 StPO).
   Die Hauptverhandlung hat an 4 Tagen stattgefunden, und zwar am 17., 21., 23. und 25. November 1988.

   Beweis: 1. Das Hauptverhandlungsprotokoll (Bl. 762, 755, 779, 783 d. A.);
   2. die Urteilsurkunde (Bl. 1) (Bl. 792 d. A.).

   Die in § 275 Abs. 1 StPO vorgeschriebene Frist, innerhalb derer das Urteil mit den Gründen zu den Akten zu bringen war, betrug nach § 275 Abs. 1 Satz 2 7 Wochen. Die Frist begann am 25. 11. 1988 und endete am 13. 1. 1989.
   Das Urteil ist jedoch entgegen der gesetzlichen Vorschrift nicht bis zum 13. Januar 1989 zu den Akten gebracht worden, sondern erst am 16. Januar 1989.
   Das ergibt sich aus der Bestätigung der Urkundsbeamtin der Geschäftsstelle der Strafkammer über den Zeitpunkt des Einganges des Urteils bei der Geschäftsstelle. Diese lautet:

   „Das Urteil ist zur Gesch.Stelle gelangt: 16. Jan. 1989 ..."
   Beweis: Die Original-Urteilsurkunde (Bl. 1) (Bl. 792 d. A.)

   Daß es sich bei der Unterschrift unter der Eingangsbestätigung um die der Urkundsbeamtin der Geschäftsstelle, Justizsekretärin N. handelt, ergibt sich aus einem Vergleich der auf Bl. 1 der Urteilsurkunde befindlichen Unterschrift mit der Unterschrift der Urkundsbeamtin unter dem Hauptverhandlungsprotokoll (Bl. 784, 764 d. A.) sowie einer Vielzahl weiterer Unterschriften der Urkundsbeamtin in den Verfahrensakten wie z. B. Bl. 726, 738, 747 d. A.
   Die Urteilsurkunde, deren Eingang am 16. 1. 1989 zu den Akten erfolgte, trägt auch die Original-Unterschriften der drei Berufsrichter (Bl. 818 d. A.).
   Da das Urteil nach Lage des Gesetzes am 13. 1. 1989 in vollständiger Form und mit den Unterschriften der Berufsrichter hätte zu den Akten gebracht werden müssen, dies jedoch erst am 16. 1. 1989 geschah, ist § 275 StPO verletzt. Es liegt der absolute Revisionsgrund des § 338 Nr. 7 StPO vor.
2. Es wird gerügt, daß in dem angefochtenen Urteil zu Lasten des Beschwerdeführers Beweismittel und Beweisergebnisse verwertet worden sind, die nicht Gegenstand der Hauptverhandlung waren, Verstoß gegen §§ 261, 337 StPO:

a) Im Zusammenhang mit der Erörterung der Frage, ob das Knieen des Beschwerdeführers auf dem Hals des P. oder eine andere Ursache zu dessen Erstickungstod geführt hat, erörtert die Strafkammer auf Bl. 12 UA die Frage, ob der durch Gewalteinwirkung verursachte Bruch des rechten oberen Kehlkopfhornes den Tod herbeigeführt haben könne. Sie führt dazu aus:

> „Zwar könne nach der Darstellung des Sachverständigen eine solche Verletzung unmittelbar einen Erstickungstod herbeiführen. Dies sei jedoch nur dann denkbar, wenn der gebrochene Teil die Atemwege verschließt. Diese Möglichkeit schloß der Sachverständige aber aufgrund der Art des Bruches, die er anhand der in Augenschein genommenen Lichtbilder 18 und 19 auf Bl. 661/662 näher darlegte, aus. Aus den Lichtbildern ist ersichtlich, daß das Kehlkopfhorn durch den Bruch nicht verlagert wurde." (Bl. 12 UA)

Eine Inaugenscheinnahme der Lichtbilder Bl. 661/662, auf die die Strafkammer sich hier stützt, hat jedoch in der Hauptverhandlung nicht stattgefunden.

Beweis: Das Hauptverhandlungsprotokoll (Bl. 762 bis 784 d. A.)

Im vorliegenden Falle ist es auch nicht möglich, daß die sich aus den Lichtbildern ergebenden Erkenntnisse von dem Sachverständigen vorgetragen worden und so zur Kenntnis des Gerichts gelangt sind, weil die Strafkammer einmal ausdrücklich auf den (von ihr) eingenommenen Augenschein abhebt und zum anderen darlegt, was für sie aus den Lichtbildern „ersichtlich" gewesen ist. Sie hat damit die Augenscheinseinnahme zur Gewinnung einer eigenen Überzeugung über die Richtigkeit des Sachvortrages des Gutachters benutzt.

Nur durch den Ausschluß der auf Bl. 12 UA diskutierten anderen Todesursache eröffnete sich die Strafkammer den Weg zur Verurteilung des Beschwerdeführers wegen Körperverletzung mit Todesfolge in Tateinheit mit Körperverletzung im Amt. Wäre die erörterte anderweitige Todesursache – Erstickungstod durch Bruch des Kehlkopfhornes – nicht auszuschließen gewesen, so hätte die Strafkammer nach dem Grundsatz „im Zweifel zugunsten des Angeklagten" nicht wegen Körperverletzung mit Todesfolge verurteilen können, sondern allenfalls wegen fahrlässiger Tötung. Damit beruht die Entscheidung auf dem gerügten Rechtsfehler.

b) Es wird gerügt, daß die Strafkammer in einem weiteren Falle in dem angefochtenen Urteil zu Lasten des Beschwerdeführers ein Beweismittel und Beweisergebnis verwertet hat, das nicht Gegenstand der Hauptverhandlung gewesen ist, Verstoß gegen §§ 261, 337 StPO.

Im Zusammenhang mit der Erörterung anderer Todesursachen hat sich die Strafkammer auf Bl. 12 UA auch mit der Möglichkeit befaßt, daß der Tod infolge des vorhandenen Blutalkohols eingetreten sei. Sie führt dazu aus:

„Schließlich vermochte der Sachverständige auch auszuschließen, daß der Tod infolge des vorhandenen Blutalkohols eingetreten ist. Die Blutalholkonzentration betrug im Todeszeitpunkt nach einem vom Institut für die Gerichtliche Medizin der Universität ... erstellten, in der Hauptverhandlung nach § 256 StPO verlesenen Gutachten nach zwei gaschromatographischen (GC) und zwei enzymatischen (GHD) Untersuchungen im arithmetischen Mittel 2,32 Promille.“ (Bl. 12 UA)

Die Revision rügt, daß das vorbezeichnete Gutachten des Instituts für Gerichtliche Medizin der Universität ... über den im Blute des P. festgestellten Alkoholgehalt in der Hauptverhandlung nicht verlesen wurde.

Beweis: Das Hauptverhandlungsprotokoll (Bl. 762 bis 784)

Auch hier hat sich die Strafkammer nicht auf Ausführungen des Sachverständigen gestützt, von dem im übrigen nicht feststeht, ob er selbst die Begutachtung durchgeführt hat, sondern ausdrücklich auf das in der Hauptverhandlung **verlesene** Gutachten abgestellt.
Der gerügte Rechtsfehler hat das Urteil zum Nachteil des Beschwerdeführers beeinflußt. Dies in gleicher Weise wie unter a) bereits in anderem Zusammenhang dargelegt, weil bei der Diskussion anderer möglicher Todesursachen ein Tod infolge überhöhten Alkoholgenusses gerade aufgrund des Inhaltes des verlesenen Gutachtens, nämlich der Feststellung, daß P lediglich 2,32 Promille hatte, ausgeschlossen wurde. Darüber hinaus hat die Strafkammer im Zusammenhang mit ihrer Überlegung, der Beschwerdeführer habe die Kompression des Halses von P fortgesetzt als dieser bereits keinen Widerstand mehr leisten konnte, folgendes ausgeführt:

„Die Kammer ist auch davon ausgegangen, daß P zum Zeitpunkt, als seine linke Hand mit dem Schlagstock vom Polizeibeamten L am Boden fixiert war und seine rechte Hand an der dort befestigten Handschließe vom Polizeibeamten M festgehalten wurde, allein durch diese Maßnahmen kampfunfähig war, das weitere Knien im Kopfbereich, gleichgültig ob auf Wange oder Hals, somit zur Ausführung des geplanten Abtransportes in den Polizeiarrest ungeeignet, vor allem aber zur Brechung weiteren Widerstandes des P nicht mehr erforderlich war und der Angeklagte dies auch erkannt hat. Der Zeuge V, ein zur Ausbildung in polizeilichen Zwangsmaßnahmen eingesetzter Polizeibeamter, hat bekundet, aus der genannten Fixierung hätte sich P auch ohne die Einwirkung des Angeklagten theoretisch nur durch eine „Rolle rückwärts“ befreien können. Eine solche Abwehrmaßnahme war jedoch bei der Beleibtheit und der Trunkenheit des P ausgeschlossen.“ (Bl. 17/18 UA)

Hier wird der rechtsfehlerhaft festgestellte Trunkenheitsgrad des P wiederum gegen den Beschwerdeführer als Argument benutzt, um seine Verteidigung, er habe seine körperliche Position zur Abwendung weiteren Widerstandes des P. beibehalten müssen, zu widerlegen.
Es ist damit evident, daß das Urteil auch in diesem Punkte auf einem Rechtsfehler beruht.

3. Sowohl die Einnahme des richterlichen Augenscheins wie die Verlesung einer Urkunde nach § 256 StPO gehören zu den wesentlichen Förmlichkeiten des Verfahrens im Sinne des § 273 Abs. 1 ... die nach § 274 StPO nur durch das Hauptverhandlungsprotokoll bewiesen werden können. Dies ist vorliegend nicht der Fall, so daß die gerügten Rechtsfehler feststehen.

II. Sachrüge

(Gegenerklärung der Staatsanwaltschaft nach § 347 I)

Staatsanwaltschaft ...

Landgericht
– Große Strafkammer –

30. 3. 1989

In der Strafsache gegen K
wegen fahrlässiger Tötung

wird auf die Revisionsbegründung vom 15. 2. 1989 (Bl. ...) folgende Gegenerklärung abgegeben:

1) Zur Rüge der Verletzung des § 275 Abs. 1 Satz 2 und 4 StPO ...:
Die Hauptverhandlung hat an vier Tagen stattgefunden (17., 21., 23. und 25. 11. 1988) (Bl. 762, 789 und 783 d. A.)
Die Frist zur Verbringung des Urteils zu den Akten betrug sieben Wochen und endete am 13. 1. 1989.
Als Zeitpunkt des Eingangs des Urteils bei der Geschäftsstelle ist der 16. 1. 1989 beurkundet (Bl. 792 d. A.).
Der Berichterstatter der Strafkammer hat am 2. 3. 1989 folgende dienstliche Äußerung abgegeben:
„Ich habe als Berichterstatter das Urteil – versehen mit den Unterschriften aller drei Richter – am frühen Nachmittag des Freitag, den 13. Januar 1989 auf die Geschäftsstelle gelegt. Die Geschäftsstelle war zu diesem Zeitpunkt unbesetzt. Ich habe an diesen Vorgang nach eingehender Ruckbesinnung eine genaue Erinnerung." (Bl. 847 d. A.)
Die Urkundsbeamtin der Geschäftsstelle hat am 27. 2. 1989 folgende dienstliche Äußerung abgegeben:
„Als Tag des Eingangs des Urteils auf der Geschäftsstelle habe ich auf dem Urteil Bl. 792 d. A. den 16. Januar 1989 vermerkt.
An den Vorgang kann ich mich nicht mehr erinnern.
Es handelte sich jedoch vermutlich um die erste Stempelung an diesem Tag, da bei dem Datumsstempel die Ziff. „6" noch nicht richtig angeschwärzt war und deshalb nicht abgedrückt wurde. Sie wurde von mir mit dem Kugelschreiber nachgezogen." (Bl. 846 d. A.).

2) ...

3) Zur Rüge der Verwertung von Beweismitteln und Beweisergebnissen, die nicht Gegenstand der Hauptverhandlung waren, zu Lasten des Beschwerdeführers:

   a) Im Hauptverhandlungsprotokoll vom 21. 11. 1988 ist vermerkt, daß die Lichtbilder Bl. 681 ff in Augenschein genommen wurden (Bl. 778 d. A.). Im Urteil ist ausgeführt, daß die Lichtbilder Bl. 661/662 (Nr. 18 u. 19) in Augenschein genommen wurden. (Bl. 804 d. A.) Die Lichtbilder Nr. 18 und 19 auf Bl. 661/662 d. A. wurden von der Polizei bei der Leichenöffnung gefertigt, während die Lichtbilder Nr. 38–42 auf Bl. 681 ff. vom Institut für Gerichtliche Medizin der Universität ... gefertigt wurden. Sie betreffen beide das bei der Leichenöffnung freigelegte Kehlkopfhorn.

   b) Im Urteil ist ausgeführt, daß das Gutachten des Instituts für Gerichtliche Medizin der Universität ... über die beim Getöteten festgestellte Blutalkoholkonzentration verlesen worden sei (Bl. 804 d. A.).

   Im Hauptverhandlungsprotokoll ist die Verlesung dieses Gutachtens nicht beurkundet.

   In einer dienstlichen Äußerung vom 21. 3. 1989 hat der Vorsitzende der Strafkammer erklärt:

   „Die Blutalkoholkonzentration des Getöteten P wurde durch den in der Hauptverhandlung gehörten Sachverständigen Prof. Dr. ..., der die Untersuchung des Leichenblutes durchgeführt hat, im Rahmen seines mündlich erstatteten Gutachtens eingeführt.

   Die Feststellung auf U. S. 12, das Blutalkoholgutachten des Instituts für Gerichtliche Medizin der Universität ... sei gem. § 256 StPO verlesen worden, beruht auf einem Fassungsversehen." (Bl. 848 d. A.).

   Soweit die Verletzung materiellen Rechts gerügt wird, wird auf die Abgabe einer Gegenerklärung verzichtet.

   ...

   Oberstaatsanwalt

(Erwiderung der Verteidigung: Würdigung der Ergebnisse des Freibeweisverfahrens)

An das
Landgericht
1. große Strafkammer

8. Mai 1991

In der Strafsache
gegen K
– KLs 97/88 –

ist auf die Revisionsgegenerklärung der Staatsanwaltschaft ... vom 30. 3. 1989 (Bl. 852 ff d. A.) zu erwidern und die Rüge der Verletzung des materiellen Rechts näher auszuführen:

I. Verfahrensrügen

Die Revisionsgegenerklärung vom 30. 3. 1989 gibt zu folgenden Erwägungen Veranlassung:

1. Rüge der Verletzung der §§ 338 Nr. 7, 275 Abs. 1 Satz 2 und 4 StPO.
Zunächst ist festzustellen, daß in der Gegenerklärung die von der Revision zur Rechtfertigung der erhobenen Rüge vorgetragenen Verfahrenstatsachen als zutreffend eingeräumt werden. Allerdings gibt die Staatsanwaltschaft eine dienstliche Äußerung des – namentlich nicht genannten – Berichterstatters der Strafkammer wieder, die in dem hier entscheidenden Punkte dahin geht, daß das vollständige Urteil mit den Unterschriften der Berufsrichter am frühen Nachmittag des 13. 1. 1989 (Freitag) von ihm auf der zu diesem Zeitpunkt nicht besetzten Geschäftsstelle niedergelegt worden sei. Der Berichterstatter hat weiter erklärt, er habe „nach eingehender Rückbesinnung" an diesen Vorgang eine genaue Erinnerung.
Die Urkundsbeamtin der Geschäftsstelle hat zunächst bestätigt, daß sie selbst auf dem Urteil den 16. 1. 1989 als Eingangsdatum vermerkt habe. Im übrigen beschränkt sich die Urkundsbeamtin auf die Vermutung, daß es sich dabei um die erste Stempelung am 16. 1. gehandelt habe, weil die Ziffer „6" auf der Urteilsurkunde nicht einwandfrei ausgedruckt, sondern mit Kugelschreiber nachgezogen worden sei.
Die Revision ist sich bewußt, daß dem Eingangsvermerk der Geschäftsstelle keine absolute Beweiskraft zukommt, sondern die Frage des rechtzeitigen Eingangs der vollständigen Urteilsurkunde i. S. BGHSt 29, 43 im Wege des Freibeweises zu klären ist. Sie vermag indes diesen Beweis angesichts nicht nachvollziehbarer Unklarheiten, Lücken und Widersprüche in dem bisher vorliegenden Beweisergebnis nicht als geführt anzusehen.
So berührt es eigenartig, daß offenbar nicht aufgeklärt werden konnte, ob die Geschäftsstelle der Strafkammer am Nachmittag des 13. 1. 1989 bis zum Dienstschluß unbesetzt gewesen ist. Der Beschwerdeführer muß es als auffällig empfinden, daß die Urkundsbeamtin der Geschäftsstelle sich zu dieser Frage überhaupt nicht äußert, obwohl es angesichts der Behauptung des Berichterstatters, er habe die Urteilsurkunde „am frühen Nachmittag" auf der Geschäftsstelle niederlegt, darauf ersichtlich ankam. Wenn man beispielsweise als „früher Nachmittag" die Zeit zwischen 13.00 Uhr und 15.00 Uhr versteht, so hätte die Urkundsbeamtin der Geschäftsstelle sich dazu äußern müssen, ob sie etwa am 13. 1. 1989 ab 13.00 Uhr keinen Dienst mehr versehen hat. Sollte dies der Fall gewesen sein, so müßten einmal in nachprüfbarer Weise die Gründe für die Abwesenheit der Urkundsbeamtin angegeben werden sowie darüber hinaus mitgeteilt werden, wieso für die Zeit der Abwesenheit der Urkundsbeamtin keine Vertretung – wenigstens zeitweise – zugegen war und – bejahendenfalls – aus welchen Gründen diese das Urteil nicht mit dem Eingangsstempel versehen hat.
Da es allerdings kaum vorstellbar ist, daß der Berichterstatter das Urteil auf

der Geschäftsstelle niedergelegt hat, obwohl er wußte oder damit rechnen mußte, daß mangels Anwesenheit einer Urkundsbeamtin der Eingang nicht beurkundet werden könnte, muß bis zur näheren Aufklärung angenommen werden, daß die Urkundsbeamtin evtl. nur kurze Zeit von der Geschäftsstelle abwesend war und im übrigen ihre Aufgaben bis zum Dienstschluß am 13. 1. versehen hat. Dann aber stellt sich die von keinem der Beteiligten beantwortete Frage, weshalb die Urkundsbeamtin nicht nach Rückkehr auf die Geschäftsstelle das inzwischen eingegangene Urteil bemerkt und mit dem Eingangsstempel versehen hat. Aus der dienstlichen Äußerung des Berichterstatters muß entnommen werden, daß dieser von einer nur kurzfristigen Abwesenheit der Urkundsbeamtin ausging, weil er im anderen Falle zweifelsfrei nicht das Urteil einfach am letzten Tage der Frist auf der Geschäftsstelle niedergelegt hätte ohne sich darum zu kümmern, ob es mit dem „fristwahrenden" Eingangsstempel versehen würde. Wenn die Urkundsbeamtin am Nachmittag des 13. 1. überhaupt nicht anwesend war, so hätte der Berichterstatter auch mit Sicherheit Sorge dafür getragen, daß der für den Bestand des Urteils wesentliche Eingangsstempel durch eine Vertretung angebracht wurde.

Die Urkundsbeamtin der Geschäftsstelle hat sich in ihrer dienstlichen Äußerung nicht zu der Frage erklärt, ob sie das (an welcher Stelle ?) auf der Geschäftsstelle niedergelegte Urteil etwa im weiteren Verlauf ihres Dienstes übersehen hat. Allerdings wäre ein solcher Vorgang angesichts der üblicherweise übersichtlichen Einrichtung einer Geschäftsstelle kaum denkbar. Daß eine – wie die Akten zeigen – versierte Urkundsbeamtin eine auf der Geschäftsstelle eingegangene umfangreiche Urteilsurkunde übersehen haben sollte, ist nicht nachvollziehbar – und bisher auch nicht behauptet.

Es ist auch auffällig, daß aus dem gesamten Stempeltext ausgerechnet die im vorliegenden Falle allein entscheidende Ziffer „6" nicht ordnungsgemäß ausgedruckt worden sein soll und nachgezogen werden mußte. Ob der Eingangsstempel der Geschäftsstelle einen entsprechenden Fehler aufweist, müßte ggfs. im Fortgang des Freibeweisverfahrens nachgeprüft werden.

Indes kann diese Frage nach Auffassung der Revision letztlich dahinstehen. Selbst wenn es sich bei der Fertigung des Eingangsvermerkes auf der Urteilsurkunde um die erste Benutzung oder eine der ersten Benutzungen des Stempels am 16. 1. 1989 gehandelt hat, so beweist dies nicht, daß das Urteil tatsächlich am frühen Nachmittag des 13. 1. 1989 und nicht erst am 14. 1. oder 15. oder 16. 1. auf der Geschäftsstelle eingegangen und damit „zu den Akten gebracht" worden ist. Daß die Verbringung zu den Akten in anderer Weise, etwa gem. BGHSt 29, 43 erfolgt sei, wird nicht behauptet und ist nicht ersichtlich.

Abschließend ist erneut hervorzuheben, daß in den dienstlichen Äußerungen jede Erklärung zu der Frage fehlt, aus welchem Grunde die Urteilsurkunde nicht am 13. 1. 1989 abgestempelt worden sein sollte, falls sie tat-

sächlich am „frühen Nachmittag“ dieses Tages auf der Geschäftsstelle eingegangen wäre. Daß sich der Berichterstatter und die Urkundsbeamtin trotz der offensichtlichen Bedeutung dieses Umstandes darüber ausschweigen, begründet durchgreifende Bedenken ggen den Versuch der Staatsanwaltschaft ..., den rechtzeitigen Eingang des Urteils zu beweisen.
Sollten weitere dienstliche Erklärungen eingeholt oder sonstige Beweise erhoben werden, wird bereits jetzt der **Antrag** gestellt, die weiteren Ergebnisse des Freibeweisverfahrens der Verteidigung zugänglich zu machen, damit dazu Stellung genommen werden kann.

2. Rüge der Verletzung der §§ 261, 337 StPO.

a) Zu der Frage, welche Lichtbilder in der Hauptverhandlung in Augenschein genommen worden sind, genügt der Hinweis, daß es sich dabei um eine wesentliche Förmlichkeit des Verfahrens handelt, die nach § 273 Abs. 1 im Hauptverhandlungsprotokoll beurkundet werden muß, das insoweit absolute Beweiskraft nach § 274 genießt.
Das Urteil beruht nach seinem ausdrücklichen Wortlaut darauf, daß die Lichtbilder Bl. 661 f d. A. in Augenschein genommen wurden, wie die Revisionsgegenerklärung zutreffend feststellt. Tatsächlich sind aber nach dem insoweit allein maßgebenden Hauptverhandlungsprotokoll nicht diese Lichtbilder, sondern die Lichtbilder der Bl. 681 ff in Augenschein genommen worden. Das Urteil beruht daher auf dem Augenschein an Lichtbildern, die nicht in zulässiger Weise zum Gegenstand der Hauptverhandlung gemacht worden sind.
Die Frage, ob aus anderen Lichtbildern, die in der Hauptverhandlung in Augenschein genommen wurden, „dieselben Erkenntnisse“ gewonnen werden konnten, wie aus den nicht benutzten Lichtbildern, ist rein tatsächlicher Natur und deshalb einer Klärung im Revisionsverfahren nicht zugänglich. Dem Senat ist es verwehrt, seinen Augenschein an die Stelle des Augenscheins des Tatrichters zu setzen und aufgrund des Augenscheins die tatsächliche Feststellung zu treffen, daß aus zwei verschiedenen Lichtbild-Gruppen dieselben tatsächlichen Erkenntnisse gewonnen werden können.

b) Auch hinsichtlich der unterlassenen Verlesung des Behördengutachtens des Instituts für Gerichtliche Medizin der Universität ... ist gegenüber der Revisionsgegenerklkärung der Hinweis am Platze, daß es sich bei dieser Verlesung ebenfalls um eine wesentliche Förmlichkeit des Verfahrens handelt, die nur durch das Hauptverhandlungsprotokoll bewiesen werden kann. Wenn also der Tatrichter sein Urteil ausdrücklich auf die „Verlesung“ des Behördengutachtens stützt, diese aber nicht stattgefunden hat, so ist die erhobene Rüge begründet. Sie kann nicht durch die dienstliche Äußerung des Vorsitzenden entkräftet werden, wonach der Sachverständige mündlich den Inhalt des Gutachtens vorgetragen habe. Wäre es zulässig, Urteilspassagen, die ausdrücklich bestimmte Beweiserhebungen feststellen, nach Erhebung einer entsprechenden Revisionsrüge durch eine dienstliche Äußerung des Tatrichters über ein „Fassungsversehen" zu entkräften, so würde damit das Prinzip der absoluten Beweiskraft des Hauptverhandlungsprotokolls negiert. Auch diese Verfahrensrüge erweist sich damit als begründet.

II. Sachrüge

Das Urteil begegnet auch in materiell-rechtlicher Hinsicht durchgreifenden Rechtsbedenken ...

(**Im Gesetz nicht vorgesehene Stellungnahme des Vorsitzenden der Strafkammer**)

Landgericht ...
– 1 große Strafkammer –
Über die
Staatsanwaltschaft ...
an den
Bundesgerichtshof – Strafsenat – Karlsruhe

KLs 97/88
Betr.: Strafsache gegen K. wegen Körperverletzung mit Todesfolge

Im Nachgang zu der Revisionsvorlage am 20. April 1989 wird der Schriftsatz des Verteidigers vom 8. Mai 1989 ... vorgelegt.
Zu I. 2 a) dieses Schriftsatzes ist anzufügen, daß der Sachverständige bei Erstattung seines Gutachtens die Lichtbilder Bl. 661 ff d. A. zur Demonstration benutzte, in diesem Rahmen wurden die Bilder von den Prozeßbeteiligten betrachtet (also „in Augenschein genommen").

gez. ...
Vors. Richter am Landgericht

(**Antrag des Generalbundesanwalts nach § 349 II, III**)

Der Generalbundesanwalt beim Bundesgerichtshof

7. Juni 1989

– 1 StR 310/89 –
An den
Herrn Vorsitzenden
des 1. Strafsenats

Betrifft: Strafsache gegen K
wegen Körperverletzung mit Todesfolge u. a.

Anlagen: 4 Bände Strafakten
1 Senatsheft
1 beglaubigte Ablichtung

Ich beantrage,

die Revision des Angeklagten gegen das Urteil der 1. großen Strafkammer des Landgerichts ... vom 25. November 1988 durch Beschluß gem. § 349 Abs. 2 StPO als unbegründet zu verwerfen.

Die Überprüfung des Urteils aufgrund der Revisionsrechtfertigung hat keinen Rechtsfehler zum Nachteil des Angeklagten ergeben.

Die Rüge der Verletzung des § 275 Abs. 1 Satz 2 StPO ist unbegründet. Durch die dienstliche Äußerung des Berichterstatters ist bewiesen (Bd. IV Bl. 847 d. A.), daß dieser das von allen drei Richtern unterzeichnete Urteil am Nachmittag des 13. Januar 1989, also am letzten Tag der Frist, in der Geschäftsstelle niedergelegt hat. Die dienstliche Äußerung des Berichterstatters ist glaubwürdig. Daß die Geschäftsstelle auf dem Urteil nicht den 13., sondern den 16. Januar 1989 als Eingangstag vermerkt hat (Bd. IV Bl. 792 d. A.), ist unerheblich (BGHSt 29, 43, 47; BGH bei Miebach, NStZ 1988, 449).

...

Wie sich aus dem Sitzungsprotokoll ergibt (Bd. IV Bl. 778 d. A.), hat die Strafkammer nicht die im Urteil (S. 12) erwähnten „Lichtbilder Nr. 18 und 19 auf Bl. 661/662", sondern die Lichtbilder Bl. 681 ff. in Augenschein genommen. Die dort u. a. abgehefteten Lichtbilder Nr. 40–42 geben die Lage des gebrochenen Kehlkopfhorns aber noch viel deutlicher wieder als die im Urteil – fälschlich – zitierten Lichtbilder.

Bei dem Hinweis im Urteil (S. 12), daß das Gutachten über den Alkoholgehalt im Blut des Tatopfers (Bd. II Bl. 465/466 d. A.) „verlesen" worden sei, handelt es sich um ein offensichtliches Versehen. Die Strafkammer hat das Gutachten nicht verlesen, sondern den Sachverständigen Prof. Dr. ... vernommen (Bd. IV Bl. 778 d. A.), von dem das Gutachten stammt (vgl. auch Bd. IV Bl. 848 d. A.).

...

(Entgegnung der Verteidigung)

An den
Bundesgerichtshof
1. Strafsenat

23. Juni 1989

In der Strafsache
gegen K
– 1 StR 310/89 –

hält die Revision entgegen den Ausführungen des Generalbundesanwalts vom 7. 6. 1989 an dem mit Schriftsatz vom 15. 2. 1989 gestellten Revisionsantrag fest.

Die Stellungnahme des Generalbundesanwalts vermag die Begründung der erhobenen Revisionsrügen nicht zu entkräften.

I. Verfahrensrügen

1. Die Revision hatte die Rüge der Verletzung der §§ 275 Abs. 1 Satz 2 und 4, 338 Nr. 7 erhoben, weil das Urteil nicht innerhalb der gesetzlichen Frist bis zum 13. 1. 1989, sondern erst am 16. 1. 1989 zu den Akten gebracht war (Schriftsatz vom 15. 2. 1989 unter I.1.). Mit den dienstlichen Erklärungen des Berichterstatters der Strafkammer und der Urkundsbeamtin der Geschäftsstelle zu der erhobenen Rüge hatte sich die Revision im Schriftsatz vom 8. 5. 1989 eingehend auseinandergesetzt und dargelegt, daß bei einer Gesamtwürdigung der Ergebnisse des Freibeweisverfahrens die dienstliche Erklärung des Berichterstatters, das Urteil am 13. 1. 1989 zu den Akten gebracht zu haben, widerlegt sei und nicht ausreiche, den rechtzeitigen Eingang des Urteils zu beweisen (Schriftsatz vom 8. 5. 1989 unter I.1., Bl. 1 ff). Der Generalbundesanwalt hält diese Rüge für unbegründet. Zur Würdigung der Ergebnisse des Freibeweisverfahrens beschränkt er sich dabei auf den Satz:

   „Die dienstliche Äußerung des Berichterstatters ist glaubwürdig."

   Angesichts der von der Revision im Schriftsatz vom 8. 5. 1989 aufgezeigten handgreiflichen Lücken, Widersprüchlichkeiten sowie der nicht nachvollziehbaren Sachdarstellung drängt die Würdigung des Generalbundesanwalts den Eindruck auf, daß die dienstliche Äußerung eines Richters per se absolute Beweiskraft besitzt, einer kritischen Beweiswürdigung nicht zu unterwerfen und nicht zugänglich ist, mithin einen geradezu „sakrosankten" Charakter hat. Es ist schlechthin inakzeptabel, daß nicht einmal der Versuch einer weiteren Aufklärung des Vorganges unternommen wird, sondern die offensichtlich miteinander nicht vereinbaren dienstlichen Äußerungen des Richters und der Urkundsbeamtin in ihrer Widersprüchlichkeit stehen bleiben und der unschlüssigen Äußerung des Richters ohne weiteres das Prädikat „glaubwürdig" verliehen wird.

   Die Revision stellt ausdrücklich den **Antrag**, den Berichterstatter der Strafkammer und die Urkundsbeamtin der Geschäftsstelle zu den Vorgängen um die Verbringung des Urteils zu den Akten unter Vorhalt der Einwendungen der Revision zu hören, d.h. in einer Hauptverhandlung vor dem Senat zu vernehmen. Angesichts der Bedeutung der Rüge für den Bestand des Urteils und damit für das weitere dienstliche und private Leben des Beschwerdeführers sollte dieser Aufwand als vertretbar angesehen werden.

   ...

2. Der Verstoß gegen § 261 StPO ist erwiesen. Das angefochtene Urteil stützt sich ausdrücklich auf das nach § 256 „verlesene" Gutachten über die Blutalkoholuntersuchung. Dabei kann es sich – entgegen der Auffassung des Generalbundesanwaltes – nicht um ein

   „offensichtliches Versehen"

   bei der Abfassung der Urteilsgründe handeln. Dies deshalb nicht, weil durch die Bezugnahme auf § 256 StPO auf einen verfahrensförmlichen

Vorgang abgestellt wird, der zudem als wesentliche Förmlichkeit des Verfahrens an der absoluten Beweiskraft des Hauptverhandlungsprotokolls teilnimmt. Die Verlesung nach § 256 und der mündliche Vortrag eines Sachverständigen sind prozeßrechtsqualitativ völlig andersartige Vorgänge, die im Urteil nicht beliebig ausgewechselt werden dürfen.

II. Sachrüge

...

(Entscheidung)
Bundesgerichtshof
Beschluß
in der Strafsache
gegen K
– 1 StR 310/89 –
wegen Körperverletzung mit Todesfolge

Der 1. Strafsenat des Bundesgerichtshofs hat nach Anhörung des Generalbundesanwalts und des Beschwerdeführers am 18. Juli 1989 gem. § 349 Abs. 4 StPO einstimmig beschlossen:

Auf die Revision des Angeklagten wird das Urteil des Landgerichts ... vom 25. November 1988 mit den Feststellungen aufgehoben.
Die Sache wird zu neuer Verhandlung und Entscheidung, auch über die Kosten des Rechtsmittels, an eine andere Strafkammer des Landgerichts zurückverwiesen.

Gründe:

Die von der Revision gerügten Verstöße gegen § 261 StPO liegen auf der Hand. Die im Urteil für die Überzeugungsbildung im Zusammenhang mit dem Bruch des Kehlkopfhornes des Opfers herangezogenen „Lichtbilder Nr. 18 und 19 auf Bl. 661/662“ wurden, wie das Protokoll ausweist, entgegen der Darstellung im Urteil in der Hauptverhandlung nicht in Augenschein genommen; das die Blutalkoholkonzentration des Tatopfers darlegende Gutachten des Instituts für Gerichtliche Medizin wurde entgegen der Darstellung im Urteil nicht verlesen.

Ein Beruhen des Urteils auf den Verfahrensfehlern kann nicht ausgeschlossen werden. Zunächst steht die Erheblichkeit der in Frage stehenden Tatsachen für die Urteilsfindung außer Zweifel; in beiden Fällen ging es um die Ursächlichkeit des (schuldhaften) Verhaltens des Angeklagten für den Tod des Opfers. Das Beruhen kann aber auch nicht dadurch entfallen, daß der Senat in den Akten prüft, ob sich unter den tatsächlich in Augenschein genommenen Lichtbildern Bl. 588 ff. und 681 ff. solche befinden, die denselben Eindruck vermitteln wie die im Urteil genannten Lichtbilder, und daß der Senat davon ausgeht, der Sachverständige Dr. ... habe bei seiner Vernehmung in der Hauptverhandlung denselben Blutalkoholwert genannt wie den im schriftlichen Gutachten niedergelegten; das ist nicht Sache des Revisionsgerichts. Die dienstliche Äußerung des Vorsitzenden muß hierbei außer Betracht bleiben.

Deshalb kann das Urteil nicht bestehen bleiben. Der Senat sieht Anlaß zu dem Hinweis, daß der Richter, wenn er das Urteil am letzten Tag der in § 275 Abs. 1 Satz 2 StPO genannten Frist zu den Akten bringt und die Geschäftsstelle nicht (mehr) besetzt ist, zwar vom Gesetz nicht verpflichtet wird, hierüber einen Vermerk anzubringen, ein solcher Vermerk aber zur aktenmäßigen Klarstellung empfehlenswert ist (Bl. 29, 43, 47).

II. Erfolgreiche Sachrüge der Verteidigung gegen Schuldspruch (und Strafausspruch)

An das
Landgericht
2. große Strafkammer

1. Juni 1992

In der Strafsache
gegen A
– 21 StR 53/89 –

wird die in der Revisionsbegründung vom 13. 5. 1992 erhobene allgemeine Sachrüge näher ausgeführt:

1. Das angefochtene Urteil, durch das der Beschwerdeführer wegen fortgesetzen Beischlafs zwischen Verwandten verurteilt worden ist, beruht auf einer fehlerhaften Anwendung des materiellen Rechts, weil die Beweiswürdigung lückenhaft und nicht vollständig, insgesamt also rechtsfehlerhaft ist.

   . . .

   a) Die Revision rügt, daß es die Strafkammer versäumt hat, die Aussage der Zeugin C zumindest ihrem wesentlichen Inhalt nach mitzuteilen und auf diesem Wege eine Überprüfung der Beweiswürdigung unter Berücksichtigung der Aussage der angeblichen Tatzeugin zu ermöglichen.
   Die Strafkammer stützt ihre Überzeugung von der Schuld des Beschwerdeführers auf die Aussage der Zeugin B (sc. der Geschädigten).

> „Zur Überzeugung der Kammer ist der Angeklagte aufgrund des Ergebnisses der Beweisaufnahme im Sinne der getroffenen Feststellungen überführt.
> Die Strafkammer hat keinen Zweifel daran, daß der Angeklagte im Januar und Februar/März 1989 in . . . mindestens 9mal mit seiner Tochter, der Zeugin B, geschlechtlich verkehrt hat.
> Diese Überzeugung basiert in erster Linie auf den Angaben der Tochter des Angeklagten, die die Kammer nach sorgfältiger Prüfung für glaubhaft hält . . .“ (Bl. 25 UA).

Nach den Feststellungen der Strafkammer endeten die sexuellen Beziehungen zwischen dem Angeklagten und dessen Tochter, nachdem die Zeugin C überraschend Zeugin eines angeblichen Sexualkontaktes geworden war:

> „Mitte bis Ende Februar 1989, möglicherweise auch ein wenig später, endeten die sexuellen Beziehungen zwischen Vater und Tochter, als die Mutter überraschend B's Zimmer betrat und sie B und ihren Ehemann unbekleidet in eindeutiger Situation im Bett liegen sah. Weinend wandte sie sich mit den Worten „Ihr Säue! Ihr Säue!" ab. Nach diesem Erlebnis wollte die Zeugin C sich zunächst mit ihrer Tochter zusammentun und sich vom Angeklagten trennen. In dieser Form äußerten sie und B sich auch der Zeugin D (Großmutter der Geschädigten) gegenüber, die per Telefon von dem ungeheuerlichen, für sie kaum glaublichen Geschehen erfuhr. Später wurde die Zeugin C anderen Sinnes und ergriff zugunsten ihres Ehemannes Partei. Nunmehr machte sie ihrer Tochter Vorwürfe, stellte sie als Verführerin dar und beschimpfte sie." (Bl. 24 UA)

Die Strafkammer teilt nicht mit, was die Zeugin C, die in der Hauptverhandlung vernommen wurde und nicht von ihrem Zeugnisverweigerungsrecht Gebrauch gemacht hat (Protokoll der Hauptverhandlung vom 28. 1. 1992, Bl. 2, 3 und Protokoll vom 11. 2. 1992, Bl. 5), über das angeblich von ihr selbst erlebte Ereignis in der Hauptverhandlung ausgesagt hat. Aus den Urteilsgründen läßt sich insbesondere nicht entnehmen, ob die Zeugin C den Vorfall bestätigt oder in Abrede gestellt hat.

Dies stellt einen sachlich-rechtlichen Fehler in Gestalt einer unvollständigen, lückenhaften Beweiswürdigung dar:

In der Rechtsprechung des Bundesgerichtshofs ist anerkannt, daß die Aussagen eines Zeugen ihrem Inhalt nach im Urteil wiedergegeben werden müssen, sofern sich deren Erörterung als wesentlicher Gesichtspunkt aufdrängt, da dem Revisionsgericht nur auf diesem Wege eine Überprüfung der Beweiswürdigung im Hinblick auf ihre Geschlossenheit, Lückenlosigkeit, Freiheit von Denkfehlern etc. ermöglicht wird

> vgl. nur BGH StV 1991, 114; NStZ 1983, 133.

Die Wiedergabe und Würdigung der Aussage der Zeugin C drängte sich allein schon deshalb auf, weil sie – von der Zeugin B abgesehen – die einzige angebliche Tatzeugin darstellt. Es ist somit für eine Überprüfbarkeit der Beweiswürdigung von wesentlicher Bedeutung, in welcher Weise sich die Zeugin C zu dem von ihr angeblich beobachteten Tatgeschehen geäußert hat. Hat sie den Vorfall in Abrede gestellt, so wäre die Strafkammer im Ergebnis zwar nicht gehindert gewesen, der Zeugin B Glauben zu schenken. Es hätte jedoch dann einer eingehenden Würdigung und Hinterfragung der Aussage der Zeugin B im Lichte der entgegenstehenden Aussage ihrer Mutter, der Zeugin C, bedurft. Dies wäre allein deshalb unumgänglich gewesen, weil die Strafkammer die Glaubhaftigkeit der Aussage B im wesentlichen mit solchen Umständen begründet, die in der Person und der Aussage der Zeugin B selbst begründet sind. So wird von der Kammer insbesondere die Konstanz der Angaben der Zeugin (Bl. 25, 26 UA) sowie der positive Eindruck von der Persönlichkeit der Zeugin (Bl. 30 UA) als für die Überzeugungsbildung wesentlich bezeichnet. Vor diesem Hintergrund hätte es unbedingt eines Abgleichs der Aussage der Zeugin B mit anderen in der Hauptverhandlung eingeführten Beweismitteln bedurft. Dabei drängte es sich auf, eine Würdigung der Aussage anhand der Bekundungen der Zeugin C, die Teile des Tatgeschehens in eigener Person wahrgenommen haben soll, vorzunehmen. Für die Vollständigkeit und Lückenlosigkeit der Beweiswürdigung und eine entsprechende Überprüfbarkeit des Urteils war es somit von ausschlaggebender Bedeutung, welchen Inhalt die Aussage der Zeugin C hatte.

b) Auf dem festgestellten Rechtsfehler beruht das angefochtene Urteil. Es läßt sich nicht ausschließen, daß die Zeugin C bekundet hat, der angeblich von ihr beobachtete Geschlechtsverkehr zwischen dem Angeklagten und der Zeugin B habe nie stattgefunden. Die Strafkammer hätte sich mit der in Widerspruch zu den Bekundungen der Zeugin B stehenden Aussage der Zeugin C auseinandersetzen müssen und hätte die Feststellung, die Aussage der Zeugin B sei glaubhaft, so nicht aufrechterhalten können. Der festgestellte rechtliche Fehler nötigt zur Aufhebung des Urteils.

2. Lückenhaft und rechtlich fehlerhaft ist die Beweiswürdigung der Strafkammer auch deshalb, weil die Aussage der Zeugin D weder inhaltlich wiedergeben noch gewürdigt wird.

a) Die Zeugin D, Großmutter der Zeugin B, stellt eine mittelbare Tatzeugin bzw. Zeugin vom Hörensagen insofern dar, als ihr seitens der Zeuginnen B und C berichtet worden sein soll, daß es zum Geschlechtsverkehr zwischen dem Angeklagten und der Zeugin B gekommen sein soll.

> „Nach diesem Erlebnis (gemeint: der von C beobachtete Geschlechtsverkehr zwischen dem Angeklagten und der Zeugin B) wollte die Zeugin C sich zunächst mit ihrer Tochter zusammentun und sich vom Angeklagten trennen. In dieser Form äußerten sie und B sich auch der Zeugin D gegenüber, die per Telefon von dem ungeheuerlichen, für sie kaum glaublichen Geschehen erfuhr." (Bl. 14 UA)

Auch die Aussage der Zeugin D hätte inhaltlich im Urteil wiedergegeben und gewürdigt werden müssen. Der Aussage der in der Hauptverhandlung vernommenen Zeugin D, die von ihrem Zeugnisverweigerungsrecht keinen Gebrauch gemacht hat (Protokoll der Hauptverhandlung vom 28. 1. 1992 Bl. 6), kommt neben derjenigen der Zeuginnen B und C allein deshalb entscheidende Bedeutung zu, weil die Zeugin D zeitnah mit dem letzten angeblichen Geschlechtsverkehr von einer Augenzeugin telefonisch über den Vorfall informiert worden sein soll und das Geschehen für sie ungeheuerlich und kaum glaublich gewesen sein soll (Bl. 14 UA).

Die Strafkammer teilt nicht mit, ob die Zeugin D das angeblich mit der Zeugin C geführte Telefongespräch bestätigt oder in Abrede gestellt hat. Dies stellt einen sachlich-rechtlichen Fehler dar. Eine inhaltliche Wiedergabe der Aussage der Zeugin D drängt sich auf, weil nur auf diesem Wege überprüft werden kann, ob die belastende Aussage der Zeugin B durch die Aussage der Zeugin D als Zeugin vom Hörensagen eine Bestätigung gefunden hat oder ob dies nicht der Fall war. Dies gilt um so mehr, als neben den Zeuginnen B und C weitere Zeugen – auch mittelbare Zeugen bzw. Zeugen vom Hörensagen – nicht existieren. Eine Überprüfung und Würdigung der Angaben der Zeugin B anhand nicht in ihrer Person liegender Umstände konnte somit nur – abgesehen von der Zeugin C – anhand der Aussagen weiterer Zeugen vorgenommen werden. Außer der Zeugin C stand hierfür nur noch die Zeugin D zur Verfügung.

b) Auf dem festgestellten Rechtsfehler beruht das angefochtene Urteil. Es kann nicht ausgeschlossen werden, daß die Zeugin D bekundet hat, ein Telefonat, in dem von einem Geschlechtsverkehr zwischen der Zeugin B und dem Angeklagten die Rede war, habe nicht stattgefunden. Die Strafkammer hätte sich auch hinsichtlich der Aussage der Zeugin D sodann mit dem aufgetretenen Widerspruch zu der Bekundung der Zeugin B auseinandersetzen müssen. Sie hätte ihre Feststellung, der Aussage der Zegin B sei zu folgen, nicht aufrechterhalten können.

...

8. Die Revision rügt, daß die Strafzumessung insofern fehlerhaft ist als in Gestalt einer Freiheitsstrafe von 2 Jahren und 3 Monaten eine unvertretbar hohe Strafe ausgesprochen worden ist, die das für vergleichbare Fälle übliche Maß bei weitem überschreitet.

a) Dabei verkennt die Revision nicht: Die Strafzumessung ist grundsätzlich Sache des Tatrichters. Ein Eingriff des Revisionsgerichts in diesen Bereich kann daher nur ausnahmsweise erfolgen. Eine Ausnahme wird in der Rechtsprechung des Bundesgerichtshofs insbesondere dann angenommen, wenn die verhängte Strafe unvertretbar hoch ist, das für vergleichbare Fälle übliche Maß erheblich überschreitet und damit den Anforderungen eines gerechten Schuldausgleichs nicht mehr entspricht und deswegen rechtsfehlerhaft ist (BGHSt 29, 319 (320); BGH StV 1985, 366 (366); 1990, 494 (494».

Dabei ist zu berücksichtigen, daß die verwirklichte Tatschuld Grundlage und Grenze der Strafzumessung bildet. Hinsichtlich der Tatschuld stellt die Strafkammer jedoch lediglich darauf ab, daß die Tat sich über einige Wochen hinweg erstreckt habe und nicht mit der inneren Billigung der Zeugin B bzw. in einem Fall nach Einnahme von Tabletten seitens der Zeugin begangen worden sei:

„Negativ fällt ins Gewicht, daß sich die Straftat über einige Wochen erstreckt hat. Dabei hat der Angeklagte, auch wenn er keine psychische Gewalt angewendet hat, dennoch den Beischlaf mit der Tochter nicht mit deren innerer Billigung durchgeführt. Wie sie immer wieder bekundete, wollte B den Sexualkontakt mit dem Vater nicht, war aber auch nicht in der Lage, sich dagegen zu wehren. Dabei hat der Angeklagte die sich ihm bietende Gelegenheit, mit der Tochter allein zu sein, ausgenutzt, mit ihr geschlechtlich zu verkehren. Dem Angeklagten ist dies auch klar gewesen. Auf das Widerstreben der Tochter hat er mit Drohungen reagiert. Beim ersten Geschlechtsverkehr in der Wohnung der Tochter am ... war ihm auch klar, daß B durch die Zahnschmerzen und die Tabletteneinnahme physich und psychisch geschwächt war. Bei dem ersten Annäherungsversuch in der Wohnung ihrer Großmutter hatte sie ihn abgewiesen." (Bl. 39 UA)

Sonstige Umstände, die eine besonders hohe Schuld begründen könnten – wie insbesondere eine in besonderem Maße aufgewendete kriminelle Energie, abnorme sexuelle Praktiken, tateinheitlich verwirklichte weitere Straftaten etc. – stellt die Strafkammer nicht fest. Die weiteren Strafzumessungserwägungen der Strafkammer beschränken sich auf das Nachtatverhalten des Beschwerdeführers und damit auf einen außerhalb der Tat stehenden Strafzumessungsfaktor, der Bedeutung nur innerhalb des schuldangemessenen Strafrahmens finden kann, diesen Strafrahmen jedoch nicht an die Obergrenze der gesetzlichen Höchststrafe zu verschieben vermag. Indem die Strafkammer mit der verhängten Freiheitsstrafe von 2 Jahren und 3 Monaten – die Möglichkeit einer Geldstrafe unberücksichtigt – das obere Drittel des gesetzlichen Strafrahmens gewählt hat, verläßt sie den Bereich derjenigen Strafe, die auch unter Berücksichtigung der im Rahmen des § 173 StGB üblichen Strafzumessung noch als gerechter Schuldausgleich angesehen werden kann.

Zumindest aber hätte die Strafkammer detailliert und begründet darlegen müssen, warum aus ihrer Sicht die Verhängung einer Freiheitsstrafe nahe der gesetzlichen Höchststrafe unter Berücksichtigung der Maxime, daß die zu verhängende Strafe schuldangemessen sein muß, angezeigt war. Eine solche Begründung muß um so eingehender sein, je mehr sich die Strafe der oberen Grenze des zulässigen Rahmens nähert ...

Die Strafzumessung ist somit auch wegen Verfehlung der Aufgabe, einen gerechten Schuldausgleich zu bewirken, rechtsfehlerhaft.

b) Das angefochtene Urteil beruht auf dem Rechtsverstoß, da sich der Mangel auf die Höhe der verhängten Strafe ausgewirkt hat.

9. Die Revision rügt schließlich, daß die Strafzumessungserwägungen der Strafkammer rechtsfehlerhaft unklar sind.

Bei der Strafzumessung berücksichtigt die Strafkammer strafschärfend die zeitliche Dauer der angeblichen Straftat:

„Negativ fällt ins Gewicht, daß sich die Straftat über einige Wochen erstreckt hat." (Bl. 49 UA)

Es ist nicht ersichtlich, in welcher Weise die zeitliche Dauer der Straftat einem anerkannten, mit den Gesichtspunkten des § 46 StGB in Einklang stehenden Strafzumessungsfaktor zugeordnet werden kann. Für die Strafzumessung kann es keinen Unterschied machen, ob die 9 Fälle des Beischlafs zwischen Verwandten innerhalb eines Tages, einer Woche oder mehrer Wochen stattgefunden haben.

Da die Strafkammer die zeitliche Dauer der Straftat „negativ ins Gewicht fallen läßt", beruht das angefochtene Urteil auf dem Rechtsverstoß.

10. Die Revision erachtet es im vorliegenden Fall für geboten, gem. §§ 354 II (2. Alt.) StPO die Sache zur erneuten Verhandlung und Entscheidung an ein anderes Landgericht zurückzuverweisen.

(Antrag des Generalbundesanwalts nach § 349 II, III)

Der Generalbundesanwalt beim Bundesgerichtshof

6. 8. 1992

– 3 StR 278/92 –

An den
Herrn Vorsitzenden
des ... Strafsenats

Betrifft: Strafsache gegen A
wegen Beischlafs zwischen Verwandten

Anlagen: 5 Bände Strafakten
1 Band Beiakten
1 Senatsheft
1 beglaubigte Ablichtung

Ich beantrage,

die Revision des Angeklagten gegen das Urteil der 2. großen Strafkammer des Landgerichts ... vom 7. Februar 1992 durch Beschluß nach § 349 Abs. 2 StPO als unbegründet zu verwerfen.

Die Revision des Angeklagten, mit der er die Verletzung formellen und materiellen Rechts rügt, hat keinen Erfolg.

I. ...

II. Sachrügen

Die Überprüfung des Urteils hat einen Rechtsfehler zum Nachteil des Angeklagten nicht erkennen lassen. ...

Zum Revisionsvorbringen ist zu bemerken:

1. Die Rüge, die Strafkammer habe es versäumt, in der Beweiswürdigung die Aussage der Zeugin C mitzuteilen, bleibt erfolglos.

   Die richterliche Überzeugung setzt neben der persönlichen Gewißheit des

Richters objektive Grundlagen voraus. Diese müssen aus rationalen Gründen den Schluß erlauben, daß das festgestellte Geschehen mit hoher Wahrscheinlichkeit mit der Wirklichkeit übereinstimmt. Das ist der Nachprüfung durch das Revisionsgericht zugänglich. Deshalb müssen die Urteilsgründe erkennen lassen, daß die Beweiswürdigung auf einer tragfähigen, verstandesmäßig einsehbaren Tatsachengrundlage beruht und daß die vom Gericht gezogene Schlußfolgerung nicht etwa nur eine Annahme ist oder sich als bloße Vermutung erweist, die letztlich nicht mehr als einen Verdacht zu begründen vermag ...

Diesen Anforderungen wird die Beweiswürdigung gerecht. In dem Urteil wird die Einlassung des Angeklagten wiedergegeben und im übrigen dargelegt, aufgrund welcher Umstände das Landgericht von seiner Täterschaft überzeugt ist. Dabei setzt sich das Landgericht nicht nur mit der Einlassung des Angeklagten auseinander, sondern wertet insbesondere die Bekundungen der Zeugin B. Daß das Landgericht seine Feststellungen auch sonst aufgrund von Zeugenaussagen und anderen Beweismitteln getroffen hat, weisen die Urteilsgründe aus.

Daß die im Urteil auf Seite 14, 2. Abs. getroffene Feststellung betr. Wahrnehmungen der Zeugin C über sexuelle Beziehungen zwischen Vater und Tochter nicht auf deren Bekundungen in der Hauptverhandlung beruht, ergibt sich aus einer Gesamtschau der Urteilsgründe. So hat z. B. der Angeklagte in seiner Einlassung nicht den Vorwurf erhoben, auch seine Ehefrau belaste ihn zu Unrecht (vgl. UA S. 25).

Davon abgesehen gebietet das Gesetz mit keiner Vorschrift, daß der Tatrichter alle in der Hauptverhandlung erörterten oder sonst benutzten Beweismittel in den schriftlichen Urteilsgründen anzuführen und sich dort über ihren Beweiswert zu äußern hat (vgl. BGHR StPO § 261 Beweiswürdigung 7 m. w. N.).

2. Die Beweiswürdigung ist auch nicht deshalb lückenhaft, weil in den Urteilsgründen die Bekundungen der Zeugin D nicht mitgeteilt werden. Die obigen Ausführungen (II.1) gelten entsprechend.

...

8. Die Strafzumessung ist, wie der Revisionsführer zutreffend ausführt, Sache des Tatrichters. Rechtsfehler, die ein Eingreifen des Revisionsgerichts rechtfertigen könnten, sind hinsichtlich der Strafzumessungserwägungen im engeren Sinne nicht ersichtlich.

...

(Erwiderung der Verteidigung)

An den
Bundesgerichtshof
Herrenstraße 45a
7500 Karlsruhe 1

In der Strafsache
gegen A
– 3 StR 278/92 –

wird auf die Antragsschrift des Generalbundesanwalts vom 16. 8. 1992 wie folgt erwidert.

...

Zu II. 1:

Zu Unrecht verneint der Generalbundesanwalt eine Lückenhaftigkeit und Unvollständigkeit der Beweiswürdigung.
Soweit der Generalbundesanwalt die Auffassung vertritt, aus der Gesamtschau der Urteilsgründe ergebe sich, daß die Zeugin C in ihrer zeugenschaftlichen Vernehmung die Wahrnehmung eines Sexualkontaktes zwischen B und dem Revisionsführer verneint habe, widerspricht seine Auffassung der gefestigten Rechtsprechung des Bundesgerichtshofs, wonach wesentliche Zeugenaussagen jedenfalls ihrem maßgeblichen Inhalt nach wiedergegeben werden müssen. ...
Auch der Generalbundesanwalt wird schwerlich behaupten wollen, es genüge als Wiedergabe der Aussage C, daß das Urteil nicht mitteilt, der Revisionsführer habe gegen seine Ehefrau den Vorwurf erhoben, diese belaste ihn zu Unrecht. Dies nämlich liefe auf die – durchaus fernliegende – Rechtsauffassung hinaus, das Schweigen des Urteils beinhalte eine Wiedergabe des maßgeblichen Inhalts der Zeugenaussage.
Sollten die Ausführungen des Generalbundesanwalts jedoch dahin zu verstehen sein, daß eine solche Wiedergabe hier vorliegt, so hätte dies zur Konsequenz, daß in dem Urteil festgestellt wird, die Augenzeugin C habe im Gegensatz zu der Zeugin B einen Sexualkontakt zwischen B und dem Revisionsführer verneint. In diesem Fall hätte es aber ersichtlich einer Auseinandersetzung mit der entgegenstehenden Aussage der einzigen „neutralen" Zeugin eines Teilaktes des unmittelbaren Tatgeschehens bedurft. Es ist anerkannten Rechts, daß sich das Gericht in der Beweiswürdigung erschöpfend mit dem Sachverhalt, soweit er bestimmte Schlüsse zu Gunsten oder zu Ungunsten des Angeklagten nahelegt, befassen muß (BGH NStZ 1991, 488). Diesen Anforderungen genügt es nicht, wenn das Tatgericht Aussagen zweier Augenzeugen, die sich in einem entscheidenden Punkt widersprechen, ohne weitere Erörterung nebeneinander bestehen läßt (BGHSt 25, 285, BGH NStZ 1981, 488). Nach alledem ist die Beweiswürdigung des angefochtenen

Urteils entweder lückenhaft oder – soweit den Ausführungen des Generalbundesanwalts gefolgt wird – unklar.

Zu II.2.:

In diesem Punkt kann auf die Ausführungen zu II.1. Bezug genommen werden.

...

(Entscheidung)

Bundesgerichtshof
Beschluß
– 3 StR 278/92 –

In der Strafsache
gegen
A
wegen Beischlafs zwischen Verwandten

Der 3. Strafsenat des Bundesgerichtshofs hat am 7. September 1992 nach Anhörung des Generalbundesanwalts und des Angeklagten gemäß § 349 Abs. 4 StPO einstimmig beschlossen:

> Auf die Revision des Angeklagten wird das Urteil des Landgerichts ... vom 17. 2. 1992 mit den Feststellungen aufgehoben und die Sache zu neuer Verhandlung und Entscheidung, auch über die Kosten der Revision, an eine Strafkammer des Landgerichts ... (sc. anderes LG) zurückverwiesen.

Gründe:

Das Landgericht hat den Angeklagten wegen (fortgesetzten) Beischlafs zwischen Verwandten zu einer Freiheitsstrafe von zwei Jahren und drei Monaten verurteilt. Nach den Feststellungen hat der damals 44jährige Angeklagte mit seiner 18 Jahre alten leiblichen Tochter B von „Ende Januar 1989" (UA S 9) bis „Mitte bis Ende Februar 1989, möglicherweise auch ein wenig später" (UA S. 14) insgesamt neunmal den Geschlechtsverkehr ausgeübt, ohne daß diese sich dagegen wehrte. Die Überführung des die Sexualkontakte bestreitenden Angeklagten beruht auf der als glaubhaft angesehenen Bekundung seiner Tochter.

Gegen dieses Urteil richtet sich die auf die Verletzung förmlichen und materiellen Rechts gestützte Revision des Angeklagten. Sie hat mit der Sachrüge Erfolg. Auf die Verfahrensrügen braucht daher nicht eingegangen zu werden. Die unvollständige und lückenhafte Beweiswürdigung genügt nicht den sachlich-rechtlichen Anforderungen.

Wird die Überführung des Angeklagten allein auf die Aussage des Tatopfers gestützt, so müssen die Urteilsgründe erkennen lassen, daß das Tatgericht alle Umstände, die die Glaubhaftigkeit der Aussage – wenn auch nur in Teil- oder Randbereichen – bestätigen oder infrage stellen können, bei der Glaubwürdigkeitsprüfung in seine Überlegungen einbezogen hat. Daran fehlt es in mehrfacher Weise. Dieser Mangel ist vor allem auch deshalb von Bedeutung, weil die im Urteil enthaltene Schilderung der Geschädigten über die Motive ihrer Mitwirkung bei der Tat schwer nachvollziehbar ist.

a) Nach den Feststellungen endete die Sexualbeziehung zwischen dem Angeklagten und seiner Tochter, als die Ehefrau des Angeklagten und Mutter der Geschädigten, die Zeugin C, beide unbekleidet in eindeutiger Position im Bett antraf. In den Urteilsgründen heißt es sodann (UA S. 14):

> „Weinend wandte sie sich mit den Worten „Ihr Säue! Ihr Säue!“ ab. Nach diesem Erlebnis wollte die Zeugin C sich zunächst mit ihrer Tochter zusammentun und sich vom Angeklagten trennen. In dieser Form äußerten sie und B sich auch der Zeugin D (Schwiegermutter des Angeklagten) gegenüber, die per Telefon von dem ungeheuerlichen, für sie kaum glaubhaften Geschehen erfuhr. Später wurde die Zeugin C anderen Sinnes und ergriff zugunsten ihres Ehemannes Partei. Nunmehr machte sie ihrer Tochter Vorwürfe, stellte sie als Verführerin dar und beschimpfte sie.“

Der Senat geht davon aus, daß die Zeuginnen C und D in der Hauptverhandlung auch zu diesen Punkten Angaben gemacht haben. Denn das Urteil bezeichnet sie als Zeuginnen und enthält keinen Hinweis darauf, daß sie die Aussage verweigert haben. Daß sie Angaben zur Sache gemacht haben, ergibt sich im übrigen aus dem Gerichtsbeschluß vom 3. 2. 1992, den die Revision im Rahmen einer zulässigen Verfahrensrüge vorträgt, und von dem der Senat daher Kenntnis genommen hat (Bl. 29ff. der Rev. Begr. vom 13. 4. 1992, Bd. IV, Bl. 732ff. d.A.).

In der Beweiswürdigung werden die Bekundungen dieser beiden Zeuginnen weder mitgeteilt noch – auch nicht summarisch – gewertet. So bleibt es offen, ob die Mutter der Geschädigten deren Aussage, ihre Mutter habe sie und den Angeklagten nackt im Bett liegend angetroffen, bestätigt hat. Dies wäre ein gewichtiges Indiz für die Glaubhaftigkeit der Schilderung der Geschädigten. Hat sie deren Aussage aber nicht bestätigt oder ihre Tochter vor dem Tatrichter gar der Lüge bezichtigt, so hätte sich das Landgericht damit in einer fur das Revisionsgericht nachvollziehbaren Weise auseinandersetzen und hierbei auch die Aussage der Zeugin D berücksichtigen müssen. Ob die Zeugin D die vom Landgericht festgestellte telefonische Unterrichtung über die angeblichen Vorfälle bestätigt hat, ist dem Urteil nicht zu entnehmen.

...

f) Abschließend weist der Senat darauf hin, daß die Ausführungen des Landgerichts zum Gesamtvorsatz nicht der Rechtsprechung des Senats entsprechen (vgl. BGHR StGB vor § 1/fH Gesamtvors. 24; BGH, Beschluß vom 12. August 1992–3 StR 304/92) und die **Strafzumessungserwägungen** nicht ausreichend deutlich machen, warum gegen den unbestraften Angeklagten eine Freiheitsstrafe nahe der Höchststrafe verhängt worden ist.

III. Erfolgreiche Sachrüge (mit erfolglosen Verfahrensrügen) der Staatsanwaltschaft gegen Freispruch

(Das Landgericht hatte die Angeklagten vom Vorwurf verschiedener Umweltstraftaten freigesprochen.)

(Revisionsbegründung der Staatsanwaltschaft)

126 Js 1546/86
In dem Strafverfahren gegen A, B, C, D, E, F
wegen schwerer Umweltgefährdung u. a.

wird die mit Schreiben vom 4. Juli 1989 eingelegte Revision (Bl. 7185 d. A.) hinsichtlich der Angeklagten

A, C, D

zurückgenommen und hinsichtlich der übrigen Angeklagten auf die Anklagepunkte 2–4 beschränkt.
Ich rüge die Verletzung formellen und materiellen Rechts und begründe die Rügen zugleich wie folgt:

Fall 2 der Anklage:

I. Rüge der Verletzung formellen Rechts: Verletzung des § 244 Abs. 2 StPO:
Nach den Feststellungen des angefochtenen Urteils wurden in das Regenrückhaltebecken keine **Sonderabfälle** aus dem Raffineriegelände eingebracht und zwischengelagert, sondern lediglich Abwässer verschiedener Konsistenz in das Bestandteil der ordnungsgemäß genehmigten Abwasseranlage der Raffinerie bildende Abwassersystem eingeleitet (UA S. 9 10). Die Strafkammer hat es rechtsfehlerhaft unterlassen, weitere Ermittlungen dahingehend anzustellen, um welche „flüssige Abfälle" es sich dabei gehandelt hat. Die Notwendigkeit dieser Beweiserhebungen u. a. durch Vernehmung der mit der Abwasserbeseitigung befaßten Angestellten der Fa. ..., X und Y mußte sich dem Gericht aufdrängen, nachdem bereits in der Anklage davon ausgegangen worden war, daß u. a. Säuren und Laugen in das Rückhaltebecken eingeleitet worden waren. Flüssig-chemische-mineralische Abfallstoffe (Alt-Öl, Laugen, Säuren, Emulsionen, chlorierte Kohlenwasserstoffe) sind ungeachtet ihres flüssigen Aggregatzustandes nicht als Abwasser zu behandeln, weil sie nicht wasserhaltig sind. Sie dürfen als Abfälle nicht in ein Gewässer eingeleitet werden (§ 4 Abs. 1 AbfG). Ihre Einleitung ist wasserrechtlich nicht genehmigungsfähig ... Selbst wenn man dem Gesamtzusammenhang des Urteils mit hinreichender Deutlichkeit die Feststellung entnehmen könnte, daß es sich um wasserhaltige Flüssigkeiten und damit um Abwässer gehandelt habe, war die Feststellung unentbehrlich, welche Stoffe sie enthielten. Diese Feststellung ist Voraussetzung für die Prüfung, ob die Einleitung der flüssigen

Abfallstoffe in das Becken im Einklang mit den wasserrechtlichen Genehmigungen erfolgt ist. Die Kammer hat sich auf die unüberprüfbare Behauptung beschränkt, die „Abwässer verschiedener Konsistenz" seien in die „ordnungsgemäß genehmigte Abwasseranlage" eingeleitet und von dort „entsprechend den wasserrechtlichen Erlaubnissen" in den Rhein geleitet worden. Eine Überprüfung, ob die Einleitung der flüssigen Abfallstoffe in den Rhein erfolgen durfte, ist nicht möglich, weil die Kammer weder den Inhalt der „wasserrechtlichen Genehmigungen" in den Urteilsgründen mitgeteilt noch dargelegt hat, welche Bestandteile die Abwässer aufwiesen.

...

II. Rüge der Verletzung materiellen Rechts

Die Sachrüge wird, wie auch in den Fällen 3 und 4 allgemein erhoben.

1) Insbesondere wird hier aber gerügt, daß das Gericht in fehlerhafter Rechtsanwendung den Abfallbegriff verkannt und damit die Anwendbarkeit abfallrechtlicher Vorschriften verneint hat. Die Darlegungen der Strafkammer, eine in ein Gewässer eingeleitete Flüssigkeit sei stets als Abwasser und nicht als Abfall anzusehen mit der Folge, daß „abfallrechtliche Vorschriften ... rechtlich nicht relevant" seien (UA S. 12), sind nämlich in dieser Form unrichtig. Der strafrechtliche Abfallbegriff lehnt sich zwar eng an den des § 1 Abs. 1 AbfG an, ohne aber die in § 1 Abs. 3 AbfG genannten Beschränkungen zu übernehmen. Deshalb werden auch flüssige Abfälle (Abwässer) vom strafrechtlichen Abfallbegriff erfaßt ...

   Gemäß § 1 Abs. 3 Nr. 5 AbfG gilt das Gesetz nicht für Abwasser, soweit es in Gewässer oder Abwasseranlagen eingeleitet wird. Die primäre Geltung der wasserrechtlichen Bestimmungen tritt jedoch zurück, wenn die Einleitung des Abwassers in ein Gewässer oder eine Kläranlage mangels entsprechender Genehmigung unzulässig ist. In diesem Fall hat der Beseitigungspflichtige den flüssigen Abfall in einer dem Abfallgesetz entsprechenden Weise zu beseitigen. Verstöße gegen diese Verpflichtung fallen dementsprechend unter § 326 StGB. Dies entspricht auch den Intentionen des Gesetzgebers, der alle Abfälle – unabhängig von ihrem Aggregatzustand – dem Regelungsbereich des § 326 StGB unterwerfen wollte (BT-Drucksache 8/2382, S. 17). Da die Strafkammer durch die dargestellte rechtsfehlerhafte Verkennung des Abfallbegriffs zu einer Nichtanwendbarkeit des § 326 StGB auf Abwasser gelangt ist, kann das Urteil insoweit keinen Bestand haben.

2) Auch soweit die Kammer festgestellt hat:

> „...
>
> **Fall 2 der Anklage:**
>
> Auch in diesem Falle war eine Verurteilung aus rechtlichen und tatsächlichen Gründen nicht möglich, da entgegen den Ausführungen in der Anklageschrift in das Regenrückhaltebecken keine Sonderabfälle aus dem Raffineriebetrieb eingebracht und zwischengelagert wurden, sondern nach dem Ergebnis der Beweisaufnahme lediglich Abwässer verschiedener Konsistenz in dieses Becken eingeleitet

wurden, das Bestandteil der ordnungsgemäß genehmigten Abwasseranlage der Fa. ERS war.
..."

weist ihre Beweisführung Rechtsfehler auf. ... Feststellungen der Kammer zu der Frage, welche Stoffe die eingeleiteten Flüssigkeiten enthielten als Voraussetzung für die Prüfung, ob die eingeleiteten Abwässer im Einklang mit den erteilten wasserrechtlichen Genehmigungen standen, fehlen gänzlich. Das Gericht hat sich lediglich mit dem Satz begnügt:

„...
Dieses Becken war in die Kanalisationseinrichtung eingebunden und seine Ablaufleitungen führten zur Kläranlage, was zur Folge hatte, daß das aus diesem Becken zufließende Abwasser nur geklärt entsprechend den wasserrechtlichen Erlaubnissen in den Rhein geleitet wurde (UA., S. 10)
..."

Eine Überprüfung dieser Behauptung, die Einleitung der Substanzen in den Rhein habe erfolgen dürfen, ist nicht möglich, da das Gericht weder den Inhalt der wasserrechtlichen Erlaubnisse in den Urteilsgründen mitgeteilt noch dargelegt hat, welche Bestandteile die Abwässer aufwiesen.

...

3) Auch soweit die Strafkammer davon ausgegangen ist, der im Becken abgelagerte Ölschlamm falle nicht unter den Abfallbegriff (UA S. 11f) kann das Urteil keinen Bestand haben.
Wie bereits dargelegt, unterliegen sämtliche in das Becken eingeleiteten Stoffe und damit auch der sich aus absetzenden festen Teilchen gebildete darin ablagernde ölhaltige Schlamm dem Abfallbegriff im Sinne von § 326 StGB.

II. Rüge der Verletzung materiellen Rechts

1. (sc. **Fall 3 der Anlage**) Weiterhin geht die Strafkammer in fehlerhafter Rechtsanwendung davon aus, daß es sich bei dem kohlenwasserstoffverunreinigten Aushubmaterial (sc. benzinbelasteter Sand) nicht um Abfall, sondern ein wiederverwendbares Wirtschaftsgut handelt.
Nach der Legaldefinition des § 1 Abs. 1 AbfG beinhaltet der Abfallbegriff sowohl eine subjektive als auch eine objektive Komponente. Folgt man der Einlassung der Angeklagten, so ist der subjektive Abfallbegriff nicht erfüllt, da sie das Aushubmaterial nach erfolgter Ausdünstung wieder verwenden wollten. Die Strafkammer geht aber zu Unrecht davon aus, daß auch die Voraussetzungen des objektiven Abfallbegriffs nicht vorlägen. Die Begriffsbestimmung nach § 1 Abs. 1 AbfG behindert zwar nicht die Wiederverwertung von Stoffen, allein die Verwertungsmöglichkeit einer beweglichen Sache schließt allerdings deren Abfalleigenschaft nicht aus. Die Auslegung, wonach allein darauf abzustellen ist, ob noch eine ordnungsgemäße Verwertung technisch möglich und wirtschaftlich vertretbar sei, ist jedoch zu eng, da sie entscheidend nur auf die Wiederverwertungsmöglichkeit abstellt.
Daß eine Sache noch ein Wirtschaftsgut darstellt, ist nicht schon deshalb

anzunehmen, weil sie durch eine – heute bei fast allen Produkten denkbare – Umarbeitung wieder dem Wirtschaftskreislauf zugeführt werden kann, da sich die Nutzbarkeit hier nicht auf die Sache selbst, sondern auf ihre Verwertungsmöglichkeit als Abfall bezieht. ... Bei einer derart engen Auslegung könnte das Abfallgesetz unterlaufen werden, so daß es bald überhaupt keine Abfälle im Sinne des Gesetzes mehr geben würde. Insbesondere läuft die Begriffsbestimmung, die nicht allein auf die Möglichkeit einer Wiederverwertung abstellt auch nicht dem Verwertungsgedanken zuwider, da bei einer Verwertung zu einem vernünftigen Zweck die Abfalleigenschaft wieder verloren gehen kann.
Das Urteil beruht auch auf der fehlerhaften Rechtsanwendung, da nicht auszuschließen ist, daß die Kammer bei Bejahung der Abfalleigenschaft des Aushubmaterials zu einer Verurteilung gelangt wäre. ...

Fall 4 der Anklage

I. Rüge der Verletzung formellen Rechts

1. Verletzung des § 64 StPO
Die Strafkammer hat den Zeugen Regierungsdirektor Z nicht vereidigt und es dabei rechtsfehlerhaft unterlassen, den Prozeßbeteiligten in der Hauptverhandlung die Gründe für diese Entscheidung mitzuteilen. Das Hauptverhandlungsprotokoll vom 30. August 1989 enthält dazu folgenden Vermerk:

„Die Zeugen Z und T wurden gem. § 57 StPO ermahnt und sodann einzeln und in Abwesenheit des später zu hörenden Zeugen vernommen wie folgt:

1. Zeuge
Zur Person: (Z) ...
2. Zeuge
Zur Person: (T) ...“ – (Bl. 120f. Protokollband)

Mangels Kenntnis der Gründe für diese Entscheidung konnte die Staatsanwaltschaft ihr weiteres Prozeßverhalten nicht darauf ausrichten. Das Urteil beruht auch auf der Verletzung des § 64 StPO. Der Zeuge Z war insbesondere zu dem Beweisthema vernommen worden, inwieweit die Bezirksregierung Kenntnis von der Praxis des „Heruntermischens“ hatte. Die Strafkammer ist im Rahmen der Beweiswürdigung den Angaben des Zeugen Z gefolgt und davon ausgegangen, daß eine solche Kenntnis nicht vorlag.

2. **Verletzung des § 244 Abs. 2 StPO**
Das Gericht hat keine Feststellungen darüber getroffen, welche Vorstellungen die Angeklagten im einzelnen hinsichtlich der Zulässigkeit des „Heruntermischens“ durch die Raffinerie ... hatten. Dies hätte durch die Befragung im Rahmen der Vernehmung zur Sache aufgeklärt werden müssen. Der Umstand, ob und aus welchen Gründen die Angeklagten es als befugt ansahen, das kontaminierte Erdreich auf dem Raffineriegelände durch Beigabe weniger oder gar nicht verunreinigter Erde zu mischen, ist entscheidend für die Beurteilung der Frage, ob der strafrechtliche Vorwurf

wegen eines Verbotsirrtums gem. § 17 StGB entfallen kann. Es ist nicht auszuschließen, daß das Gericht bei vollständiger Aufklärung dieser Frage zu einer Verurteilung gelangt wäre.

II. Rüge der Verletzung materiellen Rechts

Nach den getroffenen Feststellungen ist der Tatbestand eines Vergehens der umweltgefährdenden Abfallbeseitigung im Sinne des § 326 Abs. 1 Nr. 3 StGB erfüllt worden. Das „Heruntermischen" des Abfalls stellt ein „Behandeln" im Sinne dieser Bestimmung dar. Die Strafkammer hebt hervor, daß die Bezirksregierung... nicht der Raffinerie, sondern lediglich der Firma K-Müll GmbH & Co. KG eine Genehmigung zum Herabmischen von kontaminiertem Erdreich auf die deponiefähige Marke von einem Ölanteil mit maximal 20% erteilt hatte.

Die Urteilsausführungen lassen nicht klar erkennen, aus welchen Gründen der strafrechtliche Vorwurf entfallen soll. Da die Kammer davon ausgeht, daß die Bezirksregierung der Raffinerie keine Genehmigung zum „Heruntermischen" erteilt und auch von dieser „Praxis" keine Kenntnis hatte, ist zu vermuten, daß das Gericht einen unvermeidbaren Verbotsirrtum im Sinne des § 17 StGB angenommen hat, weil sich die Angeklagten an die Deponiebedingungen der Firma K-Müll und L und deren Vorschläge zur Aufarbeitung des anzuliefernden Materials hielten. Welche Vorstellungen die Angeklagten im einzelnen hatten, ist im Urteil nicht wiedergegeben. Sollten sie angenommen haben, ohne weiteres den Deponiebedingungen der Firmen K-Müll... nachkommen zu dürfen, wäre dieser Irrtum schon deshalb nicht unvermeidbar, weil für die Genehmigung der Abfallbehandlung auf dem Gelände der Raffinerie nicht die Deponiefirmen zuständig waren.

...

Nach alledem kann das Urteil im Fall 4 keinen Bestand haben. Es ist unklar und lückenhaft, weil es nicht eindeutig erkennen läßt, auf welchen rechtlichen Erwägungen der Freispruch beruht und weil es in tatsächlicher Hinsicht beträchtliche Lücken aufweist, insbesondere im Hinblick auf die subjektive Tatseite.

...

Das Urteil kann demzufolge im angefochtenen Umfang keinen Bestand haben.

Ich beantrage daher,

das Urteil der III. Großen Strafkammer des Landgerichts... vom 1. September 1989 aufzuheben, soweit die Angeklagten B, E und F in den Anklagepunkten 2 bis 4 freigesprochen worden sind, und die Sache in diesem Umfang zur erneuten Verhandlung an eine andere Strafkammer des Landgerichts zurückverweisen.

...

(Staatsanwältin)

(Revisionserwiderung der Verteidigung)

In der Strafsache
gegen A u.a.
– 126 Js 1 546/86 – III KLs –

wird beantragt,

die Revision der Staatsanwaltschaft gegen das Urteil des Landgerichts ... vom 1. 9. 1989 zu verwerfen.

Begründung

Die Staatsanwaltschaft hat gegen das Urteil vom 1. 9. 1989 am 4. 9. 1989 Revision eingelegt, diese mit Schriftsatz vom 13. 11. 1989 teilweise zurückgenommen, im übrigen beschränkt und begründet. Das auf die Verletzung des Verfahrensrechts und des sachlichen Rechts gegründete Rechtsmittel erweist sich als nicht gerechtfertigt; die Verfahrensrügen sind i.w. unzulässig.

I.
Fall 2 der Anklage

1. Verfahrensrüge

Die Beschwerdeführerin rügt die Verletzung des § 244 Abs. 2 StPO. Zutreffend geht sie davon aus, daß entgegen der Anklage nach den Feststellungen des Urteils vom 1. 9. 1989 davon auszugehen ist, daß in das Regenrückhaltebecken der Raffinerie ... keine Sonderabfälle aus dem Raffineriegelände eingebracht und zwischengelagert wurden, sondern lediglich Abwässer verschiedener Konsistenz in das ordnungsgemäß genehmigte und betriebene Abwassersystem eingeleitet wurde. Zur Begründung der dagegen erhobenen Rüge wird folgendes ausgeführt:

„Die Strafkammer hat es rechtsfehlerhaft unterlassen, weitere Ermittlungen dahingehend anzustellen, um welche „flüssigen Abfälle“ es sich dabei gehandelt hat. Die Notwendigkeit dieser Beweiserhebung u.a. auch Vernehmung der mit der Abwasserbeseitigung befaßten Angestellten der Firma ... X und Y mußte sich dem Gericht aufdrängen, nachdem bereits in der Anklage davon ausgegangen worden war, daß u.a. Säuren und Laugen in das Rückhaltebecken eingeleitet worden waren.“ ...

Die Zeugen X und Y sind im Hauptverhandlungstermin vom 22. 8. 1989 vernommen worden. Das Hauptverhandlungsprotokoll weist folgenden Verhandlungsgang aus:

„Die Zeugen Y und X werden gem. § 57 StPO ermahnt und belehrt und sodann einzeln und in Abwesenheit der später zu hörenden Zeugen vernommen wie folgt:

3. Zeuge
Zur Person: ... (X)
Der Zeuge wurde zur Sache vernommen. ...
Der Zeuge wurde aus dem Sitzungssaal entlassen.

4. Zeuge
Zur Person: ... (Y)
Der Zeuge wurde zur Sache vernommen. ...
b. u. v.
Der Zeuge bleibt gem. § 61 Ziff. 5 StPO infolge allseitigen Verzichts unvereidigt.
...
Der Zeuge X wurde in den Sitzungssaal gerufen.
b. u. v.
Der Zeuge bleibt gem. § 61 Ziff. 5 StPO infolge allseitigen Verzichts unvereidigt.
Der Zeuge wurde im allseitigen Einverständnis entlassen."

Beweis: Das Hauptverhandlungsprotokoll vom 22. 8. 1989 (Bl. 107, 108, 109 des Protokollbandes)

Beweisanträge auf erneute Vernehmung der Zeugen X und Y sind von der Staatsanwaltschaft in der Hauptverhandlung nicht gestellt worden, ebensowenig wurden dahingehende Beweisanregungen gegeben.

Beweis: Das Hauptverhandlungsprotokoll vom 15. 8. bis 1. 9. 1989 (Bl. 1 bis 199 Protokollband).

Die Beweisaufnahme ist im Termin vom 30. 8. 1989 ohne Widerspruch der Beschwerdeführerin geschlossen worden.

Beweis: Das Hauptverhandlungsprotokoll vom 30. 8. 1989 (Bl. 125 Protokollband).

Die Verfahrensrüge ist unzulässig, weil sie nicht entsprechend der Vorschrift des § 344 Abs. 2 Satz 2 StPO ausgeführt ist. Im übrigen ist sie jedenfalls unbegründet.
Zunächst fehlt es an der Angabe, welche konkreten, entscheidungserheblichen Tatsachen durch die von der Beschwerdeführerin vermißte Aufklärung zutage gefördert worden wären. Selbst wenn im Abwasser Laugen, Säuren, Emulsionen, chlorierte Kohlenwasserstoffe enthalten gewesen wären, hätte dies an der rechtlichen Qualifikation des Abwassers nichts geändert, weil nach § 1 Abs. 3 Nr. 5 die Vorschriften des Abfallgesetzes nicht für Stoffe gelten, die in Abwasseranlagen eingeleitet oder eingebracht werden. Welche Sonderabfälle, die nicht unter den Gesetzesbegriff des Abwassers fallen, die Raffinerie ... tatsächlich in das Becken eingeleitet haben soll, teilt die Beschwerdeführerin nicht mit. Sie ist auch offenbar nicht in der Lage, eine konkrete Beweisbehauptung aufzustellen, was aus der Formulierung entnommen werden muß, daß die Strafkammer verpflichtet gewesen sei zu prüfen, „um **welche** flüssigen Abfälle es sich gehandelt habe".
Die Rüge ist auch deshalb unzulässig, weil sie die Beweismittel nicht nennt, mit deren Hilfe die vermißte Aufklärung hätte erfolgen sollen. Etwas nebelhaft verweist die Beschwerdeführerin zunächst auf ihr auch selbst offenbar unbekannte Beweismittel, die sie lediglich mit „u. a." (unter anderem) beschreibt. Die Angabe des Beweismittels ist zur Begründung einer Aufklärungsrüge jedoch unerläßlich.
Im übrigen stützt die Beschwerdeführerin ihre Rüge darauf, daß den Zeugen X und Y, die beide in der Hauptverhandlung gehört wurden, bestimmte Fragen (über die Zusammensetzung des Abwassers) nicht gestellt wor-

den seien. Abgesehen davon, daß das Revisionsgericht nicht nachprüfen kann, ob die Zeugen sich zu dem von der Revision vermißten Beweisthema tatsächlich nicht geäußert haben, ist es seit jeher in Rechtsprechung und Schrifttum anerkannt, daß mit der Nichtausschöpfung eines Beweismittels die Aufklärungsrüge nicht begründet werden kann...

Zur Rechtfertigung der Aufklärungsrüge wird schließlich darauf Bezug genommen, das Tatgericht habe nicht geklärt, „ob die Einleitung der flüssigen Abfallstoffe in den Rhein erfolgen durfte". Damit entfernt sich die Revision vom Prozeßgegenstand. Wie sich aus der zugelassenen Anklage eindeutig ergibt, ist die Frage, ob die Raffinerie... aus ihrer Kläranlage Abwasser in den Rhein unbefugt eingeleitet hat, niemals Gegenstand des Verfahrens gewesen. Eine Nachtragsanklage ist nicht erhoben worden. Es war damit dem Tatgericht aus Rechtsgründen verwehrt, die Verhandlung und Entscheidung auf diese Frage zu ertrecken.

Die Rüge der Verletzung der richterlichen Aufklärungspflicht erweist sich damit als unzulässig bzw. offensichtlich unbegründet.

2. Sachrüge

Die Beschwerdeführerin rügt, daß die Strafkammer in fehlerhafter Rechtsanwendung den Abfallbegriff verkannt und damit die Anwendbarkeit abfallrechtlicher Vorschriften verneint habe. Zur Begründung wird u.a. folgendes ausgeführt....

Die Beschwerdeführerin hat damit zum Ausdruck gebracht, daß gem. § 1 Abs. 3 Nr. 5 AbfG Stoffe, die in Gewässer oder Abwasseranlagen eingeleitet oder eingebracht werden, nicht den Regelungen des Abfallgesetzes unterfallen. Die Beschwerdeführerin meint dann aber weiter, etwas anderes müsse gelten, wenn die „Einleitung des Abwassers in ein Gewässer oder eine Kläranlage mangels entsprechender Genehmigung unzulässig" sei. Sie will also die Anwendbarkeit bzw. Nichtanwendbarkeit der abfallrechtlichen Vorschriften davon abhängig machen, ob z.B. das Einleiten von Stoffen in eine Abwasseranlage befugt oder aber unbefugt erfolgt. Darauf kommt es indessen nicht an.

Werden Stoffe in Gewässer oder Abwasseranlagen eingeleitet oder eingebracht, so gilt ausschließlich das Wasserrecht. Unerheblich ist es, ob das Einleiten oder Einbringen befugt oder unbefugt erfolgt ist. Der Vorschlag des Bundesrates, durch Hinzufügen des Wortes „dürfen" auf die Legalität des Zuführens abzustellen (vgl. BT-Drucks. 10/2885,41) ist auf die Gegenäußerung der Bundesregierung hin (BT-Drucks. a.a.O., 48) nicht Gesetz geworden (BT-Drucks. 10/5656, 54f.).

Da es auf die Befugnis, Stoffe in eine Abwasseranlage einleiten zu dürfen, nicht ankommt, ist die Sachrüge offensichtlich unbegründet. Dies gilt im weiteren auch, wenn die Beschwerdeführerin Rechtsfehler bei der Beweisführung durch die Strafkammer rügt. Die Beschwerdeführerin meint, die Strafkammer hätte aufklären müssen, welchen Inhalt „die wasserrechtlichen Erlaubnisse" hatten.

Ganz abgesehen davon, daß die Beschwerdeführerin nicht substantiiert, um welche wasserrechtlichen Erlaubnisse es ihr geht, werden die verwaltungsrechtlichen Zusammenhänge verkannt.

Die tatrichterlichen Feststellungen der Strafkammer gehen dahin, daß das Regenrückhaltebecken Bestandteil der ordnungsgemäß genehmigten Abwasseranlage der Raffinerie gewesen ist. Daran anknüpfend hat die Strafkammer festgestellt, daß das Einleiten und Einbringen von Stoffen in diesen Teil der Abwasseranlage gem. § 1 Abs. 3 Nr. 5 AbfG nicht den Regelungen des Abfallrechts und damit auch nicht § 326 StGB unterfallen könne. Auf den Inhalt der Genehmigung zur Errichtung der Abwasseranlage kann es aufgrund der eindeutigen Rechtslage nicht ankommen. Unerheblich sind im übrigen die Regelungen, die die Einleitung von geklärtem Abwasser in den Rhein (wasserrechtliche Erlaubnisse) betreffen. Es wurde schon darauf hingewiesen, daß sich aus der zugelassenen Anklage eindeutig ergibt, daß die Frage, ob die Raffinerie aus ihrer Kläranlage Abwasser in den Rhein unbefugt eingeleitet hat, niemals Gegenstand des Verfahrens gewesen ist. Die wasserrechtlichen Einleitungserlaubnisse konnten deshalb in dem Verfahren überhaupt keine Rolle spielen.

...

Die zu Fall 2 der Anklage erhobenen Rügen sind insgesamt offensichtlich unbegründet.

II.
Fall 3 der Anklage

...

Sachrüge

Die Beschwerdeführerin rügt die Annahme der Strafkammer, bei dem kohlenwasserstoffverunreinigten Aushubmaterial habe es sich nicht um Abfall, sondern um ein wiederverwertbares Wirtschaftsgut gehandelt. Konkret rügt die Beschwerdeführerin, daß die Strafkammer rechtsfehlerhaft den objektiven Abfallbegriff als nicht erfüllt betrachtet habe.

Die Beschwerdeführerin weist zwar zutreffend darauf hin, daß allein die Verwertungsmöglichkeit einer beweglichen Sache nicht die Annahme der Voraussetzungen des objektiven Abfallbegriffes ausschließt. Die Beschwerdeführerin läßt aber den übrigen Wortlaut des § 1 Abs. 1 AbfG außer Acht.

Abfall i.S. des objektiven Abfallbegriffs (§ 1 Abs. 1 Satz 1, 2. Alt. AbfG) sind bewegliche Sachen, deren geordnete Entsorgung zur Wahrung des Wohls der Allgemeinheit, insbesondere des Schutzes der Umwelt, geboten ist. Das bedeutet: Die Sache muß in ihrem konkreten Zustand das Wohl der Allgemeinheit, insbesondere die in § 2 Abs. 1 Satz 2 AbfG genannten Schutzgüter, gefährden, und diese Gefährdung darf nur durch eine geordnete, d.h. nach Maßgabe der Vorschriften des Abfallgesetzes durchzuführende Entsorgung behoben werden können ...

Aufgrund der tatrichterlichen Feststellungen der Strafkammer war das Material, das ausgebreitet wurde, nicht stark verunreinigt. Ein Vorwurf dahingehend, daß von dem kontaminierten Material eine Gefährdung des Wohls der Allgemeinheit ausgegangen sein könnte, wurde zu keiner Zeit erhoben und ist aus den Feststellungen nicht zu entnehmen.
Das ausgebreitete Material stellte danach keinen „Zwangsabfall" i.S. des objektiven Abfallbegriffes dar.
Insoweit kommt es auf die Überlegungen der Beschwerdeführerin nicht an. Bezeichnenderweise setzt sich die Beschwerdeführerin auch nicht mit den zutreffenden rechtlichen Erwägungen der Strafkammer (UA S. 15) auseinander. Im vorliegenden Falle ging es nicht um eine „Umarbeitung", um den Sand „wieder dem Wirtschaftskreislauf" zuzuführen. Die Nutzbarkeit des Sandes blieb erhalten, auf eine Verwertungsmöglichkeit des Sandes – als Abfall – kam es überhaupt nicht an. Mangels Abfalleigenschaft stellte der Sand immer ein Wirtschaftsgut dar.
...

III.
Fall 4 der Anklage

1. Verfahrensrüge

a) Die Revision rügt, daß der Zeuge Z unter Verstoß gegen §§ 59, 64 nicht vereidigt worden ist und die Gründe dafür den Verfahrensbeteiligten nicht mitgeteilt wurden. Die Staatsanwaltschaft behauptet, infolge fehlender Kenntnis der Gründe für die Nichtvereidigung habe sie ihr weiteres Prozeßverhalten darauf nicht ausrichten können!
Vor dem Hintergrund der absoluten Beweiskraft des Hauptverhandlungsprotokolls nach § 274 StPO ist von dem gerügten Rechtsfehler auszugehen. Im vorliegenden Falle ist indes auszuschließen, daß der Rechtsfehler auf das Urteil der Strafkammer im Fall 4 Einfluß gehabt hat.
Die Behauptung der Revision, der Zeuge sei „insbesondere zu dem Beweisthema vernommen worden, inwieweit die Bezirksregierung Kenntnis von der Praxis des „Heruntermischens" hatte", ist vom Revisionsgericht nicht nachzuprüfen, weil eine Rekonstruktion der Beweisaufnahme im Revisionsverfahren nicht stattfindet. Weder die zugelassene Anklage, noch das angefochtene Urteil bieten für die Behauptung der Beschwerdeführerin einen Anhaltspunkt. Der Name des Zeugen Z ist in der Anklage gar nicht und im Urteil lediglich einmal erwähnt, und zwar in folgendem Zusammenhang:

> „Die Bezirksregierung hat, wie sich aus der Vernehmung des Zeugen Z ergab, wegen der Deponiefähigkeit von Abfall mit der Firma K-Müll, die damals die Deponie betrieben hat, allein korrespondiert." (Bl. 16 UA)

Danach sind Bekundungen des Zeugen nur in die Beurteilung der Frage eingegangen, ob es Beziehungen zwischen der Bezirksregierung und der

Raffinerie im Zusammenhang mit der Deponierung gegeben hat. Dazu hat der Zeuge klargestellt, daß die Bezirksregierung lediglich der Firma K-Müll als Deponiebetreiberin eine Genehmigung erteilt und dieserhalb mit ihr einen Schriftwechsel geführt hat....

Eine Verbindung zwischen Bekundungen des Zeugen Z und den auf Bl. 17 UA befindlichen Ausführungen der Strafkammer zur Frage des „Heruntermischens" ist aus dem Urteil nicht ersichtlich. In diesem Zusammenhang wird der Zeuge Z überhaupt nicht erwähnt, sondern das Landgericht macht deutlich, daß es seine Feststellungen auf die Vernehmung der Zeugen S vom Wasserwirtschaftsamt und R von der Raffinerie stützt. Daß Äußerungen des Zeugen Z, der sich nach dem Urteilsinhalt zu einem anderen Sachkomplex geäußert hat, hier direkt oder indirekt eine Rolle gespielt haben könnten, ist nicht ersichtlich und nicht festzustellen.

Die Behauptung der Revision, die Strafkammer sei „im Rahmen der Beweiswürdigung der Angaben des Zeugen Z gefolgt und davon ausgegangen, daß eine solche Kenntnis nicht vorlag" ..., ist danach aus dem Urteil nicht zu verifizieren. Es bleibt das Geheimnis der Beschwerdeführerin, woher sie die Rechtfertigung zu einer solchen Behauptung nimmt.

Die Verfahrensrüge ist daher unbegründet.

b) Schließlich wird das Urteil erneut mit der Aufklärungsrüge gem. § 244 Abs. 2 StPO angegriffen. Die Rüge ist hier wiederum unzulässig, weil sie nicht in der gesetzlich vorgeschriebenen Form ausgeführt ist.

Zunächst fehlen Ausführungen darüber, welches Ergebnis die von der Revision vermißte weitere Aufklärung gehabt haben würde. Die Beschwerdeführerin beschränkt sich auf die Wendung, das Tatgericht habe keine Feststellungen darüber getroffen,

> „welche Vorstellungen die Angeklagten im einzelnen hinsichtlich der Zulässigkeit des „Heruntermischens" durch die Raffinerie hatten." (Bl. 9 RB)

Dabei bleibt offen, was die Staatsanwaltschaft zur Begründung ihrer Behauptung anführen will, die angeblich unterlassene weitere Aufklärung hätte ein im Sinne der Anklage günstiges Ergebnis gehabt. Die Rüge ist auch deshalb unzulässig, weil sie hinsichtlich des zu benutzenden Beweismittels sich auf die Bemerkung beschränkt

> „dies hätte durch die Befragung im Rahmen der Vernehmung zur Sache aufgeklärt werden müssen".(Bl. 9 RB)

Aus dem Zusammenhang der Revisionsbegründung entnimmt man die Ansicht der Beschwerdeführerin, die Strafkammer hätte im Anschluß an die Einlassung der Angeklagten zur Sache entsprechende Fragen über ihre inneren Vorstellungen an diese richten müssen. Damit wird erneut geltend gemacht, daß ein Beweismittel nicht ausgeschöpft worden ist. Bereits oben wurde dargelegt, daß damit die Aufklärungsrüge nach seit langem einhelliger Rechtsauffassung nicht begründet werden kann.

Die Revisionsbegründung enthält auch keine Ausführungen zu der Frage, aus welchem Grunde sich die vermißte weitere Aufklärung der Strafkammer hätte aufdrängen müssen, obwohl die Staatsanwaltschaft selbst dahingehende Fragen an die Angeklagten in der mehrtägigen Hauptverhandlung nicht gestellt hat und schließlich die Beweisaufnahme mit ihrer Zustimmung geschlossen wurde.

Es ist anerkannten Rechts, daß etwaige Versäumnisse von Prozeßbeteiligten in der Tatsacheninstanz nicht durch die Erhebung einer Aufklärungsrüge in der Revision ausgeglichen werden können.

2. Sachrüge

Entgegen der von der Revision vertretenen Auffassung, hält das Urteil im Fall 4 auch der sachlich-rechtlichen Nachprüfung im Ergebnis stand. ...

Aus den Feststellungen folgt ..., daß der Raffinerie inzidenter die Erlaubnis erteilt war, die Abfälle in ihrem Bereich in einen deponiegerechten Zustand zu bringen.

Zu Recht hat die Strafkammer im übrigen zum Ausdruck gebracht, daß den Angeklagten jedenfalls **subjektiv** ein strafrechtlicher Vorwurf nicht gemacht werden kann, weil sie nach dem Zusammenhang der Urteilsgründe aufgrund der ihnen im Schriftwechsel mitgeteilten Bedingungen der Bezirksregierung davon ausgingen und ausgehen konnten, zur Vorbehandlung ölhaltigen Abfalls nicht nur berechtigt, sondern auch verpflichtet zu sein. Aus dem Sachverhalt des angefochtenen Urteils ergibt sich nichts dafür, daß die Angeklagten Zweifel an dieser Überzeugung hätten gewinnen können. Im Gegenteil durften sie davon ausgehen, daß ein Verhalten, wie es ihnen von der die Bezirksregierung insoweit repräsentierenden Deponiebetreiberin vorgeschrieben wurde, im Einklang mit der gesetzlichen Lage stand.

Die Revision der Staatsanwaltschaft ist nach alledem zu verwerfen.

(**Antragsschrift des Generalbundesanwalts**)

Der Generalbundesanwalt beim Bundesgerichtshof
4 StR 24/90

An den
Herrn Vorsitzenden
des 4. Strafsenats

Betrifft: Strafsache gegen A–F
wegen schwerer Umweltgefährdung

Anlagen: 25 Bände Strafakten
1 Sonderband „Protokollband"
1 Senatsheft
4 beglaubigte Ablichtungen

Ich beantrage,

auf die Revision der Staatsanwaltschaft ... gegen das Urteil der III. Großen Strafkammer des Landgerichts ... vom 1. September 1989 Termin zur Hauptverhandlung anzuberaumen.

Die Angeklagten A–F wurden vom Vorwurf der schweren Umweltgefährdung u. a. freigesprochen.

Gegen die Freisprüche der Angeklagten B, E, F wendet sich die Staatsanwaltschaft mit der Revision.

Der Generalstaatsanwalt in ... ist dieser Revision ursprünglich mit folgender Begründung beigetreten: „Ich trete der Revision der Staatsanwaltschaft bei und schließe mich der Revisionsbegründung in vollem Umfang an."

I. Die von der Staatsanwaltschaft erhobenen Rügen der Verletzung formellen Rechts sollen nach einer zwischenzeitlich erfolgten telefonischen Rücksprache mit dem Herrn Generalstaatsanwalt in ... nicht weiter verfolgt werden.

II. Die ausgeführte Sachrüge wird von der Staatsanwaltschaft weiterhin aufrechterhalten. Allerdings erscheint auch sie nicht geeignet, der Revision zum Erfolg zu verhelfen; ich werde die Revision daher nicht vertreten.

Die rechtliche Überprüfung des Urteils wird zwar erheblich dadurch erschwert, daß den Urteilsgründen nicht zu entnehmen ist, welche Vergehenstatbestände die Staatsanwaltschaft ursprünglich den Angeklagten vorgeworfen hat. Darüber hinaus knüpfen die rechtlichen Erörterungen der Kammer in keinem Fall an die jeweils in Frage kommenden Tatbestände des Umweltstrafrechts (§§ 324ff StGB) an, sondern werden lediglich allgemein angestellt.

Gleichwohl sind die Mindestanforderungen an die Begründung eines Freispruchs noch erfüllt (§ 267 Abs. 5 Satz 1 StPO). Soweit die Freisprüche in den Fällen 2, 3 und 4 der Anklage aus tatsächlichen Gründen erfolgten, sind die für erwiesen und die nicht für erwiesen erachteten Tatsachen bezeichnet, und es ist in den Fällen des Freispruchs aus rechtlichen Gründen dargelegt worden, warum die nachgewiesenen Tatsachen für eine Bestrafung der Angeklagten nicht ausreichen.

Auf der mangelnden strafrechtlichen Subsumtion beruht das Urteil zumindest nicht, da die Überprüfung in rechtlicher Hinsicht ergibt, daß die festgestellten Sachverhalte eine Verurteilung der Angeklagten wegen eines Vergehens nach den §§ 324ff. StGB nicht zuließen.

Zu den Fällen 2, 3 und 4 der Anklage bemerke ich im einzelnen:

1. Im Fall 2 der Anklage ließ sich den Angeklagten nicht nachweisen, daß in dem Regenrückhaltebecken auf dem Gelände der Raffinerie Sonderabfälle des Raffineriebetriebes zwischengelagert wurden (UA S. 9). Der gegenüber den Angeklagten erhobene Vorwurf, daß der Inhalt des Beckens mit Öl, Säuren oder Laugen kontaminiert gewesen sei ..., hat sich danach nicht nachweisen lassen. Darüber hinaus ist

nicht nachgewiesen worden, daß die Abwässer in das umgebende Erdreich oder in das Grundwasser eingedrungen sind (UA S. 12).
Die mit der Anklage erhobenen Vorwürfe eines Vergehens der fahrlässigen schweren Umweltgefährdung (§ 330 Abs. 1 Nr. 1, Abs. 5 StGB) oder der zwar nicht angeklagten, aber zu prüfenden fahrlässigen Verunreinigung eines Gewässers (§ 324 Abs. 1 und Abs. 3 StGB), der fahrlässigen umweltgefährdenden Abfallbeseitigung (§ 326 Abs. 1 Nr. 3 und Abs. 4 StGB) oder des unerlaubten Betreibens von Anlagen (§ 327 Abs. 2 Nr. 2 und Abs. 3 StGB) sind danach bereits objektiv nicht nachweisbar.

a) Es kann daher dahingestellt bleiben, ob die Erwägungen der Kammer zur Abgrenzung der Begriffe Abfall/Abwässer und die Ansicht des Landgerichts, abfallrechtliche Gesichtspunkte seien „rechtlich nicht relevant" (UA S. 12) in dieser Allgemeinheit zutreffend sind. Richtigerweise hätte nach den in Frage kommenden Vergehenstatbeständen differenziert werden müssen. Unter den Abfallbegriff der Vorschrift des § 326 StGB fallen, worauf die Beschwerdeführerin zu Recht hinweist, nach herrschender Meinung auch flüssige Abfälle ..., wohingegen für das unerlaubte Betreiben von Anlagen (§ 327 Abs. 2 Nr. 2 StGB) der Ausnahmekatalog des § 1 Abs. 3 Abfallgesetz gelten soll. Dieses Gesetz ist nicht auf Stoffe anwendbar, „die in Gewässer- oder Abwasseranlagen eingeleitet oder eingebracht werden" (§ 1 Abs. 3 Nr. 5 Abfallgesetz).
b) Nach den Feststellungen, an die das Revisionsgericht gebunden ist, liegt eine für den objektiven Tatbestand der §§ 324 und 326 StGB notwendige nachteilige Veränderung eines Gewässers, der Luft oder des Bodens durch die Abwässer objektiv nicht vor.
c) Die Abwasseranlage der Raffinerie ist von der Kammer nicht als „Abfallentsorgungsanlage im Sinne des Abfallbeseitigungsgesetzes" (§ 327 Abs. 2 Nr. 2 StGB) angesehen worden. Dieses ist aus Rechtsgründen auch nicht zu beanstanden, weil die flüssigen Abwässer keine Abfälle im Sinne des § 327 StGB darstellen.
d) Die Rüge der Beschwerdeführerin, der Ölschlamm sei unzutreffenderweise nicht unter den Abfallbegriff subsumiert worden, geht schon deswegen fehl, weil die Kammer das Vorhandensein von Ölschlamm gerade nicht festgestellt hat (UA S. 11); in den Urteilsgründen ist vielmehr lediglich von Schlamm die Rede.

2. Im Fall 3 der Anklage hat die Kammer festgestellt, daß entgegen der Anklage der stark kontaminierte Teil des Sandes ordnungsgemäß entsorgt (UA S. 13) und der schwach kontaminierte Teil des Sandes nach Anraten des Mitangeklagten C großflächig ausgebreitet worden sei, um eine Wiederverwendung des Sandes möglich zu machen. Nach dem damaligen Wissenstand, der auch durch Untersuchungen des Umweltbundesamtes aus der neueren Zeit bestätigt worden sei, habe es sich

dabei um die sinnvollste Behandlung verunreinigten Sandes gehandelt (UA S. 14). Nach dem Willen der Verantwortlichen der Raffinerie sei der Sand Wirtschaftsgut geblieben, da er wiederverwendet werden sollte (UA S. 15).

a) Ein unerlaubtes Betreiben von Anlagen (§ 327 Abs. 2 Nr. 2 StGB) hat die Kammer bereits objektiv nicht feststellen können, weil der gelagerte Sand keinen Abfall dargestellt habe. Hierbei hat sie entgegen der Ansicht der Beschwerdeführerin den Abfallbegriff nicht verkannt. Abfälle sind entweder bewegliche Sachen, deren sich der Besitzer entledigen will (sogenannter gewillkürter Abfallbegriff), oder deren geordnete Entsorgung zur Wahrung des Wohls der Allgemeinheit insbesondere des Schutzes der Umwelt geboten ist (sogenannter Zwangsabfall). Im ersten Fall wird teilweise auch vom „subjektiven Abfallbegriff" gesprochen ...; die Verwendung dieser Begriffe ist jedoch umstritten ... Die Beschwerdeführerin erkennt an, daß der gewillkürte Abfallbegriff nicht erfüllt ist.
Entgegen ihrer Ansicht stellte der wiederverwendete Sand aber auch keinen Zwangsabfall dar. Nach diesem verwaltungsrechtsbezogenen Abfallbegriff sind Abfälle ohne Rücksicht auf den Willen des Eigentümers oder Besitzers auch dann Abfall, wenn deren geordnete Beseitigung zur Wahrung des Wohles der Allgemeinheit geboten ist. Will sich der Sachbesitzer, obwohl dieses aus Umweltgründen geboten wäre, von seinem gefährdenden Abfallstoff nicht trennen, muß seine fehlende Willensentschließung in diesen Fällen von Amts wegen im öffentlichen Interesse ersetzt werden.
Den Feststellungen läßt sich entnehmen, daß dieser verwaltungsbezogene Abfallbegriff aus zwei Gründen nicht erfüllt ist. Zum einen ist der schwach kontaminierte Sand für die Raffinerie auch objektiv nicht völlig wertlos gewesen. Gerade die Wertlosigkeit einer beweglichen Sache aber ist wesentlich für deren Einordnung als Abfall ... Zum zweiten entsprach die Art der Aufbereitung des Sandes dem damals allgemein anerkannten Verfahren. Eine geordnete Beseitigung des Sandes zur Wahrung des Wohls der Allgemeinheit war daher nicht erforderlich.

b) Der objektive Tatbestand einer umweltgefährdenden Abfallbeseitigung (§ 326 Abs. 1 Nr. 3 StGB) ist ersichtlich nicht gegeben. Wie dargestellt wurde, war die Tätigkeit der Angeklagten weder auf die Beseitigung von Abfall gerichtet, noch wäre diese unbefugt außerhalb einer dafür zugelassenen Anlage oder unter wesentlicher Abweichung von einem vorgeschriebenen oder zugelassenen Verfahren erfolgt.

3. a) Im Fall 4 der Anklage will die Beschwerdeführerin ersichtlich nicht rügen, daß die Kammer die Angeklagten nicht wegen unerlaubten Betreibens einer Abfallentsorgungsanlage (§ 327 Abs. 2 Nr. 2 StGB) verurteilt hat. Dessen Voraussetzungen liegen objektiv nicht vor.

b) Auch der objektive Tatbestand einer umweltgefährdenden Abfallbeseitigung (§ 326 Abs. 1 Nr. 3 StGB) läßt sich den Feststellungen nicht entnehmen. Die Angeklagten haben weder (ba) unbefugt noch (bb) in Abweichung von einem vorgeschriebenen oder zugelassenen Verfahren Abfälle der in § 326 Abs. 1 Nr. 3 StGB genannten Art behandelt, gelagert, abgelagert, abgelassen oder sonst beseitigt.

ba) Eine Befugnis zu der festgestellten Behandlung des Sondermülls ergab sich für die Raffinerie unmittelbar aus der der Firma K-Müll GmbH & Co. KG erteilten Erlaubnis der Bezirksregierung. Nach Erklärungen der damals bei der Raffinerie Verantwortlichen X und F wurde der damaligen Deponiebetreiberin K-Müll die Genehmigung erteilt, die aus dem Raffineriebetrieb stammenden Abscheiderrückstände und ölhaltige Erde auf der Deponie abzulagern (UA S. 16). Dieser Verwaltungsakt begünstigte und verpflichtete also auch die Raffinerie, da die Genehmigung speziell für die Entsorgung der bei ihr anfallenden Sondermüllmengen erging. Solange sich die Raffinerie aber, wie die Urteilsgründe ausweisen, bei der Behandlung des Sondermülls im Rahmen dieser Genehmigung hielt, handelte sie befugt. Es kommt daher nicht darauf an, ob das Heruntermischen des Sondermülls durch die Raffinerie oder die Firma K-Müll erfolgte. Das gesamte Verfahren war vielmehr zulässig, solange es sich im Rahmen der von der Bezirksregierung erteilten Auflagen hielt; dieses war nach den Feststellungen der Fall.

bb) Die Angeklagten ließen den Sondermüll auch nicht in Abweichung von einem vorgeschriebenen oder zugelassenen Verfahren behandeln. Die Vermischung von Ölabfällen mit Erde wurde vielmehr bis zum Jahre 1983 von allen beteiligten staatlichen Stellen als umweltgerechte Entsorgung angesehen. Auf die von der Beschwerdeführerin aufgeworfene Frage eines Verbotsirrtums kommt es daher nicht an.

(Entscheidung, veröffentlicht in NStZ 1990, 438)

Bundesgerichtshof
Im Namen des Volkes

4 StR 24/90

Urteil
in der Strafsache
gegen
1. B, 2. E, 3. F
wegen umweltgefährdender Abfallbeseitigung u. a.

Der 4. Strafsenat des Bundesgerichtshofs hat in der Sitzung vom 26. April 1990, an der teilgenommen haben ... für Recht erkannt:

Auf die Revision der Staatsanwaltschaft wird das Urteil des Landgerichts ... vom 1. September 1989, soweit es die Angeklagten B und E in den Fällen 2 bis 4 und F in den Fällen 2 und 4 der Anklageschrift betrifft, mit den Feststellungen aufgehoben. In diesem Umfang wird die Sache zu neuer Verhandlung und Entscheidung, auch über die Kosten des Rechtsmittels, an eine andere Strafkammer des Landgerichts zurückverwiesen.

Von Rechts wegen

Gründe:

Das Landgericht hat die sechs Angeklagten von dem Vorwurf, sich verschiedener Umweltdelikte schuldig gemacht zu haben, freigesprochen.

Mit ihrer Revision beanstandet die Staatsanwaltschaft den Freispruch der Angeklagten B und E in den Fällen IV 2 bis 4 und des Angeklagten F in den Fällen 2 und 4 der Anklage. Die Revision, die vom Generalbundesanwalt nicht vertreten wird, ist auf die Verletzung sachlichen Rechts gestützt. Das Rechtsmittel ist begründet.

Ein grundlegender Mangel des Urteils liegt bereits darin, daß seine Gründe nicht erkennen lassen, welche Straftaten den einzelnen Angeklagten zur Last gelegt werden. Da es sich um insgesamt sechs Angeklagte gehandelt hat, wäre es erforderlich gewesen, den individuellen Anklagevorwurf gegen jeden von ihnen nach Ort, Zeit, Verantwortungsbereich und Begehungsweise aufzuzeigen (vgl. BGHR StPO § 267 V Freispruch 2) und aufgrund des Ergebnisses der Hauptverhandlung darzulegen, daß sich dieser Vorwurf nicht bestätigt hat, und zwar entweder aus tatsächlichen oder aus rechtlichen Gründen. Es ist Aufgabe der Urteilsgründe, dem Revisionsgericht eine umfassende Nachprüfung auch der freisprechenden Entscheidung zu ermöglichen.

Die Urteilsgründe enthalten hierzu einleitend folgende Ausführungen: Den Angeklagten werde vorgeworfen, „als jeweils Verantwortliche der Raffinerie bis August 1984 und in davorliegender, nicht rechtsverjährter Zeit in ... durch Handlungen bzw. Unterlassungen Straftaten gegen die Umwelt begangen zu haben, indem sie bei dem Raffineriebetrieb auftretende Probleme nicht entsprechend dem Umweltschutzrecht gelöst haben". An einer anderen Stelle des Urteils (UA 8) heißt es: „Die den Angeklagten in der Anklageschrift zur Last gelegten Verletzungen umweltschutzrechtlicher Bestimmungen konnten nach dem Ergebnis der Hauptverhandlung nicht mit der zu einer Verurteilung erforderlichen Sicherheit nachgewiesen werden, so daß sämtliche Angeklagten freizusprechen waren". Das Urteil setzt die Anklagevorwürfe im einzelnen als bekannt voraus und baut die weiteren Erörterungen auf dieser Unterstellung auf. Die Urteilsbegründung ist daher aus sich heraus nicht verständlich. Soweit anhand der Urteilsgründe eine sachlich-rechtliche Nachprüfung möglich ist, gilt folgendes:

1. Fall 2 der Anklage
   a) Nach den Feststellungen des Landgerichts hat die Raffinerie ... – Leiter der Raffinerie war bis Mai 1982 der Angeklagte F, danach der Angeklag-

te E; der Angeklagte B war als Angestellter für den Bereich Umweltschutz zuständig – Abwässer „verschiedener Konsistenz“ in das Regenrückhaltebecken des Betriebes eingeleitet. Die Ausführungen des Tatrichters zum Zeitraum, in welchem dies geschehen ist, enthalten nur den Hinweis, daß im Dezember 1980 Schäden am Rückhaltebecken festgestellt wurden und dieses später abgerissen worden ist. Entgegen den Ausführungen in der Anklageschrift seien in das Regenrückhaltebecken keine Sonderabfälle aus dem Raffineriebetrieb eingebracht und dort zwischengelagert, sondern lediglich „Abwässer verschiedener Konsistenz“ in dieses Becken eingeleitet worden (UA 9/10). Angaben dazu, welcher Art, Menge und Herkunft diese Abwässer waren und welche Schadstoffkonzentrationen sie aufwiesen, teilt das Landgericht nicht mit. Es hielt sie ersichtlich deshalb für entbehrlich, weil es sich einerseits die Überzeugung verschafft hat, daß der Untergrund und das Grundwasser nicht verunreinigt worden sind, und andererseits „abfallrechtliche Vorschriften für die Behandlung“ der Abwässer „rechtlich nicht relevant“ gewesen seien. In einem solchen Falle sei das Abfallrecht – und damit das Abfallstrafrecht – nicht anwendbar.

b) Nach § 326 StGB macht sich strafbar, wer (vorsätzlich – § 326 Abs. 1 StGB – oder fahrlässig – § 326 Abs. 4 –) unbefugt Abfälle mit den in den Nummern 1 bis 3 des § 326 Abs. 1 StGB näher bezeichneten Eigenschaften (u. a.) außerhalb einer dafür zugelassenen Anlage abläßt oder sonst beseitigt. Das Merkmal „Abfälle“ lehnt sich eng an § 1 Abs. 1 AbfG an, übernimmt aber nicht die nach § 1 Abs. 3 AbfG vorgesehenen Anwendungsbeschränkungen für Stoffe, deren ordnungsgemäße Beseitigung (außerhalb des Gesetzes über die Vermeidung und Entsorgung von Abfällen) in speziellen Vorschriften geregelt ist ... Dabei bedarf es einer abschließenden Umschreibung des Merkmals „Abfälle“ hier nicht. Erfaßt sind jedenfalls Stoffe, die sich in festem oder flüssigem Zustand befinden, derer sich der Besitzer, weil er sie nicht weiter zu verwenden beabsichtigt, entledigen will.
Soweit in das Regenrückhaltebecken tatsächlich feste Sonderabfälle eingebracht oder flüssige eingeleitet worden sind, unterfallt diese Handlungsweise auch dem Abfallstrafrecht. Wenn die Strafkammer sich auf die Ausnahmebestimmung des § 1 Abs. 3 Nr. 5 AbfG n. F. beruft, wonach die Vorschriften des Abfallgesetzes nicht gelten für Stoffe, die in Gewässer oder Abwasseranlagen eingeleitet oder eingebracht werden, so übersieht sie, daß nach dem Willen des Gesetzgebers des 18. Strafrechtsänderungsgesetzes ... der seit dem 1. Juli 1980 geltende § 326 StGB, durch den § 16 AbfG abgelöst worden ist, in seiner Anwendung nicht gem. § 1 Abs. 3 AbfG beschränkt ist. Das ergibt sich bereits aus dem Wortlaut dieser Bestimmung, wonach die Vorschriften „dieses Gesetzes“, des Abfallgesetzes, nicht gelten sollen. Der strafrechtliche Abfallbegriff ist demgegenüber selbständig zu bestimmen, zwar in Anleh-

nung an die Begriffsbestimmung in § 1 Abs. 1 Satz 1 AbfG, nicht aber in unmittelbarer Abhängigkeit von allen Regelungen des Abfallgesetzes, ähnlich dem Waffenbegriff des Strafrechts, der sich zwar an denjenigen des Waffengesetzes anlehnt, aber seine eigene Ausprägung erfahren hat... Die Neufassung des § 1 Abs. 3 Nr. 5 AbfG im Jahr 1986 wollte lediglich die verwaltungsrechtlichen Abgrenzungsprobleme zwischen der Zuständigkeit der Wasserbehörden und derjenigen der Abfallentsorgungsbehörden klären, um ein unerwünschtes Nebeneinander wasserrechtlicher und abfallrechtlicher Bestimmungen zu vermeiden... Auch nach der verwaltungsrechtlichen Regelung unterfallen aber Abfallstoffe, die – wie Sonderabfälle – nach wasserrechtlichen Vorschriften nicht in Gewässer oder Abwasseranlagen eingeleitet oder eingebracht werden dürfen, dem Abfallrecht... Die Nichtanwendbarkeit des § 1 Abs. 3 AbfG im Rahmen des § 326 StGB entspricht demgemäß gefestigter Rechtsprechung und allgemeiner Meinung im strafrechtlichen Schrifttum.... Die Strafkammer hätte sich danach aus Rechtsgründen nicht gehindert sehen dürfen, das Einbringen oder Einleiten von Abfällen in das Regenrückhaltebecken unter dem rechtlichen Gesichtspunkt des § 326 Abs. 1 Nr. 3, möglicherweise in Verbindung mit § 330 Abs. 1 Satz 1 Nr. 1 und Abs. 5 und 6 StGB, zu prüfen. Dabei wird nicht vorausgesetzt, daß Verunreinigungen oder Veränderungen tatsächlich eingetreten sind. Ein nach § 326 StGB verbotenes Verhalten ist nach § 330 Abs. 1 Satz 1 Nr. 1 StGB, in den Fällen der Fahrlässigkeit nach § 330 Abs. 5 und 6 StGB, unter Strafe gestellt, wenn es die dort genannten Gefahren verursacht.

Der Freispruch kann somit keinen Bestand haben. Die Strafkammer wird die Verantwortlichkeit der einzelnen Angeklagten im Tatzeitraum zu untersuchen haben. Soweit dieser vor dem 1. Juli 1980 liegt, wird § 16 AbfG a.F. zu beachten sein (§ 2 StGB).

2. Zu Fall 3 der Anklage.

Auch in diesem Falle ist aus dem Urteil der konkrete Anklagevorwurf nicht ersichtlich. Es wird dort ausgeführt: „Im Rahmen der Nachforschungen nach Kohlenwasserstoffaustritten stellte man an verschiedenen Stellen des Raffineriegeländes... starke Kohlenwasserstoffverseuchungen des Erdreichs fest“ (UA 13). Wann dies geschehen ist und wer hierfür als verantwortlich anzusehen ist, wird nicht mitgeteilt. Nach den Feststellungen hat die Betreiberin „den stark verunreinigten Teil dieses Materials“ sofort nach dem Aushub ordnungsgemäß entsorgt (UA 13); den übrigen Teil des Aushubmaterials, der „nicht so stark kontaminiert“ war, haben die Angeklagten B und E – auf Anraten des früheren Angeklagten C – auf dem Gelände der Raffinerie „großflächig in einer Schichthöhe von ca. 50 cm“ ausbreiten lassen, nachdem er zuvor unmittelbar neben der Aushubstelle gelagert gewesen sei. Es wird weiter ausgeführt, der frühere Angeklagte C habe bei einer „organoleptischen Prüfung“ dieses Materials festgestellt, daß es – hauptsächlich Sand – nicht so stark verunreinigt und deshalb eine Wiederverwendung möglich gewesen sei (UA 13). Dieses Material ist nach Auffassung der Strafkammer kein „Abfall", weil der gelagerte Sand zur Wiederverwendung vorgesehen, deshalb Wirtschaftsgut gewesen sei.

Auch das hält rechtlicher Prüfung nicht stand. Ob es sich bei dem ausgebreiteten Material um „Abfall" gehandelt hat, ist in Anlehnung an die Begriffsbestimmung in § 1 Abs. 1 Satz 1 AbfG zu beurteilen. Um „gewillkürten" Abfall im Sinne der 1. Alternative dieser Bestimmung handelte es sich nicht, da – nach den Feststellungen – die Besitzer des Materials sich dessen nicht als etwas Unverwertbarem entledigen wollen. „Zwangsabfall" ... wäre das Material dann, wenn dessen geordnete Entsorgung zur Wahrung des Wohls der Allgemeinheit, insbesondere des Schutzes der Umwelt, geboten gewesen wäre. In dieser Hinsicht sind die Feststellungen der Kammer lückenhaft. Die Frage, ob ohne eine geordnete Entsorgung des Materials in einer Abfallentsorgungsanlage das Wohl der Allgemeinheit gefährdet gewesen wäre, kann nur beantwortet werden, wenn die genaue Beschaffenheit des Materials geklärt ist. Maßgebend ist der „konkrete Zustand" der Sache ... Hierüber enthält das Urteil nur unbestimmte Andeutungen („nicht so stark kontaminiert"). Diese beruhten zudem lediglich auf einer „organoleptischen" Prüfung seitens des früheren Mitangeklagten C, der Architekt und „seit 1976 als Sachverständiger für Tankanlagen, Tanklager sowie Lagerung von brennbaren und wassergefährdenden Stoffen tätig" und Beauftragter der ... Versicherung für Schadensfragen war. Er war nach seiner Berufsangabe kein geeigneter Sachverständiger, der die Strafkammer bei der Beurteilung, welchen Grad von Kontaminierung Bodenbestandteile haben, zuverlässig beraten konnte. Klarzustellen ist weiter zum Begriff des Zwangsabfalls, daß es nicht auf den bloßen Willen des Besitzers ankommt, die Sache noch als Wirtschaftsgut einzusetzen ... Wenn sich aufgrund einer Gesamtabwägung ... ergibt, daß die Sache aufgrund ihrer Verunreinigung gegenwärtig ohne Entsorgung (§ 1 Abs. 2 AbfG) objektiv ohne Gebrauchswert ist und in ihrem Zustand die Umwelt gefährdet, so ist sie kein Wirtschaftsgut, sondern – zwangsweise – Abfall und als solcher sogleich zu entsorgen. Die Möglichkeit späterer Wiederverwendung oder Verwertung ist dabei ohne Bedeutung. Das hat die Strafkammer verkannt. Da sie dem Vorhaben der Angeklagten, den verunreinigten Sand noch verwenden zu wollen, gegenüber dem tatsächlichen Zustand der Sache eine ihm nicht zukommende Bedeutung zugemessen hat, kann das Urteil auch aus diesem Grunde insoweit keinen Bestand haben. Der Tatrichter hat das Vorliegen der Voraussetzungen des § 326 Abs. 1 StGB – in Frage kommt hier in erster Linie § 326 Abs. 1 Nr. 3 StGB – nicht geprüft.

Soweit etwa mit dem Ausdunstenlassen des Sandes eine Entsorgungsmaßnahme nach § 1 Abs. 2 AbfG durchgeführt werden sollte, wäre sie nur unter den Voraussetzungen des § 4 Abs. 2 AbfG „befugt" im Sinne von § 326 StGB.

3. Fall 4 der Anklage.

Auch hier werden der konkrete Anklagevorwurf und die Personen, gegen die er sich richtet, nicht mitgeteilt. Aus dem Gesamtzusammenhang der Urteilsgründe läßt sich aber entnehmen, daß es sich im Kern um den Vorwurf handelt, unter Verantwortung der Angeklagten sei mineralölhaltiges Erdreich auf dem Betriebsgelände der Firma ... mit nicht verunreinigtem Erdreich und Sand vermischt worden, um dadurch den Mineralölanteil des verschmutzten Materials unter 20% zu drücken und damit dessen Deponiefähigkeit auf dem Gelände der Firma ... zu erreichen. Es ist jedoch weder der genaue Tatzeitraum und -umfang noch der jeweilige Verantwortungsbereich und eventuelle Tatbeitrag der Angeklagten in bezug auf diese Vorgänge festgestellt.

a) Obwohl die Beschaffenheit der angefallenen „Stoffe" (UA 16) nicht mitgeteilt wird, kann davon ausgegangen werden, daß es sich um besonders überwachungsbedürftige Abfälle aus der Mineralölraffination nach § 2 Abs. 2 AbfG in Verbindung mit der Anlage zur Abfallbestimmungsverordnung vom 24. Mai 1977 (BGBl S. 773), ab 1. Oktober 1990 ersetzt durch die Abfallbestimmungs-Verordnung vom 3. April 1990 (BGBl I S. 614), handelt. Für diese Abfälle gelten nach dem Abfallverwaltungsrecht besondere Bestimmungen, die ihrer Gefährlichkeit für die Umwelt Rechnung tragen.

b) Da das auf Betriebsgelände der Raffinerie angefallene ölverschmutzte Erdreich auf die Deponie der Firma K-Müll verbracht werden sollte, handelte es sich bei ihm um Abfall im Sinne des § 1 Abs. 1 Satz 1 1. Altern. AbfG, der im Hinblick auf eine Ölverunreinigung (wahrscheinlich) die in § 326 Abs. 1 Nr. 3 StGB vorausgesetzte Eignung hatte. Die Vermischung mit nicht verunreinigtem Material stellt ein „Behandeln" im Sinne der § 1 Abs. 2 AbfG, § 326 Abs. 1 StGB dar, da auf die Beschaffenheit des Abfalls eingewirkt ... und dadurch sein Volumen vergrößert wurde ... Eine derartige Abfallbehandlung darf gem. § 4 Abs. 1 AbfG grundsätzlich nur in einer zugelassenen Abfallentsorgungsanlage vorgenommen werden. Eine ausdrückliche behördliche Ausnahmegenehmigung nach § 4 Abs. 2 AbfG war nach den Feststellungen der Raffinerie von der Bezirksregierung – auch über die Firma K-Müll – nicht erteilt worden (UA 18). Da die zuständige Bezirksregierung von den fraglichen Vorgängen keine Kenntnis hatte (UA 18), kommt auch eine konkludente Genehmigung nicht in Betracht. Bloßes stillschweigendes Dulden scheidet als Rechtfertigungsgrund von vornherein aus ..., war aber vorliegend mangels Kenntnis der zuständigen Behörde auch rein tatsächlich nicht möglich.

   Irgendwelche Empfehlungen oder Anregungen der Firma ... gegenüber den Angeklagten waren nicht geeignet, eine Befugnis im Sinne des § 4 Abs. 2 AbfG der Raffinerie zur Abfallbehandlung zu begründen, zumal die Firma K-Müll nach den Feststellungen keine öffentlich-rechtliche Genehmigungszuständigkeit besaß.

Auch der Umstand, daß nach den Urteilsfeststellungen die Bezirksregierung selbst bei Kenntnis der Sachlage gegen die Raffinerie „nicht eingeschritten" wäre (UA 18) – was möglicherweise dahin verstanden werden kann, daß eine Ausnahmegenehmigung nach § 4 Abs. 2 AbfG erteilt worden wäre –, vermag keine rechtfertigende Wirkung zu entfalten. Die Befugnis im Sinne des § 326 Abs. 1 StGB richtet sich allein nach der tatsächlichen öffentlich-rechtlichen Rechtslage im Tatzeitpunkt.
Der Tatbestand des § 326 Abs. 1 Nr. 3 StGB kann somit von den Angeklagten objektiv und rechtswidrig erfüllt worden sein. Ihre Strafbarkeit könnte allerdings an der subjektiven Tatseite scheitern. Insoweit kommt jedoch allein ein Irrtum über ihre Befugnis zur Abfallbehandlung in Betracht. Dieser wäre hier als Verbotsirrtum im Sinne des § 17 StGB anzusehen ... Ob ein solcher bei den Angeklagten vorlag und ob er gegebenenfalls unvermeidbar im Sinne des § 17 Satz 1 StGB war, ergibt sich aus den Urteilsfeststellungen nicht. Zwar deuten die Ausführungen des Landgerichts darauf hin, daß sich die Angeklagten aufgrund der Mitteilungen der Firma ... möglicherweise zu der beschriebenen Abfallbehandlung für befugt hielten. Es fehlen jedoch jegliche Feststellungen dazu, ob sich die Angeklagten auf die Angaben, Empfehlungen oder Anregungen der Firma ... verlassen durften oder ob sie nicht vielmehr bei den zuständigen öffentlichen Behörden um Rechtsauskunft hätten nachsuchen müssen. Dem bisher mitgeteilten Sachverhalt läßt sich ein unvermeidbarer Verbotsirrtum jedenfalls nicht entnehmen.

Gesetzesregister

Die Zahlen verweisen auf die Randnummern

Stichwortverzeichnis

Die Zahlen verweisen auf die Randnummern

Heft 18

Schwerdtner · Maklerrecht

4. Auflage. In Vorbereitung

Heft 20

Madert · Der Gegenstandswert in bürgerlichen Rechtsangelegenheiten

3. Auflage. 1993. XI, 201 Seiten 8°. Kartoniert DM 38.–

Heft 21

Roth-Stielow · Der Abstammungsprozeß

2. Auflage. 1978. XI, 212 Seiten 8°. Kartoniert DM 28.–

Heft 22

Kalthoener/Büttner · Die Rechtsprechung zur Höhe des Unterhalts

5. Auflage. 1993. XXV, 507 Seiten 8°. Kartoniert DM 65,–

Heft 23

Johlen · Wehrpflichtrecht in der Praxis

3. Auflage. 1989. XIX, 174 Seiten 8°. Kartoniert DM 38.–

Heft 24

Breuer · Öffentliches und privates Wasserrecht

2. Auflage. 1987. XXVI, 578 Seiten 8°. Kartoniert DM 74.–

Heft 25

Bauer · Die Kraftfahrtversicherung

3. Auflage. 1993. XXIV, 257 Seiten 8°. Kartoniert DM 45.–

Heft 27

Niehues · Schul- und Prüfungsrecht

2. Auflage. 1983. XXX, 385 Seiten 8°. Kartoniert DM 48.–

Heft 29

Laufs · Arztrecht

5. Auflage. 1993. XVI, 417 Seiten 8°. Kartoniert DM 65.–

Heft 30

Kleinknecht/Janischowsky · Das Recht der Untersuchungshaft

1977. XX, 154 Seiten 8°. Kartoniert DM 19.80

Heft 31

Sellner · Immissionsschutzrecht und Industrieanlagen
Zulassung – Abwehr – Kontrolle nach dem BImSchG

2. Auflage. 1988. XLII, 320 Seiten 8°. Kartoniert DM 52.–

Heft 33

Seitz/Schmidt/Schoener · Der Gegendarstellungsanspruch in Presse, Film, Funk und Fernsehen

2. Auflage. 1990. XXXV, 367 Seiten 8°. Kartoniert DM 68.–

Heft 34

Nirk/Kurtze · Wettbewerbsstreitigkeiten

Eine praxisbezogene Anleitung

2. Auflage. 1992. XXVI, 290 Seiten 8°. Kartoniert DM 48.–

Heft 35

Plagemann/Plagemann · Gesetzliche Unfallversicherung

1981. XIX, 207 Seiten 8°. Kartoniert DM 29.50

Heft 36

Commichau/Schwartz · Grundzüge des Kartellrechts

1981. XXIII, 185 Seiten 8°. Kartoniert DM 32.–

Heft 38

Weisemann · Sport, Spiel und Recht

1983. XXII, 199 Seiten 8°. Kartoniert DM 32.–

Heft 39

de Witt/Huffmann · Nichteheliche Lebensgemeinschaft

2. Auflage. 1986. XXXIII, 264 Seiten 8°. Kartoniert DM 39.–

Heft 40

Schnellenbach · Beamtenrecht in der Praxis

3. Auflage. 1993. In Vorbereitung für Dezember 1993

Heft 41

Huber · Ausländer- und Asylrecht

2. Auflage. In Vorbereitung

Heft 42

Driehaus · Erschließungs- und Ausbaubeiträge

3. Auflage. 1991. XXXIV, 684 Seiten 8°. Kartoniert DM 86.–

Heft 43

Müller · Praktische Fragen des Wohnungseigentums

2. Auflage. 1992. XX, 525 Seiten 8°. Kartoniert DM 78,–

Heft 44

Nüßgens/Boujong · Eigentum, Sozialbindung, Enteignung

1987. XXV, 223 Seiten 8°. Kartoniert DM 34.–

Heft 45

Endriß/Malek · Betäubungsmittelstrafrecht

1986. XXXII, 360 Seiten 8°. Kartoniert DM 48.–

Heft 46

Gießler · Vorläufiger Rechtsschutz in Ehe-, Familien- und Kindschaftssachen

2. Auflage. 1993. In Vorbereitung für November 1993

Heft 47
Kalthoener/Büttner · Prozeßkostenhilfe und Beratungshilfe
1988. XXIII, 378 Seiten 8°. Kartoniert DM 52.–

Heft 48
Schmalzl · Die Berufshaftpflichtversicherung des Architekten und des Bauunternehmers
1989. XXII, 434 Seiten 8°. Kartoniert DM 68.–

Heft 49
Schmelz · Der Verbraucherkredit
1989. XXI, 435 Seiten 8°. Kartoniert DM 68.–

Heft 50
Vollkommer · Anwaltshaftungsrecht
1989. XXXI, 361 Seiten 8°. Kartoniert DM 58.–

Heft 51
Schäfer · Praxis der Strafzumessung
1990. XXXVI, 295 Seiten 8°. Kartoniert DM 48.–

Heft 52
Zimmer/Schmidt · Streitwert im Verwaltungs- und Finanzprozeß
1991. XXIII, 217 Seiten 8°. Kartoniert DM 42.–

Heft 53
Damm/Kuner · Widerruf, Unterlassung und Schadensersatz in Presse und Rundfunk
1991. XXX, 252 Seiten 8°. Kartoniert DM 48,–

Heft 54
Schütze · Schiedsgericht und Schiedsverfahren
1991. XXV, 159 Seiten 8°. Kartoniert DM 42.–

Heft 55
Redeker · Der EDV-Prozeß
1992. XXVII, 417 Seiten 8°. Kartoniert DM 68.–